国家社科基金社科学术社团主题学术活动资助

BLUE BOOK OF CHINESE CRIME GOVERNANCE

ANNUAL RESEARCH REPORT ON CRIME TRENDS (2023)

中国犯罪治理蓝皮书

犯罪态势与研究报告

（2023）

中国犯罪学学会　组织编纂

主　　编：万　春

执行主编：应培礼

副 主 编：周洪波　王永全　虞　浔

上海人民出版社

编　委　会

序 言

习近平总书记指出:“加快构建中国特色哲学社会科学,归根结底是建构中国自主的知识体系。”这一重要论断深刻说明,建构中国自主知识体系是构建中国特色哲学社会科学的总抓手、“牛鼻子”。犯罪学以观察犯罪现象、归纳犯罪规律、验证犯罪原因、提炼犯罪对策为主要研究内容,是哲学社会科学领域中的重要学科门类,也是提升平安中国建设科学化的重要学术阵地,还是深入推进社会治理现代化的重要理论储备。构建中国犯罪学自主知识体系,不仅有助于我们更加深入地认识犯罪现象的本质特征,揭示犯罪活动的内在规律和发展趋势,更为扩大犯罪学在立法、司法、执法领域的影响和发挥指导作用奠定更加坚实的基础。因此,中国犯罪学学会应努力推动完善具有中国特色、中国风格、中国气派的犯罪学自主知识体系。

“从实践中来,到实践中去”,中国式现代化既是中国自主知识体系形成、发展的有机沃土,也是中国自主知识体系理论研究的对象、实践指引的目标。如何发掘中国式现代化过程中所蕴藏的犯罪学学术富矿,如何提炼中国式现代化过程中所形成的犯罪治理实践经验,是中国犯罪学研究的核心学术议题。然而,与中国式现代化的成功实践相比,中国犯罪学研究缺少中国特色的研究范式、缺乏中国经验的理论命题,在运用前沿方法、归纳学术标准、形成理论话语等方面存在不小差距。事实上,由于我们并未形成发展一套总结中国犯罪治理经验、解释中国犯罪治理模式的知识体系,在实践中往往只能生搬硬套西方的知识体系解读中国的犯罪治理,限制了犯罪学的理论解释力,难以充分地运用犯罪学理论推动中国犯罪治理现代化。因此,应当认识到,原创性与时代性是构建中国犯罪学自主知识体系的核心要素,实现理论与实践深度融合、推动犯罪学研究成果的转化,是提升犯罪治理效能、构建中国犯罪学自主知识体系的关键所在。必须通过深入剖析犯罪治理领域的实际问题,提出切实可行的解决方案,达到理论与实践结合,以建立一套适应中国国情、具有中国特色的犯罪学知识体系。

如何促使中国犯罪学自主知识体系的原创性和时代性成为可能?我认为,应当回归犯罪学研究的基本范畴之中。犯罪学以观察犯罪现象、归纳犯罪规律、验证犯罪原因、提炼犯罪对策为主要研究内容,犯罪现象是犯罪学研究的源头活水,犯罪数据是犯罪学研究的基本素材。犯罪现象与犯罪数据的精准性、具体性,有利于提高犯罪研究的科学性,有利于强化犯罪对策的针对性,有利于提升犯罪治理的有效性。只有不断实现精准、具体的犯罪数据公开,才能有效推动犯罪治理体系科学化的转型。因此,应当努力发掘犯罪现象的本土经验,总结犯罪数据的本土规律,才能推动中国犯罪学在原创性上实现理论突围、在时代性上实现学术转型。

正是秉持着对原创性和时代性追求的立场,中国犯罪学学会依托华东政法大学犯罪学学科基础和研究团队,吸纳校内外专家学者组成项目团队,于 2019 年 1 月正式启动《中国犯罪治理蓝皮书:犯罪态势与研究报告》(以下简称《蓝皮书》)的编纂工作,力求通过线上检索和线下实地查阅资料等多种形式和渠道,对公开发布的全国的以及各省、自治区和直辖市的犯罪相关数据进行收集、整理、分类和整合,并充分考虑到不同地区治理犯罪时的先决条件差异,摸索一套评估各地犯罪治理情况的指标体系,从而更加科学地评估各地区的犯罪治理水平。学会先后推出了 2018 年、2019 年、2020 年、2021 年、2022 年五个年度的《蓝皮书》,已然成为中国犯罪治理的年度性工具书,为中国犯罪学研究提供了可资引用的数据库。

本期推出的《蓝皮书(2023)》延续了往期“犯罪治理之刑事立法与刑事司法”“中国犯罪态势分析”“犯罪治理典型案例的犯罪学分析”“中国犯罪学学科发展动态”等编写惯例,全面总结、科学归纳了 2023 年度我国在犯罪治理领域所开展的各方面重要工作。其中,通过对 2023 年度的刑事立法、刑事司法工作的梳理,呈现犯罪治理的顶层设计和最新动态;通过对我国七大地区的犯罪统计数据的量化分析,不仅横向比对了各地区犯罪治理的成效,而且也为宏观把握我国犯罪风险预测提供了分析模型；通过对十一起典型犯罪学案例解剖麻雀式的分析，为规制同类型犯罪提供了重要的个案样本；通过对中国犯罪学学科发展动态的综述，为犯罪学研究形成理论共识、聚焦学术热点提供了重要指引。

中国犯罪学学会致力于推动中国犯罪学自主知识体系的形成与完善，努力为中国犯罪学研究营造良好氛围、提供充实保障。但我们深知，犯罪学研究不是犯罪学学会一家独唱，犯罪治理也不是某一职能部门孤军奋战，要坚持系统思维，融合发展，善于聚合各方力量，以实现国家治理体系和治理能力现代化为目标，加强系统性研究，推动有效惩防犯罪与良好社会治理并重。《蓝皮书》是学会持续打造的体现中国犯罪学研究水平和优秀成果的权威平台，努力为学术研究和刑事实务提供基础素材和案例样本。我们希望可以尽最大可能吸引中国犯罪学学人参与其中，同时也能走进刑事法学人、刑事司法工作者的视野之中，还期待能引发社会学、心理学、政治学等相关跨学科学者关注，避免闭门造车，力图打破学科堡垒，推动系统研究、实现综合治理。因此，我恳请所有关心犯罪治理的读者朋友不吝赐教，就体系章节的调整和具体问题的阐释，给予我们宝贵的建议。同时，我也诚挚欢迎所有热心犯罪治理的同仁能够加入我们的研究团队，形成中国犯罪学学人的合力，共同推动中国犯罪学自主知识体系的形成完善，努力投身到中国犯罪治理现代化的伟大进程中。

万　春

中国犯罪学学会会长

2024 年 12 月

目　录
Contents

序　言　001

第一章 / Chapter 1
犯罪治理之刑事立法与刑事司法

第一节　刑事立法与司法解释　001
一、颁布《刑法修正案(十二)》　001
二、修改《中华人民共和国反间谍法》　004
三、相关司法解释　006
第二节　刑事司法　014
一、公安机关开展多项专项行动打击多发犯罪　015
二、检察机关高质效履行法律监督职责、深化司法改革　021
三、人民法院全面履行刑事司法职责　026
四、构建社区矫正工作高质量发展新格局　030

第二章 / Chapter 2
2023年度中国犯罪态势分析

第一节　全国犯罪状况统计与分析　034
一、侦查机关犯罪数据　039
二、检察机关犯罪数据　044
三、审判机关犯罪数据　046
第二节　省级区域状况统计与分析　047
一、华北地区犯罪数据统计及分析　048
二、东北地区犯罪数据统计及分析　059
三、华东地区犯罪数据统计及分析　064
四、华南地区犯罪数据统计及分析　080
五、华中地区犯罪数据统计及分析　087
六、西南地区犯罪数据统计及分析　093
七、西北地区犯罪数据统计及分析　103

第三节　中国犯罪治理指数模型　109
一、犯罪治理形势评价体系的构建思路　109
二、中国犯罪治理指数模型　111
三、全国犯罪状况年度评估总报告　115
第四节　基于大数据的犯罪分析与预测　120
一、2023 年犯罪预测文献量化分析　120
二、2023 年犯罪预测主要模型　131
三、犯罪预测　138
四、犯罪预测风险和规制　145

第三章 / Chapter 3
2023 年度犯罪治理典型案例的犯罪学分析

第一节　选题标准及典型案例犯罪学分析总体框架　149
一、选题理由　149
二、年度典型案例的选题标准　150
三、典型案例犯罪学分析的总体框架　151
第二节　集资诈骗犯罪典型案例研究报告：北京中战华信集团集资诈骗案　151
一、案情简介　151
二、入选理由　152
三、集资诈骗犯罪的发展趋势　154
四、集资诈骗犯罪的特点分析　156
五、集资诈骗犯罪的原因分析　159
六、基于犯罪学角度的治理对策　162
第三节　“精神虐待”犯罪典型案例研究报告：牟某翰虐待案　166
一、案情简介　166
二、入选理由　167
三、虐待犯罪的发展趋势　168
四、精神虐待的类型分析　169
五、“精神虐待”犯罪的原因分析　172
六、基于犯罪学角度的治理对策　175

第四节　附带公益诉讼破坏环境资源保护犯罪典型案例研究报告：昆明闽某纸业有限责任公司等污染环境刑事附带民事公益诉讼案　178
一、案情简介　178
二、入选理由　179
三、破坏环境资源保护犯罪的发展趋势　181
四、破坏环境资源保护犯罪的特点分析　185
五、破坏环境资源保护犯罪的原因研究　187
六、破坏环境资源保护犯罪的对策探索　191
第五节　网络性侵未成年人犯罪典型案例研究报告：隋某某猥亵、强奸、敲诈勒索、制作、贩卖、传播淫秽物品牟利案　193
一、案情简介　193
二、入选理由　194
三、性侵未成年人犯罪的发展趋势　197
四、网络性侵未成年人犯罪的特点分析　200
五、网络性侵未成年人犯罪的原因研究　202
六、网络性侵未成年人犯罪的对策探索　204
第六节　金融领域新型职务犯罪典型案例研究报告：桑某受贿、国有公司人员滥用职权、利用未公开信息交易案　207
一、案情简介　207
二、入选理由　208
三、金融领域新型职务犯罪的发展趋势　210
四、金融领域新型职务犯罪的特点分析　212
五、金融领域新型职务犯罪的原因分析　215
六、基于犯罪学角度的治理对策　216
第七节　涉税犯罪典型案例研究报告：邢某某虚开增值税专用发票案　220
一、案情简介　220
二、入选理由　221
三、企业涉税犯罪的发展趋势　222

四、企业涉税犯罪的特点 224
五、企业涉税犯罪的原因分析 227
六、基于犯罪学角度的治理对策 230
第八节　网络侵犯著作权类犯罪典型案例研究报告：刘某生等3人侵犯著作权案 233
一、案情简介 233
二、入选理由 234
三、著作权类犯罪的发展趋势 235
四、侵犯著作权犯罪案件的特点分析 238
五、网络侵犯著作权类犯罪案件的原因分析 240
六、基于犯罪学角度的治理对策 241
第九节　操纵证券市场犯罪典型案例研究报告：闫某等人操纵证券市场案 244
一、案情简介 244
二、入选理由 245
三、操纵证券市场犯罪的发展趋势 247
四、操纵证券市场犯罪的特点分析 249
五、操纵证券市场犯罪的原因分析 251
六、基于犯罪学角度的治理对策 254
第十节　网络暴力犯罪典型案例研究报告：常某一等侮辱案 256
一、案情简介 256
二、入选理由 257
三、网络暴力犯罪的发展趋势 259
四、网络暴力犯罪案件的特点分析 261
五、网络暴力犯罪案件的原因分析 262
六、基于犯罪学角度的治理对策 265
第十一节　非法经营犯罪典型案例研究报告：黄某水等人非法经营(地下钱庄)案 267
一、案情简介 267
二、入选理由 268
三、该类犯罪的发展趋势 269

四、该类犯罪的特点分析 273
五、该类犯罪的原因分析 275
六、基于犯罪学角度的治理对策 277
第十二节　信息披露犯罪典型案例研究报告：獐子岛集团股份有限公司违规披露重要信息案 279
一、案情简介 279
二、入选理由 280
三、信息披露犯罪的发展趋势 282
四、信息披露犯罪的特点分析 284
五、信息披露犯罪的原因分析 286
六、基于犯罪学角度的治理对策 289

第四章 / Chapter 4
2023 年度中国犯罪学学科发展动态

第一节　主要学术活动 292
一、主要学术活动概述 292
二、主要学术活动列表 296
第二节　重大科研项目 298
一、重大科研项目概述 298
二、重大科研项目列表 299
第三节　代表性专著 303
一、代表性专著概述 303
二、代表性学术专著、教材列表 305
第四节　代表性论文 334
一、代表性论文概述 334
二、代表性论文列表 335
第五节　科研机构和人才培养 361
一、代表性科研机构、学术平台 361
二、犯罪学人才培养简况 364

第五章 / Chapter 5

2023 年度中国犯罪学研究述评

第一节　样本的基本情况 456
第二节　关于犯罪学本体的研究 458
一、犯罪学研究的新视角 458
二、关于犯罪研究方法的研究 461
三、犯罪学学科建设 462
第三节　关于犯罪现象的研究 463
一、关于犯罪分布的研究 463
二、关于犯罪危害和安全感的研究 465
三、关于犯罪趋势的分析 466
四、关于犯罪预测的研究 467
第四节　关于犯罪原因的研究 468
一、单一视角的原因研究 468
二、影响犯罪发生的综合因素 471
三、犯罪被害的影响因素 472
第五节　关于犯罪防治的研究 472
一、对犯罪防治策略的讨论 473
二、犯罪预防评估研究 475
三、类罪专题研究 476
第六节　总结与展望 479
一、2023 年我国犯罪学研究的总结 479
二、中国犯罪学进一步研究的展望 480

后　记 482

第一章 / Chapter 1

犯罪治理之刑事立法与刑事司法

第一节 刑事立法与司法解释

2023 年是全面贯彻落实党的二十大精神的开局之年，也是全面建设社会主义现代化国家的重要起步之年。[①]在这一关键时期，刑事立法工作的高质量展开显得尤为重要。为此，立法机关致力于完善社会治理体系，不仅颁布了《中华人民共和国刑法修正案（十二）》（以下简称《刑法修正案（十二）》），修改了《中华人民共和国反间谍法》，以更好地应对新形势下的国家安全挑战，还出台了一系列相关的司法解释，以确保法律的正确实施和衔接，进一步提升法律的适用性和可操作性。这些立法举措不仅有助于巩固国家安全，还将为社会主义现代化建设提供坚实的法治基础。

一、颁布《刑法修正案（十二）》

2023 年 12 月 29 日，中华人民共和国十四届全国人大常委会第七次会议通过《刑法修正案（十二）》，共计八条，分别对《中华人民共和国刑法》（以下简称《刑法》）第 165 条、第 166 条、第 169 条、第 387 条、第 390

① 《国务院办公厅关于印发国务院 2023 年度立法工作计划的通知》，载中国政府网 2023 年 6 月 6 日，https://www.gov.cn/zhengce/zhengceku/202306/content_6884926.htm，2024 年 10 月 9 日最后访问。

条、第391条和第393条进行修改,自2024年3月1日起正式施行。

随着中国社会经济和文化的不断发展,以及预防和惩治新型犯罪的需求,我国已先后通过了十一部刑法修正案。当下,人民对美好生活的需求日益广泛,对民主、法治、公平、正义和安全等方面的要求不断增长,这些需求也反映在对刑事立法的期盼和要求上。本次刑法修正案正是对实践中对行贿犯罪的惩处力度相对较弱,查处和打击行贿犯罪的效果与人民群众的期待仍存在一定差距这一问题的回应。腐败治理是一项长期且系统的工程,党中央对此始终高度重视。本次修正案是在2015年通过的《中华人民共和国刑法修正案(九)》(以下简称《刑法修正案(九)》)修改行贿犯罪的基础上对行贿犯罪的又一次重要修改,尽管修改条文数量不多,但每条都极为重要。其中四条涉及对行贿犯罪的惩治,三条涉及对民营企业内部腐败犯罪的惩治,坚持受贿行贿一起查,对一些严重行贿情形实行"从重处罚",并加大刑事追责力度。通过这些修改,进一步加强了对行贿犯罪和民营企业内部腐败的法律制裁力度,体现了党中央从严惩治腐败的决心,强化了法律对社会治理的保障作用。

首先,《刑法修正案(十二)》新增了关于民营企业内部人员相关犯罪的条款。现行《刑法》第165条、第166条和第169条分别规定了国有公司、企业相关人员非法经营同类营业罪,为亲友非法牟利罪和徇私舞弊低价折股、出售国有资产罪,但没有涵盖民营企业相关人员。为更好地回应企业家的呼声和关切,本次刑法修改在上述三个条文中各增加一款,将现行对国有公司、企业相关人员适用的犯罪扩展到民营企业。民营企业内部人员如有上述行为,故意损害民营企业利益并造成重大损失的,也将被追究刑事责任。这一对称性立法消解了现行刑法多年存在的不平等价值冲突,进一步丰富完善了刑法中涉及侵害民营企业财产的相关罪名体系,对活跃民营经济、提振民营经济信心具有积极影响。在当前宏观经济需进一步巩固向好,民间投资需进一步加大的背景下,这一修改十分及时和必要。据了解,此次修法过程中,立法机关充分听取了企业意见,通过"一对一"访谈、走访等形式收集了100多家企业的意见,并进行了50家企业的问卷调查,广泛听取了企业经营、管理人员和员工的意见。[①]《刑法修正案(十二)》积极回应了民营企业的立法需求,

① 张维炜:《刑法修正案(十二)通过:密织反腐法网》,载《中国人大》2024年第1期。

解决了民营企业内部关键岗位人员严重损害企业利益却无法予以刑法规制的难题，从源头上解决了针对侵害民营企业利益行为的立案难、查办难和预防难等现实困境。

其次，《刑法修正案（十二）》从两个角度加大了对行贿犯罪的惩治力度。不仅修改完善了《刑法》第390条关于行贿罪的处罚规定，将党中央确定要重点查处的行贿行为在立法上进一步加强惩治，新增规定对多次行贿、向多人行贿以及向国家工作人员行贿等七类情形予以从重处罚，而且调整了行贿罪的起刑点和刑罚档次，使其与受贿罪的处罚标准相衔接。全国人大常委会法工委刑法室主任王爱立指出，实践中对行贿的惩处力度相对较弱，同期行贿受贿案件的查处数量存在较大差距。从近年来法院一审新收案件数量看，行贿罪与受贿罪案件的比例大约为1∶3，有的年份甚至达到1∶4或更高，实际上，一个受贿案件通常涉及多个行贿人，如果考虑到这一情况，未被追究刑事责任的行贿人数比例会更高。①因此，需要立法机关在刑法中进一步明确规定，对严重行贿情形加大刑事追责力度，从而切断贿赂犯罪的因果链。

此外，《刑法修正案（十二）》还加大了对单位行贿和受贿犯罪行为的惩处力度。具体修改如下：一是将《刑法》第387条关于单位受贿罪的刑罚由原来的最高五年有期徒刑，修改为“三年以下有期徒刑或者拘役”和“三年以上十年以下有期徒刑”两档刑罚。二是在《刑法》第391条对单位行贿罪中，新增一档“三年以上七年以下有期徒刑，并处罚金”的刑罚。三是调整和提高了《刑法》第393条单位行贿罪的刑罚，修改为“三年以下有期徒刑或者拘役，并处罚金”和“三年以上十年以下有期徒刑，并处罚金”两档刑罚。这一修改主要考虑到实践中单位行贿案件较多，与个人行贿相比，单位行贿的法定刑明显较轻，导致一些行贿人以单位名义行贿，以规避更严厉的处罚，造成案件处理不平衡和惩处力度不足的问题。尽管根据相关司法解释，对于个人为了违法犯罪活动设立单位，或者单位设立后以实施犯罪为主要活动，或者盗用单位名义实施犯罪活动，违法所得归个人所有的情形，应否定单位犯罪，以自然人犯罪追究相关人员的刑事责任，但在实际操作中，仍存在不少行贿人为了规避刑法处罚，以单位名义实施行贿行为，进而导致案件处理结果不均衡。②

---

① 张维炜：《刑法修正案（十二）通过：密织反腐法网》，载《中国人大》2024年第1期。

② 马春晓：《新时期行贿犯罪的治罪与治理——以〈刑法修正案（十二）〉为分析中心》，载《苏州大学学报（法学版）》2024年第11期。

为了解决这一立法结构上的问题,《刑法修正案(十二)》将单位行贿罪的法定最高刑由“五年有期徒刑”修改为“十年有期徒刑”,并将原本只有一档法定刑修改为两档法定刑,新增“三年以上十年以下有期徒刑,并处罚金”的规定。这一修改较大程度上改善了两个罪名法定刑之间悬殊的情况。而且为了保持罪名体系的内在协调,《刑法修正案(十二)》对单位行贿罪和单位受贿罪的修改是同步进行的,将单位受贿罪的法定最高刑由“五年有期徒刑”修改为“十年有期徒刑”,并将原本只有一档法定刑修改为两档法定刑,新增“三年以上十年以下有期徒刑”的规定。修改之后,单位受贿罪和单位行贿罪的法定刑基本一致,惩罚力度均显著提高。

《刑法修正案(十二)》对行贿犯罪罪名体系的修改,是在科学治罪层面的一次重要完善。这一修改为从司法层面治理行贿犯罪提供了新的规范依据,使司法机关能够更好地统筹把握对行贿行为的处理尺度,精准惩治行贿行为。此外,这一修改也将进一步推动行贿与受贿综合治理模式的实施。①

二、修改《中华人民共和国反间谍法》

2023 年 4 月 26 日,中华人民共和国十四届全国人大常委会第二次会议通过了《中华人民共和国反间谍法》(以下简称《反间谍法》)。此次修订在 2014 年制定的《反间谍法》基础上进行了重大调整,由原来的五章四十条扩展为六章七十一条,新增二十九条,修订或拆分四十一条,自 2023 年 7 月 1 日起正式施行。修订后的《反间谍法》坚决维护政治安全和政权安全,保护人民利益,积极回应我国反间谍斗争面临的新情况和新问题。

全国人大常委会法工委刑法室主任王爱立指出,修订《反间谍法》是新形势下落实总体国家安全观和加强反间谍斗争的必然要求,是推动反渗透、反颠覆、反窃密斗争,确保国家安全的重要法治保障。②反间谍斗争本质上是反渗透、反颠覆斗争,关系到国家安全。以习近平同志为核心的党中央高度重视反间谍工作,对进一步加强新时代反间谍斗争提出了明确要求。2014 年制定的《反间谍法》作为新中

---

① 《2023 年中国十大合规新闻 8|〈刑法修正案(十二)〉精准惩治行贿》,载网易网,https://www.163.com/dy/article/IOLPPQNB0512C57S.html, 2024 年 10 月 9 日最后访问。

② 《关于〈中华人民共和国反间谍法(修订草案)〉的说明》,载北大法宝网,https://pkulaw.com/protocol/e2b19e62a16e8d92fec00570896dc308bdfb.html?keyword=%E5%8F%8D%E9%97%B4%E8%B0%8D%E6%B3%95&way=listView, 2024 年 10 月 9 日最后访问。

国第一部规范和保障反间谍斗争的专门法律，发挥了重要作用。然而，当前反间谍斗争形势日益严峻，各类间谍情报活动的主体更加复杂、领域更加广泛、目标更加多元、手法更加隐蔽。原先的法条已经不能完全适应新形势下落实总体国家安全观和反间谍斗争实践的需要，因此亟须修改和完善。《反间谍法》的修订顺应形势发展的需要，为新时代反间谍斗争提供了更为有力的法律保障。

《反间谍法》的修订以制度化、法治化的方式推动了党的创新理论在隐蔽战线的落地生根，对深化新时代新征程中的反间谍斗争具有重要指导意义，为新时代新征程谱写"中国特色国家安全之治"的新篇章提供了有力的法律支撑。修订内容注重统筹传统安全与非传统安全，推动发展与安全的深度融合，进一步丰富了反渗透、反颠覆、反窃密斗争的法律工具，以新安全格局保障新发展格局。①其中有六大亮点，值得特别关注。

第一，贯彻落实党的二十大精神，进一步加强党中央对反间谍工作的集中统一领导。《反间谍法》在总则部分增加了"坚持总体国家安全观"的指导思想和"标本兼治，筑牢国家安全人民防线"的基本原则。它建立和健全了国家层面的反间谍工作协调机制，并明确规定国家安全机关工作人员应当有计划地进行政治培训。

第二，完善了间谍行为的定义。《反间谍法》第 4 条将"投靠间谍组织及其代理人""针对国家机关、涉密单位或者关键信息基础设施等实施网络攻击、侵入、干扰、控制、破坏等活动"明确为间谍行为。根据实践中的情况，适度扩大了相关主体窃密的对象范围，将"其他关系国家安全和利益的文件、数据、资料、物品"纳入保护范围，并增加了针对第三国并危害中华人民共和国国家安全的间谍行为。

第三，对"安全防范"设专章规定。《反间谍法》在第二章明确了国家机关、社会组织等在反间谍安全防范中的主体责任，规定有关方面应积极开展反间谍宣传教育的职责，并由专门机关指导宣传教育活动，以增强全民反间谍安全防范意识和国家安全素养。同时，明确了重点单位的安全防范责任和涉及国家安全事项的建设项目许可制度。

第四，完善了反间谍调查处置措施，增加了反间谍行政执法职权。《反间谍

---

① 《以法治建设加强和保障新时代反间谍工作——修订反间谍法的主要背景和内容》，载中国人大网 2023 年 7 月 3 日，http://www.npc.gov.cn/npc////c2/c30834/202307/t20230703_430398.html，2024 年 10 月 9 日最后访问。

法》在第三章中新增了查阅调取数据、传唤、查询财产信息、不准出入境等行政执法职权,并明确国家安全机关的执法规范要求,严格审批程序,实现规范化执法。此外,还增加了对发现的网络安全风险等的通报和处置措施,对国家秘密、情报的鉴定评估机制,以及行刑衔接的规定。

第五,加强了对反间谍工作的保障与监督。《反间谍法》通过第 9 条、第 16 条、第 40 条、第 46 条和第 48 条等条文,在原有的基础上增加了对相关人员的保护、营救、补偿、安置、抚恤优待和培训等规定,并鼓励反间谍领域的科技创新,发挥科技在反间谍工作中的作用。同时,提升了对国家安全机关工作人员反间谍工作能力的培训要求,明确国家安全机关应当执行内部监督和安全审查制度,明确个人和组织有权对国家安全机关及其工作人员超越职权、滥用职权和其他违法行为进行检举和控告。

第六,完善了法律责任,扩大了行政处罚的适用情形。《反间谍法》第四章对涉及间谍行为的轻微违法行为明确规定了罚款、拘留等行政处罚,增加了约谈、通报批评、暂扣或者吊销许可证件等处罚种类,并明确了对帮助他人实施间谍行为的法律责任,同时做好与相关法律的衔接。

综上所述,《反间谍法》的修订是国家在新形势下维护国家安全、政治安全和政权安全的重要举措,体现了对人民利益的深切关怀。修订后的法律不仅适应了当前反间谍斗争的复杂形势,还为新时代新征程中的反间谍工作提供了更为全面、有力的法律支撑。六大亮点的加入,进一步强化了党中央对反间谍工作的集中统一领导,完善了间谍行为的定义,明确了各方在反间谍安全防范中的主体责任,加强了反间谍调查处置措施和行政执法职权,提升了对反间谍工作的保障与监督,并完善了法律责任体系。

三、相关司法解释

(一) 持续推进自然资源犯罪治理

1. 最高人民法院、最高人民检察院《关于办理环境污染刑事案件适用法律若干问题的解释》

最高人民法院与最高人民检察院于 2023 年 8 月 8 日联合发布了《关于办理环境污染刑事案件适用法律若干问题的解释》(以下简称《环境污染解释》),于 2023

年8月15日起施行。《环境污染解释》的实施,对于依法惩治环境污染犯罪、扎实推进生态文明建设进程、全面推进美丽中国建设以及加快实现人与自然和谐共生的现代化目标具有重要意义。

《环境污染解释》共包含二十条,系统规定了环境污染犯罪的入罪门槛、定罪量刑标准及相关法律适用问题,主要内容可归纳为以下两个方面:

一是调整污染环境罪的定罪量刑标准。在《中华人民共和国刑法修正案(十一)》(以下简称《刑法修正案(十一)》)将污染环境罪的法定刑从"严重污染环境"和"后果特别严重"扩展为"严重污染环境""情节严重"和"情节特别严重"三档的基础上,《环境污染解释》第1条至第3条进一步对这三档情形作了详细规定,尤其是新增了适用七年以上法定刑的具体情形,明确对具有在饮用水水源保护区、自然保护地核心保护区等依法确定的重点保护区域排放、倾倒、处置有放射性的废物、含传染病病原体的废物、有毒物质,造成国家重点保护的野生动植物资源或者国家重点保护物种栖息地、生长环境严重破坏等情形的,处七年以上有期徒刑,坚持用最严格制度最严密法治保护生态环境,推动形成对环境污染违法犯罪的强大震慑。①

二是贯彻宽严相济的刑事政策。一方面,《环境污染解释》明确环评和监测造假两年三次即入刑、碳排放检测数据和报告造假入刑、监测数据或系统参数造假即入刑、重污染天气预警期间三次超标排污即入刑和排污许可重点管理单位篡改伪造自动监测数据入刑五种情形,同时提出无排污许可证排放有毒有害物质的企业、事业单位和生产经营者要从重处罚。具体而言,《环境污染解释》第10条明确,环评、环境监测两年内造假三次即入刑,具体情形包括违法所得30万元以上、两年内因提供虚假证明文件受过两次以上行政处罚后再次造假及其他情节严重的情况;《环境污染解释》第10条将故意提供虚假证明文件的温室气体排放检验检测、排放报告编制或核查等中介组织人员纳入《刑法》第229条的适用范围,严厉打击通过篡改伪造数据骗取碳排放权配额盈余的违法行为;《环境污染解释》第11条细化了在线监测数据或系统参数造假的情形,包括修改系统参数或系统中存储、处理、传

① 《"两高"联合发布环境污染犯罪司法解释》,载北大法宝网,https://www.pkulaw.com/news/6186bb5bee47f2f2bdfb.html?way=listView,2024年10月9日最后访问。

输的监测数据,干扰系统采样导致监测数据严重失真等,进一步提升了对监测数据造假行为的打击力度;《环境污染解释》第1条新增规定,两年内在重污染天气预警期间因超标排放二氧化硫、氮氧化物等受过两次以上行政处罚,再次实施此类行为的,将被认定为"严重污染环境",从而追究刑事责任;《环境污染解释》第1条新增将"非紧急情况下开启大气应急排放通道"认定为"严重污染环境",以应对大气污染取证难的问题,并衔接《大气污染防治法》的相关规定;《环境污染解释》第1条第7项规定,实行排污许可重点管理的单位,如篡改、伪造自动监测数据或干扰自动监测设施,排放污染物的,将被认定为"严重污染环境",予以刑罚;《环境污染解释》第5条新增规定,对未依法取得排污许可证而排放、倾倒、处置有放射性废物、含传染病病原体废物、有毒物质或其他有害物质的企业事业单位和生产经营者,予以从重处罚。另一方面,《环境污染解释》新增犯罪情节轻微的可免予刑罚的规定。具体而言,《环境污染解释》第6条推行恢复性司法机制,对认罪认罚、积极修复生态环境、有效合规整改的行为人可以从宽处理;对于犯罪情节轻微的,可以不起诉或免予刑事处罚;情节显著轻微危害不大的,不作为犯罪处理。

未来,最高人民法院和最高人民检察院将深入贯彻全国生态环境保护大会精神,指导地方各级法院和检察院严格执行这一司法解释,以促进人与自然的和谐共生,保障和服务于中国式现代化建设。

2. 最高人民法院《关于审理破坏森林资源刑事案件适用法律若干问题的解释》

森林资源的重要性体现在生态环境保护、经济发展、社会文化价值等多个方面。保护和合理利用森林资源,不仅是实现可持续发展的重要途径,也是建设生态文明和美丽中国的必然要求。通过强化法律制度和政策措施的实施,可以有效推动森林资源的保护与可持续利用,进而实现人与自然的和谐共生。但随着破坏森林资源犯罪形式的日益多样化和复杂化,原有的司法解释已难以完全适应此类案件的特征。同时,近年来涉森林资源保护的法律法规不断修订和完善,这就要求司法解释进行相应的调整,以确保法律适用的准确性和有效性。因此,最高人民法院于2023年8月13日发布了《关于审理破坏森林资源刑事案件适用法律若干问题的解释》(以下简称《破坏森林资源解释》),并自2023年8月15日起正式施行。具体内容包括以下三个方面:

一是依法惩治破坏森林资源犯罪,强化森林生态安全的司法保护。鉴于森林资源由林木和林地共同构成,破坏森林资源犯罪不仅包括危害国家重点保护植物、盗伐林木、滥伐林木等与林木相关的犯罪,还涵盖非法占用林地的犯罪行为。例如,《破坏森林资源解释》第 1 条规定,非法占用并毁坏公益林地五亩以上、商品林地十亩以上的,即构成犯罪;针对屡教不改的情形,即两年内曾因非法占用农用地受过两次以上行政处罚又非法占用林地的,规定入罪标准减半计算。

二是明确从重处罚情形,充分发挥刑罚的威慑和教育功能。针对破坏森林资源犯罪的实际情况,《破坏森林资源解释》设立了非法采伐国家公园、国家级自然保护区内的林木行为等多项从重处罚情形,对涉及的行为在法定刑幅度内判处较重的刑罚。具体而言,《破坏森林资源解释》第 2 条区分保护级别,按照立木蓄积、株数和价值,对危害国家重点保护野生植物的定罪量刑标准分别作出规定。根据《破坏森林资源解释》规定,危害国家一级保护野生植物一株以上或者立木蓄积一立方米以上,或者危害国家二级保护野生植物二株以上或者立木蓄积二立方米以上的,即构成危害国家重点保护植物罪;数量达到上述标准五倍以上的,升档量刑。

三是贯彻从"治罪"到"治理"的理念,促进森林生态的有效修复。①为推动森林生态的有效保护,《破坏森林资源解释》第 12 条第 2 款综合考虑行为人的认罪认罚态度、生态环境修复情况,以及涉案植物的种类、数量、价值等因素,规定了从宽处理的规则。这一规定旨在准确贯彻宽严相济的政策要求,依法妥善处理相关案件,确保取得良好的法律效果,引导行为人积极采取补救措施。这不仅是落实从"治罪"到"治理"理念的具体举措,也是宽严相济、恢复性司法的必然要求,对于促进森林生态的有效修复具有重要意义。

(二) 严厉打击性侵害未成年人犯罪

1.《关于办理强奸、猥亵未成年人刑事案件适用法律若干问题的解释》

未成年人是国家的未来、民族的希望,然而未成年人由于年龄、心智发育等方面的限制,往往容易成为强奸、猥亵等犯罪行为的受害者,因此出台专门的法律来应对侵害未成年人的犯罪问题,具有重要意义。虽然《刑法》第 236 条和第 237 条

---

① 最高人民法院:《最高人民法院发布〈关于审理破坏森林资源刑事案件适用法律若干问题的解释〉》,载中华人民共和国最高人民法院网 2023 年 8 月 14 日,https://www.court.gov.cn/zixun/xiangqing/408812.html,2024 年 10 月 9 日最后访问。

对强奸、猥亵未成年人规定了加重处罚情节,但规定方式相对概括,需要总结实践经验,进一步加以明确。对此,立法机关先是出台了《刑法修正案(十一)》,对奸淫幼女、猥亵儿童犯罪增加规定了多项法定加重处罚情节,并增设了负有照护职责人员性侵罪等罪名,接着最高人民法院、最高人民检察院于2023年5月24日发布了《关于办理强奸、猥亵未成年人刑事案件适用法律若干问题的解释》(以下简称《强奸、猥亵未成年人解释》),对《刑法修正案(十一)》中的新修正条款如何适用的问题予以明确。

《强奸、猥亵未成年人解释》共计十六条,大致可以分为两部分。一部分是对《刑法》第236条和第237条内容的细化规定,同时明确和第232条、第234条的想象竞合问题;另一部分是明确对未成年人的特殊关爱、优先保护原则。鉴于未成年人在遭受性侵后,往往面临严重的精神心理创伤,需要接受专业的治疗与康复,同时为强化对受害者的保护,《强奸、猥亵未成年人解释》从第11条到第15条分别规定了慎用从宽规定、职业禁止、合理费用和"负有特殊职责的人员"的扩大化解释。

其中第9条和第14条值得特别强调。第9条主要是为了应对"隔空猥亵"这一犯罪问题。随着信息网络技术的高速发展和普及,一个以计算机网络为平台的虚拟空间逐渐形成,并成为新型犯罪的重要工具和场所。近年来,"隔空猥亵"案件频发,其犯罪手段多以互联网为媒介,利用社交网络的开放性,突破地域限制,对未成年人实施性侵犯。"隔空猥亵"行为通常表现为犯罪分子通过网络视频聊天或发送视频、照片等方式,胁迫未成年人暴露身体隐私部位或实施淫秽行为。此类行为以恋爱交友或童星招募为幌子,利用未成年人的信任与好奇心理,实施性侵犯。对此,第9条第1款明确指出,胁迫、诱骗未成年人通过网络视频聊天或发送视频、照片等方式实施淫秽行为的,将以强制猥亵罪或猥亵儿童罪定罪处罚。

第14条则是将对未成年被害人必要的精神心理治疗和康复费用明确界定为物质损失的一部分,并呼吁加大对此类费用的支持力度,以确保未成年被害人能够得到及时、有效的救助与关怀。此条文旨在通过法律与经济双重手段,切实增强对未成年人的保护机制,减轻其遭受的二次伤害。

2.《关于办理性侵害未成年人刑事案件的意见》

未成年人在心智等方面尚未发育成熟,因此需要特殊的关爱与照护。性侵害犯罪已经伤害未成年人的身心健康,需要适用正确的司法办案方式避免引发二次伤害。2013 年最高人民法院、最高人民检察院、公安部和司法部《关于依法惩治性侵害未成年人犯罪的意见》(以下简称《2013 年性侵意见》)随着犯罪趋势的变化与相关法律的多次修正已经难以提供正确的法律指引,因此最高人民法院、最高人民检察院、公安部、司法部于 2023 年 5 月 24 日印发《关于办理性侵害未成年人刑事案件的意见》(以下简称《性侵意见》),进一步规范性侵害未成年人犯罪的惩治工作。

《性侵意见》在总则中明确了对性侵害犯罪的定义与办理性侵害未成年人案件的总体原则。性侵害犯罪包括《刑法》第 236 条、第 236 条之一、第 237 条、第 358 条、第 359 条规定的针对未成年人实施的强奸罪,负有照护职责人员性侵罪,强制猥亵、侮辱罪,猥亵儿童罪,组织卖淫罪,强迫卖淫罪,协助组织卖淫罪,引诱、容留、介绍卖淫罪,引诱幼女卖淫罪等。针对以上性侵害犯罪案件的办理,应坚持依法从严惩处犯罪原则、最有利于未成年人原则与双向保护原则。

《性侵意见》还对案件办理、证据收集与审查判断以及未成年人保护与救助三个方面作出细化规定。在案件办理方面,《性侵意见》体现了有案必立、有罪必究的态度,例如,第 5 条规定了对未成年人的生殖器官或者隐私部位遭受明显非正常损伤等有证据证明性侵害未成年人犯罪发生的情形,公安机关应在受理后直接立案侦查,对性侵未成年人“零容忍、零懈怠”,全面保护未成年人合法权益。在证据收集与审查判断方面,要求对案件的侦查取证做到依法规范、迅速及时、细致全面、深挖细查。由于性侵害未成年人案件具有特殊性,《性侵意见》还对询问未成年人的内容与方式提出了特殊要求,如询问时应坚持一次询问原则,防止对未成年人的身心健康造成二次伤害。在未成年被害人的保护与救助方面,《性侵意见》显示司法机关应当协同教育、妇联等有关部门提供心理疏导与医疗救治等保护措施;第 34、35 条强调了监督被害人监护人对保护未成年合法权益的重要性;第 36 条规定司法机关应优先对受侵害的未成年人进行救助,种种措施旨在预防性侵害未成年人犯罪发生,并帮助未成年受害者早日走出阴影,回归正常生活。

此外,《性侵意见》第 37 条强调司法机关应推动强制报告制度的落实。强制报告制度对预防与惩处性侵害未成年人犯罪具有重要作用,通过往年对强制报告落实情况的调研分析,性侵害案件始终是强制报告案件的主要类型,但目前强制报告制度的落实仍不充分,因此《性侵意见》对此单列条款加以强调。①

(三)全面加强网络法治工作

党的二十大报告对加强新时代网络强国、数字中国建设提出了新要求,强调要健全网络综合治理体系。为认真学习贯彻党的二十大精神,以检察工作现代化融入和助力网络法治工作现代化,更好维护政治安全、社会安定、人民安宁,更好服务保障网络强国、数字中国建设,最高人民检察院于2023年4月发布《关于加强新时代检察机关网络法治工作的意见》;此外,为依法惩治网络暴力违法犯罪活动,有效维护公民人格权益和网络秩序,2023年9月,"两高一部"发布《关于依法惩治网络暴力违法犯罪的指导意见》。以上相关司法解释不仅顺应了新时代网络法治建设的要求,而且有助于为清朗的网络环境提供司法保障。

1.《关于加强新时代检察机关网络法治工作的意见》

立足于中国式现代化的时代背景,最高人民检察院发布了《关于加强新时代检察机关网络法治工作的意见》,回应了依法治网的时代课题。主体内容包括六个部分:第一,要求深入贯彻习近平总书记关于网络强国的重要思想,不断增强做好网络法治工作的政治自觉、法治自觉和检察自觉。各级检察机关要全面贯彻网络强国的重要思想,发挥更高质量的法律监督职能,为健全网络综合治理体系提供有力法治保障。第二,强化网络司法,充分发挥司法办案职能,维护网络空间安全,服务数字经济健康发展。检察机关的打击重点聚焦于利用网络实施的危害国家安全犯罪、危害计算机信息系统安全犯罪以及人民群众反映强烈的网络犯罪,同时重点保护数字经济与未成年权益。第三,强化网络执法,统筹运用刑事、民事、行政、公益诉讼四大检察职能进行检察监督,强化一体履职数据赋能,协同推进网络空间综合治理。尤其是随着网络科技的发展,网络违法犯罪手段升级、案件频发,检察机关需与行政主管部门加强行刑衔接,全面履行对网络犯罪案件的刑事检察监督职能。第四,参与网络立法,促进网络法律体系建设。检察机关要积极配合立法机关与行业主管部门,为法律法规的制定提供司法实践样本,提出立法意见建议。第五,加强检察专业化建设,根据第17、18条的规定,检察机关应加强人才引进与人才培

① 《"两高两部"〈关于办理性侵害未成年人刑事案件的意见〉的理解与适用》,载北大法宝网,https://www.pkulaw.com/lawexplanation/1bab0154cd2d0eaf4f576dc14246b551bdfb.html?way=textRightFblx,2024年10月9日最后访问。

养，提升网络检察队伍的检察办案能力。第六，检察机关应重视网络普法，加强网络法治宣传，积极落实“谁执法谁普法的普法责任制”，引导网络舆论，凝聚社会共识。①

2.《关于依法惩治网络暴力违法犯罪的指导意见》

全媒体时代的到来使网络暴力行为愈演愈烈，网络暴力造成的危害也越发严重，然而过去对于网络暴力案件却难以作出有罪判决，一方面是因为网络暴力行为在收集取证方面存在困难，另一方面是因为对侮辱、诽谤犯罪案件的公诉标准缺乏细化指引。为依法惩治网络暴力违法犯罪活动，有效维护公民人格权益和网络秩序，最高人民法院、最高人民检察院、公安部联合发布《关于依法惩治网络暴力违法犯罪的指导意见》，进一步明确了网络暴力行为的法律适用标准，并为网络暴力行为受害人提供及时有效的法律救济，维护网络空间的清朗环境。

《关于依法惩治网络暴力违法犯罪的指导意见》主要强调两方面内容。一方面，为准确适用法律，依法严惩网络暴力犯罪，《关于依法惩治网络暴力违法犯罪的指导意见》对典型的网络暴力行为的罪名使用规则、从重处罚情形等作出明确规定：明确网络暴力行为认定为诽谤罪、侮辱罪、侵犯公民个人信息罪等罪名的标准，规定了对针对未成年人、残疾人实施网络暴力等五种社会危害性更大的情形从重处罚。同时，为防止不当干预网民的正当权利，《关于依法惩治网络暴力违法犯罪的指导意见》第10条要求准确把握违法犯罪行为的认定标准：通过信息网络检举、揭发他人犯罪或者违法违纪行为，只要不是故意捏造事实或者明知是捏造的事实而故意散布的，不应当认定为诽谤违法犯罪。针对他人言行发表评论、提出批评，即使观点有所偏颇、言论有些偏激，只要不是肆意谩骂、恶意诋毁的，不应当认定为侮辱违法犯罪。

另一方面，《关于依法惩治网络暴力违法犯罪的指导意见》要求畅通诉讼程序，及时提供有效法律救济。②在取证方面，《关于依法惩治网络暴力违法犯罪的指导意见》中细化了公安机关协助取证规则，明确了网络服务提供者依法提供技术支

---

① 张晓津：《坚持依法治网护航网络强国建设——以最高检发布〈关于加强新时代检察机关网络法治工作的意见〉为视角》，载《人民检察》2023年第13期。

② 《〈关于依法惩治网络暴力违法犯罪的指导意见〉的理解与适用》，载北大法宝网，https://www.pkulaw.com/lawexplanation/c446519cd2d1d64801dce71722f4fd16bdfb.html?way=textRightFblx，2024年10月9日最后访问。

持的责任。第11条中以《刑法》第246条第3款为依据,规定了公安机关协助取证的前提条件与协助取证的对象,强调对于网络侮辱诽谤案件中的自诉人,公安机关应当依法提供协助。由于部分网络暴力违法犯罪案件具有很强的技术性,网络服务提供者也应当为公安机关的取证提供必要的技术支持和协助。在公诉方面,《关于依法惩治网络暴力违法犯罪的指导意见》进一步明确侮辱罪和诽谤罪的公诉标准,规定实施网络侮辱、诽谤行为造成被害人或者其近亲属精神失常、自杀等严重后果,社会影响恶劣等严重危害社会秩序的情形应当认定为刑法第246条第2款规定的"严重危害社会秩序",公安机关应当及时依法立案,以期符合立法精神与社会预期。

第二节　刑事司法

公正的刑事司法系统是维护人民基本权益的坚实防线。2023年,我国在全面贯彻落实党的二十大精神背景下,刑事司法系统各机关紧密协作,以人民为中心,持续推进法治建设,切实增强了人权司法保障。公安机关积极开展了多项专项行动,包括打击非法出入境、整治网络谣言、"昆仑2023"专项行动打击食药环犯罪、"清风2023"专项行动整治农村赌博等,全方位打击各类违法犯罪活动,有效维护了社会治安大局的稳定。检察机关在稳步推进司法改革的同时,积极响应时代需求,加大了对民营经济发展的法治保障力度,通过制定相关司法解释,如关于办理环境污染刑事案件和破坏森林资源刑事案件的法律规定,严厉打击环境犯罪,保护生态环境。此外,检察机关还深入贯彻"少捕慎诉慎押"刑事政策,优化了轻微刑事案件的办理方式,同时,支持民营经济健康发展。在反腐败斗争中,检察机关加大了对行贿犯罪的惩治力度,有效遏制了腐败现象。审判机关积极适应新时代新要求,将尊重和保障人权贯穿于刑事审判全过程。人民法院持续推进扫黑除恶斗争常态化,依法严惩信息网络犯罪,特别是电信网络诈骗等新型犯罪,有效维护了网络空间的安全与秩序。同时,法院系统不断深化刑事司法改革,推进以审判为中心的刑事诉讼制度改革,提升审判质效。在刑事执行方面,社区矫正工作取得了显著成效。各地司法行政机关积极探索社区矫正的新模式、新手段,通过精细化管理、智慧矫正等举措，提高了矫正效果，降低了再犯罪率，让公平正义更加可触可感。

一、公安机关开展多项专项行动打击多发犯罪

在2023年，公安机关坚持以习近平新时代中国特色社会主义思想为指引，紧密围绕捍卫国家政治安全、保障人民安居乐业、促进经济社会稳定发展的新时代任务，实施了一系列专项行动，取得了显著成效。数据显示，2023年全国公安机关立案的刑事案件数和查处的治安案件数相较于2019年分别下降了12.9%和9.7%。特别值得注意的是，爆炸、杀人等八类严重暴力刑事案件的数量也下降了10.7%，每十万人命案发生数仅为0.46起。这一数据充分证明，我国已成为世界上命案发案率最低、枪爆案件最少、刑事犯罪率最低的国家之一。①

（一）中越联合开展打击非法出入境专项行动

在全球化浪潮的推动下，中国对外开放的步伐不断加快，与世界各国特别是周边国家的人员交流和经贸合作日益紧密。然而，这一趋势也为不法分子提供了可乘之机。随着边境地区经济社会活动的升温，人流、车流显著增加，非法出入境活动呈现出新的形势和问题。面对这一挑战，中国公安部和国家移民管理局给予了高度重视，并连续展开了一系列专项行动，以严厉打击妨害国边境管理犯罪。

中国国家移民管理局与越南公安部在北京签署的《中华人民共和国国家移民管理局与越南社会主义共和国公安部关于开展联合打击非法出入境专项行动工作方案》，标志着两国在出入境管理领域合作进入了新的阶段。根据该工作方案，中国移民管理机构和越南公安出入境管理部门在相互尊重主权和平等互利的基础上，开展了一系列务实执法合作。这些合作内容涵盖了涉案信息互通、人员身份核查、非法入境人员遣返、联合执法办案、人员抓捕以及边境管控等方面，旨在严厉打击震慑跨境组织偷渡团伙，全力维护中越两国出入境管理秩序。值得一提的是，在专项行动期间，中越双方还通过在线会议等形式，举办了研修班和交流活动，为深

① 公安部：《通报全国公安机关五年来全力做好各项公安工作取得显著成效情况》，载中华人民共和国公安部网2024年5月27日，https://www.mps.gov.cn/n2254536/n2254544/n2254552/n9582428/index.html，2024年10月9日最后访问。

化务实合作打下了坚实的基础。这些活动不仅增进了双方的了解和信任,也为未来合作提供了更多的可能性。

自专项行动启动以来,中越双方成功抓获了一批跨境"蛇头",打掉了多个组织偷渡团伙,并有效斩断了偷渡通道。①这些行动不仅有力维护了国家安全和出入境管理秩序,也进一步提升了双方执法部门的合作水平和能力。

(二)积极开展网络谣言打击整治专项行动

在信息时代,网络谣言的传播速度之快、影响范围之广,使得其对社会秩序造成的负面影响日益凸显,一些恶意的谣言甚至可能引发公众恐慌。为了维护社会稳定和公共安全,开展打击网络谣言的专项行动势在必行。公安部对此高度重视,在2023年通过集中查处整治一批网上造谣传谣违法犯罪活动,有效地净化了网络环境。据统计,公安机关累计排查网络谣言线索8万余条,侦办网络谣言类案件1万余起,抓获犯罪嫌疑人1500余名,行政处罚10700余人,开展公开辟谣等4200余次。②这些行动不仅打击了网络谣言的制造者和传播者,也提高了公众对网络谣言的警惕性。

公安机关在专项行动中采取了多种措施。一方面,通过加强线索排查和案件侦办,深挖网络谣言的源头和传播链条,坚决打击制造和传播谣言的违法犯罪行为。另一方面,公安机关也注重加强互联网平台的监管,督促其落实网络安全管理主体责任,防止谣言在其平台上滋生和传播。此外,公安机关还积极开展法治宣传教育,提高公众对网络谣言的识别能力和防范意识。除了上述措施外,公安机关还将研究采取更多综合治理措施来强化源头治理和压实平台责任。例如,对网络谣言事件频发、实名制落实不到位、产品风险漏洞多的网络平台进行重点整治。同时,充分动员互联网企业、行业协会等社会力量共同参与网络谣言的治理工作。通过这些措施的实施,有望构建一个更加清朗、健康的网络环境。③

公安机关将在2024年继续加大打击网络谣言的力度,不仅会加强与相关部门

① 公安部:《中越启动联合打击非法出入境专项行动》,载中华人民共和国公安部网2023年7月29日,https://www.mps.gov.cn/n2255079/n6865805/n7355741/n7912601/c9134703/content.html,2024年10月9日最后访问。

②③ 公安部:《公安机关打击整治网络谣言专项行动取得阶段性成效,公安部公布10起典型案例》,载中华人民共和国公安部网2024年4月12日,https://www.mps.gov.cn/n2254098/n4904352/c9538664/content.html,2024年10月9日最后访问。

的协作配合，形成合力打击网络谣言，还将继续加强技术手段的应用，提高网络谣言的监测和预警能力以应对未来可能出现的挑战。①

（三）深入开展"昆仑2023"专项行动

为深入贯彻党的二十大精神，全面加强社会主义现代化国家建设的安全稳定环境，公安部于2023年2月21日召开全国公安机关"昆仑2023"专项行动动员部署视频会。此次行动旨在依法严厉打击食品药品安全、环境保护及知识产权领域的违法犯罪行为，确保人民群众生命健康和社会可持续发展。在"昆仑2023"专项行动中，公安机关成功侦破刑事案件8.4万起，抓获犯罪嫌疑人11.6万名，同比分别增长12%和17%。这一显著成果彰显了公安机关打击食药环和知识产权领域违法犯罪的决心和力度。②

"昆仑2023"专项行动聚焦六大领域：食品安全、药品安全、知识产权保护、污染防治、野生动物保护、环境资源安全和生物安全。通过强化全环节、全要素、全链条的打击力度，突出"打源头、端窝点、摧网络、断链条、查流向"的战术策略，公安机关将依法严厉打击各类违法犯罪活动。在食品安全领域，行动将深化对非法添加、超标残留等违法行为的打击，保障人民群众"舌尖上的安全"。③在药品安全领域，保持对假药劣药等犯罪行为的高压态势，确保用药安全。在知识产权保护领域，重点打击汽车配件、建筑材料等领域的制假售假行为，保护创新成果。在污染防治领域，依法严打污染环境犯罪，守护绿水青山。此外，公安机关还将强化源头治理，形成打击治理合力，并通过加强区域合作、网上作战和部门间联动协作，推动对食药环和知识产权领域违法犯罪的系统治理、依法治理、综合治理和源头治理。④

公安部要求全国公安机关全面贯彻落实党的二十大精神，以人民为中心，坚持统筹发展与安全，扎实开展"昆仑2023"专项行动。同时，强调要突出打击重点，主动服务大局，创新打击理念，加强部门合作，提高执法水平，加强组织领导，确保专项行动取得实效。

---

① 《公安部决定将2024年作为打击整治网络谣言专项行动年》，载中国青年报2023年12月24日，https://zqb.cyol.com/html/2023-12/24/nw.D110000zgqnb_20231224_4-02.htm，2024年10月9日最后访问。

② 邵磊：《"昆仑2023"专项行动聚焦六大打击重点》，载《人民公安报》2023年第1期。

③ 谢俊思：《公安部连续五年开展"昆仑"专项行动》，载《人民公安报》2023年第1期。

④ 宋灵云：《公安部部署开展"昆仑2023"专项行动》，载《人民公安报》2023年第1期。

(四)扎实推进“清风 2023”专项行动

为深入推进农村社会治理,依法严打农村赌博等违法犯罪活动,全面整治地下赌场乱象,2022 年 11 月,公安部在全国范围内部署开展“清风 2023”专项行动。该行动旨在净化农村社会风气,为乡村振兴创造安全稳定的社会治安环境。农村赌博类警情同比下降 23.1%,农村地区社会风气和社会治安环境得到有效净化。专项行动期间,公安部共挂牌督办 91 起农村重大开设赌场案件,均已告破,深挖“团伙化”地下赌场案件 2800 余起,打掉团伙 5100 余个。①

“清风 2023”专项行动围绕农村地区开设赌场、聚众赌博等大要案件,组织各地公安机关全环节、全链条开展侦查工作。通过集中梳理近年来农村地下赌场警情、发案情况,严格落实“四查四知”要求,全面掌握农村地下赌场动态。同时,不断优化侦查模式,精准摸排线索,强化依法打击。另外,赌博案件在一些农村地区仍然易发多发,主要呈现本地“纠集性”聚赌为主,“职业化”团伙占一定比例,隐蔽性、流动性增强,诱惑性、欺骗性较大等特点。针对这些特点,公安部建立了农村赌博监测机制,设立监测点,通过常态监测警情、案件等信息,全面掌握农村赌博发案规律、地域分布、周期性特点以及危害影响,针对性调整防范治理措施。此外,农村地区“季节性”“纠集性”聚赌问题仍然反复多发,一些“职业化”地下赌场的流动性、隐蔽性不断增强,给禁赌工作带来了较大的挑战。为此,公安部将继续强化督办指导,加强部门合作,提升执法水平,确保专项行动取得实效。

公安机关将继续保持对赌博违法犯罪活动的高压态势,坚决打击各类赌博行为。同时,呼吁广大人民群众积极支持配合公安机关禁赌治赌工作,共同维护社会和谐稳定。

(五)多方面开展打击整治盗采海砂违法犯罪专项行动

盗采海砂不仅严重破坏了海洋生态环境,也给建筑市场带来了潜在的安全隐患。近年来,尽管公安机关和有关部门已联合开展多次打击行动,但受巨大利益驱动,盗采海砂犯罪仍然屡禁不止。对此,最高人民检察院、公安部与中国海警局(以下简称“三部门”)联合部署了一项为期六个月的专项行动,旨在打击并整治盗采

① 公安部:《公安机关强力推进“清风 2023”专项行动》,载中华人民共和国公安部官网,https://www.mps.gov.cn/n2254536/n2254544/n2254552/n9062121/n9062160/c9064871/content.html, 2024 年 10 月 9 日最后访问。

海砂的违法犯罪行为。

在行动的具体实施中，三部门严格规范执法，坚持打击办案与规范执法并重，确保了政治效果、法律效果和社会效果的有机统一。各地区公安部门通过全面加强对重点区域加大巡视检查力度，以及对重点对象和环节的全面排查，有效提升了打击涉海砂违法犯罪的精准度和效率。同时，专项行动还强调了对“三无”船舶和违规采砂船的清理整治，以及加强涉海工程项目全过程监管，从而推动了海砂资源的整合治理。此外，三部门通过强化协同配合，建立信息共享、案件移送、协同管控等机制，有效提升了执法监督和侦查监督的衔接配合水平。同时，运用信息化手段和立体巡查方式，提高了对违法行为的发现查处效率。

（六）集中打击整治枪爆违法犯罪专项行动

近年来，公安部持续深入开展打击整治枪爆违法犯罪专项行动，旨在维护社会公共安全和国家长治久安。这一行动不仅大幅减少了社会面非法枪爆物品的流通，还显著降低了持枪、爆炸犯罪案件的发生率，至 2022 年，我国成为世界上枪爆暴力犯罪发案率最低的国家之一。①随着行动的不断深入，公安部在 2023 年再次牵头启动了新一轮为期三年的专项行动，以进一步强化对枪爆违法犯罪的打击和整治。2023 年 6 月 8 日，公安部通过视频部署会的形式，对新一轮专项行动进行了全面动员和部署，彰显了公安机关对枪爆违法犯罪活动的坚定打击决心。这一轮专项行动的实施取得了显著成效，全国公安机关共查破枪爆案件 1.3 万起，摧毁了 37 个犯罪团伙，捣毁了 258 个制贩窝点，成功抓获了 1.4 万名违法犯罪嫌疑人。辽宁、吉林、江苏、浙江、四川等地的公安机关更是破获了一批特大非法制贩枪爆物品案件，有效震慑了此类犯罪活动。②

为确保专项行动取得实效，公安机关采取了多项关键举措。首先，坚持主动进攻，强化警种联动和情报共享，集中力量开展破案攻坚，形成了强大的打击声势。其次，通过滚动式排查和动态查缉，全力收缴流散社会的非法枪爆物品，有效净化了社会环境。同时，还加大了边境和口岸的查缉力度，以及公共交通和寄递行业的安全检查，严防非法枪爆物品的流通。

---

① 《我国成为枪爆暴力犯罪发案最低的国家之一》，载《人民公安报》2023 年 8 月 23 日，第 2 版。

② 《公安机关开展新一轮整治枪爆违法犯罪专项行动，今年以来，持枪、爆炸犯罪案件同比下降 16%》，载《人民日报》2023 年 8 月 23 日，第 12 版。

此外,公安机关还注重从源头上消除安全隐患。通过部际联席会议的形式,对枪爆问题重点地区进行挂牌整治,并联合有关部门开展了一系列专项整治行动,包括枪爆物品安全检查、枪弹运输排查整治、民爆危化品安全生产等,有效遏制了枪爆违法犯罪活动的发生。在专项行动过程中,公安机关还积极发动群众参与,通过广泛宣传相关法律法规和举报奖励政策,增强了群众的法治观念和安全意识。截至 2023 年 8 月,各地共接到群众举报枪爆线索 1052 条,据此查破案件 379 起,充分体现了群众在打击整治枪爆违法犯罪中的重要作用。①

针对当前枪爆违法犯罪活动呈现的特点,公安机关未来将会同有关部门采取更加严厉的打击和整治措施,包括严打境内制贩、严查境外走私、严控重点领域和严格源头监管等方面,以确保专项行动取得更加显著的成效。

(七)常态化开展“夏季治安打击整治行动”

2023 年 6 月 25 日至 9 月 30 日,公安部党委根据夏季治安特点和安全稳定形势,精心策划并全面部署了一场为期三个月的“夏季治安打击整治行动”,简称“夏季行动”。这一行动旨在严打各类违法犯罪活动,整治突出治安问题,确保社会治安大局持续稳定。在“夏季行动”期间,全国公安机关取得了显著成果,共破获刑事案件 56.6 万起,查处治安案件 204.2 万起,抓获违法犯罪嫌疑人员 97.5 万名。同时,成功化解矛盾纠纷 284.6 万起,消除治安隐患 86.5 万处。此外,全国 110 接报的刑事、治安警情同比分别下降了 13.8%和 5.2%,道路交通事故起数和死亡人数也实现了双下降,分别降低了 11.5%和 16.7%。②

为确保“夏季行动”取得实效,公安部采取了一系列具体措施:一是保持严打高压态势,公安部将打击锋芒对准严重暴力犯罪、夏季多发案件和新型违法犯罪,通过集中组织大案攻坚、打击多发违法犯罪和开展区域会战等方式,迅速形成严打高压态势。同时,加强对重点区域的巡查宣防和矛盾纠纷的排查化解工作,确保社会治安的平稳有序。二是着重关注风险隐患,各级公安机关坚持以人民为中心的发展思想,通过加强重点管控、重点巡控和公共风险防控等措施,努力消除各类风

---

① 《对枪爆违法犯罪始终保持高压震慑态势 全国公安机关多措并举严厉打击整治枪爆违法犯罪》,载《人民公安报》2023 年 8 月 23 日,第 2 版。

② 《夏季治安打击整治行动实现预期目标破获刑事案件 56.6 万起 查处治安案件 204.2 万起》,载法治网 2023 年 10 月 10 日,http://www.legaldaily.com.cn/index_article/content/2023-10/10/content_8910655.html,2024 年 10 月 9 日最后访问。

险隐患。通过广泛开展“见警察、见警车、见警灯”行动和联合清查行动等方式，有效提升了社会治安防控水平和社会面见警率。三是强化统筹指挥，公安部党委高度重视“夏季行动”的组织领导工作，通过加强领导、周密组织和发动群众等方式，确保行动的有力有序推进。各级公安机关自上而下逐级成立“夏季行动”办公室，负责统筹协调各项工作任务；同时广泛发动群防群治力量参与社会治理和维护治安秩序工作。四是深化专项打击行动，针对人民群众反映强烈的突出违法犯罪问题，“夏季行动”中公安机关还组织开展了多个专项打击整治行动。如严打严重暴力犯罪、涉黑涉恶犯罪、电信网络诈骗犯罪和侵害弱势群体合法权益犯罪等专项行动；同时针对网络黑客等网络乱象也发起了集中攻坚行动，有效维护了网络空间的安全与秩序。

公安机关将继续保持对各类违法犯罪的严打高压态势，坚持常态打击、露头就打的原则不动摇，同时加强与社会各界的协作配合和群防群治工作力度，共同推动社会治安防控体系建设向更高水平迈进。

二、检察机关高质效履行法律监督职责、深化司法改革

（一）深入推进少捕慎诉慎押刑事政策

近年来，我国刑事犯罪结构中轻罪案件占比大幅上升，如危险驾驶罪、帮助信息网络犯罪活动罪（帮信罪）及掩饰、隐瞒犯罪所得罪（掩隐罪）等案件激增，反映出轻罪治理的紧迫性与重要性。①在此背景下，最高人民检察院积极践行“少捕慎诉慎押”的司法政策，这一政策不仅标志着司法理念的深刻转变，更在实际操作中取得了显著成效。自该政策实施以来，诉前羁押率大幅下降，从 2018 年的 54.9% 降至 2022 年的 26.7%；不捕率与不起诉率则显著上升，分别由 22.1% 和 7.7% 增长至 43.4% 和 26.3%。②

2023 年，为实现“严而不厉”的刑事立法与司法目标，最高人民检察院将“少捕慎诉慎押”作为核心策略，进一步融入轻罪案件办理之中，明确了构建中国特色轻罪治理体系的核心思路与前提，即强调治理的实质与内涵，摒弃单一治理模式，转

---

① 《五个维度推动构建中国特色轻罪治理体系》，载《检察日报》2024 年 7 月 13 日，第 3 版。

② 《从 2023 年“两高”工作报告看当下刑事司法的现状与趋势》，载搜狐网 2023 年 3 月 15 日，https://www.sohu.com/a/654327338_121123750，2024 年 10 月 9 日最后访问。

向多维度、多层面的综合治理。[①]一方面,对于轻微犯罪,检察机关依法实施少捕慎诉慎押,减少不必要的羁押,增进社会和谐。对涉嫌犯罪但无逮捕必要的,决定不批捕26.6万人;对犯罪情节轻微,依法不需要判处刑罚或者免除刑罚的,决定不起诉49.8万人,同比分别上升22.5%和12.6%。会同公安部制定羁押必要性审查工作规定,对不需要继续羁押的犯罪嫌疑人,依法变更强制措施2.9万人。[②]另一方面,对于严重暴力犯罪及危害国家安全、公共安全的犯罪,检察机关则保持高压态势,确保批捕率与起诉率稳定在较高水平。此外,检察机关还充分发挥认罪认罚从宽制度的作用,鼓励犯罪嫌疑人自愿认罪认罚,以实现案件处理的快速化与公正化。超过90%的犯罪嫌疑人在检察环节认罪认罚,一审服判率高达96.8%,显著提升了司法效率与公信力。[③]同时,检察机关还注重罚金刑的运用,在轻罪案件中适当提高罚金刑适用率,以恢复性司法理念弥补犯罪造成的损害,并防止轻罪犯罪人在羁押期间受到不良影响。

通过推动构建中国特色轻罪治理体系,检察机关不仅提升了司法公信力与群众满意度,更为中国式现代化建设提供了坚实的法治保障。"少捕慎诉慎押"政策的稳步推进不仅有效降低了司法成本,节约了司法资源,更在保障人权、促进社会和谐方面发挥了重要作用。

(二)积极履行反腐败检察职责

反腐败斗争是维护社会公平正义、促进国家长治久安的基石。2023年,检察机关积极响应党中央号召,采取了一系列具体而有力的举措,以深化反腐败斗争,提升行贿犯罪的惩处力度。

具体而言,检察机关首先加大了对职务犯罪案件的办理力度,不仅受理并起诉了大量职务犯罪案件,还特别针对县处级以上高官及金融、医药、粮食购销等重点领域的腐败问题进行了专项整治,有效遏制了腐败现象的蔓延。2023年,检察机关共受理移送审查起诉职务犯罪2万人,同比上升9.3%,起诉1.8万人。其中,对29名原中管干部提起公诉。对监委调查移送起诉案件,强化检监协作,促进提升

---

① 石经海、梁选点:《五个维度推动构建中国特色轻罪治理体系》,载最高人民检察院网2024年7月13日,https://www.spp.gov.cn/spp/llyj/202407/t20240713_660381.shtml,2024年10月9日最后访问。

②③ 王冬:《最高检发布〈刑事检察工作白皮书(2023)〉》,载最高人民检察院网2024年3月9日,https://www.spp.gov.cn/zdgz/202403/t20240309_648424.shtml,2024年10月9日最后访问。

办案质效，共提前介入12475件，占61.1%；开展自行补充侦查3020件，占13.1%；起诉粮食购销领域职务犯罪385人，发布10起粮食购销领域职务犯罪典型案例，针对粮食购销领域职务犯罪多发问题，最高人民检察院分别向国家粮食和物资储备局、中国储备粮管理集团有限公司制发第九号、第十号检察建议，共护粮食安全；起诉金融领域职务犯罪348人，依法办理中国人寿保险（集团）原党委书记、董事长王滨，中国招商银行原党委书记、行长田惠宇等一批金融领域职务犯罪大要案，发布4起金融领域新型职务犯罪指导性案例，强化案件指导。①在此过程中，检察机关强化与监察机关的协作配合，通过提前介入、自行补充侦查等方式，显著提升了办案质效，确保了案件处理的公正与高效。其次，检察机关深入贯彻“受贿行贿一起查”的决策部署，显著提升了行贿犯罪的查处力度。共起诉行贿犯罪2593人，同比上升18.9%。②通过起诉大量行贿犯罪案件，联合发布典型案例，以及对行贿所获不正当利益的追缴与纠正，形成了对行贿行为的强大震慑，有效打破了“重受贿、轻行贿”的传统格局。这一转变不仅体现了司法公正，也进一步净化了社会风气。而且，在追逃追赃方面，检察机关同样取得了显著成绩。例如，中国银行开平支行原行长许国俊贪污挪用巨额公款后潜逃国外二十年，经持续追逃被强制遣返，广东检察机关依法起诉后其被判处无期徒刑，彰显有逃必追的坚定决心。③通过积极开展国际追逃追赃工作，成功将一批外逃多年的腐败分子缉捕归案，并依法追缴其违法所得，彰显了国家有逃必追、一追到底的坚定决心。这些举措不仅维护了国家法律的尊严，也为国际反腐败合作树立了典范。此外，检察机关还注重完善反腐败工作制度机制，通过制定出台相关程序规定、开展督导调研和案件评查等方式，不断推动反腐败工作的规范化、法治化进程。这些制度机制的建立与完善，为反腐败斗争的深入开展提供了有力保障。

（三）推动网络空间依法治理

网络空间作为信息时代不可或缺的基础设施，其治理的重要性愈发凸显，直接关系到国家安全、社会稳定及每一个网民的合法权益。面对电信网络诈骗、网络暴

①② 王冬：《最高检发布〈刑事检察工作白皮书（2023）〉》，载最高人民检察院网2024年3月9日，https://www.spp.gov.cn/zdgz/202403/t20240309_648424.shtml，2024年10月9日最后访问。

③ 应勇：《最高人民检察院工作报告》，载最高人民检察院网2024年3月15日，https://www.spp.gov.cn/spp/gzbg/202403/t20240315_649603.shtml，2024年9月10日最后访问。

力、侵犯公民个人信息等网络犯罪频发的严峻形势,2023年检察机关采取了一系列全面且具体的举措,以强化网络空间治理。

在顶层设计上,检察机关深入贯彻习近平法治思想和网络强国战略,发布了《关于加强新时代检察机关网络法治工作的意见》,为网络空间治理提供行动指南。同时,《深入推进"净网2023"专项行动工作方案》的印发,更是明确了打击网络犯罪的重点领域与任务,确保了工作有序高效推进。①

在具体举措方面,检察机关展现了强大的执行力和创新力。针对电信网络诈骗犯罪,检察机关持续推进"拔钉""断流""断卡"等专项行动,全年共起诉电信网络诈骗犯罪51351人,同比上升66.9%。此外,针对帮助信息网络犯罪活动的严峻形势,检察机关也加大了打击力度,起诉帮信罪人数从2018年的137名激增至2022年的13万名,帮信罪已成为司法实践中的第三大罪名。全年起诉帮信罪146579人,同比上升13%,彰显了对此类犯罪的零容忍态度。②面对网络暴力问题,检察机关联合最高人民法院、公安部等部门出台指导意见,依法严惩网络侮辱、诽谤等犯罪行为。2023年1月至11月,检察机关共依法起诉侮辱、诽谤犯罪39人,坚决向网络暴力亮剑。同时,针对网络谣言、网络黑灰产等乱象,检察机关也积极探索公益诉讼解决方案,全年办理网络公益诉讼案件6700余件,有效维护了网络空间的公共利益。③此外,检察机关还注重源头治理与综合施策。针对电信、金融、互联网等行业未落实反诈法义务的问题,检察机关依法提起公益诉讼160余件,推动相关行业加强风险防控。④在未成年人网络保护方面,检察机关充分发挥未成年人检察业务集中统一办理优势,全年共起诉涉嫌利用电信网络侵害未成年人犯罪6792人,同时加强与其他部门的协作配合,共同推动净化未成年人上网环境。⑤

---

① 孙风娟:《检察机关多措并举依法惩治网络犯罪、助力网络空间综合治理》,载最高人民检察院网2024年2月24日,https://www.spp.gov.cn/spp/zdgz/202402/t20240224_644645.shtml, 2024年9月10日最后访问。

② 应勇:《最高人民检察院工作报告》,载最高人民检察院网2024年3月15日,https://www.spp.gov.cn/spp/gzbg/202403/t20240315_649603.shtml, 2024年10月9日最后访问。

③ 《检察机关依法惩治网络暴力犯罪,将加强网络空间治理公益诉讼力度》,载人民网2024年2月26日,http://jx.people.com.cn/n2/2024/0226/c186330-40756038.html, 2024年10月9日最后访问。

④ 刘家墉:《最高检:发挥"严"的震慑作用 依法惩治电信网络诈骗》,载最高人民检察院网2024年2月23日,https://www.spp.gov.cn/spp/zdgz/202402/t20240223_644635.shtml, 2024年10月9日最后访问。

⑤ 刘家墉:《最高检:严厉打击利用未成年人实施电信网络诈骗犯罪》,载最高人民检察院网2024年2月23日,https://www.spp.gov.cn/spp/zdgz/202402/t20240223_644634.shtml, 2024年10月9日最后访问。

2023年,检察机关共起诉各类网络犯罪28万人,同比上升35.5%,占全部刑事犯罪的18.8%。[①]检察机关的各种举措为人民群众营造了一个更加安全、健康、有序的网络环境,也为未来网络空间的持续健康发展奠定了坚实基础。

(四)全面加强妇女权益司法保护

对妇女权益的司法保护是社会公正与进步的基石,对于促进性别平等和维护社会稳定具有重要意义。2023年,我国检察机关在保障妇女权益方面采取了多项具体举措,展现了坚定的政治责任与法治担当。

这一年里,检察机关依法严惩侵犯妇女生命健康、人格尊严等犯罪行为,起诉了4.6万名相关犯罪嫌疑人,同比上升10.7%,显著提升了对妇女权益的法律保护力度。同时,针对家庭暴力问题,检察机关起诉了563名家庭暴力犯罪嫌疑人,有效遏制了家庭暴力的蔓延趋势。此外,检察机关还与全国妇联合作,对2.3万名因犯罪侵害或民事侵权而生活困难的妇女实施了司法救助,展现了人文关怀。[②]

在深化妇女权益保障公益诉讼方面,检察机关重点监督就业歧视、贬损妇女人格等违法行为,办理了1490件相关公益诉讼案件,有力维护了妇女的劳动权、人格权等核心权益。[③]为进一步提升司法救助的针对性和实效性,检察机关还发布了典型案例,指导各地依法保护农村妇女涉土地合法权益,并通过与多部门联合出台规范指引,推动了女职工特殊劳动保护和工作场所性骚扰防范制度的完善。例如,江苏检察机关重点打击就业歧视、贬损妇女人格等违法行为,通过办理一系列公益诉讼案件,有效维护了妇女的合法权益。特别是针对网络上的性别歧视和侮辱性内容,江苏检察机关以零容忍的态度,依法提起了公诉,维护了网络空间的清朗和妇女的人格尊严。[④]

检察机关在2023年的积极作为,不仅体现在严厉打击侵害妇女权益的犯罪行

---

① 《检察机关依法惩治网络暴力犯罪,将加强网络空间治理公益诉讼力度》,载人民网2024年2月26日,http://jx.people.com.cn/n2/2024/0226/c186330-40756038.html,2024年10月9日最后访问。

② 应勇:《最高人民检察院工作报告》,载最高人民检察院网2024年3月15日,https://www.spp.gov.cn/spp/gzbg/202403/t20240315_649603.shtml,2024年10月9日最后访问。

③ 徐日丹:《数读!最高检工作报告透露了这些重要内容》,载最高人民检察院网2024年3月8日,https://www.spp.gov.cn/spp/zdgz/202403/t20240308_647992.shtml,2024年10月9日最后访问。

④ 曾凡恺:《让广大妇女儿童共享"法治阳光"——2023年以来检察机关维护妇女儿童合法权益综述》,载东南大学人权研究院网2024年1月11日,https://rqyjy.seu.edu.cn/2024/0311/c27795a483663/page.htm,2024年10月9日最后访问。

为上,还体现在通过多部门协作、创新工作方法,实现了对妇女权益保护的系统性治理。以鄂尔多斯市为例,检察机关在办理一起执行监督案件时,不仅纠正了法院执行过程中的错误,还以此为契机,深入剖析案件背后的社会问题,通过司法建议推动相关机制的完善,联合多部门,共同构建预防、调解、制止三位一体的侵害妇女合法权益行为综合干预机制,形成了强大的保护合力。①这种从个案到社会治理的延伸,体现了检察机关在妇女权益保护中的前瞻性和系统性。

2023 年,全国各级检察机关共救助困难妇女 1.8 万人,发放司法救助金 1.7 亿元,有效缓解了妇女的生活困境,还通过深化公益诉讼、畅通诉求渠道等举措,进一步提升了妇女权益保护的覆盖面和实效性。②

三、人民法院全面履行刑事司法职责

2023 年,人民法院在习近平新时代中国特色社会主义思想的指导下,深入贯彻落实党的二十大精神,围绕服务中国式现代化和全面建设社会主义现代化国家的宏伟目标,在全国人大及其常委会的监督下,继续秉持宽严相济的刑事政策,坚决维护国家安全和社会稳定。最高人民法院收案 21081 件、结案 17855 件,同比分别增长 54.6%、29.5%。全国各级法院收案 4557.4 万件、结案 4526.8 万件,同比分别增长 15.6%、13.4%,③彰显了人民法院司法为民的坚定决心。

(一) 持续推进扫黑除恶斗争常态化

2023 年 9 月 28 日上午,人民法院以视频形式在北京召开了常态化扫黑除恶斗争重点工作推进会,会议强调了持续深化扫黑除恶斗争的重要性,要求以法治化手段推进斗争常态化,确保国家安全和社会稳定。针对当前黑恶势力趋于隐蔽、复杂的形势,会议提出了强化依法打击、深挖"关系网""保护伞"及综合治理等策略。④

① 杨世林:《以妇女权益保障为突破口,实现检察监督与检护民生同频共振》,载最高人民检察院网 2024 年 7 月 17 日,https://www.spp.gov.cn/zdgz/202407/t20240717_660639.shtml, 2024 年 10 月 9 日最后访问。

② 徐日丹:《数读！最高检工作报告透露了这些重要内容》,载最高人民检察院网 2024 年 3 月 8 日,https://www.spp.gov.cn/spp/zdgz/202403/t20240308_647992.shtml, 2024 年 10 月 9 日最后访问。

③ 《最高人民法院工作报告(摘要)》,载新华网 2024 年 3 月 11 日,https://www.chinalaw.org.cn/portal/article/index/id/33363.html, 2024 年 10 月 9 日最后访问。

④ 《李勇在人民法院常态化扫黑除恶斗争重点工作推进会上强调依法履职尽责,主动担当作为,持续推动常态化扫黑除恶走深走实》,载最高人民法院网 2023 年 9 月 29 日,https://www.court.gov.cn/zixun/xiangqing/413482.html, 2024 年 10 月 9 日最后访问。

2023年,人民法院积极响应党中央号召,将常态化扫黑除恶斗争作为关键任务。具体而言,全国法院系统围绕提升审判效率与质量,一审新收涉黑恶案件2208件,审结1855件,结案率高达84.01%,彰显了司法机关的高效与严谨。同时,人民法院注重“黑财”清底工作,成功执行到位8.66亿元,追缴、没收违法所得执行到位5.22亿元,执行到位率分别为91.01%、86.33%,有效打击了黑恶势力的经济基础。①以吉林省为例,全省法院在常态化扫黑除恶中表现突出,不仅强化了政治引领,还通过压实责任、细化措施,确保扫黑除恶斗争的深入推进,审判质量与效率并重,对重点案件实施精准打击,展现了司法正义的力量。②此外,全国法院共制发涉黑恶治理的司法建议2803件,司法建议发送数量同比增长16.3%,③这有利于全面梳理涉黑恶已决案件审理、判决、执行情况,进一步总结经验、推动工作。

(二)依法严厉打击腐败犯罪行为

2023年2月3日上午,全国法院以视频形式召开了党风廉政建设和反腐败工作会议,会议明确指出,要坚定不移推动人民法院正风肃纪反腐向纵深发展,将纪律建设置于更加突出的位置,健全全面从严治党体系,确保人民法院队伍忠诚干净担当。此次会议进一步细化了全面从严治党的战略部署,为人民法院在新时代新征程中的党风廉政建设和反腐败工作指明了方向。④

2023年,全国法院系统持续保持对腐败犯罪的高压态势,依法严惩各类贪污贿赂等职务犯罪,据统计,全国法院系统审结贪污贿赂等职务犯罪案件达到2.4万件,涉及人数达2.7万人,同比增长19.9%。同时,为构建风清气正的社会环境,人民法院严格执行受贿行贿并查原则,对多次行贿、巨额行贿及向多人行贿的犯罪行为实施严厉打击。例如,针对高某向某城投公司高管行贿1200万元以获取金融业

---

① 《最高人民法院副院长李勇:2023年一审审结电信网络诈骗犯罪案件3.1万余件》,载搜狐网2024年3月7日,https://www.sohu.com/a/762375036_161623,2024年10月9日最后访问。

② 《省法院召开扫黑除恶斗争领导小组2024年第一次会议》,载吉林省长安网2024年3月27日,http://www.jlpeace.gov.cn/jlscaw/shce/202403/c3133694ccc743a383544d7339b575f9.shtml,2024年10月9日最后访问。

③ 《李勇在人民法院常态化扫黑除恶斗争重点工作推进会上强调依法履职尽责,主动担当作为,持续推动常态化扫黑除恶走深走实》,载最高人民法院网2023年9月29日,https://www.court.gov.cn/zixun/xiangqing/413482.html,2024年10月9日最后访问。

④ 《周强出席全国法院2023年党风廉政建设和反腐败工作会议强调 一刻不停推进全面从严治党从严治院 坚定不移推动人民法院正风肃纪反腐向纵深发展 贺荣主持》,载最高人民法院网2023年2月3日,https://www.court.gov.cn/zixun/xiangqing/387771.html,2024年10月9日最后访问。

务合作的行为,法院果断判定其构成行贿罪,依法判处其十年有期徒刑并处罚金120万元,同时将其违法所得1.02亿元全部予以追缴,有效震慑了潜在的腐败行为。此外,针对腐败分子的跨境逃逸现象,人民法院亦采取了有力措施,共审结外逃人员回国受审案件371起,通过特别程序审理犯罪嫌疑人、被告人逃匿或死亡情况下的违法所得没收案件38件,成功追缴违法所得4.5亿元及价值数亿元的房产等资产,彻底击碎了腐败分子"一人逃亡、全家得利"的幻想,巩固了反腐败斗争的成果。①

(三)依法严惩信息网络犯罪行为

2023年9月25日,最高人民法院特别召开了打击治理电信网络诈骗犯罪重点工作推进会,会议明确指出,人民法院需依法严惩境外电信网络诈骗,对幕后操纵者及境内协同犯罪者绝不姑息,同时注重全链条打击,确保追赃挽损工作的有效实施,并强化法治宣传,构建全民反诈的良好氛围。②

2023年,人民法院在打击信息网络犯罪方面取得了显著成效。以电信网络诈骗为例,全国法院一审审结相关案件达3.1万余件,涉及被告人6.4万余人,同比增长48.4%,彰显了人民法院对此类犯罪的严厉打击态势。③在具体实践中,各地法院积极行动,如湖南省高级人民法院发布了专项行动方案,强化组织领导与审判职能,推动打击、防范、治理一体化进程;④广西壮族自治区高级人民法院则通过全链条打击策略,不仅严惩主犯,还针对帮助信息网络犯罪活动、洗钱等上下游犯罪进行了有力打击,有效遏制了犯罪蔓延;⑤天津市高级人民法院亦不遗余力,近三年内一审审结电信网络诈骗案件666件,涉及金额高达15亿余元,彰显了其打击犯罪的决心与成效。⑥

---

① 《最高人民法院工作报告——2024年3月8日在第十四届全国人民代表大会第二次会议上》,载最高人民法院公报网,http://gongbao.court.gov.cn/Details/91879661d9288abc72798a23b1ecec.html,2024年10月9日最后访问。

② 《高憬宏在人民法院打击治理电信网络诈骗犯罪重点工作推进会上强调出重拳,下重手,依法从严打击电信网络诈骗犯罪》,载最高人民法院网2023年9月25日,https://www.court.gov.cn/zixun/xiangqing/413032.html,2024年10月9日最后访问。

③ 《最高人民法院副院长李勇:2023年一审审结电信网络诈骗犯罪案件3.1万余件》,载搜狐网2024年3月7日,https://www.sohu.com/a/762375036_161623,2024年10月9日最后访问。

④ 《湖南法院着力打击电信网络诈骗犯罪》,载最高人民法院网2023年1月5日,https://www.court.gov.cn/zixun/xiangqing/385341.html,2024年10月9日最后访问。

⑤ 《广西高院公布10起电信网络诈骗及关联犯罪典型案例》,载最高人民法院网2023年12月25日,https://www.court.gov.cn/zixun/xiangqing/421492.html,2024年10月9日最后访问。

⑥ 《天津法院重拳打击电信网络诈骗犯罪》,载最高人民法院网2023年8月10日,https://www.court.gov.cn/zixun/xiangqing/408662.html,2024年10月9日最后访问。

这些努力不仅体现在案件数量上，更体现在实际成果与社会影响的显著提升。通过严厉打击与综合治理，电信网络诈骗犯罪活动得到有效遏制，人民群众财产安全得到更好保障，社会治安环境持续优化。同时，通过强化法治宣传与教育警示，公众的防范意识显著增强，为构建网络空间清朗环境奠定了坚实基础。

（四）深化推进刑事司法改革

2023年，人民法院在深化刑事司法改革方面取得了显著成效，不仅提升了审判质效与现代化水平，还为实现司法公正、保障人民权益作出了重要贡献。

人民法院通过持续推动以审判为中心的刑事诉讼制度改革，构建起一个诉讼、审判、庭审均以证据为核心的新格局，不仅强化了庭审在查明事实、认定证据、保护诉权及公正裁判中的核心地位，还进一步健全了庭前会议、非法证据排除、法庭调查等“三项规程”，有效保障了案件审理的公正性和效率性。①具体而言，庭审实质化的推进，使得本年度审限内结案率达到了97.7%，同比显著增长2个百分点，显著提升了审判效率。②与此同时，人民法院还着力加强刑事审判队伍的建设与优化，采取了系统性的培训、科学化的考核及广泛的交流锻炼等方式。全国法院通过线上线下多种平台，累计培训法官超过484万人次，显著增强了审判队伍的实战能力与专业水平。此外，为了吸引并留住最优秀的人才，人民法院还积极拓宽了法官职业发展路径，推进法官逐级遴选与员额动态调整，使得更多高素质的法律人才能够投身于审判一线。③

在智慧法院建设方面，人民法院亦不遗余力。通过部署推进全国法院“一张网”建设，深化司法大数据分析应用，智慧法院系统在案件审理、审判管理等方面实现了迭代升级。截至2024年3月，已累计上网裁判文书超过216.5万件，同比增长111.6%，其中最高人民法院、高级人民法院上网文书数量更是同比增长了4.7倍。④这一举措不仅极大地提升了审判工作的智能化水平，还有效促进了司法透明度的提高，增强了公众对司法公正的信任。

---

① 《最高法：深化司法体制改革，推动建立国家层面法官惩戒制度》，载《南方都市报》2023年1月8日，https://new.qq.com/rain/a/20230108A06ZJJ00，2024年10月9日最后访问。

②③④ 《最高人民法院工作报告——2024年3月8日在第十四届全国人民代表大会第二次会议上》，载中华人民共和国最高人民法院公报网，http://gongbao.court.gov.cn/Details/91879661d9288abc72798a23b1ecec.html，2024年10月9日最后访问。

在改革成效上,人民法院还通过创建“人民法院案例库”与“法答网”等平台,统一了法律适用标准,提升了司法效率与公正性。截至2024年3月,“法答网”已累计解答法官提出的法律适用问题超过28万件,有力促进了审判质量的提升。①同时,人民法院还严格把控发回重审、指令再审条件,通过严格的审查程序,有效防止了程序空转与司法资源的浪费。

人民法院将继续秉持以人民为中心的发展思想,坚定不移地推进刑事司法改革,努力构建更加科学、合理、高效的刑事司法体系,为全面建设社会主义现代化国家、实现中华民族伟大复兴的中国梦提供坚实的司法保障。

四、构建社区矫正工作高质量发展新格局

自2020年7月1日《中华人民共和国社区矫正法》(以下简称《社区矫正法》)正式施行以来,社区矫正工作在全国司法行政机关的积极推动下,进入了规范化、精细化、智能化发展的新阶段。2023年,各地司法行政机关不仅注重完善社区矫正机构建设,还积极探索分类教育模式,针对不同社区矫正对象的特点和需求,实施个性化矫正方案。同时,借助现代科技手段,推动社区矫正工作向智能化方向发展,提高了工作效率,降低了再犯罪风险。

深化落实社区矫正精细管控。精细化管理能够通过细化法律法规、优化资源配置、强化个体关怀等方式,实现对社区矫正对象的全面、深入、细致地监管与教育,从而提升其教育矫正质量,降低再犯罪风险。2023年各地社区矫正工作主要从两个方面深化落实精细管控:一是细化《社区矫正法》的相关规定,确保法条内容在地方实践中得以精准落实。如山西省不仅严格执行《社区矫正法》,还结合本省实际,制定了一系列配套细则和标准,包括《山西省社区矫正实施细则》《社区矫正宣告工作规范》等,进一步细化了社区矫正工作流程和执法标准。此外,山西还通过加强社区矫正执法力量、建立协调配合工作机制、推进“智慧矫正”建设等措施,不断提升社区矫正工作的规范化、智能化水平。②这些措施不仅增强了社区矫

---

① 《最高人民法院工作报告——2024年3月8日在第十四届全国人民代表大会第二次会议上》,载中华人民共和国最高人民法院公报网,http://gongbao.court.gov.cn/Details/91879661d9288abc72798a23b1ecec.html,2024年10月9日最后访问。

② 《精彩盘点——从“十大举措”看2023山西社区矫正工作》,载山西司法行政网2024年1月22日,https://sft.shanxi.gov.cn/zwyw_20182/stdt/202401/t20240122_9487820.html,2024年10月9日最后访问。

正工作的执行力，也为社区矫正对象的精细化管理提供了坚实的制度保障。二是在实际工作中，对社区矫正对象实施全面精细化管理，以达到最佳的教育帮扶效果。如浙江省宁波市鄞州区横溪镇采取“网格+社区矫正”的创新模式，将社区矫正对象按居住地分派至具体网格中，建立专职网格员联结帮扶机制，采取以管解忧、以访慰心、以治促矫等举措，有效激发了社区矫正对象的内在动力。特别是通过“三点必访”工作机制，网格员能够在关键节点精准掌握矫正对象的心理状态，提供及时有效的思想教育和心理疏导。①

积极回应新时代工作要求。《社区矫正法》的实施为各地司法行政机关带来了新的挑战与机遇，尤其是原“双八”管理中的强制性公益劳动转变为弹性公益活动规定，这一变化虽然体现了对矫正对象人权的尊重和柔性治理的理念，但同时也使原本矫正力量就不足的基层司法所陷入了“执行难”的困境，理解公益属性的劳动教育在“塑心塑行”中的新时代意涵，成为司法行政人员在新形势下的重要课题。②2023 年，湖南省和山东省通过创新举措有效应对了这一挑战。湖南省常德市武陵区司法局通过引入社会工作力量，组建采用标准化服务流程的公益服务队伍，不仅丰富了公益活动形式，还促进了矫正对象的社会融入。③而山东省东营市垦利区则构建了“148”社会力量共治体系，搭建多方参与平台，实施多样化的公益活动项目，显著提升了社区矫正工作的精细化与智能化水平。④值得注意的是，两省在推进高质量发展的过程中，均对劳动教育实施过程中可能蕴含的风险进行了充分评估与应对。面对组织风险、活动风险及接受风险等挑战，两地通过建立健全专项制度规范、明确成员单位职责、引入多方资源支持等措施，有效化解了基层司法所的执行难题。为全国其他地区提供了宝贵的经验借鉴，即依托专业社工

---

① 《浙江省宁波市鄞州区横溪司法所：“三式”协力　推动“网格+社区矫正”精细化管理》，载社区矫正宣传网 2023 年 4 月 7 日，http://www.chjzxc.com/index/index/page.html?id=18849，2024 年 10 月 9 日最后访问。

② 郭宏斌、李清宇、柯柏奇：《〈中华人民共和国社区矫正法〉施行后劳动教育的运用与地方探索——以安徽省黄山市屯溪区的经验为例》，载《社区矫正理论与实践》2022 年第 1 期。

③ 《湖南省常德市武陵区探索政府购买服务下的“社工+社区矫正”公益活动新模式》，载司法部官网 2023 年 11 月 9 日，https://www.moj.gov.cn/pub/sfbgw/jgsz/jgszjgtj/jgtjsqjzglj/sqjzgljtjxw/202311/t20231109_489231.html，2024 年 10 月 9 日最后访问。

④ 《山东省东营市垦利区“148”社会力量共治　提升社区矫正质效》，载司法部官网 2023 年 11 月 9 日，https://www.moj.gov.cn/pub/sfbgw/jgsz/jgszjgtj/jgtjsqjzglj/sqjzgljtjxw/202311/t20231109_489232.html，2024 年 10 月 9 日最后访问。

机构、搭建公益活动平台、开展分类管理与个别化矫正,全面提升社区矫正工作的质量与效率。

持续做好"智慧矫正"数字化改革。2023年,各地社区矫正中心持续深化"智慧矫正"数字化改革,这一改革主要体现在建设智慧矫正中心、借助智能管理、升级改造原有社区矫正中心三个方面。其一,建设智慧矫正中心,引领数字化转型。智慧矫正中心的建设是社区矫正工作数字化转型的重要标志。以云南省昆明市盘龙区为例,该区社区矫正中心被确定为2023年度"省级智慧矫正中心",通过引入互联网、云计算、物联网等现代信息技术,构建了数据一体化、管理智能化、移动互联化、指挥可视化的工作模式。智慧矫正中心的建立,不仅提升了社区矫正工作的科技含量,还为实现精细化管理提供了有力支撑。①其二,借助智能管理,提升矫正效能。广东省潮安区社区矫正中心通过配置自助矫正终端、VR沉浸式专题教育等设备,实现了个性化教育矫治,显著提高了社区矫正对象的参与度和矫治效果。同时,借助大数据分析、人工智能等技术手段,社区矫正机构能够更加精准地评估矫正对象的风险等级,制定个性化的矫正方案,实现了对矫正对象的动态管理和精准施策。②其三,改造升级社区矫正中心,高效应用智慧矫正平台。为了更好地适应智慧矫正的需求,各地社区矫正中心纷纷进行改造升级,并高效应用智慧矫正平台。甘肃省武威市通过高站位谋划、高标准打造、高质量推进,全面完成了县级社区矫正中心的升级改造工作,并实现了"智慧矫正中心"的常态化运行。改造升级后的社区矫正中心不仅硬件设施更加完善,还实现了与省级社区矫正一体化平台的无缝对接,进一步提升了工作效率和管理水平。同时,各地社区矫正机构还注重加强人员培训和技术支持,确保智慧矫正平台能够充分发挥作用,为社区矫正工作的高质量发展提供有力保障。③

《社区矫正法》实施三年多来,全国各地的社区矫正工作在各级司法行政机关

① 《盘龙区司法局紧扣科技强矫,聚焦智慧赋能,推动我区社区矫正工作高质量发展》,载昆明市盘龙区人民政府网2023年12月19日,http://www.kmpl.gov.cn/c/2023-12-19/6785696.shtml,2024年10月9日最后访问。

② 《潮安区社区矫正中心新址正式运行》,载潮安区司法局网2023年4月23日,https://www.chaoan.gov.cn/czcasfj/gkmlpt/content/3/3842/post_3842422.html#9180,2024年10月9日最后访问。

③ 《武威市全面建成县区"智慧矫正中心"》,载澎湃网2024年1月15日,https://m.thepaper.cn/baijiahao_26021039,2024年10月9日最后访问。

的精心组织和规范执法下取得了显著成效。社区矫正工作人员不仅注重解决工作中遇到的实际问题，还更加注重工作的针对性、协调性和灵活性。他们积极引入相关部门和社会力量参与社区矫正工作，实现了工作质效的不断提升。未来，随着社区矫正工作的持续深化和创新发展，我们有理由相信社区矫正工作将在维护社会和谐稳定方面发挥更加重要的作用。

第二章 / Chapter 2

2023 年度中国犯罪态势分析

第一节 全国犯罪状况统计与分析①

我国刑事犯罪案件立案总数在 2022 年达到历史新低。纵观六年刑事案件立案数量趋势，2017 至 2020 年四年我国刑案数量持续下降，2021 年刑案数量有所回升，2022 年刑案数量下降至最低位。就案件构成类别而言，“诈骗”和“盗窃”两类财产犯罪仍是我国刑事犯罪案件最主要的类型，诈骗案件在总立案数中占比约 36%，盗窃案件在总立案数中占比约 27%，两类财产犯罪的立案数量都较之上年度有所下降。值得注意的是，“其他”类型犯罪数量六年以来持续增长，在 2022 年达到新高并且首次超过盗窃案件总数，在总立案数中占比约 34%。可见，我国刑事犯罪案件数量整体呈现下降趋势，但是刑事犯罪案件构成类别日益复杂，犯罪类型趋于多元。

2023 年，国际政治纷争和军事冲突多点爆发，全球发展和安全形势错综复杂，在国际局势变乱交织、外部威胁日益加剧的大背景下，国家安全问题成为人们关心的头等大事。在国家安全大局中，不仅要关注政治军事动态，更应警惕那些潜藏在人民身边的间谍活动，千里之堤，溃于蚁穴，间谍活动隐于暗处却对国家安全造成极大威胁。间谍不仅通过实地偷窃、网络

① 截至本书完稿时，部分省、自治区、直辖市及其他有关单位未公布 2023 年度犯罪数据，故撰写本节时采纳的数据为 2022 年度数据或更早版本。

窃密、技术窃取等方式获取涉及国家安全的敏感信息和机密数据，也常使用金钱收买、美色诱惑、感情拉拢等方式渗透策反人民群众。反间谍斗争是一场看不见的暗战，间谍危害就潜伏在我们身边。2023年7月1日，新修订的《反间谍法》正式施行。全国人大常委会法工委刑法室主任王爱立指出，新修订的反间谍法是党的二十大后国家安全领域的首部专门立法，彰显最高权力机关完善国家安全法治体系的坚定态度。反间谍法将统筹发展和安全、增强全民国家安全意识和素养、筑牢国家安全人民防线等新要求写入法律，为新时代国家安全战线履职尽责提供更加强大的法律武器，是落实党的二十大"完善国家安全法治体系"部署的重要举措。在全球化的今天，只有不断强化法律手段才能有效应对各种安全挑战，确保国家长治久安。

党的十八大以来，党中央坚持全面从严治党，对腐败零容忍，要求建立不敢腐、不能腐、不想腐一体推进的体制机制，党的十九大、二十大都提出"坚持受贿行贿一起查"，坚定不移深化反腐败斗争。2023年12月29日，十四届全国人大常委会第七次会议审议通过《刑法修正案（十二）》，《刑法修正案（十二）》完善行贿犯罪规定，加大对行贿犯罪惩治力度。全国人大常委会法工委刑法室副主任许永安指出，腐败治理是一项长期、系统工程，是刑事立法一直关注研究的重点问题之一。行贿与受贿一体两面，行贿人"围猎"是政治生态的一个重要"污染源"，行贿不禁，受贿不止。近年来，我国不断完善反腐败刑事法律制度，加大受贿行贿犯罪打击力度，进一步保护国家利益、社会公共利益和人民合法权益。

本章继续沿用2022年《蓝皮书》提出的犯罪治理指数模型对犯罪治理情况进行分析。依照2022年的分类方法，按照公安司法机关查处违法犯罪的情况数据和已有的全国部分省市和地区的犯罪相关资料数据，对犯罪治理情况进行统计分析。

从上述各个渠道收集到的数据来看，近年来我国的犯罪情况总体呈现出如下趋势：

1. 社会治安形势保持稳定，近五年全国犯罪率下降

公安部统计数据显示，2023年全国查处治安案件数与2022年基本持平，刑事案件立案数比2022年下降4.8%。①近五年来，全国犯罪率下降，2023年全国公安

① 《2023年公安工作和队伍建设交出亮眼"成绩单"》，载中国警察网2024年1月10日，https://news.cpd.com.cn/yw_30937/124/t_1119101.html，2024年8月1日最后访问。

机关共立刑事案件数、查处治安案件数较2019年同比分别下降12.9%和9.7%,其中爆炸、杀人等八类严重暴力刑事案件数下降10.7%,每十万人命案发生数为0.46起,全国现行命案破案率为99.94%,达到历史最高水平。我国是世界上命案发案率最低、枪爆案件最少、刑事犯罪率最低的国家之一。①

最高人民法院工作报告显示,2023年最高人民法院审结故意杀人等严重暴力犯罪案件5.2万件6.2万人;审结涉毒品犯罪案件3.3万件5万人,对大宗走私、制造毒品犯罪分子、累犯等坚决重判;审结电信网络诈骗案件3.1万件6.4万人,坚持宽严相济,严惩幕后"金主"、组织头目和骨干分子,对受蛊惑出售出租"两卡"帮助信息网络犯罪活动、沦为电诈"工具人"的在校及刚毕业学生等依法从宽处理,加强教育警示。②

最高人民检察院工作报告显示,2023年全国检察机关共办理各类案件425.3万件,同比上升28.9%。全年批准逮捕各类犯罪嫌疑人72.6万人,提起公诉168.8万人,同比分别上升47.1%和17.3%。检察机关深入推进常态化扫黑除恶斗争,起诉1.5万人;依法从严惩治故意杀人、抢劫、绑架等严重暴力犯罪,起诉6.1万人;突出惩治群众反映强烈的盗窃、诈骗、毒品犯罪,起诉35万人;配合公安机关开展命案积案攻坚,最高人民检察院对蒋某某、薛某某锤杀船员等137起发案二十年以上的命案依法核准追诉,让正义虽久必至、虽远必达。③

2. 危险驾驶犯罪数量居高,宽严相济刑事政策落实

根据最高人民法院工作报告解读直播访谈节目指出,2023年人民法院刑事一审案件收案123万件,增长18.3%,结案124.3万件,增长19.7%,其中,案件数量居于首位的是危险驾驶罪,从2018年起,此类犯罪占比就高居首位,且呈现快速增长趋势,去年危险驾驶罪同比上升15.3%。④

---

① 《公安部:近五年全国犯罪率下降　社会治安持续改善》,载人民网2024年5月27日,http://society.people.com.cn/n1/2024/0527/c1008-40244359.html,2024年8月1日最后访问。

② 《最高人民法院工作报告——2024年3月8日在第十四届全国人民代表大会第二次会议上》,载最高人民法院公报网,http://gongbao.court.gov.cn/Details/91879661d9288abc72798a23b1ecec.html,2024年8月1日最后访问。

③ 《最高人民检察院工作报告(第十四届全国人民代表大会第二次会议　应勇2024年3月8日)》,载最高人民检察院官网2024年3月15日,https://www.spp.gov.cn/spp/gzbg/202403/t20240315_649603.shtml,2024年8月1日最后访问。

④ 《最高法:去年全国法院刑事一审案件收案123万件,危险驾驶罪案件数量居首位》,载网易新闻2024年3月9日,https://www.163.com/dy/article/ISS7IIPO051492T3.html,2024年8月1日最后访问。

2023年12月，最高人民法院、最高人民检察院、公安部、司法部联合发布《关于办理醉酒危险驾驶刑事案件的意见》，将维护人民群众生命财产安全置于首位的同时，对醉驾情节轻微的初犯给予改过自新的机会。该意见不仅关注醉酒危险驾驶犯罪的刑罚惩治，也注重因醉驾构成交通肇事罪、以危险方法危害公共安全罪等更严重犯罪的刑罚惩治；运用刑罚手段惩治醉驾的同时，重视源头治理、综合施策，协同党政机关、行业协会、企事业单位以及公民个人，齐抓共管、群防群治，共同做好各环节的预防、治理工作。

3. 反腐工作持续深化推进，坚持受贿行贿一起查办

《深入学习贯彻习近平总书记关于党的自我革命的重要思想，纵深推进新征程纪检监察工作高质量发展》显示，2023年中央纪委国家监委立案审查调查董某某、孙某某等中管干部87人，全国纪检监察机关共立案62.6万件，留置2.6万人，给予党纪政务处分61万人；加大对行贿行为惩治力度，全国共立案审查调查行贿人员1.7万人；举办第三届"一带一路"国际合作高峰论坛廉洁丝绸之路专题论坛，与6个国家签署反腐败合作谅解备忘录，集中力量查办跨境腐败案件，追赃挽损102亿元，"天网2023"行动追回外逃人员1624人。①

我国反腐败工作持续推进，不断巩固拓展正风肃纪反腐成效。《刑法修正案（十二）》在法律层面对行贿犯罪加大惩治力度，《中央反腐败协调小组工作规划（2023—2027年）》着眼五年布局，为持续发力、纵深推进反腐败斗争提供支撑和保障。中国反腐败工作已经取得显著成效和出色成果，但反腐败斗争形势依然严峻复杂，只要存在腐败问题产生的土壤和条件，反腐败斗争就一刻不能停，必须永远吹冲锋号。

4. 网络犯罪打击治理加强，网络空间法治进程加速

2023年公安机关依法打击查处网络谣言等各类涉网违法犯罪活动，侦办相关案件19.2万起。检察机关起诉利用网络实施的犯罪32.3万人，同比上升36.2%；针对网络暴力"按键伤人"现象，会同最高人民法院、公安部制定指导意见，对在网上肆意造谣诽谤、谩骂侮辱、"人肉搜索"等涉嫌犯罪的，依法提起公诉；严厉打击

---

① 《李希在二十届中央纪委三次全会上的工作报告（2024年1月8日）》，载中央纪委国家监委网2024年2月25日，https://www.ccdi.gov.cn/toutiaon/202402/t20240225_330105.html，2024年8月1日最后访问。

"网络水军"造谣引流、舆情敲诈等违法犯罪,净化网络舆论环境;依法严惩电诈网赌,深挖严打组织者、领导者及幕后"金主",起诉电信网络诈骗犯罪 5.1 万人、帮助信息网络犯罪 14.7 万人、网络赌博犯罪 1.9 万人;针对互联网领域侵犯个人信息、虚假宣传、消费欺诈等乱象,办理公益诉讼 6766 件,督促落实监管责任和平台责任,用法治力量维护网络清朗。

针对网络暴力、网络谣言等网络空间违法乱象,国家出台一系列法律文件,加大涉网违法犯罪惩治力度,保障公民在网络空间的合法权益。2023 年 9 月 20 日,"两高一部"联合发布《关于依法惩治网络暴力违法犯罪的指导意见》,提出对网络暴力违法犯罪应体现从严惩治精神,重点打击网络暴力违法犯罪活动的恶意发起者、组织者、恶意推波助澜者以及屡教不改者;2023 年 11 月 13 日,公安部发布《电信网络诈骗及其关联违法犯罪联合惩戒办法(征求意见稿)》,规定金融、电信网络、信用惩戒的具体措施,根据惩戒对象违法行为分级适用惩戒。

2023 年 9 月,十四届全国人大常委会将《网络犯罪防治法》列入第二类立法规划项目,[①]最高人民检察院在《关于加强新时代检察机关网络法治工作的意见》中提出要配合立法机关和行业主管部门,推动制定《网络犯罪防治法》。

5. 金融犯罪案件手段升级,涉众型金融犯罪重点打击

2023 年,检察机关起诉金融诈骗、破坏金融管理秩序犯罪 2.7 万人,其中集资诈骗、非法吸收公众存款犯罪 1.8 万人,保持惩治涉众型金融犯罪高压态势,尽最大努力追赃挽损。涉众型金融犯罪是通过非法吸收公众存款、集资诈骗、传销等方式实施的涉及不特定多数人的金融犯罪,具有法益侵害广、涉案金额大、资金流向复杂、追赃难度大的特点。我国司法机关持续加强打击涉众型金融犯罪,依法采取查封、扣押、冻结措施,加大追赃挽损力度,保障人民财产安全。

《2023 年度上海金融检察白皮书》指出,随着我国对金融犯罪活动惩治力度不断加大,一些犯罪组织开始采取境内与境外勾连串通犯罪的方式,逃避刑事打击和侦查。金融犯罪人员通过故意增加犯罪环节、延长犯罪链条,进一步加大资金监测、追踪和穿透难度,加之金融犯罪网络化情况严重,也导致追赃挽损困难。目前,

① 《十四届全国人大常委会立法规划》,载中国人大网 2023 年 9 月 8 日,http://www.npc.gov.cn/npc/c2/c30834/202309/t20230908_431613.html,2024 年 8 月 1 日最后访问。

我国法律对新型金融犯罪应对不足，金融犯罪团伙利用监管空隙进行违法犯罪活动。金融领域法律供给和监管效能需进一步增强、提升，监管规则亟须完善、明晰，对非法金融活动的识别能力也需增强。①

一、侦查机关犯罪数据②

（一）公安机关立案的刑事案件和构成情况（2022年）

《刑法》第13条规定，一切危害国家主权、领土完整和安全，分裂国家、颠覆人民民主专政的政权和推翻社会主义制度，破坏社会秩序和经济秩序，侵犯国有财产或者劳动群众集体所有的财产，侵犯公民私人所有的财产，侵犯公民的人身权利、民主权利和其他权利，以及其他危害社会的行为，依照法律应当受刑罚处罚的，都是犯罪。

1. 刑事案件情况综述（2019—2022年）

2019年，公安机关共立案刑事案件4862443件；2020年，公安机关共立案刑事案件4780624件；2021年，公安机关共立案刑事案件5027829件；2022年，公安机关共立案刑事案件4423259件。2020年公安机关共立案刑事案件数量相较于2019年下降1.68%；2021年公安机关共立案刑事案件数量相较于2020年增长5.17%；2022年公安机关共立案刑事案件数量相较于2021年下降12.02%；2022年公安机关共立案刑事案件数量相较于2020年下降7.48%；2022年公安机关共立案刑事案件数量相较于2019年下降9.03%。

2019年，公安机关共立案刑事案件中，按照案件类别以及在当年刑事案件中的份额，具体排名和份额如下：第一，盗窃，46.44%；第二，诈骗，29.49%；第三，其他，20.90%；第四，伤害，1.75%；第五，强奸，0.70%；第六，抢劫，0.35%；第七，杀人，0.15%；第八，拐卖妇女儿童，0.10%；第九，走私，0.10%；第十，伪造、变造货币，出售、购买、运输、持有、使用假币，0.02%。

---

① 《金融犯罪花样翻新手段升级——上海市检察院发布〈2023年度上海金融检察白皮书〉》，载最高人民检察院网2024年7月30日，https://www.spp.gov.cn/spp/llyj/202407/t20240730_661971.shtml，2024年8月1日最后访问。

② 本部分中因大部分省、自治区、直辖市未单独公布监察机关犯罪数据，经研究该部分数据已被合并入检察机关和审判机关的犯罪数据中，故不再另外展示。下同。本部分数据除特别注明外，均来自《中国统计年鉴2023》，载国家统计局网，https://www.stats.gov.cn/sj/ndsj/2023/indexch.htm，2024年8月20日最后访问。

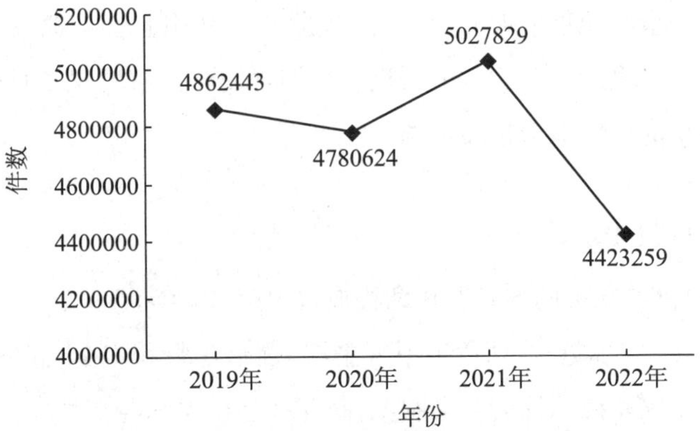

图 2-1　2019 年至 2022 年刑事案件立案总数

2020 年,公安机关共立案刑事案件中,按照案件类别以及在当年刑事案件中的份额,具体排名和份额如下:第一,诈骗,40.07%;第二,盗窃,34.69%;第三,其他,22.31%;第四,伤害,1.67%;第五,强奸,0.70%;第六,抢劫,0.24%;第七,杀人,0.15%;第八,走私,0.10%;第九,拐卖妇女儿童,0.06%;第十,伪造、变造货币,出售、购买、运输、持有、使用假币,0.02%。

2021 年,公安机关共立案刑事案件中,按照案件类别以及在当年刑事案件中的份额,具体排名和份额如下:第一,诈骗,38.87%;第二,盗窃,31.87%;第三,其他,26.34%;第四,伤害,1.64%;第五,强奸,0.79%;第六,抢劫,0.19%;第七,杀人,0.13%;第八,走私,0.10%;第九,拐卖妇女儿童,0.06%;第十,伪造、变造货币,出售、购买、运输、持有、使用假币,0.01%。

2022 年,公安机关共立案刑事案件中,按照案件类别以及在当年刑事案件中的份额,具体排名和份额如下:第一,诈骗,36.17%;第二,其他,33.60%;第三,盗窃,27.22%;第四,伤害,1.66%;第五,强奸,0.90%;第六,抢劫,0.15%;第七,杀人,0.12%;第八,走私,0.10%;第九,拐卖妇女儿童,0.07%;第十,伪造、变造货币,出售、购买、运输、持有、使用假币,0.02%。

2. 刑事案件情况分述(2021—2022 年)

杀人案件,2022 年相较于 2021 年减少 1229 件,下降幅度达 18.84%。

伤害案件,2022 年相较于 2021 年减少 9264 件,下降幅度达 11.23%。

抢劫案件,2022 年相较于 2021 年减少 2903 件,下降幅度达 29.93%。

强奸案件,2022 年相较于 2021 年增加 116 件,上升幅度达 0.29%。

拐卖妇女儿童案件,2022年相较于2021年增加27件,上升幅度达0.94%。

盗窃案件,2022年相较于2021年减少398461件,下降幅度达24.87%。

诈骗案件,2022年相较于2021年减少354362件,下降幅度达18.13%。

走私案件,2022年相较于2021年减少539件,下降幅度达10.66%。

伪造、变造货币,出售、购买、运输、持有、使用假币案件,2022年相较于2021年增加72件,上升幅度达10.10%。

其他案件,2022年相较于2021年增加161973件,上升幅度达12.23%。

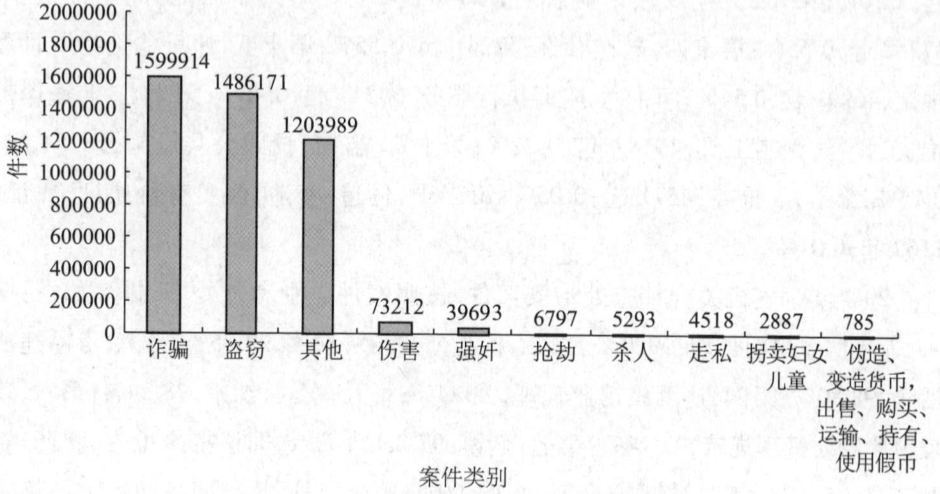

图2-2 2022年全国公安机关刑事立案情况

(二)公安机关受理和查处治安案件(2022年)

治安案件是指扰乱公共秩序,妨害公共安全,侵犯人身权利、财产权利,妨害社会管理,具有社会危害性但尚不够刑事处罚的案件。根据《中华人民共和国治安管理处罚法》规定,违反治安管理的行为必须是:(1)情节轻微,尚不够刑事处罚;如果情节严重,已经触犯了刑律并够刑事处罚的,则按刑法处理。(2)依照条例应当受到处罚的行为。

1. 治安案件犯罪情况综述(2022年)

2022年,公安机关合计受理治安案件8648819起,查处7828809起,查处率为90.52%,每万人口受理案件数为61.1起;2022年公安机关合计受理治安案件数相较于2021年下降4.55%,合计查处治安案件数相较于2021年下降4.59%,每万人口受理案件数相较于2021年下降4.83%。

2022年公安机关合计受理治安案件，按照案件类别及各自数量、占比，具体排名如下：第一，盗窃，2285899起，26.43%；第二，其他，2246011起，25.97%；第三，殴打他人，2195005起，25.38%；第四，诈骗，542576起，6.27%；第五，赌博，307175起，3.55%；第六，毒品违法活动，161979起，1.87%；第七，卖淫、嫖娼，152130起，1.76%；第八，扰乱公共场所秩序，135485起，1.57%；第九，违反房屋出租管理，123405起，1.43%；第十，寻衅滋事，113011起，1.31%；第十一，故意伤害，100032起，1.16%；第十二，违反旅馆业管理，72146起，0.83%；第十三，扰乱单位秩序，47352起，0.55%；第十四，敲诈勒索，47241起，0.55%；第十五，违反危险物质管理规定，46991起，0.54%；第十六，阻碍执行职务，34347起，0.40%；第十七，非法携带枪支、弹药、管制工具，19147起，0.22%；第十八，盗窃、损毁公共设施，13154起，0.15%；第十九，抢夺，4571起，0.05%；第二十，伪造、变造、倒卖有价票证、凭证，1162起，0.01%。

2022年公安机关合计查处治安案件，按照案件类别和查处率，排名如下：第一，违反房屋出租管理，99.36%；第二，扰乱公共场所秩序，98.95%；第三，毒品违法活动，98.80%；第四，违反旅馆业管理，98.74%；第五，卖淫、嫖娼，98.24%；第六，违反危险物质管理规定，97.24%；第七，赌博，97.23%；第八，非法携带枪支、弹药、管制工具，95.43%；第九，扰乱单位秩序，94.90%；第十，阻碍执行职务，94.71%；第十一，寻衅滋事，94.24%；第十二，殴打他人，92.83%；第十三，其他，92.74%；第十四，敲诈勒索，89.06%；第十五，故意伤害，88.00%；第十六，伪造、变造、倒卖有价票证、凭证，87.09%；第十七，抢夺，86.28%；第十八，盗窃、损毁公共设施，85.03%；第十九，盗窃，84.22%；第二十，诈骗，83.50%。

2. 治安案件情况分述

扰乱单位秩序，2022年较2021年，受理案件减少491件，下降幅度达1.03%；查处案件减少1054件，下降幅度达2.29%。

扰乱公共场所秩序，2022年较2021年，受理案件减少29664件，下降幅度达17.96%；查处案件减少30641件，下降幅度达18.60%。

寻衅滋事，2022年较2021年，受理案件增加1456件，上升幅度达1.31%；查处案件增加137件，上升幅度达0.13%。

阻碍执行职务，2022年较2021年，受理案件减少433件，下降幅度达1.24%；查处案件减少961件，下降幅度达2.87%。

非法携带枪支、弹药、管制工具，2022年较2021年，受理案件减少3947件，下降幅度达17.09%；查处案件减少3928件，下降幅度达17.69%。

违反危险物质管理规定，2022年较2021年，受理案件增加627件，上升幅度达1.35%；查处案件增加563件，上升幅度达1.25%。

殴打他人，2022年较2021年，受理案件减少121126件，下降幅度达5.23%；查处案件减少126848件，下降幅度达5.86%。

故意伤害，2022年较2021年，受理案件减少9927件，下降幅度达9.03%；查处案件减少10824件，下降幅度达10.95%。

盗窃，2022年较2021年，受理案件减少51365件，下降幅度达2.20%；查处案件减少38552件，下降幅度达1.96%。

敲诈勒索，2022年较2021年，受理案件减少13693件，下降幅度达22.47%；查处案件减少12310件，下降幅度达22.64%。

抢夺，2022年较2021年，受理案件减少1145件，下降幅度达20.03%；查处案件减少866件，下降幅度达18.00%。

盗窃、损毁公共设施，2022年较2021年，受理案件减少3499件，下降幅度达21.01%；查处案件减少3398件，下降幅度达23.30%。

伪造、变造、倒卖有价票证、凭证，2022年较2021年，受理案件减少877件，下降幅度达43.01%；查处案件减少872件，下降幅度达46.28%。

违反旅馆业管理，2022年较2021年，受理案件增加3941件，上升幅度达5.78%；查处案件增加3416件，上升幅度达5.04%。

违反房屋出租管理，2022年较2021年，受理案件减少4810件，下降幅度达3.75%；查处案件减少5225件，下降幅度达4.09%。

诈骗，2022年较2021年，受理案件减少114913件，下降幅度达17.48%；查处案件减少88422件，下降幅度达16.33%。

卖淫、嫖娼，2022年较2021年，受理案件增加16959件，上升幅度达12.55%；查处案件增加16079件，上升幅度达12.06%。

赌博，2022年较2021年，受理案件增加31410件，上升幅度达11.39%；查处案件增加 28692 件,上升幅度达 10.63%。

毒品违法活动,2022 年较 2021 年,受理案件减少 79521 件,下降幅度达 32.93%;查处案件减少 79694 件,下降幅度达 33.24%。

其他,2022 年较 2021 年,受理案件减少 30931 件,下降幅度达 1.36%;查处案件减少 21583 件,下降幅度达 1.03%。

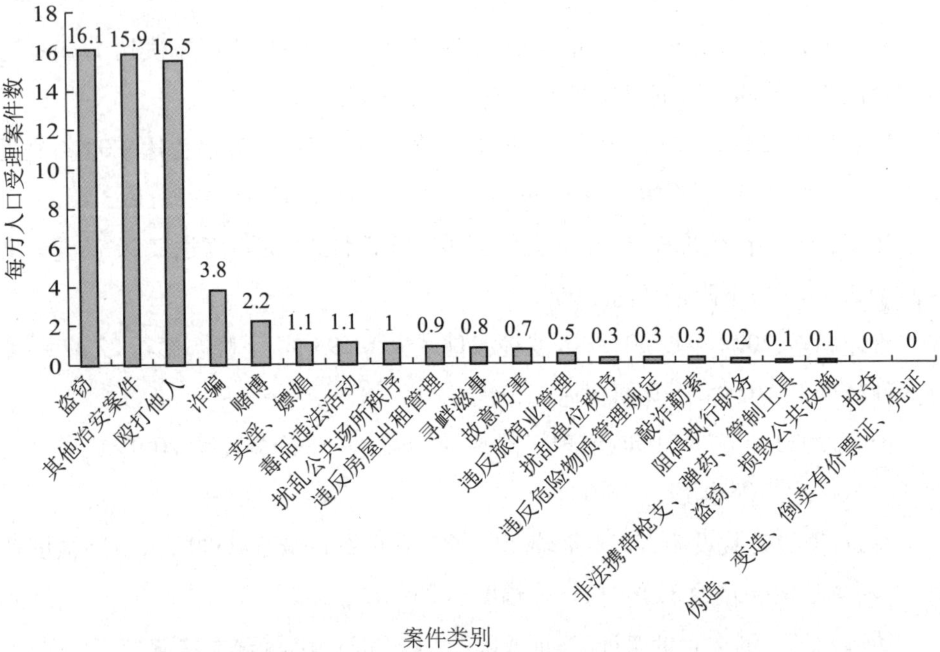

图 2-3　2022 年全国公安治安案件每万人口受理案件数

二、检察机关犯罪数据①

(一) 2022 年全国人民检察院审查逮捕、审查起诉情况

2022 年全国人民检察院共批捕和决定逮捕刑事案件 493770 人,决定起诉 1438918 人。其中,危害公共安全案,批捕和决定逮捕 23961 人,决定起诉 365335 人;破坏社会主义市场经济秩序案,批捕和决定逮捕 36295 人,决定起诉 100555 人;侵犯公民人身权利、民主权利案,批捕和决定逮捕 78076 人,决定起诉 135245

① 本部分数据除特别注明外,均来自《中国统计年鉴 2023》,载国家统计局网,https://www.stats.gov.cn/sj/ndsj/2023/indexch.htm,2024 年 8 月 20 日最后访问。

人；侵犯财产案，批捕和决定逮捕 144153 人，决定起诉 277584 人；妨害社会管理秩序案，批捕和决定逮捕 202111 人，决定起诉 543156 人；贪污贿赂案，批捕和决定逮捕 7767 人，决定起诉 14285 人；渎职侵权案，批捕和决定逮捕 750 人，决定起诉 1803 人；其他案件，批捕和决定逮捕 657 人，决定起诉 955 人。2022 年全国人民检察院共批捕和决定逮捕、决定起诉各类案件人数情况见图 2-4。

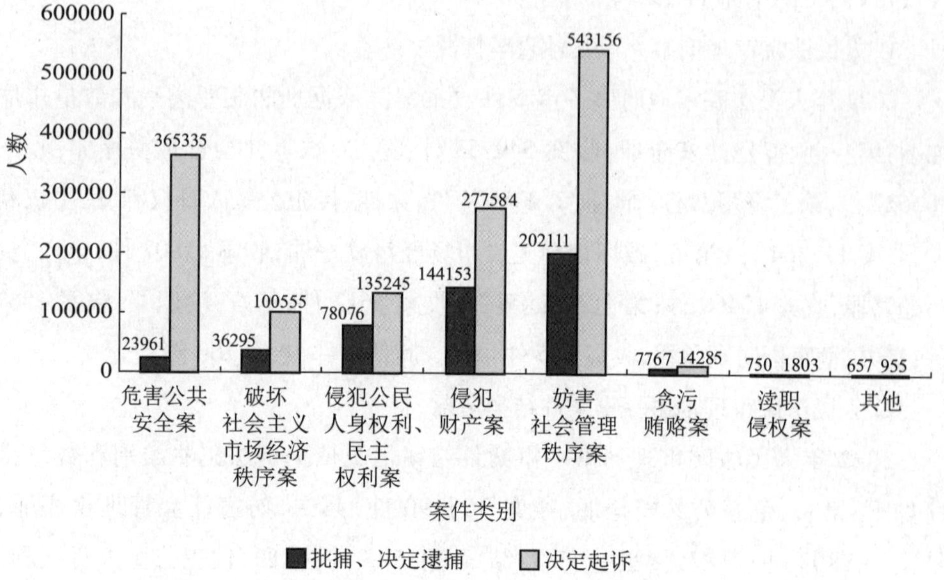

图 2-4　2022 年全国人民检察院审查逮捕、审查起诉情况

（二）2022 年全国人民检察院办理刑事抗诉案件情况

2022 年全国人民检察院提出抗诉 6839 件，改判 3109 件，维持原判 1550 件，发回重审 1120 件，其中危害公共安全案件 818 件，改判 353 件，维持原判 225 件，发回重审 86 件；破坏社会主义市场经济秩序案 901 件，改判 340 件，维持原判 204 件，发回重审 221 件；侵犯公民人身权利、民主权利案 1110 件，改判 538 件，维持原判 253 件，发回重审 168 件；侵犯财产案 1381 件，改判 679 件，维持原判 312 件，发回重审 221 件；妨害社会管理秩序案 2257 件，改判 1024 件，维持原判 453 件，发回重审 364 件；贪污贿赂案件 287 件，改判 142 件，维持原判 70 件，发回重审 40 件；渎职侵权案件 66 件，改判 29 件，维持原判 33 件，发回重审 15 件；其他刑事案件 19 件，改判 4 件，发回重审 5 件。

三、审判机关犯罪数据①

(一) 2022 全国人民法院审理刑事一审案件收结案情况

2022 年,人民法院审理刑事一审案件收案共计 1039612 件,结案共计 1038523 件。较 2021 年人民法院收案减少 237585 件,下降率约为 18.60%;结案减少 217148 件,下降率为 17.29%。

1. 人民法院审理刑事一审案件收案情况

2022 年人民法院审理刑事一审案件收案情况依据刑法犯罪类别和数量排序如下:第一,危害公共安全罪,收案 349753 件;第二,妨害社会管理秩序罪,收案 300622 件;第三,侵犯财产罪,收案 205494 件;第四,侵犯公民人身权利、民主权利罪,收案 117364 件;第五,破坏社会主义市场经济秩序罪,收案 51807 件;第六,贪污贿赂罪,收案 12460 件;第七,自诉案件,收案 8617 件;第八,渎职罪,收案 1567 件;第九,危害国防利益罪,收案 285 件;第十,其他案件,收案 260 件。

2. 人民法院审理刑事一审案件结案情况

2022 年人民法院审理刑事一审案件结案情况依据刑法犯罪类别和数量排序如下:第一,危害公共安全罪,结案 350290 件;第二,妨害社会管理秩序罪,结案 298803 件;第三,侵犯财产罪,结案 205573 件;第四,侵犯公民人身权利、民主权利罪,结案 115982 件;第五,破坏社会主义市场经济秩序罪,结案 53902 件;第六,贪污贿赂罪,结案 11858 件;第七,自诉案件,结案 8683 件;第八,渎职罪,结案 1607 件;第九,危害国防利益罪,结案 290 件;第十,其他案件,结案 218 件。

(二) 人民法院审理刑事案件罪犯年龄情况

2022 年,人民法院审理刑事案件罪犯总数为 1430865 人,较 2021 年减少 284077 人。其中青少年罪犯 247785 人,青少年罪犯占刑事罪犯比重为 17.32%,比 2021 年上升 0.78%。青少年罪犯中,不满 18 岁的共 27757 人,18 至 25 岁的共 220028 人。

---

① 本部分数据除特别注明外,均来自《中国统计年鉴 2023》,载国家统计局网,https://www.stats.gov.cn/sj/ndsj/2023/indexch.htm,2024 年 8 月 20 日最后访问。

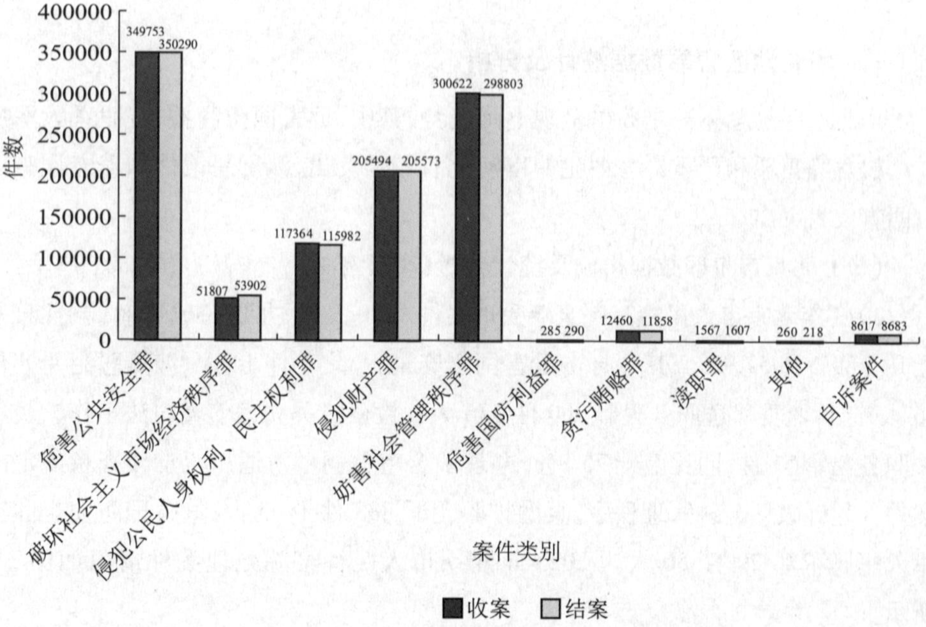

图 2-5　2022 年全国人民法院审理一审刑事案件收结案情况

第二节　省级区域状况统计与分析①

2023 年是全面贯彻党的二十大精神的开局之年，是三年新冠疫情防控转段后经济恢复发展的一年，结合我国幅员辽阔、人口众多、各地资源禀赋和发展水平千差万别的国情，不同地区的犯罪情况和司法应对都与当时经济恢复状态和地区位置条件息息相关。新冠疫情带来的负面影响缓慢减退，我国经济呈现显著复苏迹象，经济增长的同时势必导致经济犯罪活动的活跃表现。2023 年，电信网络诈骗犯罪形势严峻，我国云南省、广西壮族自治区由于距离泰国、柬埔寨、老挝等国较近，受跨境电信网络诈骗犯罪影响比其他地区更深。总体而言，不同区域间犯罪治理水平的横向对比具有一定难度和偏差，从时间角度纵向对比来看，全国各地犯罪治理水平正在不断提高。

① 部分省、自治区、直辖市及其他有关单位未公布 2023 年度犯罪数据，故撰写本节时采纳的数据为 2022 年度数据或更早版本。

一、华北地区犯罪数据统计及分析

华北地区的总体犯罪数据呈现下降趋势,其中,危害国防利益、侵犯军人军属合法权益等犯罪和严重暴力型犯罪以河北省较为突出,涉黑恶案件和养老诈骗以山西省较为突出。

(一)北京市犯罪数据构成及统计分析(2023年)

2023年北京市人民检察院全年受理案件142933件,办结136110件,同比分别上升56.9%和52.9%。其中打击危害国家安全犯罪14件14人、涉黑恶犯罪8件76人;起诉监委移送职务犯罪309件376人。检察机关立案侦查司法工作人员相关职务犯罪51件,同比上升75.9%,办理了全市首例激活适用机动侦查权规定的案件。起诉破坏金融管理秩序、金融诈骗犯罪888件1465人;危害国防安全和涉军人军属犯罪29件30人。①2023年北京市人民检察院处理案件情况如图2-6所示。

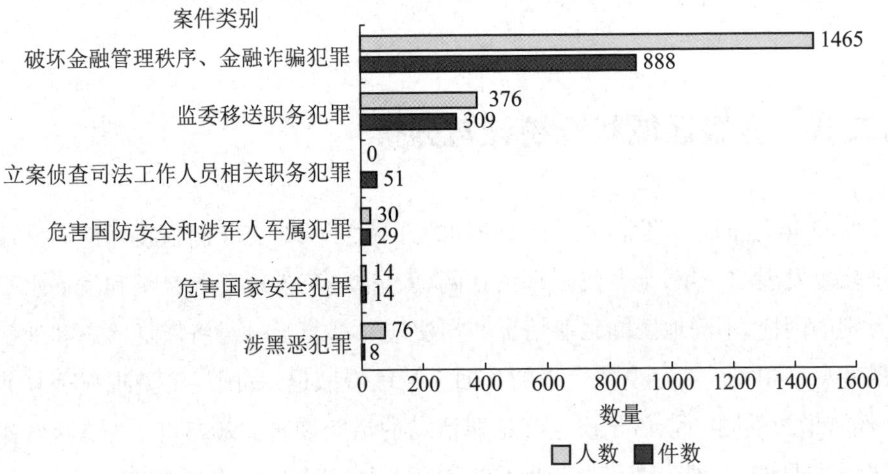

图2-6 2023年北京市人民检察院处理案件情况

2023年北京市人民法院全年新收案件878247件,比上年上升9.2%,其中刑事案件19200件。审结严惩杀人、抢劫、重伤害等严重暴力犯罪案件650件;审结涉

① 《北京市人民检察院工作报告》,载北京市人民政府网2024年2月5日,https://www.beijing.gov.cn/gongkai/jihua/bg/202402/t20240205_3556659.html,2024年9月28日最后访问。

黑恶犯罪一审案件 19 件;审结侵犯个人信息、网络暴力等违法犯罪案件 305 件;审结贪污贿赂犯罪、职务犯罪案件 402 件,行贿犯罪案件 71 件。①2023 年北京市人民法院审结案件情况如图 2-7 所示。

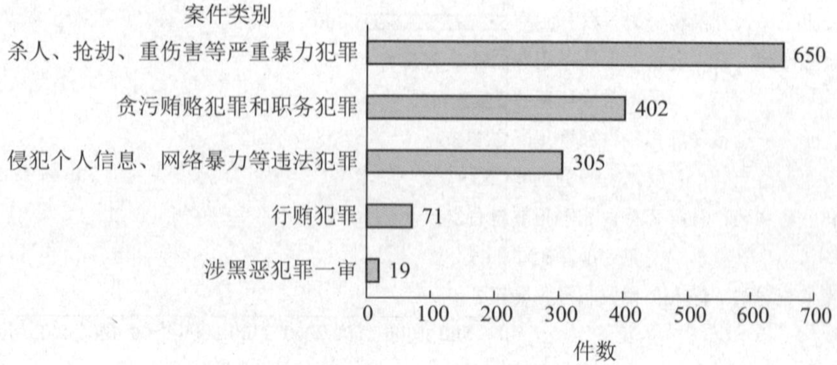

图 2-7　2023 年北京市人民法院审结案件情况

(二)天津市犯罪数据构成及统计分析(2023 年)

2023 年天津市人民检察院针对各类刑事犯罪,批准逮捕 6038 人、提起公诉 17146 人,依法不批捕 3718 人、不起诉 6141 人,认罪认罚从宽制度适用率为 93.8%。提起公诉侵犯公民人身权利、民主权利犯罪 1400 人,危害公共安全犯罪 4390 人。常态化开展扫黑除恶斗争,提起公诉 65 人。依法维护经济金融安全,提起公诉破坏市场经济秩序犯罪 1580 人,其中金融诈骗、破坏金融管理秩序犯罪 565 人,走私、危害税收征管犯罪 366 人。积极参与反腐败斗争,提起公诉职务犯罪 187 人,立案侦查司法工作人员相关职务犯罪 12 人。电信网络诈骗及其关联犯罪,提起公诉 4011 人。针对侵害未成年犯罪案件,提起公诉 452 人。最大限度教育挽救涉罪未成年人,不起诉 548 人。

2023 年天津市人民检察院与市公安局、市药监局建立药品安全领域执法协作机制,提起公诉制售假药劣药、有毒有害食品等犯罪 112 人,办理食药安全领域公益诉讼案件 66 件。2023 年天津市人民检察院提起的公诉案件人数如图 2-8 所示。②

---

① 《北京市高级人民法院工作报告——2024 年 1 月 23 日在北京市第十六届人民代表大会第二次会议上》,载北京市人民政府网 2024 年 2 月 4 日,https://www.beijing.gov.cn/gongkai/jihua/bg/202402/t20240204_3554959.html, 2024 年 9 月 28 日最后访问。

② 《2024 年天津市人民检察院工作报告》,载天津市人民检察院网 2024 年 3 月 4 日,http://www.tj.jcy.gov.cn/jwgk/gzbg/202403/t20240304_6327506.shtml, 2024 年 8 月 9 日最后访问。

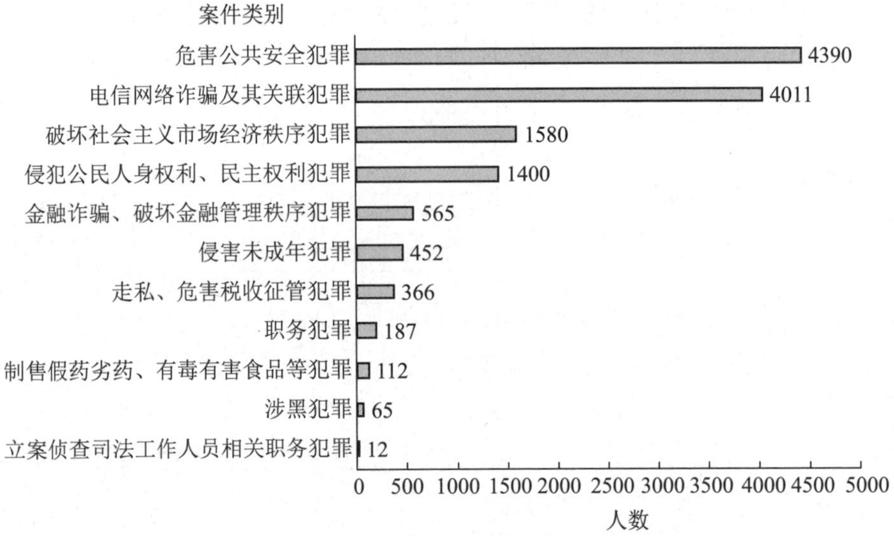

图 2-8　2023 年天津市检察机关提起的公诉的人数情况

2023 年天津市人民法院审结刑事案件 14970 件,判处罪犯 20007 人。从严惩处利用软暴力实施“套路贷”“利用网络新闻实施敲诈”等黑恶犯罪,判处罪犯 36 人,清缴黑财 8026 万元。从严惩处侵吞拆迁补偿、挪用养老保险、套取农田补贴等群众身边的腐败,判处贪污贿赂、渎职等罪犯 299 人,其中原县处级以上 32 人。对以婚恋、养老、就业为名实施电信网络诈骗以及集资诈骗、非法吸收公众存款等经济犯罪严惩不贷,判处罪犯 10995 人,挽回损失 2.93 亿元。①

(三)河北省犯罪数据构成及统计分析(2023 年)

2023 年河北省人民检察院依法履行捕诉职责,共批准逮捕 25123 件、32163 人,分别上升 75%、69.2%;提起公诉 59645 件、80013 人,分别上升 54%、58%。危害国家安全、暴恐、邪教等犯罪,起诉 134 人,上升 39.6%;杀人、抢劫、绑架、以危险方法危害公共安全等犯罪,起诉 1142 人;涉枪涉爆和毒品犯罪,起诉 948 人,分别上升 32.2%、17.5%;境外遣返涉诈案件,起诉 14895 人;涉黑恶犯罪,起诉 988 人,上升 53.7%;侵害企业利益犯罪,起诉 432 人。合同诈骗、强迫交易等扰乱市场秩序犯罪,起诉 1806 人,上升 74.2%;非法吸收公众存款、集资诈骗等金融领域犯罪

---

① 《天津市高级人民法院工作报告》,载天津市人大网 2024 年 3 月 19 日,https://www.tjrd.gov.cn/tjsrmdbdh/system/2024/03/19/030030700.shtml,2024 年 8 月 9 日最后访问。

1156 件，起诉 2135 人，协助追赃挽损 6.8 亿元；洗钱犯罪，起诉 74 人；监察机关衔接配合，贪污受贿等职务犯罪，起诉 546 人。失职渎职犯罪，涉案司法工作人员 70 人，上升 159.3%；制售有毒有害食品、假药劣药等犯罪，起诉 683 人。侵害未成年人犯罪，起诉 2915 人。开展打击恶意拖欠农民工工资犯罪专项活动，帮助讨薪 2557 万元。危害国防利益、侵犯军人军属合法权益等犯罪，起诉 26 人。2023 年河北省人民检察院提起的公诉案件人数如图 2-9 所示。

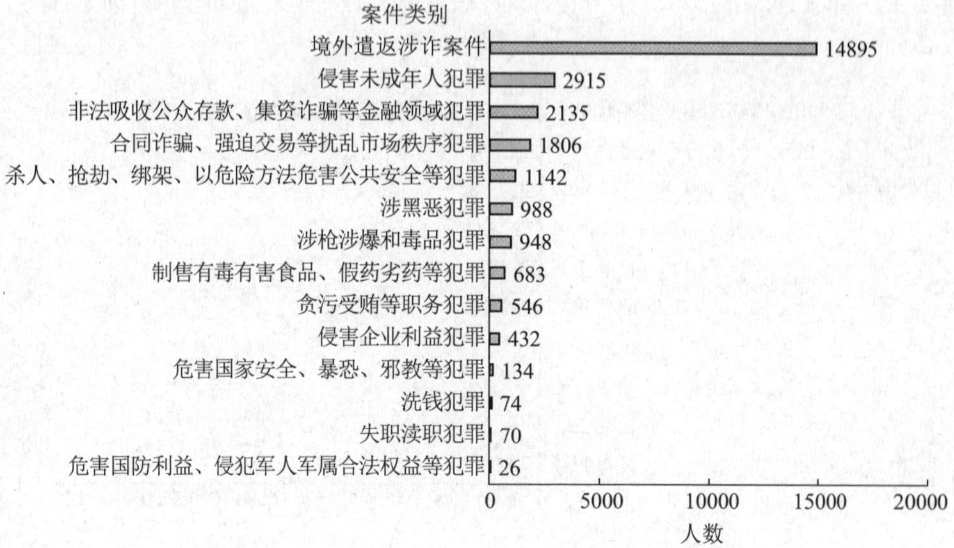

图 2-9　2023 年河北省检察机关提起公诉的人数情况

持续深化涉案企业合规改革，办理合规案件 76 件。突出重点区域加大办案力度。因地施策、精准办案，办理北方防沙带、坝上草原等资源保护案件 96 件，燕山—太行山矿山修复、山体山石保护案件 199 件，白洋淀、衡水湖和官厅等十大水库及其上游流域，南水北调及重要河流沿线水环境水生态案件 508 件，渤海湾近岸海域生态治理、非法捕捞等案件 83 件，依法提起诉讼 638 件，邯郸市人民检察院针对非法采矿问题，监督刑事立案，抓获犯罪嫌疑人 41 名。①

2023 年河北省人民法院审结刑事案件 5.73 万件、7.78 万人。审结故意杀人、放火、抢劫等严重暴力犯罪案件 923 件，毒品犯罪案件 431 件；审结涉黑案件 23

① 《2023 年河北省人民检察院工作报告》，载河北日报网，https://hbrb.hebnews.cn/pc/paper/att/202402/09/298f77e3-2779-446d-936f-94a3d41045e8.pdf，2024 年 10 月 2 日最后访问。

件、涉恶案件132件,追缴“黑财”20.91亿元;审结电信网络诈骗及其关联犯罪9088件,审结非法吸收公众存款等涉众型经济犯罪案件821件;审结危害食品药品安全犯罪案件464件,重大安全责任事故等犯罪案件40件;审结职务犯罪案件428件、577人,其中于鲁明等原省部级干部2人,胡国辉等原厅局级干部17人。审结行贿犯罪案件40件,追缴到位5.82亿元。对412名被告人依法免予刑事处罚,对25名公诉案件被告人和5名自诉案件被告人依法宣告无罪。坚持实事求是、有错必纠,再审改判无罪8件8人。2023年河北省人民法院审理的犯罪案件如图2-10所示。①

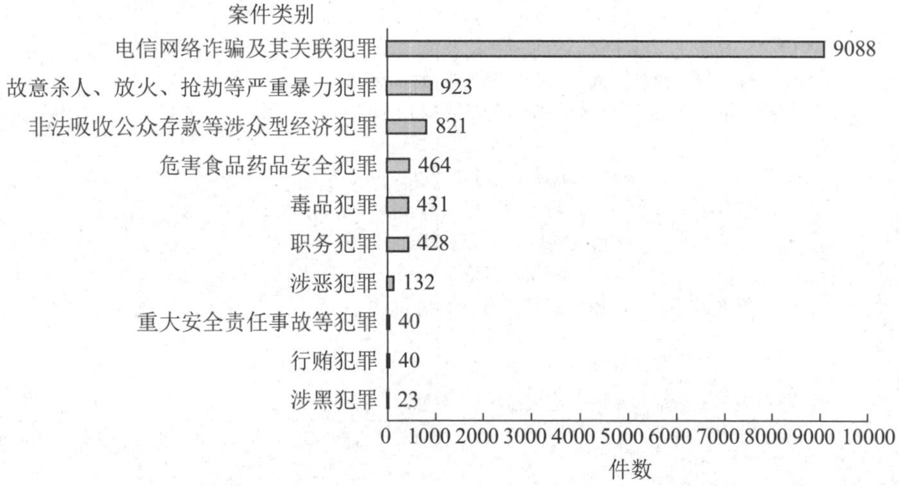

图2-10 2023年河北省人民法院审理的犯罪案件数量情况

(四)山西省犯罪数据构成及统计分析(2022—2023年)

2022年,山西省人民检察院共受理审查逮捕各类犯罪11706件、17127人;共批准和决定逮捕8245件、11445人;不批准和不予决定逮捕共5928人;共受理审查起诉各类犯罪31882件、43252人;决定起诉(含附条件不起诉后起诉)20297件、27795人;决定不起诉10151人。共受理审查逮捕未成年人犯罪案件414件、783人;受理审查起诉未成年人犯罪案件637件、1202人;批捕未成年人犯罪案件233人;审结时起诉未成年人犯罪案件334人;不批捕未成年人犯罪案件275件、

① 《河北省高级人民法院工作报告——2024年1月22日在河北省第十四届人民代表大会第二次会议上》,载《河北日报》2024年2月8日,第7版,https://hbrb.hebnews.cn/pc/paper/c/202402/08/content_217811.html,2024年8月9日最后访问。

550 人；审结时不起诉未成年人犯罪案件 244 人；对未成年人决定附条件不起诉 374 人，附条件不起诉率 39.3%。共批准和决定逮捕黑恶犯罪 38 件、90 人，共决定起诉黑恶犯罪 58 件、235 人，起诉黑恶势力保护伞 3 人。①

2023 年，山西省人民检察院批准和决定逮捕各类刑事犯罪 16350 人，起诉 34937 人。其中，杀人等严重暴力犯罪，起诉 1381 人；安全生产领域犯罪，起诉 112 人，电信网络诈骗、敲诈勒索、盗取个人信息等犯罪，起诉 7065 人；破坏金融管理秩序犯罪，起诉 514 人；洗钱犯罪，起诉 55 人；强迫交易、串通投标、合同诈骗等犯罪，起诉 2349 人；侵犯知识产权犯罪 144 件，起诉 242 人；危害国防利益犯罪，起诉 12 人；侵害未成年人犯罪，起诉 1256 人，对 699 名涉罪未成年人附条件不起诉；拒不支付劳动报酬犯罪，起诉 18 人，支持起诉 1871 件；养老诈骗犯罪，起诉 161 人。对轻微刑事案件犯罪嫌疑人依法不捕 5012 人、不诉 10634 人。2023 年山西省人民检察院的提起公诉人数情况如图 2-11 所示。②

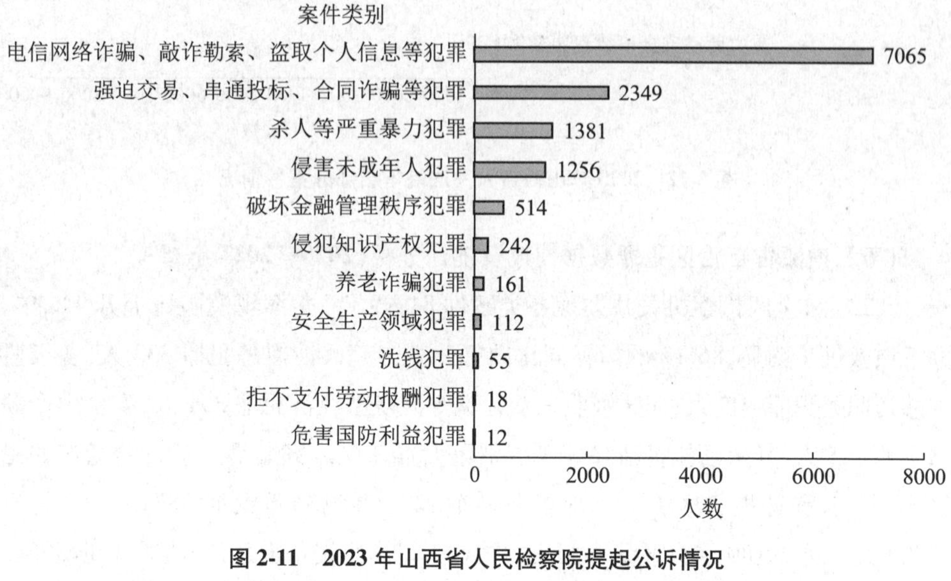

图 2-11　2023 年山西省人民检察院提起公诉情况

① 《2022 年全省检察机关主要办案数据》，载山西省人民检察院网 2023 年 2 月 16 日，http://www.sx.jcy.gov.cn/jwgklm/basjgk/202302/t20230216_4001390.shtml，2024 年 8 月 10 日最后访问。

② 《山西省人民检察院工作报告（山西省第十四届人民代表大会第二次会议，2024 年 1 月 25 日）》，载山西省人民检察院网 2024 年 2 月 3 日，http://www.sx.jcy.gov.cn/jwgklm/gzbg/202402/t20240204_6286408.shtml，2024 年 8 月 10 日最后访问。

2023 年,山西省人民法院共审结刑事一审案件 27639 件。其中涉黑恶案件 46 件;重大劳动安全事故犯罪案件 39 件;贪污贿赂等职务犯罪案件 638 件;破坏黄河流域文物古迹、文化遗产等犯罪案件 64 件,判处有期徒刑以上刑罚 140 人;危险驾驶、交通肇事犯罪案件 8132 件;涉食品安全犯罪案件 109 件。2023 年山西省人民法院审结部分案件如图 2-12 所示。①

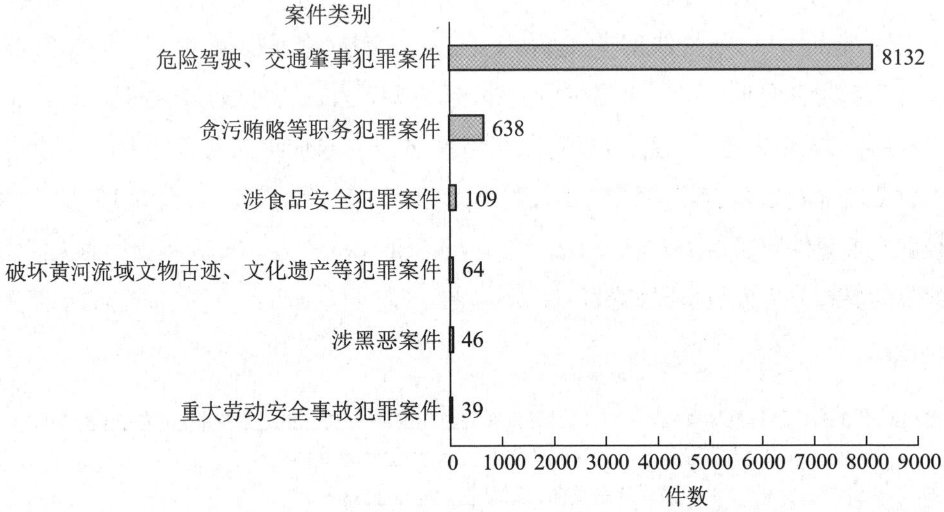

图 2-12 2023 年山西省人民法院审结部分案件情况

(五) 内蒙古自治区犯罪数据构成及统计分析(2020—2023 年)②

2023 年,全区检察机关共办理各类案件 81099 件,办案规模同比上升 44.7%。办案质效进步明显,86.4%的指标同比向好。其中起诉涉黑恶犯罪 333 人;各级监委移送职务犯罪 403 人;非法吸收公众存款等涉众型经济犯罪 351 人;安全生产领域犯罪 145 人,其中阿拉善新井煤矿特别重大责任事故案起诉 21 人;养老诈骗犯罪 76 人,追赃挽损 308 万元。对醉驾等轻微刑事犯罪不批捕 3874 人、不起诉 10423 人。对 29180 名自愿认罪服法的被告人提出轻缓量刑建议,认罪认罚案件一

① 《山西省高级人民法院工作报告(摘要)——二〇二四年一月二十五日在山西省第十四届人民代表大会第二次会议上》,载山西新闻网 2024 年 2 月 2 日,http://news.sxrb.com/GB/314060/10114313.html, 2024 年 8 月 10 日最后访问。

② 载内蒙古自治区统计局网,https://tj.nmg.gov.cn/datashow/easyquery/easyquery.htm?cn=A0103, 2024 年 8 月 11 日最后访问。

审服判率96%。对不构成犯罪或证据不足的依法不批捕3340人、不起诉2439人。对认为确有错误的刑事裁判提出抗诉216件,法院采纳率70.7%。立案侦查司法工作人员徇私舞弊、刑讯逼供、玩忽职守等职务犯罪75人。

对校园欺凌、性侵、虐待等侵害未成年人犯罪"零容忍",从严起诉822人。对问题少年不放纵,起诉情节严重的未成年人犯罪640人。对情节轻微并有悔罪表现的,附条件不起诉492人。[①]2023年内蒙古自治区人民检察院起诉案件情况如图2-13所示。

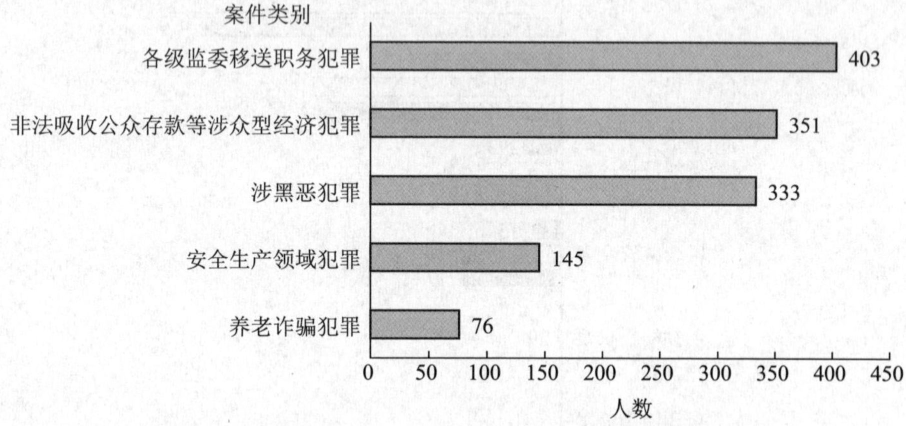

图2-13　2023年内蒙古自治区人民检察院起诉案件情况

2022年内蒙古自治区人民检察院批捕、决定逮捕案件数共计4512起,较2021年下降了0.51%。决定起诉案件共计19054起,较2021年下降了31.57%。其中,批捕危害公共安全案215起,起诉8922起;批捕破坏社会主义市场经济秩序案297起,起诉693起;批捕侵犯公民人身权利、民主权利案1114起,起诉2096起;批捕侵犯财产案1424起,起诉2974起;批捕妨害社会管理秩序案1452起,起诉3964起;批捕危害国防利益案1起,起诉2起;批捕贪污贿赂案1起,起诉361起;批捕渎职侵权案7起,起诉41起;批捕其他案件1起,起诉1起。2020—2022年内蒙古自治区人民检察院批捕、决定逮捕案件数如图2-14所示。2020—2022年内蒙古自治区人民检察院决定起诉案件数如图2-15所示。

① 《一图读懂内蒙古自治区人民检察院工作报告》,载中国检察官网2024年2月1日,http://www.zgjcgw.com/jcxmt/202402/t20240201_6283350.shtml,2024年9月28日最后访问。

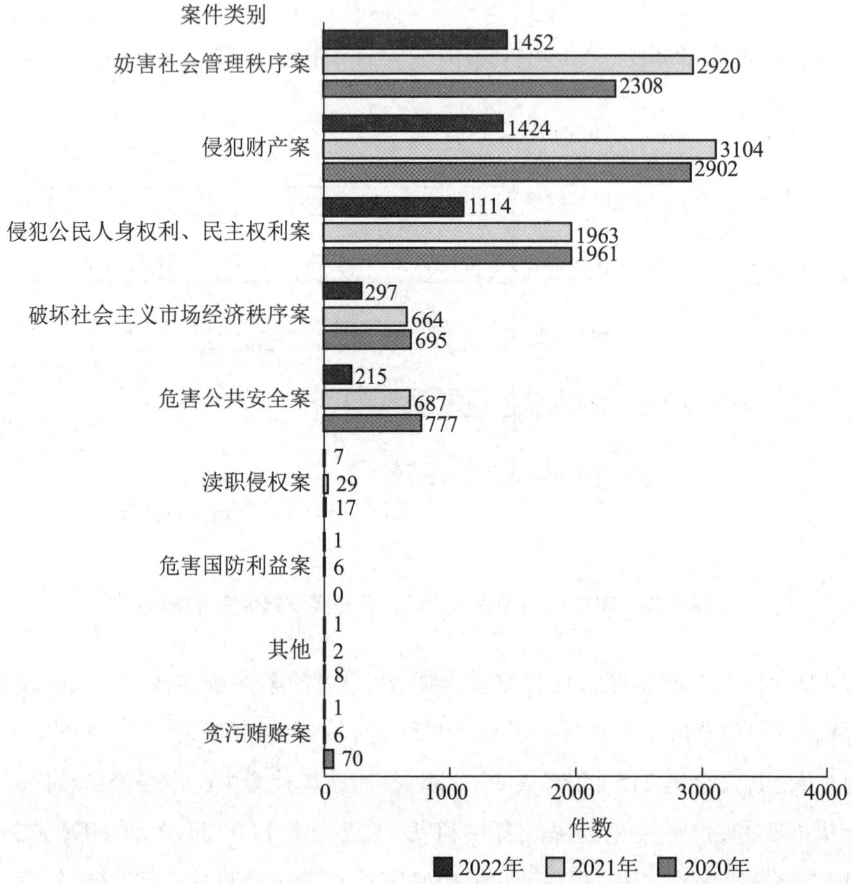

图 2-14　2020—2022 年内蒙古自治区人民检察院批捕、决定逮捕案件数

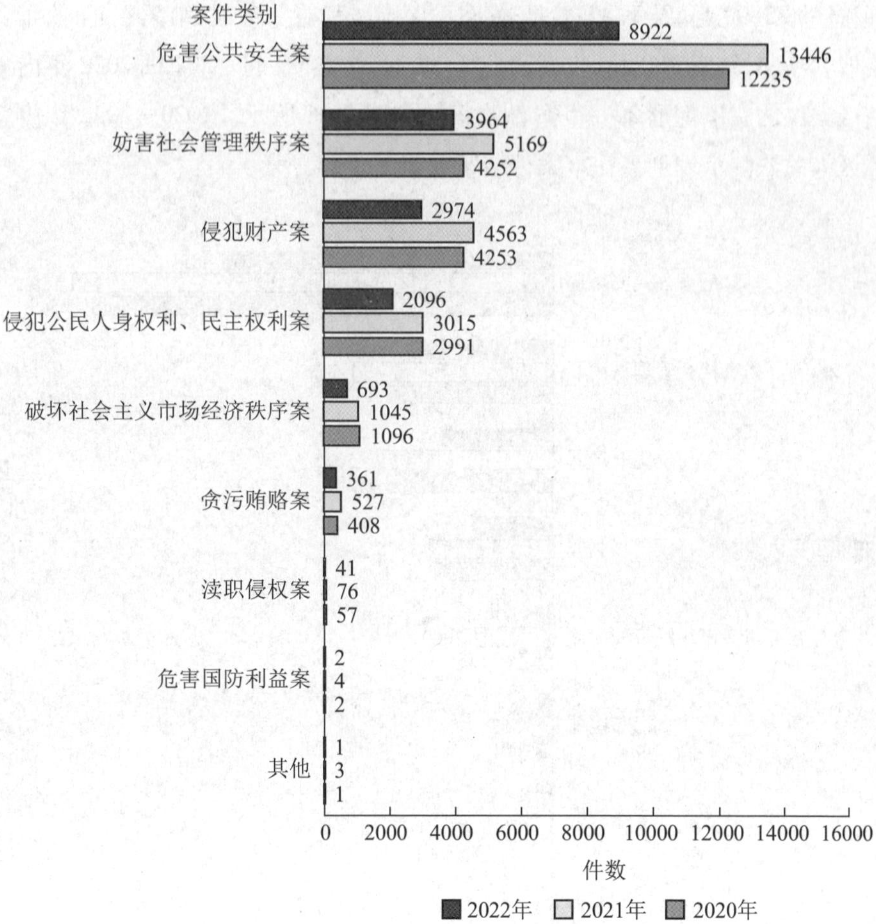

图 2-15　2020—2022 年内蒙古自治区人民检察院决定起诉案件数

2022 年内蒙古自治区人民法院审理刑事一审案件收案数共计 19040 起,较 2021 年下降了 35.14%。其中收案危害公共安全罪 8851 起,结案 8995 起;收案破坏社会主义市场经济秩序罪 694 起,结案 894 起;收案侵犯公民人身权利、民主权利罪 2150 起,结案 2274 起;收案侵犯财产罪 3018 起,结案 3372 起;收案妨害社会管理秩序罪 3890 起,结案 4172 起;收案危害国防利益罪 3 起,结案 4 起;收案贪污贿赂罪 384 起,结案 480 起;收案渎职罪 50 起,结案 60 起。2020—2022 年内蒙古自治区人民法院审理刑事一审案件收案数如图 2-16 所示。2020—2022 年内蒙古自治区人民法院审理刑事一审案件结案数如图 2-17 所示。

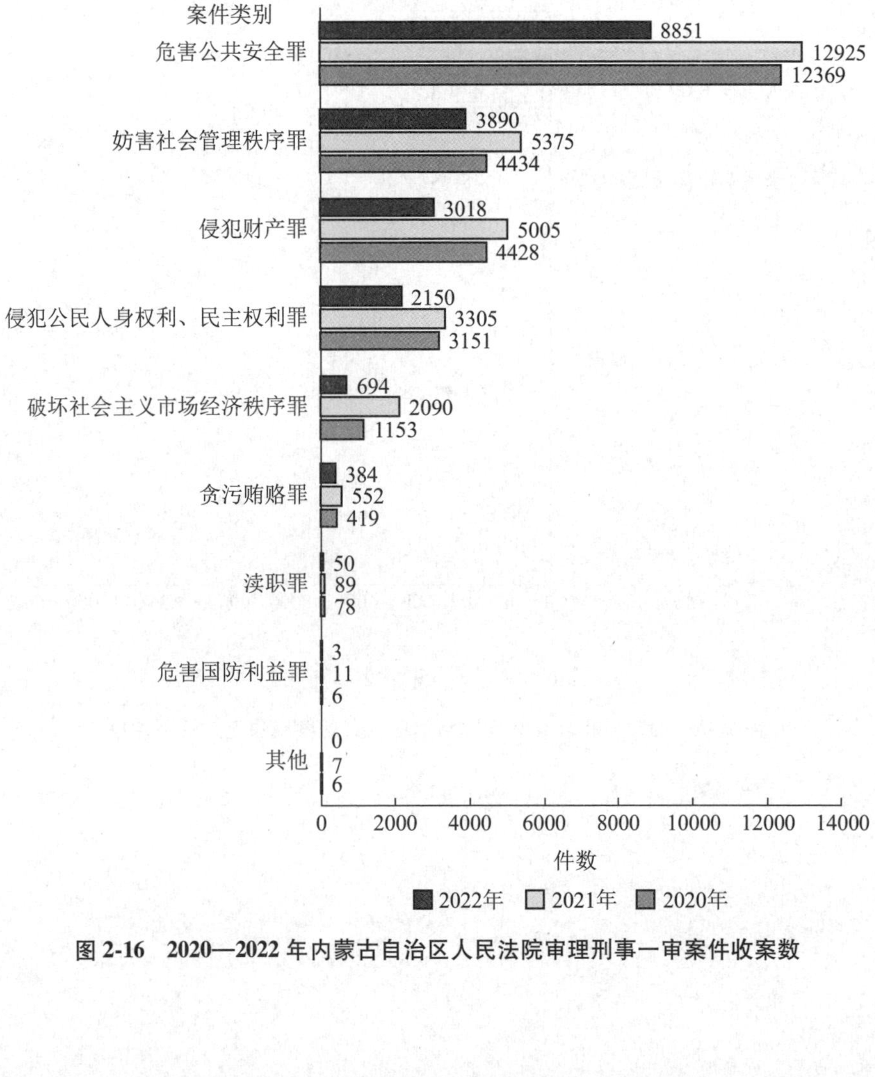

图 2-16　2020—2022 年内蒙古自治区人民法院审理刑事一审案件收案数

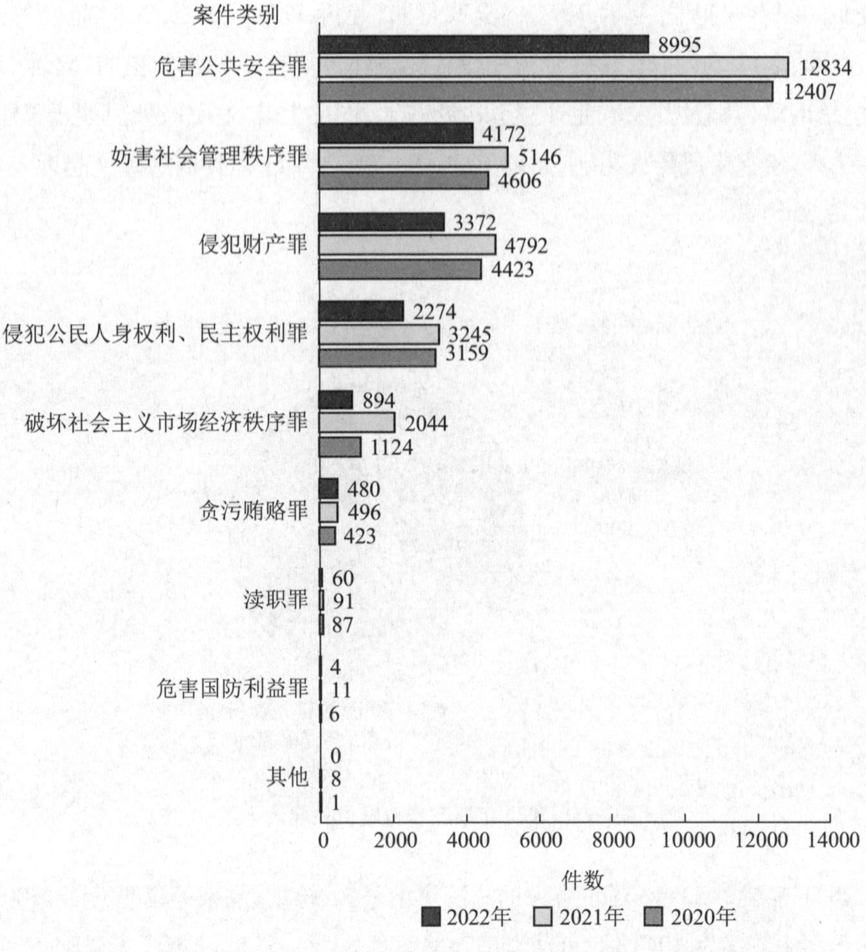

图 2-17　2020—2022 年内蒙古自治区人民法院审理刑事一审案件结案数

二、东北地区犯罪数据统计及分析

东北地区总体犯罪数量呈下降趋势,但危害社会秩序和公共安全罪仍然是个普遍问题。该地区开展专项活动,加大了对涉及网络和电信相关犯罪的打击。

(一) 辽宁省犯罪数据构成及统计分析(2021—2023 年)

2023 年辽宁省人民检察院共立案侦查 163 人,其中县处级 37 人、厅局级 2 人,立案人数、侦办要案数均居全国人民检察院首位。批准逮捕各类刑事犯罪嫌疑人 19674 人,提起公诉 43550 人。其中,危害国防利益、侵犯军人军属合法权益犯罪,起诉 27 人;监委移送职务犯罪,起诉 776 人,包括厅局级以上 95 人;假冒注册商标等侵犯知识产权犯罪,起诉239人;洗钱犯罪,起诉194人;故意杀人、抢劫等严重暴力犯罪,起诉2474人;黄赌毒、盗抢骗、食药环等群众反映强烈犯罪,起诉12544人;电信网络诈骗及其关联犯罪,起诉5956人,同比上升89.3%;涉黑涉恶犯罪,起诉357人;侵害未成年人犯罪,起诉1033人。2023年辽宁省检察机关起诉人数如图2-18所示。①

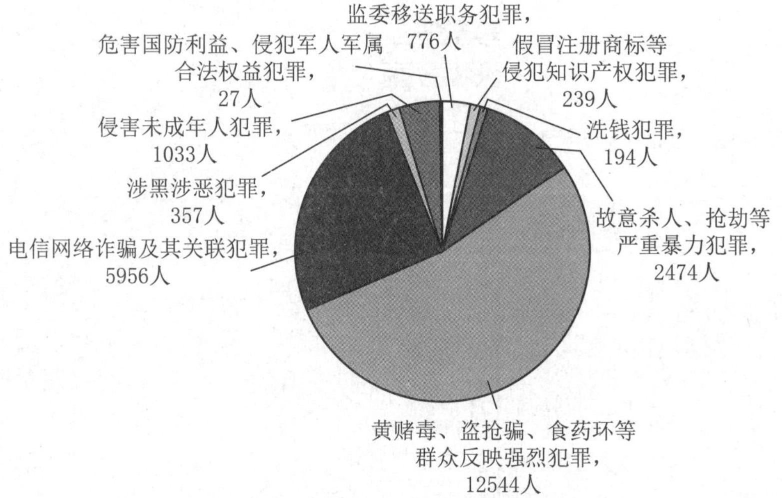

图2-18　2023年辽宁省检察机关起诉人数

2021年至2023年,辽宁省人民法院审结杀人、抢劫、绑架等犯罪案件1300件;审结毒品犯罪案件1048件;审结涉黑涉恶案件83件、672人;审结为诈骗集团"输血供粮""技术助攻"等关联犯罪案件4004件;审结贪污贿赂等职务犯罪案件730件、907人;审结逃废金融债务等破坏金融秩序犯罪案件2688件;审结侵犯市场主体人身财产安全等犯罪案件183件;审结涉未成年权益保护案件11300件,其中,侵害未成年人犯罪处终身从业禁止9人。2021—2023年辽宁省人民法院审结犯罪案件数如图2-19所示。②

① 《辽宁省人民检察院工作报告——2024年1月24日在辽宁省第十四届人民代表大会第二次会议上》,载辽宁省人民代表大会常务委员会网2024年2月18日,https://www.lnrd.gov.cn/lnrd/hy/srdh/lnsdssjrmdbdhdychy5/hybg/202402180916006430l/index.shtml,2024年8月12日最后访问。

② 载辽宁省人民代表大会常务委员会网,https://www.lnrd.gov.cn/lnrd/hy/srdh/lnsdssjrmdbdhdychy5/hybg/,2024年8月12日最后访问。

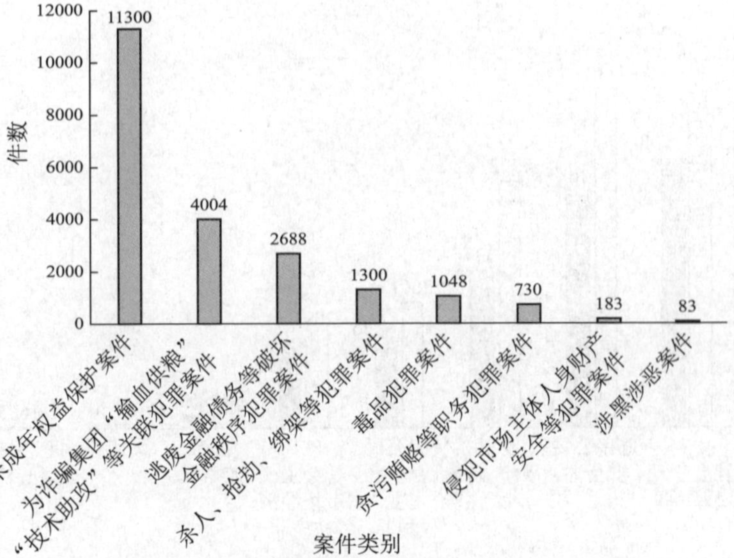

图 2-19　2021—2023 年辽宁省人民法院审结犯罪案件数

（二）吉林省犯罪数据构成及统计分析（2021—2023 年）

2023 年吉林省人民检察院共办理各类案件 15.5 万件，同比上升 33.95%，批捕 14394 人、起诉 38270 人。①

2022 年吉林省人民法院审理的刑事一审案收案共计 17113 件，较 2021 年下降 29.66%。结案共计 17408 件，较 2021 年下降 27.83%。其中，危害公共安全罪，收案 4962 件，结案 4972 件；破坏社会主义市场经济秩序罪，收案 1035 件，结案 1109 件；侵犯公民人身权利、民主权利罪，收案 1679 件，结案 1690 件；侵犯财产罪，收案 3374 件，结案 3445 件；妨害社会管理秩序罪，收案 5740 件，结案 5865 件；危害国防利益罪，收案 5 件，结案 5 件；贪污贿赂罪，收案 263 件，结案 261 件；渎职罪，收案 54 件，结案 58 件；其他，收案 1 件，结案 3 件。其中自诉案件收案 96 件，结案 91 件。2021—2022 年吉林省人民法院审理刑事一审案件收案情况如图 2-20 所示。2021—2022 年吉林省人民法院审理刑事一审案件结案情况如图 2-21 所示。②

---

① 《吉林省人民检察院工作报告（摘要）——2024 年 1 月 25 日在吉林省第十四届人民代表大会第三次会议上》，载《吉林日报》2024 年 2 月 27 日，http://jlrbszb.dajilin.com/pc/paper/c/202402/27/content_46092.html，2024 年 8 月 12 日最后访问。

② 《吉林统计年鉴 2023》，载吉林省统计局网，http://tjj.jl.gov.cn/tjsj/tjnj/2023/ml/indexc.htm，2024 年 8 月 12 日最后访问。

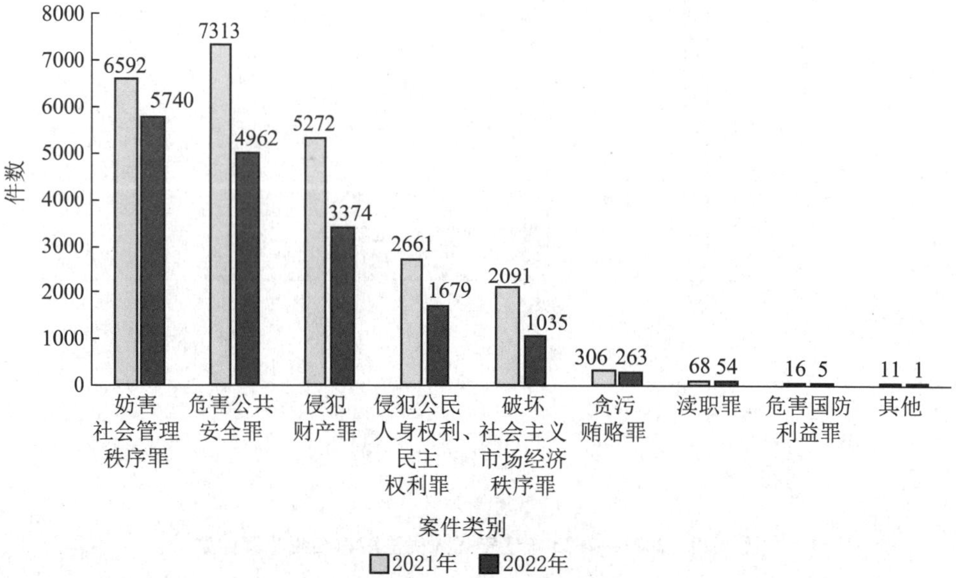

图 2-20　2021—2022 年吉林省人民法院审理刑事一审案件收案情况

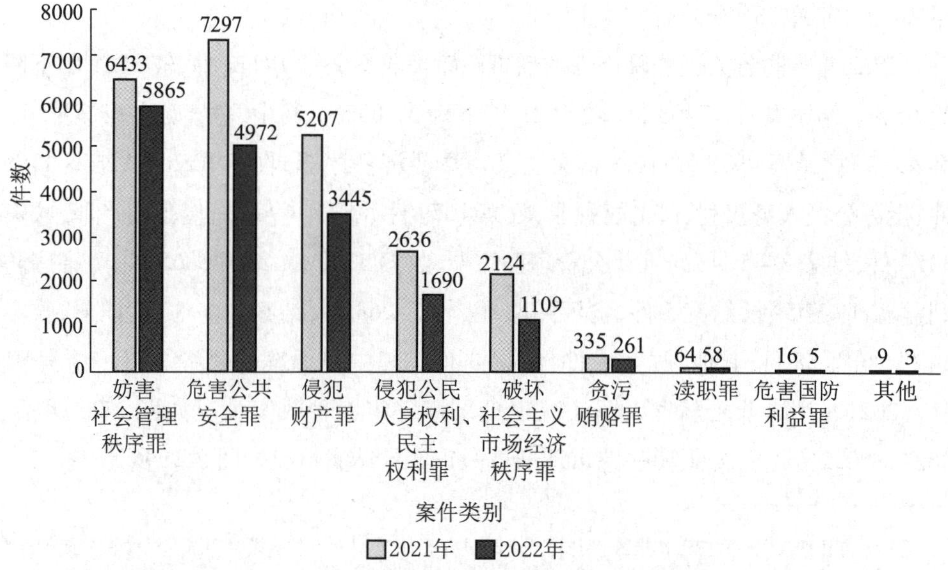

图 2-21　2021—2022 年吉林省人民法院审理刑事一审案件结案情况

（三）黑龙江省犯罪数据构成及统计分析（2023年）

2023年黑龙江省人民检察院依法惩治各类严重刑事犯罪，共起诉29644人，其中，“断卡”“净网”专项行动，起诉1700人；介入侦查涉黑恶案件24件，起诉180人，改变恶势力定性3件，追回被转移黑财1659万余元，移送“保护伞”问题线索21条，立案查办司法工作人员12人，制发重点行业领域整治检察建议9件；监察机关移送的职务犯罪案件，起诉778人，办理行贿案件107件、受贿案件210件，对司法工作人员相关职务犯罪案件立案侦查95人；破坏金融管理秩序犯罪，起诉507人；金融诈骗犯罪，起诉82人；洗钱犯罪，起诉39人；破坏黑土地环境资源犯罪，起诉102人；破坏市场经济秩序犯罪，起诉2020人；破坏环境资源犯罪，起诉1030人；各类危害食品药品安全犯罪，起诉213人；涉及未成年案件，提起公诉1034人，不起诉涉罪未成年人763人；侵犯妇女生命健康等犯罪，起诉647人。2023年黑龙江省人民检察院提起公诉案件如图2-22所示。①

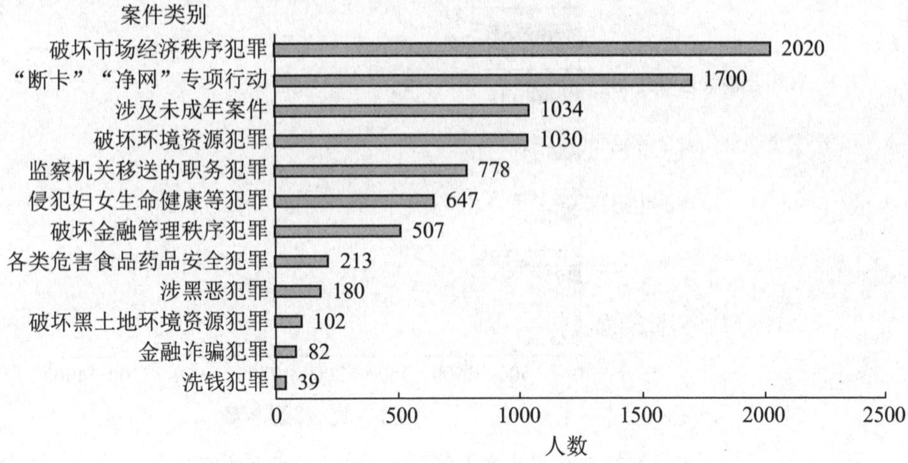

图2-22　2023年黑龙江省人民检察院提起公诉情况

2023年黑龙江省人民法院审结一审刑事案件2.28万件，判处罪犯3.12万人。审结渗透破坏犯罪案件139件、194人；黑恶势力及“保护伞”犯罪案件71件、553人；严重暴力犯罪案件2904件、3586人；黄赌毒犯罪案件1563件、2887人。审结

① 《2023年黑龙江省人民检察院工作报告》，载黑龙江省人民检察院网2024年3月21日，https://hg.hljjcy.gov.cn/hljsrmjcy/C150/1770692725721542658.html，2024年8月16日最后访问。

职务犯罪案件718件、825人;破坏金融管理秩序犯罪案件391件、703人;盗采泥炭黑土等犯罪案件790件、996人;制售假种等违法犯罪案件23件、32人;电信网络、养老等诈骗犯罪案件1717件、2458人;涉生产安全、食药安全等犯罪案件231件、356人;侵害妇女儿童犯罪案件744件、893人。2023年黑龙江省人民法院审结的犯罪案件如图2-23所示。①

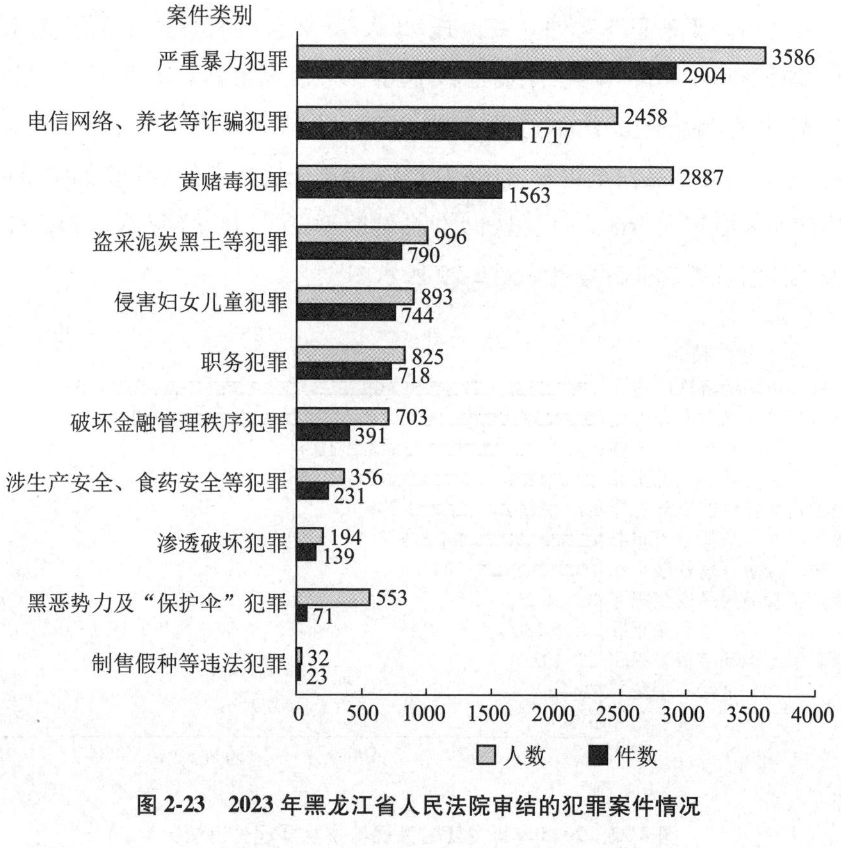

图2-23 2023年黑龙江省人民法院审结的犯罪案件情况

三、华东地区犯罪数据统计及分析

华东地区总体犯罪数据呈下降趋势,社会治安形势持续向好。横向对比来看,社会治安环境相对较好,司法效率总体较高,但电信网络诈骗等新兴违法犯罪的形

① 《黑龙江省高级人民法院工作报告》,载黑龙江新闻网2024年2月19日,https://hljnews.cn/ljxw/content/2024-02/19/content_756733.html,2024年10月2日最后访问。

势相对严峻复杂。此外,华东片区区域会战集中收网行动有效遏制了电信网络诈骗违法犯罪多发高发态势。

(一) 上海市犯罪数据构成及统计分析(2022—2023 年)①

2022 年上海市公安机关刑事案件立案 79848 件,较 2021 年,同比下降 15.73%。2022 年上海市公安机关刑事案件立案数据按照案件类别和数量排名如下:第一,诈骗,立案 47310 件;第二,其他,立案 24120 件;第三,盗窃,立案 6673 起;第四,伤害,立案 1231 件;第五,强奸,立案 378 件;第六,杀人,立案 96 件;第七,抢劫,立案 40 件(见图 2-24)。相较于 2021 年相关数据,除伤害类案件数量同比上升 3.01%,呈上升趋势,其余各类案件数据均呈下降趋势,其中盗窃类案件立案数同比下降 36.51%,有明显下降的趋势。

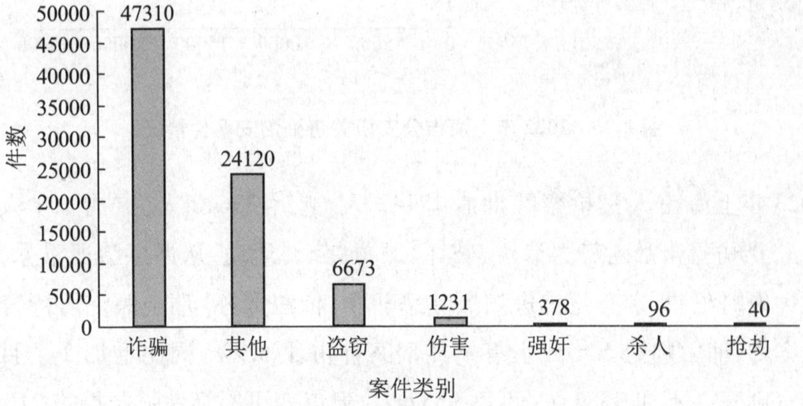

图 2-24　2022 年上海市公安机关刑事案件立案数

2021 年上海市公安机关查处治安案件 127129 件,2022 年查处 90934 件,同比下降 28.47%,上海市治安案件数据总体呈明显下降趋势,表明当地治安形势持续向好。

从图 2-25 可见,2022 年上海市公安机关治安案件数据按照案件类别和数量排名如下:第一,殴打他人,查处 21664 件;第二,诈骗、抢夺、敲诈勒索财物,查处 12611 件;第三,扰乱公共秩序,查处 4593 件;第四,赌博,查处 3201 件;第五,卖淫、

① 本部分数据除特别标注外,均来自上海市统计局:《上海统计年鉴 2023》(中国统计出版社)。

嫖娼,查处2700件;第六,阻碍国家工作人员执行职务,查处601件;第七,寻衅滋事,查处578件;第八,伪造、变造、倒卖有价票证、凭证,查处3件。

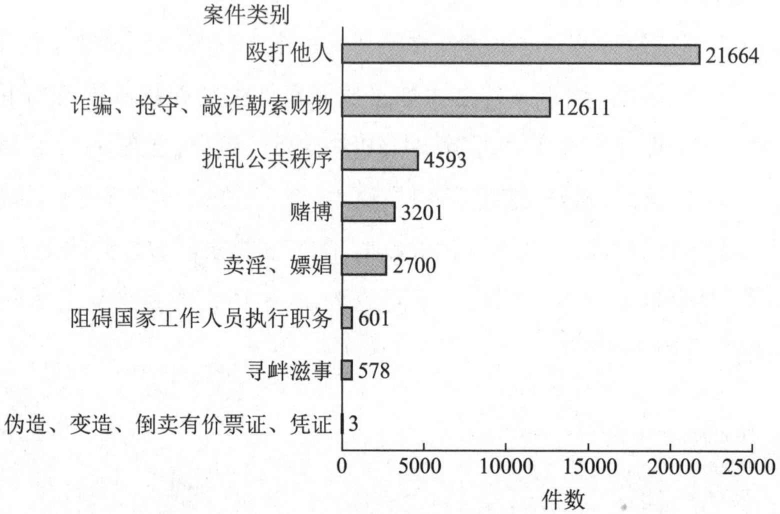

图2-25　2022年上海市公安机关查处治安案件情况

2023年上海市人民检察院批捕12142人、起诉33640人,追捕104人、追诉4397人。严厉打击敌对势力渗透、破坏、颠覆、分裂活动,从严惩治严重暴力犯罪和多发性侵财犯罪,常态化推进扫黑除恶斗争,依法严办“瑞金医院内持刀砍人”等恶性案件,捕后判处十年以上有期徒刑案件占比6.9%,同比增加2个百分点。依法当宽则宽。不捕9357人、不诉9557人,建议变更羁押性强制措施210人;认罪认罚从宽适用率91.4%,建议判处缓刑、拘役、管制等14613人,确定刑量刑建议采纳率97.2%,一审服判率97%,“自愿认”更利“真心改”。结合轻罪当事人对立性弱、社会关系易修复等特点,探索轻罪治理,试点不起诉诉前考察机制,引导98名轻罪嫌疑人在参与社会公益服务中认罪悔罪、改过自新。①

2023年上海市人民法院审结一审刑事案件2.5万件,占一审案件总数的3.7%,占比显著低于全国平均水平。守护人民群众“钱袋子”,依法审结涉众型经济犯罪案件847件;保护人民群众“舌尖上的安全”,依法审结制售“病猪肉”“毒大

① 载上海市人民检察院网,https://www.sh.jcy.gov.cn/gzbg/2013/rdhgzbg/98902.jhtml,2024年10月2日最后访问。

米”“假药”等危害食品药品安全犯罪案件 159 件；撑起未成年人“保护伞”，将实施性侵等特定人员名单纳入从业禁止数据库。①

（二）江苏省犯罪数据构成及统计分析（2022 年）②

2022 年江苏省公安机关刑事案件立案 386895 件，2021 年立案 394784 件，同比下降 0.2%。2022 年江苏省公安机关刑事案件立案数据按照案件类别和数量排名如下：第一，盗窃，立案 137056 件，占比 35.43%；第二，诈骗，立案 128962 件，占比 33.33%；第三，其他，立案 111867 件，占比 28.91%；第四，伤害，立案 4744 件，占比 1.23%；第五，强奸，立案 2477 件，占比 0.64%；第六，毒品刑事犯罪，立案 779 件，占比 0.2%；第七，抢劫，立案 317 件，占比 0.08%；第八，信用卡诈骗，立案 240 件，占比 0.06%；第九，杀人，立案 230 件，占比 0.06%；第十，抢夺，立案 97 件，占比 0.03%；第十一，伪造、变造货币，出售、购买、运输、持有、使用假币，立案 70 件，占比 0.02%；第十二，拐卖妇女、儿童，立案 42 件，占比 0.01%；第十三，走私，立案 14 起。具体数据可见图 2-26。相较于 2021 年相关数据，伤害、抢劫、强奸、拐卖妇女儿童、走私、信用卡诈骗、其他以及伪造、变造货币，出售、购买、运输、持有、使用假币类案件数量呈上升趋势，其中其他类案件同比上升 32.26%，有明显上升趋势；而杀人、盗窃、诈骗、毒品刑事犯罪、抢夺类案件数量呈下降趋势，其中毒品刑事犯罪类案件下降 42.47%，有明显下降趋势。

2021 年江苏省公安机关治安案件受理 1087262 起，查处 1044713 起；2022 年江苏省公安机关治安案件受理 1176653 起，查处 1117791 起。江苏省治安案件呈逐年上升趋势，表明当地治安力度加大。

由图 2-27 可见，2022 年江苏省公安治安案件数据按照案件类别和数量排名如下：第一，殴打他人，受理 463367 件，查处 451728 件；第二，其他，受理 301945 件，查处 286098 件；第三，盗窃，受理 291868 件，查处 269660 件；第四，诈骗、抢夺、敲诈勒索，受理 82413 件，查处 74976 件；第五，赌博，受理 17597 件，查处 16717 件；第六，卖淫、嫖娼，受理 7934 件，查处 7707 件；第七，寻衅滋事，受理 4699 件，查处 4421 件；第八，扰乱公共场所秩序，受理 3076 件，查处 3000 件；第九，违反危险物质

---

① 《一图读懂：上海高院 2023 年工作》，载微信公众号“上海高院”，https://mp.weixin.qq.com/s/t21450dJjgMwJuqjwyG-Pg，2024 年 10 月 2 日最后访问。

② 本部分数据除特别注明外，均来自江苏省统计局：《江苏统计年鉴 2023》。

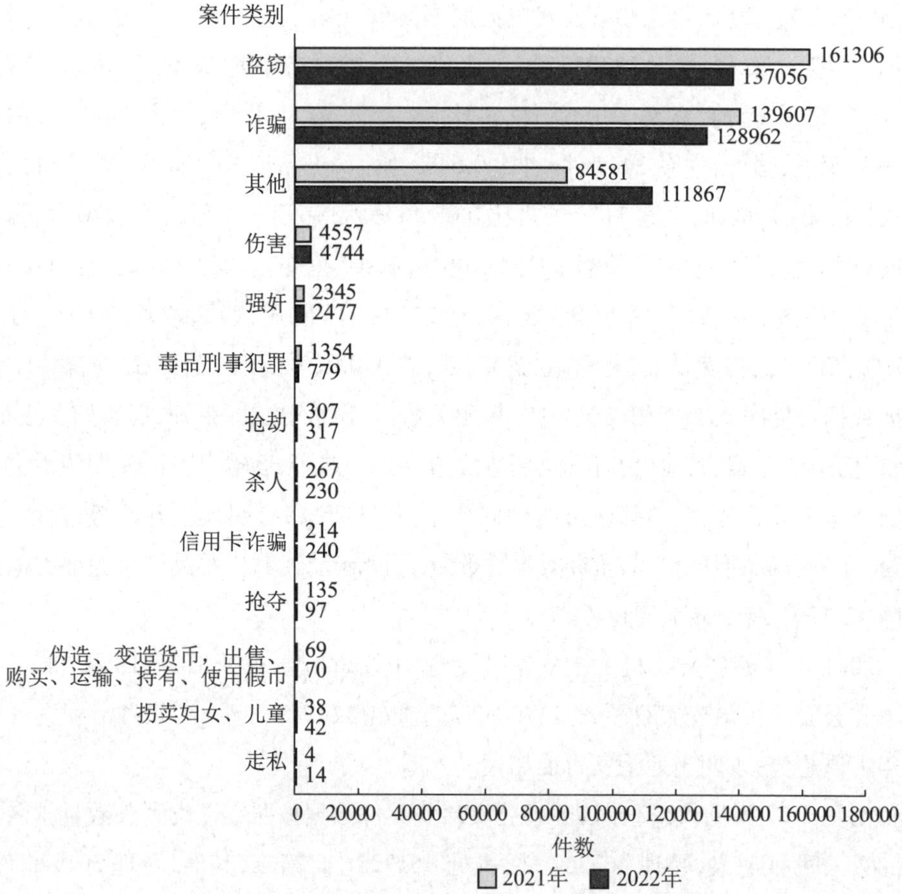

图 2-26　2021—2022 年江苏省公安机关刑事立案情况

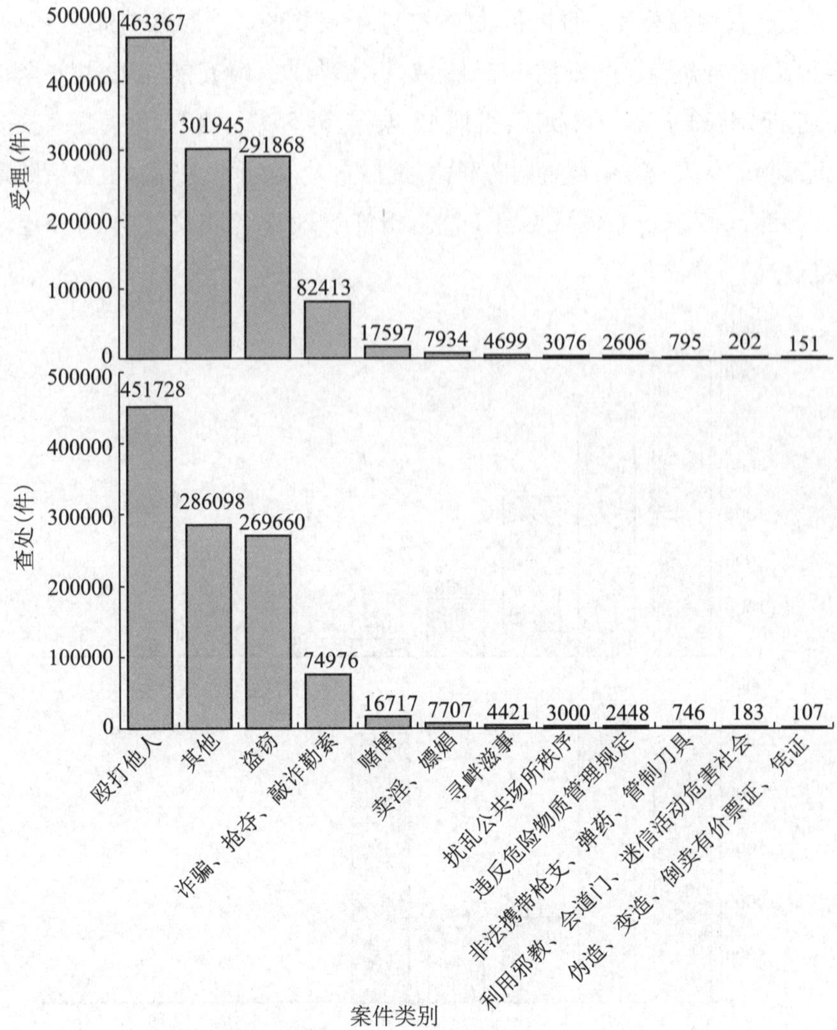

图2-27　2022年江苏省公安机关治安案件受理、查处情况

管理规定,受理2606件,查处2448件;第十,非法携带枪支、弹药、管制刀具,受理795件,查处746件;第十一,利用邪教、会道门、迷信活动危害社会,受理202件,查处183件;第十二,伪造、变造、倒卖有价票证、凭证,受理151件,查处107件。相较于2021年的数据,除殴打他人、盗窃、诈骗、抢夺、敲诈勒索、卖淫嫖娼、其他类案件类型的数据呈现上升趋势,其余案件类型则呈现总体下降趋势。

2022年江苏省检察院批捕、起诉数据按照案件类别和数量排名如下:第一,侵犯财产,批捕6319人,起诉22865人;第二,妨害社会管理秩序,批捕5382人,起诉

27367 人;第三,侵犯公民人身权利、民主权利,批捕 3396 人,起诉 7790 人;第四,破坏社会主义市场经济秩序,批捕 1236 人,起诉 6944 人;第五,危害公共安全,批捕 365 人,起诉 24733 人;第六,渎职,批捕 18 人,起诉 55 人;第七,危害国家安全,批捕 17 人,起诉 19 人;第八,危害国防利益,批捕 6 人,起诉 5 人;第九,贪污贿赂,批捕 1 人,起诉 1037 人。具体可见图 2-28。相较于 2021 年相关数据,有一定波动,但总体依然呈下降态势。

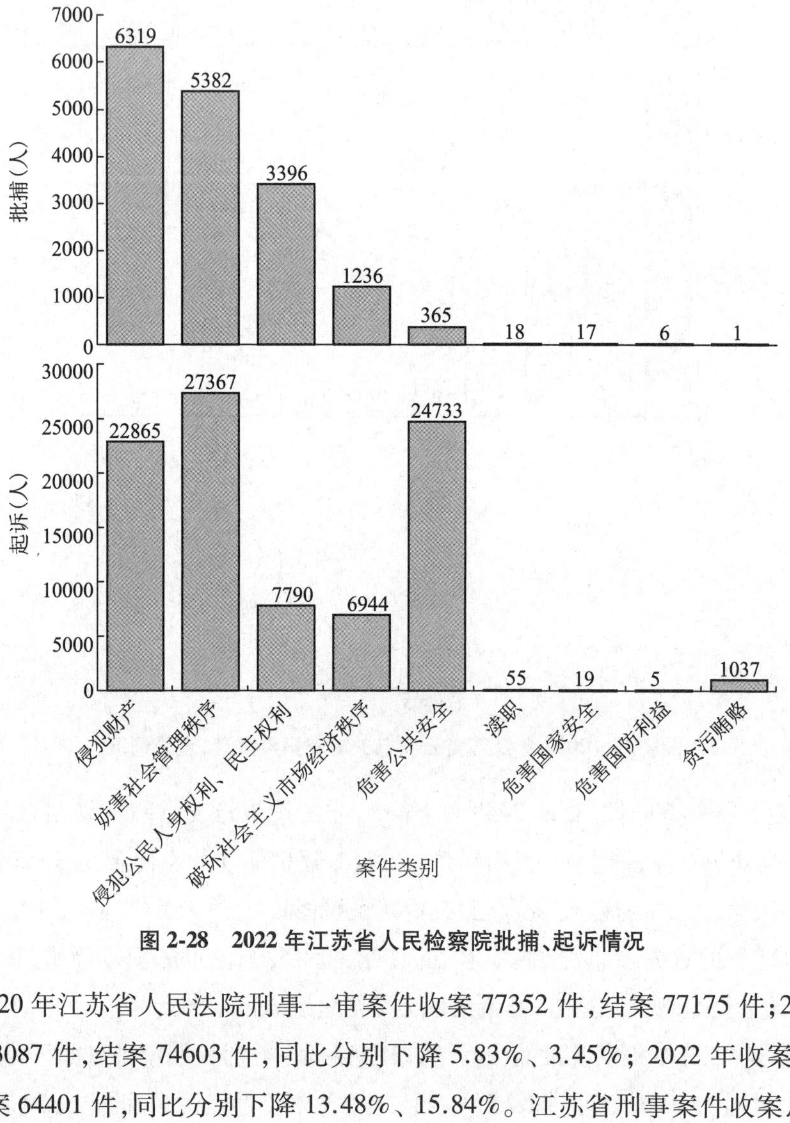

图 2-28　2022 年江苏省人民检察院批捕、起诉情况

2020 年江苏省人民法院刑事一审案件收案 77352 件,结案 77175 件;2021 年收案 73087 件,结案 74603 件,同比分别下降 5.83%、3.45%; 2022 年收案 64403 件,结案 64401 件,同比分别下降 13.48%、15.84%。江苏省刑事案件收案总体开始呈下降趋势,表明该地区整治有成效,社会治安持续好转。

2022 年江苏省人民法院刑事一审案件数据按照案件类别和数量排名如下:第一,危害公共安全罪,收案 24142 件,结案 24184 件;第二,侵犯财产罪,收案 15556 件,结案 15593 件;第三,妨害社会管理秩序罪,收案 13496 件,结案 13565 件;第四,侵犯公民人身权利、民主权利罪,收案 6657 件,结案 6383 件;第五,破坏社会主义市场经济秩序罪,收案 3513 件,结案 3705 件;第六,贪污贿赂罪,收案 952 件,结案 885 件;第七,渎职罪,收案 67 件,结案 68 件;第八,其他罪,收案 12 件,结案 10 件;第九,危害国防利益罪,收案 8 件,结案 8 件。可见图 2-29。

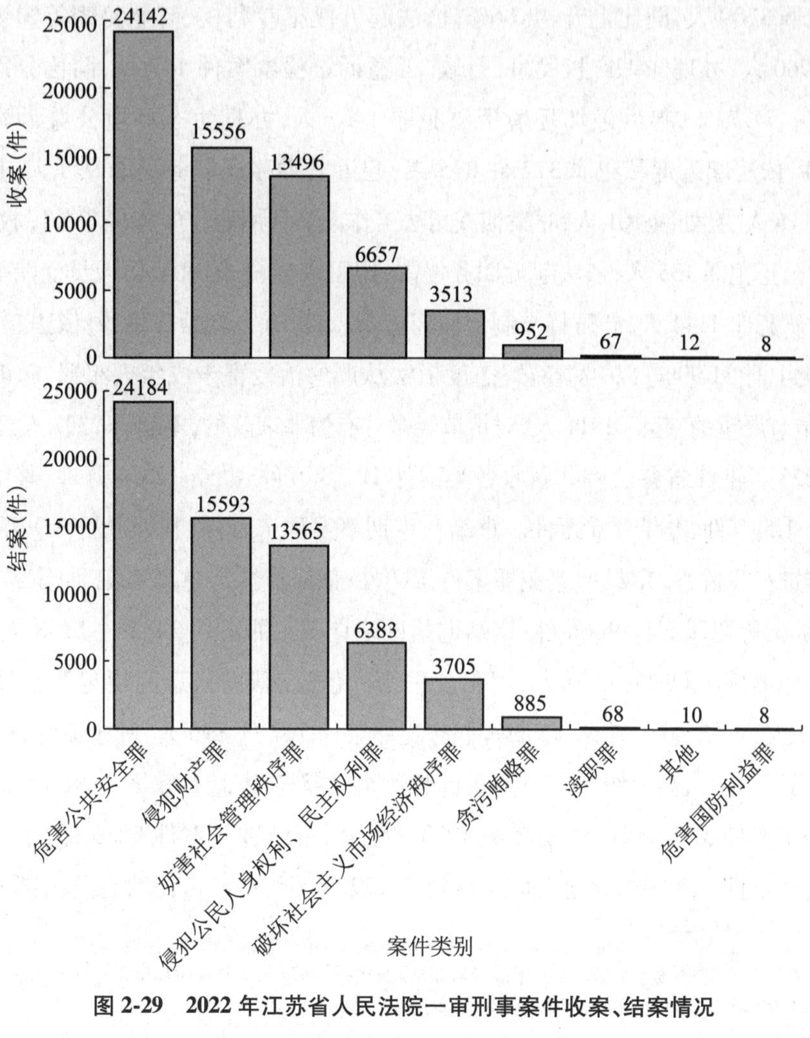

图 2-29　2022 年江苏省人民法院一审刑事案件收案、结案情况

(三)浙江省犯罪数据构成及统计分析(2023 年)

2023 年浙江省检察机关共批准逮捕各类刑事犯罪 30154 人、提起公诉 102945 人。推进扫黑除恶斗争常态化,突出打击利用黑恶势力讨债讨薪、利用负面信息敲诈勒索,起诉涉黑恶犯罪 738 人;聚焦群众深恶痛绝的电信网络诈骗、侵害公民个人信息等犯罪,起诉 5871 人;依法打击内幕交易、操纵证券市场等犯罪,起诉金融诈骗、破坏金融管理秩序犯罪 1497 人;聚焦平安护航亚运会亚残运会,依法打击虚假招募亚运志愿者、虚卖亚运门票等犯罪,挂牌督办危化品、危险废物治理、饮用水安全等 25 件涉安全公益诉讼重点案件;起诉妨害公司企业管理秩序、扰乱市场秩序等犯罪 3709 人,同比上升 48.06%;依法起诉侵犯专利权、商业秘密等知识产权犯罪 1960 人,办理知识产权民事、行政、公益诉讼检察案件 147 件,同比分别上升 73.90%、54.73%;起诉破坏环境资源犯罪 1467 人,办理生态环境公益诉讼案件 2166 件;依法起诉走私犯罪 312 件 875 人;起诉监委移送职务犯罪 978 人,其中厅级以上 16 人、县处级 101 人;立案侦查司法工作人员利用职权实施侵犯公民权利、损害司法公正犯罪 135 人;依法起诉职务侵占、挪用资金、非国家工作人员受贿等民企内部贪腐犯罪 1144 人;严厉打击制售假药劣药、有毒有害食品等犯罪,依法起诉 769 人,同比上升 31.90%;以“零容忍”态度依法从严惩治侵害未成年人犯罪,起诉 2774 人,对情节严重的,起诉 1911 人,对情节轻微并有悔罪表现的,不起诉 2397 人。①

2023 年浙江省各法院共新收各类案件 121.8 万件、办结 123.4 万件,其中省法院新收 1.5 万件、办结 1.6 万件。审结一审刑事案件 7 万件,判处罪犯 9.9 万人;常态化推进扫黑除恶,审结黑恶犯罪案件 137 件;依法严惩严重暴力犯罪,审结杀人、抢劫、绑架等犯罪案件 9066 件;审结电信网络诈骗犯罪案件 2482 件 5138 人,网络赌博犯罪案件 1909 件 3570 人,侵犯公民个人信息、帮助信息网络犯罪案件 4063 件 6339 人;审结贪污、贿赂、渎职等职务犯罪案件 767 件 896 人,其中原为省部级 2 人、厅局级 12 人、县处级 50 人;落实行贿受贿一起查,审结行贿案件 81 件 151 人;审结涉企案件 31.5 万件,涉案金额 4933.7 亿元,审结破产案件 5239 件、个人债务集中清理案件 1122 件,化解金融不良资产 1395 亿元,审结涉民营企业内部人员职

---

① 《浙江省人民检察院 2023 年工作报告》,载浙江检察网 2024 年 3 月 18 日,https://www.zjjcy.gov.cn/art/2024/3/18/art_23_200362.html, 2024 年 10 月 2 日最后访问。

务侵占、挪用资金等侵犯企业权益犯罪案件 630 件；审结各类知识产权案件 3 万件，同比上升 3.6%；审结首例"虚拟数字人案"、利用"AI"制作视频传播虚假信息案等涉数字经济案件 1.5 万件；审结涉外涉港澳台商事海事案件 6220 件、国际区际司法协助案件 750 件。①

（四）安徽省犯罪数据构成及统计分析（2022 年）②

2021 年安徽省公安机关刑事案件立案 202846 件，2022 年立案 190434 件，同比下降 6.12%。由图 2-30 可见，2022 年安徽省公安机关刑事案件立案数据按照案

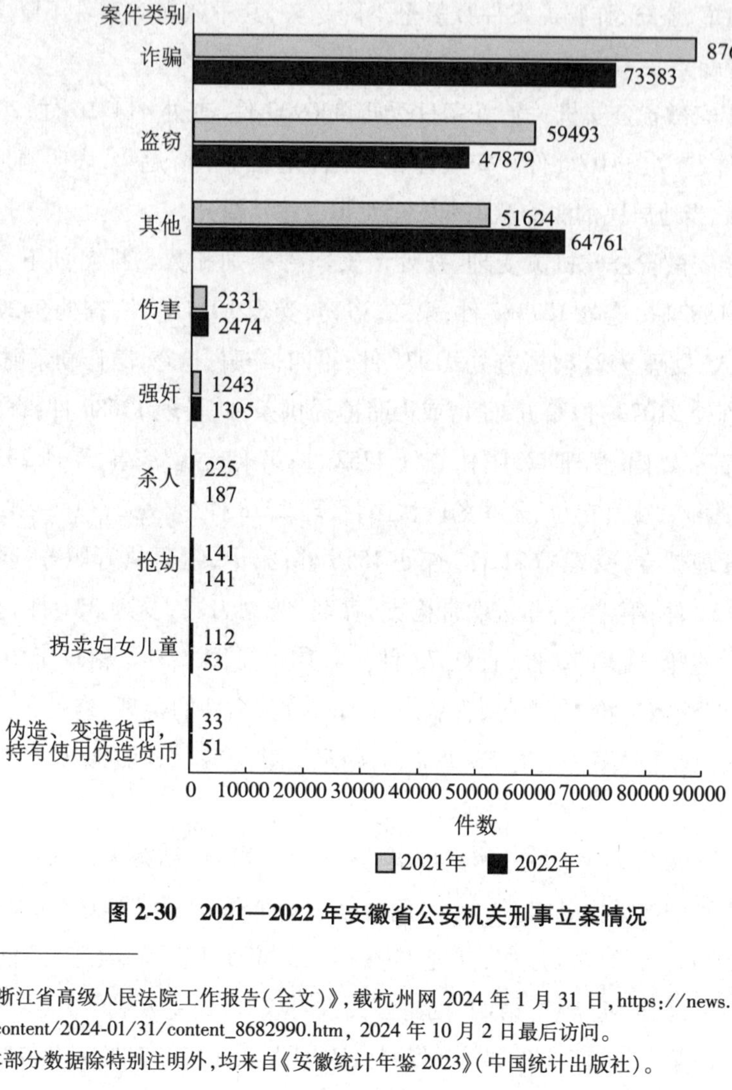

图 2-30　2021—2022 年安徽省公安机关刑事立案情况

① 《浙江省高级人民法院工作报告（全文）》，载杭州网 2024 年 1 月 31 日，https://news.hangzhou.com.cn/zjnews/content/2024-01/31/content_8682990.htm，2024 年 10 月 2 日最后访问。

② 本部分数据除特别注明外，均来自《安徽统计年鉴 2023》（中国统计出版社）。

件类别和数量排名如下:第一,诈骗,立案73583件,占比34.01%;第二,其他,立案64761件,占比38.64%;第三,盗窃,立案47879件,占比25.14%;第四,伤害,立案2474件,占比1.30%;第五,强奸,立案1305件,占比0.69%;第六,杀人,立案187件,占比0.10%;第七,抢劫,立案141件,占比0.07%;第八,拐卖妇女儿童,立案53件,占比0.03%;第九,伪造、变造货币,持有使用伪造货币,立案51件,占比0.03%。相较于2021年的数据,伤害、强奸,伪造、变造货币,持有使用伪造货币和其他类案件数量呈上升趋势,其中其他类案件同比上升42.54%,有明显上升趋势;而杀人、拐卖妇女儿童、盗窃、诈骗类案件数量呈下降趋势,其中盗窃类案件下降26.11%,有明显下降趋势。

2021年安徽省公安机关治安案件受理430909件,查处414716件;2022年受理376976件,查处361096件。安徽省治安案件呈逐年下降趋势,表明当地治安状况逐年变好,当地居民的法治意识和安全意识也逐年提升。

2022年安徽省公安机关受理、查处治安案件类别和数量排名如下:第一,其他,受理131882件,查处127587件;第二,盗窃,受理101410件,查处94277件;第三,殴打他人,受理94217件,查处91976件;第四,诈骗、抢夺、敲诈勒索财物,受理22578件,查处21078件;第五,赌博或为赌博提供条件,受理13680件,查处13346件;第六,卖淫、嫖娼,受理4831件,查处4752件;第七,寻衅滋事,受理2936件,查处2842件;第八,扰乱单位、公共场所秩序,受理2228件,查处2139件;第九,违反危险物质管理规定,受理1621件,查处1556件;第十,阻碍执行职务,受理1189件,查处1151件;第十一,非法携带枪支、弹药、管制刀具,受理331件,查处319件;第十二,哄抢,受理73件,查处73件。具体可见图2-31。相较于2021年的相关数据,非法携带枪支、弹药、管制刀具和哄抢类案件的受理、查处数量有所上升,其中哄抢类受理案件上升52.08%,有明显上升趋势,而其余案件数量均有所下降。

2022年安徽省人民法院一审刑事案件受理47992件,结案45223件,案件数据按照案件类别和数量排名如下:第一,危害公共安全罪,受理19302件,结案19114件;第二,妨碍社会管理秩序罪,受理11031件,结案10129件;第三,侵犯财产罪,受理9077件,结案8427件;第四,侵犯公民人身权利、民主权利罪,受理5534件,结案5014件;第五,破坏社会主义市场经济秩序罪,受理2437件,结案2048件;第

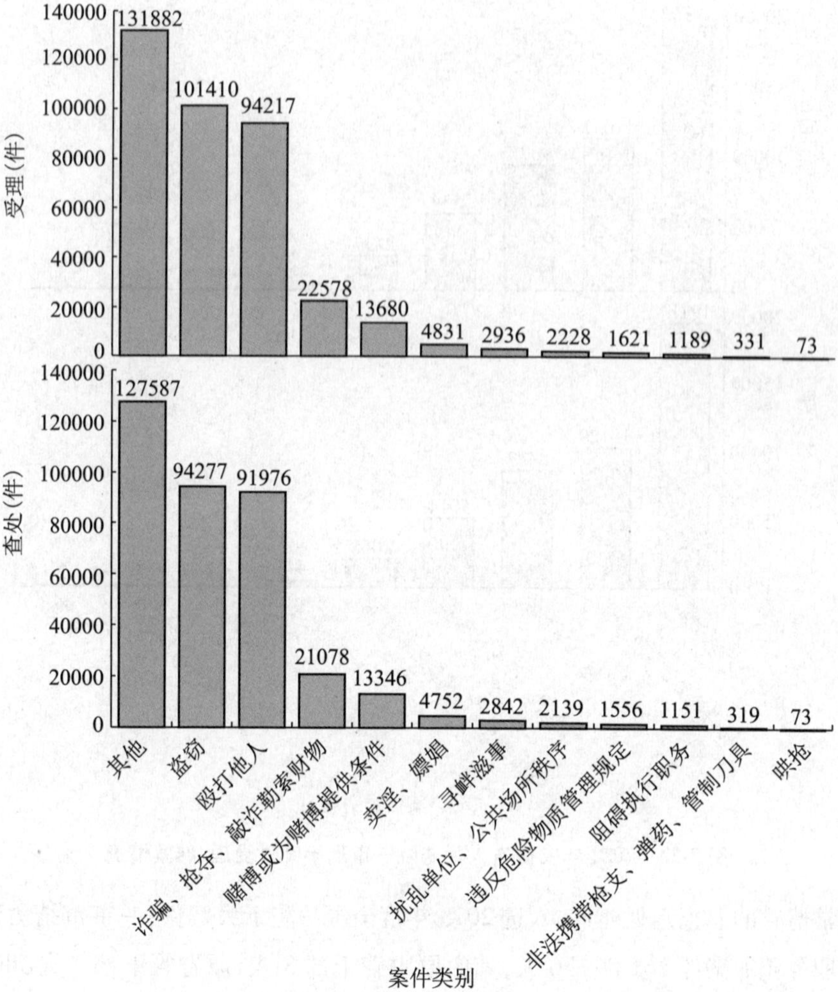

图 2-31　2022 年安徽省公安机关治安案件受理、查处情况

六,贪污贿赂罪,受理 550 件,结案 443 件;第七,渎职罪,受理 49 件,结案 39 件;第八,危害国防利益罪,受理 7 件,结案 7 件;第九,其他,受理 5 件,结案 2 件。可见图 2-32。

(五)福建省犯罪数据构成及统计分析(2023 年)

2023 年福建省人民法院受理各类案件 104 万件、办结 95.36 万件,其中省法院受理 2.15 万件、办结 1.7 万件。一审审结刑事案件 4.64 万件,判处罪犯 6.4 万人。审结涉黑恶案件 246 件 1446 人;依法审理吴谢宇弑母案,对严重挑战法律、践踏人

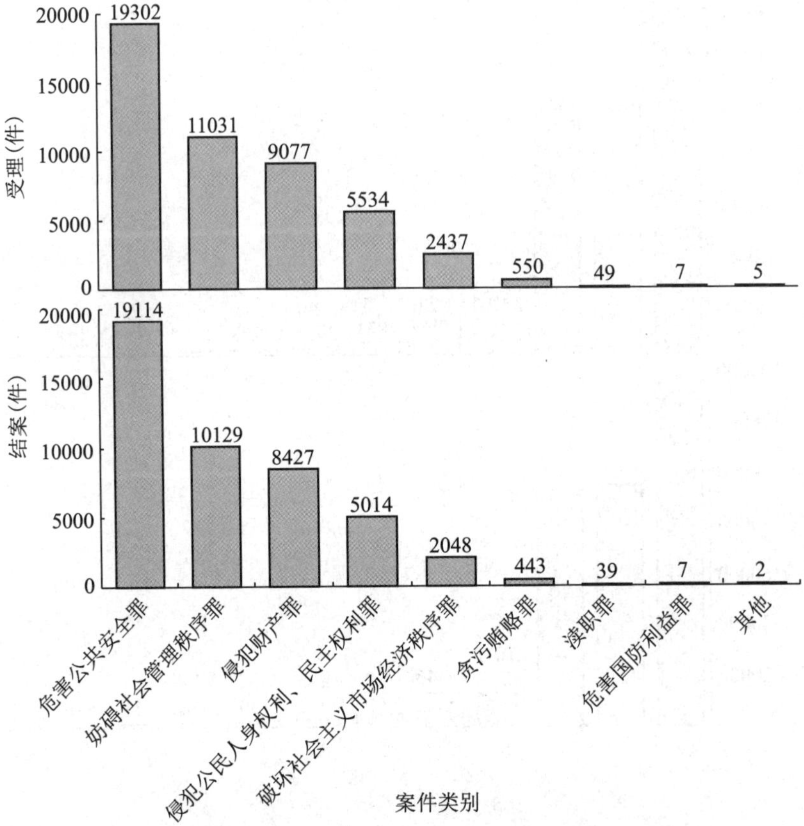

图 2-32　2022 年安徽省人民法院一审刑事案件受理、结案情况

类正常情感的罪犯判处死刑,入选 2023 年度全国法院十大案件;一审审结贪污、贿赂等职务犯罪案件 261 件 326 人,其中原中管干部 3 人、原省管干部 7 人,审结徐鸣案、龚建华案等一批重大职务犯罪案件;严惩涉众型经济犯罪 383 件;一审审结各类环境资源案件 3885 件,追究刑事责任 1195 人;一审审结专利、商标、著作权等权利保护以及不正当竞争、反垄断等案件 1.95 万件,一审审结技术类案件 2687 件;一审审结盗窃、抢劫、抢夺等侵财犯罪案件 8194 件;一审审结危害食品药品安全犯罪案件 287 件;深入推进反电诈专项工作,一审审结电信网络诈骗及关联犯罪案件 7510 件,帮助受骗群众挽回损失 1.53 亿元。①

① 《福建省高级人民法院工作报告——2024 年 1 月 25 日在福建省第十四届人民代表大会第二次会议上》,载福建省人民政府网 2024 年 2 月 24 日,https://www.fujian.gov.cn/xwdt/fjyw/202402/t20240224_6398981.htm,2024 年 10 月 2 日最后访问。

2023年福建省检察机关共批准逮捕各类刑事犯罪24842人，起诉63088人。以法治化推进扫黑除恶常态化，起诉涉黑涉恶犯罪1091人；维护群众生命财产安全，起诉故意杀人、抢劫、绑架等严重暴力犯罪1874人，起诉多发性侵财犯罪10888人；依法严惩电信网络诈骗犯罪，起诉3166人，对涉缅北电诈案件全覆盖提前介入；龙岩检察机关办理的“4·09”特大跨境电信网络诈骗案，已有116人被追究刑事责任；严惩重大责任事故等危害安全生产犯罪58人，办理安全生产领域公益诉讼439件；努力营造法治化营商环境，起诉破坏市场经济秩序犯罪4829人，起诉金融诈骗、破坏金融管理秩序犯罪728人，针对民营企业反映强烈的内部贪腐、外部恶意索赔问题，分别起诉350人、45人；加强知识产权司法保护，起诉侵犯知识产权犯罪899人，福建省三明市检察机关办理的“5·11”侵犯网络视听作品著作权案，入选全国检察机关典型案例；积极参与反腐败斗争，对各级监委移送职务犯罪案件决定逮捕248人，起诉384人，起诉行贿犯罪38人，立案侦查司法工作人员利用职权犯罪50人；从严惩治性侵、虐待、暴力伤害未成年人等犯罪2065人，对涉嫌轻微犯罪、有悔罪表现的附条件不起诉1173人，对犯罪较严重的起诉1144人；用法治力量护卫特定群体，起诉冒充军人招摇撞骗、破坏军事设施犯罪15人，严惩侵害妇女权益犯罪3055人。①

（六）江西省犯罪数据构成及统计分析（2023年）

2023年江西省人民检察院共批准逮捕各类犯罪嫌疑人22235人、起诉45948人。纵深推进常态化扫黑除恶斗争，办理施晓敏、黄彪等重大涉黑恶案件，起诉563人；严厉打击金融诈骗、破坏金融管理秩序犯罪，起诉733人，依法严惩洗钱犯罪，起诉215人，常态化打击虚开发票、骗取出口退税等犯罪，起诉228人；依法惩治利用网络实施的贩毒、赌博、传播淫秽物品等犯罪，起诉9266人；积极参与“断卡”“断流”“长风”等专项行动，起诉电信网络诈骗及关联犯罪9543人；依法打击网络暴力“按键伤人”和“网络水军”造谣引流、舆情敲诈等犯罪，起诉116人；在严惩严重犯罪的同时，对轻微犯罪落实依法少捕慎诉慎押具体工作要求，不批捕17962人、不起诉19080人，对捕后可不继续羁押的，依法建议释放或变更强制措施

① 《福建省人民检察院工作报告——2024年1月25日在福建省第十四届人民代表大会第二次会议上》，载福建省人民政府网2024年2月25日，https://www.fujian.gov.cn/xwdt/fjyw/202402/t20240225_6399006.htm，2024年10月2日最后访问。

952 人。起诉冒充军人招摇撞骗等涉军犯罪 19 人;着力营造法治化营商环境,起诉破坏市场经济秩序、危害企业生产经营等犯罪 2939 人,同比上升 17%,起诉民营企业内部人员职务侵占、挪用资金等犯罪 242 人;助力创新驱动发展,受理审查起诉侵犯知识产权犯罪 916 人,同比上升 63.6%;起诉破坏生态环境资源犯罪 2009 人;严厉打击"村霸"和宗族恶势力,依法惩治制售假冒伪劣农资、非法占用农用地、侵吞挪用涉农资金等犯罪,起诉 178 人;加强农民工权益保护,起诉拒不支付劳动报酬犯罪 38 人,帮助追讨欠薪 1730 万余元;积极参与反腐败斗争,受理各级监委移送职务犯罪 661 人,同比上升 40%,其中原厅局级以上 29 人、县处级 73 人;已起诉 512 人,同比上升 28.3%;依法打击"盗抢骗""黄赌毒"等群众身边的多发性犯罪,起诉 13975 人;落实食品药品安全"四个最严"要求,起诉危害食品药品安全犯罪 298 人;落实罪错未成年人分级干预,对犯罪较严重的,起诉 1554 人;对情节轻微、认罪悔罪的,附条件不起诉 1294 人;加强妇女权益保护,依法惩治强制猥亵、家庭暴力、拐卖妇女等犯罪,起诉 2069 人。①

2021 年江西省人民法院审结刑事案件 50829 件(含减刑假释案件)。审结涉黑涉恶案件 144 件;审结杀人、抢劫、绑架等严重暴力犯罪 2317 件,劳某某犯故意杀人、抢劫、绑架罪,被依法执行死刑;审结毒品犯罪 944 件,李某等人贩卖、运输毒品 350 公斤,罪行极其严重,社会危害性极大,两名主犯被依法判处死刑;审结制售毒牛肉、毒豆芽、毒保健品等犯罪 182 件 235 人;坚决惩治针对妇女儿童的猥亵、侮辱、拐卖和性侵害等犯罪 514 件;审结电信网络诈骗及关联犯罪 6375 件 9633 人,涉案金额 18 亿余元;审结职务犯罪 448 件 503 人,其中原厅局级以上 18 人、县处级 75 人,审结贪污惠农资金、套取养老保险金等案件 92 件;审结非法集资等金融犯罪 315 件。②

(七) 山东省犯罪数据构成及统计分析(2022 年)③

2022 年山东省人民检察院批捕、起诉数据按照案件类别和数量排名如下:第一,妨害社会管理秩序,批捕 6313 人,起诉 24674 人;第二,侵犯财产,批捕 5827

---

① 载江西省人民检察院网,http://www.jx.jcy.gov.cn/tjzj/jcgzbg/202403/t20240325_6370724.shtml,2024 年 10 月 2 日最后访问。

② 《江西省高级人民法院工作报告》,载江西人大新闻网 2024 年 1 月 24 日,https://jxrd.jxnews.com.cn/system/2024/02/21/020405396.shtml,2024 年 10 月 2 日最后访问。

③ 本部分数据来源除特别注明外,均来自山东省统计局:《山东统计年鉴 2023》(中国统计出版社)。

人,起诉14543人;第三,侵犯公民人身权利、民主权利,批捕3967人,起诉10119人;第四,破坏社会主义市场经济秩序,批捕1604人,起诉7869人;第五,危害公共安全,批捕738人,起诉31570人;第六,危害国家安全,批捕20人,起诉23人;第七,渎职侵权,批捕8人,起诉85人;第八,危害国防利益,批捕4人,起诉46人;第九,贪污贿赂,批捕3人,起诉671人。具体可见图2-33。

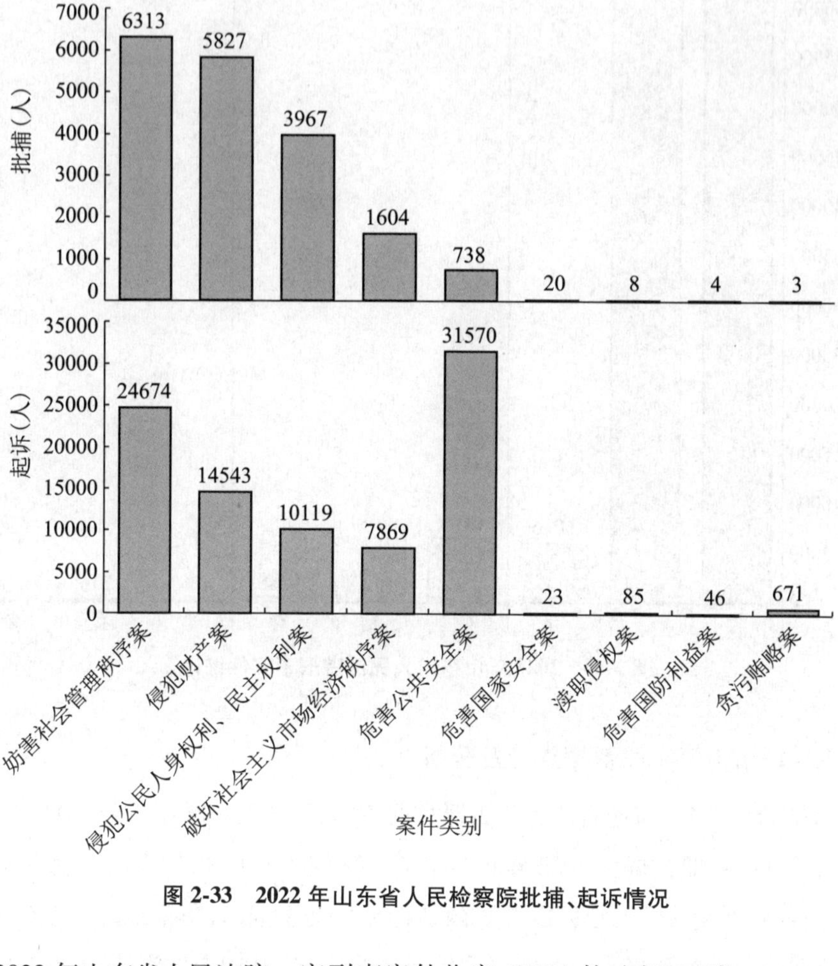

图2-33　2022年山东省人民检察院批捕、起诉情况

2022年山东省人民法院一审刑事案件收案67984件,同比下降15.2%;2022年山东省人民法院一审刑事案件结案68273件,同比下降12.9%;2022年山东省法院二审刑事案件收案6466件,同比下降9.0%;2022年山东省人民法院二审刑事案件结案6481件,同比下降5.9%;2022年山东省人民法院再审刑事案件收案

263 件,同比下降 13.5%；2022 年山东省人民法院再审刑事案件结案 276 件,同比下降 3.8%。2022 年山东省人民法院刑事案件办理情况见图 2-34。①

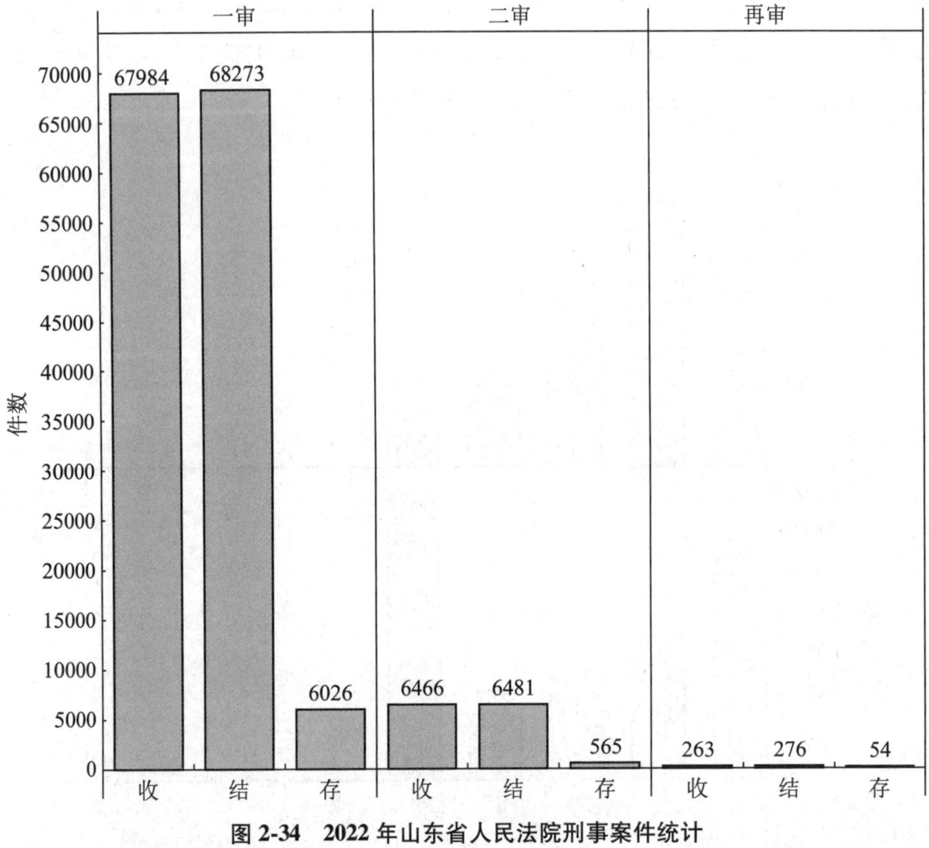

图 2-34　2022 年山东省人民法院刑事案件统计

四、华南地区犯罪数据统计及分析

2022 年广东省、海南省两省的犯罪数据整体较 2021 年有所下降,2023 年广西壮族自治区的犯罪数据较 2022 年相对稳定。横向对比来看,作为经济发展水平较高、商业经营活动活跃的地区以及我国禁毒斗争的主战场,华南地区的金融犯罪、涉毒犯罪以及涉黑涉恶犯罪的发案率处于较高水平,其中金融犯罪的罪名主要有职务类犯罪和诈骗类犯罪,但相关案件数量总体呈下降态势。

① 《2022 年 1—12 月全省法院各类案件情况统计表》,载山东省高级人民法院网,http://www.sdcourt.gov.cn/nwglpt/resource/cms/article/3963572/9149818/2023011608482086044.pdf, 2024 年 10 月 4 日最后访问。

(一) 广东省犯罪数据构成及统计分析(2023 年)

2023 年,广东省全省人民法院审结刑事一审案件 10.9 万件,判处罪犯 13.0 万人。审结贪污、贿赂、渎职犯罪案件 1029 件,判处原厅局级以上公职人员 44 人,审结全国首例对外国公职人员行贿案。审结故意杀人、抢劫、绑架等严重暴力犯罪案件 1797 件。审结侮辱诽谤、"人肉搜索"等涉网络暴力犯罪案件 135 件。持续开展电信网络诈骗专项治理,审结涉电诈及关联犯罪案件 7497 件,追赃挽损 1.2 亿元。严格落实罪刑法定、疑罪从无、证据裁判,对 39 名被告人依法宣告无罪,对 4.2 万名罪行较轻、主动认罪认罚的被告人判处缓刑、管制或免予刑事处罚。审结涉黑恶案件 351 件,累计执行涉黑恶财产 184.3 亿元。审结走私、贩卖、运输、制造毒品犯罪案件 2212 件。①

2023 年,广东省检察机关共批准逮捕各类犯罪嫌疑人 70115 人、提起公诉 136666 人。常态化开展扫黑除恶,起诉涉黑涉恶犯罪 1078 人。深化打击整治枪爆违法犯罪专项行动,起诉 287 人。积极参与安全生产风险专项整治,起诉重大责任事故等犯罪 296 人。坚决维护政治安全。严厉打击敌对势力渗透、破坏、颠覆、分裂活动,严惩恐怖活动和极端主义犯罪,依法办理邪教组织案件,突出惩治利用信息网络实施的危害国家安全犯罪,起诉 509 人。从严追究故意杀人、抢劫、强奸、爆炸等严重暴力犯罪,起诉 9608 人,从严惩治电信网络诈骗犯罪,起诉 4575 人。受理各级监委移送职务犯罪 2158 人,已起诉 1373 人,其中原省部级干部 2 人、厅级干部 51 人。起诉受贿犯罪 781 人、行贿犯罪 258 人。起诉妨害公司企业管理秩序、偷税骗税等破坏市场经济秩序犯罪 12011 人。起诉破坏金融管理秩序、金融诈骗等犯罪 1690 人,起诉涉及私募投资基金犯罪 122 人。持续加大反洗钱力度,起诉洗钱犯罪 248 人、涉案金额 552 亿元。起诉侵犯专利权、商业秘密等侵犯知识产权犯罪 2061 人。持续推进食用农产品"治违禁、控药残、促提升"三年行动和农资打假等专项行动,起诉 43 人。起诉非法占用农用地犯罪 165 人。起诉破坏生态环境资源犯罪 1690 人。②

---

① 《广东省高级人民法院 2023 年工作报告》,载广东法院网 2024 年 1 月 30 日,https://www.gdcourts.gov.cn/gsxx/fygzbg/content/post_1759063.html, 2024 年 10 月 2 日最后访问。

② 《2024 年广东省人民检察院工作报告》,载广东省人民检察院网 2024 年 1 月 24 日,http://www.gd.jcy.gov.cn/tjbg/jcbg/202401/t20240124_6267348.shtml, 2024 年 10 月 2 日最后访问。

(二) 广西壮族自治区犯罪数据构成及统计分析(2023年)

2023年,广西壮族自治区人民法院审结刑事案件46337件,判处罪犯62818人。审结涉恶罪案101件555人,追缴涉黑财产4.1亿余元,审结故意杀人、抢劫、强奸等犯罪案件2344件2956人,审结毒品犯罪案件2946件4630人,审结危害生产安全犯罪案件102件,审结醉驾刑事案件8240件,审结危害食品药品安全犯罪案件212件315人,审结电信网络诈骗及关联犯罪案件8718件11026人,涉案金额3.36亿元;审结贪污贿赂、渎职等职务犯罪案件421件452人,其中原厅局级干部14人、县处级干部64人;审结行贿犯罪案件46件、判处48人。①

2023年,广西壮族自治区人民检察机关依法批准逮捕各类犯罪嫌疑人32173人,同比上升49.5%;起诉65599人,同比上升32.9%。起诉妨害国(边)境管理、走私和跨境贩卖毒品、开设赌场等犯罪5160人,同比上升52.6%;起诉抢劫、故意杀人等严重暴力犯罪3140人,同比上升19.3%;起诉涉黑涉恶犯罪592人;起诉电信网络诈骗及关联犯罪11189人,同比上升88.75%;起诉集资诈骗、非法吸收公众存款和组织、领导传销活动犯罪754人,同比上升42.8%;依法打击洗钱犯罪及上游犯罪,起诉172人,涉案金额2.77亿元;起诉骗取贷款、违法发放贷款等犯罪16人;起诉涉房地产合同诈骗犯罪11人,办理房屋买卖合同类民事诉讼监督案件288件;依法审查各级监委移送职务犯罪案件,起诉546人,其中原处级干部80人、原厅级以上干部22人;坚持受贿行贿一起查,起诉行贿犯罪76人;积极参与领导干部利用职权或影响力插手工程项目谋私贪腐问题专项整治,起诉相关职务犯罪145人;依法起诉农村地区毒品、赌博和制售假冒伪劣农资等犯罪1969人,起诉侵害留守儿童、老人等犯罪545人;依法起诉暴力伤医、非法行医等犯罪16人;起诉养老诈骗犯罪155人,追赃挽损2249.7万元;对侵害未成年人犯罪“零容忍”,起诉3442人;严惩拐卖妇女儿童犯罪,起诉52人;起诉危害国防利益、侵犯军人军属权益犯罪30人。②

---

① 《“桂”在持续向好丨一图读懂广西高院工作报告→》,载中国法院网2024年1月31日,https://www.chinacourt.org/article/detail/2024/01/id/7790613.shtml,2024年10月2日最后访问。数据来源:2024年1月23日广西壮族自治区高级人民法院工作报告。

② 《【地方两会播报】一图尽览2023年广西检察工作》,载中华人民共和国最高人民检察院2024年1月24日,https://www.spp.gov.cn/spp/zdgz/202401/t20240124_641116.shtml,2024年10月2日最后访问。

(三)海南省犯罪数据构成及统计分析(2022 年)①

2021 年海南公安机关刑事案件立案 29088 起,2022 年立案 25043 起,同比下降 13.91%。2022 年海南公安机关刑事案件立案数据按照案件类别和数量排名如下:第一,诈骗,立案 9997 件,占比 39.9%;第二,盗窃,立案 7001 件,占比 28%;第三,其他,立案 6881 件,占比 27.5%;第四,伤害,立案 603 件,占比 2.4%;第五,强奸,立案 368 件,占比 1.5%;第六,抢劫,立案 141 件,占比 0.6%;第七,杀人,立案 42 件,占比 0.2%;第八,走私,立案 7 件;第九,伪造货币,出售、购买、运输假币,立案 3 件;第十,拐卖妇女、儿童,立案 0 件。相较于 2021 年相关数据,杀人、走私、其他类案件和伪造货币,出售、购买、运输假币案数量呈上升趋势,其中其他类案件同比上升 35.99%,有明显上升趋势;而盗窃、诈骗类案件和伤害、抢劫、强奸、拐卖妇女儿童案数量呈下降趋势,其中抢劫类案件下降 47.19%,有明显下降趋势。2021—2022 年海南省公安机关刑事案件立案对比情况见图 2-35。

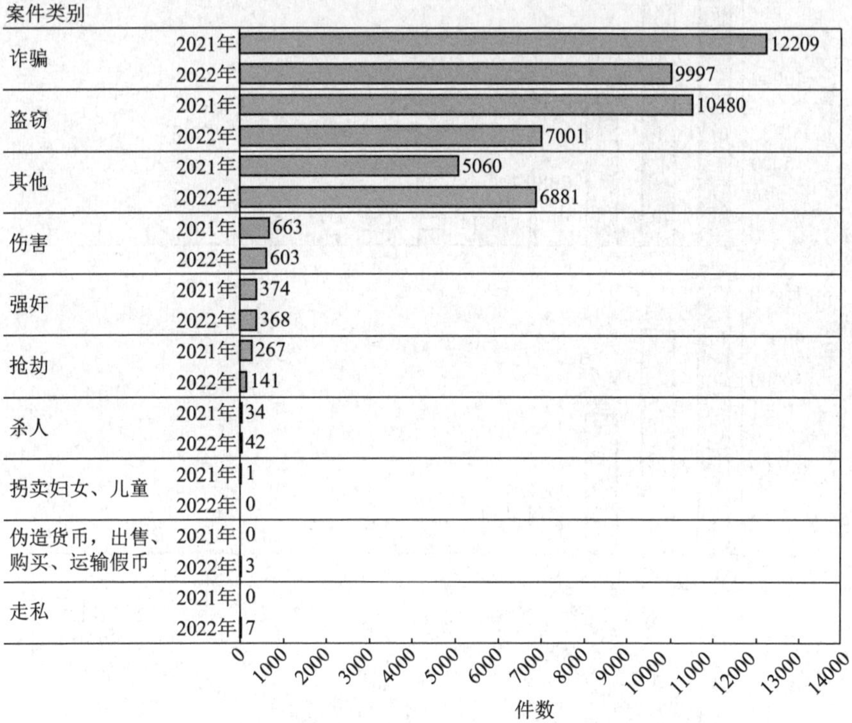

图 2-35 2021—2022 年海南省公安机关刑事案件立案对比情况

① 本部分数据除特别注明外,均来自中国知网年鉴数据库:《海南统计年鉴 2023》(中国统计出版社)。

2022年海南公安机关治安案件共受理46485件,查处42902件。由图2-36可知,2022年海南公安机关受理的违反《治安管理处罚法》的治安案件数据按案件类别和数量排名如下:第一,其他,受理15873件,查处15272件;第二,盗窃,受理15069件,查处12816件;第三,殴打他人,受理8433件,查处7967件;第四,赌博或为赌博提供条件,受理2680件,查处2676件;第五,诈骗、抢夺、敲诈勒索,受理1682件,查处1464件;第六,寻衅滋事,受理921件,查处886件;第七,卖淫、嫖娼,受理904件,查处904件;第八,扰乱公共秩序,受理577件,查处573件;第九,违反危险物质管理规定,受理209件,查处207件;第十,非法携带枪支弹药管制刀具,受理129件,查处129件;第十一,伪造变造倒卖有价票证、凭证,受理7件,查处7件;第十二,利用迷信活动危害社会,受理1件,查处1件;第十三,阻碍执行职务,受理0件,查处0件。

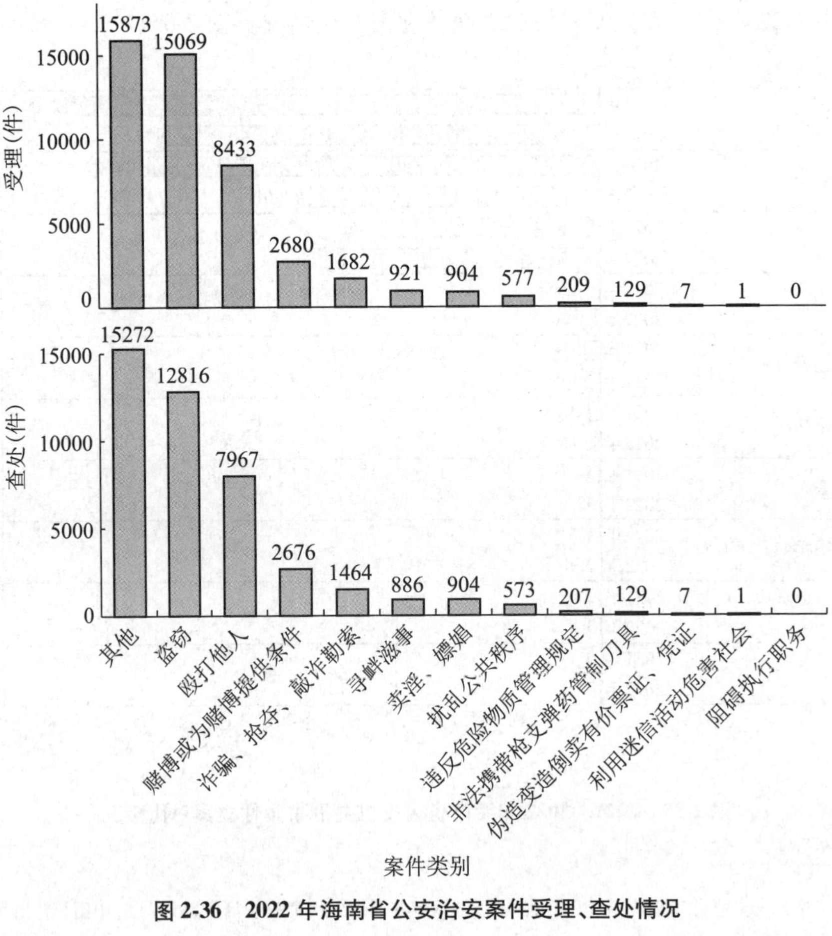

图2-36　2022年海南省公安治安案件受理、查处情况

2022 年海南人民法院一审刑事案件收案 6895 件,结案 6802 件,判决 6619 件。2022 年海南人民法院一审刑事案件数据根据案件类别和数量排名如下:第一,侵犯财产罪,收案 1928 件,结案 1916 件,判决 1866 件;第二,妨害社会管理秩序罪,收案 1927 件,结案 1869 件,判决 1816 件;第三,危害公共安全罪,收案 1529 件,结案 1527 件,判决 1521 件;第四,侵犯公民人身权利、民主权利罪,收案 991 件,结案 1010 件,判决 974 件;第五,破坏社会主义市场经济秩序罪,收案 293 件,结案 282 件,判决 267 件;第六,贪污贿赂罪,收案 203 件,结案 183 件,判决 160 件;第七,渎职罪,收案 17 件,结案 7 件,判决 7 件;第八,危害国防利益罪,收案 2 件,结案 4 件,判决 4 件;第九,危害国家安全罪,收案 5 件,结案 4 件,判决 4 件。具体数据可见图 2-37。

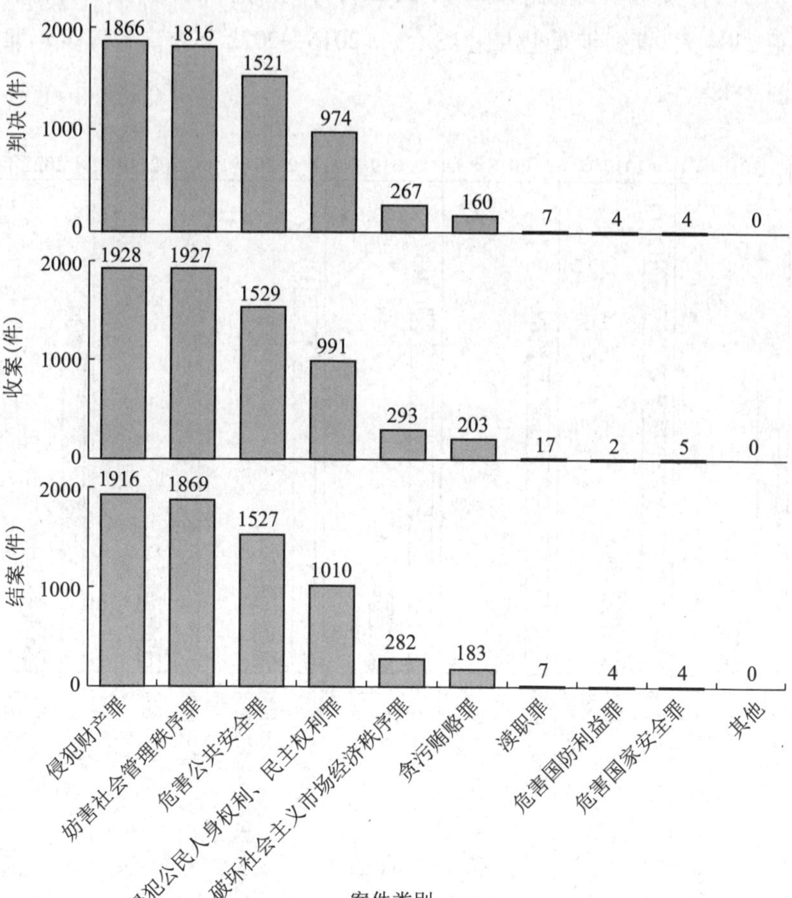

图 2-37 2022 年海南省人民法院一审刑事案件收结案情况

2022 年海南省人民法院判处刑事犯罪人数共 9759 人,其中青少年罪犯 2304 人,包含不满 18 岁青少年罪犯 442 人,18 岁至 25 岁青少年罪犯 1862 人,青少年罪犯在刑事罪犯中占比 23.6%。2016—2022 年海南省青少年罪犯数据如下:2016 年海南省人民法院审理刑事案件罪犯 9258 人,其中青少年罪犯 1726 人,青少年罪犯占比 18.6%;2017 年审理刑事案件罪犯 12914 人,其中青少年罪犯 2603 人,青少年罪犯占比 20.2%;2018 年审理刑事案件罪犯 9926 人,其中青少年罪犯 2398 人,青少年罪犯占比 24.2%;2019 年审理刑事案件罪犯 11363 人,其中青少年罪犯 2678 人,青少年罪犯占比 23.6%;2020 年审理刑事案件罪犯 11986 人,其中青少年罪犯 2652 人,青少年罪犯占比 22.1%;2021 年审理刑事案件罪犯 11896 人,其中青少年罪犯 2721 人,青少年罪犯占比 22.9%;2022 年审理刑事案件罪犯 9759 人,其中青少年罪犯 2304 人,青少年罪犯占比 23.6%。2016—2022 年海南省青少年罪犯占比趋势见图 2-38。

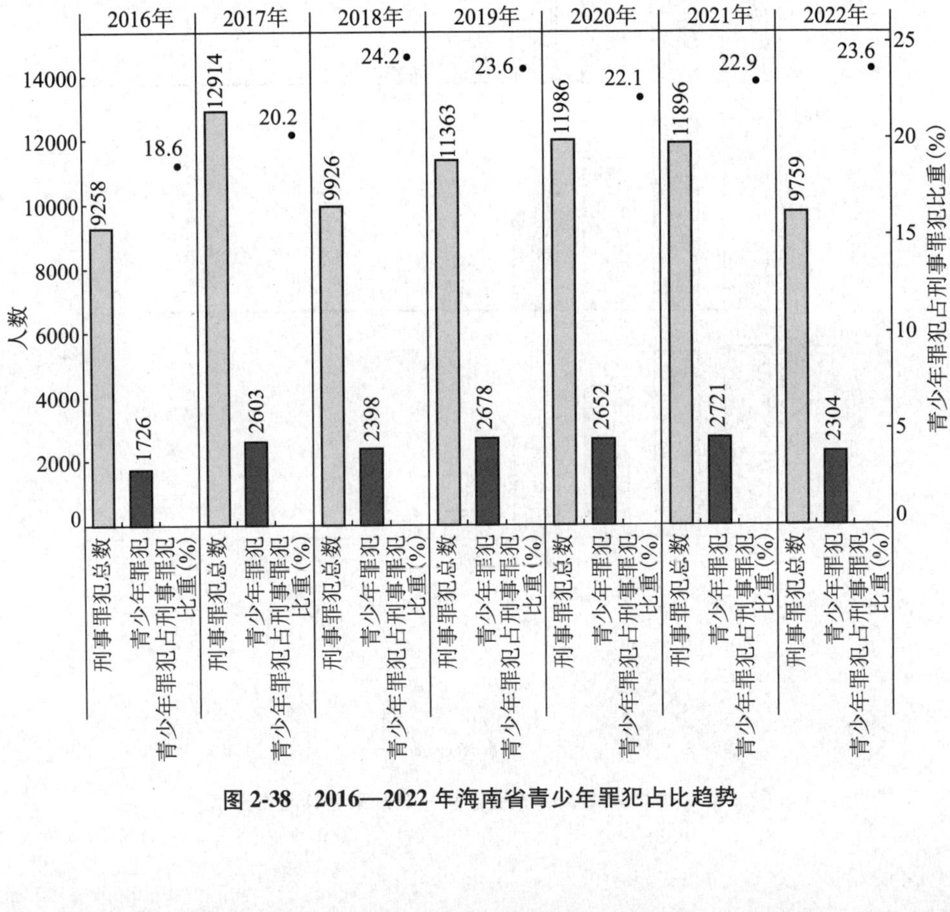

图 2-38　2016—2022 年海南省青少年罪犯占比趋势

五、华中地区犯罪数据统计及分析

2022—2023 年，华中地区总体犯罪数据呈现下降趋势，刑事案件中除拐卖妇女、儿童类和帮助信息网络活动犯罪外，绝大多数类型的犯罪都呈现下降趋势，可见华中地区犯罪治理水平在不断提高。

（一）河南省犯罪数据构成及统计分析（2022 年）①

2022 年河南省公安机关刑事立案 252500 件。2022 年河南省公安机关刑事立案情况按犯罪类别数量排名如下：第一，诈骗，立案 83858 起；第二，盗窃，立案 83794 起，其中电信诈骗 44862 起；第三，其他，立案 43273 起；第四，危险驾驶，立案 28497 起；第五，伤害，立案 5010 起；第六，帮助信息网络活动，立案 4756 起；第七，强奸，立案 2500 起；第八，杀人，立案 324 起；第九，拐卖妇女、儿童，立案 189 起；第十，运输、持有、使用假币，立案 11 起。

2022 年河南省公安机关共受理治安案件 353229 起，查处 327219 起，每万人口受理案件 35.78 起。其中，扰乱单位秩序案件受理 2492 起，查处 2392 起，每万人口受理案件 0.25 起；扰乱公共场所秩序案件受理 849 起，查处 815 起，每万人口受理案件 0.09 起；寻衅滋事案件受理 5847 起，查处 5506 起，每万人口受理案件 0.59 起；阻碍执行职务案件受理 1384 起，查处 1316 起，每万人口受理案件 0.14 起；非法携带枪支、弹药、管制刀具案件受理 193 起，查处 186 起，每万人口受理案件 0.02 起；违反危险物质管理规定案件受理 7903 起，查处 7771 起，每万人口受理案件 0.80 起；殴打他人案件受理 91506 起，查处 82228 起，每万人口受理案件 9.27 起；故意伤害案件受理 4730 起，查处 4225 起，每万人口受理案件 0.48 起；盗窃案件受理 127241 起，查处 117913 起，每万人口受理案件 12.89 起；敲诈勒索案件受理 393 起，查处 379 起，每万人口受理案件 0.04 起；抢夺案件受理 179 起，查处 158 起，每万人口受理案件 0.02 起；盗窃、毁坏公共设施受理 648 起，查处 582 起，每万人口受理案件 0.07 起；伪造、变造、倒卖有价票证、凭证案件受理 10 起，查处 9 起，每万人口受理案件小于 0.001 起；违反旅游业管理案件受理 3337 起，查处 3303 起，每万人口受理案件 0.34 起；违反房屋出租管理案件受理 1228 起，查处 1222 起，每万人口

① 载河南省统计局网，https://tjj.henan.gov.cn/tjfw/tjcbw/tjnj/，2024 年 7 月 28 日最后访问。

受理案件 0.12 起;诈骗案件受理 16791 起,查处 15676 起,每万人口受理案件 1.70 起;卖淫、嫖娼案件受理 2196 起,查处 2177 起,每万人口受理案件 0.22 起;赌博或为赌博提供条件案件受理 6894 起,查处 6770 起,每万人口受理案件 0.70 起;毒品违法活动案件受理 6203 起,查处 6140 起,每万人口受理案件 0.63 起;其他案件受理 73205 起,查处 68451 起,每万人口受理案件 7.42 起。

2022 年河南省人民检察院批捕和决定逮捕刑事案件 35742 人,决定起诉 115621 人。其中,危害公共安全案,批捕和决定逮捕 1165 人,决定起诉 25110 人;破坏社会主义市场经济秩序案,批捕和决定逮捕 2899 人,决定起诉 7971 人;侵犯公民人身权利、民主权利案,批捕和决定逮捕 6161 人,决定起诉 11300 人;侵犯财产案,批捕和决定逮捕 10104 人,决定起诉 20657 人;妨害社会管理秩序案,批捕和决定逮捕 15356 人,决定起诉 49937 人;贪污贿赂案,批捕和决定逮捕 3 人,决定起诉 490 人;渎职侵权案,批捕和决定逮捕 25 人,决定起诉 114 人;其他,批捕和决定逮捕 29 人,决定起诉 42 人。2022 年河南省人民检察院批捕和决定逮捕、决定起诉人数如图 2-39、2-40 所示。

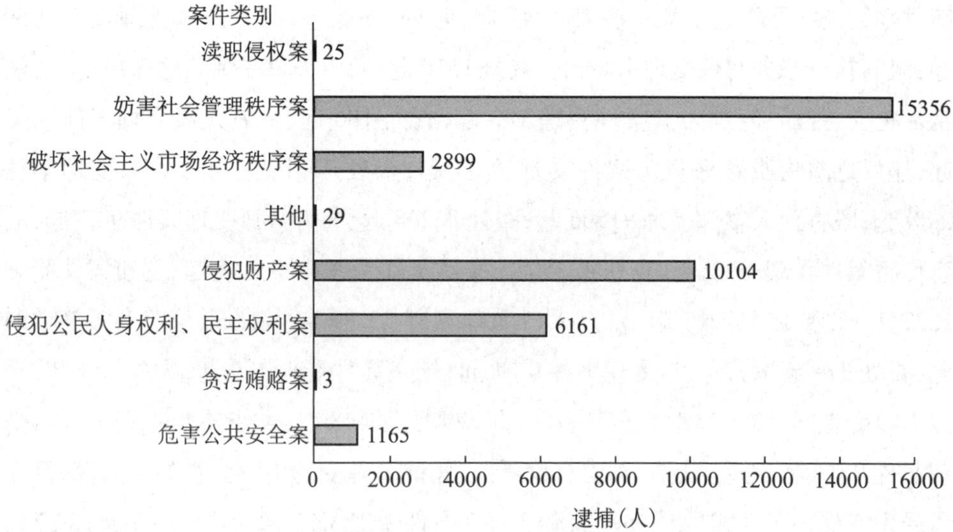

图 2-39　2022 年河南省检察机关批捕和决定逮捕情况

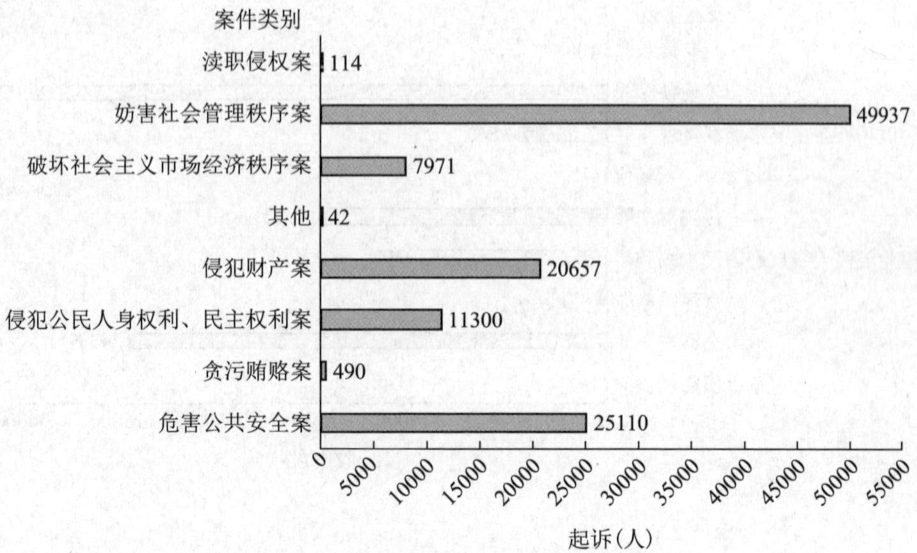

图 2-40　2022 年河南省检察机关起诉情况

2022 年河南省人民法院审理刑事一审案件共收案 81254 件,结案 83615 件。2022 年河南省人民法院刑事一审案件收结案情况按照刑法犯罪类别和收案数量排名如下:第一,妨害社会管理秩序罪,收案 27951 件、结案 28893 件;第二,危害公共安全罪,收案 24389 件、结案 24753 件;第三,侵犯财产罪,收案 14373 件、结案 14991 件;第四,侵犯公民人身权利、民主权利罪,收案 9392 件、结案 9657 件;第五,破坏社会主义市场经济秩序罪,收案 4560 件、结案 4750 件;第六,贪污贿赂罪,收案 471 件、结案 446 件;第七,渎职罪,收案 100 件、结案 104 件;第八,危害国防利益罪,收案 14 件、结案 16 件;第九,其他,收案 4 件、结案 5 件(见图 2-41)。

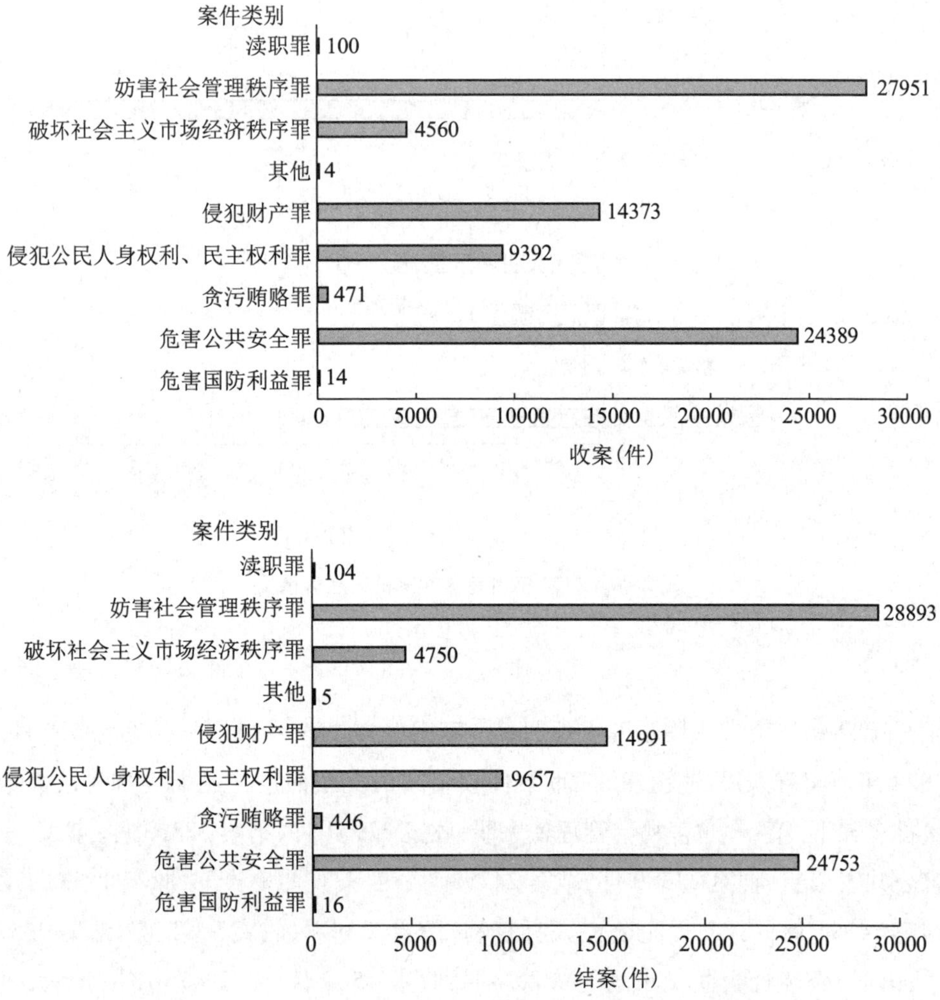

图 2-41　2022 年河南省人民法院审理刑事一审案件收结案情况

（二）湖北省犯罪数据构成及统计分析（2021—2022年）①

2022年湖北省公安机关刑事立案207109件，2021年湖北省公安机关刑事立案229941件，同比下降9.92%；2022年湖北省刑事案件破案75082件，破案率达36.3%，2021年湖北省刑事案件破案63331件，破案率达27.5%，同比上升18.55%。

2022年湖北省监督公安机关立案1644件，监督追捕1025人，监督追诉1816人，刑事抗诉382件，监督刑罚执行纠错2921人；2021年湖北省监督公安机关立案1659件，监督追捕1726人，监督追诉1451人，刑事抗诉529件，监督刑罚执行纠错3341人。

2022年湖北省检察机关受理批捕26137件、40337人；2021年湖北省检察机关受理批捕31424件、45578人；2022年湖北省检察机关批准逮捕21268人；2021年湖北省检察机关批准逮捕33203人；2022年湖北省检察机关不批捕19392人；2021年湖北省检察机关不批捕11968人；2022年湖北省检察机关受理审查起诉65571件、91274人；2021年湖北省检察机关受理审查起诉61922件、83863人；2022年湖北省检察机关起诉52922人；2021年湖北省检察机关起诉63154人；2022年湖北省检察机关不起诉31383人；2021年湖北省检察机关不起诉14239人。

2022年湖北省刑事一审案件收案36935件、结案40244件；2021年湖北省刑事一审案件收案49001件、结案48268件，同比下降32.67%、16.62%。2022年湖北省人民法院刑事一审案件收结案情况按照刑法犯罪类别和收案数量排名如下：第一，危害公共安全罪，收案12425件、结案12522件；第二，妨害社会管理秩序罪，收案12394件、结案12272件；第三，侵犯财产罪，收案6753件、结案6865件；第四，侵犯公民人身权利、民主权利罪，收案3585件、结案3653件；第五，破坏社会主义经济秩序罪，收案1102件、结案1269件；第六，贪污贿赂罪，收案577件、结案622件；第七，渎职罪，收案80件、结案109件；第八，危害国防利益罪，收案13件、结案12件；第九，其他，收案6件、结案4件。如图2-42所示。

2022年湖北省刑事犯罪总数为50797件，其中青少年犯罪（不满25周岁）共5812件，占比11.44%，较2021年下降0.08%，不满18周岁青少年犯罪共503件，占比8.65%，已满18周岁不满25周岁青少年犯罪共5312件，占比79.91%。

---

① 载湖北省统计局网，http://tjj.hubei.gov.cn/tjsj/sjkscx/tjnj/qstjnj/，2024年8月26日最后访问。

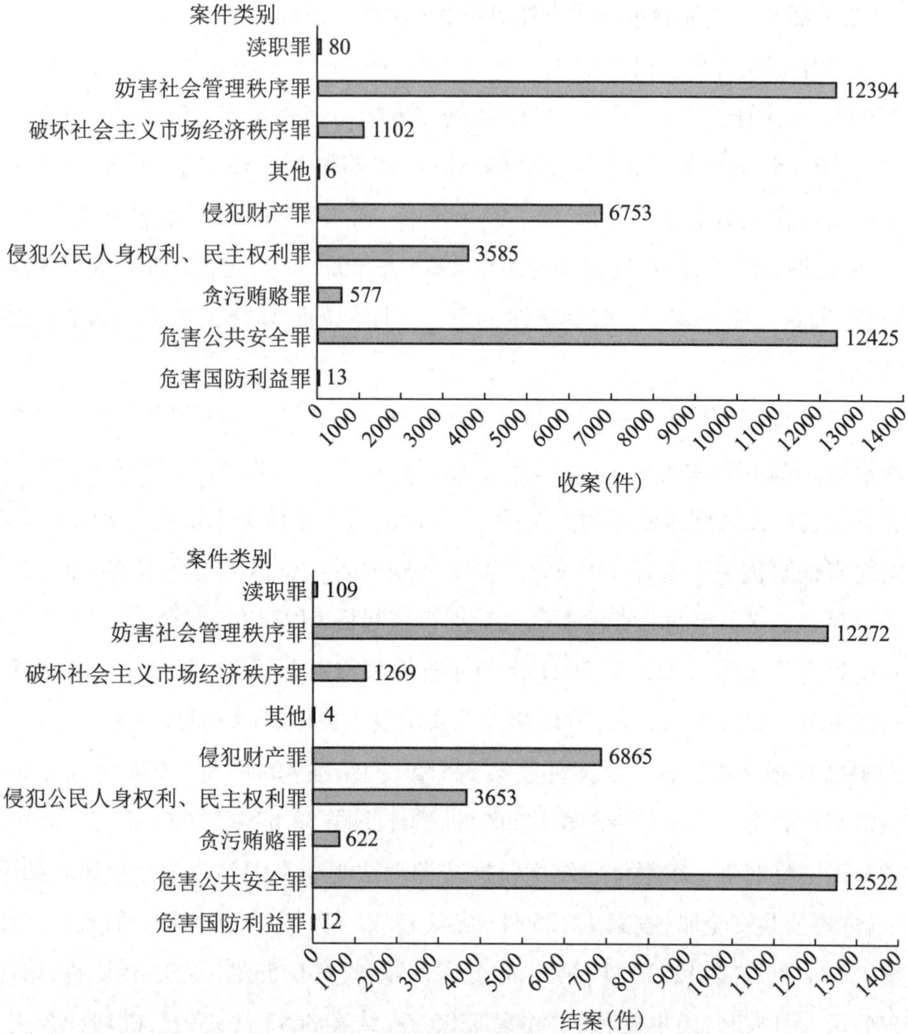

图 2-42　2022 年湖北省人民法院审理刑事一审案件收结案情况

(三)湖南省犯罪数据构成及统计分析(2023 年)①

2023 年 1 至 12 月,湖南省检察机关共批准和决定逮捕各类犯罪嫌疑人 40065 人;不捕 24396 人,不捕率 37.9%。共决定起诉 89650 人;决定不起诉 41116 人,不诉率为 31.4%。已办理的审查起诉案件中,适用认罪认罚从宽制度审结人数占同

① 《湖南省检察机关 2023 年 1 至 12 月主要办案数据》,载湖南省人民检察院网 2024 年 2 月 26 日,https://www.hn.jcy.gov.cn/xwfb/qwfb/zt/202402/1761939867614314496.html,2024 年 9 月 26 日最后访问。

期审结人数的89.49%；检察机关提出确定刑量刑建议占量刑建议提出数的95.7%；对检察机关提出的确定刑量刑建议，法院采纳人数占同期提出数的92.38%。全省检察机关对公安机关开展立案（撤案）监督4139件；监督后公安机关已立案（撤案）3844件。全省检察机关针对侦查活动违法行为提出纠正24826件次，纠正意见采纳率100%。全省检察机关共提出刑事抗诉290件，法院采纳抗诉意见改判和发回重审181件，占审结总数的65.82%。

全省检察机关共立案侦查司法工作人员相关职务犯罪115人。全省检察机关共起诉侵犯知识产权犯罪828人。起诉案件所涉罪名，主要是销售假冒注册商标的商品罪和侵犯著作权罪，起诉人数分别为294人和223人。起诉涉黑涉恶犯罪1012人，常态化扫黑除恶综合考评位居全国第二。起诉故意杀人等严重暴力犯罪3878人、毒品犯罪5953人、电信网络诈骗犯罪2.38万人、非法集资等涉众型经济犯罪1429人。监督立案2891件、监督撤案953件；对应逮捕未提请逮捕、应起诉未移送起诉的，纠正漏捕915人、纠正漏诉4524人；对不构成犯罪或证据不足的，依法不批捕6231人、不起诉3162人。①

2023年1至12月，湖南省检察机关共批准逮捕未成年犯罪嫌疑人1465人，不捕2887人，不捕率为66.34%，高于总体刑事犯罪28.49个百分点。同期，对侵害未成年人犯罪批准逮捕3815人。全省检察机关共对未成年犯罪嫌疑人决定起诉2492人，决定不起诉3177人（含附条件不起诉考验期满后不起诉人数），不诉率56.04%，高于总体刑事犯罪24.6个百分点。审结时，作出附条件不起诉决定2258人，占审结数的37.88%。同期，对侵害未成年人犯罪决定起诉4803人。

湖南省常态化推进扫黑除恶斗争，持续开展“利剑护蕾”和打击电信网络诈骗、毒品犯罪等专项审判活动，审结涉黑恶犯罪案件198件1289人、电信网络诈骗及其关联犯罪案件1.3万件2万人、毒品犯罪案件3927件6306人。②

六、西南地区犯罪数据统计及分析

从2021—2022年的数据来看，西南地区的犯罪数据总体较为稳定，2022年犯罪总数呈一定的下降趋势。

---

① 《2024年湖南省人民检察院工作报告》，载湖南省人民检察院网2024年3月13日，https://www.hn.jcy.gov.cn/xwfb/gzbg/jcgzbg/202403/t767756298264248320.html，2024年9月26日最后访问。

② 《湖南省高级人民法院工作报告（摘登）》，载新湖南网2024年2月22日，https://www.hunantoday.cn/news/xhn/202402/19477047.html，2024年9月26日最后访问。

(一) 重庆市犯罪数据构成及统计分析(2021—2022 年)①

2021 年重庆市公安机关立案的刑事案件立案数 127638 起,2022 年重庆市公安机关立案的刑事案件立案数 106122 起。2021 年重庆市公安机关刑事破案率 31.7%, 2022 年重庆市公安机关刑事破案率 33.7%。

2022 年重庆市检察机关批准、决定逮捕的案件 7959 件、10665 人。按照犯罪类别和批捕案件数量排名如下:第一,妨害社会管理秩序案,批准、决定逮捕 3953 件、5499 人;第二,侵犯财产案,批准、决定逮捕 2613 件、3505 人;第三,侵犯公民人身权利、民主权利案,批准、决定逮捕 1118 件、1238 人;第四,破坏社会主义市场经

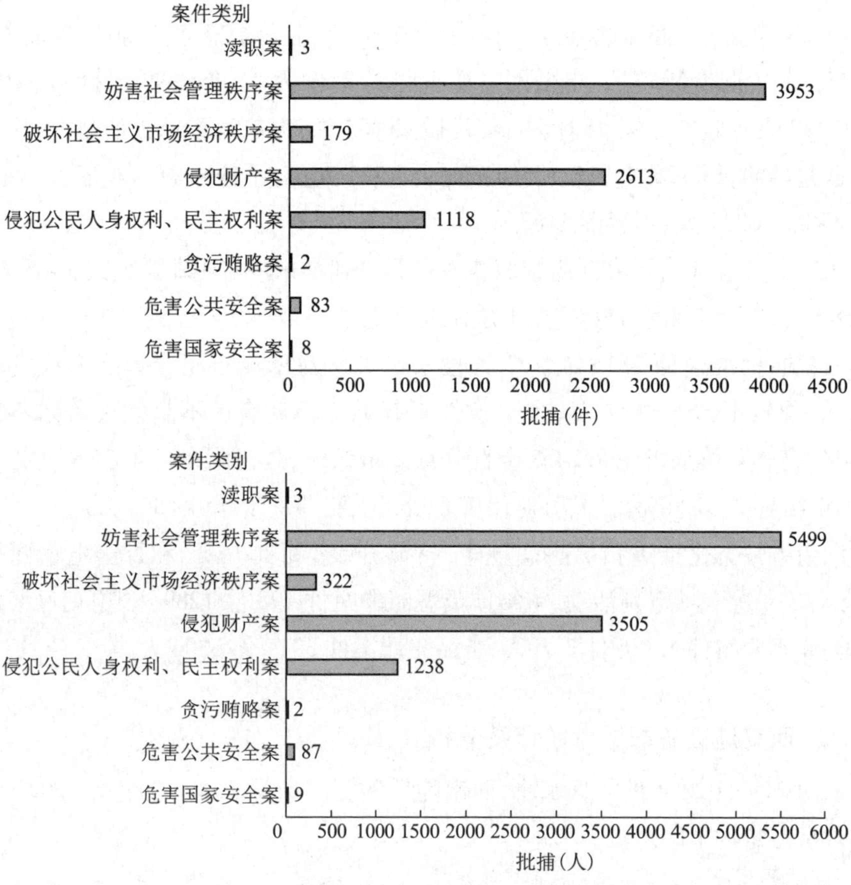

图 2-43 2022 年重庆市检察机关批捕情况

① 载重庆市统计局网,http://tjj.cq.gov.cn/zwgk_233/tjnj/, 2024 年 7 月 27 日最后访问。

济秩序案，批准、决定逮捕 179 件、322 人；第五，危害公共安全案，批准、决定逮捕 83 件、87 人；第六，危害国家安全案，批准、决定逮捕 8 件、9 人；第七，渎职案，批准、决定逮捕 3 件、3 人；第八，贪污贿赂案，批准、决定逮捕 2 件、2 人。如图 2-43 所示。

2022 年重庆市检察机关决定起诉的案件 22943 件，决定起诉犯罪嫌疑人 32505 人。按照犯罪类别和数量排名如下：第一，妨害社会管理秩序案，决定起诉 9413 件、15610 人；第二，危害公共安全案，决定起诉 5490 件、5525 人；第三，侵犯财产案，决定起诉 5431 件、7935 人；第四，侵犯公民人身权利、民主权利案，决定起诉 1823 件、2102 人；第五，破坏社会主义市场经济秩序案，决定起诉 541 件、1053 人；第六，贪污贿赂案，决定起诉 215 件、245 人；第七，渎职案，决定起诉 23 件、26 人；第八，危害国家安全案，决定起诉 5 件、6 人；第九，危害国防利益案，决定起诉 2 件、3 人。如图 2-44 所示。

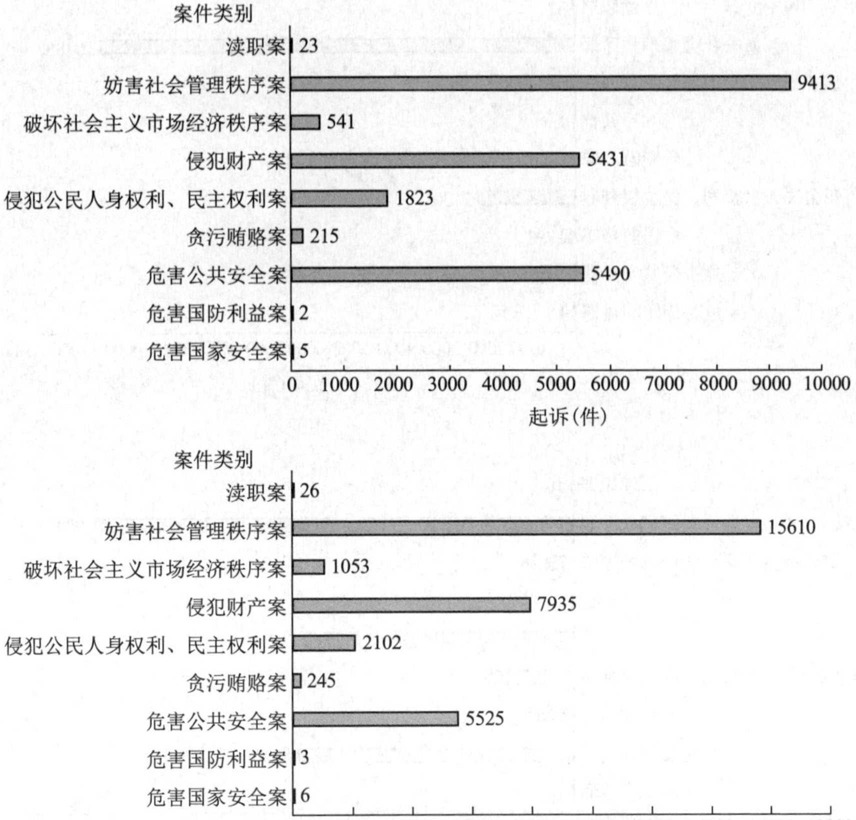

图 2-44　2022 年重庆市检察机关决定起诉情况

2022 年重庆全市人民法院刑事一审案件收案 25233 件,结案 23427 件。收案数同比下降 5.89%,结案数同比下降 5.61%。2021 年重庆全市人民法院刑事一审案件收案 26813 件,结案 24820 件。2022 年重庆全市人民法院刑事一审案件收结案情况按照具体犯罪类型和收案数量排名如下:第一,妨害社会管理秩序罪,收案 10485 件,结案 9805 件;第二,侵犯财产罪,收案 5859 件,结案 5473 件;第三,危害公共安全罪,收案 5652 件,结案 5592 件;第四,侵犯公民人身权利、民主权利罪,收案 2130 件,结案 1781 件;第五,破坏社会主义市场经济秩序罪,收案 768 件,结案 547 件;第六,贪污贿赂罪,收案 297 件,结案 209 件;第七,渎职罪,收案 32 件,结案 16 件;第八,其他,收案 7 件,结案 1 件;第九,危害国防利益罪案件,收案 3 件,结案 3 件。如图 2-45 所示。

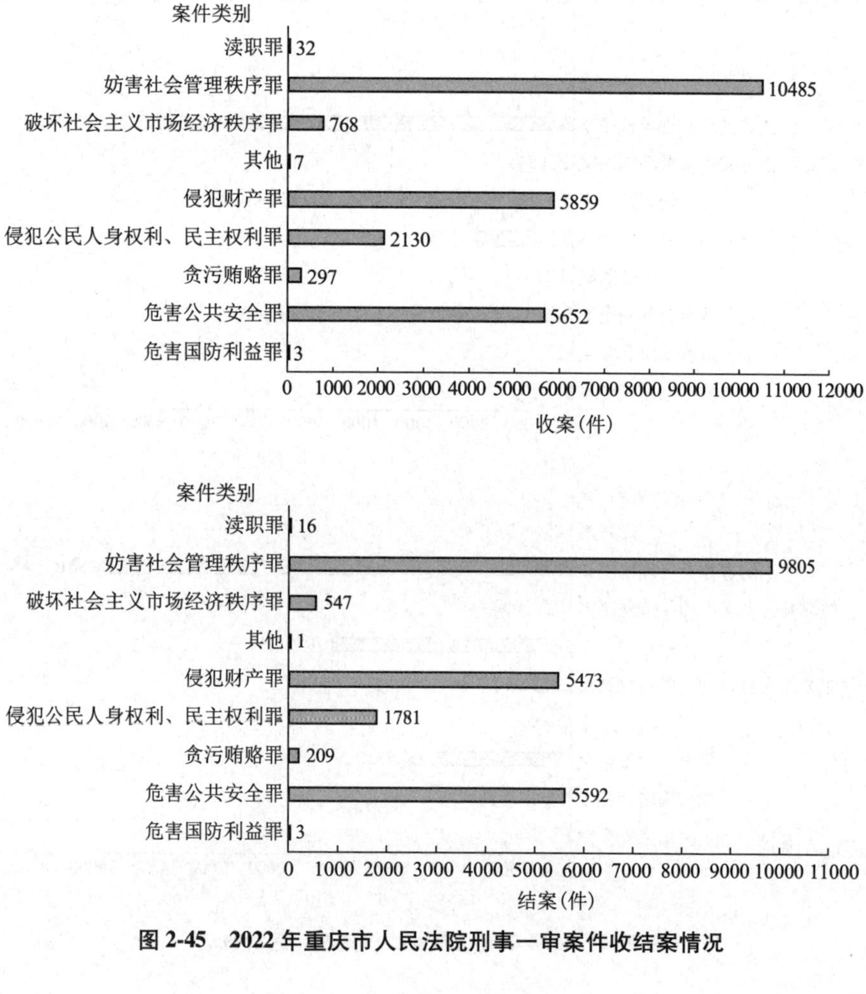

图 2-45　2022 年重庆市人民法院刑事一审案件收结案情况

(二) 四川省犯罪数据构成及统计分析(2021—2022年)①

2022年四川省治安案件发现475206起,查处326728起,同比分别上升117.08%、23.29%。2022年四川省刑事立案272555起,同比下降8.19%。

2022年四川全省公安机关受理治安案件共475206件,查处治安案件326728件。2022年四川全省公安机关将受理查处治安案件情况分为四个类别,第一类,扰乱公共秩序类案件,共受理26537件,查处23352件,其中包括扰乱单位秩序,受理2049件,查处1707件;扰乱公共场所秩序,受理4223件,查处3751件;扰乱公共交通工具秩序,受理177件,查处136件;妨碍交通工具正常行驶,受理174件,查处136件;扰乱大型群众性活动秩序,受理2件,查处2件。第二类,妨害公共安全类案件,共受理12755件,查处11479件,其中包括违反危险物质管理规定非法携带枪支、弹药、管制刀和盗窃、损毁公共设施两种情形。违反危险物质管理规定非法携带枪支、弹药、管制刀,受理1198件,查处990件;盗窃、损毁公共设施,受理892件,查处497件。第三类,侵犯他人人身权利、财产权利类案件,共受理301308件,查处169582件,其中包括强迫他人劳动、发送信息干扰正常生活、殴打他人、盗窃以及侮辱、诽谤、诬告陷害五种情形。强迫他人劳动,受理6件,查处5件;发送信息干扰正常生活,受理271件,查处165件;殴打他人,受理89196件,查处63778件;盗窃,受理107322件,查处38533件;侮辱、诽谤、诬告陷害,受理1753件,查处1169件。第四类,妨害社会管理类案件,共受理134606件,查处122315件,其中包括阻碍执行职务、违反旅馆业管理、毒品违法活动,以及卖淫、嫖娼四种情形。阻碍执行职务,受理1771件,查处1603件;违反旅馆业管理,受理4603件,查处4305件;毒品违法活动,受理19651件,查处19369件;卖淫、嫖娼,受理7665件,查处7102件。

2022年批准、决定逮捕13651件、19365人,2021年四川全省检察机关批准、决定逮捕24695件、36354人,同比分别下降44.72%、46.73%。2022年决定起诉46170件、70596人,2021年四川全省检察机关决定起诉50450件、75880人,同比分别下降8.48%、6.96%。

2022年四川全省检察机关批准、决定逮捕13651件、19365人,检察机关决定起诉46170件、70596人。批准、决定逮捕的案件按照犯罪类别和案件数量排名如

① 载四川省统计局网,http://tjj.sc.gov.cn/scstjj/c105855/nj.shtml,2024年7月24日最后访问。

下:第一,侵犯财产案,批准、决定逮捕 5625 件、7600 人;第二,妨害社会管理秩序案,批准、决定逮捕 4398 件、7349 人;第三,侵犯公民人身权利、民主权利案,批准、决定逮捕 2683 件、3038 人;第四,破坏社会主义市场经济秩序案,批准、决定逮捕 552 件、922 人;第五,危害国家安全、公共安全案,批准、决定逮捕 373 件、430 人;第六,渎职侵权案,批准、决定逮捕 8 件、10 人;第七,贪污贿赂案,批准、决定逮捕 7 件、10 人;第八,危害国防利益案,批准、决定逮捕 5 件、6 人。如图 2-46 所示。

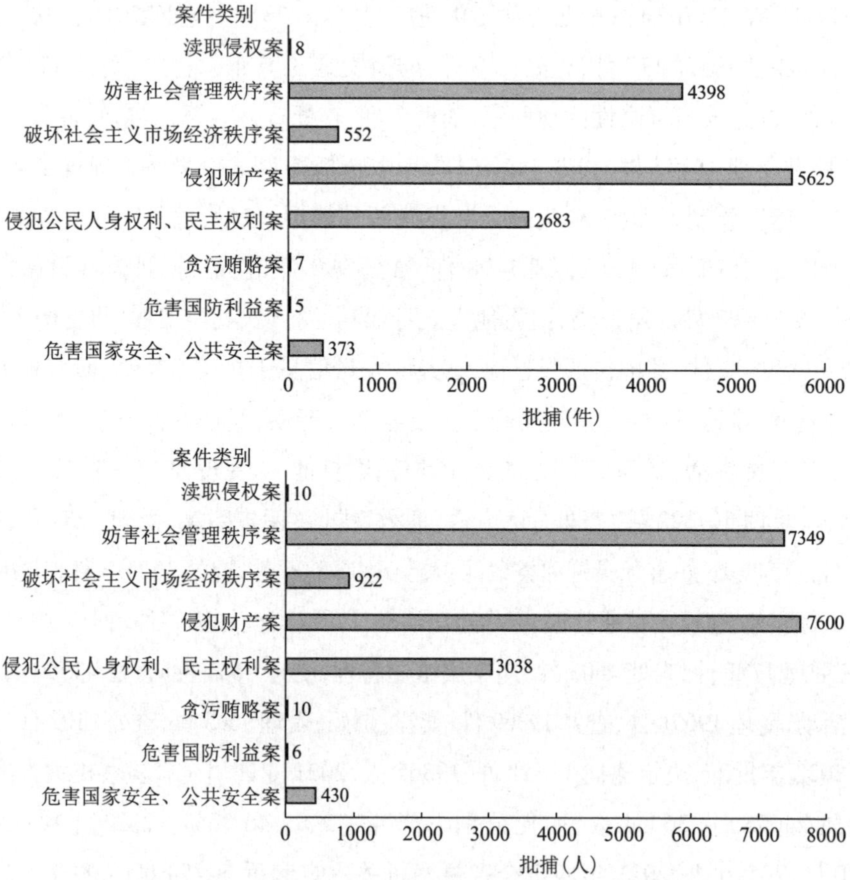

图 2-46　2022 年四川省检察机关批准、决定逮捕情况

2022 年四川全省检察机关决定起诉 46170 件、70596 人,按照犯罪类别和数量排名如下:第一,妨害社会管理秩序案,决定起诉 14128 件、29066 人;第二,危害国家安全、公共安全案,决定起诉 13795 件、14160 人;第三,侵犯财产案,决定起诉 10536 件、15889 人;第四,侵犯公民人身权利、民主权利案,决定起诉 4636 件、5598

人；第五，破坏社会主义市场经济秩序案，决定起诉 2144 件、4771 人；第六，贪污贿赂案，决定起诉 878 件、1035 人；第七，渎职侵权案，决定起诉 42 件、64 人；第八，危害国防利益案，决定起诉 11 件、13 人。如图 2-47 所示。

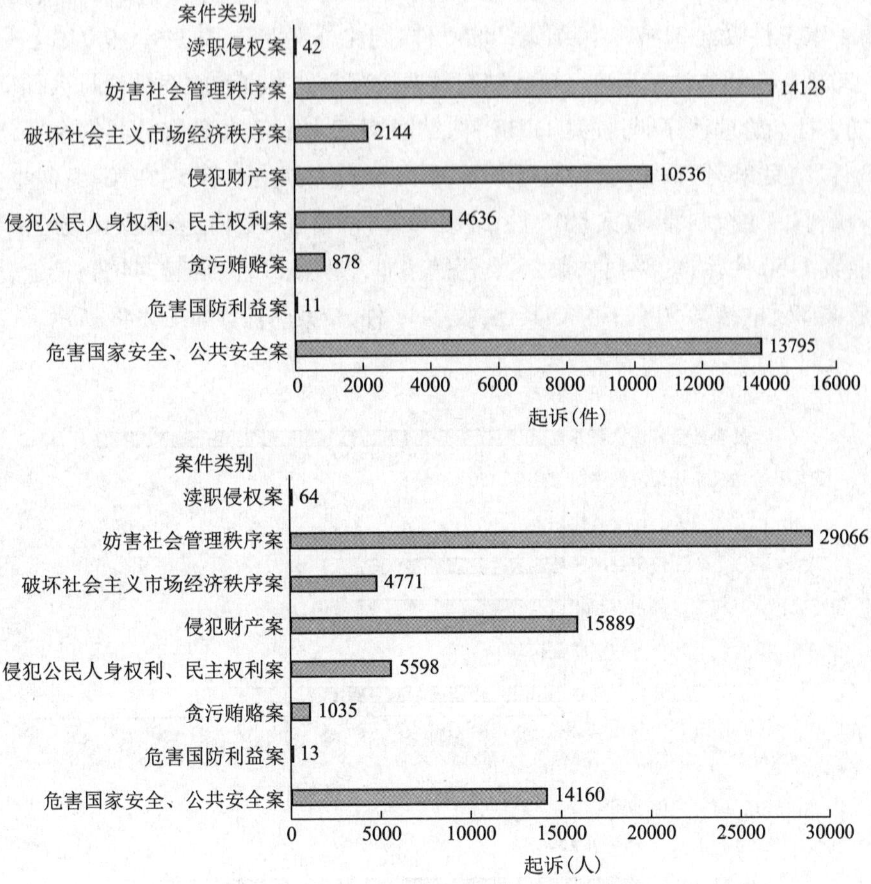

图 2-47　2022 年四川省检察机关起诉情况

2022 年四川全省人民法院一审刑事案件受理 47904 件，结案 45969 件。2022 年四川全省人民法院二审刑事案件受理 5211 件，结案 4946 件。2022 年四川全省人民法院审判监督刑事案件受理 181 件，结案 152 件。

（三）贵州省犯罪数据构成及统计分析（2021—2022 年）①

2020 年贵州省人民检察院批准、决定批捕案件 1.61 万件、2.35 万人，2021 年

① 载贵州省统计局网，http://stjj.guizhou.gov.cn/tjsj_35719/，2024 年 7 月 23 日最后访问。

贵州省人民检察院批准、决定批捕案件 1.80 万件、2.58 万人，同比分别上升 11.80%、9.79%。2020 年决定起诉案件 2.64 万件、3.95 万人，2021 年贵州人民检察院决定起诉案件 2.85 万件、4.03 万人，同比分别上升 7.95%、2.02%。2020 年贵州省人民法院刑事一审案件收案 28522 件，结案 26578 件，2021 年贵州省人民法院刑事一审案件收案 31471 件，结案 28980 件，同比分别上升 10.34%、9.04%。

2022 年贵州省法院刑事一审收结案数据按照案件类别和收案数量排名如下：第一，妨害社会管理秩序罪，收案 11313 件、结案 9750 件；第二，危害公共安全罪，收案 8973 件、结案 8624 件；第三，侵犯财产罪，收案 5827 件、结案 5015 件；第四，侵犯公民人身权利、民主权利罪，收案 5015 件、结案 4046 件；第五，破坏社会主义市场经济秩序罪，收案 1150 件、结案 824 件；第六，贪污贿赂罪，收案 518 件、结案 344 件；第七，渎职罪，收案 82 件、结案 50 件；第八，其他，收案 12 件，结案 5 件。如图 2-48 所示。

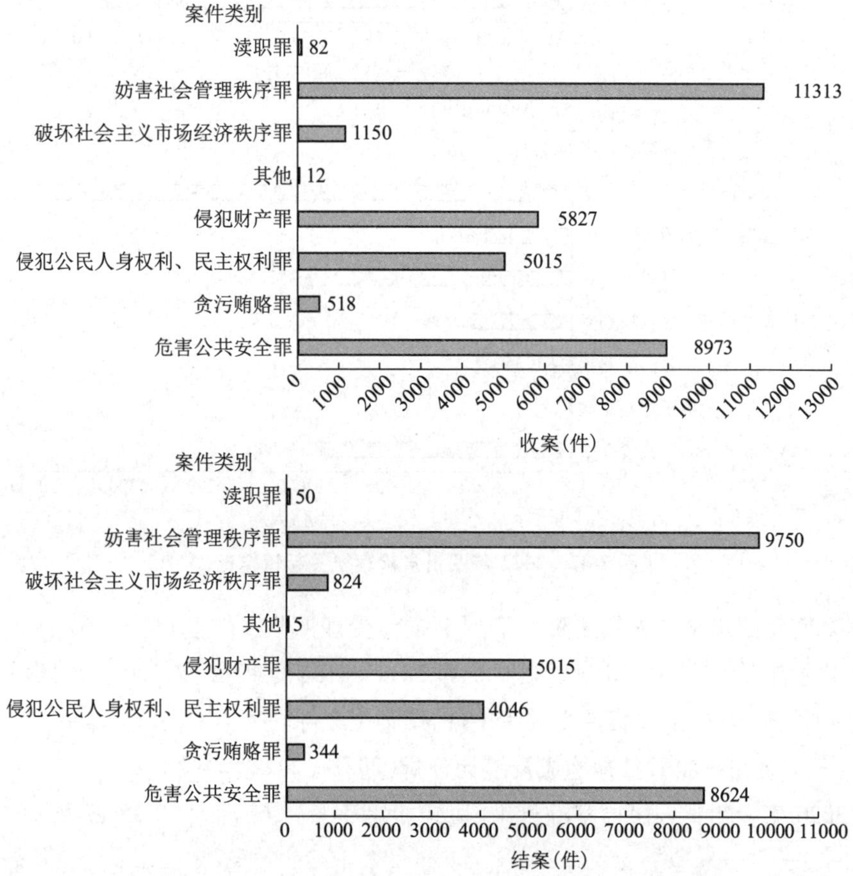

图 2-48　2022 年贵州省人民法院审理刑事一审收结案情况

2022年贵州省刑事罪犯总数39847人，其中青少年罪犯10536人，占贵州省当年刑事罪犯总数的26.4%，2021年刑事罪犯总数38028人，其中青少年罪犯8854人，占贵州省当年刑事罪犯总数的23.28%。2022年不满18周岁的青少年罪犯有969人，同比下降3.19%，18周岁以上不满25周岁的青少年罪犯有9567人，同比上升21.67%。数据表明，与2021年相比，贵州省青少年犯罪总数呈上升趋势。

（四）云南省犯罪数据构成及统计分析（2023年）

2023年云南省审结刑事案件53579件，判处罪犯74502人；审结涉国家安全犯罪案件95件213人；审结涉黑恶案件48件673人；追缴没收犯罪所得、执行财产刑85亿元，执行到位率94.85%，提出司法建议102份；审结故意杀人、抢劫等暴力犯罪案件6460件8754人；审结黄赌毒、盗抢骗、食药环等案件10474件16146人；审结拐卖妇女儿童、虐待、遗弃等犯罪案件1849件2118人；审结毒品犯罪案件1967件2815人，重刑率53.25%；审结走私、诈骗、偷越国（边）境等跨境犯罪案件5529件11727人；审结帮信、掩隐等网络犯罪案件3963件7031人；审结贪污贿赂、渎职等犯罪案件979件1178人，28名原厅级干部被追究刑事责任；审结行贿犯罪案件167件175人；审结破坏社会主义市场经济秩序犯罪案件1663件3443人；审结集资诈骗、非法吸收公众存款等案件113件300人；审结未成年人犯罪案件1251件，同比下降13%。严惩侵害未成年人犯罪，审结案件2535件2866人。①

严格执行非法证据排除等制度，坚持有错必纠，依照审判监督程序再审改判刑事案件89件。贯彻宽严相济刑事政策，落实认罪认罚从宽制度，对符合法定情节的30236名被告人依法适用非监禁刑。牵头制定减刑、假释案件办理实施细则，审结减刑、假释案件28256件。

2023年云南省检察院依法批捕34648人、起诉72818人。批捕、起诉电信网络犯罪4804人和7522人，偷越国（边）境、走私、赌博等跨境犯罪12924人、12188人；

---

① 《云南省高级人民法院工作报告》，载“云南人大”微信公众号2024年2月4日，https://mp.weixin.qq.com/s?__biz=MzIwMDg1Njk3Nw==&mid=2247608015&idx=1&sn=2cb25c5b75b6e0423e0fe9bd5e8f7af4&chksm=971e99719342ad38aff2eb0cd6f352f4026acb20ad19df4ec5fe94534fb12ec49d372e330960&scene=27，2024年7月30日最后访问。

起诉重大涉黑恶案件529人;起诉故意杀人、抢劫等严重暴力犯罪2775人,起诉重大责任事故等危害安全生产犯罪100人,起诉毒品犯罪2454人;起诉制售伪劣商品、走私、偷税骗税等破坏市场经济秩序犯罪3394人;起诉假冒商标、制假售假等侵犯知识产权犯罪134人;起诉个人信息保护和打击涉众型经济犯罪400人;起诉非法吸收公众存款、集资诈骗等涉众型经济犯罪253人;起诉破坏环境资源犯罪1749人;起诉非法占用农用地犯罪230人;起诉涉食品药品犯罪571人;起诉强奸、猥亵、拐卖妇女等犯罪2046人;受理各级监委移送审查起诉的职务犯罪1442人;起诉行贿犯罪396人。①

2023年,起诉未成年人犯罪人数同比下降16.5%;对侵害未成年人犯罪"零容忍",起诉2721人;对涉罪未成年人,起诉1831人,附条件不起诉1277人。

(五)西藏自治区犯罪数据构成及统计分析(2023年)

2023年,西藏自治区法院受理案件84944件,同比增长27.65%,审结刑事案件2619件,同比增长15.61%。常态化开展扫黑除恶斗争,审结"九类"案件59件152人。严惩故意杀人、故意伤害、强奸、抢劫、毒品等严重暴力犯罪433件559人。保障群众财产安全,严惩帮信罪等电信诈骗犯罪111件。审结职务犯罪案件104件110人,其中厅级17件17人、县处级16件16人,判处三年以上有期徒刑占90%。②

2023年办理各类法律监督案件14708件,同比增长6%。依法主动办案8030件,占54.6%,主动办案量首次超过被动受理案件量。对刑事犯罪依法该严则严、当宽则宽,批准逮捕各类犯罪嫌疑人1113人,同比上升40.4%,不批准逮捕658人,同比上升40%;提起公诉2843人,同比上升8.2%,作出不起诉决定1074人,同比上升15.9%。主导依法适用认罪认罚从宽制度3544人,适用率达93.3%。起诉经济类犯罪202件325人,检察环节挽损2267.9万元。起诉企业内部人员涉嫌职务侵占罪、挪用资金罪29人,挽损468.1万元。起诉电信网络相关诈骗犯罪467人。以"零容忍"态度惩治侵害未成年人犯罪,依法起诉117人,同比上升77.3%。

① 《2024云南省两会|解读云南省人民检察院工作报告　高质效履职诠释检察担当》,载网易网2024年1月29日,https://www.163.com/dy/article/IPKUQLEJ0552VQOH.html,2024年7月30日最后访问。

② 《西藏自治区高级人民法院工作报告》,载西藏长安网2024年1月30日,https://zfw.xzdw.gov.cn/zfdt/fytd/202401/t20240130_439057.html,2024年8月1日最后访问。

教育、感化、挽救涉罪未成年人，对犯罪情节严重的起诉63人，同比上升16.7%；对情节轻微的附条件不起诉60人，同比上升87.5%。监督立案63件，同比上升3.5倍；监督撤案35件，同比上升2.9倍。书面纠正侦查活动违法390件，采纳率达99.3%。追捕追诉53人，同比上升85.2%。①

七、西北地区犯罪数据统计及分析

2022年西北地区的各类犯罪数量总体呈下降趋势，2023年部分地区的犯罪数量又呈现出不同程度的反弹，西北地区犯罪治理水平需进一步提高。

（一）陕西省犯罪数据构成及统计分析（2023年）

2023年陕西全省检察机关共批准和决定逮捕各类犯罪嫌疑人13700人，同比上升19.90%，不捕14002人，同比上升68.56%；不捕率44.73%，同比上升2.63%。共决定起诉31724人，同比上升28.14%，不起诉10859人，同比上升19.84%；不诉率25.5%，同比下降1.29%。已办理的审查起诉案件中，适用认罪认罚从宽制度审结人数占同期一审公诉案件审结人数的92.44%；检察机关提出确定刑量刑建议占量刑建议提出数的97.57%；对检察机关提出的确定刑量刑建议，法院采纳数占同期提出数的92.81%。全省检察机关共提出抗诉62件，同比下降45.13%；法院同期采纳抗诉意见改判和发回重审54件，占法院审结总数的61.36%，同比增加4.03个百分点。全省检察机关针对刑事审判活动中违法行为，提出纠正344件次，同比下降31.2%，审判机关采纳率100%。全省检察机关对不当减刑、假释、暂予监外执行书面提出纠正475人，同比下降45.9%；对刑事执行和监管活动违法行为提出纠正3792件；对财产性判项执行履职不当书面提出纠正848件，同比上升28.8%。全省检察机关共立案侦查司法工作人员相关职务犯罪案件50人，同比下降5.66%。②

2023年陕西全省法院全年受理案件101.15万件，同比下降12.36%，审执结96.66万件；省高院受理1.49万件，审执结1.31万件。坚定不移贯彻总体国家安全

---

① 《西藏自治区人民检察院工作报告（全文）》，载西藏自治区人民检察院网2024年1月25日，http://www.xz.jcy.gov.cn/jwgk/gzbg/202402/t20240201_6281715.shtml，2024年8月1日最后访问。

② 《2023年全省检察机关主要办案数据》，载陕西检察网2024年1月18日，http://www.sn.jcy.gov.cn/jwgk/sjgk/202401/t20240118_369577.html，2024年7月8日最后访问。

观,用高质量司法守护高水平的三秦稳定平安,审结一审刑事案件 2.38 万件,判处罪犯 3.02 万人。依法惩处涉黑涉恶犯罪,审结涉黑恶犯罪案件 38 件,判处“保护伞”案件 2 件;依法惩处职务犯罪,审结一审贪污贿赂、渎职侵权犯罪案件 293 件 375 人。坚定不移贯彻稳中求进,用高质量司法主动防范化解重大风险,审结非法集资、洗钱等犯罪 208 件。坚定不移贯彻为人民司法,用高质量司法全面守护群众获得感幸福感安全感,审结严重暴力犯罪案件 2563 件;审结危害公共安全犯罪案件 6826 件;审结电信网络诈骗、传销犯罪案件 1287 件,为 1.49 万名被告人指定了援助律师,依法对 56 名被告人宣告无罪。坚定不移贯彻全面依法治国,审结一审行政案件 7074 件,依法撤销、变更、确认行政行为违法或无效 1344 件,同比减少 511 件,审结检察机关抗诉案件 133 件。①

(二)甘肃省犯罪数据构成及统计分析(2023 年)

2023 年甘肃省检察机关批捕各类犯罪嫌疑人 9664 人、提起公诉 27417 人,同比分别上升 47.4%、28.1%。深入研判当前网络犯罪多发态势,起诉电信网络诈骗及其关联犯罪 6369 人。常态化推进扫黑除恶斗争,起诉涉黑涉恶犯罪 24 件 209 人。联合省纪委监委出台纪检监察监督与法律监督贯通协调实施办法,受理各级监委移送起诉职务犯罪 439 人,决定逮捕 134 人,起诉 330 人,其中厅级 10 人、处级 38 人。坚持受贿行贿一起查,起诉行贿犯罪 111 人。有力促进优化营商法治环境,起诉侵害企业合法权益犯罪 990 人、破坏市场经济秩序犯罪 552 人、侵犯知识产权犯罪 152 人。加强未成年人综合保护,从严追诉侵害未成年人犯罪 1054 人,附条件不起诉未成年人 617 人。②

2023 年甘肃全省法院受理案件(含旧存)64.35 万件,其中新收同比上升 15.42%,审(执)结 60.1 万件,同比上升 20.58%。省法院及铁路、林区、矿区 3 个直属法院受理案件(含旧存)1.6 万件,审(执)结 1.48 万件。严厉惩治刑事犯罪守平安、护稳定,审结刑事案件 2.94 万件,审结涉黑恶案件 41 件 567 人,全链条打击电信网络诈骗及帮信等关联犯罪,审结案件 2476 件,审结职务犯罪案件 364 件,审结

---

① 《陕西省高级人民法院工作报告(摘要)》,载陕西政法网 2024 年 2 月 6 日,http://www.sxzf.gov.cn/m/html/214/139390.html,2024 年 7 月 8 日最后访问。

② 《甘肃省人民检察院工作报告(2024 年)》,载甘肃省人民检察院网 2024 年 3 月 18 日,http://www.jcy.gansu.gov.cn/info/1067/34620.htm,2024 年 10 月 2 日最后访问。

未成年人犯罪案件423件。加强人权司法保障,对31名被告人依法宣告无罪。对4720人裁定准予减刑、假释、暂予监外执行,促进罪犯改过自新。①

(三)青海省犯罪数据构成及统计分析(2023年)

2023年青海省检察机关批捕和决定逮捕各类犯罪2365人,同比上升61.2%,起诉6229人,同比上升41.8%。常态化推进扫黑除恶斗争,起诉涉黑恶犯罪39人。认真贯彻宽严相济刑事政策,对轻罪案件依法从简从快从宽处理,依法不予批捕1427人、不起诉1888人,建议变更强制措施137人,认罪认罚从宽适用率保持在93%以上。加强监检衔接配合制约,共受理各级监委移送审查起诉案件289人,起诉167人,其中厅局级6人,县处级21人。落实行贿受贿一起查,制定依法惩治行贿犯罪行为十条措施,起诉受贿犯罪47人,行贿犯罪36人。筑牢经济安全法治防线,起诉破坏社会主义市场经济秩序犯罪663人、金融诈骗和破坏金融管理秩序犯罪46人、侵犯知识产权犯罪6人。深入开展"断卡""断流"等专项行动,批捕电信网络诈骗及其关联犯罪224人、起诉297人。部署开展性侵未成年人犯罪法律监督专项行动,批捕侵害未成年人犯罪269人、起诉369人;起诉涉嫌犯罪的未成年人219人。②已办理的审查起诉案件中,适用认罪认罚从宽制度审结人数占同期审结人数的90%以上。对于检察机关提出的量刑建议,法院采纳5551人,确定刑量刑建议采纳占比率为90%。全省检察机关按二审程序和审判监督程序共提出抗诉38件,法院采纳抗诉意见改判和发回重审14件。全省检察机关针对刑事审判活动中违法行为,提出纠正意见31件次,同比上升10.7%,同期审判机关采纳率93.33%。对"减刑、假释、暂予监外执行"不当提出纠正4人;对刑事执行活动违法行为提出纠正210件,同比上升24.3%;对监外执行活动违法行为提出纠正559人,同比上升128.2%。全省检察机关共立案侦查司法工作人员相关职务犯罪案件8人,同比上升100%。③

---

① 《甘肃省高级人民法院工作报告——2024年1月24日在甘肃省第十四届人民代表大会第二次会议上》,载甘肃省人民政府网2024年2月14日,http://www.gansu.gov.cn/gsszf/gsyw/202402/173857522.shtml,2024年7月8日最后访问。

② 《青海省人民检察院工作报告》,载青海省人民检察院网2024年2月8日,http://www.qinghai.gov.cn/zwgk/system/2024/02/08/030036993.shtml,2024年7月8日最后访问。

③ 《2023年度青海省检察机关主要办案数据公开》,载腾讯网2024年2月27日,https://new.qq.com/rain/a/20240227A07QIL00,2024年7月8日最后访问。

2023 年全省法院共受理各类案件 195811 件,审结 180798 件,同比上升 31.67%和 39.49%。其中,省法院受理案件 3318 件,审结 2635 件,同比上升 27.41%和 25.42%。坚决维护安全稳定,依法审理颠覆破坏、暴力恐怖、宗教极端等犯罪案件,坚决捍卫政治安全、制度安全和意识形态安全,审结故意杀人、强奸、抢劫、涉枪涉爆等严重暴力犯罪案件 244 件,判处罪犯 332 人;审结涉毒品犯罪案件 74 件,判处罪犯 99 人;审结电信网络诈骗及关联犯罪案件 163 件,判处罪犯 433 人;审结危险驾驶、交通肇事、重大责任事故、高空抛物等案件 2040 件,判处罪犯 2075 人。严厉打击黑恶势力,依法审结涉黑涉恶案件 13 件,惩处黑恶势力犯罪分子 146 人,判处五年有期徒刑以上重刑 53 人。全力惩治腐败犯罪,依法审结贪污、受贿、渎职等职务犯罪案件 95 件,判处罪犯 107 人;依法审结行贿罪案件 27 件,判处罪犯 30 人。不断强化人权保障,坚持罪刑法定、疑罪从无原则,依法宣告多名被告人无罪,有效防止冤错案件的发生;贯彻宽严相济刑事政策,适用认罪认罚从宽制度案件 4817 件,适用缓刑 1704 人,对 32 名被告人免予刑事处罚;坚持有错必纠,按照审判监督程序再审改判刑事案件 18 件。①

(四)宁夏回族自治区犯罪数据构成及统计分析(2023 年)

2023 年全区检察机关共办理案件 29417 件。其中,审查逮捕案件 3757 件,审查起诉案件 8888 件,刑事、民事、行政诉讼活动监督案件 12570 件,公益诉讼案件 1969 件,控告申诉案件 2233 件。依法严厉打击影响人民群众安全感的严重暴力犯罪,常态化开展扫黑除恶斗争,起诉涉黑恶犯罪 103 人;加大电信网络犯罪惩治力度,配合"断卡""断流""拔钉"专项行动,起诉 1108 人,同比上升 64.4%;起诉非法吸收公众存款、集资诈骗等涉众型经济犯罪 67 人,追赃挽损 1 亿余元;派员参与重大安全事故调查、提前介入,批捕 27 人、起诉 56 人。充分发挥法律监督职能,起诉破坏社会主义市场经济秩序犯罪 365 人,同比上升 53.6%;依法起诉污染环境等刑事犯罪 82 人,同比上升 30.2%。与监察机关会签办理职务犯罪案件协作配合与监督制约实施意见,进一步强化监检衔接,依法审查起诉监察机关移送职务犯罪 63 人;认真履行检察侦查职能,依法立案查办司法工作人员利用职权实施的侵犯公民

① 《青海省高级人民法院工作报告——2024 年 1 月 26 日在青海省第十四届人民代表大会第二次会议上》,载青海省人民政府网 2024 年 2 月 7 日,http://www.qinghai.gov.cn/zwgk/system/2024/02/07/030036901.shtml,2024 年 7 月 8 日最后访问。

权利、损害司法公正犯罪 14 人,同比上升 75%,其中县处级干部 4 人。全面准确落实宽严相济刑事政策,深化适用认罪认罚从宽制度,91.2%的犯罪嫌疑人在审查起诉阶段认罪认罚、争取从宽处理,一审服判率 95.9%,增进社会和谐,节约司法资源。严厉打击侵害未成年人犯罪,起诉 368 人;依法惩戒未成年人犯罪,起诉 394 人;依法附条件不起诉未成年人 272 人。针对有案不立、有罪不究、以刑事手段插手民事经济纠纷等问题,健全侦查监督与协作配合机制,监督公安机关立案 463 件、撤案 1266 件,纠正漏捕 88 人、漏诉 255 人。针对侦查取证不规范、强制措施适用不当等问题,提出书面纠正违法意见 2502 件,采纳率 99.7%。针对人民法院确有错误的裁判,提出抗诉 60 件,采纳率同比增加 19 个百分点。针对生效判决未执行、监管秩序不规范等问题,协同推进派驻和巡回检察,监督纠正违规违法减刑、假释、暂予监外执行 212 人,督促整改问题 177 个,确保刑罚严格执行,切实维护监管秩序。①

2023 年全区共受理各类案件 31.93 万件,办结 30 万件,结案率 93.98%,同比分别上升 10.55%、11.93%和 1.19%。其中高级法院受理案件 4591 件,办结 4180 件。审结一审刑事案件 6384 件,判处罪犯 7994 人;依法严惩危害国家安全、公共安全、邪教组织等犯罪案件 3885 件;审结赵维东涉黑、夏国荣保护伞等案件 9 件;审结利通区春生烟酒行抢劫案等严重暴力犯罪案件 872 件;审结危害安全生产、电信网络诈骗、涉老诈骗、食品药品安全等案件 1231 件;审结殷学儒、姜守清、董永胜等职务犯罪案件 73 件;依法宣告无罪 13 人,对 1697 名罪犯予以减刑、假释。②

(五)新疆维吾尔自治区犯罪数据构成及统计分析(2023 年)

2023 年新疆维吾尔自治区全区检察机关积极落实宽严相济,依法不捕 4489 人,依法不诉 13160 人,规范适用认罪认罚从宽制度,认罪认罚适用率 91.6%,量刑建议采纳率 97.7%,一审服判率 97.86%。全区刑事诉讼监督立案 631 件,同比上升 1.5%;监督撤案 1122 件,同比上升 25.6%;提出刑事抗诉 66 件,同比上升 57.1%;

---

① 《【地方两会播报】一图读懂宁夏检察工作报告》,载中华人民共和国最高人民检察院网 2024 年 1 月 25 日,https://www.spp.gov.cn/spp/zdgz/202401/t20240125_641408.shtml, 2024 年 10 月 2 日最后访问。

② 《服务发展大局　践行司法为民——自治区高级人民法院工作报告解读》,载宁夏新闻网 2024 年 1 月 26 日,https://www.nxnews.net/zt/24n/xzzqlh/eslhwztt/202401/t20240126_8959959.html, 2024 年 7 月 9 日最后访问。

监督纠正减、假、暂执行不当828人。推进反恐维稳法治化常态化,办理走私犯罪案件38件57人。加大电信网络犯罪惩治力度,打击整治养老诈骗专项行动起诉46人,起诉电信网络诈骗犯罪354件649人。加大职务犯罪侦查力度,起诉职务犯罪案件359件395人。严惩安全生产领域犯罪,起诉危害食品药品安全犯罪162件182人。保护未成年人、妇女合法权益,附条件不起诉未成年人416人,起诉各类侵害妇女权益犯罪1177人。充分发挥法律监督职能,起诉破坏社会主义市场经济秩序犯罪895人,办理生态环境资源类刑事案件审查起诉1110件1635人。①

2023年新疆全区法院收案量同比上升26.58%,结案数同比上升30.92%,未结案件数同比下降17.84%,共受理案件72.31万件、审结66.61万件,其中高院受理案件6753件、审结6516件。②

(六)新疆生产建设兵团犯罪数据构成及统计分析(2023年)③

2023年1至9月,新疆生产建设兵团检察机关共批准和决定逮捕各类犯罪嫌疑人902人;不捕290人,不捕率24.33%。共决定起诉3954人,不起诉1123人,不诉率29.18%。法院对检察机关提起公诉的所有案件作出有罪判决。已办理的审查起诉案件中,适用认罪认罚从宽制度审结人数占同期审结人数的93%;检察机关提出确定刑量刑建议占量刑建议提出数的87%;对检察机关提出的量刑建议,法院采纳人数占同期提出量刑建议数的96.8%。兵团检察机关针对公安机关开展立案(撤案)监督85件;监督后公安机关已立案(撤案)35件;针对侦查活动违法行为,提出纠正149件次,监督采纳率61.1%;共提出抗诉7件,法院采纳抗诉意见改判和发回重审6件;针对刑事审判活动中违法行为,提出纠正7件次,同期审判机关采纳率85.71%。兵团检察机关对"减刑、假释、暂予监外执行"不当提出纠正违法通知书及检察建议1人;对刑罚执行和监管活动违法行为提出纠正11件;对监外

① 《【地方两会播报】图解+漫画,读懂新疆维吾尔自治区检察院工作报告》,载中华人民共和国最高人民检察院网2024年2月1日,https://www.spp.gov.cn/zdgz/202402/t20240201_642248.shtml,2024年7月9日最后访问。

② 《迪里夏提·沙依木作新疆维吾尔自治区高级人民法院工作报告》,载微信公众号"新疆高院"2024年1月31日,https://mp.weixin.qq.com/s/QkhQ7akMZJh6LLzMYBs0uQ,2024年7月9日最后访问。

③ 《2023年1至9月兵团检察机关主要办案数据》,载微信公众号"一师检察"2023年11月13日,https://mp.weixin.qq.com/s/SwQUt9W7qJ2LyfqfPuhCNQ,2024年9月26日最后访问。

执行活动违法行为提出纠正 4 人;共立案侦查司法工作人员相关职务犯罪 6 人。兵团检察机关共批准逮捕未成年犯罪嫌疑人 41 人,不捕 21 人,不捕率为 33.8%。同期,对侵害未成年人犯罪批准逮捕 73 人。共对未成年犯罪嫌疑人决定起诉 47 人,不起诉 13 人,不诉率 17%。审结时,作出附条件不起诉决定 16 人,占审结数的 21%。同期,对侵害未成年人犯罪决定起诉 131 人。

第三节　中国犯罪治理指数模型

一、犯罪治理形势评价体系的构建思路

(一) 犯罪治理形势客观评价模型的必要性

2023 年,在以习近平同志为核心的党中央坚强领导下,全国检察机关全面贯彻党的二十大和二十届二中全会精神,认真落实十四届全国人大一次会议决议,深刻领悟"两个确立"的决定性意义,增强"四个意识"、坚定"四个自信"、做到"两个维护",主动融入和服务中国式现代化,忠实履行宪法法律赋予的法律监督职责,扎实推进习近平法治思想的检察实践,各项检察工作取得新进展:办案数量明显提升,2023 年全国检察机关共办理各类案件数量同比上升 28.9%;办案质量持续优化,持续推进法治办案,不捕率相比往年提升 22.5%;认罪认罚制度进一步适用,已办理的审查起诉案件中,适用认罪认罚从宽制度审结人数占同期审结人数 90%以上,一审服判率 96.8%。进一步规范不当"减刑、假释、暂予监外执行"行为,提出纠正达 2.5 万人。①据公安部新闻发布会通报,2023 年,公安机关始终以习近平新时代中国特色社会主义思想为指导,以党的二十大精神为引领,坚定拥护"两个确立"、坚决做到"两个维护",坚决落实党领导公安工作的制度机制,严守政治纪律和政治规矩,坚决同一切违背"两个维护"的言行作斗争,全面落实"两个责任",完善常态化监督管理机制,锲而不舍落实中央八项规定及其实施细则精神,坚持不懈推进执法规范化建设,大力推动执法办案管理中心提质增效,推动提升全警法治素

---

① 《2023 年全国检察机关主要办案数据》,载中华人民共和国最高人民检察院网 2024 年 3 月 10 日,https://www.spp.gov.cn/xwfbh/wsfbt/202403/t20240310_648482.shtml#1。

养和执法能力,并始终坚持贯彻全面依法治国要求,推进以审判为中心的刑事诉讼制度改革,强化证据意识、程序意识,持续规范侦查取证和强制性措施的适用,依法保障人权、有效惩罚犯罪,持续规范公安行政执法程序和行政裁量,严格规范公正文明执法,持续规范公安刑事办案程序,严格公正司法,积极参与社会治理,促进法治社会建设,切实增强人民群众的获得感、幸福感、安全感。①从犯罪治理形势评价角度看,公安机关、检察机关的工作情况对于判断犯罪治理形势有重要的参考价值,但仅仅依据办案机关的自身评价很难客观地表现犯罪治理形势。

犯罪学作为一门理论与实践并重的综合型学科,需要在研究过程中对于犯罪现象予以准确分析。②对于犯罪治理的评价是否客观准确,关系到犯罪治理研究的实践意义。鉴于侧面评估的真实性、准确性得不到保障,一个客观、准确的犯罪治理形势评价模型十分必要。该模型以各省、自治区、直辖市的实际犯罪相关数据为参考,经过数据分析处理,反映全国各地的年度犯罪治理水平并予以等级划分,有利于各地区之间相互借鉴和学习,在后续工作中可以增强犯罪的预防和处理力度,形成更为良好的犯罪治理新局面。

(二)犯罪治理形势客观评价模型构建过程

犯罪治理成效和犯罪治理条件是反映犯罪治理形势的两大因素。犯罪治理成效采用犯罪钟和传统犯罪学领域常采用的犯罪率来反映地区犯罪治理成效。由于不同地区的经济、文化、人口等客观水平不同,犯罪发生情况以及犯罪治理水平也会相应不同,这决定了不同地区的犯罪治理难度不同。普遍来讲,一方面,经济发展水平高、人口密度大的地区易催生犯罪,绝对犯罪数量普遍较高,从而增加了犯罪治理难度,要达到与犯罪数量少的地区相同的治理成效就需要更大的犯罪治理力度。但从另一方面来说,经济发展水平不高、人口密度小的地区虽然绝对犯罪数量少,但这些地区的犯罪治理条件、环境比起经济发达地区来说也相对较弱。因此,我们需要从多方面考虑,综合经济、人口等重要因素,构建犯罪治理形势客观评价模型来反映一个地区犯罪治理形势。

---

① 《通报2023年全公安工作和队伍建设成效,介绍第四个中国人民警察节相关庆祝活动安排》,载中国警察网,https://special.cpd.com.cn/wzzb/20240109fbh/.

② 应培礼:《犯罪学通论》,法律出版社2016年版,第445页。

二、中国犯罪治理指数模型

（一）模型评价对象

2023 年中国犯罪治理指数模型评价对象为包含中国 22 个省、5 个自治区、4 个直辖市在内的共计 31 个省级行政区。

（二）模型指标体系解释与说明

与 2022 年中国犯罪治理指数模型相对应，2023 年中国犯罪治理指数模型的指标体系共设犯罪治理成效、犯罪治理条件两大一级指标（如表 2-1 所示），其中，犯罪治理成效指标显示该地区犯罪实际案发情况，由犯罪钟指标、犯罪率指标两个二级指标来反映；犯罪治理条件指标显示该地区犯罪治理的难度情况，由人口密度指标、GDP 指标两个二级指标来反映。

表 2-1　2023 年中国犯罪治理指数模型指标体系

一级指标	二级指标
犯罪治理成效（20%）	犯罪钟指标（1%） 犯罪率指标（19%）
犯罪治理条件（80%）	人口密度指标（40%） GDP 指标（40%）

各二级指标解释与说明如下：

犯罪钟：即在该地区间隔多长时间有一人犯罪。近年来，随着“认罪认罚从宽制度”的推广与应用，对于相关案件罪行较轻且认罪认罚的当事人进行相应的免予起诉的决定。因此，本指标体系选择分钟数为时间单位，选择检察院刑事案件提起公诉人数与认罪认罚不起诉人数总和来反映犯罪情况，计算公式为：

$$犯罪钟=\frac{365\times24\times60}{检察院刑事案件提起公诉人数+认罪认罚不起诉人数}$$

犯罪率：即犯罪者所占人口比。本指标体系选择检察院刑事案件提起公诉人数与认罪认罚不起诉人数来反映犯罪者数目，选择常住人口数反映人口情况。国家统计局中对于常住人口的定义是实际经常居住在某地区半年以上的人口。其中就包括了居住在本乡镇街道且离开户口登记地所在的乡镇街道半年以上的人和户口在本乡镇街道且外出不满半年的人,也就是在各省市之间流动但实际长时间居住在本地区的流入流出人口,因此常住人口就足以反映地区人口情况。这里以检察院起诉人数与认罪认罚不起诉人数作为评价依据而未直接采用案件数,目的是使统计具有可比性,与通常所说的犯罪率存在一定差异。计算公式为:

$$\text{犯罪率}=\frac{\text{检察院刑事案件提起公诉人数}+\text{认罪认罚不起诉人数}}{\text{常住人口数}}$$

人口密度:即单位面积对应的人口数。本指标体系选择常住人口数反映人口情况,计算公式为:

$$\text{人口密度}=\frac{\text{常住人口数}}{\text{土地面积}}$$

GDP:在本指标体系中使用地区生产总值来表示该地区的经济形势,地区生产总值数据直接来源于各省统计局。

(三) 数据来源

本评价体系中所用数据及本章后文中所涉数据均来源于最高人民检察院案件管理办公室、中国统计年鉴、各省统计年鉴、各省两院工作报告、各省公安厅工作报告。以上统计年鉴、工作报告均以政府门户网站为主要获取渠道,具体如下:

最高人民检察院案件管理办公室提供的数据

国家统计局:http://www.stats.gov.cn/

北京市统计局:http://tjj.beijing.gov.cn/

天津市统计局:http://stats.tj.gov.cn/

上海市统计局:https://tjj.sh.gov.cn

重庆市统计局:http://tjj.cq.gov.cn/

河北省统计局:http://tjj.hebei.gov.cn/

山西省统计局:http://tjj.shanxi.gov.cn/

辽宁省统计局:http://tjj.ln.gov.cn/

吉林省统计局:http://tjj.jl.gov.cn/

黑龙江省统计局:https://tjj.hlj.gov.cn

江苏省统计局:http://tj.jiangsu.gov.cn/index.html

浙江省统计局:http://tjj.zj.gov.cn/

安徽省统计局:https://tjj.ah.gov.cn

福建省统计局:http://tjj.fujian.gov.cn/

江西省统计局:https://tjj.jiangxi.gov.cn

山东省统计局:http://tjj.shandong.gov.cn

河南省统计局:https://tjj.henan.gov.cn

湖北省统计局:http://tjj.hubei.gov.cn/

湖南省统计局:https://tjj.hunan.gov.cn

广东统计信息网:http://stats.gd.gov.cn/

海南省统计局:http://stats.hainan.gov.cn/tjj/index.html

四川省统计局:http://tjj.sc.gov.cn/

贵州省统计局:https://stjj.guizhou.gov.cn/

云南省统计局:https://stats.yn.gov.cn/

陕西省统计局:https://tjj.shaanxi.gov.cn

甘肃省统计局:https://tjj.gansu.gov.cn

青海省统计局:http://tjj.qinghai.gov.cn/

广西壮族自治区统计局:http://tjj.gxzf.gov.cn/

宁夏回族自治区统计局:http://tj.nx.gov.cn/

西藏自治区人民政府:http://www.xizang.gov.cn/

新疆维吾尔自治区统计局:http://tjj.xinjiang.gov.cn/

内蒙古自治区统计局:http://tj.nmg.gov.cn/

山东省公安厅:http://gat.shandong.gov.cn/

山东省高级人民法院网:http://www.sdcourt.gov.cn/

山东省人民检察院网:http://www.sdjcy.gov.cn/

江苏省公安厅网:http://gat.jiangsu.gov.cn/

江苏法院网:http://www.jsfy.gov.cn/

江苏检察网:http://www.jsjc.gov.cn/

安徽省公安网:http://gat.ah.gov.cn/

安徽省高级人民法院:http://ahfy.ahcourt.gov.cn/index.shtml

安徽省人民检察院网:http://www.ah.jcy.gov.cn/

浙江省公安厅:https://gat.zj.gov.cn/

浙江省高级人民法院:https://www.zjsfgkw.gov.cn/

浙江检察网:http://www.zjjcy.gov.cn/

福建省公安厅网:http://gat.fujian.gov.cn/

福建省高级人民法院:https://www.fjcourt.gov.cn/

福建省人民检察院网:http://www.fj.jcy.gov.cn/

上海市公安局网:https://gaj.sh.gov.cn/index.html

上海市高级人民法院网:http://www.hshfy.sh.cn/shfy/gweb2017/

上海市人民检察院:https://www.sh.jcy.gov.cn/

广东省公安厅网:http://gdga.gd.gov.cn/

广东省法院网:http://www.gdcourts.gov.cn/

广东省人民检察院网:http://www.gd.jcy.gov.cn/

广西壮族自治区公安厅:http://gat.gxzf.gov.cn/

广西壮族自治区高级人民法院:https://gxfy.gxcourt.gov.cn/index.shtml

广西壮族自治区人民检察院网:http://www.gx.jcy.gov.cn/

海南省公安厅网:http://ga.hainan.gov.cn/

海南省高级人民法院网:http://www.hicourt.gov.cn/

海南省人民检察院网:http://www.hi.jcy.gov.cn/index.html

(四)模型数据归一化方法

为了能够将不同量级的数据统一进行比较,需要首先对数据进行预处理。在四个二级指标中,犯罪钟、人口密度、GDP 这三个二级指标与犯罪治理指数呈正相关,犯罪率这个二级指标与犯罪治理指数呈负相关,因此对数据处理的公式如下:

设犯罪钟为 a,人口密度为 b, GDP 为 c,犯罪率为 d,其对应的归一化后指标分别为 A、B、C、D, A_i、B_i、C_i、D_i 分别代表在 i 省/自治区/直辖市的 A、B、C、D。

① 对于正相关指标：

$$A_i=\frac{a_i-a_{\min}}{a_{\max}-a_{\min}}\times 100$$

$$B_i=\frac{b_i-b_{\min}}{b_{\max}-b_{\min}}\times 100$$

$$C_i=\frac{c_i-c_{\min}}{c_{\max}-c_{\min}}\times 100$$

② 对于负相关指标：

$$D_i=\frac{d_{\max}-d_i}{d_{\max}-d_{\min}}\times 100$$

经过上述处理，A_i、B_i、C_i、D_i 均已处于区间[0, 100]。

（五）犯罪治理指数模型

设犯罪治理指数为 I, I_i 为 i 省的犯罪治理指数，k 为各指标系数，则犯罪治理指数计算公式如下：

$$I_i=k_A A_i+k_B B_i+k_C C_i+k_D D_i$$

三、全国犯罪状况年度评估总报告

根据犯罪治理指数模型，可将全国各省级行政区犯罪治理情况分为五个等级：治理水平很好、治理水平好、治理水平较好、治理水平一般、治理水平欠佳。将2023年中国犯罪治理指数与2022年中国犯罪治理指数进行对比，全国省级行政区犯罪治理指数排名情况整体上较为稳定，其中全国12个省级行政区犯罪治理指数排名上升，5个省级行政区犯罪治理指数排名不变，有14个省级行政区犯罪治理指数排名下降，经分析，整体而言2023年度中国犯罪治理水平有所提升。

1. 犯罪钟情况

从犯罪钟指标看，全国省级行政区中西藏自治区犯罪间隔时间最长，为184.88分钟/人，表明绝对犯罪数较少；广东省犯罪间隔时间最短，仅3.85分钟/人，表明绝对犯罪数较大。全国各省级行政区的犯罪钟数据如图2-49所示。

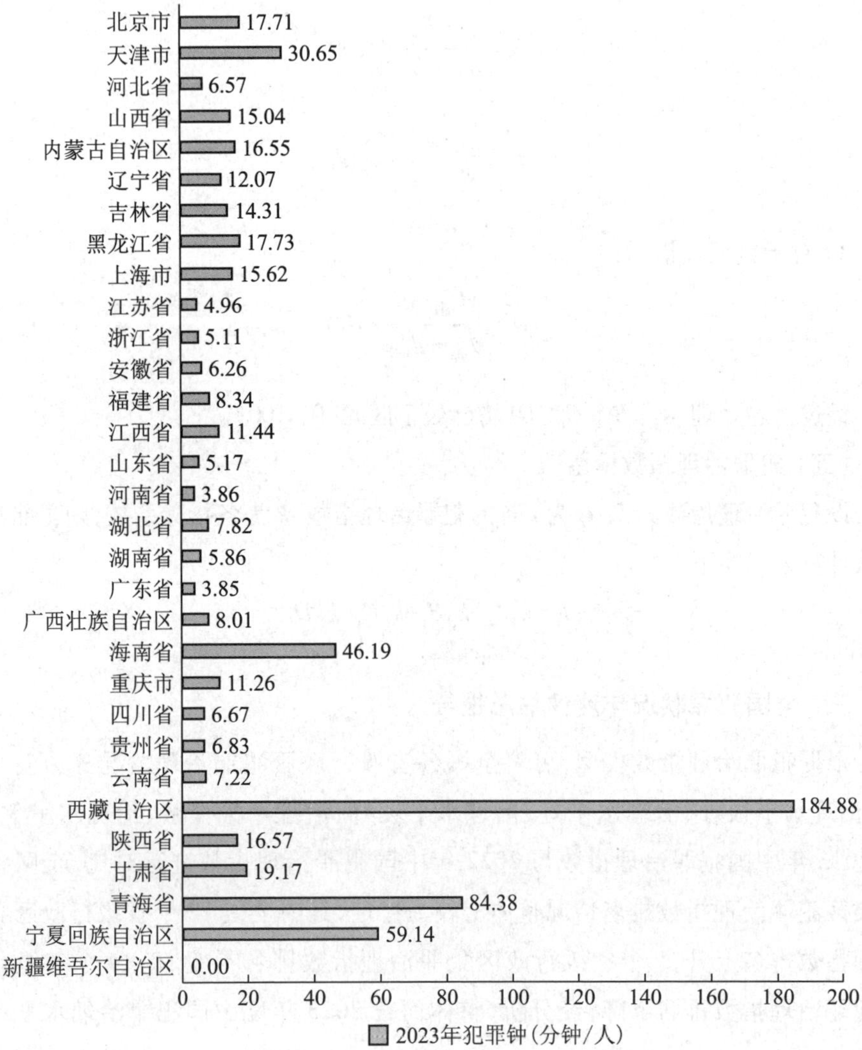

图 2-49　2023 年全国省级行政区犯罪钟

2. 犯罪率情况

从犯罪率指标看,贵州省犯罪率最高,为 19.92 人/万常住人口,西藏自治区犯罪率最低,仅 7.79 人/万常住人口。全国各省级行政区的犯罪率数据如图 2-50 所示。

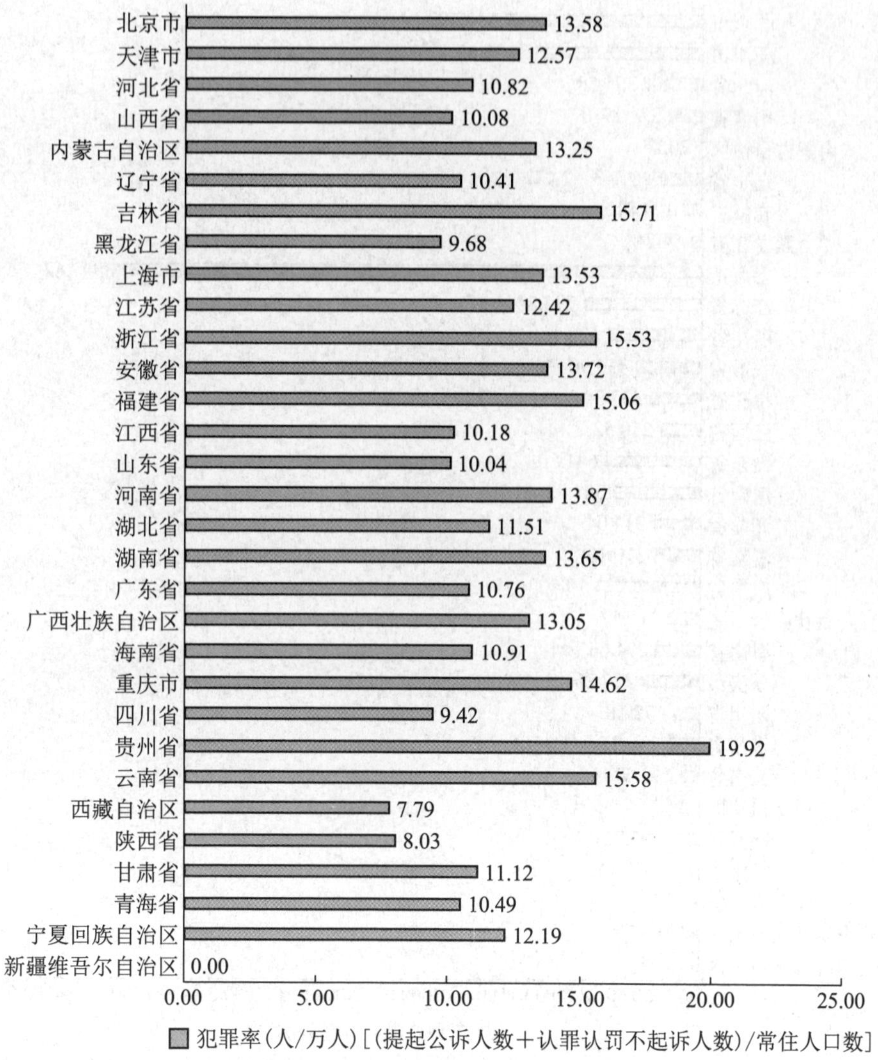

图 2-50 2023 年全国省级行政区犯罪率

3. 人口密度情况

从人口密度指标看，上海市、北京市、天津市这三大直辖市人口密度最高，犯罪治理难度较高；西藏自治区人口密度最低。全国各省级行政区的人口密度数据如图 2-51 所示。

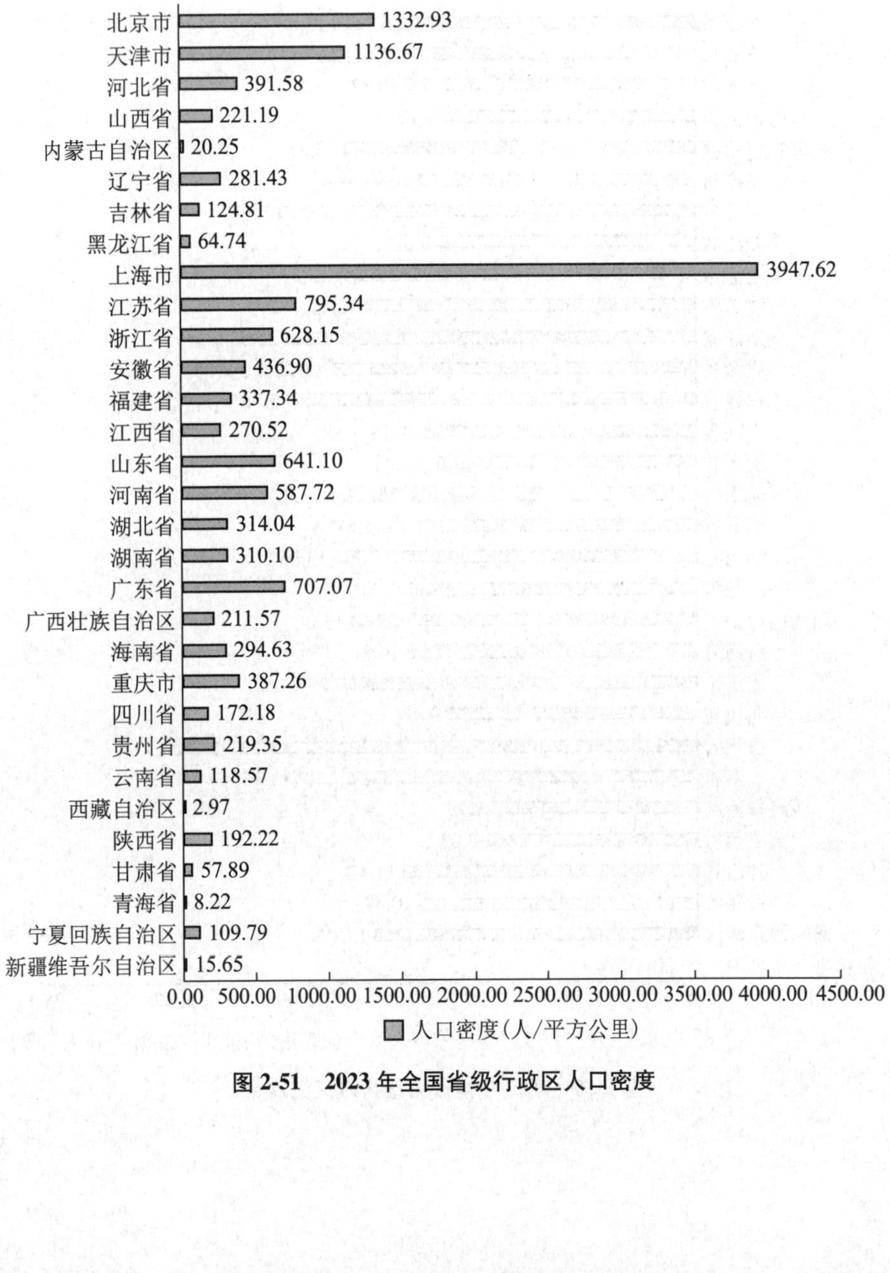

图 2-51　2023 年全国省级行政区人口密度

4. GDP 发展情况

从 GDP 发展情况看，经济水平最高的三个省级行政区依次为广东省、江苏省、山东省，经济水平相对最不发达的为西藏自治区。全国各省级行政区的 GDP 数据如图 2-52 所示。

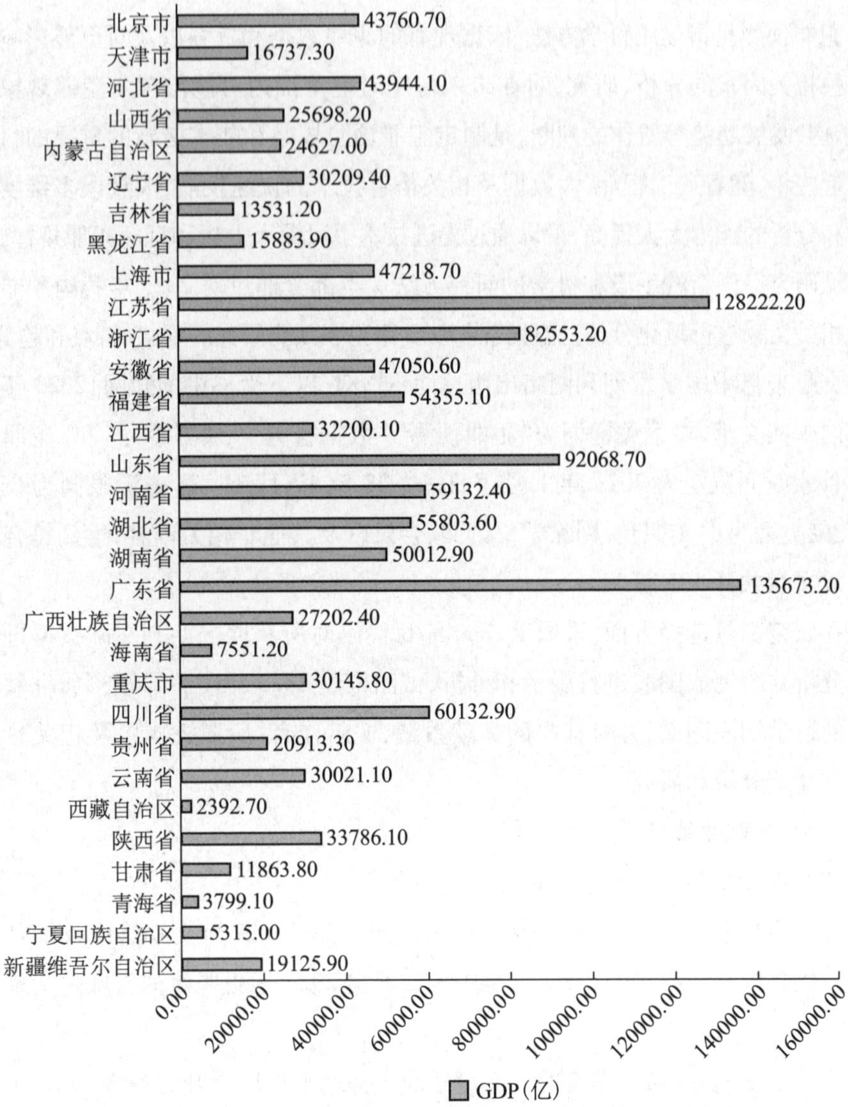

图 2-52 2023 年全国省级行政区 GDP

第四节 基于大数据的犯罪分析与预测

一、2023 年犯罪预测文献量化分析

犯罪预测是指运用科学方法,依据现有的犯罪数据和资料以及对可能影响犯罪的各种相关因素的分析、研究,对在未来特定时空范围内可能出现的犯罪现象的状况、结构、发展趋势等所作的判断,是制定犯罪预防战略和战术措施的重要的科学依据。近些年,随着人工智能、大数据及相关信息技术的快速发展,大规模多维度数据收集和分析的能力大大提高,可以通过先进技术手段深入分析和理解犯罪规律,为犯罪预测研究提供新的手段和科学的研究方法。本部分通过对 2023 年我国犯罪预测研究相关文献进行量化分析,梳理我国 2023 年犯罪预测研究的现状、特点和趋势。

文献来自中国学术期刊网络出版总库(CNKI,以下简称中国知网)2023 年收录的国内中文文献,检索关键词为“犯罪预测”“数据警务”“预测警务”和“犯罪大数据”,检索时间限定为 2023 年 1 月 1 日—2023 年 12 月 31 日,来源限制为全部期刊,文献类型为中文期刊,剔除学位论文、会议以及其他非相关内容,得到符合条件的有效文献共计 125 篇。

在研究工具选择方面,采取 Python 编写代码对所获取的期刊文献数据进行可视化分析并绘制成图表进行展示和分析,试图构建 2023 年度犯罪预测研究领域范围内的科学知识图谱,并对其中的文献数量、文献作者、所属机构以及相关热词进行针对性地分析和研究。

(一) 文献数量分析

1. 月度发文量统计分析

将中国知网 2023 年度范围内与犯罪预测相关的 125 篇文献按照收录月份进行可视化分析并绘制成图 2-53,可从中大致看出 2023 年犯罪预测领域内文献刊发的趋势变化。

按照季度划分,第一季度的发文量呈现出初期平稳后上升的趋势,从 1 月的 10 篇增至 2 月的 11 篇,并在 3 月激增至 17 篇。该季度内月平均发文数量为 13 篇,其中 3 月的发文量显著超过该季度月平均水平,达到全年的最高峰。第二季度发文

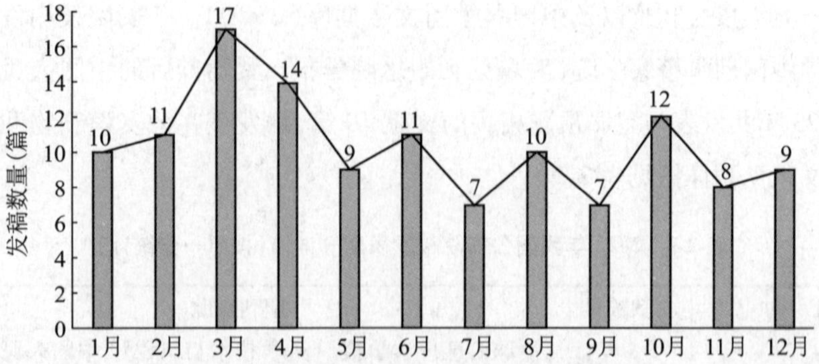

图 2-53　2023 年犯罪预测领域月度发文量分布图

量保持稳定,月平均发文数量维持第一季度的 13 篇,其中 4 月的发文量达到峰值 14 篇,较第一季度略低。第三季度的发文量明显减少,季度内的月平均发文量降至 8 篇,跌至全年的最低水平,其中 7 月、9 月的发文量仅为 7 篇,成为全年的最低谷。第四季度的发文量略有上浮,月平均发文数量为 10 篇,与第三季度相比,有一定提升。

按照月度划分,本年度的月平均发文量为 10.4 篇。发文量达到或超过平均水平的月份有 5 个,其中 2 月和 6 月的发文量均为 11 篇,与月平均发文量相符。本年度发文量的最高峰值为 17 篇,出现在 3 月,而最低谷值为 7 篇,出现在 7 月和 9 月。众数为 11 篇和 7 篇,2 月和 6 月发文量均为 11 篇,7 月和 9 月发文量为 7 篇。中位数为 10 篇,与平均数和众数相近。据此可见,本年度范围内,相关学术领域文献的发表数量虽呈现出一定的波动,但整体分布相对均衡。

2. 公安院校发文量统计分析

全国 35 所公安类普通高等院校中,中国人民公安大学、中国刑事警察学院、中国人民警察大学、江苏警官学院、南京警察学院、浙江警察学院、福建警察学院、湖北警官学院、广东警官学院、四川警察学院、山东警察学院、上海公安学院、江西警察学院、河南警察学院、甘肃警察职业学院共 15 所公安院校参与了 2023 年度犯罪预测的研究并在中国知网上发表研究成果 66 篇。

其中,中国人民公安大学以及中国刑事警察学院发表了 16 篇,占公安院校总发文量的 24.2%,位居榜首。除去三篇发表于《中国人民公安大学学报(社会科学版)》的文献外,中国人民公安大学信息网络安全学院的林艳与首都师范大学的贺日兴、唐宗棣、姜超等人合作完成的《顾及道路权重的图卷积犯罪时空预测模型》

被收录于北大核心刊物以及中国科学引文数据库(CSCD)。公安院校内发文量并列第一的中国刑事警察学院,大多见刊于警院学报。紧随其后的中国人民警察大学在2023年共发表与犯罪预测相关的文献10篇,均发表在公安学刊物和警院学报上。文献见刊详情见表2-2。

表2-2　2023年我国公安院校发表期刊详情(按照一作统计)

机　构	文献数量	期刊来源
中国人民公安大学	16	《地球信息科学学报》《科学技术与工程》《中国人民公安大学学报(社会科学版)》《犯罪与改造研究》《中国人民公安大学学报(自然科学版)》《职业技术》《网络空间安全》《山西警察学院学报》《网络安全技术与应用》《贵州警察学院学报》《河北公安警察职业学院学报》《科教导刊》《智库理论与实践》《网络安全技术与应用》《江苏警官学院学报》
中国刑事警察学院	16	《图书情报工作》《法制博览》《云南警官学院学报》《辽宁警察学院学报》《网络安全技术与应用》《产业与科技论坛》《辽东学院学报(社会科学版)》《西部学刊》《贵州警察学院学报》《黑龙江工业学院学报(综合版)》《产业与科技论坛》《广州市公安管理干部学院学报》
中国人民警察大学	10	《云南警官学院学报》《金融科技时代》《森林公安》《网络安全技术与应用》《中国人民警察大学学报》《辽宁警察学院学报》《中国人民警察大学学报》《中国人民公安大学学报(社会科学版)》
广东警官学院	3	《河南警察学院学报》《贵州警察学院学报》《政法学刊》
浙江警察学院	1	《湖北警官学院学报》
南京警察学院	2	《云南警官学院学报》《森林公安》
河南警察学院	0	
江苏警官学院	3	《公安教育》《武汉公安干部学院学报》《江苏警官学院学报》
湖北警官学院	4	《湖北成人教育学院学报》《社会科学动态》《法制博览》《中国科技信息》
江西警察学院	1	《新疆警察学院学报》
四川警察学院	1	《电脑知识与技术》
上海公安学院	0	
山东警察学院	3	《电脑编程技巧与维护》《黑龙江工业学院学报(综合版)》《广州市公安管理干部学院学报》
福建警察学院	2	《辽宁警察学院学报》《福建金融管理干部学院学报》
甘肃警察职业学院	1	《中国人民警察大学学报》
山西警察学院	0	
贵州警察学院	3	《贵州警察学院学报》《科技管理研究》《产业创新研究》

除上文所提及的公安类院校外，我国 15 所司法类普通高等院校中仅有一所高校参与了 2023 年度犯罪预测的相关分析研究，是中央司法警官学院。

（二）文献作者分析

从对 125 篇文献的作者进行可视化分析，见图 2-54，每个节点为一位作者，合作研究的作者节点间会有连线。从图中可见，大部分文献作者均为单人独作，占比高达 45.6%，其次是两人合作模式，所占比例为 33.6%，三人及三人以上合作较少，分别占总数的 12%和 8.8%，详情可见表 2-3。

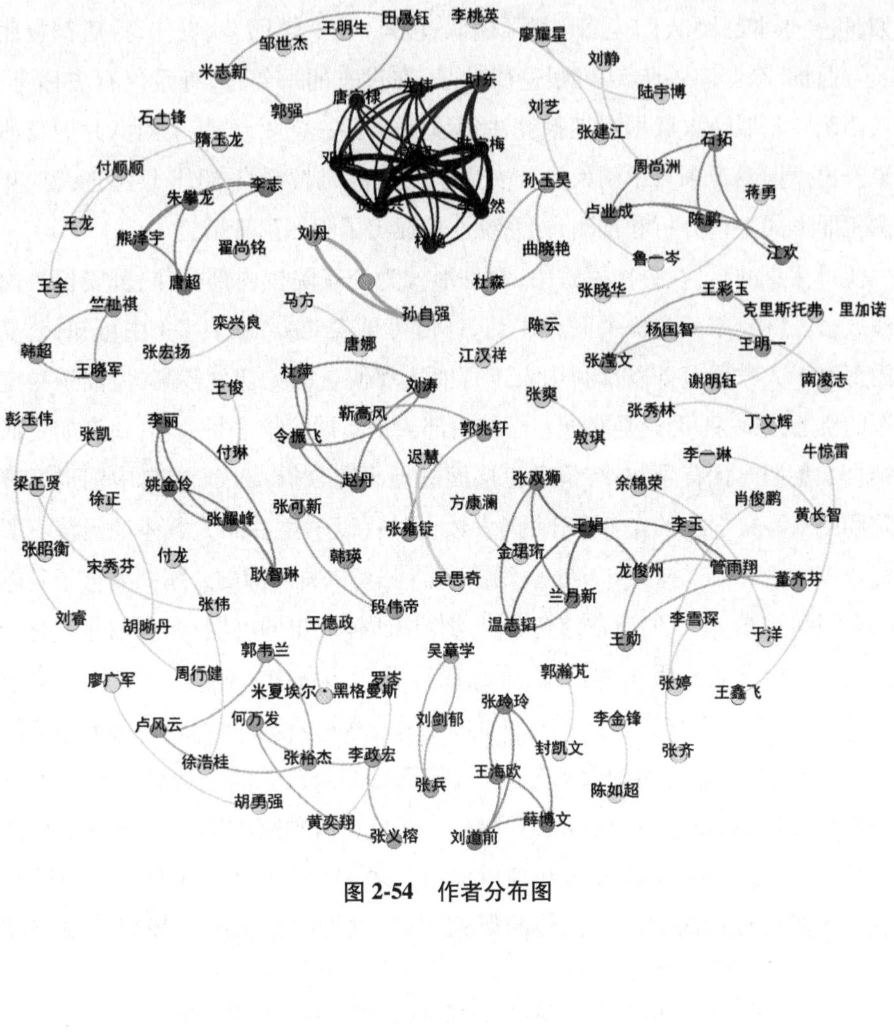

图 2-54　作者分布图

表 2-3 2023 年度犯罪预测文献作者类型

作者类型	数量	占比
单人独作	57	45.6%
两人合作	42	33.6%
三人合作	15	12%
多人合作	11	8.8%
合计	125	100%

从以往文献中可知,我国犯罪预测研究领域内已经存在一部分固定合作团队,例如黄超、李继红团队,王智新、梁翠团队,段炼、党兰学团队,史伟奇、唐德权团队以及兰西梅、徐亚琼团队。①但很遗憾的是,在过去的一年中,有且仅有史伟奇、唐德权团队在犯罪情报数据集挖掘算法领域发表了一篇文章,其余团队并无新研究成果产出。但发现来自中国人民公安大学的靳高风教授自 2018 年起连续四年对我国犯罪形式进行分析和预测,并系统性地提出了犯罪治理措施。

值得注意的是,在合作模式中,常见形式为公安院校内部合作、公安机关内部合作或公安院校与公安机关联合出品,详情可见表 2-4。从表 2-4 中可知,公安院校内部对于大数据警务以及利用人工智能实现侦查的关切度较高,但囿于稳定数据源的匮乏或缺失,无论是在同一院校内部或是不同院校进行合作,作者们更倾向于结合大数据时代背景,在政策理论层面进行研究分析,例如,来自中国刑事警察学院和山东警察学院的作者合作的《大数据时代以学生社团为载体的经济犯罪侦查专业人才培养模式探索》。与此不同的是,公安机关内部的合作则侧重于具体措施的应用和实践,作者们通常结合自身工作中所体现出的问题,在精细化的背景下试探性地提出发展或缓解的措施,并试图运用于实践中。例如,宁波出入境边检站、深圳市公安局政治部和宁波出入境边检站技术保障队的《论边检警务中的涉外数据分析》。除了上述两种模式外,公安院校与公安机关联合研究的模式也是不容小觑的,虽然数量不多,但成果可观。公安机关所独有的第一手资料结合公安院校相对科学规范的研究方法和前沿的研究思路,促使双方的合作水平以及产出成果等级要远远高于单一机构的研究产物,例如。中国人民警察大学与山东

① 孙小芳、陈鹏:《我国犯罪预测研究特点与趋势分析》,载《山西警察学院学报》2022 年第 1 期。

省禹城市公安局森林警察大队合作的《大数据时代危害珍贵、濒危野生动物犯罪实证研究》。

表2-4　2023年度犯罪预测研究领域内部分作者合作模式

合作模式	文献标题	所属机构	发表期刊
公安院校内部合作	《犯罪时间序列的混沌特征分析与短期预测》	中国人民公安大学 北京工商大学 北京警察学院	《科学技术与工程》
	《基于机器学习的多标签盗窃犯罪类型识别方法研究》	北京警察学院 中国人民公安大学	《中国人民公安大学学报(自然科学版)》
	《大数据技术应用于电信网络诈骗犯罪侦查的优势》	中国人民公安大学 北京警察学院	《网络空间安全》
公安机关内部合作	《云端速递——移动警务与大数据对接的黏合剂》	温州市公安局 温州市公安局鹿城区分局	《网络安全技术与应用》
	《数据赋能助力智慧警务建设》	湖北省公安厅科技信息处 湖北公安科研所	《公安教育》
	《论边检警务中的涉外数据分析》	宁波出入境边检站 深圳市公安局政治部 宁波出入境边检站技术保障队	《公安研究》
公安院校与公安机关联合出品(详尽式列举)	《大数据背景下非法集资犯罪侦查的难点与对策》	重庆警察学院 重庆市公安局北碚区分局经侦支队	《四川警察学院学报》
	《大数据时代假币犯罪治理难点及应对策略》	江苏警官学院 江苏省南京市公安局六合分局	《江苏警官学院学报》
	《基于大数据分析的非法集资犯罪风险评估研究》	中国人民警察大学 内蒙古自治区呼伦贝尔市公安局	《金融科技时代》
	《大数据时代危害珍贵、濒危野生动物犯罪实证研究》	中国人民警察大学 山东省禹城市公安局森林警察大队	《森林公安》
	《广东地区卷烟走私犯罪现状及防控策略——以贩运环节为切入点》	广东省公安厅网警总队 广东警官学院	《政法学刊》

续表

合作模式	文献标题	所属机构	发表期刊
公安院校与公安机关联合出品(详尽式列举)	《大数据环境下打击电信网络诈骗犯罪研究》	辽宁警察学院 辽宁省公安厅刑侦局科技信息化总队	《辽宁警察学院学报》
	《大数据技术应用在我国警务工作中的现状及发展》	南京警察学院 四川省公安厅机场公安局	《森林公安》
	《智慧警务赋能执法规范化:以接处警为例》	福建省泉州市公安局鲤城分局海滨派出所 福建警察学院	《辽宁警察学院学报》
	《智慧警务背景下公安情报生成的动力机制》	中国人民警察大学 景德镇市公安局	《中国人民警察大学学报》
	《专门化知觉预测训练对提升警院学员警务实战能力的探索研究》	南京警察学院 江苏连云港灌南公安局	《云南警官学院学报》

(三) 机构分析

1. 2023 年度犯罪预测研究机构现状分析

根据 125 篇犯罪预测相关文献的第一作者所属机构进行可视化分析，得出图 2-55，若为合作文献，则按照第一作者所属机构划分。从图 2-55 中可知，2023 年度进行犯罪预测研究的主力军仍是高校，占比高达 75%，而根据前文可知，高校当中的公安院校对该领域的关注度颇高，仅 2023 年一年，我国 15 所公安院校发表了 66 篇相关论文，远超其他类型的研究机构。除高校外，我国政法机关人员也对犯

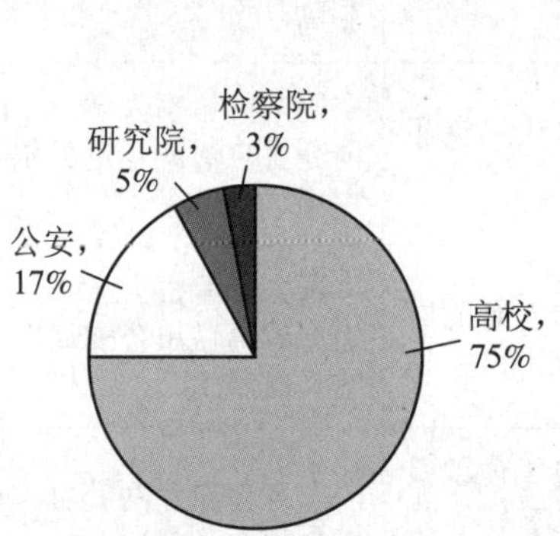

图 2-55　2023 年度犯罪预测相关文献第一作者所属机构分布图

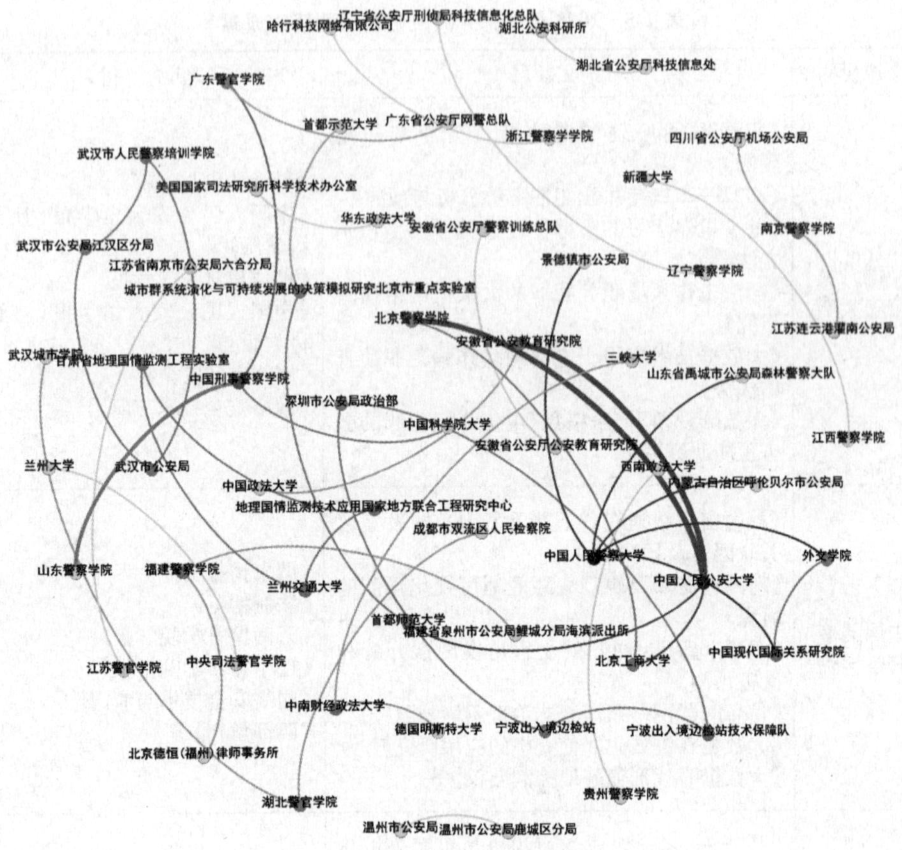

图 2-56　研究机构合作发文

罪预测领域颇为上心,但很可惜的是,参与度偏低,在中国知网上可查询到的文献数量有限,研究成果数量有待提高。

2. 2023 年度部分高校犯罪预测研究成果分析

高校作为学术研究的主阵地,为理论与实践的发展提供了源源不断的研究成果。在 2023 年度的犯罪预测研究中,我国公安院校作为培养打击犯罪的高素质人才摇篮,先后提供了近百篇学术成果。其中,中国人民公安大学、中国刑事警察学院、中国人民警察大学对该领域较为关注,发文量也名列前茅。这三所大学对于利用人工智能以及大数据预测具体犯罪的研究成果斐然。(见表 2-5)

表 2-5 2023 年度部分高校犯罪预测研究成果

来源机构	论文题目	见文期刊
中国人民公安大学	《犯罪时间序列的混沌特征分析与短期预测》 《2022—2023 年中国犯罪形势分析与预测》 《基于机器学习的多标签盗窃犯罪类型识别方法研究》 《司法工作人员职务犯罪的大数据网络侦查研究》 《大数据技术应用于电信网络诈骗犯罪侦查的优势》 《大数据视角下“杀猪盘”电信诈骗犯罪的被害预防研究》等	《科学技术与工程》 《中国人民公安大学学报(社会科学版)》 《地球信息科学学报》 《中国人民公安大学学报(自然科学版)》 《网络空间安全》 《网络安全技术与应用》等
中国刑事警察学院	《社会宏观数据视角下严重暴力犯罪发案数关联因素及预测研究》 《对系列犯罪及嫌疑人藏匿地可视化预测的研究》 《基于 logistics 回归的受害诱发因素分析和受害预测》 《信息时代网络赌博犯罪治理困境与路径》 《大数据在洗钱犯罪侦查中的应用研究》 《大数据时代刑侦阵地控制刍议》等	《图书情报工作》 《法制博览》 《云南警官学院学报》 《辽宁警察学院学报》 《网络安全技术与应用》 《西部学刊》等
中国人民警察大学	《基于 Stacking 集成学习的抢劫犯罪分析与预测》 《基于数据赋能的警务合成作战应用研究》 《智慧警务建设下的大数据情报分析》等	《云南警官学院学报》 《网络安全技术与应用》 《森林公安》等
广东警官学院	《潜在个人极端暴力犯罪防控与治理——基于 140 例极端个人暴力案件的实证分析》等	《河南警察学院学报》等
浙江警察学院	《美国预测警务的实践逻辑与风险规制论析》	《湖北警官学院学报》

3. 2023 年度部分政法机关犯罪预测研究成果分析

在 2023 年的犯罪预测研究中,政法机关的参与感较低,来自公安机关的独立研究仅有 2 篇,占总数的 1.6%,侧重于对警务实践的研究探索,而来自检察机关的犯罪预测研究占总发文数量的 2.4%,只有 3 篇,其中一篇发表于《法制博览》,对实践发展缺乏一定借鉴价值。来自人民法院的相关研究则是最少的,只有一篇,是浙

江省温州市中级人民法院对于民营企业涉税犯罪案件变化趋势分析以及相关防治策略的研究,数量虽少,但成果显著。(见表2-6)

表2-6　2023年度部分政法机关犯罪预测研究成果

机关类型	所属单位	论文题目	见文期刊
公安机关	山西省公安厅网络安全保卫总队	《基于多元宇宙算法的犯罪预测模型的研究》	《山西电子技术》
	鞍山市公安局	《跨境网络赌博犯罪治理研究》	《警学研究》
检察机关	北京市人民检察院第四分院	《以大数据赋能环境资源犯罪检察工作的构想》	《人民检察》
	天津市人民检察院	《大数据时代侵犯公民个人信息罪之纠偏》	《山西省政法管理干部学院学报》
	莆田市秀屿区人民检察院	《大数据时代刑事犯罪的变化趋势》	《法制博览》
人民法院	浙江省温州市中级人民法院	《民营企业涉税犯罪案件的大数据分析》	《人民司法》

(四)共现词分析

共现词是以一定频率共现于同一语篇中的词,在信息挖掘和语言处理方面有着不可或缺的地位。共现词可能出现在每篇论文的关键词、摘要或正文当中,将关键词中出现的共现相关词权重设置为1,摘要中出现的共现相关词权重设置为0.6,正文当中出现的共现相关词权重设置为0.2。与此同时,使用Word2Vec对共现相关词进行推测,推测词与原词的相关度除以3再乘以其以上权重即为推测词权重。简言之,设立相关模型,结合模型对词语相关度进行推测并将其累计推测出权重,权重比例高低将以图形大小的形式显示在图谱中,权重占比高低与图形大小成正比,所形成的图谱即为2023年度犯罪预测领域共现词图谱(图2-58),共现词在图谱中的大小代表着包含该共现词的相关文献的总数,共现词在图中占比越大,意味着与其相关的学术成果越丰硕,相关的研究数量更可观,从而体现出在2023年度犯罪预测领域范围内的研究热点。进一步结合高频词词云进行分析,从图2-57、2-58可知,“数据”“犯罪”“智慧警务”等词语在图中较为明显,由此可见,“大数

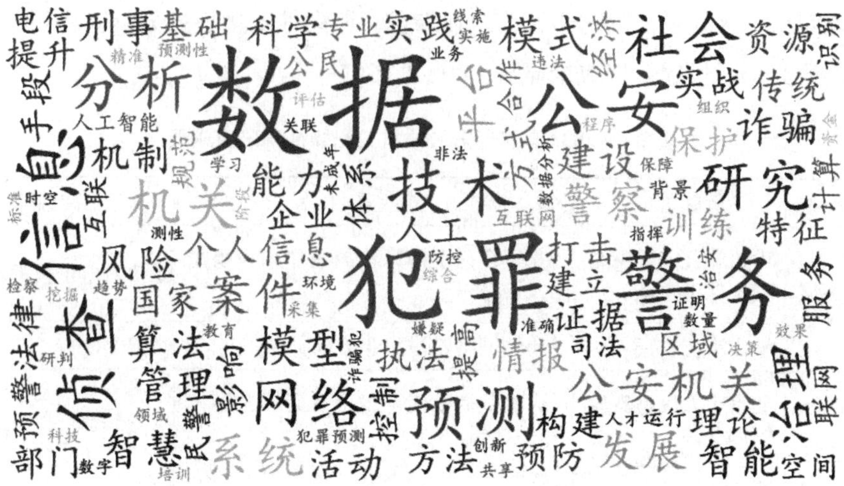

图 2-57　2023 年度犯罪预测领域高频词词云

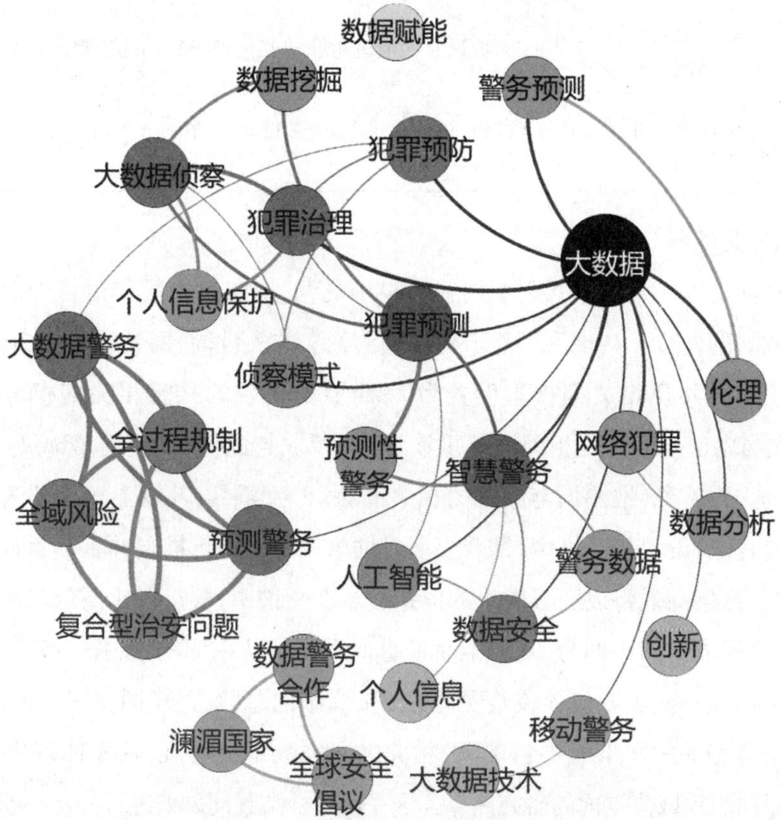

图 2-58　2023 年度犯罪预测领域共现词图谱

据”与“智慧警务”与 2023 年度的犯罪预测有着较为密切的关联，同时将部分研究重点转移到了有关预测性警务的风险之上。例如，蒋勇和张晓华在《算法时代预测性警务的兴起及其风险规制》中，通过对于当下算法时代预测性警务日渐勃兴的态势进行分析，得出算法自动化对警察个别化判断的侵蚀、算法操纵下的执法歧视风险、算法依赖下的过度执法风险以及算法训练时的数据安全风险等。此外王海欧、张玲玲、刘道前和薛博文等人在《社会宏观数据视角下严重暴力犯罪发案数关联因素及预测研究》中，介绍了如何通过公开的国家面板数据对于宏观的国家层面的有关严重暴力犯罪进行预测。

二、2023 年犯罪预测主要模型

犯罪预测是公安机关进行犯罪预警与侦查的重要手段之一。新时代大数据背景下的犯罪预测兼具传统犯罪预测原理以及大数据分析技术的双重特色。犯罪预测的大数据化改变了现行警务的传统执法模式，提升了犯罪预测的效率与效度，确保执法过程的证据留痕与可追溯性。随着信息技术的科学发展，以量化分析为基础的犯罪预测技术得到极大成长并注重强调现代科学技术和各种研究论证方法的使用。总而言之，犯罪预测是指利用先进的科学技术，依据现有的犯罪数据和资料以及对可能影响犯罪的各种相关因素的分析、研究，对在未来特定时空范围内可能出现的犯罪现象的状况、结构、发展趋势等所作的一系列判断行为。然而，时至今日，犯罪预测所赖以维系的理论模型和实践样态并未产生根本性的改变。以 2023 年中国知网所收录的公开发表相关研究的论文成果为样本，归纳分析并汇总得出 2023 年度犯罪预测领域内的常用模型（见表 2-7）。

表 2-7　2023 年常用犯罪预测模型

预测目标	模型	优点	数据源	精确度	预测类型
犯罪类型	XGBoost 模型	XGBoost 模型在训练过程中，可以生成可解释的决策树模型，从而可以直观地理解模型的预测过程和决策依据	历史犯罪数据	0.91 左右	犯罪数量、犯罪类型

续表

预测目标	模型	优点	数据源	精确度	预测类型
盗窃犯罪数量	PCA-XGBoost 联合预测模型	结合了主成分分析(PCA)和 XGBoost 算法,能提高犯罪数量预测的准确度,提升预测优化和泛化能力,该模型在预测盗窃犯罪数量方面的准确度明显高于其他预测模型	历史犯罪数据	无说明	盗窃犯罪数量
犯罪高危地区、人员、时间和相关客体	风险特征积分预警模型	能对历史案件中的客体相关数据进行深入分析,揭示犯罪的宏观层面上的高危风险特征以及个案的具体特征。支持实时更新数据,能够进行多维度的动态分析,及时筛排涉案的犯罪嫌疑人和关系人,提高预警的时效性	历史犯罪数据	无说明	犯罪行为、犯罪人员、犯罪区域
逃犯的再犯罪风险	决策树	有效地对犯罪行为进行预测和分析,分析与预测具有较高可靠性和准确性	逮捕证记录数据集	无说明	犯罪类型、再次犯罪概率
犯罪嫌疑	SHAP 模型	计算特征对模型输出的边际贡献,并从全局和局部两个层面对模型进行解释。SHAP 模型的可视化工具可以帮助用户直观地理解模型预测结果的原因,并提供特征选择和模型优化的辅助信息	历史犯罪数据	无说明	犯罪风险

续表

预测目标	模型	优点	数据源	精确度	预测类型
犯罪地区、犯罪时间	PredPol算法模型	PredPol是一个预测性警务算法模型,能利用机器学习技术来识别犯罪热点区域,提供关于犯罪风险增加的地点和时间的预测	历史犯罪数据	无说明	犯罪时间、犯罪地点、犯罪类型
辖区犯罪风险	HunchLab模型	HunchLab模型是一个商业预测性警务工具,使用统计方法来预测犯罪发生的概率,该模型可以帮助执法机构识别高风险地区,并优化巡逻路线,通过提供概率性预测,能帮助人们根据风险大小与犯罪类型的配比来优化决策	重复犯罪地区的犯罪数据	无说明	犯罪类型、犯罪分布
刑事犯罪活动	IBM-I2系统	通过构建“实体”和“链接”来分析犯罪情报,对数据的整理、总结能力强,能反映数据所包含的规律和趋势价值,将数据形式处理可视化、数据内容分析快速化、数据价值挖掘深度化	地方刑事案件数据	无说明	犯罪风险、犯罪行为
受害风险	二元Logistic回归模型	通过利用SPSS软件对受害者的受害诱发因素进行二元Logistics回归运算,能分析出诱发因素与受侵害之间的关联度,有针对性地、高效率地对可能受侵害对象进行预测、预警以及预防受害	电信诈骗数据集	0.95左右	犯罪类型、犯罪风险

续表

预测目标	模型	优点	数据源	精确度	预测类型
犯罪时空	BD-LSTM 犯罪时空预测模型	提出了一个新的评价指标 PEI,该指数综合考虑了命中率、精准率以及单元网格划分精度,旨在平衡命中率与精准率之间的矛盾,并反映单位网格大小对预测效果的影响,同时提出了一种基于动态阈值的犯罪预测方法,根据实际情况动态调整预测热点的数量,以提升预测效果	入室盗窃报警数据	无说明	犯罪行为、犯罪时空
犯罪频数	MRS-MVO-LSTM 模型	解决了 LSTM 网络中神经元数量和时间步长等超参数难以确定的问题,以优化 LSTM 网络的超参数	历史犯罪数据	无说明	犯罪类型
严重暴力犯罪的发案数	ARIMA 模型	可以捕捉数据中的长期趋势和季节性变化,适用于具有明显趋势和季节性的数据集,通过自回归部分(AR)和移动平均部分(MA)的组合,可以灵活地适应不同的数据模式,能够提供准确的短期和中期预测	历史犯罪数据	无说明	犯罪类型、犯罪概率
犯罪数量	SARIMA-GRU 犯罪预测模型	采用反向传播算法进行权重学习,将各层神经元所确定的权重矩阵作为两种方法在组合预测中的比重,综合利用 SARIMA 模型在线性时序预测中的优势和 GRU 网络在非线性特征挖掘上的优势,从而获得更好的预测结果	犯罪时序数据	无说明	犯罪类型、犯罪数量

续表

预测目标	模型	优点	数据源	精确度	预测类型
犯罪地点、犯罪数量	RW-STGCN 模型	通过引入道路通达度和距离衰减因子，考虑了城市路网中不同路段对犯罪风险传播的影响，这使得模型能够更准确地捕捉犯罪活动的时空分布特征，提高了模型对时间动态性和空间异质性的表达能力，在时间窗口和卷积层数的选择上进行了敏感性分析，以确定最优参数，从而提高预测结果的稳定性	历史犯罪数据	无说明	街面类犯罪、犯罪数量、犯罪地点
犯罪地点、犯罪数量	ST-3Dnet 模型	利用多层三维卷积神经网络和残差网络来提取数据的时空特征，能够更有效地捕捉犯罪数据在时间和空间上的复杂关系，在预测犯罪数量方面的均方根误差（RMSE）和平均绝对误差（MAE）值优于ST-ResNet，显示出更好的预测准确性，在不同参数配置下展现出较好的适应性，可以根据不同的犯罪数据特征进行调整，以获得最佳的预测效果	历史犯罪数据	无说明	交通犯罪、犯罪时空
犯罪地点、犯罪行为	Stacking 集成学习模型	召回率和准确率方面表现出色，在犯罪预测方面具有较高的精度，通过对模型进行优化，Stacking 模型在特征选择上表现出自适应性，不需要特别的筛选，从而提高了模型的泛用性和鲁棒性	抢劫类犯罪的犯罪风险区域数据	无说明	保险欺诈行为、犯罪行为

续表

预测目标	模型	优点	数据源	精确度	预测类型
犯罪地点、犯罪数量	GAERNN 模型	能同时处理犯罪数据的时间和空间特征,可以更全面地理解和预测犯罪事件的时空分布,能捕获复杂的时空依赖关系,提供更深入的数据分析,在处理具有复杂拓扑结构的数据时,能够保持较好的预测性能,显示出对不同数据分布的鲁棒性	历史犯罪数据	无说明	犯罪时空、犯罪数量

模型简介:

XGBoost 模型:XGBoost 是一个优化的分布式梯度增强库,旨在实现高效、灵活和便携的机器学习算法。它基于梯度提升框架,提供并行树提升功能,特别适用于回归、分类和排名问题。XGBoost 通过使用牛顿法求解损失函数极值,并将损失函数泰勒展开到二阶,同时加入正则化项来优化模型性能。这些特性使得 XGBoost 在处理大规模数据时具有显著的优势,不仅计算速度快,而且预测精度高。此外,XGBoost 支持在多种分布式环境上运行,如 Hadoop、SGE、MPI 等,使其能够有效地处理工业界大规模数据的问题。

PCA-XGBoost 联合预测模型:在某些情况下,为了提高预测模型的性能,研究人员可能会将 PCA 与 XGBoost 联合使用。首先,PCA 可以用于降低数据的维度,去除噪声和冗余信息,然后将转换后的数据作为 XGBoost 模型的输入。这种联合使用的方法可能有助于提高模型的预测准确性,同时减少过拟合的风险。

风险特征积分预警模型:风险特征积分预警模型(Risk Assessment Models)通常是指一系列用于评估和预测个体或区域未来犯罪风险的统计和分析方法。这些模型可以基于不同的数据源和算法,用于预测性警务、犯罪预防和资源分配。

决策树:一种常用的机器学习算法,用于分类和回归任务。它通过一系列的问题将数据分割成不同的分支,最终达到一个结论或决策。在预测性警务中,决策树可以用于根据历史犯罪数据和其他相关因素预测犯罪发生的概率,帮助警方分配资源和制定巡逻策略。

SHAP模型:SHAP(SHapley Additive exPlanations)是一种解释机器学习模型预测的方法,它基于博弈论中的Shapley值。Shapley值是一个公平分配解决方案,用于确定每个玩家(在机器学习中为特征)对团队(模型)总收益的贡献。在机器学习中,SHAP模型用于解释模型的每个特征对个别预测结果的贡献。

PredPol算法模型:由PredPol公司开发的一种预测性警务工具,它基于数学和统计方法来预测犯罪发生的概率。PredPol模型的设计理念是帮助执法机构更有效地分配资源和警力,以预防犯罪的发生。

HunchLab模型:一种预测性警务软件,旨在帮助执法机构通过分析历史犯罪数据和其他相关数据来预测犯罪发生的风险。HunchLab模型使用先进的数据分析技术,包括机器学习和统计算法,来识别犯罪热点和犯罪趋势。

IBM-I2系统:一种由IBM公司开发的分析软件平台,它专注于提供情报分析、犯罪分析和网络安全解决方案。IBM-I2系统广泛应用于执法机构、政府、军事组织和私营部门,帮助用户从大量数据中提取洞察力,以支持决策制定。

二元Logistic回归模型:一种用于处理二分类问题的统计方法,特别适用于预测一个因变量(通常是二元的,如是/否、成功/失败、通过/未通过)与一个或多个自变量之间的关系。

BD-LSTM犯罪时空预测模型:循环神经网络的改进,该方法有效解决了循环神经网络在处理长周期数据间传递过程中造成的信息丢失问题,更适合用于处理与预测间隔和延迟比较长的时间序列事件。

ARIMA模型:即自回归积分滑动平均模型(Autoregressive Integrated Moving Average Model),是一种广泛应用于时间序列数据预测的统计模型。它结合了自回归(AR)、差分(I)和滑动平均(MA)三个部分,特别适用于数据的趋势分析和预测。

SARIMA-GRU犯罪预测模型:一个结合了季节性自回归积分滑动平均(Seasonal Autoregressive Integrated Moving Average, SARIMA)和门控循环单元(Gated Recurrent Unit, GRU)的混合模型,用于犯罪预测。这种模型利用了SARIMA处理时间序列数据的季节性和非季节性趋势和周期性,以及GRU捕捉序列数据中的长期依赖关系。

RW-STGCN 模型:一种结合了随机游走(Random Walk, RW)和时空图卷积网络(Spatial-Temporal Graph Convolutional Network, STGCN)的模型。在犯罪预测中,RW-STGCN 模型可能用于分析犯罪事件在城市不同区域的时间和空间分布,预测未来犯罪事件的发生地点和时间。

ST-3Dnet 模型:一种结合了时空特征和三维网络结构的模型,用于处理时空数据的三维网络结构模型,能够分析和预测具有时间序列和空间分布特征的事件,如犯罪活动,可分析犯罪事件在不同时间、不同地点以及可能的不同维度(如不同类型的犯罪)上的分布模式。

Stacking 集成学习模型:Stacking(堆叠)是一种集成学习方法,它通过组合多个不同的机器学习模型的预测来提高整体的预测性能。这种方法的核心思想是利用模型的多样性来减少总体预测误差。

GAERNN 模型:一个结合了图自编码器(GAE)和门控循环单元(GRU)的深度学习模型。在特定的应用中,如城市盗窃犯罪的时空分布预测,用于捕获犯罪案件的空间分布特征,并能通过 GRU 模型进一步提取犯罪序列的时间特征。

三、犯罪预测

(一) 犯罪率的影响因素分析

1. 数据选择

该部分数据来源于国家统计局官方发布的年鉴以及中国裁判文书网,包括2012—2022 年各省份总人口数、失业人数等民生数据以及刑事案件数量的犯罪数据,通过分析各因素与案件数的关联度,研究各因素对犯罪率的影响水平。

犯罪经济学中的威慑理论提出两方面的研究方向:从惩罚角度来看,司法投入的增加与合理的刑罚设置能增强威慑效果,减少犯罪率;而从公共安全角度:增加公共安全支出,如加强巡逻、安装监控设备等,可以提高犯罪被发现的概率,从而增强威慑力。此外,在社会学领域内,对犯罪率的研究则侧重于多维度的社会因素分析。包括人口结构的变迁、失业率的升降、城乡之间收入差距的扩大等因素如何可能成为某些犯罪行为的诱因,以及法律政策的制定与执行如何对犯罪率产生直接或间接的调控作用。

本书将以下八种影响因素作为特征因素,试图通过分析各因素对中国犯罪率的影响水平，揭示与犯罪预测关联性明显的指标，从而把握全国犯罪的趋势和特点，提出相应的社会治安防范策略。

2. 数据特征

犯罪相关因素选取了八种，分别是总人口数（万人）、失业人员数（万人）、社会保障和就业支出（亿元）、公共安全支出（亿元）、电力消费量（亿千瓦/小时）、医疗卫生支出（亿元）、全体居民人均可支配收入（元）、每十万人口平均在校学生数（人）。其中，电力消费量代表了当地的实际工业生产所消耗的能源值，即该值越高，代表了该地城市化、工业化水平越高，科技越发达。每十万人口平均在校学生数为各年龄段的每十万人口在校生人数累加得到，代表该地的平均教育水平。

通过对特征的筛选，上述特征可表示为Time：时间（年），AJS：刑事案卷数（卷），以及A：人口，B：失业，C：社会保障，D：公共安全，E：科技（城市化水平），F：医疗，G：经济和H：教育八个维度。特征之间存在耦合，并非完全正交关系，同时2012年至2022年的时间信息并不具备显著的特征信息，不将其加入关联度分析。

3. 特征要素间关联度分析

从图2-59中可以看出与案卷数AJS关联度最高的要素特征依次为D公共安全支出、E电力消费量、A总人口数以及C社会保障和就业支出。

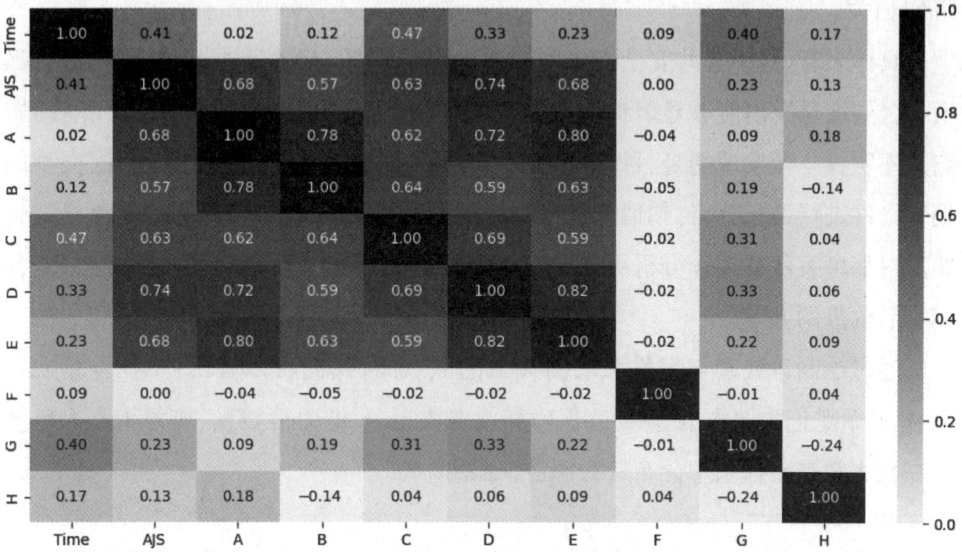

图2-59 特征要素间关联度分析

毛颖学者提出基于“成本—收益”这一经济概念进行理性选择的理论，全面论证了“公共安全、社会保障这类民生支出的增加，能够起到遏制刑事犯罪率攀升的效果”这一观点，①并详细分析了民生支出对于犯罪率的直接和间接影响机制。该理论同样可以阐释图 2-60 各要素与案件数之间的关系部分结果的合理性。

从学者们进行的回归分析中，我们得知增加民生支出能有效抑制犯罪率的上升。然而，也有观点指出，公共安全支出的增加可能会对民生支出产生排挤效应。根据图 2-59 中所示数据，公共安全支出与犯罪率相关性排名第一，这表明仅凭单一变量的观察，难以全面理解犯罪率的宏观动态。

这种分散的研究方法虽然有助于我们理解个别政策的影响，但在制定需要从宏观角度出发的政策时，其作用有限。刘伯凡和曹建华针对这种分散的研究方法提出了新的研究视角。他们的研究证实了我国不同地区之间刑事犯罪的相互联系性。他们发现，公共安全支出对邻近地区的犯罪率影响并不显著。通过理论分析，他们认为公共安全支出对邻近地区犯罪率的影响，主要取决于执法打击犯罪的效率以及犯罪分子逃避追捕的速度。他们进一步指出，提高公共安全支出对于降低邻近省份犯罪率的效果，与执法机关的行动速度密切相关。

具体来看，对于公共安全支出对犯罪的影响水平，有学者通过分类研究，得出增加公共安全支出能够显著抑制侵财犯罪，但对于严重暴力犯罪和经济犯罪的影响并不明显。可发现的是，目前国内的大多研究，包括本书，都未细分不同类型的刑事案件进行量化分析，如情节较轻微的财产犯罪，以及危害较严重的严重暴力犯罪。对刑事案件整体作分析可能会由于不同的犯罪类型而准确度不够，这将是我们今后改进的方向。

通过绘制各要素与案件数之间关系的散点图，我们可以看出：A 各省总人口数、B 城镇登记失业人数、C 社会保障和就业支出、E 电力消费量、H 每十万人口平均在校生数在坐标系中分布较为离散（见图 2-60）。

---

① 毛颖：《民生支出有助于减低刑事犯罪率吗？——来自中国（1995—2008）省级面板数据的证据》，载《南开经济研究》2011 年第 4 期。

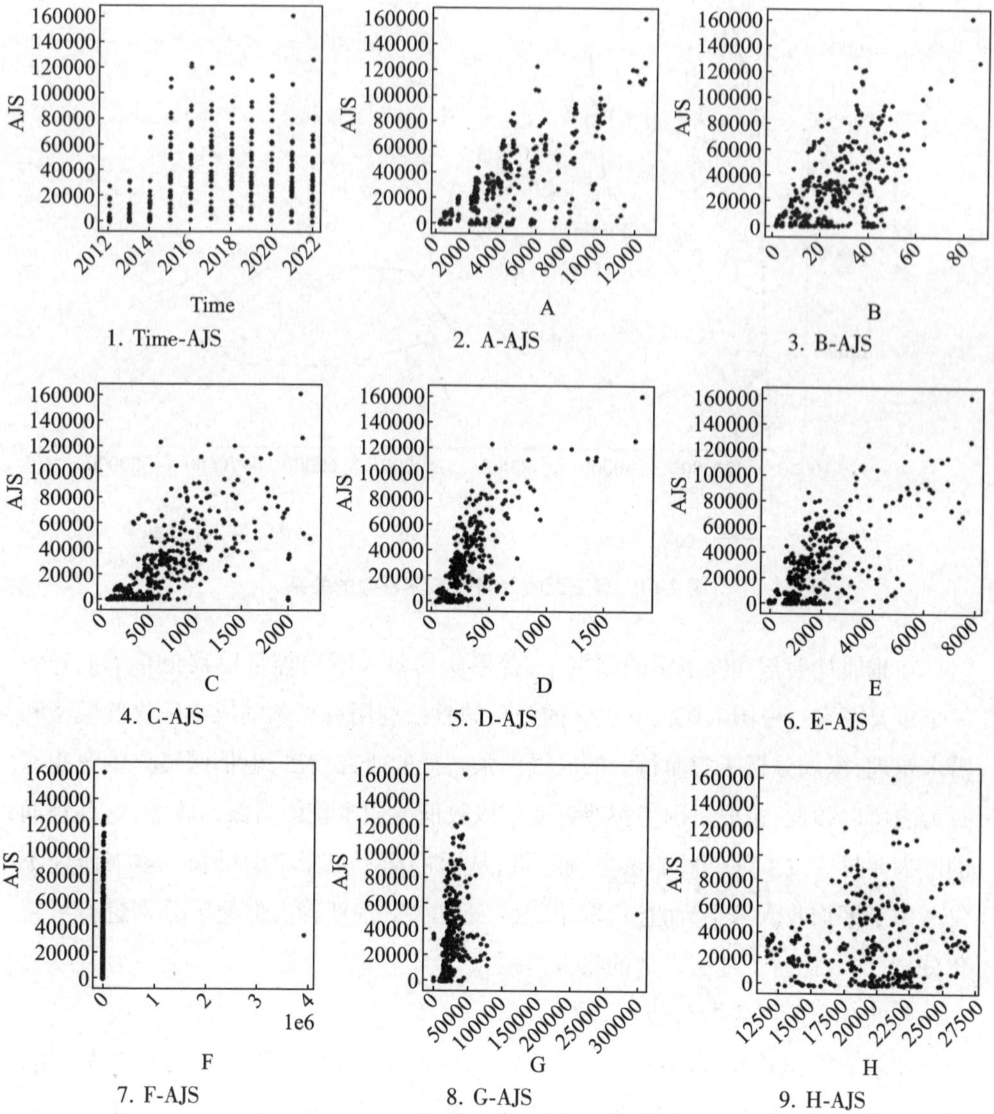

图 2-60　各要素与案件数之间的关系

由于可支配收入的分布较为离散、不同省份收入差距较大，本书选取该特征中的五个地区——上海市、北京市、广西壮族自治区、云南省、江西省进行关联性分析。

由图 2-61 可看出，对于经济发展程度不同的地区，可支配收入对于刑事案卷数的影响水平有较大差别。总体来看，可支配收入对于刑事案卷数有显著影响：经济越发达的地区，犯罪率普遍较低。

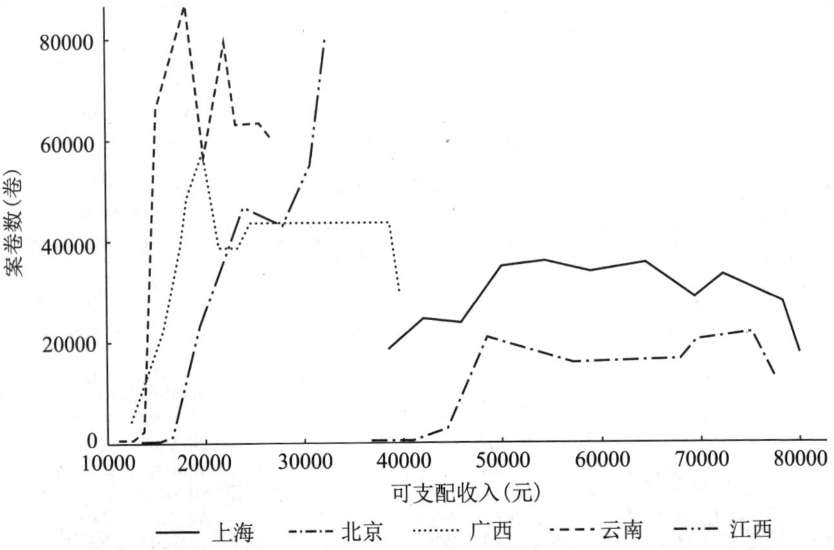

图 2-61 可支配收入与刑事案卷数的关系

在犯罪社会学和经济学的领域中,普遍认为收入不平等是导致犯罪率上升的一个重要因素。中国人民公安大学的张巧健教授利用贝克尔的成本—收益模型和需求定理,深入分析了犯罪行为的成因。张教授的研究指出,电信网络诈骗等犯罪行为之所以频发,主要是因为犯罪者能够以较低的成本获得高额的收益,这种利润的巨大差异激发了他们的非法牟利动机,从而推动了犯罪率的增长。本书研究不仅考虑了平均收入水平,而且选取了经济发展水平差别较大的地区分别进行可视化分析,深入探讨了地区内部的收入差距。

4. 皮尔逊相关系数分析

皮尔逊相关系数(Pearson correlation coefficient),通常简称为相关系数或 r 值,是一种用于度量两个变量 X 和 Y 之间线性相关程度的统计指标。它是由卡尔·皮尔逊(Karl Pearson)在 19 世纪末期提出的,是统计学中最常用的相关系数之一。相关系数后面的星号表示相关性的显著性水平,常用 p 来表示。

由图 2-62、2-63 和表 2-8 中可以看出,相关性最高的因素是公共安全,其次是人口,最不相关的因素是医疗。原因可能是医疗水平的定义和测量方式影响了分析结果。如果医疗水平的测量指标不能全面反映医疗系统的实际情况,或者与犯罪率的测量指标不匹配,可能导致分析结果不准确。

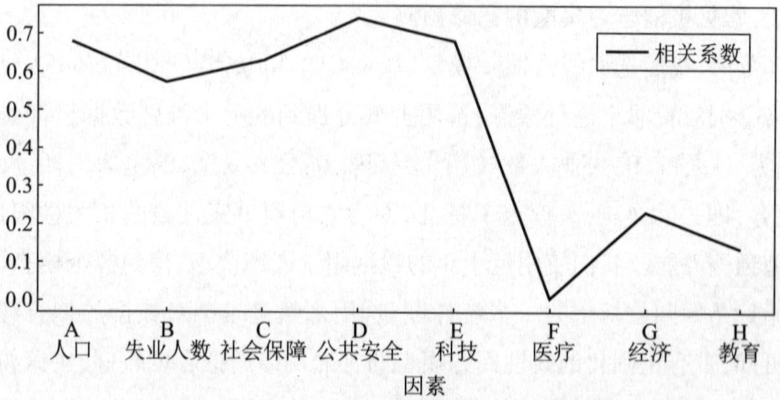

图 2-62　各因素与犯罪数量间皮尔逊相关系数

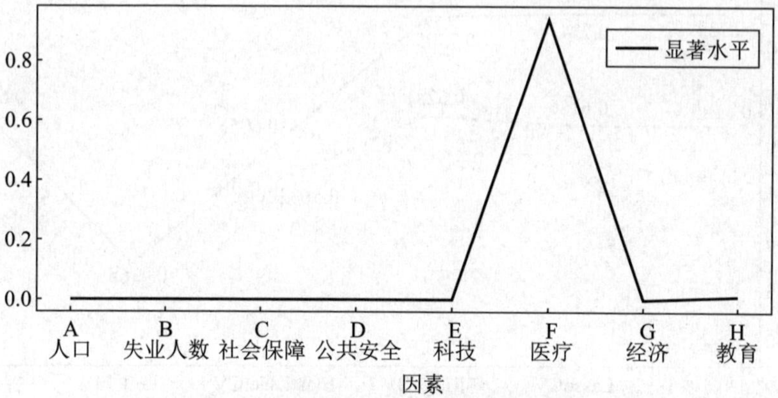

图 2-63　各犯罪因素皮尔逊系数显著水平

表 2-8　各因素与犯罪数量间皮尔逊系数

皮尔逊相关系数	A 人口	B 失业人数	C 社会保障	D 公共安全
r	0.678147	0.574388	0.627620	0.739651
p	2.886285348268873e-47	2.5298876141109593e-31	9.490476521539579e-39	2.894106946078537e-60
皮尔逊相关系数	E 科技	F 医疗	G 经济	H 教育
r	0.677796	0.004385	0.228722	0.134944
p	3.3531027763535704e-47	0.9356998844033718	2.0009999332312723e-05	0.012625114207184037

(二)常见机器学习模型的犯罪预测

本部分中,我们选取线性回归模型、LassoCV、RidgeCV、ElasticNetCV、决策树、神经网络分别对犯罪率进行预测,选用上部分提到的七个维度数据特征作为自变量,分别为 A:人口、B:失业人数、C:社会保障、D:公共安全、E:电力消耗量、G:经济和 H:教育,即去除了 F:医疗这个特征,因为它与刑事案件数的相关性很低,可能影响模型预测性能。我们使用近十年的数据用于训练模型,得到各个模型的 R^2 分数。该指标是回归分析中的一个统计度量,用来衡量模型对数据的拟合程度。分析结果可知,带有正则化的线性回归模型与神经网络的拟合度较好,决策树的训练集 R^2 表现最差,这表明数据可能很少包含可以被决策树有效捕获的非线性关系。

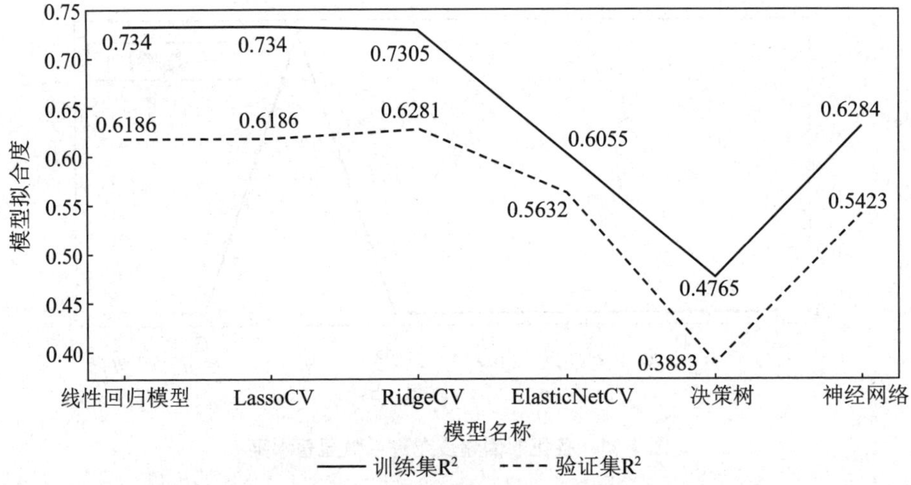

图 2-64 各模型拟合度比较

随着大数据与人工智能技术的发展以及中国数字社会的不断建设完善,犯罪预测已从之前简单的线性模型发展为能够对高维特征数据进行分析的非线性模型。但这些研究中学者大多关注方法本身,如数据结构优化、参数调优、神经网络架构等,而如何确定犯罪热点,即判别犯罪发生的标准则很少讨论。此外,如何对犯罪预测的结果进行处理也是值得讨论的问题,比较常用的理论是"犯罪预测的数据不应当被简单应用于刑罚处罚,而是应当应用于在宏观社会和微观情境上通过治理预防犯罪"。这也说明,除了提高算法预测的准确率,如何对结果进行合理解释也是应解决的问题。

四、犯罪预测风险和规制

(一) 犯罪预测的风险

随着信息化的发展,计算机处理器的加快以及存储数据量的增多,先前离散的数据网络得到新的发展。基于数据质量和数量对“预测警务”的重要性,导致警察部门和相关合作公司会积极寻求大量的数据应用于相关预测系统。由于缺乏明确的监督和制约法规,在数据的获取、运用、整合阶段都易产生相应的风险。①

1. 数据收集——“黑数据”现象导致歧视

“黑数据”也称坏数据,指的是数据中的黑数,是犯罪预测行为所依赖的重中之重。在目前的犯罪预测项目中,数据的可靠性和公平性始终是阻止预测理想结果的重要因素。在数据收集过程中,公安部门内部缺乏对各部门间共享数据的监督和管理体系及机制,无法对日益增长且数量庞大的相关数据进行严格审核,剔除不合理的“黑数据”,导致用于研究犯罪预测的数据可靠性存疑,影响预测结果的准确性。另外,数据来源渠道众多,且各渠道收集处理信息的标准不一,导致最终汇总用于预测的系列元数据缺乏统一起点标准,在预测某些具体指标时不可避免地存在数据偏见、产生歧视现象。

2. 数据获取——过度侵犯个人隐私

犯罪预测的前提是需要获取到足够多元化的数据信息便于进行计算,公安部门也需要更多来源的信息化数据,而数据大多源于公民日常行为产出、公安机关内部对公民行为留痕以及各部门间信息流动。

在大多数情况下,公安机关对于公民日常行为以及机关内部的留痕行为所产生的数据获取,是并未经过当事人同意的,倘若执法人员未经规定许可擅自获取相关数据,则是对当事人隐私的严重侵犯。另外,在信息化时代背景下,生活智能现代化的同时也提高了公民个人信息泄露风险。例如,要求刷脸才能进入的门禁系统在无形之中采集了大量的面容信息以及其他个人信息,在安全性不足的第三方公司中保存的相关信息随时面临着泄露及侵犯个人隐私的风险。

---

① 胡铭、严敏姬:《大数据视野下犯罪预测的机遇、风险与规制——以英美“预测警务”为例》,载《西南民族大学学报(人文社会科学版)》2022年第12期。

3. 算法黑箱——预测缺乏公正、透明

在犯罪预测系统的编写和运算过程中,算法占据了独一无二的地位。公安部门通常会借助相关技术人员的帮助,利用收集和获取到的元数据进行算法使用。但在大部分人员看来,算法也存在黑匣子,算法运行过程的非公开性和不透明性让公民产生质疑。另外,算法信息的不公开和保密性导致某种程度的监督缺位和质疑失声,使得公众无法完全信任算法得出的预测结果。

4. 伦理危机——事前干预冲击尊严

犯罪预测的实现,实际上是将此前更为传统的事后性质的追究制,转变为事前干预。如果进行的是微观性质的犯罪预测,其实质上是对不特定多数人的近距离数据监控与分析,往往超出了公众对于个人隐私保护的合理预期,将现实社会变成了边沁及福柯所提出的“全景监狱”。

数据驱动的监控策略可能无意识地构建了一种无处不在的监视文化,使得个体在无意识中受到持续的数据收集和分析。这种做法不仅削弱了公众对隐私的自我控制感,而且在一定程度上,可能导致社会对个体的不公正标签化和歧视,从而在更深层次上损害社会的伦理基础和个体的基本权利。因此,犯罪预测的推进必须谨慎考虑伦理边界,确保技术进步与社会伦理价值的和谐共生。①

5. 数据隔离——信息孤岛的产生

信息之间缺乏关联互动,无法共享互换或是信息数据系统之间的不兼容均可导致信息孤岛的产生,这也是公安部门在开展信息化工作中的一大困境。各部门、各区域范围内所使用的系统并非完全相同,对信息数据处理的标准也并非一致,导致各部门以及各区域所处理并获取的信息之间存在隔阂,无法进行自如的数据共享,倘若能够在全国范围内形成统一的信息处理或共享系统,便能有效地促进信息数据的流通和共享,实现数据多跑路、人员少跑腿,在某种程度上减少资源的无效浪费。

(二)犯罪预测的规制

现代化发展进程如日中天,势不可挡,在大数据背景下的犯罪预测研究同样面临着风险和机遇,如何规避风险,利用现有数据进行更高精度的犯罪预测行为研

① 王禄生:《论预测性司法》,载《中国社会科学》2024年第6期。

究,这是我们应当要予以考虑的问题。

1. 优化数据选择标准

数据是预测结果准确性的首要保证,既然无法避免“黑数据”的存在,那么在数据选择阶段就应当进行标准限制,剔除不相关的非合理性因素,以确保结果的精确度。其一,数据应当具有真实性,只有真实的数据才能如实反映目前社会层面存在的情况。其二,在保证真实性的同时,应当重视数据的多元性,尽量多平台进行数据收集和获取,以免造成单一平台数据偏差产生歧视现象。其三,保证数据的客观性,一个客观、合理的数据来源对于数据处理和预测行为的产生具有至关重要的作用。最重要的是,确保数据的可归责性,有部分学者建议通过事后的追责程序,追究相关人员对预测数据的疏忽或滥用行为导致对犯罪嫌疑人甚至普通公民权益造成损害的责任。

2. 坚持“个人自决”与适当比例原则

正如前文所说,大数据时代下公民信息泄露的风险提高,避免个人隐私被过度侵犯的前提是从源头保护。应将个人自决原则与适当比例原则相结合,保护大数据时代背景下的民众隐私。德国联邦宪法法院将信息自决权确定为公民一般人格权的体现,人人能够享有确保自己私人和家庭生活、通信受到尊重的权利。同时,在收集和获取信息的同时,应当坚持适当比例原则,出于相对客观和有效的理由才可使用相应的与公民个人相关的隐私数据。

3. 加强算法预测透明度

算法的不透明性容易导致民众产生质疑和不信任感。在犯罪预测的过程中,应当重视加强算法的预测透明度,包括但不限于促进公民对算法及其决策的了解、明晰数据收集和获取过程中的个人责任承担制度体系以及在许可范围内对算法预测过程进行简单公示等。首先,尝试通过对日常生活中存在的大数据监管问题以及其他相关算法决策问题进行宣传,让民众对算法决策的科学性和普适性予以认可。其次,进一步明确在收集获取数据过程中的个人责任制度细则并有针对性地挑选出部分非涉密性质的算法决策过程内容进行日常公示,方便民众查看。

4. 完善数据交流互通

数据是犯罪预测的关键要点,完善数据交流平台,创造一个合法合理合规的沟通渠道是促进犯罪预测结果精确度的首要条件之一。数据可分为公共数据和私人数据,在完善的过程中,我们应当将公共数据和私人数据相分离,分门别类进行汇总后再统一导入公安部门的基础数据储存及服务平台。在该平台中,相关部门应当定时定量对其平台设备进行维护,适时调整各环节之间的标准,及时建立不同数据库便于应对犯罪预测的各种要求。此外,在自身基础服务平台建设的同时,促进政府各公共部门之间的数据共享与协作,加强数据流通与分享,打破数据壁垒,消灭信息孤岛,实现有效数据无限效用的利益最大化。

2023年度犯罪治理典型案例的犯罪学分析

第一节 选题标准及典型案例犯罪学分析总体框架[①]

一、选题理由

(一)国家法治建设与犯罪类型、手段的不断翻新,要求提出新的防治对策

伴随国家经济的持续恢复,我国法治建设的脚步并未停歇。法治建设在维护国家安全、保障人民权益方面发挥着越来越重要的作用。随着我国社会主要矛盾的变化,人民对美好生活的向往更加迫切,对法治的需求也日益增长。2023年,我国修订了《刑法》《中华人民共和国公司法》(以下简称《公司法》)、《中华人民共和国海洋环境保护法》《中华人民共和国民事诉讼法》等一批法律法规。在法律体系不断完善的同时,我们也应当看到犯罪类型的增加和犯罪模式、手段的翻新。随着互联网、大数据、人工智能等技术的发展,给社会治理带来了新的挑战。研究新的防治对策,是应对犯罪形态变化、维护社会稳定的必然要求。针对新型犯罪,需要我们在立法、执法、司法等方面进行深入研究,提出切实可行的防

① 本节由倪铁、李士昊合作完成。

治措施。人民群众对公平正义的期待越来越高,对法治的信任和支持是社会治理的基础。提出新的防治对策,是回应人民群众期待、保障人民权益的重要举措。

(二)实现国家治理体系和治理能力现代化,要求建设更高水平的平安中国

党的十九届五中全会审议通过了《中共中央关于制定国民经济和社会发展第十四个五年规划和二〇三五年远景目标的建议》,强调要坚持专群结合、群防群治,加强社会治安防控体系建设,坚决防范和打击暴力恐怖、黑恶势力、新型网络犯罪和跨国犯罪,保持社会和谐稳定。中共中央印发的《法治社会建设实施纲要(2020—2025年)》同样强调要增强社会安全感,全面提升社会治理法治化水平,推动扫黑除恶常态化,依法严厉打击和惩治暴力伤害医务人员、破坏野生动物资源、暴力恐怖、黄赌毒黑拐骗、高科技犯罪、网络犯罪等违法犯罪活动,遏制和预防严重犯罪行为的发生。在防治传统类型犯罪的同时强化对新型犯罪的治理,推进平安中国建设。

二、年度典型案例的选题标准

(一)以国家法治体系建设为导向

2023年十四届全国人大一次会议召开,改组国务院金融稳定发展委员会为中央金融委员会,并组建国家金融监督管理总局,基于此背景本书选取了集资诈骗案件进行分析,进而对集资诈骗类犯罪进行讨论研究。《公司法》(2023年修订)中对股东利用其控制的两个以上公司实施滥用公司法人独立地位和股东有限责任逃避债务的情形进行了规定,基于此背景本书选取了附带公益诉讼破坏环境资源保护案件进行分析。此外,围绕网络暴力、网络侵犯知识产权等网络犯罪,最高人民检察院单独或会同有关部门研究制定司法解释和规范性文件4件,编发各主题指导性和典型案例39件,明确司法标准,织密惩治法网。本书选取了网络暴力案件、网络性侵案件、网络侵犯知识产权案件进行分析,对新形势下网络诸多类型的新型犯罪进行讨论研究,进而总结出治理措施。

(二)以国家治理、社会稳定、民生保障为关注点

税收为一国经济命脉,国家的运转、政策的开展离不开税收的支持,因而涉税犯罪是维护国家治理需要关注的重点。社会稳定离不开对民生的保障,而亲密关系的发展是民生的重要一环,当前出现"精神虐待""冷暴力犯罪"等新型犯罪词汇,故本书选取了该类犯罪进行讨论研究。近年来,操纵证券市场行为频发,引起

了极大的社会舆论。这些行为不仅侵犯了投资者的合法权益,破坏了证券市场的秩序,还可能导致系统性金融风险,危及国家经济安全。对操纵证券市场行为的法律规制和打击,成为维护国家治理、社会稳定和民生保障的重要课题。与此同时,“地下钱庄”属于一种类似商业银行的非法金融机构,它游离于我国金融监管体系之外,以外表看似合法的组织机构形式存在。近年来随着互联网金融的飞速发展,给非法地下金融业务提供了更多便捷渠道,灰色资金跨境转移愈发猖狂,故本书选取了两类金融犯罪进行讨论研究。

三、典型案例犯罪学分析的总体框架

本部分所选择案例涉及国家安全与治理、社会稳定、民生保障的典型犯罪,编写团队的成员通过对2023年度系列犯罪进行深入分析,选定特定犯罪进行研究。在内容上,成员以犯罪特点、原因分析为出发点,以点带面、以小见大,进行犯罪学角度的归纳分析。在结构安排上,遵循同样的犯罪学分析思路,其内容主要包括:(1)犯罪简介。即对该类犯罪的概念、发展趋势、特点等进行简单介绍,使得读者对该类犯罪进行简单了解。(2)原因分析。本部分具有承上启下的作用,通过对该类犯罪中的案件进行归纳汇总,从而对其发生的原因作出全面的、具体的归纳。这一部分也为下文探求其防控对策提供基础。(3)防控策略。该部分主要有两个方面,一是对以往相关案件防控思路的概括和总结,二是在此基础上对防控方式进行拓展。通过对以往的优势之处进行借鉴,对不足之处进行改进,从而完善相应的防控对策。

第二节 集资诈骗犯罪典型案例研究报告:北京中战华信集团集资诈骗案[①]

一、案情简介

北京中战华信集团有限公司系舆情战略研究中心全资控股公司,于2017年5

① 本节由倪铁、曾若恒合作完成。

月27日,舆情战略研究中心认缴13亿元,实缴出资300万元。经调查该中心系非财政补助事业单位。但在集团长期宣传中声称为“特管央企”,存在虚假宣传和诱导性目的。2023年5月19日,中战集团为解决兑付困难,向投资者提出“债转股”。中战集团主营业务系玛丽莱钻石和铷矿业务,还包括“纸黄金”预售、网络贷款、私募基金等。在吸收资金的过程普遍存在向金融消费者承诺“保底投资收益”,且利率远高于10%。同时该集团项下开发的众多APP存有向不特定公众吸收存款的情形,主观恶性大,诱骗公众投资,涉案金额巨大。该集团推广的“红森林银行资产包投资基金”以及“红森林四川广汉士达一、二、三号并购投资基金”等项目违反《中华人民共和国证券投资基金法》,未依法备案而进行证券投资活动。2023年8月3日,湖南省长沙市公安局开福分局以涉嫌集资诈骗罪对北京中战华信集团有限公司依法立案侦查。经查,在湘子公司违反国家金融管理法律规定,数额巨大,刘某安、刘某华长期隐瞒其实际控制的中战集团及其关联公司并无实体经营收入来源的事实,已依法采取强制措施。2024年4月9日已移送开福区检察院审查起诉。

二、入选理由

(一)党中央高度重视防非处非工作

党中央高度重视防范和处置非法集资相关工作的开展。为应对样式不断翻新的非法集资手段,并有效遏制非法集资高发蔓延势头,国务院多次召开处置非法集资部际联席会议,将防非处非工作提到了一个新高度。此外,2019年,最高人民法院、最高人民检察院、公安部联合印发《关于办理非法集资刑事案件若干问题的意见》,对“社会公众”的认定、财物的追缴问题、同犯处理上进行细化规定,完善此前非法集资在实践认定上的困境。2024年处置非法集资部际联席会议召开,在全国范围内进行专项行动动员部署会,是防非处非工作在新形势下的特点。会议不仅突出强调了“专项行动”这一目标指向,还明确了各机关各部门的协调部署工作,为系统性防范金融风险打击非法集资犯罪传递了重要信号。

(二)集资诈骗案牵涉广而数量多

在2017年至2023年8月,全国法院对非法集资类一审刑事案件进行了严格的审理,共审结案件达6.02万件,涉及人数高达10.87万。在此期间,法院成功审判并处置了包括北京“e租宝”、昆明“泛亚”、江苏“钱宝”、上海“阜兴”在内的一系列重大非法集资案件。法院始终坚守从严惩处的原则,对符合重判标准的案件坚决依法予以严惩,确保法律的公正与威严。在此期间,非法集资刑事案件的平均重刑率达到了19.99%,而在集资诈骗犯罪案件中,重刑率更是高达78.78%,显著超过了刑事案件的平均重刑率。①

近年来,全国法院每年受理的金融犯罪一审刑事案件数量均稳定保持在5000件以上,这一犯罪总量持续处于高位,约占全部金融犯罪案件的40%。值得注意的是,互联网非法集资犯罪在其中尤为突出,占据当年非法集资案件的20%左右,且犯罪数据整体呈现不断攀升的趋势。公开数据为我们提供了更直观的视角:在2018年,全国新发的非法集资案件涉案金额高达3542亿元;而到了2020年,全国共查处非法集资案件7500起,并成功处置了1.1万起非法集资存量案件,其涉案金额更是激增至3800余亿元。这一连串的数据清晰地揭示了金融犯罪,特别是互联网非法集资犯罪的严峻形势。

在2023年度《人民法院报》人民法院十大案件中,小牛集团的涉案金额就高达1026亿元,彭铁和彭钢使用P2P平台以私募理财产品的方式进行非法集资。其涉案人员明知存在巨大的坏账风险和支付困难,仍恶意集资诱导公众进行理财投资,将所得资金全部用于非法用途。该案埋下了严重的系统性金融风险隐患,对金融消费者的合法权益进行了侵犯,更加重了民众对于金融管理和规制的不理智偏见。由此可见,集资诈骗案件在调查与取证过程中往往复杂而牵涉广,同时涉案人员数量也远远多于其他案件。

(三)金融类案犯罪的治理面临新挑战

金融监管体系正面临新的挑战,尽管近年来通过司法机关、行政机关、其他各组织的协调配合治理,非法集资犯罪的侦破率有所上升,案发率得以控制,但是更大规模更深层次的金融风险需要我们在新形势下作出新的应对。

例如2023年9月16日,深圳市公安局南山分局对恒大财富公司进行了刑事立案。恒大财富拥有超过5000名理财顾问,服务超过100万客户,管理资产超过6000亿元。该集团公司承诺金融消费者高额回报却违法归集资金形成内部资金池,错配产品投向、期限,将筹集资金用于非法用途导致投资者重大损失。②类案频

---

① 中华人民共和国最高人民法院:《最高法发布人民法院依法惩治金融犯罪工作情况暨典型案例》,载最高人民法院网2022年9月22日,https://www.court.gov.cn/zixun/xiangqing/372751.html,2024年10月9日最后访问。

② 张豫宁:《从恒大财富被刑事立案看资管产品应如何避免陷入非法集资雷区》,载《华夏时报》2023年9月17日,https://baijiahao.baidu.com/s?id=1777244582373324674&wfr=spider&for=pc。

发,“中植系”财富公司于 2024 年 3 月 16 日被北京朝阳警方立案侦查,且经调查该集团违约的债务高达 2300 亿元,牵涉到 2929 家参控股企业,遍布中国 31 个省市自治区。①由此,为应对上述金融集团类似的暴雷案件所引发的系统性金融风险和债务危机,2023 年 3 月十四届全国人大一次会议召开,为强化金融监管补齐监管短板,改组国务院金融稳定发展委员会为中央金融委员会,并组建国家金融监督管理总局。为金融消费者权益保护、防范非法集资提供新的规制思路。

三、集资诈骗犯罪的发展趋势

(一) 新案件稳中有降

笔者以北大法宝数据库为主,以“集资诈骗”和“刑事一审审结”为关键词进行搜索,选取较有参考价值的近十年数据(见图 3-1)。自 2014 年的 311 件起,人民法院刑事一审的集资诈骗案呈现逐步上升趋势,在 2020 年达到峰值 1250 件。往后数年案件数量呈现断崖式下降。一方面得益于防非处非工作及相应专项行动的有力开展,另一方面也得益于相应法规、反诈条例的完善。值得注意的是为了避免特殊时期下的疫情防控对于案件数量的影响,笔者选取了审结案件数量作为分析指标而不是立案数量,从而更准确地分析集资诈骗案件数量变化趋势。

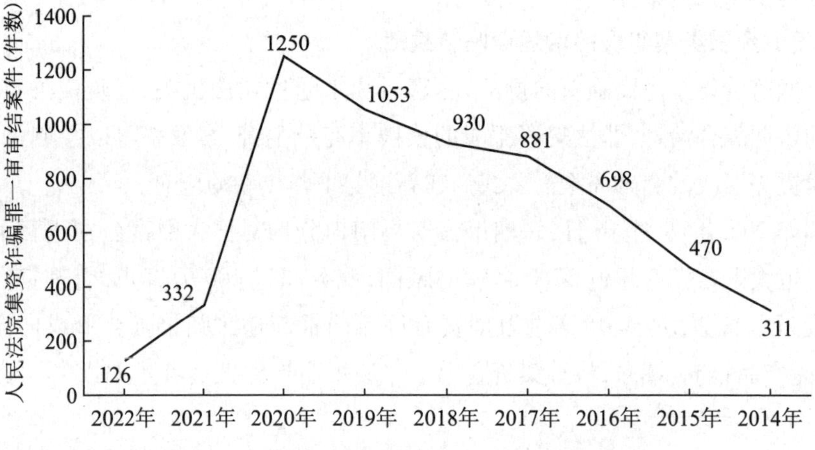

图 3-1 人民法院集资诈骗罪审结年份案件数量

① 雷晨:《实探“中植系”四大财富公司》,载《21 世纪经济报道》2024 年 3 月 22 日,https://www.21jingji.com/article/20240322/herald/c3d5ab998c4ff1f64f0ef00606893c2e.html,2024 年 10 月 9 日最后访问。

（二）犯罪向经济发达和沿海地区转移、蔓延

从近十年的法院一审集资诈骗案件数量看（见图3-2），浙江省以975件位列首位，第二、第三分别是上海市774件和河南省582件。前三省份、直辖市的案件占总数的36.7%，呈现案件集中化趋势。案件频发地区多为沿海和经济发达地区，中西部犯罪数量呈现逐年减缓的趋势。尽管2021年和2022年河南集资诈骗案件数

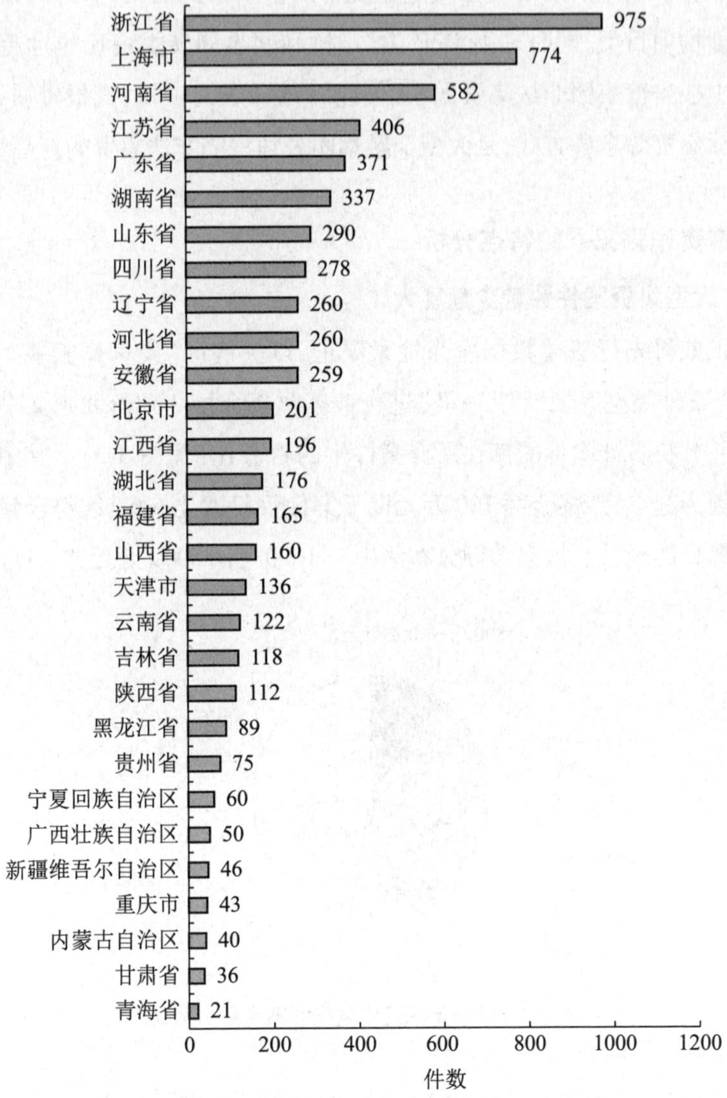

图3-2　法院集资诈骗罪一审审结案件地域分布

量环比增加 13.1%,但总体数量趋势上依旧集中在东部沿海区域。

(三)集资方式杂糅、新颖

近年的集资诈骗手段不断翻新,线上线下相结合,传统手段与新型手段相互交织,利用私募基金、区块链、虚拟币、新能源、影视投资等市场热点的新型案件明显增加。①因检索案件的复杂性,诸多案件同时存在上述多种集资方式,所以笔者仅以案件最显著和最主要的集资方式进行统计。由检索到的案例可知,最常见的集资模式为虚构项目类,同时理财 P2P 类、过桥和奖金周转类占比也远超同类集资方式。在中战华信集团非法集资案中,便同时杂糅虚构项目、谎报资质、利用 P2P 等理财产品集资等多种方式,是大型金融集团公司深陷非法集资的新趋势。

四、集资诈骗犯罪的特点分析

(一)大型集资案件数量少危害大

笔者以威科先行法律数据库为检索渠道,以关键词"集资诈骗罪""判决书""近一年""案件类型为刑事""一审"进行数据收集,对 40 余份裁判文书数据进行归纳整理并分析各涉案标的额在所有案件中的百分比(见图 3-3)。其中,以 50 万元的标的额为起点,涉案金额 100 万元以下案件仅仅占比 6.67%,符合我国集资诈骗罪重刑率高的现状。涉案金额分布集中于 1000 万—5000 万元这一区间,占比高

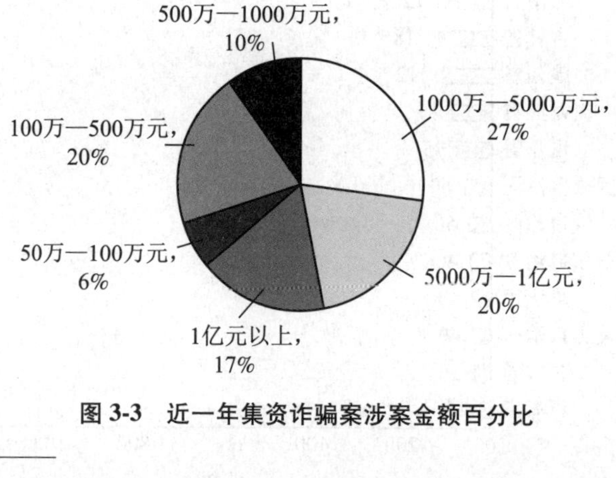

图 3-3 近一年集资诈骗案涉案金额百分比

① 孙风娟:《最高检通报 2023 年检察机关惩治和预防金融犯罪工作情况》,载最高人民检察院网 2023 年 12 月 29 日,https://www.spp.gov.cn/zdgz/202312/t20231229_638715.shtml,2024 年 10 月 9 日最后访问。

达 27%。随着非法集资的涉案金额的增加,其案件占比呈现出先增加后减少的正态分布趋势。同时 1 亿元以上的集资诈骗罪案件影响较大且多为司法典型案例。将近年的数据逐步对比分析,相应案件的数量呈现较大波动,但其对应的涉案金额百分比依旧呈现稳定趋势。

需要注意的是,尽管上亿元的大额集资诈骗案数量占比相对较少且笔者近一年所收集的案例数据中并无非法集资金额突破 10 亿元的案件,但其所带来的社会负面影响却不容小视,在刑事司法权威、民众信任度、金融投资消费者法益保护、金融监管制度运行等方面都带来了不小的冲击和挑战。从表 3-1 可知,部分典型案例存在涉案人数众多、涉案金额特别巨大的情形。在金融诈骗网络化、手段新颖化的态势下,大型金融集资诈骗犯罪人往往借助社交软件、网络平台等网络媒介的放大效应,实施电信网络诈骗、金融诈骗,且二者相互交织,①带来严重影响。从规制角度看,针对大型集资诈骗案应投入更多司法资源,及时进行司法通报、刑事通报,最大限度上发挥刑事预警机制,而非仅仅依靠单一法治宣传达到效果。

表 3-1 大型非法集资典型案件涉案人数及金额

案件名称	涉案人数	涉案金额
沈阳“老妈乐”集资诈骗案	170 万余人	62 亿余元
北京“e 租宝”集资诈骗及非法吸收公众存款案	115 万余人	762 亿余元
昆明“泛亚”非法吸收公众存款案	13 万余人	1678 亿余元
浙江“望洲集团”非法吸收公众存款案件	1.34 万余人	64 亿余元
江西“老庆祥”非法吸收公众存款案	7800 余人	5.2 亿余元
上海“阜兴”集资诈骗案	32 万余人	565 亿余元
“红岭创投”集资诈骗案	48 万余人	1090 亿余元
张业强等人集资诈骗案	—	76.81 亿元

① 最高人民检察院:《防范金融投资诈骗典型案例 揭露新型犯罪手段提升防骗意识和能力》,载最高人民检察院网 2023 年 10 月 24 日,https://www.spp.gov.cn/spp/xwfbh/wsfbt/202310/t20231024_631622.shtml#1,2024 年 10 月 9 日最后访问。

(二)监禁率和重刑率高

依据现有数据显示,集资诈骗罪中判处五年以上有期徒刑、无期徒刑、死刑(死缓)的比例远远高于其他金融类犯罪,在诈骗罪这一大类犯罪类群中冠居榜首。从2015年至2018年,集资诈骗犯罪案件重刑率均超过70%,监禁刑率均超过90%。坚持宽严相济的刑事司法政策,2017—2022年间办理的6万余件非法集资案件中,平均重刑率在20%左右,而集资诈骗罪重刑率却高达78.79%。①非法集资活动因其性质往往存在犯罪标的额较高的情形,使得重刑率居高不下。同时《刑法修正案(十一)》的修改,将原先集资诈骗犯罪的拘役刑移除并且整体提高起刑点,也是原因之一。

(三)主动退缴非法所得较少

笔者以威科先行法律数据库为检索渠道,以关键词"集资诈骗罪""判决书""近一年""案件类型为刑事""一审"等进行数据收集,将判决书中提及的主动退缴金额进行分类得到图3-4。

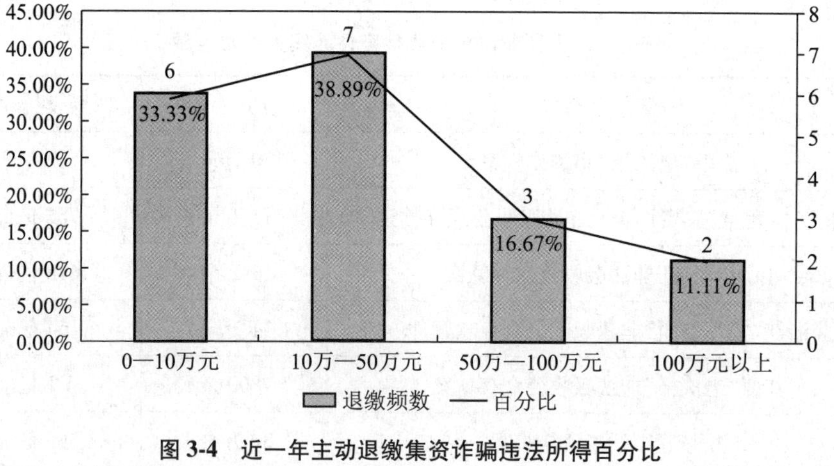

图3-4 近一年主动退缴集资诈骗违法所得百分比

由图3-4可知,主动退缴金额主要分布于100万元以下,而涉案金额较大的非法集资案件,往往因为大额资金无法兑付造成金融投资消费者较大损失,更谈不上主动退赔。近一年的主动退缴集资诈骗违法所得主要集中分布于10万—50万元

① 薄晨棣、李楠楠:《依法惩治金融犯罪切实防范化解重大金融风险》,载人民网2022年9月22日,https://m.gmw.cn/baijia/2022-09/22/1303150985.html,2024年10月9日最后访问。

这一区间,占比 38.89%,而主动退缴额 100 万元以上的仅占 11.11%。同时整体百分比呈现出先缓慢增加后断崖式下跌的变动趋势。主动退缴非法所得较少,反映出金融消费者权益保障所面临的严峻考验,需要我们提出更为完善的救济制度保护合法权益。

五、集资诈骗犯罪的原因分析

(一) 个人层面原因

1. 利益驱动掀起“投资热”

在金融投资领域,追求利益最大化的金融投资消费者们往往信奉功利主义以及结果论。我国金融投资市场体系并不成熟,专业投资门槛较高而难以效仿,使得普通金融消费者遵循趋利避害、求乐避苦的本能进行风险投资。加之,在改革开放与加入世界贸易组织(WTO)的政策红利的影响下,我国人均可支配收入大幅增加,存款、银行理财等低风险低收益的稳健型投资方式难以满足金融消费者火热的投资意愿,多元化、专业化、高回报的投资理财产品组合显然更受青睐。民间融资市场由此发展壮大,并因其低门槛、“熟人介绍”等原因渗透到百姓万家。诸如民间小额贷款公司通过拉熟客、向亲戚朋友借贷等方式,并经由借贷人进行二次链条传递产生集中式的非法集资款项。昆明“泛亚”案、中战华信集团集资诈骗案等,都是从初级的身边人借贷最后发展为运用互联网平台理财产品进行跨省市非法集资。

2. 行为认知偏差致使非理性投资活动

认知偏差理论①最早源自双重系统理论,大脑的直觉、自动化和快速反应系统在风险情况下会简化思考,在较短时间内作出反应和判断,而不是依赖于大脑的深度思考系统。当然,行为认知偏差往往带来较高的出错率,正如框架效应对金融投资者的影响,面对同样的信息时他们往往会因为融资方所提供或呈现的信息方式不一样而产生决策上的偏差。各类互联网融资平台及其人员,费尽篇幅巧借各类名目对金融投资者进行高息、高回报的承诺,但对于应有的投资风险警示则含糊其词,甚至存在虚构资质的情况,从而造成消费者的认知偏差。

---

① 信恒占、胡冰:《行为金融学理论探讨》,载《中国科技信息》2007 年第 20 期。

同时,认知偏差理论认为,人们往往倾向于相信经验,并依靠经验法则作出决策,但经验法很容易导致一些不自觉的偏差,这被称为启发式偏差。羊群理论能很好地解释金融消费者的非理性现象:基于人的社会性,在面对纷繁复杂的金融投资信息时,消费者往往因信息不对称而陷入过度依赖舆论和他人评价的境地,从而导致非理性投资和消费。这一点在非法集资活动的初期尤为明显,投资者往往对于金融理财项目并不熟悉,仅仅通过亲朋的口口相传而冲动投资。与羊群效应相伴的还有消费者的过度反应效益,其主要表现于对利空利好消息过度重视,长期存在追涨杀跌情形。在非法集资活动中对于持有理财产品过度乐观,忽视背后风险,尽管年化率收益远高于10%依旧盲目相信回避不利消息。在非法集资活动后期则过于悲观,这不利于司法机关退赃、诉讼申报等工作,甚至致使轻生。

(二)社会层面原因

1. 监管制度存有缺陷,力度尚有不足

2015年下发的《国务院关于进一步做好防范和处置非法集资工作的意见》明确了省级人民政府是防非处非第一责任人,2021年5月《防范和处置非法集资条例》再次重申工作责任制度,并赋权县级以上地方政府规定牵头部门以及调查权处置权。我国防范和处置非法集资工作强调行政性,一般以“政府主导,属地管理”为原则,但该体制下仍存在机关之间相互推诿、人事任命复杂、效率低下等常见问题,显现出事前监管少、事中监管难、事后监管慢的制度缺陷。

监管力度不足涉及地方政府保护主义和监管部门间的冲突。近年来的地方债务危机导致地方财政的显性和隐性负债压力剧增,保税收也成了维稳关键。由此,地方纳税支柱企业的金融监管和非法集资活动难以得到落实,也暴露出制度现存缺陷。同时,监管制度问题显著暴露在事前监管问题上,非法集资案件的性质决定了前期监测难,尽管《防范和处置非法集资条例》在各省份呼吁建立防范和处置非法集资的预警监测平台并试运行,但非法集资风险难以量化分级、监测指标要点不完善、监测模型滞后于风险演化是监测平台存有的重要问题。①具言之,非法集资行为与洗钱行为高度相似,集资诈骗与非法吸收公众存款两者也存在认定困难。

---

① 彭力雄:《非法集资监测预警中监管科技的运用研究》,载《江西财经大学》2021年第11期。

与资金交易信息相匹配的风险指数尚未落实，监测指标也因为资金腾挪、变换手法而失灵，使得监测指标与监测对象出现错位，更重要的是监测模型仍然以传统的“轴对称特征”构建模型误判诸多正常交易。

2. 中小企业融资困境

近年来疫情冲击、国内经济增速放缓、人力成本上升等问题一直困扰着中小企业。相比于有国家背书的央企国企或是大型实业、金融企业，银行等传统信贷业务机构秉持着“低风险高回报”的原则，对于实力相对较弱、抵押财产估值评定较低、本金不充足且还债能力较弱的中小企业往往采取更为审慎的资格审查。为降低银行业系统风险，按照惯例进行资产抵押评定低于民间借贷机构也屡见不鲜。国内企业发行债券、IPO 融资存在十分严苛的限制条件，中小企业根本无法满足资本市场融资的条件。中小企业在面临较少融资渠道的情形下，为了发展不得不借助融资难度低但利息利率较高的民间机构。加之相应小额贷款公司对于法律法规利率限制规定的不了解和轻视，自 2014 年来高利贷司法案件爆发式增长，为非法集资活动埋下诸多隐患。

在现有融资制度构造上，中小企业风险投资增速为 10%左右，不及经合组织（OECD）国家的平均增速 20.86%，中小企业直接融资市场仍处于培育阶段。①间接融资占比较低，普惠类小额融资贷款机制保障尚不健全，且我国中小企业应收账款延期支付率、贷款抵押率都高于世界平均水平。与此相对应的是，直接融资方面的政策优惠力度不足致使股权和债券融资对中小企业并不友好，中小微企业债券市场仍有较大发掘潜力，应当给予更多政策关注。当然，政策扶持力度加大的同时也应关注落地实效。目前我国政府在中小企业融资政策上缺乏相应的监督机制和保障机制，在融资相关法律法规不完善的情况下，扶持中小企业的工程和计划收效堪堪。同时金融机构存在隐性歧视，存在绕开政策扶持钻法律漏洞对中小微企业的资质评定有所为难的情况。加之中小微企业财务报表不规范、信息不透明等因素影响，使得传统的商业融资机构难以进行科学合理的评定。

① 人民银行研究局课题组：《小微企业融资的国际比较与中国经验》，载微信公众号“金融时报”2020 年 5 月 27 日，https://mp.weixin.qq.com/s/xmOs5H4xOjAClG_qz09m8Q，2024 年 10 月 9 日最后访问。

(三)法律法规及司法实践层面原因

1. 行刑衔接不足

非法集资在实务中认定需要满足三性:即非法性、利诱性和社会性。第一需要满足的便是非法性,即相关企业或个人"未经国务院金融管理部门依法许可或者违反国家金融管理规定"。由此可见非法集资犯罪是典型的行政犯,在非法集资案件更为严重时才会动用刑罚,以此保证刑法的谦抑性。但实务中存在行政法对非法集资类犯罪规定宽泛,对该类案件打击范围进行了一定扩大,让经济侦查部门过度参与直接动用刑事手段等问题屡见不鲜。究其原因在于非法集资案件的行刑衔接不足,当行政责任和刑法责任产生竞合或者冲突时原则性依据不明,致使"行刑不分""以刑代罚"等现象的出现,最后促使非法集资案件数量飙升。

2. 类罪辨别难致使集资诈骗罪成立范围扩大化

集资诈骗罪和非法吸收公众存款罪的区分标准是学界老生常谈的话题,其主要围绕集资诈骗案的成立范围扩大化的现状进行归因,以探求更好的辨别标准。"以非法占有为目的"要素进行区分仍存在诸多不足,部分学者认为集资诈骗案的成立范围扩大化的问题应当归因于"以非法占有为目的"要素在实践中的认定弱化,而持相反意见的学者则认为基于最高人民法院《关于审理非法集资刑事案件具体应用法律若干问题的解释》第7条规定判定行为人的主观心理状态造成了适用范围的扩大趋势。[①]究其原因,"以非法占有为目的"要素系为内心主观事实,无法采取司法证明方法而仅能采取司法推定的实践处理必然存在对行为人内心"猜测"而致使集资诈骗罪的认定标准存在不一致。

六、基于犯罪学角度的治理对策

(一)培养理性投资观念

由前文所述,行为经济学往往假定投资者为一般理性人,能对市场的波动、产品的风险和回报进行理性分析。但不如愿的是,在金融投资领域大量消费者存在从众心理、过度反应等认知偏差,由此培养金融消费者形成理性合理的投资观念,

① 王晓滨:《集资诈骗罪"以非法占有为目的"要素的误识与匡正——兼评〈最高人民法院关于审理非法集资刑事案件具体应用法律若干问题的解释〉第4条第2款》,载《河北法学》2021年第3期。

规避非法集资造成的系统性损害就尤为重要。其一,让消费者们认识到从众心理的存在。羊群效应的克服需要金融消费者们增强自身的投资意识和风险管理警惕性,并形成自我的思考避免盲从,认识到从众心理的存在从而能更加审慎地面对非法集资团体给出的高额回报和收益。其二,强化金融投资领域的相关教育是培养理性投资人的前提。由于我国金融行业起步晚,行业规则及相关法律法规尚不完备,加之普通投资者普遍缺乏金融风险意识,使得普通金融投资者处于权益难以保障的境地。强化相关金融教育应由政府提供部分教育产品,可以通过线上宣传、开展打击非法集资宣传月活动、举办联席会议等方式,结合新媒体力量更广泛更深入地进行相关教育活动。同时也应当培养合法金融投资咨询机构和教育平台,为金融消费者提供更专业的服务和更具有针对性的教育,从而提升其投资素养,规避金融系统性风险。

(二)强化法治理念和普法教育

现行金融投资者普遍缺乏对法律法规的认识,不少非法集资案件的当事人在初期进行借贷活动时都依法依规,但随着集团公司的经营规模扩大、经营业务范围扩大,融资需求显著增加但合法融资手段受限且效益低下的情形,催生了诸多非法集资案件。首先,明确非法集资法律责任有利于震慑犯罪人,避免类案发生。《防范和处置非法集资条例》明确规定了非法集资人和非法集资协助人的相关法律责任,一改法律责任规定模糊的乱象。其次,应当强化普法教育,对于非法集资典型案件进行剖析、宣传,普及非法集资行为构成要件、法律后果、受害者情况,对相关政策等内容进行深层次大范围的宣传,从而做到以案释法,强化金融消费者法治理念使其进行理性投资。再次,依据目标人群设立相应的非法集资预警机制和准入门槛。对于风险承受能力较弱、金融财会类知识相对缺乏的大学生、家庭主妇、老年人等应当提高金融理财产品的准入门槛,设立更加敏锐的非法集资活动预警机制,更好地针对受害高发人群进行被害预防。最后,改变行政机关、司法机关"片面强调打"的重刑化思想,相应执法人员通过系统性培训贯彻程序合法、保护人权的法治理念更有利于降低非法集资案件过高的重刑率、监禁率。

(三)完善非法集资监管制度

从现行行政监管制度层面分析,《防范和处置非法集资条例》的颁布确立了地方政府的行政查处权力,缓解了有权无责缺乏依据的行政监管现状。但正如前文所述,地方保护主义和部门推诿、人事任免仍然困扰着防非处非工作的进行。笔者认为,除了在各省市州县专门设立非法集资部门统筹防范和处置非法集资工作开展以外,应当赋予其一定的请求协助调查权力,而非将非法集资案件侦查权异化呈现出过度司法化倾向。究其原因是现行实践中,各县市州处非办受限于权能不足,往往仅负责非法集资防范的宣传教育工作而未对整体防非处非工作进行总揽和指挥。权力割裂致使工作开展难以落实,增加部门协调成本,造成各机关间的责任推脱。因此,赋予各级处非办调查协助权既防止了其职能重叠部门冗杂,又顺应了其统一协调的处非工作地位。

从现行金融监管制度分析,2023 年 3 月《党和国家机构改革方案》出台将我国金融监管的"一委一行两会"改制成"两委一行一局一会",更注重对金融消费者的保护和对"影子银行"的严厉打击。强化金融监管总局对金融消费者的权益保护,结合大数据分析手段完善非法集资监测模型、指标、预警灵敏度等方面,成了顺应国家金融监管制度改革的应有之义。具言之,落实金融监管总局的金融消费者权益保障督促机制和责任机制,能更符合其"大消保"的立足点,为普通金融投资者和消费者防范非法集资提供法律规制。同时,在非法集资监测预警机制上,应当制定复合模型,①针对复杂多变辗转腾挪的非法集资手段进行类别区分并依据目标人群调整相应预警灵敏度,更新迭代监测指标要点,同时要确保模型的开放性,实时更新监测数据并由此设立科学的监测阈值。

(四)多措并举化解融资市场资源配置失衡

为推动金融供给侧结构性改革,增强金融服务实体经济能力和防范非法集资,应多层次多方面为中小企业提供制度保护和政策支持。针对中小微企业的信用度低、坏账风险率高的问题,应完善中小企业融资担保体系强化信用风险缓释机制,②并结合中小企业信息服务平台对财务状况、经营成果、信用记录等方面进行审查。使得中小金融机构能准确翔实地评估中小微企业的融资能力和未来发展,避免隐性歧视。此外,发展壮大中小金融机构能发挥其服务中小微型企业的市场功能,为相应企业提供针对性的融资策略,简化审批环节、流程,最大限度地为企业

① 罗晓蕾、张明辉、许尚超:《区域性金融风险监测预警体系研究——以河南省区域金融风险为例》,载《金融理论与实践》2018 年第 5 期。

② 闫衍:《中小企业资本市场融资问题及发展建议》,载《金融理论探索》2023 年第 3 期。

提供资金支持。最后,强化国家对中小微企业的融资扶持政策,适当延长困难企业贷款期限降低相应贷款利率,为增长型企业提供更好的融资服务平台,为高新技术企业完善金融救助保障。

(五) 健全处置非法集资案全链条行刑衔接机制

非法集资案件的行政和刑事处罚上的衔接,并不违背一事不再理的原则,究其原因,不同部门法从其所保护的法益出发,以不同的相应处罚维护非法集资案件所侵犯的行政和刑事两个层面的合法权益。特别是面对两者竞合时,应"合并为主,吸收为辅",[①]同类型的处罚可以考虑择一和抵充,不同类型的处罚应当并行实行。当然更为重要的是明确行刑衔接过程中的部门责任,对于主管部门的选择应当以属地为主,刑事优先。属地主义的划分能明确行政部门和司法机关职责,在案发后最快时间内遏制非法集资事态。刑事和行政程序同时启动时应体现刑法优先原则,但在收集证据困难延后启动刑事程序造成不利时,应以先启动非法集资行政处罚等程序为例外。

行刑衔接中的证据交换和转化机制上,应当以实物证据为主要证据,辅之以言词证据。在实践过程中,往往存在行刑衔接过程中的言辞证据失真、前后无法核对的情况,大大增加了衔接过程中的司法成本,导致当事人诉累。同时,言词类证据在行刑衔接程序中原则上是出现重新收集例外时才直接使用的。因此,尽快出台相应的非法集资行刑衔接证据标准,对证据的证明力、采信度进行统一才能根治非法集资案件的证据乱象。

(六) 对集资诈骗罪适用范围进行严格限缩

首先,现行司法实践中对于集资诈骗罪和非法吸收公众存款罪的认定多采取简单推定的方式,即依据部分现有之事实推出另一事实,并证明两者之关联。但现实中司法机关为简化调查工作、规避举证责任,致使该推定存在被滥用之风险。集资诈骗案的扩大化适用就是缺乏严格解释的必然。但严格解释限缩适用与部分打击犯罪之间存在效益论衡,笔者认为法律的良性循环与发展决不能仅仅依赖于对于条文随意性的解释,而严格限缩适用范围是顺应时代保护公民人权之必然。打

---

① 王春丽:《行政执法与刑事司法衔接研究——以医疗两法衔接为视角》,上海社会科学院出版社2013年版,第229页。

击犯罪不应只强调量多、面广,更应强化司法机关的法治素养在合法程序的规制下实现犯罪打击的精准性。同时,在集资诈骗罪的共犯认定上也应当更为审慎。对于非法集资案件的行为人对犯罪起到的作用,必须结合其职务、收入、知情情况等条件进行具体判断。[①]对于只领取与集资款项无关的基本工资的从业人员,不宜作为共犯处理。

第三节 "精神虐待"犯罪[②]典型案例研究报告:牟某翰虐待案[③]

一、案情简介[④]

2018年8月,牟某翰与陈某某(化名包丽)确立了恋爱关系。他们曾在北京市的某学生公寓、陈某某家中以及牟某翰家中共同居住。2019年1月起,牟某翰因对陈某某过去的性经历感到不满,开始频繁追问陈某某的性经历细节,并与之发生争吵。他经常长时间辱骂陈某某,并曾提出让陈某某通过"打胎"等方式来换取他的心理平衡。同年6月13日,陈某某在与牟某翰争吵后割腕自残。8月30日,陈某某再次与牟某翰争吵后吞食药物,被牟某翰送至医院接受救治。2019年10月9日,陈某某与牟某翰再次发生争吵。当天下午,陈某某独自外出,后来在某公馆房间内服用网购的药物自杀。牟某翰在发现情况后尝试联系并寻找陈某某,最终将她送至医院,但陈某某仍在2020年4月11日因救治无效死亡。

北京市海淀区人民法院审理此案,认定牟某翰的行为构成虐待罪,并考虑到他的行为与陈某某的死亡存在因果关系,因此判处牟某翰有期徒刑三年两个月,并判决他赔偿陈某某的母亲经济损失共计人民币73万余元。

---

① 刘岩冰:《非法集资犯罪的刑事治理研究》,载《天津工业大学》2024年第1期。

② 目前我国刑法并没有对于精神虐待进行入罪,本章中选取的牟某翰虐待案中司法机关将长期辱骂和精神控制行为认定为虐待行为,这显示了对精神暴力的法律制裁,也为我们研究虐待罪提供了新视角。因此本章以精神虐待为切入点,剖析精神虐待的特点,并从犯罪学视角进一步研究,以期为精神虐待入罪以及虐待罪等暴力犯罪的规制提供新思路。

③ 本节由倪铁、庞松洁合作完成。

④ 案例选自《2023年度人民法院十大案件》,载中华人民共和国最高人民法院网2024年1月7日,https://www.court.gov.cn/zixun/xiangqing/422622.html,访问日期2024年10月9日。

二、入选理由

（一）本案是精神虐待犯罪的典型案例

本案件之所以被选为十大案例之一，主要是因为它涉及了家庭暴力、精神虐待等社会问题，同时也引发了公众对于恋爱关系中双方权利和义务的关注和思考。牟某翰对被害人陈某某的虐待行为，特别是精神虐待和言语暴力，揭示了婚前同居关系中可能存在的权力失衡和性别不平等问题。牟某翰利用情侣关系进行精神控制，导致陈某某的精神状态恶化，并最终自杀，这一悲剧凸显了家庭暴力的严重性和隐蔽性。法院适用了"虐待罪"的罪名，表明了对于情侣关系中的精神摧残和人格侮辱行为的法律制裁。此案的判决强调了即便在未结婚的同居关系中，规制家庭暴力的法律规范仍然适用，这一点对于保护同居关系中的个体权益具有重要意义。牟某翰虐待案引发了社会对家庭暴力问题的广泛关注，提高了公众对家庭暴力问题的认识。社会各界积极参与讨论，倡导性别平等和尊重个体权益，推动构建和谐、健康的家庭关系和社会环境。此案的审理和判决不仅仅是一起个案的裁定，更是社会对家庭暴力问题的深刻反思和关注。

（二）该案件的处理是对新型家庭关系的回应

在我国刑法中，虐待罪保护的法益是公民的人身权利，特别是身体的不可侵犯性和精神的健全性。这一罪行的设立旨在保护家庭关系中处于弱势一方群体的合法权益，防止他们因受到长期、持续的虐待行为而受到伤害。随着时代的发展和人们观念的变化，家庭的定义已经不再局限于传统意义上的夫妻、子女等民事法律要件所规定的范畴。具有恋爱同居等长期亲密关系的主体，在现实生活中也可能面临与家庭成员相似的虐待风险。因此，对虐待罪中"家庭成员"的解释应当与时俱进。在坚持罪刑法定的原则下，对"家庭成员"的解释应当准确界定符合当前时代发展需求和公民普遍思想认知的边界。本案中将具有恋爱同居等长期亲密关系的主体纳入虐待罪的保护范围，不仅符合时代发展的现实需求，也体现了对这部分人群人身权利的保障。

（三）该案件具有典型法治指导意义

该案件在司法上具有里程碑意义。此案反映了当前家庭模式的变化，特别是恋爱同居等新型家庭模式的法律地位。法院对虐待罪中的"家庭成员"进行了重新解释,将有长期亲密关系的主体纳入保护范围,回应了时代发展的需求,保障了恋爱同居关系中个体的人身权利,体现了法律与时俱进的精神。同时该案将精神虐待纳入虐待罪的规制,显示了对精神暴力行为的法律制裁。此案中,牟某翰的长期辱骂和精神控制行为被认定为虐待行为,这一点在司法实践中极为罕见,为今后类似案件的审理提供了重要参考。虐待致被害人自杀的刑法学因果关系分析中,法院对虐待行为与被害人自杀之间的因果关系进行了深入分析。①牟某翰的持续精神暴力行为被认为是导致被害人自杀的决定性因素,这种分析为判定类似案件中虐待行为与被害人自杀之间的因果关系提供了法律依据。对后续处理精神虐待类案件提供了指导。

三、虐待犯罪的发展趋势

(一) 虐待犯罪主体类型扩大

家庭模式是时代发展的产物,并且随着社会的变迁,家庭结构和家庭伦理观也在发生显著的变化。近年来,传统的家庭模式逐渐被多样化的新型家庭模式所补充,其中包括具有亲密、照顾关系的恋爱同居等。这些新型家庭模式的成员之间,主要以情感为纽带,相互之间存在高度的隐私性、稳定性和自治性。他们在日常生活中展现出的共同生活要素,充分体现了类似传统家庭的关系和家庭功能的特征。虽然这些新型家庭在形式上可能不同于传统的婚姻家庭,但它们在情感关系、社会功能等方面,确实具有实然家庭的状态。就以本案为例,被告人牟某翰与被害人陈某某系男女朋友关系,并非普遍认知意义上的“家庭成员关系”。但是,法院认为,“牟某翰与被害人之间的共同居住等行为构成了具有实质性家庭成员关系的共同生活基础事实,二人的婚前同居关系应认定为虐待罪中的家庭成员关系”。这种基于事实认定的结果既符合虐待罪所保护的法益,也符合时代发展的要求。近年来,随着社会的发展和变化,虐待犯罪已不再局限于家庭内部。随着《刑法修正案(九)》的颁布,虐待罪的主体从传统的家庭成员扩大到了被监护或看护的未成年人、老人和病患。这显示了虐待犯罪主体类型的扩大。

① 《为何不构成故意杀人罪　是否为家庭成员关系　辱骂与自杀是否存在因果关系　主审法官回应牟林翰虐待案五大焦点》,载《法治日报》2023 年 6 月 16 日,http://epaper.legaldaily.com.cn/fzrb/content/20230616/Articel04002GN.htm, 2024 年 10 月 9 日最后访问。

（二）虐待犯罪类型不断扩展

传统的虐待罪主要发生在家庭成员之间，但近年来，随着社会的发展和变化，虐待犯罪已不再局限于家庭内部。例如，教师虐待幼儿、福利机构虐待老人和病患的事件频繁发生。同时，传统的虐待罪的行为手段多数是以打、骂为主对受害人实施的身体上的虐待，但是在牟某翰虐待的处理中，法院基于辱骂言语的具体内容、该辱骂行为发生的频繁程度、持续时间的长短、其持续的恶性以及由此产生的严重后果，判定这一系列的辱骂行为已经构成了虐待罪中的虐待行为，并且其情节达到了极其恶劣的程度。更为严重的是，这些辱骂行为与被害人最终的自杀身亡之间存在着刑法上明确的因果关系。因此，法院认定该辱骂行为不仅是对被害人精神的严重摧残，更是直接导致其悲剧性后果的诱因，判定精神摧残亦属于虐待。这说明了虐待犯罪的类型是不断扩张的。

四、精神虐待的类型分析

（一）亲缘关系或领养关系下的“精神虐待”

近年来，家庭虐待的形式正在发生显著的变化，从过去人们普遍关注的“肉体虐待”逐渐转变为更为隐蔽、更为复杂的“精神虐待”。这种新型虐待方式不仅存在于父母对子女的关系中，还日益常见于子女对老人的虐待案件中，其危害性和普遍性不容忽视。

在父母对子女的精神虐待中，一些家长可能出于各种复杂的心理原因，如过高的期望、传统观念的束缚或是个人偏见等，对孩子进行冷嘲热讽、言语辱骂等精神层面的伤害。这些行为看似普通，但长期下来会对孩子的心理健康造成极大的负面影响，可能导致孩子自卑、抑郁、焦虑等心理问题，甚至影响他们的人际关系和未来生活。特别值得注意的是，对于继子女和领养子女的精神虐待往往更为严重。这些孩子可能本身就面临更多的身份认同和归属感的问题，再加上一些家长可能存在的偏见和误解，使得他们更容易成为精神虐待的受害者。这些虐待行为可能带有更为恶劣的主观目的，如控制、报复等，对孩子的成长和发展造成极大的威胁。与此同时，子女对老人的精神虐待案件也在迅速增加。这些案件往往源于成年子女对老人财产分配、遗嘱内容或再婚选择的不满，他们可能通过言语上的冷嘲热讽、情感上的忽视和排斥等方式来表达自己的不满或寻求报复。

(二)两性关系下的“精神虐待”

该类型包括已婚配偶和未婚的交往关系中的精神虐待。在两性关系中,一方通过长期的贬低、冷暴力等手段,导致另一方在精神层面遭受痛苦,甚至发展出相关精神类疾病,这类行为应被明确归类为“精神虐待”。①具体行为表现多样,如男性物化女性、通过明褒暗贬进行精神操控、拍摄或盗摄不雅视频进行羞辱、将对方视为炫耀或满足私欲的工具等。这类精神虐待行为由于未造成明显的肉体伤害,往往难以从法律上直接定罪为虐待罪或其他罪名,因此其法律规制存在一定的困难。然而,这类行为对受害者精神层面的伤害及其产生的恶劣后果,实际上并不亚于普通的肉体虐待。要构成精神虐待的犯罪,需满足一定条件。从施暴方角度看,必须实施了如精神操控、冷暴力等具体行为,且这些行为超出了正常人际关系中可能发生的“冷战”范畴,足以对受害者造成显著的精神伤害。同时,从受害方角度看,受害者因施暴者的行为而产生了可观察到的后果,如精神疾病、自残、自虐甚至自杀等行为。

随着科技的飞速发展,社交媒体的广泛普及极大地推动了“网恋”的兴起。网恋不仅涵盖了传统的异地恋情侣通过网络维持恋爱关系的情况,还扩展到了从未见面但仅凭网络聊天便确定恋爱关系的独特模式。由于这种新型恋爱形式的特殊性,当在网恋中遭遇精神虐待时,我们不能简单地将施虐者与被虐待者的身份局限于传统的男女两性。实际上,还可能出现男性伪装成女性或女性伪装成男性,在网络上以情侣的身份对另一方进行精神虐待的情况。此外,精神虐待并非仅存在于网恋中,它同样可能发生在普通的两性关系中。无论是预谋的恶性精神操控事件,还是日常相处中的轻微精神压迫,这些行为都可能对受害者造成深远的心理伤害。值得注意的是,精神虐待的发生并不受两性关系形式的限制,可能存在于任何形式的人际关系中,包括一对一的交往,也可能有一个行为人对多个受害者进行精神虐待的情况。

(三)监管责任关系下的“精神虐待”

精神虐待现象存在于多种关系之中,特别值得关注的是校园、医患关系和护工、保姆与雇主的关系这三种场景。在校园环境中,随着“体罚”行为逐渐被社会

① 曹艺学:《论精神虐待行为的刑法规制》,广西师范大学2023年硕士学位论文。

抵制和法律约束，一种更为隐蔽且潜在影响更为深远的“校园冷暴力”现象逐渐凸显。这种精神虐待行为看似不如体罚直观严重，但其对思想与心灵尚未成熟的学生可能造成的心理阴影却是深远且难以治愈的。在校园内部，精神虐待的行为主体既可能是教师，也可能是学生。尽管从法律和职责层面来看，教师对学生负有监管义务而学生之间并不具有相互监管的职责，但在实际中，许多以学生为主体的“校园冷暴力”事件背后往往有教师的诱导因素。①此外，也有部分学生在没有教师诱导的情况下，出于个人原因故意对某位同学实施精神虐待，甚至鼓动其他同学参与“校园冷暴力”。

在医患关系以及护工、保姆等与雇主的关系中，精神虐待的问题愈发复杂且值得关注。传统观念普遍认为，实行精神虐待的主体往往是负有监管职责的一方，如医生对病人、护工或保姆对其看护对象进行的精神虐待。然而，现实情况却表明，被监护或看护的一方有时也可能成为精神虐待的实施者。由于这些群体在法律地位和实际体能上处于相对弱势地位，司法判定时往往难以认定其过错，导致受虐待的一方难以得到应有的法律支持。在医患或雇佣关系中，受虐待的一方往往具有特殊的身份，如患者、病人、受照顾的孩童等。这些群体往往不具备完全的身体和心理健康，且对负责照护的医生、护工或保姆有着天然的信任和依赖。因此，当遭受精神虐待时，他们可能由于自身的弱势地位和信赖感，无法准确识别自己正在经历的是恶意的精神虐待，也无法理解自己心理问题或自虐、自杀倾向的真正原因。

（四）职场内部间的“精神虐待”

职场内部的精神虐待行为日益受到关注，这包括上司对下属以及同事之间的精神虐待。近年来，“狼性文化”的畸形发展已成为一种社会潜规则，这种文化鼓励通过打压员工来实现所谓的高效管理，实则是对员工进行精神虐待。②在这种环境下，员工被“物化”，他们不再被视为具有平等地位和尊严的个体，而是被当作可以随意操控和压榨的工具。这些领导往往擅长运用各种手段来打压下属的自尊和自信，包括言语上的贬低和羞辱，使员工感到自己毫无价值，丧失跳槽或辞职的勇气。通过这样的精神控制，企业可以肆无忌惮地剥削员工的生产力，使员工在心理

---

① 李倩：《教师语言暴力：一种隐性的精神虐待》，载《黑龙江教育学院学报》2016年第10期。

② 刘昱君、刘林平：《工作场所虐待、被歧视感与家政女工的抑郁风险——基于南京等四城市调查数据的分析》，载《社会工作》2019年第6期。

上处于弱势地位,从而无法为自己争取合理的权益和利益。

在现代职场中,成年人往往承受着巨大的压力,尤其是背负着数十年车贷、房贷的年轻人。他们即便遭受不公正、不合理的精神虐待,也往往因担心失业后无法偿还贷款而选择忍气吞声。重新选择就业岗位时,面对激烈的竞争压力和有限的优质工作机会,他们往往缺乏足够的勇气和底气去挑战现状。这种职场环境为公司提供了对员工进行肆无忌惮压榨和精神虐待的机会。一些公司利用自身作为强势主体的地位,对员工采取"不爱干就滚蛋"的态度,使员工在遭受精神虐待时感到无处申诉,只能默默忍受。

五、"精神虐待"犯罪的原因分析

(一) 自身心理原因

实施精神虐待的行为人往往受到不良嗜好或心理疾病的影响。这些施虐者,在他们的内心深处,往往缺乏基本的同理心和愧疚感,这使得他们难以体会到他人的痛苦和不适。相反,他们更倾向于通过精神虐待的方式来满足自己特殊的心理需求,或是为了在社会中寻求一种扭曲的存在感和认同感。施虐者的这种心理状态源于多种原因,可能是他们的成长环境、个人经历或某些心理创伤所致。在这些因素的作用下,他们形成了扭曲的价值观和道德观,认为通过精神虐待他人可以获得一种快感或成就感。然而,这种行为不仅对被虐待者造成了极大的心理伤害,让他们长期生活在恐惧、不安和自卑中,还可能引发更严重的心理问题,如抑郁、焦虑、自杀倾向等。同时,这也暴露了施虐者自身心理健康的严重问题。他们的行为是一种逃避现实、自我放逐的表现,通过虐待他人来转移自己的痛苦和不安。

在某些复杂且令人痛心的家庭环境中,养父母或继父母可能会出于恶意,对没有血缘关系的子女进行精神虐待。这种虐待行为并非偶发,而是持续性的,给受害者的心灵带来深重的创伤。精神虐待的表现形式多种多样,包括但不限于频繁的负面评价、无情的侮辱和嘲笑、恐吓威胁、无视孩子的需求和情感,甚至将孩子作为发泄情绪的"出气筒"。①这些行为常常使受害者感到自己毫无价值,陷入深深的自

① 刘昕:《虐待儿童行为的刑法规制问题研究》,甘肃政法学院 2017 年硕士学位论文。

我怀疑和绝望之中。施虐者的动机往往复杂而阴暗。他们可能希望通过这种方式将子女"养废",让他们失去自信、能力和勇气,从而无法在社会上立足。或者,他们可能仅仅是为了满足自己扭曲的心理需求,将孩子作为自己情绪的宣泄对象,从中获得一种扭曲的满足感。

在社会压力日益增大的背景下,一些中年人可能因面临工作、经济、家庭等多重压力而无法有效应对,进而选择对没有反抗能力的子女或因疾病和衰老而失去反抗能力的父母实施精神虐待作为发泄情绪的方式。这种行为不仅严重伤害了受害者的感情和自尊,更可能导致家庭关系的破裂和社会道德的沦丧。对于子女而言,他们可能正处于成长发育的关键阶段,需要父母的关爱和支持。然而,一旦成为精神虐待的受害者,他们的身心健康将受到极大威胁,甚至可能影响其未来的发展和人生轨迹。对于因疾病和衰老而失去反抗能力的父母来说,他们可能已经无法有效地保护自己,更容易受到伤害和忽视。这种不道德的行为不仅违背了基本的伦理道德,也违反了社会公德和家庭责任。

(二) 价值观念错误

1. 父母教育观念错误

在家庭教育环境中,父母有时出于鞭策子女的初衷,可能会采取不当的精神虐待方式。这些行为包括但不限于长期将子女与优秀学生进行比较,以激发子女的进取心;使用辱骂等方式来表达自己的不易和辛苦,期望子女能够理解并珍惜机会;甚至在不自觉中宣泄自己的悲伤、愤怒等负面情绪,让子女承受额外的心理压力。父母可能认为这种教育方式对子女是有益无害的,能够激励他们更加努力和上进。然而,父母往往没有意识到这种精神虐待行为可能给子女带来的恶劣后果。长期的心理压力和不安全感可能导致子女产生自卑、焦虑、抑郁等负面情绪,影响他们的心理健康和人格发展。此外,子女可能因此对父母产生疏远感,破坏亲子关系,甚至影响到他们未来的人际交往和社会适应能力。

2. 教师教育观念错误

在教育过程中,教师有时可能会因为不满学生的某些特质而采取精神虐待的方式。这种虐待行为可能源于教师希望借此方式培养教育学生、纠正其不良习惯的良好初衷,也可能仅仅是为了发泄自身的不满情绪。然而,无论教师的动机如何,实施精神虐待的行为都是错误的,并且给学生造成的心理伤害往往是不可逆的。精神虐待可能包括持续的负面评价、侮辱、嘲笑、威胁或其他形式的情感忽视和压迫。这种虐待会让学生感到被孤立、无助和沮丧,对其自尊心和自信心造成严重的打击。[①]长期的心理压力和不安全感可能导致学生在学习和生活中出现各种问题,如厌学、社交障碍、情绪失控等。

3. 传统观念的错误影响

长期受到传统观念的影响,如"重男轻女""男主外女主内"以及"家丑不可外扬"等,导致一些受害者对自己所遭受的"精神虐待"行为产生了错误的认知,认为这些行为是"正常的"或"理所应当的"。这种畸形的观念不仅使受害者难以意识到自身权益的受损,更可能阻碍他们寻求帮助和改变的勇气。更为严重的是,这种观念还可能影响到其他人或传递给下一代,形成恶性循环,导致畸形社会观念的广泛传播。这种传播不仅加剧了社会不平等和歧视现象,也阻碍了社会的健康发展和进步。

(三) 地位不平等

1. 家庭地位的不平等

家族关系中,精神虐待的现象往往与家庭内部的经济和社会地位密切相关。通常情况下,实施精神虐待的行为人往往是家庭内部的主要经济来源,被虐待者因为缺乏独立的经济能力或收入来源,对施虐者产生了物质和精神上的依赖。这种依赖关系逐渐导致双方人格地位的不平等,使得被虐待者难以反抗施虐者的行为。然而,也存在另一种相反的情况。在某些家族关系中,施虐者的社会地位和经济地位可能低于被虐待者。[②]这种情况下,施虐者可能因自卑感或受到负面的社会评价而产生心理扭曲。为了发泄这种不满和自卑,他们可能会选择实施精神虐待作为对被虐待者的一种攻击方式。无论是哪种情况,精神虐待都对受害者的心理健康造成了极大的伤害。它可能导致受害者产生自卑、恐惧、抑郁等负面情绪,甚至影响到他们的社交能力和生活质量。

2. 职场关系的不平等

在职场上,由于职位差异和社会地位的不平等,下属往往难以反抗来自更高职

---

① 邓力夫、孙大雷:《校园暴力的成因与防控》,载《贵阳学院学报(社会科学版)》2024 年第 1 期。
② 曹斐:《基层治理家庭暴力的实践与完善》,载《新疆警察学院学报》2023 年第 4 期。

位层级的人实施的精神虐待行为。特别是在一些推崇"狼性文化"的公司中,上司可能将精神虐待下属视为一种管理手段或职场常态,下属因此承受心理压力和痛苦,却往往无力反抗。这种恶劣的工作环境不仅使受害者受到直接伤害,更可怕的是,受害者在长期的精神压迫下可能会逐渐被同化,转变为施暴者,从而在企业内部形成一个"虐待链条"。这种"精神虐待"的现象一旦成为企业内部的默认文化或潜规则,将对整个企业的氛围和员工的心理健康产生极其负面的影响。值得注意的是,许多实施精神虐待的施暴者错误地认为只有"肉体虐待"才是错误的行为,而对口头上的辱骂、讽刺等精神层面的虐待视而不见,这种观念必须得到纠正。如果不从法律层面加强对精神虐待的规定和制裁,那么这种行为将会愈演愈烈,不仅在企业内部造成恶劣影响,更会在社会上广泛传播错误观念,导致更广泛、更严重的连锁反应。

六、基于犯罪学角度的治理对策

(一)虐待罪的犯罪主体"去身份化"

在传统认知中,虐待罪主要被看作是发生在具有血缘或经济依赖关系的家庭成员之间的一种犯罪。然而,随着社会经济的发展和生活方式的多样化,虐待行为的表现形式和发生场景也在不断扩展。现代社会中,除了家庭成员之间的虐待,还出现了诸如保姆对空巢老人的精神虐待、未婚同居伴侣间的精神虐待、教师对学生的辱骂和排挤,以及上司对下属的职权欺凌等情形。这些行为虽不满足传统"家庭成员"间的虐待罪定义,但同样可能导致严重的危害后果。为了应对这些新情况,我国《刑法修正案(九)》增设了"虐待被监护、看护人罪",对犯罪主体进行了一定程度的扩大。然而,这一变化仍未能涵盖实践中遇到的所有虐待犯罪情况。因此,有学者提出,应当从法律上对虐待罪的主体进行去身份化处理,①即只要行为满足虐待罪的长期性、恶劣性等特征,就应当能够以虐待罪定罪量刑,而不应局限于特定的主体身份。此外,在规范虐待罪主体特殊身份的情况下,司法实践中也可以通过扩大解释和类推解释的方法,对那些导致严重后果的精神虐待行为扩大其定罪主体,以更好地利用虐待罪来维护社会秩序,防止精神虐待行为的泛滥。这样的法

① 陈妍:《虐待罪去身份化研究》,扬州大学2020年硕士学位论文。

律适用方式能够更全面地保护受害者,更有效地预防和打击各种形式的精神虐待犯罪。

(二) 划分“精神虐待”的危害后果等级

在处理“精神虐待”犯罪的过程中,法院面临的一个主要挑战是对不同程度精神虐待所导致的危害后果进行准确评估和划分。虽然现行法律在虐待罪中涵盖了因施虐者行为导致被虐待者精神痛苦的情形,但对于不同程度的精神虐待所引发的具体后果并没有提供明确的区分标准。这种法律规定的模糊性有时会导致在审理仅涉及精神虐待的案件时出现误判。精神虐待造成的心理创伤往往具有长期性和滞后性,其后果可能在虐待行为停止后的很长一段时间才显现。例如,职场上的精神虐待可能导致被害人患上创伤后应激障碍(PTSD),进而影响其工作能力;子女长期遭受父母的精神虐待,可能在成年后重复这种暴力行为,成为新的施暴者,或者在有能力反抗时对施暴者进行暴力反击。这些后果虽然与精神虐待行为有直接关联,但由于它们的显现存在时间上的滞后,司法实践中往往难以证明虐待行为与这些后果之间的直接因果关系,从而导致在定罪量刑上的偏颇。

在我国,针对肉体伤害的刑法规定中,根据伤害程度的不同,明确区分了重伤、轻伤和轻微伤等不同等级,并且对应规定不同程度的刑罚。这种分级制度有助于确保法律的公正性和罪行的严重性与刑罚之间的一致性。相比之下,针对“精神虐待”造成的精神方面的危害后果,我国刑法尚未形成类似的明确分级制度。由于精神虐待的危害后果往往具有隐蔽性和长期性,其严重性可能不易被立即察觉,这导致在司法实践中对精神虐待行为的定罪量刑存在一定的不确定性。

为了提高对精神虐待犯罪的司法处理能力,确保法律的公正执行,有必要借鉴肉体伤害的处理方式,对精神虐待造成的精神方面的危害后果进行更为细致的划分。例如,可以根据伤害的严重程度、持续时间、影响范围等因素,将精神伤害分为“轻度伤害”和“重度伤害”等不同等级,并对不同等级的伤害后果设定相应的刑罚标准。通过这样的分级制度,法院在审理精神虐待案件时能够更加准确地评估行为的严重性,从而作出更为合理的定罪量刑决策。这不仅有助于保护受害者的合法权益,还能够促进社会对精神健康问题的重视,推动形成更加全面和公正的法律体系。

（三）完善虐待罪的刑罚配置

在我国《刑法》中，虐待罪的处罚力度相对较轻。根据《刑法》规定，虐待家庭成员，情节恶劣的，处两年以下有期徒刑、拘役或者管制。当虐待行为导致被害人重伤或死亡时，处罚提升至两年以上七年以下有期徒刑。与故意伤害罪相比，后者在致人重伤或死亡的情况下，可判处十年以上有期徒刑，明显重于虐待罪的量刑。这种量刑差异导致虐待罪在实际操作中缺乏足够的法律威慑力。在司法实践中，有时会出现被虐待者因不堪忍受虐待而反击，最终被以故意伤害罪判处，而其刑期甚至可能长于施虐者所受的虐待罪刑期，这种情况下，法律的公正性受到质疑。例如，北京发生的董某某案，被害人董某某经常遭受丈夫殴打，尽管多次向警方报案并提起离婚诉讼，最终仍因丈夫的暴力行为死亡。尸检结果显示，死亡原因为"被他人打伤后继发感染，致多脏器功能衰竭死亡"。然而，施暴者王某某最终仅以虐待罪被判处有期徒刑六年六个月，这一判决在社会上引发了广泛关注和讨论。

在肉体虐待致死的案件中，刑期尚且如此之低，精神虐待犯罪的定罪量刑问题就更为复杂和严峻。因此，有必要对虐待罪的量刑进行重新审视和调整，以提高其法律威慑力，更好地保护受害者的合法权益，维护法律的公正性和严肃性。完善虐待罪的刑罚配置对于加大法律对虐待行为的规制力度具有重要意义。通过加大对虐待行为的法律惩罚，可以有效减少虐待事件的发生，更好地保护已经遭受虐待伤害或正处于虐待行为威胁下的个体的合法权益。这样的法律调整不仅能够为受害者提供更充分的司法救济，还能够增强虐待罪的法律威慑力，从而更有效地发挥其在预防虐待行为方面的作用。

具体而言，提高虐待罪的刑罚力度，特别是对于造成严重后果的虐待行为，如导致受害者重伤或死亡，应当设定更为严厉的刑罚。这样的调整有助于平衡虐待罪与其他相关罪名之间的刑罚失衡问题，确保法律的公平性和一致性。同时，这也能够向社会传达出对于家庭暴力和虐待行为的零容忍态度，促进社会对家庭暴力和虐待问题的关注和干预。此外，完善虐待罪的刑罚配置还包括对精神虐待行为的法律认定和惩罚。由于精神虐待的危害后果具有隐蔽性和长期性，法律应当明确精神虐待的具体定义和判断标准，并设定相应的刑罚，以保护受害者的精神健康和人格尊严。

第四节　附带公益诉讼破坏环境资源保护犯罪典型案例研究报告:昆明闽某纸业有限责任公司等污染环境刑事附带民事公益诉讼案①

一、案情简介②

被告单位昆明闽某纸业有限责任公司(以下简称闽某公司)于2005年11月16日成立,公司注册资本100万元。黄某海持股80%,黄某芬持股10%,黄某龙持股10%。李某城系闽某公司后勤厂长。闽某公司自成立起即在长江流域金沙江支流螳螂川河道一侧埋设暗管,接至公司生产车间的排污管道,用于排放生产废水。经鉴定,闽某公司偷排废水期间,螳螂川河道内水质指标超基线水平13.0倍—239.1倍,上述行为对螳螂川地表水环境造成污染,共计减少废水污染治理设施运行支出3009662元,以虚拟治理成本法计算,造成破坏环境资源保护损害数额为10815021元,并对螳螂川河道下游金沙江生态流域功能造成一定影响。

闽某公司生产经营活动造成生态环境损害的同时,其股东黄某海、黄某芬、黄某龙还存在如下行为:(1)股东个人银行卡收公司应收资金共计124642613.1元,不作财务记载。(2)将属于公司财产的9套房产(市值8920611元)记载于股东及股东配偶名下,由股东无偿占有。(3)公司账簿与股东账簿不分,公司财产与股东财产、股东自身收益与公司盈利难以区分。闽某公司自案发后已全面停产,对公账户可用余额仅为18261.05元。

云南省昆明市西山区人民检察院于2021年4月12日公告了本案相关情况,公告期内未有法律规定的机关和有关组织提起民事公益诉讼。昆明市西山区人民检察院遂就上述行为对闽某公司、黄某海、李某城等提起公诉,并对该公司及其股东黄某海、黄某芬、黄某龙等人提起刑事附带民事公益诉讼,请求否认闽某公司独立地位,由股东黄某海、黄某芬、黄某龙对闽某公司生态环境损害赔偿承担连带

① 本节由倪铁、蔡逸伟合作完成。
② 《最高人民法院发布第38批指导性案例》,载中华人民共和国最高人民法院网2023年11月21日,https://www.court.gov.cn/zixun/xiangqing/418232.html,2024年10月9日最后访问。

责任。

云南省昆明市西山区人民法院于 2022 年 6 月 30 日以(2021)云 0112 刑初 752 号刑事附带民事公益诉讼判决,认定被告单位闽某公司犯污染环境罪,判处罚金人民币 2000000 元;被告人黄某海犯污染环境罪,判处有期徒刑三年六个月,并处罚金人民币 500000 元;被告人李某城犯污染环境罪,判处有期徒刑三年六个月,并处罚金人民币 500000 元;被告单位闽某公司在判决生效后十日内承担生态环境损害赔偿人民币 10815021 元,以上费用付至昆明市环境公益诉讼救济专项资金账户用于生态环境修复;附带民事公益诉讼被告闽某公司在判决生效后十日内支付昆明市西山区人民检察院鉴定检测费用合计人民币 129500 元。附带民事公益诉讼被告人黄某海、黄某芬、黄某龙对被告闽某公司负担的生态环境损害赔偿和鉴定检测费用承担连带责任。

二、入选理由

(一) 党和国家对环境保护工作的高度重视

“我们坚持绿水青山就是金山银山的理念,坚持山水林田湖草沙一体化保护和系统治理”,“生态文明制度体系更加健全”,“生态环境保护发生历史性、转折性、全局性变化,我们的祖国天更蓝、山更绿、水更清”。党的二十大报告全面总结了过去五年的工作和新时代十年的伟大变革,指出生态环境保护发生了历史性、转折性、全局性变化。党的十八大以来,以习近平同志为核心的党中央以前所未有的力度抓生态文明建设,我国污染防治攻坚战各项阶段性目标任务全面完成,生态环境得到显著改善。①

自我国 1979 年制定《环境保护法(试行)》以来,在应对环境侵权问题方面,一直沿袭以民法相对成熟的体系和完善的规则为主导,环境法规范建立引致规则的基本思路。②在 1979 年《环境保护法(试行)》中,针对“严重污染和破坏环境,引起人员伤亡或者造成农、林、牧、副、渔业重大损失的单位的领导人员、直接责任人员

---

① 《牢记初心使命　深入推进污染防治——党的二十大报告在生态环境系统引发热烈反响》,载中华人民共和国生态环境部网 2022 年 11 月 17 日,https://www.mee.gov.cn/ywdt/hjywnews/202210/t20221017_996718.shtml,2024 年 10 月 9 日最后访问。

② 参见吕忠梅、窦海阳:《以“生态恢复论”重构环境侵权救济体系》,载《中国社会科学》2020 年第 2 期。

或者其他公民”,则规定了要追究行政责任、经济责任直至刑事责任。故而,刑事责任的追究在环境保护领域,往往作为维护公共利益的手段局限在少数极端的情况下。

我国在1997年《刑法》中确立了环境犯罪的相关罪名,在2011年《刑法修正案(八)》中修改了“重大破坏环境资源保护事故罪”的罪名,确定了“污染环境罪”的罪名,2020年《刑法修正案(十一)》出台后,规定了四种污染环境罪的加重情形,将本罪的法定最高刑升格到了“七年以上有期徒刑,并处罚金”,并且通过“有前款行为,同时构成其他犯罪的,依照处罚较重的规定定罪处罚”之注意规定,提示从严惩处此类犯罪。国家通过《刑法》修正案、司法解释等立法不断对环境犯罪的罪名、构成要件等方面进行修改和完善,体现了党和国家对环境保护工作的高度重视,以及坚决打击破坏环境资源保护类犯罪的决心。

(二)附带民事公益诉讼为治理破坏环境资源保护类犯罪提供了新手段

如前所述,我国在应对环境侵权问题方面,一直沿袭以民法相对成熟的体系和完善的规则为主导,环境法规范建立引致规则的基本思路。①因此,破坏环境资源保护犯罪往往涉及民事领域的赔偿问题。为更好地通过法律规范形式对之贯彻落实,2018年最高人民法院、最高人民检察院出台了《关于检察公益诉讼案件适用法律若干问题的解释》(以下简称《检察公益诉讼解释》),首次以规范性文件的形式确立刑事附带民事公益诉讼,并付诸实践。《检察公益诉讼解释》第20条的规定,刑事附带民事公益诉讼启动条件为损害社会公共利益的犯罪行为。

而面对多样化、复杂化、交叉化的犯罪类型,本案例当中明确附带公益诉讼当中所涉及的生态环境侵权案中公司法人人格否认及股东连带责任规则,增加了公诉方对于此类犯罪追究民事责任的手段。2023年《公司法》规定,股东利用其控制的两个以上公司实施滥用公司法人独立地位和股东有限责任,逃避债务,严重损害公司债权人利益的行为,应当对公司债务承担连带责任行为的,各公司应当对任一公司的债务承担连带责任。结合本案所体现的规则,在2023年《公司法》生效后,对于犯罪人通过利用多个公司独立法人地位和有关有限责任的规

① 参见吕忠梅、窦海阳:《以“生态恢复论”重构环境侵权救济体系》,载《中国社会科学》2020年第2期。

定，逃避污染环境犯罪所涉及的民事赔偿责任的行为，司法机关亦可要求犯罪人承担连带责任，这提升了对犯罪的打击效果与威慑效能，防止犯罪人借此躲避民事责任的追究，在一定程度上体现了刑事追究的必然性，进而达到了更加良好的预防效果。

（三）该案具有典型法治指导意义

为有力指导各级人民法院准确实施《中华人民共和国长江保护法》，促进流域司法保护有益经验的规则转化，统一环境资源审判理念和裁判规则，最高人民法院遴选确定 5 件长江保护专题指导性案例。其中，4 件系维护社会公共利益的环境公益诉讼案例，其中就包括本案。

本案对今后的类似案例存在着指导意义。近年来，随着环境保护力度加大与有关部门的积极作为，发现了不少与本案同样具有相当强隐蔽性的犯罪，故而在一部分破坏环境资源保护的犯罪案例中，出现以企业名义，大规模、长时间、强危害的污染环境行为。涉案企业被认定与自然人共同构成犯罪的情况逐渐增加。这些企业被告单位与自然人共同犯罪，使得案件的复杂度上升。而本案中明确生态环境侵权案中公司法人人格否认及股东连带责任规则，防止犯罪人借由公司滥用公司法人地位牟利，并在事后逃避追责，符合广大人民群众对于维护环境安全的殷切期待，是从司法角度对全面推进美丽中国建设、加快推进人与自然和谐共生的现代化作出的新的贡献。

三、破坏环境资源保护犯罪的发展趋势

破坏环境资源保护犯罪对人类的生存环境和社会经济发展产生了巨大的负面影响。随着科技的进步和工业化的加速发展，破坏环境资源保护问题日益严重，破坏环境资源保护犯罪也呈现出一些新的发展趋势。在总量上，依据《生态环境和资源保护检察白皮书（2018—2022）》，2018 年至 2022 年，全国检察机关共受理提请批准逮捕破坏环境资源保护犯罪案件 65432 件 109848 人，批准逮捕 40548 件 65716 人；受理审查起诉破坏环境资源保护犯罪案件 209957 件 353223 人，提起公诉 138285 件 229751 人；共办理生态环境和资源保护领域民事检察监督案件 498 件；行政检察监督案件 62875 件，其中行政裁判监督案件 4112 件，非诉执行检察监督案件 58763 件；共立案办理生态环境和资源保护领域公益诉讼案件 394894 件，

其中行政公益诉讼 343394 件、民事公益诉讼 51500 件,提出检察建议和发布公告 333823 件,提起诉讼 24202 件。①

以下将介绍破坏环境资源保护犯罪的发展趋势,包括犯罪数量、罪名分布、犯罪地域差异等方面的变化,并且单独分析了公益诉讼的情况。通过深入了解破坏环境资源保护犯罪的发展趋势,我们可以更好地认识和防范破坏环境资源保护犯罪,保护生态环境,维护人类的健康和社会的可持续发展。

(一) 破坏环境资源保护犯罪数量呈逐年上升之趋势

依据《刑事检察工作白皮书(2023)》,检察机关 2023 年共办理破坏环境资源保护犯罪审查起诉案件 84251 人,同比上升 7.7%。②同时,自 2020 年以来受理审查破坏环境资源保护犯罪起诉人数基本保持在年均 7 万人以上。③2018 年至 2022 年,受理审查起诉破坏环境资源保护犯罪案件 209957 件 353223 人,比前五年件数和人数分别上升 112.75%和 92.66%。其中,2018 年至 2022 年受理审查起诉人数

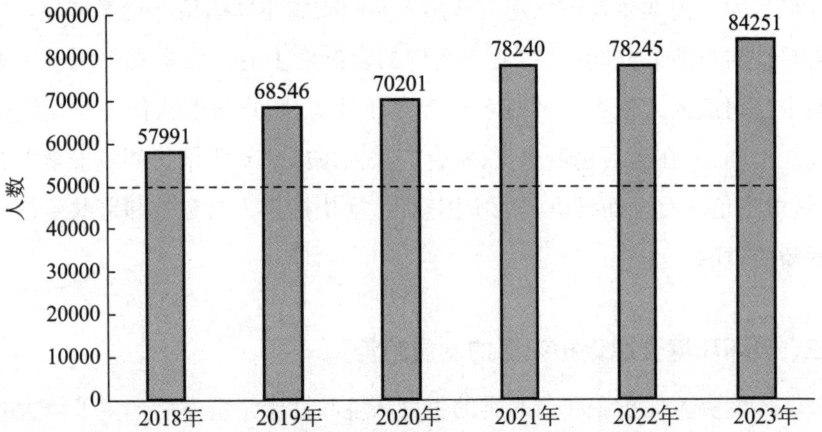

图 3-5 2018—2023 年破坏环境资源保护犯罪案件审查起诉情况

① 《最高检发布〈生态环境和资源保护检察白皮书(2018—2022)〉》,载中华人民共和国最高人民检察院网上发布厅 2023 年 6 月 5 日,https://www.spp.gov.cn/xwfbh/wsfbh/202306/t20230605_616291.shtml, 2024 年 10 月 9 日最后访问。

② 《刑事检察工作白皮书(2023)》,载中华人民共和国最高人民检察院网上发布厅 2024 年 3 月 9 日,https://www.spp.gov.cn/xwfbh/wsfbh/202403/t20240309_648173.shtml, 2024 年 10 月 9 日最后访问。

③ 《最高检:自 2020 年以来受理审查起诉破坏环境资源保护犯罪人数基本保持在年均 7 万人以上》,载中华人民共和国最高人民检察院网上发布厅 2024 年 3 月 9 日,https://www.spp.gov.cn/spp/zdgz/202403/t20240309_648437.shtml, 2024 年 10 月 9 日最后访问。

分别为 57991 人、68546 人、70201 人、78240 人、78245 人，2022 年较 2018 年上升 34.93%。①

同时，《生态环境和资源保护检察白皮书（2018—2022）》亦指出，2018 年至 2022 年，全国检察机关受理审查逮捕破坏环境资源保护犯罪案件 65432 件 109848 人，比前五年件数和人数分别上升 55.66% 和 74.14%。其中，2018 年至 2022 年批准逮捕人数分别为 15095 人、19462 人、12106 人、12865 人、6188 人。

（二）罪名分布相对集中

破坏环境资源保护犯罪的涉案罪名主要集中在污染环境罪、非法捕捞水产品罪、非法采矿罪、非法占用农用地罪、非法狩猎罪、滥伐林木罪六个罪名。五年来，受理审查起诉这六个罪名案件共 171013 件 291981 人，分别占受理破坏环境资源保护犯罪案件总件数和人数的 81.66% 和 82.88%。值得注意的是，非法处置进口的固体废物罪、破坏性采矿罪案件零星散发，每年只有个位数，无擅自进口固体废物罪案件。②

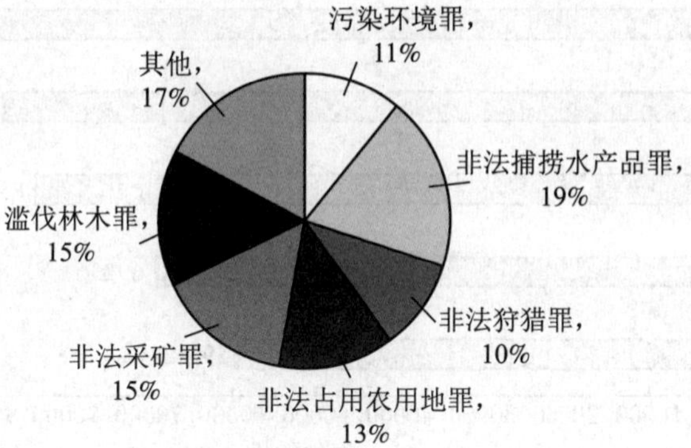

图 3-6　2018—2022 年破坏环境资源保护犯罪重点罪名占比情况

（三）不同罪名呈地域性分布，共同犯罪居多

如非法捕捞水产品案件，江苏、重庆、河南、湖南、浙江、四川等长江流域省份相对多发；非法狩猎案件，广西、河南、云南、贵州等野生动物资源丰富的省份相对多

①② 《最高检发布〈生态环境和资源保护检察白皮书（2018—2022）〉》，载中华人民共和国最高人民检察院网上发布厅 2023 年 6 月 5 日，https://www.spp.gov.cn/xwfbh/wsfbh/202306/t20230605_616291.shtml，2024 年 10 月 9 日最后访问。

发;非法占用农用地案件,内蒙古、云南、黑龙江、吉林、河南等土地资源丰富的省份相对多发;污染环境罪案件,广东、河北、江苏、山东、浙江等省份相对多发。

破坏环境资源犯罪各罪名受理审查起诉和提起公诉的案件犯罪嫌疑人、被告人均超过1人,其中污染环境罪和非法采矿罪案件涉案人员比最大。五年来,污染环境罪受理审查起诉犯罪嫌疑人案均2.55人,提起公诉被告人案均2.38人;非法采矿罪受理审查起诉犯罪嫌疑人案均2.55人,提起公诉被告人案均2.41人。一方面体现出该两类案件多为多人犯罪,另一方面体现出该两类案件呈全链条打击态势。①

(四)生态环境领域公益诉讼案件规模逐年递增

2018年至2022年生态环境和资源保护领域公益诉讼办案数分别为59312件、69236件、83744件、87679件、94923件,呈逐年递增趋势,2022年较2018年上升超过60%。

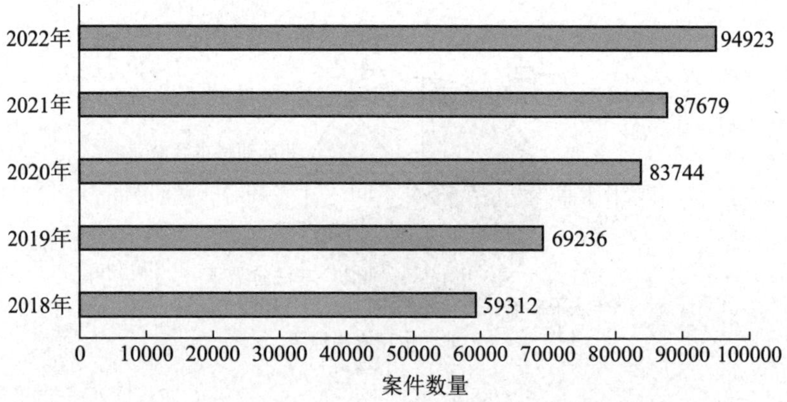

图3-7 2018—2022年生态环境和资源保护领域公益诉讼办案数

2018年至2022年生态环境和资源保护领域公益诉讼办案数占全部公益诉讼办案数的比重分别为52.41%、54.55%、55.36%、51.64%、48.59%,始终保持在50%左右。

① 《最高检发布〈生态环境和资源保护检察白皮书(2018—2022)〉》,载中华人民共和国最高人民检察院网上发布厅2023年6月5日,https://www.spp.gov.cn/xwfbh/wsfbh/202306/t20230605_616291.shtml,2024年10月9日最后访问。

四、破坏环境资源保护犯罪的特点分析

（一）破坏环境资源保护犯罪隐蔽性强、发现困难

随着国家对环境犯罪打击措施的强化，破坏环境资源保护犯罪活动呈现出更加隐秘和技术化的趋势。如本典型案例当中，实施破坏环境资源保护犯罪的犯罪人为了追求超额经济利益而选择偷排污水，其为了保证能够长期偷排污水不被发现进而谋取更多的经济利益，采取了埋设暗管此类极其隐蔽、难以发现的犯罪手段。此外，由于污染物在环境中的迁移、转化和归宿受到众多变量的影响，破坏环境资源保护的过程展现出显著的专业性、行业特定性以及客观上的不可预测性。尽管在《环境污染解释》等法律法规、司法解释的指导下，对犯罪现场的勘查能够判定是否构成严重破坏环境资源保护，但确定污染物排放的来源及犯罪嫌疑人却是一大挑战。这些问题必须通过破坏环境资源保护犯罪侦查来解决。破坏环境资源保护犯罪通常针对的是公共环境，由于缺乏明确的受害者，犯罪嫌疑人在短时间内难以被锁定，导致证据随时间流逝而消逝，从而提升了案件侦破的难度。再者，破坏环境资源保护犯罪中使用的“凶器”——污染物，一旦释放到环境中，会与环境因素发生反应，改变其原有特性，这进一步增加了追踪犯罪嫌疑人的难度。

目前破坏环境资源保护犯罪侦查的主要技术障碍在于如何有效搜集犯罪证据和确定犯罪嫌疑人。当前，破坏环境资源保护犯罪作为一种特殊行业或专业性犯罪，侦查人员往往缺乏足够的环境或法律专业知识。在侦查过程和方法上，仍然依赖于传统的侦查技术和手段。尽管这些技术手段能够提供一定的证据和信息，但由于环境犯罪的特殊性，传统手段在获取环境犯罪证据和线索方面显示出一定的局限性。①

（二）破坏环境资源保护犯罪危害性大、影响深远

破坏环境资源保护犯罪的危害性和影响是多维度的，涉及生态环境、人类健康、经济、社会、法律和国际关系等多个层面。

---

① 参见张涛、卢学强、张彦等：《建立破坏环境资源保护犯罪刑侦技术体系的思考》，载《环境保护》2014年第7期。

从生态系统本身功能退化的角度来看,破坏环境资源保护犯罪导致生态系统服务功能受损,包括但不限于气候调节、水资源调节、土壤肥力维持和生物多样性保护等功能。这种退化不仅破坏了自然生态平衡,还可能对人类的食物链和生态系统服务功能产生长远影响。

从当地人群健康风险评估的角度来看,破坏环境资源保护犯罪通过空气、水和食物链等途径影响人群健康,增加疾病负担。健康风险评估表明,特定污染物与多种健康终点(如呼吸系统疾病、心血管疾病、癌症等)之间存在"剂量—反应关系",尤其对儿童和弱势群体影响更为显著。

从环境经济学损失评估的角度来看,破坏环境资源保护犯罪造成的经济损失包括直接经济损失(如医疗费用、环境修复成本)和间接经济损失(如生产力下降、旅游业收入减少等)。其中不少的损失,无法以单纯的经济支出在短期内修复,而是需要长期、稳定的修复投入,在极端情况下,被影响的环境设施无法被修复。

从社会稳定性分析的角度来看,破坏环境资源保护可能引发犯罪发生地人民群众的不满,增加社会紧张和冲突。

从国际环境法与外交政策的角度来看,一部分破坏环境资源保护不局限于一国界内,跨境污染事件可能引起国际争议和外交紧张。

(三)破坏环境资源保护犯罪地域性强、共同犯罪多

一方面,在资源型城市或地区,由于对特定资源的开发和利用,破坏环境资源保护犯罪往往与资源的开发方式和效率密切相关。例如,矿产开采、林业砍伐等行为可能导致严重的生态破坏和破坏环境资源保护,从而诱发相关犯罪,且不同地区的环境法律法规、监管力度和执法严格程度不同,这在一定程度上影响了破坏环境资源保护犯罪的发生率和类型。在环境规制较为宽松的地区,破坏环境资源保护犯罪可能更为猖獗。

从另一方面来说,不同地区的生态系统具有特定的敏感性和脆弱性,对污染的响应和恢复能力各异。因此,破坏环境资源保护犯罪在不同生态系统中的影响和后果也有所不同。且不同地区的文化传统、社会价值观和环境意识等因素也会影响破坏环境资源保护犯罪的地域性。而在部分地区,可能由于对环境保护的重视程度较低,破坏环境资源保护犯罪更容易发生,这些因素共同导致了破坏环境资源保护犯罪的发案率在不同地区呈现出显著的不均衡性。

如前所述,近五年来,污染环境罪受理审查起诉犯罪嫌疑人案均2.55人,提起公诉被告人案均2.38人。这显示出当下的污染环境犯罪当中共同犯罪的情况并不少见,这一方面是体现了有关部门对污染环境犯罪的全链条打击,但不可忽视的一点是现有的破坏环境资源保护犯罪中相当一部分具有共谋的特征,犯罪人彼此之间有具体分工或者其他精细化的安排。

(四)破坏环境资源保护犯罪具有明显的经济性

破坏环境资源保护犯罪表现出经济犯罪的基本特征,其核心在于行为主体出于对经济利益的追求而实施犯罪行为。该类犯罪行为通过严重污染环境的方式来获取经济利益,不仅违背了社会伦理道德,同时也对法益造成了显著侵害。虽然破坏环境资源保护犯罪在多数情况下对公民个体的人身和财产造成的直接损害相对有限,但其潜在的公共危险是不容忽视的。

本案例所体现的一些特征,在其他的污染环境犯罪中亦有体现,“从所查处的污染环境犯罪案例来看,实施污染环境犯罪行为可以从多个角度获利。一是通过非法处置污染物赚取巨额佣金、减少运输成本。二是一些企业通过设置暗管、渗坑直接排放有毒物质或者直接将有毒物质运输到农村等偏远地区倾倒,可以降低购买污染物处理设备、聘用技术人员等方面的费用”。①

故而破坏环境资源保护犯罪的行为主体多为中小型企业,这些企业为了降低运营成本,往往将污染物未经处理或仅进行简单处理便排放至大气、土壤和水体中。在行为逻辑上,这类企业仅考虑经济利益,而忽视环境保护的重要性,从而损害了生态环境利益。②

五、破坏环境资源保护犯罪的原因研究

(一)犯罪人层面之原因

1. 对非法利益的盲目追逐

边沁认为,人类的行为都受两种基本动力的驱使,即追求快乐和避免痛苦,这是人类一切行为的原因和动力。所有的人都是在对多种因素加以理智地思考后,

---

① 参见汪明亮:《污染环境犯罪生成模式与多元治理机制》,载《南京社会科学》2021年第3期。

② 参见焦艳鹏:《污染环境犯罪的司法效能提升与多元治理机制构建》,载《中州学刊》2021年第12期。

才决定追求其目标和实施其行为的。犯罪行为同样是行为人在追求快乐和避免痛苦力量驱使下的理性选择的结果。①以本典型案例当中犯罪人实施犯罪的行为模式为例,其成立公司后在螳螂川河道一侧埋设暗管,接至公司生产车间的排污管道,用于排放生产废水,以求降低污水处理成本,进而谋取超额的经济利益的追求,超过了其对于自身遭受刑罚痛苦的预期。

破坏环境资源保护犯罪作为一种典型的行政犯罪,在发生的模式上与行政违法意义上的污染环境行为具有共通性,因此不论是在社会危害性较低的行政违法行为当中,还是在污染环境犯罪当中,对于污染行为的实施人来说,通过违法、犯罪行为所获取的快乐——往往体现在经济利益上,大于其对行政处罚以及刑罚的畏惧心理,导致其选择实施违法、犯罪行为。

2. 具有逃脱追究的侥幸心理

贝卡里亚认为,国家设置刑罚的目的,旨在代表社会正义以惩罚犯罪人,借以维持社会正义,保障社会各成员的自由与权利。为实现刑罚的目的,就必须保证刑罚的有效性。必然性是有效的刑罚应当具有的特征。它意味着只要实施了犯罪行为,就必定要被判处刑罚。犯罪与刑罚之间的这种必然的、肯定的联系,是增强刑罚威慑力的重要方面。以本典型案例为代表的一部分破坏环境资源保护犯罪当中涉及单位犯罪的情况,犯罪人在案发后基于对于法律适用与法律解释上的错误认识,企图通过独立法人和有限责任相关制度规避刑罚的惩罚,这体现了其内心在面对刑罚时的侥幸心理,这种侥幸心理也弱化了刑罚之必然性所起到的威慑作用,进而驱使着行为人更加倾向于实施犯罪行为。

(二)社会层面之原因

1. 市场经济的负面效应

市场经济条件下,市场的基本属性包括市场性、商品性、自主性和竞争性。这些特性在激发市场主体活力、促进资源优化配置的同时,也可能导致市场主体为了在激烈的市场竞争中获取优势地位,采取违法犯罪的手段。具体来说,市场性强调市场在资源配置中的决定性作用,商品性则突出商品和服务作为交换媒介的普遍性,自主性赋予市场主体自由选择和决策的权利,而竞争性则是市场经济高效运行

① 参见应培礼主编:《犯罪学通论》,法律出版社 2016 年版,第 78 页。

的动力源泉。在这些特性的共同作用下,部分市场主体可能会出于追求超额利润的动机,选择违反法律法规,以不正当手段获取市场竞争优势。

此类市场主体为了实现其不法目的,往往需要持续投入资本,用于实施违法犯罪行为、规避法律监管以及进行后续的掩饰和补救。这种资本的持续投入不仅可能放大其违法行为的规模和影响,还可能增强其犯罪行为的隐蔽性和破坏性,从而进一步增大犯罪行为对社会造成的危害。此外,这种以资本为支撑的违法犯罪活动,还可能破坏市场经济的公平竞争环境,损害正常市场秩序,对经济的健康发展造成不利影响。因此,有必要通过完善法律法规、加强市场监管、提高违法成本等措施,来规范市场主体的行为,维护市场经济的正常运行和社会主义市场经济的法治秩序。

2. 社会监督的长期缺位

环境监督是社会力量参与污染环境犯罪治理的表现,具体指政府之外的社会主体通过检举、控告等方式对企业污染排放的监督来改善环境治理效率的行为。当今欧美发达国家环境保护与经济发展之间的高度协调正是社会主体广泛参与的结果。①我国环境监督的不足体现在企业环境责任缺位、公众参与环境保护不足以及社会团体在环境监督中的局限性等方面。这些因素共同导致了污染环境犯罪的发生。

从企业参与的维度来看,企业作为破坏环境资源保护的主要源头,其环境责任的履行对于预防破坏环境资源保护犯罪至关重要。然而,在我国,部分企业在追求经济利益的过程中忽视了环境保护,导致破坏环境资源保护问题的加剧。部分企业对环境保护的重要性认识不足,缺乏主动履行环境责任的意识。同时,企业在环保设施建设、污染防治技术研发等方面的投入不足,难以满足环境保护的需求。

从公众参与的维度来看,公众参与环境保护是环境监督的重要环节。在我国,公众参与环境保护的意识和能力尚不足,主要体现在以下几个方面:环保意识薄弱,部分公众对环境保护的认识不足,缺乏参与环境保护的主动性和积极性;环保知识缺乏,公众普遍缺乏环保知识,难以有效地参与到环境保护中来;参与渠道不畅,公众参与环境保护的渠道不畅,导致公众的意见和建议难以得到充分听取和

① 参见汪明亮:《污染环境犯罪生成模式与多元治理机制》,载《南京社会科学》2021年第3期。

采纳。

从社会团体参与的维度来看,社会团体在环境监督中发挥着重要作用,但在我国,社会团体在环境监督中仍存在一定的局限性,一方面,社会团体在人力、物力、财力等方面资源有限,难以全面、深入地开展环境监督工作;另一方面,社会团体在环境监督中的法律地位不明确,导致其在环境监督中的作用受到限制。

(三)规范层面之原因

1. 行刑衔接仍不顺畅

在立法机制方面,《刑法》对污染环境犯罪的立法理念比较保守、设置的罪名不科学、罪状不合理、法定刑不适当,①且存在污染范围明显窄于行政法的现状的问题。与此同时,一方面,我国的环境立法中存在立法空白和短板的现象;另一方面,我国的环境立法中存在法律条文的重复和法律制度的重叠问题。因此,由于规制污染行为的前置法与刑事法二者均存在立法层面上的不合理,故而在实践当中,二者的衔接难言顺畅。

从法律规定来看,尽管相关法律法规对案件移送条件、程序以及具体材料等明确了具体要求,但实践中有案不移、有案难移甚至以行政处罚代替刑事处罚的情况依然普遍存在。地方环保部门的地方保护主义观念、一些公安选择性加大案件移送门槛、高效的行刑衔接信息共享平台以及联席会议尚未全面建立和运行等原因共同导致了这样的结果。②

2. 取证鉴定存在困难

从一般取证层面来说,污染环境犯罪是一种侵害环境这一公共利益的犯罪,其本质区别于经济性犯罪。在此类犯罪中,犯罪主体所追求的非法利益往往并非直接来源于营业收入的增加,这一点与经济性犯罪有显著差异。由于这种非法利益通常不会体现在企业的账务凭证中,因此在司法实践中,对于污染环境犯罪的调查和取证面临较大的挑战。本典型案例中,犯罪人的收益主要体现在排放废水、废气和处理废物的成本降低等间接收益上。这种间接收益虽然确实为单位所获得,但由于其隐蔽性和间接性,使得在司法过程中难以通过直接证据予以证明。这就导

① 参见田国宝:《我国污染环境罪立法检讨》,载《法学评论》2019年第1期。

② 参见宋歌:《我国环境公益诉讼行刑衔接理论与实践完善研究》,载《法学杂志》2021年第7期。

致了在处理单位环境犯罪案件时,司法人员往往面临着证据收集和认定的难题。

从鉴定层面来看,尽管近年来,环境损害司法鉴定行业规模持续扩大,公信力不断提升,但是考虑到不同领域的技术要求不同,专家跨领域开展司法鉴定的难度很大;个别鉴定机构执业行为不规范,违法违规执业时有发生,部分鉴定机构诚信缺失,使鉴定意见在程序上和质量上不过关,从而引发投诉等现实情况;加之环境损害司法鉴定本身周期长、费用高的特征,形成了鉴定难的问题,影响了环境损害司法鉴定的专业化、公正性、权威性和公信力,进一步制约着环境资源执法、司法的顺利开展。①

六、破坏环境资源保护犯罪的对策探索

(一)明确现有污染行为规制

1. 行政法层面

环境行政执法机构应加强预防性执法,通过加强监管、提高执法力度等措施,预防破坏环境资源保护犯罪的发生。并且应加强与刑事司法领域的沟通与协作,建立有效的信息共享和案件移送机制,确保破坏环境资源保护犯罪案件能够顺利流入刑事司法领域。加强对执法人员的培训和管理,增强执法人员的法治意识和职业道德水平,确保环境行政执法的公正性和严肃性。立法机关应进一步完善环境行政执法与刑事司法之间的案件移送程序,明确证据标准、案件管辖、程序衔接等方面的规定,提高案件移送的适配性。

2. 刑事法律层面

考虑到目前刑法本身的复杂与繁多,在目前空白罪状的基础上进一步细化对破坏环境资源保护类犯罪的规定并不具有可行性,或可考虑进行环境附属刑法立法的可行性。这体现在:由专门法律以附属刑法条文的方式加以规定,可以从立法和司法两个层面上减少刑法和其他部门法律规范之间的脱节现象,有效协调刑法和其他部门法律之间的关系。②此外,附属刑法模式可以应对环境法领域行政法规范数量和类别多、专业性高的情形,通过灵活衔接,既能减少与环境

① 参见王旭光:《环境损害司法鉴定中的问题与司法对策》,载《中国司法鉴定》2016年第1期。

② 参见童德华:《当代中国刑法法典化批判》,载《法学评论》2017年第4期。

前置法的重复甚至冲突,从而减少立法资源的浪费,又能更好发挥刑法的指引和预防功能。①同时,应当进一步明确刑事附带民事诉讼当中对于污染环境犯罪的追责方式,与《公司法》等法律衔接,精准打击单位犯罪与共同犯罪。

(二) 提升现有检验检测技术

1. 取证角度

应当加强对司法人员的环境法律知识和专业技能培训,提高司法人员在处理污染环境犯罪案件时的证据意识和证据收集能力。同时,建立环境法律专家顾问制度,为司法人员提供专业咨询和指导。可以考虑加强司法机关与环境保护部门的沟通与协作,建立信息共享和案件移送机制,形成联合打击污染环境犯罪的工作合力。此外,应当加强与行业协会、专业机构等的合作,获取相关行业知识和专业技术支持,提高证据的专业性和可信度。最后,应当利用现代科技手段,如遥感监测、无人机巡查、大数据分析等,提高污染环境犯罪证据的获取效率和准确性。同时,加强对破坏环境资源保护犯罪的技术侦查和秘密调查,揭露其隐蔽的非法利益。

2. 鉴定角度

应当建立和完善鉴定机构的资质认证和准入制度,确保鉴定机构具备相应领域的专业能力。同时,加强对鉴定机构的日常监督和考核,规范其执业行为,防止违法违规行为的发生,并建立和完善鉴定质量控制体系,对鉴定过程进行全程监控和质量控制,确保鉴定意见的准确性和可靠性,优化鉴定流程,减少不必要的环节和程序,提高鉴定效率。并加强对鉴定人员的培训和教育,提高其专业知识和技能水平。鼓励鉴定人员参加专业培训和学术交流,提升其跨领域开展司法鉴定的能力。

(三) 推进多元主体共同治理

1. 企业参与

为促使企业更好地履行环境责任,预防破坏环境资源保护犯罪,需要企业树立环保意识,加大企业环保投入,建立企业环境信用体系,强化社会监督和公众参与,推广绿色生产和清洁技术,以及加强国际合作与交流。这些措施将有助于实现经济发展与环境保护的和谐共生。

---

① 参见吴小帅:《论刑法与生物安全法的规范衔接》,载《法学》2020年第12期。

2. 公众参与

为了增强公众参与环境保护的意识和能力，可以考虑加强环保教育和宣传，具体可以包括整合学校课程资源，将环保教育纳入学校教育体系，从小学开始培养学生的环保意识和习惯。开展社区环保宣传活动，如举办环保主题讲座、展览和竞赛，提高居民对环保的认识和参与度。利用传统媒体和社交媒体平台，制作和发布环保公益广告和宣传短片，扩大环保宣传的覆盖面和影响力。与民间环保组织合作，开展环保志愿者活动，通过实际行动提升公众的环保参与体验。同时，应当建立多元化的参与渠道，丰富公众参与破坏环境资源保护犯罪治理机制，鼓励发现、报告相关的违法犯罪行为。

3. 社会团体参与

应当赋予社会团体在环境监督中相应的法律地位，尤其是考虑到其作为可以提出环境公益诉讼之主体，应当进一步鼓励其履行权利，为破坏环境资源保护犯罪治理作出贡献。

第五节　网络性侵未成年人犯罪典型案例研究报告：隋某某猥亵、强奸、敲诈勒索、制作、贩卖、传播淫秽物品牟利案[①]

一、案情简介[②]

2022 年 1 月，隋某某通过网络社交软件添加未成年被害人刘某某为好友，随后多次向刘某某发送淫秽视频，并威胁、诱导刘某某自拍裸照、裸体视频发送其观看。2022 年 2 月 8 日、15 日，隋某某以传播刘某某裸照、裸体视频相威胁，两次强迫刘某某与其发生性关系。隋某某还以传播照片、视频相威胁，先后三次向刘某某索要钱财，共计得款人民币 840 元。2022 年 3 月 5 日，隋某某将编辑后的刘某某视频以

① 本节由倪铁、蔡逸伟合作完成。

② 《检察机关加强未成年人网络保护综合履职典型案例》，载最高人民检察院网 2023 年 5 月 31 日，https://www.spp.gov.cn/xwfbh/dxal/202305/t20230531_615937.shtml，2024 年 10 月 9 日最后访问。最高人民检察院在 2024 年披露了本案更多的细节信息，本节一并参考采用。

5 元一件的价格出售给王某某等多人,其中 7 人为未成年学生,获利人民币 50 元。

2022 年 3 月 11 日,班主任发现刘某某表现异常后报警。山东省某市公安局某区分局于当日将隋某某抓获。2022 年 4 月 11 日,公安机关以隋某某涉嫌强奸罪,敲诈勒索罪,制作、贩卖、传播淫秽物品牟利罪向山东省某市某区人民检察院提请批准逮捕。公安机关认为,利用网络实施猥亵是犯罪嫌疑人实现强奸犯罪的手段,应按强奸一罪处理。检察机关审查认为,本案系性侵害未成年人犯罪,情节恶劣,严重损害未成年人身心健康,应当依法从严惩处。根据本案证据,隋某某最初系以刺激、满足性欲为目的,要求被害人拍摄裸照、裸体视频发送供其观看。收到被害人照片、视频后,认为被害人易哄骗、好控制,继而又产生与被害人发生性关系的犯罪意图,后实施强奸行为。本案猥亵行为与强奸行为相隔 9 天,具有明显的时空间隔,猥亵行为和强奸行为给被害人造成两次不同性质和程度的伤害。隋某某的线上猥亵是独立的犯罪行为,因此不宜评价为强奸犯罪的手段,应当认定为猥亵儿童罪。检察机关在依法批准逮捕隋某某的同时,与公安机关及时沟通,明确补充侦查方向,督促进一步查清隋某某实施猥亵儿童犯罪的事实。

2022 年 6 月 17 日,公安机关以隋某某涉嫌猥亵儿童罪,强奸罪,敲诈勒索罪,制作、贩卖、传播淫秽物品牟利罪移送检察机关审查起诉。2022 年 7 月 15 日,检察机关向人民法院提起公诉。2022 年 8 月 11 日,人民法院作出判决,对隋某某以猥亵儿童罪判处有期徒刑一年六个月;以强奸罪判处有期徒刑八年六个月;以敲诈勒索罪判处有期徒刑六个月,并处罚金人民币 2000 元;以制作、贩卖、传播淫秽物品牟利罪判处有期徒刑九个月,并处罚金人民币 1000 元。数罪并罚,决定执行有期徒刑十年,并处罚金人民币 3000 元。

二、入选理由

(一) 党和国家对未成年人保护工作的高度重视

未成年人是祖国的未来、民族的希望。党的二十大报告明确要求,加强和改进未成年人思想道德建设,保障儿童合法权益。未成年群体构成了国家的未来和中华民族的希冀,其全面健康成长对亿万家庭的幸福安宁、国家的前景以及民族的命运具有深远的影响。以习近平同志为核心的党中央从中华民族的永续发展和中国特色社会主义事业的长远战略出发,对未成年人的工作进行了全面的规划和部署,出台了一系列重要的决策和措施。着力构建"家庭、学校、社会、网络、政府、司法"六大保护体系,对侵犯未成年人权益的违法行为依法进行严厉打击,为未成年人的健康成长提供了坚实的保障。

《中华人民共和国未成年人保护法》于1991年颁布,并且于2006年、2012年、2020年、2024年四次进行修订。而针对性侵害未成年人犯罪多发问题,多部门定期发布典型案例,并通过司法解释的形式明确此类案件侦查、检察、裁判要点,最高人民检察院会同最高人民法院于2023年5月24日公布《强奸、猥亵未成年人解释》,明确规定依法严惩利用网络"隔空猥亵"未成年人犯罪,即对胁迫或者诱骗未成年人通过网络视频聊天,或者发送视频、照片等方式,暴露身体隐私部位或者实施淫秽行为的,依照猥亵犯罪定罪量刑;同日,最高人民检察院牵头"两高两部"发布《性侵意见》,首次举办性侵害未成年人案件办理公检法同堂培训班,进一步从实体上、程序上和司法实践上统一标准,消弭分歧,形成合力,无疑增强了对未成年人性权益的保护力度并扩大了保护范围。

(二)该案对于全链条打击性侵儿童类犯罪具有典型意义

网络时代,性侵类犯罪呈现出新的形态。2018年11月,最高人民检察院在其发布的第十一批指导性案例中明确指出:"网络环境下,以满足性刺激为目的,虽未直接与被害儿童进行身体接触,但是通过QQ、微信等网络软件,以诱骗、强迫或者其他方法要求儿童拍摄、传送暴露身体的不雅照片、视频,行为人通过画面看到被害儿童裸体、敏感部位的,是对儿童人格尊严和心理健康的严重侵害,与实际接触儿童身体的猥亵行为具有相同的社会危害性,应当认定构成猥亵儿童罪。"随后,最高人民法院与最高人民检察院于2023年5月联合发布了《强奸、猥亵未成年人解释》,其中第9条第1款规定,以胁迫、诱骗手段使未成年人通过网络视频聊天或发送视频、照片等方式暴露身体隐私部位或进行淫秽行为,若符合《刑法》第237条的规定,将以强制猥亵罪或猥亵儿童罪定罪处罚。为了有效规范网络社交行为,保障儿童权益免受侵害,本书主张通过全社会的共同努力,对网络猥亵儿童犯罪行为实施严厉打击。

本案当中,犯罪人实施线上猥亵犯罪行为后又利用线上猥亵获得的私密照片、视频要挟被害人,实施线下强奸、勒索犯罪行为,并将私密照片、视频进行传播、售卖,以此牟利。在本案的司法适用上,强调"线上猥亵行为与线下强奸行为在时空上相对独立,分别给被害人的人格尊严、身心健康造成不同程度的伤害,是两个独立的犯罪行为”,即犯罪人实施的“隔空猥亵”行为,并没有被评价为强奸犯罪的手段行为,对其以强奸罪一罪论处,而是单独将其认定为猥亵儿童罪。这样的认定方式,无疑是通过司法裁判的方式,再一次向社会公众强调了“隔空猥亵”行为可以单独成罪,起到了一般预防的社会效果,对于具有犯罪倾向以及预备实施“隔空猥亵”行为的潜在犯罪人起到了威慑作用。

(三)该案的各流程彰显我国当前针对“网络性侵”未成年人类犯罪综合治理的体系性措施

社会治安综合治理,指在各级党委、政府的统一领导下,各有关部门充分发挥职能作用,协调一致、齐抓共管,依靠广大人民群众,运用政治、经济、行政、法律、文化和教育等多种手段,整治社会治安,打击和预防犯罪,完善社会管理,化解社会矛盾,维护人民权益,保障社会稳定,促进社会和谐,为社会主义现代化建设和改革开放创造良好的社会环境,推进中国特色社会主义事业深入发展。[①]具体到“网络性侵”未成年人类犯罪当中,对其的综合治理,一方面在于严惩犯罪人,以此警醒潜在的犯罪实施者;另一方面,从“完善社会管理,化解社会矛盾,保障社会稳定,促进社会和谐”的角度来看,在此类案件当中,治理主体应当在案发后积极介入,保障被害人的合法权益以及尽可能减轻犯罪行为对其造成的身心伤害与其他影响。同时,多个治理主体应当协同参与,在各自的职能范围内通力合作,优化对此类犯罪的事先预防、事中打击、事后处置的各项措施。

本案当中,从被害人权益保护的角度来看。检察机关在案件处理中起到了牵头作用,组织多方降低性侵行为对受害人的影响,具体包括:敦促公安机关迅速调查并确立涉案视频的传播途径,并确保相关证据被妥善固定,随后对视频进行了彻底的技术性删除;协调相关职能部门,迅速追踪和处理与案件相关的信息泄露问题,有效切断了被害人照片及视频的进一步传播;与公安机关合作,对购买相关视频的学生实施了法治教育,并向学生家长发出监护令,以防止对被害人造成额外的伤害;为了支持被害人,检察机关还安排了专业的心理咨询师提供心理疏导服务,

① 中央社会治安综合治理委员会办公室:《社会治安综合治理工作读本》,中国长安出版社2009年版,第12页。

并持续关注被害人的状况，助其尽快从心理创伤中恢复。同时，从对此类犯罪治理的角度来看，本案案发后，考量未成年人网络交友不慎和网络侵害防范能力欠缺等问题后，检察机关进行了专题调研分析，并向涉事学校及教育主管部门发出了检察建议，督促学校建立预防和处理网络侵害的机制，执行侵害未成年人案件的强制报告制度，并采用科学合理的方法来提升未成年人的网络素养，以有效降低侵害事件的发生率。此外，为解决未成年人在遭受网络侵害时不敢拒绝、不擅长求助的问题，检察机关研发了网络安全教育课程，并组织开展了“清朗网络进校园”活动。该活动通过专题讲座、短视频、网络安全知识问答等形式，揭露了犯罪分子常用的手段，揭示了网络交友的风险和陷阱，并教授了应对网络性侵的正确方法，指导学生理性交友，自我保护，及时寻求帮助，以提高未成年人文明、安全使用网络的意识和能力。关于未成年人网络保护问题，检察机关还邀请了人大代表、政协委员及未成年人保护相关部门进行座谈，以推动相关职能部门加强涉及未成年人网络侵害线索的移送工作。

三、性侵未成年人犯罪的发展趋势

（一）性侵未成年人犯罪数量呈逐年上升之趋势

根据 2023 年 6 月 1 日最高人民检察院发布的《未成年人检察工作白皮书（2022）》，2020 年至 2022 年，检察机关就侵害未成年人犯罪分别提起公诉 57295 人、60553 人、58410 人。2022 年，起诉强奸、猥亵儿童等性侵未成年人犯罪 36957 人，同比上升 20.4%。①2024 年 3 月 9 日最高人民检察院发布的《刑事检察工作白皮书（2023）》提到：2023 年起诉侵害未成年被告人 67103 人。②而在 2023 年 1 至 6 月共起诉性侵未成年人案件 1.7 万人，占起诉侵害未成年人犯罪总数的 63.5%。③

---

① 《未成年人检察工作白皮书（2022）》，载中华人民共和国最高人民检察院网 2022 年 6 月 1 日，https://www.spp.gov.cn/spp/xwfbh/wsfbt/202306/t20230601_615967.shtml，2024 年 10 月 9 日最后访问。

② 《刑事检察工作白皮书（2023）》，载中华人民共和国最高人民检察院网 2024 年 3 月 9 日，https://www.spp.gov.cn/xwfbh/wsfbh/202403/t20240309_648173.shtml，2024 年 10 月 9 日最后访问。

③ 《最高检案管办负责人就 2023 年 1 至 6 月全国检察机关主要办案数据答记者问》，载中华人民共和国最高人民检察院网 2023 年 7 月 26 日，https://www.spp.gov.cn/xwfbh/wsfbt/202307/t20230726_622572.shtml#2，2024 年 10 月 9 日最后访问。

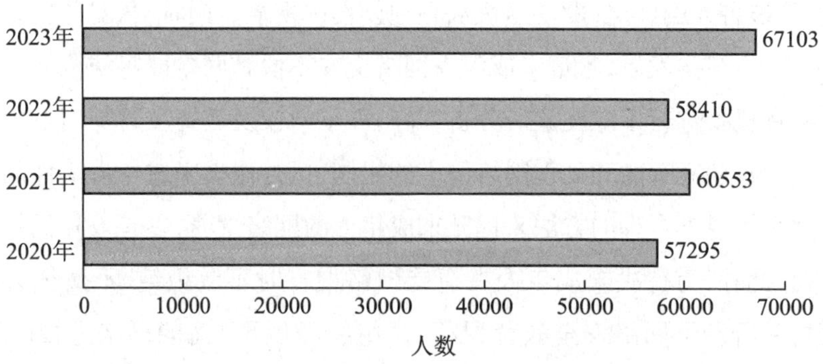

图 3-8　2020—2023 年起诉侵害未成年被告人数量

地方司法的实践亦反映了相同的趋势,根据 2024 年 4 月 7 日江西省人民检察院发布的《江西省未成年人检察工作白皮书(2023)》,相较于 2022 年,2023 年江西省起诉性侵害未成年人犯罪 1028 人,同比增加 63 人,增幅为 6.5%。①而在对某市的检察机关起诉案件数据进行分析后发现,2019 年共受理性侵未成年人案件 140 件,占侵害未成年人案件总数的 53.03%; 2020 年共受理性侵未成年人案件 139 件,占侵害未成年人案件总数的 59.91%; 2021 年共受理性侵未成年人案件 193 件,占侵害未成年人案件总数的 62.87%,性侵未成年人案件占比逐年上升。②

综上所述,单从目前的司法实践数据来看,性侵害未成年人犯罪的案件数量呈现上升趋势,未成年人性侵害预防与保护仍亟待加强。

(二) 近年"网络性侵"在性侵害未成年人犯罪中占比较高

2018 年至 2022 年,利用网络对未成年人实施"隔空猥亵"和线上联系、线下侵害的犯罪占性侵未成年人犯罪的六分之一。③2019 年至 2022 年,在江苏昆山市人民检察院所受理的性侵未成年人案件中,涉及网络性侵未成年人的案件 19 件,占性侵案件总数量的 11.38%。④而在对某市的检察机关起诉案件数据进行分析后,也

---

① 《江西省未成年人检察工作白皮书(2023)》,载江西省人民检察院网 2024 年 4 月 7 日,http://www.jx.jcy.gov.cn/tjzj/jcgzbg/202404/t20240407_6403121.shtml, 2024 年 10 月 9 日最后访问。

② 参见任卉、李琦:《性侵未成年人犯罪现状及法律应对》,载《中国检察官》2022 年第 21 期。

③ 《最高检:坚持依法能动履职　深化未成年人司法保护》,载中国日报中文网 2023 年 3 月 7 日,https://cn.chinadaily.com.cn/a/202303/07/WS6406a438a3102ada8b23245e.html, 2024 年 10 月 9 日最后访问。

④ 参见陶天、董秘辰:《论网络性侵案件中的未成年人综合保护》,载《安徽警官职业学院学报》2024 年第 1 期。

有地方检察机关发现利用网络性侵未成年人的犯罪嫌疑人占比逐年增加，2019—2021年分别为14.67%、14.94%和17.41%。①

民间公益组织“女童保护”自2013年起，开始统计每年媒体公开报道的儿童被性侵的案例，并且连续9次发布性侵儿童案例统计报告。依据其最新发布的《中国儿童防性侵十年观察（2013—2023）——“女童保护”民间视角》，其提到2020年全年媒体公开报道的332起性侵儿童案例中，网友作案42起，包括线上作案和线下作案（网友约见面后实施性侵），在熟人（熟人圈）作案中占比18.18%，在案例总数中占比12.65%，自2018年发布指导性案例至2022年9月，检察机关起诉利用网络“隔空猥亵”未成年人犯罪达1130人。②

综上所述，近年来“网络性侵”犯罪的危害日益凸显，逐渐成为性侵未成年人犯罪当中占比较高的犯罪类型，针对此类犯罪治理措施亟待完善、更新。

因此，鉴于互联网信息技术的迅猛发展，新型的网络性侵害未成年人犯罪可能会以多样化的形式呈现，这要求我们深入探讨并实施有效的解决策略，以加强对未成年人的保护。

（三）熟人（熟人圈）作案比例高

熟人圈通常指的是一个人在日常生活中有直接或间接联系的人群，这些人可能是家庭成员、亲戚、朋友、邻居、同事、同学、老师、医生等。熟人圈内的成员通常相互之间有一定的了解和信任，形成了一个相对紧密的社会网络。在法律和社会学领域，熟人圈的概念经常被用来分析犯罪行为，特别是针对儿童性侵案件。在这些案件中，熟人作案的比例较高，表明犯罪者往往是受害者的家庭成员、亲戚、朋友或其他信任的人。这种犯罪模式对受害者的影响尤为严重，因为它不仅涉及身体上的伤害，还可能破坏受害者的信任感和安全感。根据“女童保护”组织连续九年的报告进行分析，结果显示，性侵儿童案件中熟人犯案的情况极为常见，并且这一比例长期保持在较高水平。具体来看，2014年的数据显示熟人作案的比例高达87.87%，而在其他年份，这一比例大多位于70%至80%的区间。这一分析结果与各级司法机关公开的数据相吻合。在熟人作案的案例中，施害者往往包括教师、各

① 参见任卉、李琦：《性侵未成年人犯罪现状及法律应对》，载《中国检察官》2022年第21期。

② 《中国儿童防性侵十年观察（2013—2023）——“女童保护”民间视角》，载北京众一基金会网2023年7月20日，https://www.all-in-one.org.cn/newsinfo/2475704.html，2024年10月9日最后访问。

类教职工(含课外辅导教师)、家庭成员、亲戚、邻里以及家庭好友等,这些群体在作案人员中占据了较大的比例。①

四、网络性侵未成年人犯罪的特点分析

(一) 网络性侵未成年人犯罪隐蔽性强、发现率低

"2020 年全年媒体公开报道的 332 起性侵儿童案例中,网友作案 42 起,包括线上作案和线下作案(网友约见面后实施性侵),在熟人(熟人圈)作案中占比 18.18%,在案例总数中占比 12.65%。这类案件极具隐蔽性,且监护人或家长一般不易发现,未成年人由于有畏惧心理,即使发觉受到侵害也通常不会主动告诉家长,被发现的案例中甚至往往都有几十人受害。"②而这种隐蔽性具体体现在如下两个方面。

从犯罪手段来看,犯罪分子利用虚拟身份和匿名性,隐藏自己的真实身份和位置。这种隐蔽性使得执法部门难以追踪和抓捕犯罪嫌疑人。一方面,其可能利用虚拟身份,使用虚假信息注册社交媒体账户、聊天软件等,甚至通过黑客技术篡改 IP 地址,增加追踪难度;另一方面,基于加密通信工具,犯罪分子可以使用加密聊天软件,如 Telegram(电报)、Signal(信号)等,增加了信息拦截和监控的难度。从受害者本身的特征来看,未成年受害者由于年龄小、社会经验不足,往往不知道如何保护自己,甚至不意识到自己是受害者。此外,受害者常常出于羞耻、恐惧等心理因素,不敢告诉家长、老师或警方。并且受害者可能担心受到报复或家庭、同学的歧视,因此选择沉默。同时不少未成年人缺乏网络安全意识,甚至在遭受侵害后也不认为自己需要寻求帮助。

(二) 网络性侵未成年人犯罪易成为其他犯罪的上游犯罪

在此类犯罪中,随着犯罪行为的深入,可能导致犯罪人逐渐产生更为严重的犯罪意图,如将线上犯罪发展为线下的强奸、贩卖隐私进行牟利等恶性犯罪。且犯罪者往往通过长期的心理操控和情感控制,使受害者产生了顺从与恐惧的心理,这为其他犯罪提供了现实上的便利条件。

---

①② 《中国儿童防性侵十年观察(2013—2023)——"女童保护"民间视角》,载北京众一基金会网 2023 年 7 月 20 日,https://www.all-in-one.org.cn/newsinfo/2475704.html,2024 年 10 月 9 日最后访问。

一方面，犯罪者通过网络平台传播淫秽色情信息，吸引大量用户点击、观看，从而获取广告收入、会员费等非法利益。同时，犯罪者以泄露未成年人的隐私、未成年人的安全等为要挟，向未成年人索要财物，甚至要求未成年人配合自己实施其他的犯罪行为。部分犯罪者会利用受害未成年人的恐惧心理，长期对其进行敲诈勒索。有实证研究通过筛选典型案例，发现 55%的案例中发生了有接触的性侵害，说明很大比例的网络性侵伴随着录制过程和线下性侵的身体损害，其危害比未发生接触的情况更为严重。①故而此类犯罪也可能招致严重伤害未成年身心的人身犯罪的发生。

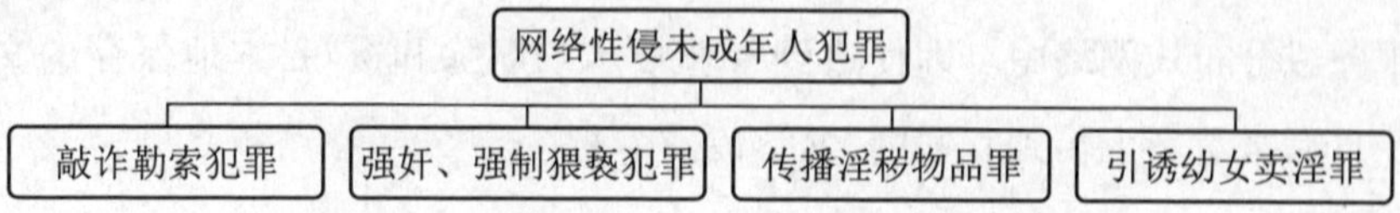

图 3-9　网络性侵未成年人犯罪及相关下游犯罪

（三）网络性侵未成年人犯罪的消极影响易扩散

网络性侵未成年人犯罪不同于物理上的性侵行为，几乎必然留下照片、视频、聊天记录等可以通过互联网在一定范围内传播的多媒体内容。因此，网络性侵犯罪行为一旦实施，其影响范围可能迅速扩散至全国乃至全球范围内的网络空间。这些多媒体内容的传播，这种扩散无疑是对受害未成年的二次伤害。以震惊世界的韩国“N 号房间”事件为例。整个事件中，多达 74 名女性受到性侵，其中还有 16 名未成年人，年龄最小的受害者刚满 11 岁，加入所谓“房间”共享侵害儿童性权益相关信息的用户竟然多达 26 万人。②

同时，网络媒介造成的犯罪传习问题亟待重视。依据整合学习理论（Integrated Learning Theory），人们的犯罪行为是通过社会学习过程获得和实施的，无论是侵犯财产的犯罪，还是侵犯人身的犯罪，都是如此。而依据现代社会学习理论（Social Learning Theory），在那些充满了攻击行为的范例和攻击性行为受到高度评价的环境中，攻击行为发生的比例最高。因此，在类似上述 N 号房的团体当中，会导致犯罪人更加频繁施加网络性侵，使更多未成年人受害。

---

① 参见杨桐：《我国网络性侵儿童现状研究及防治对策分析》，载《湖南警察学院学报》2019 年第 5 期。

② 参见佟丽华：《韩国“N 号房”事件对我国“社交网络儿童性剥削”问题的警示》，载《青少年犯罪问题》2020 年第 3 期。

(四)网络性侵未成年人犯罪的消极影响难根除

网络性侵未成年人犯罪的负面影响具有持久性和深植性,难以彻底根除。这种负面影响不仅表现为对受害者的身心健康造成长期损害,更加体现在其引发广泛的社会心理和文化问题,如对信任的破坏、对人际关系的恐惧以及对网络环境的普遍不安全感。

而考虑其电子介质的特性,特别是其可复制性和分布性,意味着一旦资料或文件被创建并在网络上传播,它们就难以被完全删除。这是因为电子数据可以轻易地被复制、存储和分享,且原始数据删除后,副本可能仍然存在于各种电子设备、云存储服务或分布式网络中。即使遭到专业技术的删除和覆写,本地保存的文件亦可能在日后被重新上传到互联网,继续传播。

五、网络性侵未成年人犯罪的原因研究

(一)社会维度原因

从文化的角度出发,传统性文化对贞操的重视在社会观念中占据着重要地位。这种观念导致人们在公共领域对性相关话题的讨论持谨慎态度,从而引发了诸多问题,并使得这些问题难以得到有效解决。特别是对于未成年性侵害受害者而言,这种社会氛围使得他们难以及时报案。社会中一些人对贞操的过度强调,进一步加强了对受害者的舆论压力。“即使是性侵受害者,也难以被社会所接纳”的偏见导致受害者及其家庭出于对个人名誉的担忧而选择沉默,从而间接助长了性犯罪人对未成年人的长期侵害。这种文化背景容易造成未成年受害者在长时间内遭受多次侵害。

从教育的角度出发,学校、家长均对未成年人负有教育的义务。一方面,我国社会在性教育方面的重视程度不足。社会普遍对性话题持谨慎态度,甚至存在避而不谈的现象,导致性教育理念的发展滞后和封闭。这种文化背景不利于儿童对身体和性健康的全面理解,反而为犯罪者提供了实施侵害的机会。学校性教育课程、教材安排不合理,并且缺乏专业师资力量。同时,不同家庭间性教育的差异巨大,性教育读物甚至遭到了部分家长的抵制。①而学校和家庭在儿童网络安全教育

① 《“老师教怀孕知识遭家长反对” 儿童性教育别嫌早》,载东方网·东方快评 2020 年 9 月 23 日,https://s.cyol.com/articles/2020-09/23/content_k69O0gCG.html,2024 年 10 月 9 日最后访问。

领域并未发挥应有作用，目前学校普遍重视网络技术教育而忽视网络德育和网络安全教育，网络教育活动开展较少，同时家长对儿童上网的态度过于宽纵。①

从网络监管的角度出发，尽管现有的内容过滤和识别技术在不断进步，但仍然存在滞后性。新型规避技术的出现往往使得监管者难以迅速有效地识别和移除违规内容。同时社交媒体和网络平台在内容监管上承担着重要责任。然而，由于用户数量庞大和内容产生速度快，平台往往难以对所有发布的内容进行有效审查。部分网络用户对于侵害未成年人性权益内容的危害性认识不足，可能无意中成为这些信息的传播者，加剧了信息的扩散。

（二）被害人维度原因

绝大多数未成年人缺乏自我保护能力，易受控制、欺骗；这些特质导致未成年在面对危险的情境以及可能发生的犯罪或者其他对自己的侵害行为时，难以及时认识到自己的处境，以及采取可能的自救方式。

一方面，未成年人在心理和情感上正处于发展阶段，他们的自我认同、价值观和人际关系理解都在不断成熟中，导致其无法准确评估网络互动中潜在的风险，尤其是当对方使用欺骗性手段时。他们可能无法识别性侵者常用的诱骗策略，如假装同龄人、提供虚假的关心和支持等。与此同时，未成年人可能在网络上过度分享个人信息，包括位置、学校、兴趣爱好等，这些信息的泄露使得其遭受威胁而被网络性侵的可能性增加。

另一方面，未成年人在成长过程中需要社交认同和归属感，但在某些情况下，他们可能在家中或学校感到被忽视、不被理解或不被接受，从而转向通过网络寻求关注和认同。社交媒体上的社交动态和比较导致的压力可能使得未成年人为了获得关注而作出不安全的决定，未成年人为了加入网络上的特定社交群体或论坛，以寻求共同的兴趣和认同感，可能使自身暴露在群体内潜在的性侵风险中。

（三）犯罪人维度原因

从犯罪人的异常因素出发，相较于一般的性侵犯罪，针对未成年人的性侵犯罪的犯罪人具有其独有的特点。一些特殊的生理、心理因素驱使犯罪人员重复犯罪。一部分有过针对未成年人侵害记录的行为人，在遭受处罚，甚至在被处以刑罚之

---

① 参见杨桐：《我国网络性侵儿童现状研究及防治对策分析》，载《湖南警察学院学报》2019年第5期。

后,仍希望与未成年人有长期的性接触,这意味着其具有较高的再犯可能性,这部分人群受生理、环境等多重因素影响而导致心理状态异常,医学上称之为"娈童癖者"。而随着近年来从业禁止在未成年人保护领域的广泛适用,那些对未成年人有着病态性需求的犯罪,将视线移步线上,以此来应对线下的严厉打击。

从犯罪人的需求出发,性侵未成年人犯罪人往往对于性需求有着不正确、反社会态的需求观。[①]在性侵未成年人案件中,行为人对性需要的恶性膨胀,行为人的思维活动往往集中于如何满足自己这种需要上,而这种需要,压过了犯罪人内心的道德、伦理等基本观念,进而成为其犯罪的驱动力。

六、网络性侵未成年人犯罪的对策探索

(一)细化现有法律法规,健全未成年人保护体系

1. 推进互联网背景之下相关法律的制定

受互联网自身实时性、交互性、共享性、开放性等特点影响,对互联网淫秽色情信息进行法律规制时常遭遇举证难题。然而互联网并非法外之地,我国2024年新修订的《未成年人保护法》将网络保护单独成章,为构建我国未成年人网络保护提供了法律基础,也有助于推动网络空间内对未成年人的保护。美国相继出台了《儿童在线保护法案》《儿童在线隐私保护法案》《儿童互联网保护法案》三部专门法案,防范网络色情侵害未成年人的合法权益。

在"全球化+互联网"时代,保护儿童合法权益是全人类的共同事业。联合国《儿童权利公约》就有缔约国承担保护儿童免遭一切形式的侵害其性权益的剥削和性侵犯之害的规定。我们还应加强国际合作,以法治模式治理网络色情内容,做到对此类信息的"零容忍"。[②]

2. 完善《刑法》中猥亵儿童罪的相关规定

我国现行的《刑法》规定中,强奸罪的犯罪对象仅限于女性,男童则未能被纳入强奸罪的保护范围之内。然而,在现实中,男童遭受性侵害的情况确实存在,且

---

① 参见陈伟、金晓杰:《性侵未成年人案现状、原因与对策一体化研究》,载《青少年犯罪问题》2016年第4期。

② 参见王贞会、蔡沐铃:《美国治理网络性侵害未成年人犯罪的联邦立法及对我国的启示》,载《中国青年社会科学》2022年第5期。

由于社会对男性受害者的关注不足以及性别角色的刻板印象，男童被性侵害的现状往往更具隐蔽性，同样需要引起高度重视。目前，我国《刑法》对于男童遭受的性侵害，只能以猥亵儿童罪进行定罪处罚。相较于强奸罪，猥亵儿童罪在量刑上较为宽泛，震慑力度相对较弱，这在一定程度上影响了对于男童性侵害行为的惩处力度和效果。

针对这一问题，有必要对现行的《刑法》进行修订，扩大强奸罪的犯罪对象范围，将男童也纳入强奸罪的保护范围。这样不仅可以填补法律在性别平等保护方面的空白，还能更好地维护男童的合法权益，加大对性侵害行为的惩处力度，提高法律的威慑力。同时，这也将有助于提高社会对于男童性侵害问题的关注度，推动公众对性侵害的认识和防范意识的提高，为构建和谐、安全的社会环境奠定基础。

（二）多元主体全面参与，全过程保护未成年人权益

1. 犯罪发生前设置门槛、加强教育

首先，互联网平台应当设置合理的准入门槛，确保未成年人能够在成年人的指导和监督下注册和使用网络服务，从而防止未成年人接触不适宜的信息。其次，平台应限制未成年人的浏览内容，通过内容过滤和分级制度，确保未成年人不会接触到暴力、色情等不良信息，保护他们的身心健康。最后，对于有过不端行为的账号，平台应当采取封禁措施，以儆效尤，维护网络环境的清朗，确保未成年人的网络安全。

同时，针对网络性侵的特殊性，应当强化学校、父母的日常性教育，普及互联网安全教育。学校作为未成年人教育的重要场所，应当加强网络安全教育，将互联网安全纳入日常教学内容，通过举办讲座、研讨会等多种形式，增强学生的网络安全意识，帮助学生树立正确的性观念。同时，学校还应建立健全防范机制，一旦发现学生遭受网络性侵，能够及时采取措施，保护学生的权益。父母作为未成年人的第一任教师，更应承担起教育责任。家长应当关注孩子的网络使用情况，教育孩子正确使用互联网，培养孩子的自我保护意识并且与学校保持密切沟通，共同关注孩子的成长，为孩子营造一个安全、健康的成长环境。

2. 犯罪发生后司法介入、落实强制报告制度

我国司法体制改革后，检察机关主要履行“四大检察”职能，负责“十大业务”，

其中就包括未成年人检察业务。因此在犯罪发生后,为尽可能将犯罪的伤害降到最低,应当形成下述的标准化应对模式:

由检察机关牵头,督促公安机关第一时间介入,查清网络性侵涉及的视听资料、聊天记录等,并在固定证据后,将此类资料在互联网上进行技术性彻底删除,阻断传播链条。需要对被害人进行鉴定、询问等情形时,应当对其采取“一站式取证”的保护措施。同时联合公安机关对受到犯罪影响地区的学校、学生开展法治教育,必要时制发督促监护令,避免对被害人造成二次伤害。

此外,检察机关还应当联系专门机构指派专业心理咨询师,为被害人提供心理疏导。针对案件反映出的未成年人网络交友不当、防范网络侵害能力不足等问题,检察机关或可考虑开展专题调研分析后,向涉案学校和教育行政主管部门制发检察建议,督促学校建立预防、处置网络侵害工作机制,落实侵害未成年人案件强制报告制度,采取科学、合理方式培养和提高未成年人网络素养,有效减少侵害发生。

同时,2024 年修订的《未成年人保护法》针对未成年人遭受性侵害的问题,增设了强制报告制度。该制度规定,国家机关、居民委员会、村民委员会、密切接触未成年人的单位及其工作人员,在履行职责过程中,一旦发现未成年人身心健康受到侵害、疑似受到侵害或者面临其他危险情形,应立即向公安、民政、教育等有关部门报告。这一举措旨在通过及时介入和干预,保障未成年人的合法权益,预防和减少性侵害事件的发生。

强制报告制度的有效实施,对震慑性侵害未成年人的违法犯罪行为具有关键作用。一方面,它有助于及时发现和制止性侵害行为,保护未成年人免受进一步的伤害;另一方面,它也能够提高相关部门和社会公众对于未成年人保护的关注度,形成全社会共同参与未成年人保护的良好氛围。为了确保强制报告制度的落实,各级政府和社会组织应加大宣传力度,提高公众对未成年人保护的法律意识和责任感。同时,对于不履行报告义务酿成重大后果的,应依法追究直接负责的主管人员和其他直接责任人员的责任。此外,还应加强对报告义务人的培训,提高他们识别和应对未成年人遭受侵害的能力,确保强制报告制度的执行效果。

第六节 金融领域新型职务犯罪典型案例研究报告：桑某受贿、国有公司人员滥用职权、利用未公开信息交易案[①]

一、案情简介[②]

桑某，男，甲资产管理股份有限公司（国有非银行金融机构，以下简称甲公司）原总裁助理、投资投行事业部总经理，乙投资管理有限公司（甲公司的全资子公司，以下简称乙公司）原总经理、董事长。

桑某在2009年至2017年间，利用其在甲公司投资投行事业部总经理和乙公司总经理、董事长等职位上的便利，为相关公司或个人提供企业融资等帮助，非法收受股权、钱款，总计折合人民币1.05亿余元。在2015年至2017年间，桑某利用职务之便，帮助郭某实际控制的泉州某公司通过借壳黑龙江某公司上市，并获得了乙公司的融资支持。借壳上市成功后，黑龙江某公司的股票更名为泉州某公司。桑某还安排了朋友蒋某与郭某签订股权收益权代持协议，蒋某以低价购买泉州某公司股票500万股的股份收益权，每股价格为7.26元，总计支付3630万元。2017年3月，蒋某在协议有效期内，由于市场行情较好，决定提前与郭某签订回购协议，回购总价款为6200万元。郭某在同年4月至7月分两次将6200万元转账给蒋某，蒋某实际获益2570万元，并与桑某约定平分这笔收益。

2015年6月，乙公司管理的基金项目成立，桑某利用职务便利，让朋友温某的云南某公司投资1.61亿余元成为基金的劣后级投资者。后来，其中的1.3亿元股权转让给乙公司，云南某公司保留了3132.55万元的劣后级份额。为了帮助云南某公司提前转让这部分份额并获利，2018年2月，桑某找到朱某协助承接，并在未经过乙公司经营决策委员会和董事会批准的情况下，违规安排乙公司向朱某控制

① 本节由倪铁、庞松洁合作完成。

② 《依法惩治、积极预防金融领域职务犯罪 最高检发布第四十七批指导性案例》，载中华人民共和国最高人民检察院网2023年8月22日，https://www.spp.gov.cn/xwfbh/wsfbt/202308/t20230822_625537.shtml，2024年10月9日最后访问。

的上海某公司出具函件,同意上海某公司以 1.01 亿元购买云南某公司的全部剩余劣后级份额,并承诺按出资份额而非基金份额分配股票。2018 年 3 月,上海某公司出资后承接了云南某公司的劣后级份额,云南某公司因此得以提前退出基金项目,并获得了 7000 余万元的利润。这一提前退出改变了原有的浮动收益分配规则,导致基金份额的年化收益出现差异。会计师事务所的测算显示,乙公司因此少获得了 1986.99 万元的投资收益。

2020 年 3 月 3 日,北京市人民检察院第二分院对桑某提起公诉,指控其犯有受贿罪、利用未公开信息交易罪和国有公司人员滥用职权罪。2021 年 8 月 27 日,北京市第二中级人民法院作出一审判决,以桑某犯受贿罪,判处无期徒刑,剥夺政治权利终身,并处没收个人全部财产;犯利用未公开信息交易罪,判处有期徒刑三年,并处罚金人民币 450 万元;犯国有公司人员滥用职权罪,判处有期徒刑五年;决定执行无期徒刑,剥夺政治权利终身,并处没收个人全部财产。

二、入选理由

(一) 金融反腐持续高压推进

在当前的经济环境中,金融领域作为经济发展的核心动力,其健康稳定的发展直接关系到国家的经济安全和社会的稳定。然而,随着金融市场的日益繁荣和复杂化,金融领域内的腐败问题也逐渐暴露出来,成为影响金融市场健康稳定发展的重要因素。因此,金融反腐已成为当前防范化解重大金融风险、维护金融安全与稳定的关键一环。2023 年 1 月,二十届中央纪委二次全会公报公布,谈及下一阶段党风廉政工作的重点领域时,公报提到,突出重点领域,深化整治金融、国有企业、政法、粮食购销等权力集中、资金密集、资源富集领域的腐败。2023 年 2 月 23 日,中央纪委国家监委第十三审查调查室发表题为《坚决打赢反腐败斗争攻坚战持久战》的文章。①对于金融反腐,这篇文章明确,加大对"影子股东""影子公司""政商旋转门""提前筑巢""逃逸式辞职"等新型腐败和隐性腐败的查处力度,坚决斩断权力与资本的勾连纽带,在金融、央企领域形成惩治腐败的有力震慑。这都体现了

① 《坚决打赢反腐败斗争攻坚战持久战》,载中国纪检监察报 2023 年 2 月 23 日,https://jjjcb.ccdi.gov.cn/epaper/index.html,2024 年 10 月 9 日最后访问。

党中央对金融反腐和风险防控的高度重视。当前,金融领域职务犯罪的复杂性和专业化给司法机关带来了新的挑战,犯罪手段趋于专业和隐蔽,运用金融工具和交易规则假借市场之名实施犯罪的情形日益增多,司法机关在办理案件时需要更加精准和高效的方法来应对这些挑战。加强金融领域的反腐工作成为新时期国家反腐战略的重要组成部分。

(二)该案的办理对于打击新型腐败与隐性腐败具有指导意义

党的二十大报告强调,“惩治新型腐败和隐性腐败”。二十届中央纪委二次全会指出,“坚决查处新型腐败和隐性腐败”。而本案就是新型腐败与隐性腐败的典型代表。在本案中,桑某通过股权收益权代持融资协议的方式,进行权钱交易以及利益输送,利用职务便利所掌握的乙公司和某基金证券账户在投资决策、交易执行、持仓、资金数量及变化、投资规模等方面的信息,进行非法交易从而获益。这些手段具有较强的隐蔽性与专业性,属于新型腐败与隐性腐败的典型代表。对于该案件的办理,既有利于司法机关积累相关办案经验,不断揭开新型腐败与隐性腐败的面纱,也有助于进一步掌握新型腐败与隐性腐败的犯罪动向,进而精准、高效打击犯罪。

(三)该案对于检察机关办理金融领域新型职务犯罪具有指导意义

该案是最高人民检察院发布的第四十七批指导性案例之一,它为检察机关办理金融领域新型职务犯罪类案件提供了新思路新方法。根据该案例,最高人民检察院提出在处理金融领域职务犯罪案件时,应注重对于以投融资方式收受贿赂的案件的审查方法。这类案件需要综合考虑多个方面的证据,包括投融资的背景、方式、真实性、风险性,以及风险与收益是否相符等因素。这些证据有助于判断行为是否具备受贿罪权钱交易的本质特征。在处理证券期货类犯罪案件时,对于内幕信息、未公开信息的范围、趋同性交易盈利数额等关键要件的认定,通常需要调取证券监督管理部门、证券交易所等专业机构的认定意见。这些专业意见为司法机关提供了重要的参考依据,帮助确保案件审理的专业性和准确性。这些指导意见体现了对于金融领域职务犯罪案件审理的专业化和精细化的要求,旨在确保司法公正和效率,同时也反映了对于金融市场规则和特性的深入理解。通过这样的方法,司法机关能够更有效地识别和打击金融领域的腐败行为,维护金融市场的健康和稳定。

三、金融领域新型职务犯罪的发展趋势

(一)银行成为金融腐败"重灾区"

2023年,金融领域的反腐斗争呈现出了前所未有的密集态势,共有至少101人因涉嫌违纪违法被查。这一数字不仅反映了国家对于金融领域腐败现象的零容忍态度,也彰显了金融系统内部自我净化的决心。从被查人员的职位分布来看,高层领导干部成为重点监管对象。其中,中管干部有8人,占总数的8%,这些干部通常担任重要职务,其违法行为对金融系统的影响也更为深远。此外,中央一级党和国家机关、国企和金融单位干部共有75人,占比高达74%,这些干部在金融机构中占据关键岗位,其廉洁与否直接关系到金融系统的健康运行。省管干部则有18人,占18%,同样不容忽视。①

从金融机构的角度来看,银行系统成为腐败的"重灾区"。在被查的101人中,有74人来自银行系统(含省联社),占比超过七成。这一数据不仅表明银行系统是金融腐败的高发领域,也反映了国家对于银行系统腐败问题的重视。同时,监管部门、保险机构、金融集团、证券机构和其他金融机构也均有涉案人员,显示出金融反腐的全面性和深入性。在国有大行方面,工商银行、建设银行、农业银行、中国银行和交通银行成为金融反腐的重点对象。其中,工商银行有11人被查,建设银行有8人被查,农业银行和中国银行各有7人被查,交通银行有6人被查。这些国有大行在金融系统中占据重要地位,其反腐成效直接关系到整个金融系统的稳定和发展。政策性银行方面,国家开发银行、农业发展银行和进出口银行共有13人被查。其中,国家开发银行有7人被查,占比超过一半。这显示出政策性银行在金融反腐中同样扮演着重要角色。值得注意的是,从2023年中管干部被调查情况来看,除中国太平保险集团有限责任公司党委委员、副总经理肖星外,其余7人均具有银行背景。这一现象再次印证了银行系统在金融反腐中的核心地位。②

(二)信贷领域成重灾区

随着金融反腐力度的不断加大,银行系统内的腐败问题逐渐浮出水面,其中信

①② 数据资料根据中央纪委国家监委披露的信息整理总结得出。

贷审批环节成为腐败和犯罪的高发区。在这一领域,权钱交易频发,严重损害了金融系统的健康运行。

中央纪委国家监委的通报中,多名银行高管被指在信贷审批中违规操作,以权谋私。例如,刘连舸被指大肆违规插手信贷项目,违法发放贷款,造成重大金融风险。他不仅违规干预资金借贷,还私自留存涉密资料,利用职务之便为他人谋取私利,非法收受巨额财物。①类似地,李晓鹏也被指长期以权谋私,"靠金融吃金融",利用职务便利为他人在贷款融资、业务承揽等方面谋利,同样涉及巨额财物。②除了高层管理人员,多名国有大行省分行原行长也因信贷问题被立案调查。交通银行云南省分行原党委书记、行长李大军被指"管贷款吃贷款",违法审批发放贷款、出具金融票证,数额特别巨大。③中国银行江西省分行原党委书记、行长张东向则被指违规干预和插手贷款审批发放。④这些案例表明,信贷审批中的权钱交易已经渗透到银行系统的各个层级。

以贷谋私的一个主要表现是与贷款客户私相授受、不正当往来。在2023年多名落马高官的通报中,均涉及长期权钱交易往来。这些高官利用手中的权力,为贷款客户提供便利,并从中谋取私利。从已披露的部分案件细节来看,这些权钱交易的手法多样,有的通过收受回扣、好处费等方式直接获利,有的则通过利益输送、权力寻租等方式间接获利。

(三)退休即是"安全港"的想法被打破

在2023年的金融反腐工作中,一个显著的特点是多名退休或临近退休的官员被查。这些官员或已享受退休生活多年,或即将步入退休,却突然因涉嫌严重违纪违法而接受调查,显示出金融反腐的深入和持续。唐双宁是其中一个典型案例。

---

① 《中国银行原党委书记、董事长刘连舸接受中央纪委国家监委纪律审查和监察调查》,载中央纪委国家监委网2023年3月31日,https://www.ccdi.gov.cn/scdcn/zggb/zjsc/202303/t20230331_256183.html,2024年10月9日最后访问。

② 《中国光大集团股份公司原党委书记、董事长李晓鹏接受中央纪委国家监委纪律审查和监察调查》,载中央纪委国家监委网2023年4月5日,https://www.ccdi.gov.cn/toutiaon/202304/t20230405_256784.html,2024年10月9日最后访问。

③ 《交通银行云南省分行原党委书记、行长李大军接受审查调查》,载中央纪委国家监委网2023年5月8日,https://www.ccdi.gov.cn/yaowenn/202305/t20230508_263010.html,2024年10月9日最后访问。

④ 《中国银行江西省分行原党委书记、行长张东向接受审查调查》,载中央纪委国家监委网2023年6月24日,https://www.ccdi.gov.cn/yaowenn/202306/t20230624_271384.html,2024年4月25日最后访问。

他出生于1954年,于2017年12月卸任光大集团董事长、党委书记。然而,在退休后的六年里,他因涉嫌严重违纪违法,于2023年接受中央纪委国家监委的纪律审查和监察调查。①类似的情况还发生在张红力身上,他在2018年因“家庭原因”辞任工行副行长,但五年后同样因涉嫌严重违纪违法被查。②除了已退休多年的官员,临近退休就被查的案例也不在少数。如国家开发银行原党委委员、副行长周清玉,他在2022年7月被免职,而按照规定,他本应于2022年9月退休。然而,在免职后的不久,他就因涉嫌严重违纪违法被查。

值得注意的是,金融反腐的处分进度也在加快。许多年内被调查的金融干部已被处分。以周清玉为例,他在2023年5月接受调查后,短短几个月内就被开除党籍,显示出金融反腐的高效和严厉。③这些案例再次表明,金融反腐没有终点,任何时间点都可能成为“反腐”的起点。无论官员是否退休,只要涉嫌违纪违法,都将受到严肃查处。这也提醒广大金融从业人员,要时刻保持清醒的头脑,坚守职业道德和法律法规底线,共同营造风清气正的金融环境。

四、金融领域新型职务犯罪的特点分析

(一)犯罪更加专业化、复杂化

随着我国金融行业的快速发展,对从业人员的资历和专业知识的要求也日益提高。金融行业中能够升任到中层及以上职位的管理人员,普遍具备较高的专业化水平,这使得他们在日常工作中能够高效处理复杂的金融业务。然而,这种高度专业化也带来了一个潜在的风险:这些掌握着一定权力的管理人员容易成为金融领域职务犯罪的高风险人群。近年来,金融领域腐败案件频发,案件中一些银行行长、副行长等高管干部因各种原因走上了腐败的违法犯罪之路。这些腐败案件往

---

① 《中国光大集团股份公司原党委书记、董事长唐双宁接受中央纪委国家监委纪律审查和监察调查》,载中央纪委国家监委网2023年7月15日,https://www.ccdi.gov.cn/scdcn/zggb/zjsc/202307/t20230717_275865.html,2024年10月9日最后访问。

② 《中国工商银行原党委委员、副行长张红力接受中央纪委国家监委纪律审查和监察调查》,载中央纪委国家监委网2023年11月4日,https://www.ccdi.gov.cn/toutiaon/202311/t20231104_305117.html,2024年10月9日最后访问。

③ 《国家开发银行原党委委员、副行长周清玉接受中央纪委国家监委审查调查》,载中央纪委国家监委网2023年5月19日,https://www.ccdi.gov.cn/toutiaon/202305/t20230519_265123.html,2024年10月9日最后访问。

往呈现出专业化程度较高、证据链条较长、手段新颖灵活的特点,使得查处工作面临极大的挑战。

在以货币周转为主的业务经营过程中,金融领域职务犯罪案件尤为复杂。单笔业务可能涉及多个金融部门和多个专业岗位,每个岗位都有其特定的职责和操作流程,这使得腐败行为可能隐藏在多个环节之中,不易被察觉。同时,由于金融业务的高度专业性和复杂性,调查人员需要具备丰富的金融知识和经验,才能准确识别和分析腐败行为,这无疑增加了监督的难度。更为复杂的是,一些腐败分子故意针对跨市场、跨行业、跨系统交易设置多套编码规则,形成所谓的"信息孤岛"。这些"信息孤岛"使得交易信息被割裂,难以追溯和验证,为腐败行为提供了隐蔽的空间。这种高度隐蔽的腐败手段,使得调查人员难以获取完整的证据链条,进一步加大了查处的难度。

（二）犯罪手段隐蔽性增强

党的十八大以来,各级纪检监委在反腐败斗争中展现了前所未有的坚定决心和积极行动。他们坚守无禁区、全覆盖、零容忍的原则,将反腐败的利剑直指金融领域这一历来腐败风险较高的领域。然而,随着反腐败斗争的逐步深入,金融领域的腐败行为却呈现出隐蔽性日益增强的新特点。

腐败分子为了规避监管和逃避法律制裁,往往会在实施腐败行为之前进行周密的预谋和策划,确保这些行为只被直接涉及的少数人知晓。这种高度的保密性使得这些腐败行为更加难以被外界察觉和发现。同时,腐败分子还善于利用金融领域的专业知识和工具,将腐败行为包装成看似合法合规的形式,如通过复杂的结构化产品、股权代持、内幕交易和业务合作等手段,使得腐败行为在表面上看起来与正常的金融活动无异。更为隐蔽和复杂的是,腐败分子还采用"期权腐败"等手段,将腐败收益长期化和隐蔽化。①例如,他们可能会为企业家提供利率低、周期长、额度大的优惠贷款,并在其退休后或跳槽后变现,从而实现腐败收益的延迟和隐蔽。这种手段使得腐败行为更加难以被追踪和查证,也增加了查处的难度。高科技手段和现代金融工具的快速发展也为腐败分子提供了更多的便利和掩护。一些腐败分子利用电脑技术篡改账目、隔离资金流和信息流,使得腐败行为在账目上

---

① 李志红:《金融领域腐败问题的特征、成因与治理》,载《中国银行业》2023年第8期。

看起来毫无异常。还有一些腐败分子则打着"金融创新"的幌子,进行跨行业、跨市场、跨地域的交易,以此来隐藏和掩盖腐败行为。同时,他们还可能利用股权代持、期权定价、资产置换、夹层融资等非现金形式的资本运作手段,来获取腐败收益,进一步增加了腐败行为的隐蔽性和复杂性。

(三) 犯罪涉及面广泛

早期的金融领域职务犯罪主要集中发生在银行系统内部,但随着市场经济的快速发展以及金融业务和领域的不断拓展,金融领域职务犯罪的现象已经发生了显著的变化。近年来,金融领域职务犯罪不仅出现了多名管理人员共同联手作案的"团伙式腐败",而且其涉及领域已经从银行系统内部扩展到更为广泛的社会领域,牵扯到更为复杂的社会关系。

金融行业作为经营货币的特殊行业,直接掌握着大量货币资产,其业务特点决定了该领域触及的社会关系十分广泛。金融机构与其他机构、个体之间的业务关系日益密切,这为金融领域职务犯罪提供了更多的滋生土壤。在这种广泛的社会关系和业务关系驱动下,金融领域职务犯罪的涉及面变得更加广泛。从近年来查处的金融领域职务犯罪案件来看,金融领域职务犯罪不仅发生在货币市场、资本市场等传统的金融领域,还渗透到了与金融相关的各个社会层面。亲缘案、业缘案、窝案、串案、长链条案等形式的腐败案件较为常见,涉及的单位和个人的范围之广令人震惊。①这些腐败案件往往涉及多个领域、多个部门和多个层级,形成了一个错综复杂的腐败网络。

(四) 犯罪潜伏期较长

随着金融行业的迅猛发展,金融领域职务犯罪的潜伏期呈现出明显的延长趋势。这一现象背后隐藏着信息经济学和文化社会学等多方面的深刻原因。从信息经济学的视角看,金融领域职务犯罪分子在腐败过程中通常拥有信息优势。金融业务的复杂性和专业性使得腐败行为能够被精心策划和巧妙掩饰。相比之下,各级各类监督机构和广大人民群众往往难以获取全面、准确的信息,导致金融领域职务犯罪被查处的时间周期延长。腐败分子利用信息不对称,在暗处操纵资金、利益输送,而监管者和公众则难以察觉。文化社会学视角揭示了金融领域"圈子文化"

---

① 周义程:《金融腐败新动向及其治理》,载《人民论坛》2022 年第 16 期。

对腐败潜伏期的影响。近年来,金融领域"圈子文化"的盛行加剧了腐败风险的隐蔽性。在这种不良文化的影响下,腐败案件的线索容易被"圈内人"隐藏和切断,形成了一种保护腐败的"屏障"。腐败分子之间可能形成利益共同体,相互庇护,使得腐败行为更加难以被外界察觉和查处。

此外,金融领域职务犯罪的隐蔽性和专业化程度也是导致其潜伏期延长的重要原因。随着金融业务的不断创新和复杂化,腐败分子能够利用更加隐蔽和专业的手段来实施腐败行为。这些行为往往被包装成合法的形式,或者通过跨行业、跨市场、跨地域的交易来隐藏腐败痕迹。这使得腐败行为更加难以被追踪和查证,从而延长了金融领域职务犯罪的潜伏期。

五、金融领域新型职务犯罪的原因分析

(一) 内控机制不完善

金融腐败的频发往往与内控机制的不完善紧密相关。内控机制作为金融机构内部管理和风险防控的重要工具,其健全性和有效性直接关系到金融机构的稳健运营和反腐败工作的效果。一些金融机构在建立健全内控机制方面存在意识欠缺。他们往往没有将内控机制贯穿于决策、执行和监督的全过程,忽视了内控在金融机构日常运营中的重要作用。这种缺乏全面性和系统性的内控机制,使得金融机构在面临风险和挑战时显得脆弱不堪,容易滋生腐败行为。即使部分金融机构建立了内控机制,但在实际运用和执行过程中也存在不足。这些机构可能没有充分发挥内控机制的作用,或者执行不严格,导致内控机制形同虚设。特别是在对高级管理人员的内部控制方面,往往存在明显的薄弱环节。高级管理人员的权力过于集中,尤其是在"一长制"现象较为突出的金融机构中,人权、事权和财权等核心权力过于集中在"一把手"身上,而对其的监督却相对薄弱。①董事会、监事会等监督机构的作用没有得到充分发挥,甚至在某些金融机构中形同虚设。

(二) 监督机制缺位

金融领域职务犯罪的监督机制本应是一个多层次、全方位的体系,包括金融机构的自律监督、金融监管机构的外部行业社会监管、财税审计的外部社会监管、纪

① 周义程:《金融腐败新动向及其治理》,载《人民论坛》2022年第16期。

检监察机关的专责监督、公检法机关的法律监督以及社会监督六大支柱。然而,从实际操作来看,这套体系在某些环节上仍存在明显的短板和缺位,导致金融腐败案件时有发生。

一方面,金融腐败案件依然存在着权钱交易的老套路。例如,利用信贷审批权设租寻租、违反国家规定发放贷款、挪用金融资金获取利益、违规投资经营等行为,都是金融腐败的常见手段。这些行为不仅损害了金融机构的声誉和利益,也破坏了金融市场的公平竞争环境。另一方面,随着金融业务的不断创新和复杂化,金融腐败也出现了一些新情况和新特点。比如,利用信托受益权转让、融资财务顾问等金融交易大肆敛财,这些行为隐蔽性强、涉及面广,给监管和查处带来了极大的困难。

(三) 相关法律法规不健全

在金融领域,相关法律法规的健全与完善是遏制金融腐败的重要基石。然而,目前我国在金融法律法规建设方面仍存在一些明显的不足和滞后,这些不足不仅限制了金融市场的健康发展,也为金融腐败的滋生提供了土壤。

我国金融管理对行政手段的依赖程度较高,这在一定程度上导致了金融立法相对滞后。行政手段虽然能够迅速应对金融市场的突发情况,但其灵活性和针对性有限,难以对金融市场的长期发展提供稳定的法律保障。同时,过度依赖行政手段也容易导致金融监管机构权力过大,滋生腐败现象。同时,我国金融法律法规在内容上存在一些缺陷和不足。例如,《刑法》作为惩治犯罪的基本法律,对金融领域的新型违法犯罪问题尚缺乏系统的规定。这使得一些新型金融犯罪行为难以得到有效的法律制裁,为金融腐败的滋生提供了空间。此外,《银行业监督管理法》和《证券公司监督管理条例》等监管法律在惩治金融腐败问题上也涉及较少,难以对金融机构的违法违规行为形成有效的威慑。随着互联网金融等新兴金融业态的快速发展,金融市场的风险点也在不断增多,但相应的法律法规却没有及时跟上,导致一些互联网金融平台成为金融腐败的温床。

六、基于犯罪学角度的治理对策

(一) 建立多元治理机制

1. 完善刑事法律的主导作用

在金融领域职务犯罪的治理中,实现刑事治理现代化是一个重要的方向。

这包括从刑事立法上实现从事后刑法向预防刑法的转变,这意味着不仅要对已经发生的腐败行为进行惩处,更要通过立法和制度设计来预防腐败的发生。在立法过程中,需要充分考虑犯罪学的原理,理解腐败犯罪的成因、动机和规律,以制定更为有效的刑事政策。同时,要结合行刑学的实践,确保法律的实施能够真正达到预防和惩治腐败犯罪的目的。[①]在金融领域职务犯罪的认定中,往往采用“定性+定量”的定罪模式。这意味着在认定犯罪时,不仅要考虑行为的性质是否符合犯罪构成要件,还要考虑行为涉及的金额或数量是否达到法定标准。例如,在贪污罪和受贿罪的认定中,既要关注涉案金额的大小,也要考虑犯罪情节的轻重。

从刑事司法角度,加强金融法与刑法的协调性对于有效打击金融领域职务犯罪至关重要。目前,金融法体系庞大但针对腐败问题的规范相对较少,且表述不统一。例如《证券法》《人民银行法》和《银行业监督管理法》等法律对腐败行为的描述各不相同,这在一定程度上影响了刑法的适用和腐败犯罪的认定。[②]我国《刑法》中没有专门的“腐败罪”,腐败行为是通过多个罪名和条文进行规制的。在互联网金融快速发展的背景下,金融领域腐败类型多样化,需要进一步完善法律中对腐败问题的规定。可以采用不完全列举的方式,明确腐败类型,并在各部法律中尽可能使表述协调一致,以便金融法与刑法在腐败问题上的规定能够更顺畅地衔接。这样不仅能够提升法律适用的一致性,还能更有效地预防和打击金融领域的腐败犯罪。

2. 发挥金融法监管时效

为有效预防金融领域职务犯罪,金融法领域应实现由管制向监管的转变,并强化事前防控和事中把握。这一转变的核心在于建立健全信息披露和风险预警制度,这不仅有助于监管部门对金融活动进行持续性的跟进和监控,使腐败行为难以遁形,还能促进金融活动的透明化和规范化,确保金融行业的健康、稳定发展。在互联网金融时代,金融活动的复杂性和广泛性前所未有,一种金融活动可能横跨多个金融业务领域,形成复杂的链条,涉及多方参与。因此,单一职能的监管部门已

---

① 赵秉志、詹奇玮:《新时代反腐败刑事政策视野下的刑事司法论纲》,载《上海政法学院学报(法治论丛)》2022年第1期。

② 高羽泽:《金融领域腐败犯罪治理对策研究》,北方工业大学2023年硕士学位论文。

难以应对这种变化,必须转向多部门协同监管的模式。这要求金融监管部门之间,以及金融监管部门与纪检监察机关、司法机关之间建立紧密的信息共享和协同执法机制,形成制度合力,共同提高金融领域职务犯罪风险防范的效能。通过跨部门合作,可以更全面地掌握金融活动的动态和风险,及时发现和打击腐败犯罪行为,保护金融市场的公平和秩序。

(二)完善金融机构内部治理机制

在预防和打击金融领域职务犯罪的道路上,我们需要从多个层面加强监管和制度建设。首先,金融机构必须加强党建工作,明确管党治党的主体责任。各级党组织的主要领导应切实承担起金融领域反腐败的主体责任和领导责任,确保党的方针政策在金融工作中得到全面贯彻。其次,要完善公司治理结构。健全股东代表大会制度和董事会制度,确保高级管理层真正向股东代表大会和董事会负责。通过引入董事决策机制,强化董事会的决策职能,使其成为金融机构真正的决策核心。在董事会中设立反腐败工作委员会,将金融反腐纳入董事会的重要职责范围,以加强反腐败工作的组织领导和协调。优化监事会的职责,加强其对金融机构内控机制建设、工作人员履职尽责情况、财务制度执行情况以及腐败问题线索处置情况的监督。确保监事会能够有效地履行其监督职能,为金融机构的稳健运行提供有力保障。最后,要规范领导决策机制。优化金融机构领导班子决策议事规则,确保决策过程民主、科学、规范。坚决防止"一把手"独断专行、简单粗暴和搞"一言堂",确保决策的科学性和民主性。

(三)发挥派驻纪检监察机构的职能作用

在加强对金融机构的反腐败工作中,应重点关注纪检监察组的角色和作用,确保其对金融机构内部活动的有效监督。增强派驻金融机构纪检监察组的独立性,确保其在执行监督任务时不受外界干扰,能够独立、公正地履行职责。同时,应推动纪检监察组与监事会、稽核审计等部门形成优势互补和协同配合的工作机制。各部门之间应建立有效的沟通渠道,共同分享信息,形成监督合力,以实现对金融机构工作人员的事前、事中、事后全过程有效监督。纪检监察组应通过深入剖析典型腐败案件,帮助金融机构对照查找制度漏洞。这要求纪检监察组具备专业的分析能力和丰富的经验,能够准确地找出问题所在。在找出问题后,纪检监察组应协助金融机构制定改进措施,进一步扎牢不能腐的制度笼子。通过完善制度漏洞，可以从根本上减少腐败行为的发生，提高金融机构的风险防控能力。

（四）深化金融信息技术共治

1. 充分利用区块链技术

区块链技术以其去中心化、分布式账本、智能合约和唯一时间戳等核心特征，为金融领域带来了不可篡改、可追溯和透明共享的数据管理方式。这一技术革新使得金融数据不再依赖于单一机构管理，而是允许所有金融业务参与主体共同记账，确保账本的最新内容对所有主体都是透明可查的，从而有效防止了数据被私自篡改的风险。①区块链技术的应用使得金融交易过程中的各项数据得以完整记录，资金的流向、用途和交易过程都能被准确追踪，监管活动和审计记录也得以实时保存和随时查阅。这大幅提升了金融活动的透明度和可监管性，为监管部门提供了更为准确和全面的信息支持。

建立以区块链为纽带的信息共享机制，可以实现金融机构、监管部门和客户之间的实时数据报送和发布。这种信息共享不仅强化了监管部门之间的协同合作，还提升了监管部门对腐败犯罪的预判、发掘和侦查调查能力。通过构建多部门之间共享的金融监管信息和综合监管信息平台，我们能够更有效地预防和打击金融领域的腐败犯罪，保障金融行业的健康发展。

2. 充分利用人工智能技术

充分利用人工智能技术对于预防和打击金融领域职务犯罪具有显著优势。人工智能具有强大的整合和分析能力，可以建立金融领域专门的腐败案例数据库。通过深入研究当前新型腐败和隐性腐败的特点和规律，可以发现腐败犯罪的高发领域和共性原因，从而深究腐败犯罪背后可能存在的监管漏洞和制度缺失。这种辅助性的分析和决策作用有助于从源头上预防腐败犯罪的发生。同时人工智能可以与大数据和区块链技术形成合力，实现更高效的数据处理和分析。无论是大数据还是区块链，它们都包含了海量的信息内容。相较于人力，人工智能能够全时段、准确、稳定、高效地对这些数据进行分析、筛选和追踪。这不仅可以解放用于复核和调查异常情况的大量人力，还能使整个监管过程更加高效且有针对性。②此

① 黎晓宏：《金融反腐论》，中信出版集团 2017 年版，第 307 页。
② 李辉：《当前腐败新动向的核心特征与治理之策》，载《人民论坛》2021 年第 22 期。

外,利用安全系统完备的人工智能来处理数据,可以更好地降低秘密信息泄露的风险,提升数据的安全性。在金融领域,数据的安全性和保密性至关重要,而人工智能技术的应用可以为我们提供更加可靠的保障。因此,充分利用人工智能技术不仅可以提升我们对金融领域职务犯罪的预防和打击能力,还能使整个监管过程更加高效、有针对性,并提升数据的安全性。因此,我们应该积极探索和推广人工智能技术在金融监管领域的应用。

第七节 涉税犯罪典型案例研究报告:邢某某虚开增值税专用发票案[①]

一、案情简介

被告人邢某某为安徽省芜湖市某工程有限公司的实际控制人。2018 年 5 月至 2019 年 11 月,邢某某为获得足够增值税专用发票至税务机关认证抵扣税款,在与他人无真实交易的情况下,利用实际控制的芜湖某工程有限公司,采取支付票面金额 6%至 7%开票费的方式,伙同他人为自己实际控制的上述公司虚开增值税专用发票 13 份,全部申报抵扣增值税进项税额,涉及金额 123 万余元,税额 17 万余元,价税合计 140 万余元。被告人邢某某经公安机关电话通知到案,如实供述犯罪事实,并补缴全部税款。安徽省芜湖市湾沚区人民法院于 2022 年 9 月 29 日作出(2022)皖 0210 刑初 106 号刑事判决:被告人邢某某犯虚开增值税专用发票罪,判处拘役一个月,并处罚金人民币 2 万元。宣判后,被告人邢某某提出上诉。

在二审程序中,被告人邢某某提出企业整改的申请。安徽省芜湖市中级人民法院经听取检察机关意见建议,认为邢某某作为涉案小型民营企业实际控制人,为解决企业进项票不足问题而虚开增值税专用发票,案发后已补缴全部税款,涉案企业符合合规整改条件,同意对邢某某实际控制的芜湖某工程有限公司开展企业刑事合规整改。在安徽省芜湖市中级人民法院主导下,启动对涉案企业监管考察。

---

① 本节由倪铁、李士昊合作完成。

考察期内,涉案企业积极整改落实,明确合规职责,加强管理防范,经第三方监管组织评估,认为已完成合规整改,验收考察通过。安徽省芜湖市中级人民法院于2023年4月27日作出(2022)皖02刑终186号刑事判决:被告人邢某某犯虚开增值税专用发票罪,免予刑事处罚。

二、入选理由

(一)对企业整改具有示范效应

在法律语境下,狭义的企业整改就是刑事激励下的刑事整改,即为规避企业或员工的行为所带来的刑事风险,通过刑事政策上的正向激励和责任归属,从而推动企业以刑事法律的标准来评估和预防公司的刑事风险。[①]邢某某虚开增值税专用发票案的处理方式和结果对于以后类似案件具有先导和示范作用。该案例突出了企业刑事整改在涉税犯罪中的角色,体现了司法创新和对传统刑事司法理念的补充。这是首个在司法实践中明确将企业刑事整改作为减轻或免除刑事处罚依据的案件,这种创新做法对其他地区的司法机关处理类似案件具有启发意义。案件的处理强调了企业刑事整改的重要性,不仅考虑了惩罚犯罪行为,还考虑了促使企业改正错误、回归正轨的可能性。这表明司法机关向所有企业传达了一个重要信息,即鼓励推动企业自觉遵守法律法规,建立和完善内部合规体系。这对于增强企业法治意识、引导企业合法经营具有显著的教育和引导作用,有助于实现刑事司法的社会效果和法律效果的统一。

(二)体现了宽严相济的刑事政策

宽严相济是我国的基本刑事政策,其要旨是该宽则宽、当严则严、以严济宽、以宽济严。2023年全国税务部门依法查处涉嫌违法纳税人13.5万户,配合公安部门对8228名犯罪嫌疑人采取了强制措施,539名犯罪嫌疑人投案自首,[②]体现了我国对涉税犯罪“严打”的态度,维护了法治公平的经济税收秩序。本案在案件侦查和审理过程中,公安机关和法院依法对邢某某的虚开增值税专用发票等行为进行了

① 参见向万斌、王斌:《检察机关语境下涉税犯罪企业合规实务问题研究》,载《上海公安学院学报》2022年第2期。

② 参见国家税务总局:《2023年中国税务部门查处涉嫌违法纳税人13.5万户》,载国家税务总局网2024年1月19日,https://www.chinatax.gov.cn:8443/chinatax/n810219/n810780/c5220702/content.html,2024年10月9日最后访问。

严格的审查和惩处,一审判决便体现了对涉税犯罪的严肃态度和法律的权威。随后的二审裁判认为尽管邢某某的行为构成了犯罪,但考虑到其案发后主动补缴全部税款,并且涉案企业符合合规整改条件,法院最终决定对其免予刑事处罚。符合我国宽严相济的刑事政策,不仅体现了司法的宽容和教育的目的,也体现了法治原则与人权保障的统一,既不放纵犯罪,也避免过度惩罚,旨在通过科学合理的刑罚手段,维护社会的和谐稳定。

(三)具有典型的法治引导意义

邢某某虚开增值税专用发票案具有深刻的法治引导意义,不仅因为它揭示了涉税犯罪中企业刑事整改导致量刑界限的模糊性,而且因为它体现了法治原则的具体实践。在此案中,法院严格依法审理并判决,彰显了法律的权威和严肃性。同时,本案也使应当免予刑事处罚的犯罪行为人免受刑罚,在依法追究刑事责任的同时,持有文明善意的司法理念,积极主导企业刑事整改,这是法治精神、法治原则的体现。

此外,从公民教育的角度而言,通过这一典型案例能够强化公民的纳税意识、增强公民对违法行为的检举揭发意识,以此共同维护一个良好的税收环境,加强公民对案件的审判流程及结果进行监督,从而有助于强化对司法公正的监督,促进社会共治。值得一提的是,邢某某虚开增值税专用发票案作为2023年人民法院案例库的典型案例,后续跟进的报道以及公示于众的审判流程及结果会使得相关群众或法律从业者有更全面的了解。这能够使公民对案件的经过产生认识,并对其审判流程及审判结果进行监督。一方面强化了对于司法公正的监督,另一方面通过对于典型案例的学习增强公民的守法意识及其护法能力。

三、企业涉税犯罪的发展趋势

(一)新发案件大幅下降

在中国裁判文书网以“企业、刑事案件、虚开增值税专用发票”为关键词进行模糊搜索,得到2013—2023年内企业中虚开增值税专用发票罪的刑事裁判书数量变化(见图3-10)如下①:

---

① 数据来源:载中国裁判文书网2024年5月7日,https://wenshu.court.gov.cn。

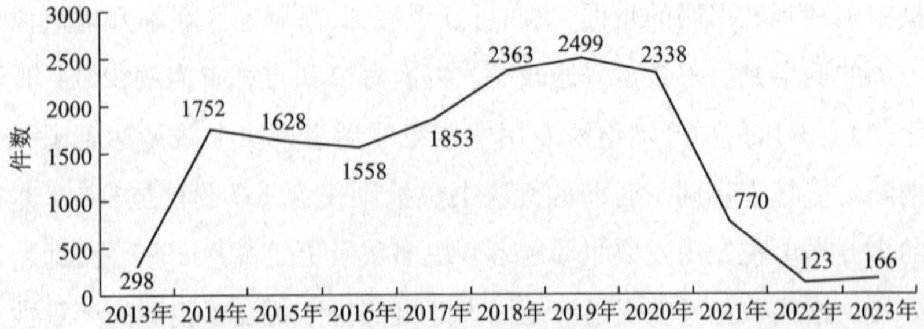

图 3-10 企业虚开增值税专用发票罪刑事裁判书数量变化图

此类案件出现过两次波峰分别是 2014 年和 2019 年。一方面与 2014 年公安部集中开展“猎狐 2014”缉捕在逃境外经济犯罪嫌疑人专项行动有关,集中力量打击相关犯罪,显著加大了打击力度和侦查资源的投入,取得了明显效果;①另一方面到了 2019 年,公安部将工作重点转向打击涉税犯罪,并且加大了与国际合作的力度,成功抓获了一些外逃的犯罪分子,这也是 2019 年案件数达到第二个高峰的原因。另外,从 2018 年至 2020 年,每年的案件数量都保持在 2000 起以上,但到了 2021 年,案件数量急剧下降,这一变化从一个侧面反映了公安部行动在打击涉税犯罪方面的有效性。

(二) 罪名分布沿海地区占比较高

以上文裁判文书网搜集到的数据为基础,对其进行地区划分②(见图 3-11):

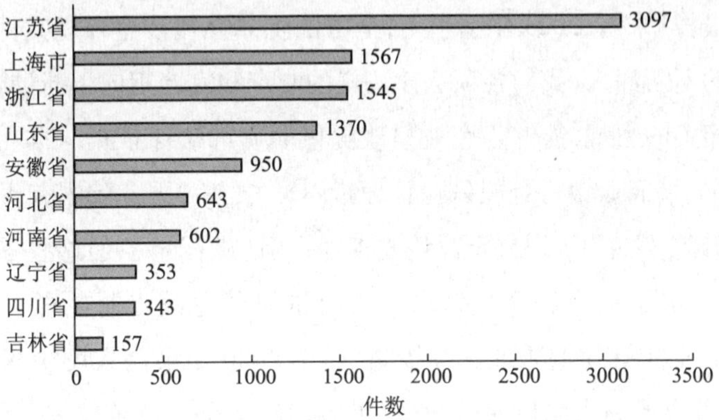

图 3-11 2014—2023 年各省份虚开增值税专用发票案件数量对比

① 公安部:《公安部部署开展“猎狐 2014”缉捕在逃境外经济犯罪嫌疑人专项行动》,载中华人民共和国公安部网 2014 年 7 月 22 日,https://www.mps.gov.cn/n2254314/n2254487/c4917126/content.html, 2024 年 10 月 9 日最后访问。

② 数据来源:载中国裁判文书网 2024 年 5 月 7 日,https://wenshu.court.gov.cn。

根据中国裁判文书网的数据,我们可以观察到,沿海地区在虚开增值税专用发票犯罪方面的刑事判决书数量普遍较高。以上海市和吉林省为例,2014 年至 2023 年这十年间,上海市的虚开增值税专用发票犯罪刑事判决书数量达到了 1567 份,而位于内陆的吉林省在同一时期的判决书数量则仅为 157 份。同样,江苏省在这十年间的虚开增值税专用发票犯罪刑事判决书数量更是高达 3097 份,远超过四川省的 343 份。这些数据反映出沿海地区虚开增值税专用发票犯罪的严重性。沿海地区经济发达,商业活动频繁,这为虚开增值税专用发票犯罪提供了更多的机会。同时,沿海地区的司法体系可能更为严格,对于此类犯罪的打击力度更大,从而导致判决书数量的增加。这些数据也提醒我们,对于沿海地区来说,加强对虚开增值税专用发票犯罪的打击力度,提高司法效率,是维护税收秩序和公平竞争的重要举措。同时,对于内陆地区而言,也应提高警惕,加强监管,防止此类犯罪的发生。

四、企业涉税犯罪的特点

(一)"企业刑事整改"因素在企业涉税案件认定中的地位有所提升

据 2023 年 8 月 22 日最高人民法院发布的《关于人民法院开展涉案企业合规改革的调研报告》来看,2023 年上半年,全国法院共办理涉企合规案件 508 件。随着法治建设的不断深入,我们各项法律法规的制定和完善迈向了新的台阶,特别是与企业整改相关的法规,能够为企业整改提供明确的法律依据。早在 2006 年,原银监会就发布了《商业银行合规风险管理指引》。之后,国务院国有资产监督管理委员会于 2018 年发布了《中央企业整改管理指引(试行)》。但这些零散的企业改革并不深入,局限于央企和金融领域且带有浓厚的行政强制色彩。真正将合规理念覆盖所有企业且切实采取激励措施,始于 2020 年最高人民检察院开展的涉案企业改革。①自最高人民检察院 2020 年启动涉案企业改革以来,企业刑事整改逐渐在全国范围内形成一股潮流,并首先在刑事司法领域取得阶段性成效,正在探索出"一种'互惠共赢'的企业犯罪治理新模式"。②这使得在企业涉税案件中,法律

① 胡裕岭:《涉案企业合规改革中刑行衔接的困境与对策》,载《税务研究》2024 年第 4 期。
② 参见李奋飞:《论涉案企业合规的全流程从宽》,载《中国法学》2023 年第 4 期。

对于企业整改的要求更加明确，也使得法院在审理案件时更加重视企业的合规情况。

监管机构的重视也是提升企业刑事整改因素地位的重要原因。税务、审计、市场监管等相关部门日益重视企业的合规问题，对企业的财务报表、税务申报等进行严格审查，以确保企业遵守相关法律法规。这种严格的监管环境使得企业在涉税案件中很难逃脱法律的制裁，因此企业必须重视合规问题。在司法实践中，法院在审理企业涉税案件时，越来越多地考虑到企业的合规状况。对于能够证明自身已建立有效合规体系的企业，法院可能会在判决时给予从轻或减轻的处罚。这种司法实践不仅使得企业刑事整改得到了法律的认可，也鼓励了企业进行合规整改。企业刑事整改因素在企业涉税案件认定中的地位提升，是中国法治进步、市场监管加强、企业自我提升和国际标准对接等多方面因素共同作用的结果。这种提升不仅有助于维护税收秩序和公平竞争，也有助于推动企业依法守规经营，促进社会的和谐发展。

（二）技术性手段增强

在涉税犯罪的早期阶段，犯罪嫌疑人通常通过线下实体操作和联系来实施犯罪，如利用领购的增值税发票进行虚开。这种方式的局限性较大，一旦犯罪实施，很容易被侦查机关发现和侦破，所以当时的犯罪黑数相对较少。然而，随着科技的发展，尤其是“互联网+”时代的到来，涉税犯罪也获得了科技的支持，使得犯罪行为更快、更隐蔽，企业自然而然地成了涉税犯罪的滋生地。

一方面，犯罪团伙的通信方式已经从传统的线下模式转变为线上和线下相结合的模式。在传统模式下，犯罪团伙主要依靠现实社会网络的直接联系来维持其联系，这限制了犯罪信息的传播速度，并可能被侦查机关通过特情侦查手段获取关键性证据。而在数据时代背景下，犯罪信息可以通过现实社会网络、移动通信网络和在线社会网络组成的混合网络环境进行高效传递，使得犯罪规模能够突破地域和时间的限制，犯罪层级也变得更加多层化和链条化。①物流业和互联网金融业的发展，以及犯罪活动从线下实体运营转为线上虚拟运营，使得侦查机关难以获取关

① 参见王舰、王志宏、张乐军：《复杂网络演变的舆论动力学模型及仿真分析》，载《计算机应用》2018年第4期。

键性证据。此外,“互联网+”模式使得犯罪嫌疑人能够利用微信、邮箱等电子通信手段进行联系,并通过第三方支付平台进行线上资金往来。有些犯罪嫌疑人甚至通过“暗网”进行电子通信和资金链的流动,这对侦查工作提出了更大的挑战。例如,在曹某、李某某虚开增值税专用发票案①中,犯罪人之间通过电话、微信等现代电子通信手段进行联系,并利用互联网在网络中招募社会闲杂人员担任其空壳公司的法定代表人,通过微信进行资金流通和交易。

另一方面,犯罪手段也发生了变化,从伪造发票虚开转向利用真票虚开。金税工程三期的实施进一步压缩了传统涉税犯罪的空间,并建立了一套涵盖所有税种的主要征收环节的税收管理信息系统,基于大数据进行征税和管税。电子发票的推行也进一步压缩了伪造发票、虚开发票的生存空间。各执法部门的联合和信息互通完善了信息平台的建立,为犯罪打击提供了强力支援。因此,犯罪嫌疑人已经转向利用真发票进行虚开骗税。其中,两种行为方式最为典型且危险。第一种是犯罪嫌疑人利用技术手段侵入税务机关内部系统,调取内部数据,套打可以经过系统检验的发票,即“暴力虚开”。例如 2017 年广州市海珠区人民法院判决的一起案例中,张某研制并出售非法软件,利用该软件暴力侵入税务机构内部系统套打假发票,涉案范围达到全国 30 多个省份。②第二种是联合税务机关内部人员或涉税服务人员一同犯罪,由相关人员利用内部系统虚开发票。例如,国家税务总局公开的典型案例中的“新疆乌鲁木齐税务部门依法查处中介涉税违法案”,在该案中,闫某某及数名独立从事涉税服务人员与虚开团伙相勾结,以税务代理为掩护,虚假注册空壳公司,违规办理实名认证、变更登记、领用发票、代理记账,违法套用疫情防控税收优惠政策并对外虚开发票,虚开发票 1.7 万份,价税合计金额 15.94 亿元。③

(三)涉税案件企业整改旨在从检察阶段逐步向审判阶段扩展

一直以来,检察机关在涉案企业改革中占据主导地位,审判机关处于客体地位。2023 年 8 月,《人民法院报》发布了最高人民法院刑事审判第二庭编撰的《关于人民法院开展涉案企业合规改革的调研报告》。报告显示,2023 年上半年全国

① 湖南省衡阳市中级人民法院(2021)湘 04 刑终 95 号刑事判决书。
② 广州市海珠区人民法院(2016)粤 0105 刑初 1040 号刑事判决书。
③ 新疆维吾尔自治区乌鲁木齐市沙依巴克区人民法院(2021)新 0103 执 5501 号执行裁定书。

法院共办理涉企合规案件508件,其中,一审阶段涉企合规案件495件,二审阶段涉企合规案件13件。正在审理的单位犯罪案件,有超过70%的比例适用了涉企合规整改。①审判前企业刑事整改主要是预防违规行为的发生,通过建立和完善企业内部管理制度,确保企业运营在法律和道德的框架内进行。其侧重点在于对风险的预防和控制,通过制定和实施合规计划,培养合规文化,防止企业因违法行为而遭受法律制裁、财务损失或声誉损害。审判前的合规更多体现了企业主动进行自我管理和约束,体现企业的社会责任和自我提升的意愿。一审(审判)后的企业刑事整改通常是因为企业已经涉嫌违规或违法行为,需要在一审后采取整改措施,以满足法律要求,争取从轻或减轻处罚。侧重于问题的纠正和后续监管,通过整改措施,解决已经存在的问题,防止再次发生,同时向监管部门和社会公众展示企业的改过自新。其相比审判前更具被动性,企业是在法律制裁或监管压力下进行合规整改,有时可能伴随着一定的法律后果。

两者之间的关键区别在于时间的先后和采取合规措施的动力来源。审判前的合规是一种前瞻性的风险管理,而一审后的合规则是对已经发生问题的反应和补救。在制度性质上,应当认识到涉案企业改革旨在建构一种全新的事后修复出罪司法模式。该模式需要审判机关引导涉案企业通过合规降低行为的社会危害性和企业的再犯可能性,以此实现出罪和从宽。司法机关的最终目标是为了实现正义,从我国刑法对于犯罪应当受到刑法惩罚的条文中可以看出,我国司法最终追求的是实体正义。由此,审判机关应当以"实体正义"为立场,坚守自身在涉案企业改革中的主体地位,破解消极被动的制度适用现状。

五、企业涉税犯罪的原因分析

在对涉税犯罪原因的探讨中,刑事古典学派倾向于从犯罪者的自主决定出发,着重于个人内在动机的探究。与此相对,实证主义刑法理论则侧重于探讨个人之外的各种外部条件对犯罪行为的影响。目前,学术界普遍认为,对犯罪原因的理解应当融合主观与客观因素,从而形成一种更综合的分析视角。

---

① 《盘点2023十大企业合规事件(正面清单)》,载合规网2024年1月31日,https://csrcare.com/Cultrue/Show?id=2909,2024年10月9日最后访问。

(一) 主观因素

1. 犯罪人的心理因素

企业涉税犯罪中,犯罪人的心理因素对于犯罪的发生产生了巨大的推动作用,企业涉税犯罪的心理分析涉及对犯罪者内心活动和动机的深入探究。边沁的功利主义理论认为,人类的基本规律就是“避苦求乐”理论,这种本性支配着人类的一切思想和行为,人类的行为受两种基本动力的驱使,即追求快乐和避免痛苦。①犯罪者之所以选择犯罪,是因为他们评估了犯罪可能带来的好处与可能遭受的损失,当犯罪带来的利益超过了可能遭遇的不利后果时,他们便会决定实施犯罪行为。在企业涉税犯罪中,犯罪者会对涉税犯罪的风险与潜在回报进行评估,如果他们认为违法行为的潜在经济利益远大于被查处的可能性或处罚的严重性,他们可能更倾向于犯罪。刑法对于危害征收征管的 14 类罪名所设的刑罚均较轻,大部分为财产刑。加上“企业刑事整改”因素融入审判程序之中,犯罪人会在此因素的保底基础上评估犯罪,而评估的结果往往使得行为人倾向于实施犯罪。

另外,根据美国著名犯罪学家萨瑟兰(Edwin Hardin Sutherland)解释犯罪原因的学习理论来看,个体的行为模式受到观察学习和模仿的影响,所有的行为是从周围的文化中吸收过来的。违法犯罪不是由于所谓社会结构解体的产物,而是源于另一种社会与文化结构,在这种社会与文化结构中,赞同违法的论调超过了犯罪违法的论调。②如果犯罪者观察到他人通过涉税犯罪获得利益而未受到惩罚,他们可能模仿这种行为。以司法实践中“逃税罪”的认定为例,我国有“首罚不刑”的传统,这使得尚未违法犯罪的行为人在了解到此类行为不会受刑罚处罚时,会做出违法犯罪的行为,这便是“学习”“吸收”的结果。

2. 巨额的经济利益催生犯罪动力

企业涉税犯罪的一个主要原因是对巨额经济利益的追逐。这种利益驱动可能源自企业对短期财务收益的过度追求,或者是企业面临财务压力时的应对策略。一方面,企业通过逃税可以减少应缴纳的税款,直接增加企业的现金流,这对于资

① 应培礼主编:《犯罪学通论》,法律出版社 2016 年版,第 78—79 页。
② 应培礼主编:《犯罪学通论》,法律出版社 2016 年版,第 98—99 页。

金紧张或寻求最大化利润的企业来说是一个巨大的诱惑。另一方面，企业可能因为债务负担、投资失败或其他财务困难而面临巨大的压力，从而通过涉税犯罪来缓解这些压力。在激烈的市场竞争中，企业可能为了降低成本、提高价格竞争力而选择涉税犯罪，以便在市场中获得优势。在企业涉税犯罪中，涉案企业主要集中于小微企业，小微企业抗风险能力往往较差，在国内外经济环境不断变化中，企业难以维持，同时又缺乏守法经营观念，企业负责人便会一味地追求经济利益的最大化，罔顾法律风险，甚至是刑事法律风险，为获得非法利益，从而导致偷税、漏税犯罪频发，完全没有认识到犯罪所可能带来的极其严重的后果。①

（二）客观因素

1. 中小微企业整改的预警机制未成体系

对于我国的中小微企业来说，我国在开展合规不起诉改革之初，就与涉嫌犯罪的大型企业一视同仁地适用合规考察制度。②中小微企业在我国经济中扮演着重要的角色，然而由于资源有限，这些企业在资金、人力和技术方面往往面临诸多挑战。这些限制使得中小微企业难以建立一个全面、有效的合规体系，以确保企业运营的合法性和合规性。在资金方面，中小微企业往往无法投入大量资金用于合规管理。这使得它们难以聘请专业的合规团队，对企业的合规风险进行有效地识别、评估和控制。同时，缺乏资金也使得中小微企业难以购买先进的技术设备，以辅助合规管理。在人力方面，中小微企业往往缺乏足够的员工来承担合规管理工作。这使得企业难以对各个业务环节进行全面的合规监控，容易导致合规漏洞。此外，中小微企业的员工可能缺乏足够的合规知识和意识，这使得他们在实际工作中难以遵循合规规定，增加了企业面临法律风险的可能性。在技术方面，中小微企业往往无法采用先进的技术手段来辅助合规管理。这使得企业难以对大量的业务数据进行有效分析，以发现潜在的合规风险。同时，缺乏技术支持也使得中小微企业难以建立一个高效、便捷的合规信息传递和沟通机制。

相比之下，大型企业通常拥有充足的资源，可以投入合规管理中。这些企业可以聘请专业的合规团队，对企业的合规风险进行全面识别、评估和控制。同时，大

---

① 向万斌、王斌：《检察机关语境下涉税犯罪企业合规实务问题研究》，载《上海公安学院学报》2022年第2期。

② 参见陈瑞华：《中小微企业的合规计划》，载《民主与法制》2022年第11期。

型企业还可以定期对员工进行合规培训,增强员工的合规意识和能力。然而,中小微企业的管理层和员工往往对合规的重要性缺乏足够的认识。在一些情况下,为了追求短期利益,企业可能会忽视合规规定,甚至故意违反法律法规。这种文化氛围会导致企业整改体系形同虚设,难以发挥实际作用。此外,中小微企业的治理结构普遍存在缺陷。例如,法人与法定代表人或实际控制人之间存在"人格混同"的问题。在这种情况下,即便企业建立了合规管理体系,也可能流于形式,难以有效预防和识别违法犯罪行为。

2. 税收体系和相关法律法规存在缺陷

首先,根据我国刑法规定来看,涉税犯罪的刑事处罚相对较轻,难以发挥足够的威慑作用。尤其在涉及巨额骗税或逃税的情况下,判处三至七年的有期徒刑并处以财产刑,似乎不足以与犯罪行为的严重性相匹配。以逃税罪为例,逃税罪在自动缴纳税款后可免于刑事处罚,仅接受行政处罚,这进一步削弱了刑罚的威慑力,并可能与积极的刑事立法观念相悖。其次,在证据认定方面,现行法律与实践存在脱节,尤其是在骗取出口退税罪的情况下,需要有证据证明货物有虚假出口,这并不符合许多犯罪行为人通过其他方式进行的欺诈行为,体现出法律与犯罪手段之间存在明显的脱轨。此外,税务机构内部在认定涉税犯罪时存在差异,导致对同一行为的处理在不同地区可能出现合法与违规并存的情况,有的地方以"发票核验"为其办公核心,有的地域以"货物与资金流"为其关注焦点。在涉税犯罪的侦查和处理中,不同机关之间的协作缺乏统一标准,如海关和税务在出口退税方面的监管重点存在差异,这可能导致监管漏洞。最后,在行为人实施涉税行为之后,公安机关是否应当立案,取决于证据是否充分。但在实务之中,税务机关与公安机关之间对于证据认定标准的不同,就导致有的应当立案的案件没有立案,产生大量犯罪黑数,给犯罪预防与侦查工作均带来了不利影响。

六、基于犯罪学角度的治理对策

在犯罪原因分析部分我们从主客观两方面因素综合分析了企业涉税犯罪的原因,本部分将提出对应的治理对策。在犯罪学的视角当中,预防是应对犯罪的最佳选择,与犯罪相对应的不应当是严酷的刑罚,而应当是对犯罪进行有效预防。①因

① 参见应培礼主编:《犯罪学通论》,法律出版社 2016 年版,第 444 页。

此,就企业涉税犯罪而言,我们不能仅仅依靠加大刑罚力度来治理,更重要的是从预防角度来寻找治理策略。

(一)构建良好的纳税心理以及矫正犯罪心理

从国家教育的角度而言,国家在学校教育体系中应制定相应政策来加强纳税法律法规的教育,通过法律课程、案例分析等方式作为指标,来增强学生的法律意识和纳税意识。在道德与公民的教育宣传中融入诚信、公平的价值观,教育公民遵守税法,培养正确的道德观念和价值观。从社区教育的角度而言,萨瑟兰的差异交往理论、克利福德·R.肖和亨利·D.麦凯的社会结构解体论,均涉及社区环境对于犯罪的影响。社区机构应当充分利用社区资源,宣传缴纳税款的意义、重要性,逃税所需面临的处罚等内容,协助公民树立正确观念。从家庭教育的角度而言,父母与儿童之间的联系是重中之重。赫希(Hirsch)的社会纽带理论中认为父母与孩童之间纽带的联结性越强,孩童在社会中犯罪的可能性就越低。①因此,在家庭教育中,父母应当以身作则,依法进行纳税,同时还要向孩子传输依法纳税的观念。

此外,通过矫正教育来矫正涉税犯罪人的心理也十分重要。犯罪矫正则是对已经触犯刑律或行政法规的犯罪者或违法者,在给予惩罚和处置的基础上,对之实行有效的矫正,摧毁其已成恶性定势的犯罪心理,并在摧毁的同时,重新建立正常的心理机制,使这些危害社会的消极因素转化成为有益于人类社会的积极因素。②在矫正涉税犯罪的犯罪行为人的心理时,应当注重培养其依法纳税的意识,强化"纳税光荣"等正面价值观的灌输。同时,深刻阐述实施犯罪行为将面临的严厉法律制裁和随之而来的严重后果,包括经济处罚、声誉损害乃至刑事责任。此外,还应向其传达犯罪行为的附随效果,如对家庭、社会和自身的长期负面影响。通过这种教育方式,旨在破除犯罪行为人的原有犯罪心理,帮助他们认识到违法行为的严重性和不可挽回的后果。通过法律、道德和心理层面的教育,引导他们重新审视自己的行为,并建立起正常的心理状态,为重新融入社会奠定基础。

(二)强化制度建设以预防税务违法行为

1. 完善相关法律制度

从立法层面来看,现行法律对涉税行为的规定需要进行修订,以便于实务机构

① 参见应培礼主编:《犯罪学通论》,法律出版社 2016 年版,第 96—97 页。
② 应培礼主编:《犯罪学通论》,法律出版社 2016 年版,第 410 页。

进行调查取证以及案件定性。例如,对于涉税犯罪的定义,应当进一步明确区分逃税、避税、骗税等不同行为的界限,将"合理避税"与"逃税"两者的关系厘清,避免法律适用上的模糊。另外,随着经济的发展和税收制度的变革,数字经济下的虚拟货币交易可能带来新的税务问题,需要及时更新法律以适应新情况。在现行法律不能完全涵盖涉税行为之时,司法解释起到了重要的解释作用。在实践当中,对于涉税犯罪以刑事案件定性的只占少数,这与证据认定有很大的关联。以虚开增值税专用发票、骗取出口退税罪为例,在司法实践中对于证据的认定不仅需要证明发票是虚开的,而且要证明行为人的货物是用来出口的,一旦证明出现困难,实践中往往将案件归为行政案件,降低刑罚力度,也使得行为人更容易实施犯罪行为。因此,在法律制度层面,需要对涉税犯罪行为的界定进行完善。

2. 加强执法部门的协作制度

执法层面的完善是确保税收法律得到有效执行的关键。税务执法人员需要具备深厚的法律知识和执法技巧。通过定期培训和案例学习的方式,使他们可以了解最新的法律法规变化,掌握先进的执法技术,提高执法的专业性和效率。另外,税务执法人员应与其他执法部门(如海关、公安)建立良好的合作关系。通过联合培训,建立税务、海关、公安等部门之间的信息共享平台,实现数据的实时交换和分析,有助于快速识别和打击涉税犯罪。以徐州为例,2022 年为深化打击涉税犯罪体制机制改革,徐州市公安局会同当地税务部门,按照"依法、务实、便捷、高效"原则,挂牌成立警税联合办案中心,搭建警税合作智慧平台,完善"信息互通、研究会商、预警防范、案件移交、联合执法"等工作机制,形成"情报信息共享、优势资源互补、社会部门参与"的警税协作新模式,在随后的警税联合办案中取得了极好的成效。①再例如,税务部门可以与海关部门共享出口企业的报关信息,以监测是否存在虚假出口行为。不同部门执法人员之间的定期培训和交流,有助于建立共同的语言和标准,提高协作效率。通过这些措施,可以有效提高税务执法人员的专业能力,加强不同部门之间的协作,从而更有效地预防和打击涉税犯罪。

① 《徐州:"警税协作"新模式护航高质量发展》,载搜狐网 2022 年 9 月 23 日,https://www.sohu.com/a/587242644_121426544,2024 年 10 月 9 日最后访问。

第八节　网络侵犯著作权类犯罪典型案例研究报告：刘某生等3人侵犯著作权案①

一、案情简介②

权利人皇家飞某浦有限公司及其关联公司(以下简称飞某浦公司)、通某电气精准医疗有限责任公司(以下简称通某公司)均系CT机、血管机等医疗设备生产企业,创作发表了医疗设备软件、配套维修手册等作品。权利人为保护自身医疗设备软件的著作权及计算机信息系统安全,分别开发了安全认证系统、认证工具(俗称加密狗)、算码器软件等技术措施。加密狗内存储了权利人颁发的数字证书,使用人需要在计算机终端使用加密狗通过安全认证系统的身份核验,才能浏览使用被隐藏、限制的医疗设备软件功能。

2019年3月至2022年7月,刘某生以营利为目的,未经上述权利人许可,自行制作用于避开技术措施的盗版加密狗工具,提供医疗设备维修手册等作品的下载链接,擅自复制星云工作站、AW工作站、飞云工作站等医疗设备软件,提供医疗设备维修手册等作品的下载链接,利用网络平台销售传播,销售金额人民币91万余元。其间,刘某生又指使刘某开设闲鱼账户,销售前述盗版加密狗和盗版医疗设备软件,共同销售金额人民币14万余元。2020年3月至2022年7月,刘某旺以营利为目的,未经权利人许可,从网上购得盗版加密狗工具,擅自复制算码器等医疗设备软件,提供医疗设备维修手册、算码器软件等作品的网盘下载链接,并利用网络平台销售传播,销售金额人民币15万余元。

经鉴定,上述三人销售的盗版加密狗均具有通过安全认证系统身份核验的功能,可以避开权利人为其医疗设备软件采取的技术措施;销售传播的盗版软件均与权利人的作品实质相同。2023年1月31日、2月20日,普陀区人民检察院、上海市人民检察院第三分院以侵犯著作权罪分别对被告人刘某旺和刘某生、刘某提起

---

① 本节由倪铁、刘宇哲合作完成。

② 刘某生等3人侵犯著作权案,最高人民法院十大案件之十(2023年)。

公诉。检察机关同步保障权利人参与庭审,发表技术意见与权利主张,辅助法庭查明事实。2023年4月12日,上海市第三中级人民法院、上海市普陀区人民法院分别作出一审判决,均采纳检察机关起诉意见和量刑建议,以侵犯著作权罪分别判处被告人刘某生、刘某、刘某旺三人有期徒刑一年至三年二个月不等,并处罚金人民币8万元至70万元不等,对刘某和刘某旺适用缓刑。各被告人均未提出上诉,判决已生效。

二、入选理由

(一)党中央高度重视知识产权保护工作

党的十八大以来,习近平总书记多次强调:"创新是引领发展的第一动力,保护知识产权就是保护创新","要提高知识产权保护工作法治化水平"。在中共十九届中央政治局第二十五次集体学习时,习近平总书记作出"五个关系"的战略判断,全面阐释了知识产权保护工作的重要性。党的二十大报告进一步指出:要加快实施创新驱动发展战略,加强知识产权法治保障,形成支持全面创新的基础制度。当前,数字信息技术的发展已经进入了一个新时代,随着技术的发展,尤其是互联网和数字存储技术的进步,复制和分发受著作权保护的作品的便捷性大幅提升,使得著作权侵犯行为更加隐蔽和广泛,也增加了著作权犯罪的发生率。要保护著作权,首先就要对涉及著作权侵犯的犯罪行为进行从严打击,因此必须对指导案例进行拆解和剖析,以明确对著作权犯罪的打击重点和防治方式。

(二)该案的判决在司法实践上具有指导意义

此案件是2023年最高人民法院十大案件之十,同时也是最高人民检察院发布的检察机关知识产权保护典型案例。①从案件特征上来看,此案的犯罪手法属于典型的利用间接规避技术措施行为实施对著作权的侵犯。故意避开著作权人为其作品采取的保护技术措施是一种网络盗版行为,包括直接规避行为和间接规避行为。直接规避行为是指未经著作权人或者与著作权有关的权利人许可,直接破坏权利人为其作品、录音录像制品等采取的保护著作权或者与著作权有关的权利的技术

① 参见《检察机关知识产权保护典型案例》,载中华人民共和国最高人民检察院网2024年4月25日,https://www.spp.gov.cn/xwfbh/wsfbt/202404/t20240425_652529.shtml#1,2024年10月9日最后访问。

措施。间接规避行为是以营利为目的销售盗版“加密狗”等,以达到避开或者破坏著作权人为保护其作品采取的技术措施的目的。《刑法修正案(十一)》在侵犯著作权罪中新增了“故意避开或者破坏技术措施”条款。提供规避手段和工具的间接规避行为属于侵犯著作权链条中的一环,严重损害著作权人合法权益,应纳入刑事规制范畴。未经权利人许可,故意制造、出售主要用于避开、破坏《刑法》第217条规定的技术措施的装置或者部件,或者故意为他人避开、破坏技术措施提供技术服务,违法所得数额、非法经营数额达到相应标准的,应当以侵犯著作权罪追究刑事责任。

从判决效果上来看,上海第三中级人民法院判决的全国首例通过故意避开技术保护措施侵犯权利人医疗设备软件著作权刑事案件,为审理故意避开著作权人为其作品采取的保护著作权的技术措施的网络黑灰产案件明确了相应的裁判规则,有利于网络著作权保护的刑民衔接,实现刑法对网络著作权的体系性保护。

(三)该案为合规治理侵犯著作权犯罪树立了典型

从著作权犯罪的防治上来看,以往主要还是停留在利用刑罚打击犯罪主体的方式上。但是,鉴于当前信息技术的高速发展,利用数字技术等方式侵犯著作权,虽然技术性需求较高,但是隐秘性较强、经济收益巨大。面对这样的利益诱惑,通过刑罚的方式来防范著作权犯罪显然是不够的。因此,必须通过合规治理的方式,联合行政监管机关、行业协会等健全行业合规规范,构建数字版权保护体系,共同促进行业治理,做实知识产权全生命周期保护,依法保护和规范数字技术、数字产业和数字市场健康发展。

该案件办结后,为满足著作权技术措施等新技术、新业态的保护需要,检察机关走访调研区域软件产业园区,会同上海市版权协会等单位发布《企业数字版权技术措施保护与合规指引》,支持、鼓励权利人健全数字版权保护体系,促进技术措施发展应用,协调保护数字版权与网络安全,提示可能存在的安全漏洞与合规风险,维护良好市场经济秩序。

三、著作权类犯罪的发展趋势

(一)案件数量明显上升

根据最高人民检察院发布的《知识产权检察工作白皮书(2021—2023年)》,从整体知识产权犯罪案件的发案趋势来看,检察机关受理的侵犯知识产权犯罪案件数量逐年来呈现上升趋势。2021 年至 2023 年,全国检察机关受理审查逮捕侵犯知识产权犯罪案件分别为 6924 件 13485 人、4098 件 7889 人、7049 件 12729 人,2023 年同比分别上升 72%、61.4%;受理审查起诉分别为 9611 件 22011 人、8489 件 20192 人、12122 件 30684 人(见图 3-12)。①

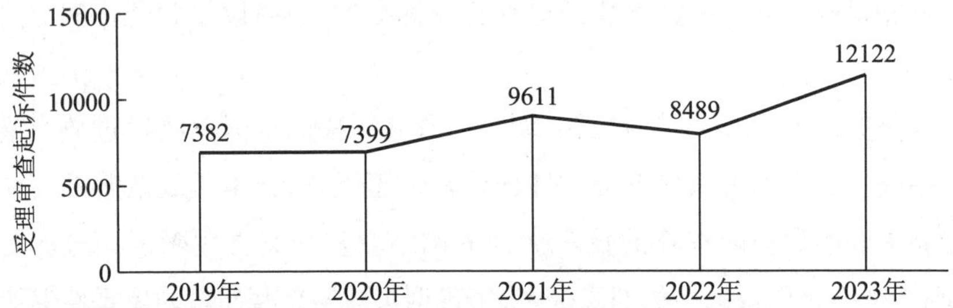

图 3-12 2019—2023 年受理审查起诉侵犯知识产权犯罪案件情况

从侵犯著作权犯罪趋势上来看,侵犯著作权犯罪的发案数量同样也处于逐年增长的趋势,同时其增幅远高于整体侵犯知识产权犯罪的增强趋势。知识产权犯罪案件以侵犯商标权类犯罪为主,但是侵犯著作权犯罪和侵犯商业秘密犯罪数量增加明显。根据最高人民检察院发布的《知识产权检察工作白皮书(2021—2023 年)》,2021 年至 2023 年,共受理审查起诉假冒注册商标罪 9557 件 23687 人,销售假冒注册商标的商品罪 13517 件 30644 人,非法制造、销售非法制造的注册商标标识罪 1858 件 4981 人,侵犯著作权罪 1835 件 4729 人,侵犯商业秘密罪 335 件 862 人。如图 3-13 所示,2021 年检察机关受理审查起诉侵犯著作权类犯罪 1192 人,2022 年为 1157 人,而 2023 年陡增为 2748 人。在侵犯知识产权类犯罪整体中,侵犯商标权类犯罪案件数和人数均占比近九成,但 2023 年侵犯著作权类犯罪、侵犯商业秘密犯罪人数同比分别上升 1.4 倍、96.6%,增幅明显高于整体侵犯知识产权犯罪案件。②

①② 参见《知识产权检察工作白皮书(2021—2023 年)》,https://www.spp.gov.cn/xwfbh/wsfbh/202404/t20240425_652562.shtml?spm=C73544894212.P59511941341.0.0,2024 年 10 月 9 日最后访问。

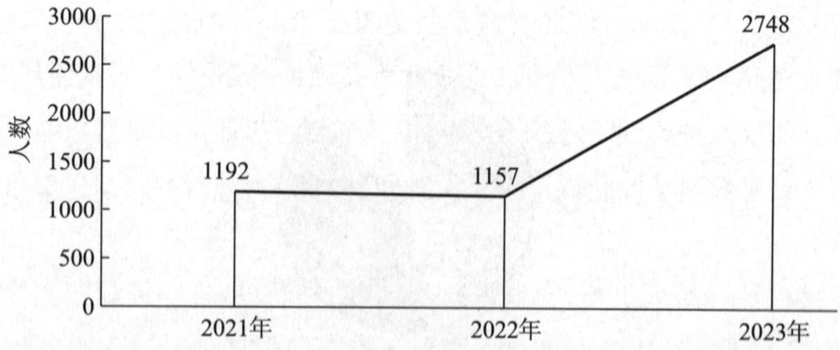

图 3-13　2021—2023 年受理审查起诉侵犯著作权类犯罪情况

（二）网络著作权侵犯案件占比逐渐升高

由于网络技术的发展，侵犯著作权的手段早就从传统的物理复制、拷贝转向了利用数字技术破解、复制等方式，这种侵害模式相对于传统的犯罪手段，其危害性更大、隐蔽性更强，这种犯罪方式的转变准确体现在了犯罪趋势的变化上。从近几年侵犯著作权犯罪的犯罪趋势上来看，侵犯著作权犯罪对象集中在玩具、计算机软件和影视剧集等领域。其中，侵犯玩具、计算机软件类著作权犯罪案件占总受案量的 55.6%，足以体现此类犯罪的升高趋势。①同时，在最高人民检察院发布的《检察机关依法惩治侵犯著作权犯罪典型案例》中，涉及网络著作权的案件共有 3 起，占比 50%，也可以侧面体现司法机关针对网络侵犯著作权犯罪的打击需要。②

（三）犯罪的地域化趋势更加集中

由于知识产权犯罪的特殊性，该类犯罪往往集中在经济较为发达、经济活动较为丰富的沿海地区，侵犯著作权犯罪也同样如此。随着新冠疫情对我国经济造成的冲击，该类犯罪的地域化趋势更为明显。从地区分布看，东部沿海等经济发达地区办理的侵犯知识产权犯罪案件数量较多，与经济社会发展水平呈现一定程度的正相关性。2023 年，受理审查起诉侵犯知识产权犯罪人数较多的地区是：广东 3589 人、浙江 3417 人、山东 2600 人、上海 2362 人、安徽 2233 人、江苏 1985 人，六省份合占 52.8%（见图 3-14）。③

---

① 张苗：《让创新者吃下“定心丸”》，载《检察风云》2022 年第 22 期。

② 参见《检察机关依法惩治侵犯著作权犯罪典型案例》，https://www.spp.gov.cn/xwfbh/wsfbt/202401/t20240105_639347.shtml#2，2024 年 10 月 9 日最后访问。

③ 参见《知识产权检察工作白皮书（2021—2023 年）》，https://www.spp.gov.cn/xwfbh/wsfbh/202404/t20240425_652562.shtml?spm=C73544894212.P59511941341.0.0，2024 年 10 月 9 日最后访问。

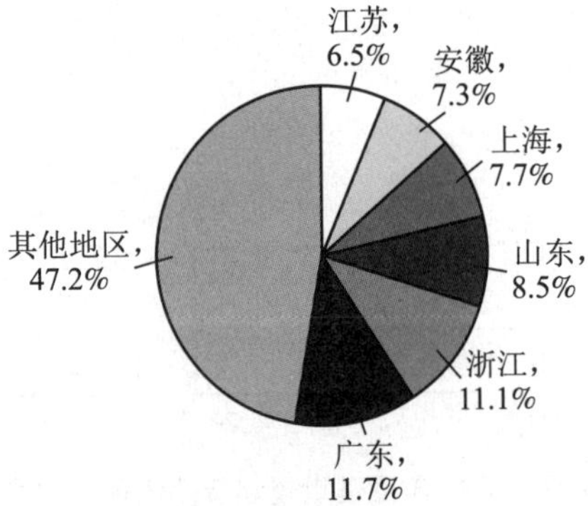

图 3-14　2023 年受理审查起诉侵犯知识产权犯罪地区分布情况

四、侵犯著作权犯罪案件的特点分析

(一) 犯罪主体的有组织性特征明显

通过对几个典型案例的分析可以发现，随着数字技术的发展，有组织化、链条化的侵犯著作权犯罪正在越来越多。从上游生产、中游销售到下游分赃等多个环节，都有专门的负责人员。犯罪人数的增多带来了“犯罪智慧”的增长，使得著作权更加难以得到有效保护。从数据上来看，两人以上共同犯罪案件占总受案量的63.8%。①以刘某生等 3 人侵犯著作权案来看，本案中的被告人在犯罪中各司其职，由刘某生、刘某旺制作用于避开技术措施的盗版加密狗工具、盗版医疗软件，再由刘某开设闲鱼店铺卖出盗版加密狗工具和盗版医疗软件，最后三人进行线下的分赃、获利，充分体现了该类犯罪的有组织性特征。

(二) 犯罪的智能化特征愈发凸显

早在 2000 年，最高人民法院《关于审理涉及计算机网络著作权纠纷案件适用法律若干问题的解释》(已失效)明确指出，著作权法所规定作品的数字化形式同样受著作权法保护，通过网络向公众传播作品属于著作权法所规定的使用作品方式。同年，全国人大常委会《关于维护互联网安全的决定》规定，利用互联网侵犯他人知识产权构成犯罪的，依照刑法相关规定追究刑事责任。这为当时处理网络著作权案件提供了法律依据。

侵犯著作权犯罪案件的智能化趋势主要体现在两个方面。首先，犯罪手段的

① 张苗:《让创新者吃下“定心丸”》，载《检察风云》2022 年第 22 期。

智能化，即通过信息技术和互联网技术侵犯著作权的案件数量不断上升，侵权行为人多利用新型网络技术实施犯罪，犯罪对象呈电子化、数据化，如利用解析程序自动运行算法绕开正版网站的保护措施，租用境外服务器存储侵权作品，利用“比特币”等虚拟货币进行犯罪收益交易等。其次，犯罪下游阶段的智能化，新型网络技术正逐步被运用到洗钱阶段、分赃阶段等犯罪全链条，这也体现了犯罪分子在侵犯著作权犯罪上的专业性和精细性正在逐渐提升。案件办理难度不断加大，对检察机关打击侵犯著作权犯罪，司法办案专业化、精细化、一体化等方面均提出了更高要求。

（三）犯罪行为的行、刑界限较为模糊

侵犯著作权犯罪作为典型的法定犯罪，在立法上一直存在着较大的争议和波动，尤其是关于民、行、刑的界限区分问题。以“复制发行”这一概念为例，在当前网络侵犯著作权刑事案件中，犯罪嫌疑人对他人著作权的侵犯通常并非以完全复制的方式进行侵权，而是以部分复制、复制后转化格式或者形式、暂时复制等方式进行，这使得部分案件是否存在侵权、是否达到犯罪的程度皆存在争议。从法律规定上来看，2020年修订的《中华人民共和国著作权法》明确了“复制发行”的侵权行为属性，“两高”2005年《关于办理侵犯著作权刑事案件中涉及录音录像制品有关问题的批复》也曾说明将“未经录音录像制作者许可，通过信息网络传播其制作的录音录像制品的行为”视为“复制发行”。但是，在进行部分复制、暂时复制等方式侵权的案件中，犯罪嫌疑人所采取的“非完全复制”的方式增加了对网络侵犯著作权犯罪性质认定的难度。针对部分复制、暂时复制等非完全复制的侵权行为方式，需要进一步通过专业鉴定技术对复制比例、复制记录等情况进行鉴定。①由于在此类关键法律概念上的争议持续存在，对于侵犯著作权至何种程度才能构成犯罪行为也存在较大的模糊性，司法机关在此类犯罪的认定上也存在差异，导致了此类犯罪行为的行、刑界限模糊。这样的模糊界限导致了民众对此类犯罪难以有清晰准确地认识，相关的犯罪预防措施也因此难以生效。

---

① 段喆斐、胡德葳：《网络侵犯著作权犯罪的侦查难点与对策》，载《辽宁警察学院学报》2023年第2期。

五、网络侵犯著作权类犯罪案件的原因分析

(一)社会公众对著作权的法律意识较为淡薄

著作权作为知识产权的一种,相较于物权法所保护的各类物权,著作权变得模糊且难以界定,其实质上是一种信息,无实体形状。再加上我国对于知识产权制度的建立和探索起步较晚,当前社会公众对于著作权的法律认识仍然较为淡薄。一方面来说,对于著作权的权利人,在侵犯著作权犯罪案件中,部分权利人没有意识到著作权是一种无形资产,忽视了对著作权的管理和保护,缺乏有效的防范和处置措施;另一方面,对于著作权的侵害人来说,部分行为人存在"侵犯著作权仅承担民事或行政责任"的错误认识,还有部分技术人员持有"技术中立"的错误观念。同时,社会公众对著作权的法律意识差距往往与地区有关,经济发达的地区由于经济活动较多,人们对著作权的认识也较为充足,对自己著作权的保护意识也较强,这一特征也反映在我国侵犯著作权犯罪的地域分布上。

(二)相关法律规定尚不健全

自改革开放以来,中国高度重视知识产权保护工作,及时地扩大与加强了打击侵犯知识产权犯罪的范围与力度。从近几年的立法上来看,2020 年 12 月,十三届全国人大常委会第二十四次会议通过的《刑法修正案(十一)》,对侵犯知识产权罪的 6 个条文进行修改,新增"商业间谍罪",并提高法定刑。2023 年 1 月,最高人民法院、最高人民检察院《关于办理侵犯知识产权刑事案件适用法律若干问题的解释(征求意见稿)》公布,力图对之前的 3 个司法解释进行整合,细化知识产权刑事案件中的法律适用规则。①可以看出,我国在针对著作权犯罪的立法和司法规定上已经进行了一系列完善,但是在具体的法律规定适用上仍有部分问题。以侵犯著作权犯罪中"违法所得"这一概念为例,《刑法修正案(十一)》对知识产权犯罪作出较大修改,其中将一些罪名的入罪标准修正为以"违法所得"作为情节轻重的判断依据,此概念本身具有以经济收益衡量社会危害性的严重程度的意思。但司法实践中不同地方司法机关对违法所得的计算标准和尺度把握存在差异。即便采纳"违

① 董涛:《全球化时代侵犯知识产权犯罪治理研究》,载《知识产权》2023 年第 10 期。

法所得系全部收入扣除经营活动的适当合理支出”计算模式的司法机关,对于具体扣除哪些成本,亦有不同认识。①由此可见,当前的法律规定仍然不足以满足打击侵犯著作权犯罪的实践需要,这种规定的不确定性导致了司法机关在开展工作时的不确定性,自然也会影响到对该类犯罪的打击效率。

（三）犯罪的智能化为侦查带来持续挑战

尽管当前通过智能手段侵犯著作权犯罪案件数量有限,然而犯罪行为人通过运用控制和隐藏非法获利信息、非完全复制方式、私密传播的特征规避刑事法律的惩治与打击,一方面体现出犯罪行为人具有较强的反侦查意识,另一方面也证明了通过智能手段实施的侵犯著作权犯罪客观上增加了侦查取证的难度。首先,由于犯罪现场的虚拟性,对现实犯罪现场的查找与勘查需要建立在对虚拟犯罪现场的调查基础之上,因此智能手段侵犯著作权犯罪中对虚拟犯罪现场进行的勘查工作尤为重要,但是不论盗版产品制作过程还是下载过程都难以通过常规的网上勘查工作进行发现和提取,尤其部分民众通过下载盗版产品获益后从主观上并不愿意提供过多有关该盗版产品的信息和下载记录,这增加了对该类犯罪网上勘查的被动性;其次,当前侵犯著作权犯罪的变现手段同样具有较高的智能化水平,涉案资金往往具有一定的“间接性”,犯罪分子往往以会员储值与消费的方式销售盗版产品,先将盗版产品的网络下载链接附条件放置于某一中介平台中,有下载需求的网民先通过该中介平台的会员注册与储值,在充值之后以注册会员的身份进行下载,这使得网民的资金账户与侵权的盗版产品之间存在间接的关系,客观上增加了侦查主体对涉案资金调查的难度,使得资金流动链条“隐形化”。

六、基于犯罪学角度的治理对策

（一）联动互联网平台加强犯罪预防

随着侵犯著作权犯罪的智能化趋势不断凸显,互联网平台,包括信息交流平台、电子商务平台、虚拟价值物品交易平台等,在侵犯著作权犯罪预防中的地位也随之提高。公安机关在面对此类犯罪时,必须有效联动这些互联网平台,及时切断犯罪路径。首先,互联网平台应当制定明确的版权政策,规定用户上传内容的规

---

① 宋建立:《著作权刑事保护趋势与实践思考》,载《中国应用法学》2023年第4期。

则,以及对于侵权行为的处理措施,如警告、删除内容、暂停或封禁账号等。其次,互联网平台应该加强针对著作权侵害的技术手段。如国外较有影响力的 YouTube 平台拥有自己的版权管理系统——Content ID,它允许版权所有者将其作品(如视频、音频等)上传到 YouTube 的数据库中。系统会自动扫描新上传的视频,与数据库中的内容进行比对,以识别是否有匹配的版权内容。最后,针对高频涉及侵犯著作权犯罪的互联网平台,应当建立有效的公安机关与互联网平台之间的信息共享机制,以便平台将发现的侵权线索、可疑行为或用户反馈的侵权信息及时提供给公安机关,以便开展调查。

(二)完善相关法律法规

著作权犯罪作为典型的法定犯罪,其相关的法律在任何国家都是一个不断进化的领域,需要随着技术的发展和社会的变化而不断完善。我国于 2021 年 9 月 16 日已经正式申请加入《全面与进步跨太平洋伙伴关系协定》,其中著作权犯罪刑事责任条款作为知识产权条款的重点内容备受关注,保护力度强于《与贸易有关的知识产权协定》(TRIPS 协议)、《区域全面经济伙伴关系协定》等协议,是后 TRIPS 时代国际知识产权保护的标杆。①我国也随后在《刑法修正案(十一)》中进一步修改、完善了知识产权相关的刑法规定,但从长远来看,我国侵犯著作权犯罪的规制体系还比较混乱,既与国际侵犯著作权刑事规制体系存在一定差距,也未能满足实践需求,需要进一步修订完善。首先,对“违法所得”这一概念进行进一步明确,界定著作权犯罪中的“违法所得”可参照《环境污染解释》第 19 条关于违法所得的规定,对于侵犯著作权罪中所称的“违法所得”,也可解读为实施《刑法》第 218 条、第 219 条规定的行为所得和可得的全部违法收入,即通过实施侵犯著作权行为所获取的已得和应收的违法收入。其次,完善著作权犯罪的行、刑衔接法律规定。网络著作权刑法保护的对象范围仍应以作为前置性、基础性规范的网络著作权行政法保护的对象范围为指导。考虑到网络环境下受侵犯作品类型日益多样化,为严密网络著作权刑法保护的法网,体现网络著作权刑法保护的前瞻性及刑事立法的稳定性,有必要扩大网络著作权刑法保护的对象范围。②

---

① 张燕龙:《CPTPP 侵犯著作权犯罪刑事责任条款及我国的应对》,载《华东政法大学学报》2023 年第 4 期。

② 夏娜、刘晓山:《网络著作权行政法与刑法的关联性保护检视》,载《人民检察》2023 年第 11 期。

（三）强化侦查机关针对该类犯罪的侦查能力

随着科技的发展，侵犯著作权的犯罪行为变得越来越隐蔽和复杂，如使用加密技术、网络匿名服务等，这给侦查机关的技术侦查能力带来了挑战。同时，著作权犯罪往往涉及多个国家和地区，侦查机关在跨境调查、取证和协作方面面临法律和行政障碍，国际合作机制有时不足以有效应对。首先，要树立“主动性”的侦查思维，转变原有的“事后”侦查思维有助于拓展信息收集的途径。“事前”侦查思维可以最大限度地解决立案侦查程序之前难以对网络侵犯著作权犯罪行为进行调查的问题，并通过其他手段收集相关资料、利用留有痕迹的电子记录为立案后的侦查工作提供更加真实可靠的证据。其次，要加强网络取证能力。在目前的侵犯著作权犯罪侦查中，网安部门在侦查取证中处于重要的地位，但是鉴于庞大的案件量同有限的部门人员之间的矛盾，著作权犯罪的网络取证工作成效有待进一步加强，应当进一步扩充网安部门的人员规模，并同时提升侦查机关整体的网络取证能力。最后，要增强建立多维度的协同侦查机制，一方面公安机关内部负责办理刑事案件的网安、刑侦等部门对于网络侵犯著作权犯罪应当建立相应的打防机制，确保迅速应对该类案件的发生并及时获取相关证据与信息；另一方面公安机关应当与文化、传媒等相关部门监管人员进行协作，对于潜在的网络侵犯著作权犯罪及时进行研判与分析，在侵权乃至犯罪相关证据方面实现共享，确保快速、高效解决侵犯著作权行为所产生的经济、社会问题。①

（四）运用多种手段构建对犯罪的综合治理体系

针对侵犯著作权犯罪这样的产业型犯罪，仅通过刑罚的威慑显然不足以达到犯罪治理之效果，必须通过结合行业特点积极开展合规治理，依托一体履职全产业链打击犯罪。衔接行政手段和刑事手段，把犯罪消灭在最前端。首先，加强行业内部规范建设。鼓励行业协会制定行业规范和标准，引导企业经营，共同维护著作权市场秩序，规范应明确著作权保护的基本原则、各方的权利和义务、侵权行为的界定、违规行为的处理措施等。同时，建立监督机制，确保行业规范地执行。对于违反规范的行为，应有明确的处理措施和申诉渠道。其次，要积极依法及时启动企业

① 段喆斐、胡德葳：《网络侵犯著作权犯罪的侦查难点与对策》，载《辽宁警察学院学报》2023年第2期。

整改程序,树立典型案例。明确著作权相关企业的合规方向,相关企业符合启动合规程序条件的,依法及时启动涉案企业整改程序。贯彻宽严相济刑事政策,对经合规整改合格的涉案企业和认罪认罚人员依法从宽处理。注重将追赃挽损、矛盾纠纷化解贯穿案件办理全过程,帮助受害企业挽回经济损失,护航企业高质量发展。最后,要用好、用足检察监督建议。在侵犯著作权犯罪的案件中,如果发现行政机关履职不到位导致犯罪风险的,要及时向市场监管部门制发社会治理检察建议,督促履行行政监管职责,及时消除隐患。

第九节 操纵证券市场犯罪典型案例研究报告:闫某等人操纵证券市场案①

一、案情简介

近年来,随着经济金融环境的改变及资本市场改革开放的深化,操纵证券市场犯罪活动频发,其专业化、网络化、链条化等特点使得此类案件查办难度加大,执法司法工作面临新形势新挑战。为全面贯彻党的二十大精神,认真贯彻中央经济工作会议、中央金融工作会议精神,保障资本市场健康发展,必须对操纵证券市场犯罪坚持零容忍要求,依法从严打击操纵证券市场犯罪活动。

2023 年,全国公安经侦部门按照公安部党委部署要求,始终坚持依法严打方针,针对常见多发、群众反映强烈的突出经济犯罪活动,公安机关部署开展专项打击、集中整治,坚决维护广大人民群众切身利益,有力捍卫国家经济金融安全。在公安部公布的 2023 年度公安机关打击经济犯罪十大典型案例中,便有一起典型的操纵证券市场犯罪案例。2022 年 1 月,江苏省扬州市公安局以涉嫌操纵证券市场罪对闫某等人依法立案侦查。经查,闫某伙同某配资中介以“夹层”“场内融资”“绕标”等方式配资,使用实际控制的 120 余个证券账户,利用资金优势、持股和持仓优势进行连续买卖、对倒交易,操纵某目标股票,非法获利 1.7 亿余元。目前该案件已侦查终结,移送审查起诉。②

---

① 本节由倪铁、季佩妮合作完成。

② 《公安部公布 2023 年度打击经济犯罪十大典型案例》,载《人民公安报》2024 年 1 月 30 日,第 4 版。

二、入选理由

（一）国家高度重视证券市场健康发展

习近平总书记高度重视金融工作，强调："金融的安全靠制度、活力在市场、秩序靠法治。"[①]2023 年 10 月召开的中央金融工作会议指出，全面加强金融监管、有效防范化解金融风险是重要任务之一，是我国金融高质量发展的内涵。[②]证券市场作为现代金融体系的重要组成部分，其平稳健康运行，是经济发展和治理能力的重要体现。

经济快速发展，证券市场不断壮大，证券市场犯罪随之愈演愈烈，其中操纵证券市场行为最为常见。为有效打击操纵证券市场行为，增强监管力度，防范风险，2019 年全国人大常委会全新修订《证券法》、"两高"联合发布《关于办理操纵证券、期货市场刑事案件适用法律若干问题的解释》，"抢帽子"交易、蛊惑交易、虚假申报等违法行为在法律层面被予以明确。2021 年正式施行的《刑法修正案（十一）》对操纵证券、期货市场罪进行部分调整，细化了操纵证券、期货市场罪的行为特征，增加列举了"抢帽子"交易、蛊惑交易、虚假申报三种行为；同年，中共中央办公厅、国务院办公厅联合印发《关于依法从严打击证券违法活动的意见》，明确依法从严从快从重查处操纵市场等重大违法案件，坚决打击规模化、体系化场外配资活动，严格核查证券投资资金来源合法性，严控杠杆率。由此可见，国家高度重视证券市场的有序健康发展，严厉打击操纵证券市场行为，在此背景下，有必要对操纵证券市场犯罪的典型案例进行分析。

（二）操纵证券市场行为频发

近年来，操纵证券市场行为频发，引起了极大的社会舆论。2020 年证监会共办理操纵证券市场案件 51 起，2021 年共办理操纵证券市场案件 110 起，2022 年办理操纵市场案件 78 起。[③]经统计，2023 年证监会作出的操纵证券期货市场行政处

---

① 《坚持在市场化法治化轨道上推进金融创新发展——学习〈习近平关于金融工作论述摘编〉》，载求是网 2024 年 4 月 22 日，http://www.qstheory.cn/qshyjx/2024-04/22/c_1130118169.htm，2024 年 10 月 9 日最后访问。

② 《中央金融工作会议在北京举行　习近平李强作重要讲话》，载中国政府网 2023 年 10 月 31 日，https://www.gov.cn/yaowen/liebiao/202310/content_6912992.htm?device=app，2024 年 10 月 9 日最后访问。

③ 中国证券监督管理委员会：《证监会通报 2022 年案件办理情况》，载中国证券监督管理委员会网 2023 年 2 月 10 日，http://www.csrc.gov.cn/csrc/c100028/c7088291/content.shtml，2024 年 10 月 9 日最后访问。

罚案件总计23起,市场禁入7人次。①

本案中,闫某等人便是使用实际控制的120余个证券账户进行连续买卖、对倒交易,操纵某目标股票,扭曲了正常证券价格的形成机制,使证券价格失真,干扰了投资者正常的交易决策,从中非法获利1.7亿余元,不仅破坏了公开、公平、公正的市场秩序,还损害了广大投资者的合法权益,社会影响极其恶劣。根据《证券法》第55条、《刑法》第182条及《关于办理操纵证券、期货市场刑事案件适用法律若干问题的解释》第1条,操纵证券市场的行为主要包括以下9种行为方式:连续交易型操纵、约定交易型操纵、自我交易型操纵、虚假申报型操纵、跨市场型操纵、蛊惑交易型操纵、"抢帽子"交易型操纵、重大事项型操纵、控制信息型操纵。②其中,连续交易型操纵是指单独或者合谋,集中资金优势、持股或者持仓优势或者利用信息优势联合或者连续买卖,操纵证券、期货交易价格或者证券、期货交易量;自我交易型操纵是指在自己实际控制的账户之间进行证券交易,或者以自己为交易对象,自买自卖期货合约,影响证券、期货交易价格或者证券、期货交易量。可见闫某等人的行为属于典型的连续交易型与自我交易型操纵证券市场行为,是该类型案件的一个缩影。随着资本市场和金融科技的不断发展与创新,操纵手段复杂化、专业化、隐蔽化,出现了危害性更甚的新型操纵行为,如利用算法等技术优势实施操纵、跨市场操纵、跨区域操纵等。③唯有通过分析此类案件背后的特点,找出犯罪原因并制定出相应策略,才能彻底防范违法操纵证券市场的犯罪行为。

(三)具有典型法治指导意义

由于行刑衔接不畅、移交刑事案件标准不一等问题,市场操纵行为案件大部分都只受到监管部门的行政处罚,移交司法机关的并不多。作为公安部公布的2023年度打击经济犯罪十大典型案例之一,闫某案能够指导我们辨析操纵证券市场行为的行刑界限,并为证券监管部门以及市场主体敲响警钟。

对于证券监管部门而言,应深入学习贯彻中央金融工作会议和中央经济工作会议精神,以高质量发展为核心,把加强监管、防范风险作为高质量发展的重要保

① 数据来源:中国证券监督管理委员会,http://www.csrc.gov.cn/csrc/index.shtml,2024年10月9日最后访问。

② 韩帅主编:《金融刑事风控实战指南》,中国法制出版社2024年版,第710—712页。

③ 魏庆凯:《困境与出路:操纵证券市场行为的治理对策分析》,载《管理工程师》2024年第1期。

障,全面落实依法从严打击证券违法活动的工作要求,进一步深化改革证券市场监管体系;[①]对于市场主体而言,证券市场主体应严格对照《刑法》第 182 条操纵证券、期货市场罪所认定的行为类型,完善内部管理运作,做好合规审查评估,履行信息披露义务,了解现行法律关于操纵行为认定的“负面清单”和“正面清单”,避免实施类型化的操纵市场行为。[②]

三、操纵证券市场犯罪的发展趋势

基于上述所述,操纵证券市场案件由于行刑衔接不畅、移交刑事案件标准不一等问题,大部分都只受到监管部门的行政处罚,受到刑事追责的并不多。本书以“操纵证券市场罪”“刑事案件”“判决书”为关键字,将时间限定在“2013 年 1 月 1 日至 2023 年 12 月 31 日”,通过中国裁判文书网、威科先行法律信息库进行高级检索,共检索到 14 份公开判决书。本书以检索到的 14 份公开判决书为样本进行分析,得出近年来操纵证券市场犯罪的发展趋势。

(一) 案件数量有所回落

通过分析检索到的 14 份公开判决书,可以发现,操纵证券市场案件数量趋于平稳且有所回落(见图 3-15)。从图 3-15 来看,2013 年至 2015 年案件数量趋于平稳,无较大变化,而 2016 年与 2017 年案件数量持续上升,这与“深港通”的计划施行、中央金融工作会议精神的贯彻落实密切相关。2016 年,为进一步推动内地与香港金融的市场互联互通,《政府工作报告》明确提出“适时启动深港通”,在此背景下,两地监管机关不断加强内地和香港证券期货稽查执法协作,加大操纵证券市场案件的查处与惩治力度。2017 年全国金融工作会议召开,为贯彻落实会议精神,推进资本市场稳定,证监会依法全面从严加强资本市场监管,并部署 2017 年专项执法行动,持续严厉打击操纵证券市场行为。从 2018 年起案件数量又有所回落,其中 2018 年至 2020 年均为 1 件,2021 年至 2023 年均为 0 件,可见我国对操纵证券市场行为的严打工作取得一定成效。

---

① 中国证券监督管理委员会:《中国证监会 2023 年法治政府建设情况》,载中国证券监督管理委员会网 2024 年 4 月 10 日,http://www.csrc.gov.cn/csrc/c100028/c7473071/content.shtml,2024 年 10 月 9 日最后访问。

② 刘帅:《以案释法:操纵证券、期货市场罪》,载澎湃新闻网 2024 年 4 月 8 日,https://m.thepaper.cn/baijiahao_26976619,2024 年 10 月 9 日最后访问。

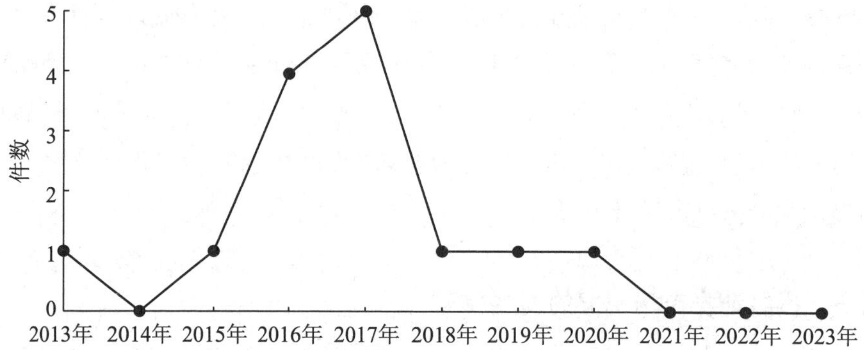

图 3-15　操纵证券市场案件判决书数量分布

(二) 案发地域主要集中在经济发达地区

通过分析检索到的 14 份公开判决书,可以发现,操纵证券市场案发地域主要集中在经济发达地区且大多分布在东南沿海地区(见图 3-16)。从图 3-16 来看,上海市、江苏省、广东省、福建省、山东省、湖北省、四川省这七个案发地域均为经济发达地区,其中东南沿海地区案件占比高达 64%,可见发达的经济环境易为操纵证券市场犯罪的实施者利用。

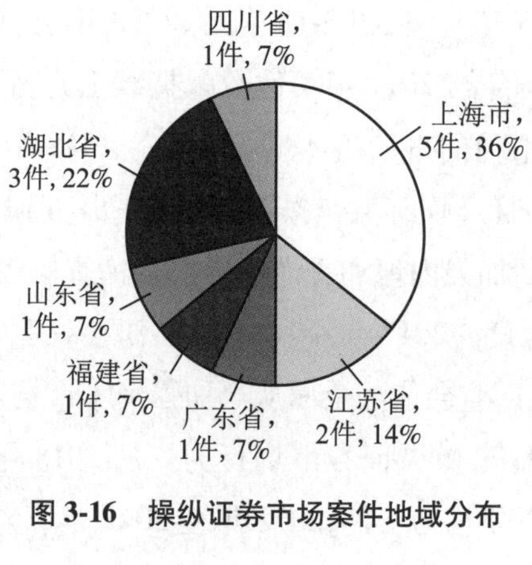

图 3-16　操纵证券市场案件地域分布

(三) 案件类型主要以交易型操纵为主

通过分析检索到的 14 份公开判决书,可以发现,操纵证券市场案件类型主要以交易型操纵为主(见图 3-17)。将前文所述 9 种操纵证券市场行为进一步分类,可分为交易型操纵与信息型操纵两大类,其中连续交易型操纵、约定交易型操纵、自我交易型操纵、虚假申报型操纵、跨市场型操纵属于交易型操纵,蛊惑交易型操

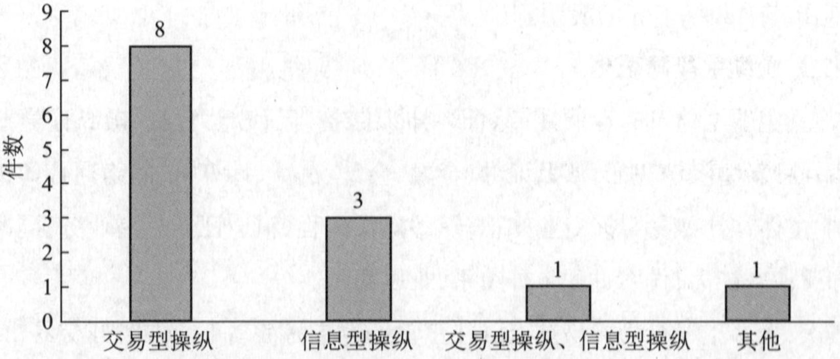

图 3-17　操纵证券市场案件类型分布

纵、"抢帽子"交易型操纵、重大事项型操纵、控制信息型操纵属于信息型操纵。从图 3-17 来看,交易型操纵案件数量为 8 件,占总数的 57%;信息型操纵案件数量为 3 件,占总数的 21%。可见,交易型操纵是最常见的操纵类型。此外,随着金融科技的不断创新与发展,操纵行为日益复杂化、技术化,在 14 份判决书中,便有 1 起结合交易操纵与信息操纵方式实施犯罪的案例。此外,还有 1 起是通过新型科技手段实施操纵证券市场犯罪。由此看来,监管部门仍需持续加强监管,查漏补缺监管制度、创新监管手段。

四、操纵证券市场犯罪的特点分析

(一) 操纵主体组织化

为集中更多资金优势、控制更多证券账户,谋取更多的利益,操纵主体愈发倾向于多个机构或主体联合犯罪,其通过明确的分工,有组织地实施操纵市场行为。从横向来看,专业化犯罪组织间相互联合,不同的组织分别负责指挥操纵、配合操纵、提供资金、帮助出货等不同的环节,通过对倒、虚假申报等手法拉抬、维持公司股价,获取收益分成。从纵向来看,专业化犯罪组织内部成员分别负责不同的操纵环节,各司其职、联手炒作股价。唐某川等人操纵证券市场案便是典型的团伙作案案例。在唐某川等人操纵证券市场案中,唐某川及唐某甲、张某乙等人进行决策,王某甲负责提供统计数据,董某某对股票操盘技术进行分析,洪某、张某甲等人进行操盘交易,通过使用 24705 个股东账号,集中资金优势,采取连续买卖、自买自卖等手法,长期大量买卖股票,累计卖出金额为 621.83 亿元、直接账面盈利 98.61 亿元、获利市值48.99亿元的股票。①

(二)操纵手段隐蔽化

首先,犯罪主体具有专业性、综合性知识储备,反侦能力强。操纵证券市场犯罪作为一种新型经济犯罪,涉及证券、金融、会计、法律、计算机、网络通信等诸多领域,犯罪主体往往熟稔掌握专业知识,熟悉操作流程、精通证券交易业务,同时具备较强的反侦查能力,作案过程十分缜密,难以察觉。

其次,大多犯罪行为极易被掩藏在正常证券交易活动下。在公开交易市场上,有大量的普通投资人在进行交易,犯罪主体在操纵证券市场时,均是在公开的证券交易市场进行证券买卖,从表面来看,这一过程属于正常的证券交易活动,其犯罪行为被掩藏在了正常证券交易活动下。此外,有很多的犯罪主体都从事证券工作,具有一定的身份和地位,这为他们的犯罪提供了很好的掩饰。

最后,随着科技的发展,不断衍生出的新型操纵行为难以被发觉。近年来,不断出现滥用技术优势操纵证券市场的技术型操纵行为,技术型操纵行为的本质是利用人工智能、算法技术等手段限制或剥夺其他投资者的交易机会。②如2015年上海警方发现伊某顿公司使用自有资金和从其他人处拆借得的资金等,利用实际控制的期货账户,采用高频程序化交易方式从事股指期货交易。其间,伊某顿公司隐瞒实际控制伊某顿账户组、大量账户从事高频程序化交易等情况,规避某所对账户实际控制关系报备、股指期货交易的交易手数、撤单量和成交量等限制的监管措施,从而取得不正当交易优势。此外,伊某顿公司还将自行研发的报单交易系统非法接入交易系统,以减少相对于其他合规投资者必须耗费的验证时间,降低自身整体交易时间延迟,非法取得其他合规投资者无法取得的额外交易速度优势。伊某顿公司在本身已使用高频程序化交易的基础上,利用上述不正当交易优势和额外交易速度优势抢占交易先机,大量操纵股指期货交易,限制或排除其他合规投资者最优交易机会,共计非法获利3.893亿余元,其操纵手法隐蔽,操纵时间长,非法获利数额特别巨大。③

---

① 湖北省武汉市中级人民法院(2013)鄂武汉中刑初字第00036号刑事判决书。

② 王颖博:《证券期货市场技术型操纵行为的刑法规制》,载《新经济》2022年第11期。

③ 上海市第一中级人民法院(2016)沪01刑初78号刑事判决书。

（三）操纵后果严重化

随着我国金融市场的创新发展和金融领域对外开放程度的深化，涉及跨境、跨市场操纵证券市场的案件不断涌现，其技术性与隐蔽性使得侦查机关在现有技术水平下难以开展取证、抓捕工作，存在大量犯罪黑数，监管漏洞使犯罪行为人获取了长时间的操纵机会，留给行为人极大的操纵空间，与传统操纵证券市场行为相比，跨市场、跨境操纵证券市场行为危害性更强，产生的后果更加严重，如犯罪行为人谋取到更多非法利益、严重侵害其他投资者的利益、加剧系统性风险等。

就跨市场操纵而言，金融的不断创新使市场操纵者能够仅利用单个市场进行跨市场操纵以获取暴利，突破了传统分别操纵股票现货和股指期货两个市场获利的方式，因而跨市场操纵所引起的价格波动会影响整个资本市场，造成市场恐慌，进而引发系统性金融危机。①如我国2015年股灾便是跨市场操纵市场行为助推下所诱发的后果，可见跨市场操纵行为加剧了系统性风险。

就跨境操纵而言，改革开放的不断深入加强了国际证券市场之间的联系，跨境证券交易成为时代主流。我国为满足投资者多样化的跨境投资以及风险管理需求、促进内地资本市场改革开放、深化内地与香港金融合作、推动人民币国际化，推出沪港通与深港通。但在此互联互通机制下，有个别不法投资者在境外实施反向操纵，造成严重后果。唐某博等人跨境操纵“小商品城”案是“沪港通”开通后查处的首例跨境操纵市场案件，唐某博及其操盘手王某利用3个香港账户和1个内地账户，利用资金优势，通过虚假申报、盘中拉抬、对倒等手法，对“沪股通”标的股票“小商品城”实施操纵行为，非法获利4188万余元，其对抗和规避调查的手段十分隐蔽、恶劣，严重扰乱了市场秩序，极大地损害了投资者的合法权益。②

五、操纵证券市场犯罪的原因分析

（一）经济利益的驱动

经济利益驱动是操纵证券市场犯罪最为直接和主要的原因。根据理性人假

---

① 王小丽：《我国证券期货跨市场操纵的新动向及法律规制》，载《安徽农业大学学报（社会科学版）》2022年第1期。

② 中国证券监督管理委员会：《中国证监会与香港证监会紧密合作　严惩首宗利用沪港通跨境操纵市场案件》，载中国证券监督管理委员会网2017年3月10日，http://www.csrc.gov.cn/csrc/c100028/c1001569/content.shtml，2024年10月9日最后访问。

设,一般行为人在实施犯罪前都会权衡利弊,将犯罪成本与犯罪收益进行比较,试图以最小的代价换取最大的收益。通过分析操纵证券市场案件,可以发现,犯罪收益是远大于犯罪成本的。

一方面,大部分犯罪主体都能在短时间内获取暴利,金额由百万元到上亿元不等。在此情况下,巨大的利益产生巨大的诱惑;另一方面,操纵证券市场犯罪的成本不高。由于行政执法与刑事司法尚未建立良好的衔接,目前我国对操纵证券市场犯罪大多采取行政处罚,但在大多数的案件中行政处罚数额远不及行为人的违法所得,行政处罚根本无法起到惩戒犯罪的作用。在采取刑事处罚情形下,我国《刑法》第182条规定,操纵证券市场情节特别严重的,才处五年以上十年以下有期徒刑,刑事处罚措施过于宽松,不足以震慑犯罪主体,反而助长了犯罪主体的欲望,刑事惩罚的功能未得到最大程度发挥。此外,犯罪行为人在贪婪、虚荣、侥幸等犯罪心理的驱动下也极易导致操纵证券市场犯罪。

(二)相关法律制度不完善

法律制度是防范和打击操纵市场行为的重要保障。然而,目前我国的证券法律制度仍存在一些不完善之处,为操纵市场行为提供了可乘之机。

首先,法律规范定义层面欠缺原则性的统一要件认定,存在认定困境。我国《证券法》第55条与《刑法》第182条对操纵证券市场行为的认定采取"列举+兜底"形式,但市场操纵行为存在与市场交易行为边界重叠、与商业管理行为区分受限的情形,如果对操纵行为的认定仅对照细分类型要件,会陷入难以与合法行为进行区分的困境,导致执法机关难以认定。①

其次,有关操纵证券市场行为认定的法律条款过于笼统、模糊,难以准确界定操纵市场行为。我国证券市场的发展起步较晚,作为一个新兴市场,虽然我国一直在颁布和完善相关法律法规,但随着金融科技的不断创新及犯罪主体专业能力与反侦查意识增强,犯罪手段复杂多样,出现了很多新型操纵证券市场的行为。由于我国对操纵证券行为的认定采取彻底的"列举+兜底"形式,所以当原有法律条款所列举的违法行为类型难以涵盖新型操纵行为时,就会适用兜底条款。一般而言,

① 汪青松、张汉成:《新〈证券法〉下市场操纵行为规制的实证检视与完善》,载《学术研究》2023年第2期。

法律的稳定性要求与现实经济的快速发展间的矛盾使得法律存在滞后性,而"兜底条款"正是为了弥补法律的滞后性问题,将一些其他条款难以涵盖或目前难以预测的情况包括其中,以保证法律的相对稳定性。①然而兜底条款本身具有模糊性和不确定性,若司法机关在实践中过度依赖适用"兜底条款",可能会导致自由裁量权的滥用和司法腐败的产生,违背罪刑法定原则,损害法律的权威。②此外,《证券法》第 55 条所规定的操纵证券市场方式与《刑法》第 182 条规定的操纵证券、期货市场的方式仅有 4 种重合,但现有法律或司法解释并未对《证券法》第 55 条中剩余 4 种操纵证券市场方式进行明确,这 4 种操纵证券、期货市场的方式是否能构成刑事犯罪,能否以《刑法》第 182 条的兜底条款进行规制还有待法律完善确认。③

最后,法律规范的处罚措施过于宽松,难以起到警示作用。我国行政执法与刑事司法尚未建立良好的衔接,行政人员会怠于将已经达到刑事量刑的案件移交司法机关处理,从而出现大多操纵证券市场犯罪的处罚结果"以行代刑"的局面,且就算移交司法机关,刑法对操纵证券市场犯罪所规定的刑事处罚措施过于宽松,很难对犯罪行为人起到震慑作用,法律本身的预防与规范目的并未实现。

(三) 监管力度不足

金融技术的不断创新使得操纵证券市场行为愈发复杂化、专业化,监管问题突出。首先,在大数据、人工智能时代背景下,证券交易进入网络化时代,证券交易信息不再依赖物质载体,而是形成电子数据。有效的监管是建立在监管部门同时掌握犯罪行为人所掌握的信息与数据这个基础上的,但目前各地监管部门尚未建立完善的大数据信息平台,监管人员缺乏必要的技术支撑与专业技术知识储备,无法从海量数据中及时提取到有关犯罪行为的信息并准确分析,导致当前监管效率低下,影响了证券市场的健康稳定发展。其次,在互联网高速发展的时代背景下,监管部门与犯罪行为人之间存在信息不对称问题,监管部门对于信息的获取较犯罪行为人来说处于劣势地位。在法律未强制要求证券交易主体对某些重要信息进行强制披露的情形下,犯罪行为人可能会利用先进的技术手段掩盖其操纵行为,以规

① 董邦俊、王小鹏:《操纵证券市场犯罪案件侦查困境及其对策研究》,载《湖北大学学报(哲学社会科学版)》2017 年第 3 期。

② 魏庆凯:《困境与出路:操纵证券市场行为的治理对策分析》,载《管理工程师》2024 年第 1 期。

③ 方燕:《信息型操纵证券市场犯罪行为的防范与治理》,载《北京警官学院学报》2021 年第 1 期。

避监管。在交易进行的短时间内,在监管技术有限的条件下,监管部门获取到的信息存在延缓,根本难以分辨其合法合规性,待监管部门追踪发现后已造成不可逆的后果。最后,证券交易的网络化往往使犯罪结果发生地和犯罪行为地分离,在跨区域交易背景下,涉及法律规定差异、管辖权、跨区域取证、抓捕等一系列问题,加之证券交易涉及金融、会计、计算机、电子取证等领域,要求不同监管部门间紧密协作,但目前监管主体间尚未形成完善的信息共享和工作协同机制,导致监管效率低下。

六、基于犯罪学角度的治理对策

(一) 完善相关法律规范

首先,对于法律规范定义层面欠缺原则性的统一要件认定问题,可以在类型化认定的前端引入要件分析框架,对市场操纵行为进行统一的定义概括,确定体系化的主观+行为+结果的认定标准,由“列举+兜底”向“概括+列举+兜底”体系转变。[①]在认定操纵行为时,通过分析其行为是否符合要件分析框架,以判断是否构成操纵行为。当行为符合操纵行为要件时,再进一步判断具体的操纵类型,这样能够有效解决目前操纵行为与合法行为难以区分的困境。

其次,对于操纵行为认定条款过于笼统、模糊问题,应尽量减少“兜底条款”的使用,进一步细化操纵行为类型。新型操纵手段不断出现,立法者无法列举所有可能出现的操纵行为,为弥补法律规范所固有的滞后性缺陷,“兜底条款”的适用不可避免,为防范自由裁量权的滥用及司法腐败等问题,针对技术型、跨市场、跨区域等新型操纵行为,应在梳理案例、总结经验的基础上,尽可能地细化操纵证券市场行为类别。与此同时,应对“兜底条款”进行限缩,如将《刑法》第 182 条的“兜底条款”表述为“以其他方法操纵证券市场的行为,具体依照法律、行政法规的规定确定”的规定;将《证券法》第 55 条的“兜底条款”表述为“操纵证券市场的其他手段,依照中国证券监督管理委员会的规定确定”。[②]此外,还应根据新证券法对刑法进行修订,以解决二者目前对操纵行为的认定存在脱节的问题。

最后,对于法律规范的处罚措施过于宽松问题,应提高违法成本,加大刑事处

---

① 汪青松、张汉成:《新〈证券法〉下市场操纵行为规制的实证检视与完善》,载《学术研究》2023 年第 2 期。

② 房慧颖:《新型操纵证券市场犯罪的规制困局与破解之策》,载《华东政法大学学报》2022 年第 1 期。

罚力度。对于财产犯罪来讲,犯罪收益远大于犯罪成本是犯罪行为人实施犯罪的主要驱动力,相较于人身罚,严苛的财产罚对犯罪行为人可能更有威慑力。但就现行《刑法》第182条规定来看,罚金的具体数额及计算标准并没有明确,存在很大的自由裁量空间,容易出现处罚程度过低,而无法抑制犯罪动机的情形。所以应当在法条中明确以"违法所得"为基准,规定不同情形适用不同倍数的罚金,明确司法适用的计算标准,使犯罪成本远大于犯罪收益,最大程度发挥刑事处罚功能。

(二)加大监管力度

大数据、人工智能、云计算等新兴技术兴起,操纵证券市场犯罪的监管技术也应与时俱进。以科技赋能监管,能够提高监管机构的监管效率与准确性,更高效地分析、预警和防范金融证券市场的系统性风险。具体而言,监管部门可以运用大数据技术,收集、存储和分析证券市场中的海量数据,深度挖掘数据间的隐藏关系,减少信息不对称,及时发现违法交易行为;监管部门可以运用算法技术,将监管规则予以代码化,构建动态实时监管系统,对被监管者进行自动监管;同时,监管部门还可运用人工智能技术,通过学习比对历史数据进行智能监控,自动识别异常交易模式,并预测未来市场走势。在搭建完数据化信息监管平台后,需要监管人员进行熟练操作,因此其专业素养也应与时俱进,通过培养数据化侦查意识、学习数据化技术,提高大数据的应用与分析能力,不断优化监管侦查方式,为案件侦查工作提供思路与技术支持。

跨市场、跨区域等复杂性操纵案件接连发生,侦查机关内部之间、侦查机关与侦查机关之间、侦查机关与司法机关之间应不断完善协作机制,加强执法经验交流与信息共享,以保障执法有效衔接,全方位、多维度地打击操纵证券市场犯罪。对于犯罪监管力度的加强,除了依靠施加外在监管力量,还可建立行业性自律组织,让行业内部同类机构之间相互监督,再通过岗前培训、普法教育等方式,增强从业人员职业道德,以形成自我约束的力量,从源头上减少犯罪。①

(三)建立健全行政执法与刑事司法衔接机制

建立完善的行政执法与刑事司法的衔接,是全面落实对资本市场违法犯罪行

---

① 史一淞:《浅析我国证券欺诈犯罪行为的成因及对策》,载《吉林公安高等专科学校学报》2009年第6期。

为"零容忍"的重大举措,是确保市场公正、维护投资者权益的重要一环。近年来,我国证券监管部门不断探索建立健全证券领域行政执法与刑事司法衔接工作机制,中国证监会于2021年7月颁布的《证券期货违法行为行政处罚办法》中强调,在行政处罚过程中发现违法行为涉嫌犯罪的,应当依法、及时将案件移送司法机关处理,明确了"直接刑事移送""先处罚后刑事移送""处罚、刑事移送并行"三种模式,①但目前这三种模式在操作层面还存在很多细节需要完善。为加强证券领域行政执法与刑事司法的有机衔接,证券监管部门在处理案情复杂、性质难以把握的操纵证券市场犯罪案件时,可以与公安机关建立联合办案机制,共同制定调查方案、收集证据、分析案情,以确保后续案件移送与刑事诉讼程序的顺利。此外,基于证券监管部门与刑事司法机关掌握信息的不对称性,证券监管部门与刑事司法机关之间应加强信息沟通,建立信息共享平台,证券监管部门在监管过程中发现可能涉及刑事犯罪的行为时,应及时向刑事司法机关通报,刑事司法机关在办理证券犯罪案件时,也应向证券监管部门通报案件进展和查处结果。最后,检察机关还要积极发挥监督行政执法职能,尽量减少"以罚代刑"的情形。

第十节　网络暴力犯罪典型案例研究报告:常某一等侮辱案②

一、案情简介③

2018年8月20日,被告人常某一之子在德阳某游泳馆游泳时,与同泳道相向而游的安某某发生身体碰撞,常某一之子随即朝安某某游走方向做出吐口水的动作。在泳池中的乔某某(系安某某丈夫)看见后,扑向常某一之子将其头部按入水中,后打了一耳光,并予以训斥。继而,闻讯赶来的常某一与乔某某、安某某在游泳池旁发生争吵,被劝开后,常某一查看游泳池监控,又与安某某在女更衣室产生肢体冲突。公安民警接警后调解未果。

① 方燕:《信息型操纵证券市场犯罪行为的防范与治理》,载《北京警官学院学报》2021年第1期。
② 本节由倪铁、刘宇哲合作完成。
③ 常某一等侮辱案,最高人民法院《依法惩治网络暴力违法犯罪典型案例》之二(2023年)。

随后,常某一等人前往乔某某所在单位反映游泳池冲突情况,要求立即对乔某某进行处理,乔某某所在单位表示待公安机关调查处理后再行处理。常某一在乔某某所在单位公示栏拍摄乔某某的姓名、单位职务、免冠照片等公示内容。当日下午,常某一和被告人常某二(系常某一堂妹)等人前往安某某所在单位反映游泳池冲突情况,要求立即对安某某进行处理,安某某所在单位表示待公安机关调查处理后再行处理。常某一、常某二在安某某所在单位找安某某未果,便对安某某进行辱骂,引发群众围观。常某一通过安某某所在单位微信公众号获取安某某的姓名、单位、职务、免冠照片截图。

一周后,常某一、常某二和被告人孙某某(系常某一表妹)将获取的乔某某为公务员、安某某为儿科医生等个人信息与游泳池视频关联,配注带有明显负面贬损、侮辱色彩的标题,分别通过微信、微博等方式推送给他人及媒体记者进行爆料,并通过网络发布情绪性、侮辱性标题帖文和评论,引导网民对乔某某、安某某作出负面评价。之后,涉及乔某某、安某某的游泳池冲突情况被多家媒体大量报道、转载,引发广大网民对乔某某、安某某诋毁、谩骂。在此期间,乔某某、安某某通过他人与常某一联系协商解决未果。最终,安某某服药自杀,经抢救无效死亡。

四川省绵竹市人民检察院对常某一等提起公诉。四川省绵竹市人民法院一审判决认为:被告人常某一、常某二、孙某某利用涉案泳池冲突事件煽动网络暴力,公然贬损被害人人格、损坏被害人名誉,造成被害人安某某不堪负面舆论的精神压力而自杀身亡。综合考虑各被告人在共同犯罪中所起作用、自首、悔罪表现以及被害人乔某某过错情况,以侮辱罪判处被告人常某一有期徒刑一年六个月;被告人常某二有期徒刑一年,缓刑二年;被告人孙某某有期徒刑六个月,缓刑一年。宣判后,被告人常某一提起上诉。四川省德阳市中级人民法院裁定驳回上诉,维持原判。

二、入选理由

(一) 网络暴力违法犯罪活动已经成为当前社会的治理重点

近年来,网络技术的迅速发展在给生活带来便利的同时,有时也被违法犯罪分子利用,特别是网络暴力违法犯罪活动频频发生,不仅严重侵害当事人的人格权、人格尊严,也严重污染网络生态、毒化网络风气,人民群众反映强烈,社会各界高度关注。互联网虽然是虚拟空间,但绝非法外之地。2023年7月,习近平总书记对网络安全和信息化工作作出重要指示,强调依法管网、依法办网、依法上网。之后,2023年9月,最高人民法院、最高人民检察院、公安部联合发布《关于依法惩治网络暴力违法犯罪的指导意见》,对司法实践中对网络暴力违法犯罪活动的打击进行了进一步的细化指导。从舆论的影响、法律的制定、形势的变化都可以看出,打击网络暴力违法犯罪活动的重要性正在日益上升。依法维护公民权益和网络秩序,让网暴者付出应有代价,已经成为全社会的共识。

(二)该案对网络暴力中侮辱罪的认定具有指导意义

该案系最高人民法院发布的《依法惩治网络暴力违法犯罪典型案例》之二,也是相关典型案例中较为罕见的网络侮辱造成被害人自杀,社会影响恶劣的重大案件。[①]与线下暴力直接造成人身伤害不同,网络暴力主要通过发布、传播信息,损害他人名誉、尊严等人格权益,实质是语言暴力。由于网络的特殊性,加之网络暴力信息"夺人眼球",所涉信息极易在互联网空间被海量放大,快速扩散、发酵形成舆论风暴。网络暴力所引发的群体性网络负面言论,使得被害人面对海量信息的传播而无所适从、无从反抗,导致"社会性死亡"甚至精神失常、自杀等严重后果。近年来,网络暴力引发的悲剧接连发生,急需依法予以严惩。本案即网络暴力引发严重后果的案件,行为人发布侮辱性言论,并通过网络推送,引发大量针对被害人的网络诋毁、谩骂,造成被害人自杀的严重后果,社会影响恶劣。基于此,办案机关依法适用公诉程序,以侮辱罪对三名被告人定罪判刑。

(三)该案明确了网络暴力犯罪案件的公诉范围

传统的侮辱、诽谤犯罪多发生在熟人之间,且往往事出有因,为了保护被害人隐私、促进修复社会关系,刑法规定了告诉才处理制度,也就是由被害人决定是否自行向人民法院提起诉讼;但刑法同时也规定,"严重危害社会秩序和国家利益的除外",也就是对严重危害社会秩序和国家利益的侮辱、诽谤犯罪应当适用公诉程序。该典型案例随着《关于依法惩治网络暴力违法犯罪的指导意见》同时发布,明确了网络暴力犯罪案件的公诉范围,充分体现了以法释法、以案释法的司法目的。《关于依法惩治网络暴力违法犯罪的指导意见》中第12条明确规定了要"准确把

---

① 参见《依法惩治网络暴力违法犯罪典型案例》,https://www.court.gov.cn/zixun/xiangqing/413002.html,2024年10月9日最后访问。

握侮辱罪、诽谤罪的公诉条件”,并且第2款中以“列举+兜底”的方式规定了实施网络侮辱、诽谤行为涉及“严重危害社会秩序”的具体情形。本案在客观要件上,属于《关于依法惩治网络暴力违法犯罪的指导意见》中规定的典型“造成被害人或者其近亲属精神失常、自杀等严重后果,社会影响恶劣的”网络暴力犯罪案件。对该案进行仔细地剖析和分解,有助于进一步明确网络暴力犯罪案件的公诉范围,把握刑法在网络暴力行为上的谦抑性尺度,保障我国公民在网络信息上的合法权利。

三、网络暴力犯罪的发展趋势

(一)案件数量明显上升

随着互联网技术不断普及,我国的社交媒体以及网络平台数量也不断增加,我国互联网用户人数、网络平台使用频率不断提升。从犯罪的心理学角度上来看,网络的匿名性或假名性为某些用户提供了一种令他们感觉安全的环境,使他们更容易发表攻击性或侮辱性的言论,“按键伤人”。2019年以来,全国检察机关共批准逮捕涉嫌侮辱、诽谤罪的犯罪嫌疑人213人,起诉涉嫌侮辱、诽谤罪的被告人415人,批准逮捕涉嫌侵犯公民个人信息罪的犯罪嫌疑人1.5万余人,起诉涉嫌侵犯公民个人信息罪的被告人3.6万余人。对社会广泛关注的网络暴力犯罪案件强化督办指导,充分发挥检察一体化优势,建立健全快速反应机制,及时督办、跟踪指导,严把案件质量标准。指导各地检察机关将个人信息保护检察公益诉讼作为网络暴力溯源治理的基本抓手和重要路径,截至2023年6月,全国检察机关共办理个人信息保护检察公益诉讼案件1万余件。①

(二)公诉案件的占比较低

尽管《关于依法惩治网络暴力违法犯罪的指导意见》已经对网络暴力犯罪案件的公诉范围作出了较为明确的规定,但是由于网络暴力犯罪本身的特殊性,司法机关追诉此类犯罪的主动性不强,导致公诉案件在全部案件中的占比较低。以诽谤刑事案件为例,2022年人民法院一审收案618件,比2013年(126件)增长了近四倍;其中,绝大多数是由被害人自诉提起,检察机关公诉的只有29件,仅占4.69%。②

---

① 参见《“两高一部”相关部门负责人就依法惩治网络暴力指导意见答记者问》,载中华人民共和国最高人民法院网2023年9月25日,https://www.court.gov.cn/zixun/xiangqing/413012.html,2024年10月9日最后访问。

② 参见《两高一部:近年来侮辱、诽谤刑事案增长明显　其中不少为“网暴”案》,载光明法治网2023年9月25日,https://legal.gmw.cn/2023-09/25/content_36856586.htm,2024年10月9日最后访问。

由数据可得,目前网络暴力犯罪仍主要是通过受害人自诉开始刑事诉讼程序的。相对于传统犯罪,网络暴力犯罪的处理需要更多的技术支持和专业知识,而由于司法资源有限,尤其是专业网络技术人员的缺乏,影响了对网络暴力犯罪的公诉力度。同时,社会对网络暴力的认知程度和重视程度也在一定程度上影响了公诉案件的占比。如果社会普遍对网络暴力行为不够重视,那么通过公诉程序处理的案件数量自然就会相对较少。

(三)有罪判决的案件占比较低

从网络暴力犯罪的发案趋势上来看,虽然每年公安机关受理的案件数量在不断上升,但是由于网络犯罪证据固定难、社会重视程度不够等多方面原因,审判机关真正作出有罪判决的案件在案件总体中占比仍然较低。从数据上来看,还是以诽谤刑事案件为例,2022 年我国共审结诽谤刑事案件 587 件,其中,不予受理的 271 件,占 46.17%;驳回起诉的 110 件,占 18.74%;准予撤诉的 97 件,占 16.52%;作出判决的只有 79 件,仅占 13.46%,其中判决有罪的仅有 43 人。①而 2023 年,虽然最高人民法院并未公布审结的诽谤刑事案件总数,但是在 2023 年最高人民法院的工作报告中提到,2023 年我国审结网络诽谤公诉案件中判决有罪人数 85 人,增长 102.4%,②由此可见最高人民法院同样把提升案件的有罪判决数量当作当前网络暴力犯罪治理的工作重点。

可以看出,真正判处有罪的网络暴力犯罪案件在受理案件的总量中占比较低。案件数量大幅增长、有罪判决极少的巨大反差,一方面与自诉人在确认网络暴力侵害人、收集证据等方面存在现实困难有关,另一方面也与侮辱、诽谤刑事案件的公诉标准缺乏细化指引、"门槛过高"有关。

一方面,从客观上来说,由于网络暴力犯罪涉及言论自由与个人名誉权的边界问题,法律对于网络暴力的界定存在一定的模糊地带,何种言论构成犯罪,何种属于言论自由范畴,有时难以明确划分,各地各级的公安机关、检察机关、审判机关对此在认识上存在着不统一,那么存在着公安机关受理而审判机关认为不够罪的相

① 参见《两高一部:近年来侮辱、诽谤刑事案增长明显 其中不少为"网暴"案》,载光明法治网 2023 年 9 月 25 日,https://legal.gmw.cn/2023-09/25/content_36856586.htm, 2024 年 10 月 9 日最后访问。

② 参见《两高晒出 2023 年"成绩单",折射哪些法治进步?》,载中华人民共和国最高人民检察院网 2024 年 3 月 9 日,https://www.spp.gov.cn/spp/2024lhzq/202403/t20240309_648293.shtml, 2024 年 10 月 9 日最后访问。

关案件也属于正常；另一方面，网络暴力犯罪同传统的侮辱、诽谤犯罪存在着较大的差异，这样的差异导致现有的法律体系有时难以跟上时代的步伐，限制了司法机关打击网络暴力犯罪的能力。

四、网络暴力犯罪案件的特点分析

（一）犯罪产业化趋势逐渐显现

在过去，网络暴力犯罪案件的犯罪模式，主要还是犯罪人通过自己个人以及自己的亲属好友的网络账号，对被害人在网络上进行恶意的丑化、造谣等造成伤害，比如典型案例中常某一就是通过联合自己的堂妹和表妹，对被害人在微信、微博以及其他的媒体上进行爆料，从而实现对被害人名誉的损害。

传统的网络暴力手段虽然也能造成很大的社会危害，但是由于犯罪的技术水平有限，仅仅只能在较小的范围内对受害人造成伤害。然而现阶段，随着"网络水军"这一产业的出现，网络暴力同网络水军产业联合起来，造成更大范围的社会危害。网络水军是指那些在网络平台上，受雇于他人，通过发表、转发评论、文章、帖子等方式，按照雇主的要求进行信息传播的人群。他们通常会在社交媒体、论坛、博客、新闻评论区等地方活动，以影响公众舆论、塑造特定形象或攻击特定目标。在这些黑色产业链中，网络暴力被相关组织或个人包装为"网络营销""网络策划""网络公关"，使网络暴力趋于组织化、链条化、产业化，甚至可能形成网络暴力犯罪生态。①在过去，网络暴力的实施者最多控制十几个账号实施暴行，然而现在通过雇用网络水军，犯罪人获得了专业的实施团队、成熟的实施体系，能够对网络各种资源进行最大化程度地利用，从而实施对被害人的侵害，做到真正的"一键伤人"。

（二）犯罪主体人群为青壮年

网络暴力犯罪同各类网络平台具有较高的关联性，而青壮年往往对互联网技术以及各类社交网络平台拥有更多的认识，因此网络暴力犯罪的犯罪主体往往是青壮年人群。在犯罪人年龄分布上，集中在20至40周岁的青年群体，占比达到

---

① 喻海松：《网络犯罪形态的碎片化与刑事治理的体系化》，载《法律科学（西北政法大学学报）》2022年第3期。

61%。在2021年北京市海淀区检察院发布的《网络科技犯罪白皮书》中,也指出涉网络犯罪嫌疑人年龄总体呈现青壮年化。①

一方面,青壮年人群通常更加熟悉网络社交媒体和其他在线平台,使用更频繁,对网络技术有较高的掌握程度,他们更懂得如何利用网络工具和匿名机制来实施网络暴力,同时也更容易成为网络暴力的目标;另一方面,青壮年时期是个体社会竞争和比较最为激烈的阶段,一些青年可能会因为社会压力、心理挫折或个人问题而在网络上发泄情绪,对他人进行网络攻击,同时网络暴力往往伴随着群体行为,青壮年人群更容易在网络上形成或加入特定的群体或社区,这些群体可能会集体对某个目标发起网络攻击。

(三)犯罪手段具有典型的软暴力特征

所谓软暴力,最高人民法院、最高人民检察院、公安部、司法部《关于办理实施"软暴力"的刑事案件若干问题的意见》中的第1条作了明确规定:"软暴力"是指行为人为谋取不法利益或形成非法影响,对他人或者在有关场所进行滋扰、纠缠、哄闹、聚众造势等,足以使他人产生恐惧、恐慌进而形成心理强制,或者足以影响、限制人身自由、危及人身财产安全,影响正常生活、工作、生产、经营的违法犯罪手段。从这一概念上来看,网络暴力中的暴力,属于典型的软暴力,网络暴力中行为人与被害人之间没有直接肢体接触,行为人无法通过网络直接殴打被害人;网络暴力是通过言语恐吓、言语侮辱等方式实施的,属于"精神暴力"或者"软暴力"范畴,因而有观点将其界定为"语言暴力"。②同时,2023年7月国家互联网信息办公室发布的《网络暴力信息治理规定(征求意见稿)》第2条也对"网络暴力信息"从载体要素、内容要素、后果要素等方面予以界定,该界定实际上也体现了网络暴力的"软暴力"性。

五、网络暴力犯罪案件的原因分析

(一)涉网络暴力犯罪的刑法规定尚不完善

对于涉及网络暴力犯罪的罪名较为广泛,在刑法实践中常用的罪名有侮辱罪、

① 龚一帆、刘珊、郑杰中、宋潇、王静怡:《网络暴力刑法规制实践、困境及完善建议》,载《秦智》2024年第4期。

② 喻海松:《网络暴力的多维共治——以刑事法为侧重的展开》,载《江汉论坛》2023年第5期。

诽谤罪、寻衅滋事罪,同时“两高一部”联合印发的《关于依法惩治网络暴力违法犯罪的指导意见》中还涉及了侵犯公民个人信息罪、非法利用信息网络罪、拒不履行信息网络安全管理义务罪。尽管《关于依法惩治网络暴力违法犯罪的指导意见》已经明确了网络暴力犯罪涉及的罪名以及打击重点,但是相关法律规定仍然不健全,一定程度上阻碍了司法机关对网络暴力犯罪的打击。以诽谤罪为例,根据《刑法》第246条第1款的规定,“以暴力或者其他方法公然侮辱他人或者捏造事实诽谤他人,情节严重的,处三年以下有期徒刑、拘役、管制或者剥夺政治权利”。可以看出,诽谤罪的追诉条件,是行为人捏造事实诽谤他人达到“情节严重”的程度。同时,“两高”发布的《关于办理利用信息网络实施诽谤等刑事案件适用法律若干问题的解释》中第2条规定了关于侮辱、诽谤“情节严重”的认定情况,包括对浏览量、转发量的规定,伤害后果的规定以及是否累犯的规定。然而,不同人的心理承受能力不同,看待事物的态度也不同,因此相同内容的诽谤信息的浏览量和转发量对于公民个人的伤害程度也是不同的。一方面,要求必须达成“被害人或者其近亲属精神失常、自残、自杀等严重后果”的规定,属于本末倒置,这就导致被害人越善于从网络暴力中保护自己,网络暴力犯罪就越难被追诉,从法律效果上反而鼓励社会民众放弃对网络暴力犯罪的防范;另一方面,被害人在精神上受到多大的伤害,更大地取决于被害人本身对舆论的重视程度以及对网络的了解程度,并不能决定犯罪人主观上的恶性,唯结果论的法律规定显然对网络暴力犯罪的打击平等性有很大影响。

(二)自诉规则的限定削弱了司法机关打击网络暴力犯罪的主动性

网络暴力行为在刑法上主要适用的罪名为侮辱罪、诽谤罪、侵犯公民个人信息罪、非法利用信息网络罪等,而其中侮辱罪、诽谤罪系告诉才处理的犯罪,通常情况下需要被害人提起刑事自诉。相对刑事自诉而言,侮辱、诽谤犯罪适用公诉程序比较少且难度大。与传统的侮辱、诽谤相比,网络侮辱、诽谤有很大变化。一方面,由于网络的群体性,网络暴力的危害通常要远远大于传统的侮辱、诽谤;另一方面,由于网络的匿名性,被害人常常无法自行取证维权,以致不少网络暴力事件最终陷入“法不责众”、不了了之的结局。《关于依法惩治网络暴力违法犯罪的指导意见》的出台通过“列举+兜底”的形式进一步明确了网络暴力犯罪公诉案件的范围,有利于司法机关更好地打击网络暴力犯罪。

然而,实质上,自诉案件中同样存在着对网络暴力犯罪的打击的需要,仅仅是拓宽网络暴力犯罪案件的公诉案件范围并不能从根本上解决问题。例如,部分规则成为网络暴力犯罪中被害人通过自诉获得救济的制度障碍。作为自诉案件的原告人,网络暴力犯罪中的被害人从刑事诉讼法规定上来看,仅仅享有任意性调查取证权,比如固定自己手机等电子设备中存储的涉案电子数据,或者通过截图等方式提取网络上公开的相关电子数据。然而网络暴力犯罪中的关键数据,诸如发布时间、后台浏览人数、删除记录等,掌握在互联网平台公司的手中,拥有公权力的侦查机关自然可以通过要求协助的方式调取这些数据,但不享有采取强制性调查取证措施权力的自诉案件原告人却难以对这些证据进行固定。尽管最高人民法院《关于适用〈中华人民共和国刑事诉讼法〉的解释》第 325 条第 2 款明确了公安机关在面对自诉案件原告人难以固定证据时的协助义务,但是其启动时间是要在立案之后,如果缺乏该类关键证据,又不符合自诉案件的法院受理条件,就会产生“无证据→不立案→不协助→无证据”的恶性循环,阻断通过自诉程序来打击网络暴力犯罪的实现路径。

(三)互联网平台在网络暴力犯罪打击上的义务尚不明确

互联网是犯罪人实施网络暴力犯罪的平台与工具,因此提供互联网平台的企业在网络暴力犯罪的打击上肩负着重大的责任。传统的犯罪治理模式,即单纯的公安机关负责制,已经无法满足当前网络暴力犯罪治理需要。从多元共治理论的视角来看,“政府的管理能力是有限的,单纯依靠政府对公共事务的治理可能存在政府失灵现象,因此必须引入第三方参与市场治理”。因此,网络暴力犯罪的治理离不开互联网平台的参与。《关于依法惩治网络暴力违法犯罪的指导意见》中也明确了,针对“对于所发现的网络暴力信息不依法履行信息网络安全管理义务,致使违法信息大量传播或者有其他严重情节,损害社会公共利益的”网络服务提供者,人民检察院以公益诉讼的形式对互联网企业进行追责。然而,除了在检察机关提起公益诉讼时予以配合,《关于依法惩治网络暴力违法犯罪的指导意见》并没有对互联网平台在网络暴力犯罪打击的义务上作出其他明确规定。“不依法履行信息网络安全管理义务”的规定,也并没有其他法律解释予以进一步说明。从理论上来说,互联网平台应当肩负监管责任、规则制定责任、技术手段应用责任等。然而现实中,各个互联网平台对规则的制定以及监管措施的运用都有自己的理解和认识，所导致的标准不统一也使得互联网用户缺乏认识规则的能动性。当然，对于互联网平台来说，其核心任务仍应当是为其消费者和用户提供优质的平台产品，过于复杂的规则和严厉的监管实质上会影响平台的便捷性，因此在立法层面明确互联网平台在网络暴力犯罪打击上的义务就显得更为重要。

六、基于犯罪学角度的治理对策

（一）进一步明确网络暴力犯罪的公诉案件范围

为了满足打击网络暴力犯罪的现实需要，《关于依法惩治网络暴力违法犯罪的指导意见》第 12 条第 2 款已经规定了实施网络侮辱、诽谤行为涉及“严重危害社会秩序”的具体情形，包括：“（1）造成被害人或者其近亲属精神失常、自杀等严重后果，社会影响恶劣的；（2）随意以普通公众为侵害对象，相关信息在网络上大范围传播，引发大量低俗、恶意评论，严重破坏网络秩序，社会影响恶劣的；（3）侮辱、诽谤多人或者多次散布侮辱、诽谤信息，社会影响恶劣的；（4）组织、指使人员在多个网络平台大量散布侮辱、诽谤信息，社会影响恶劣的；（5）其他严重危害社会秩序的情形。”该款中第 1 项至第 4 项皆包含了“社会影响恶劣”这一表述，对侮辱、诽谤这样的犯罪进行公诉，本身就应当以社会影响恶劣为前提，但是将该表述放置于此处，影响了对四种具体情形与“社会影响恶劣”之间关系的准确认识。应当将四种具体情形作为“社会影响恶劣”的细化表现予以看待，也就是说，只要实施了《关于依法惩治网络暴力违法犯罪的指导意见》所列举的四种情形之一，就推定其社会影响恶劣，从而由司法机关启动公诉程序予以主动追诉。这样一方面能够降低“严重危害社会秩序”情形认定的不确定性，尽可能减少具体情形中的模糊化表达；另一方面也能够兼容法理与人情，比如对于“造成被害人或者其近亲属精神失常、自杀等严重后果”的，这种后果已经是社会公众的认知中最为严重、恶劣的，若依旧附加“社会影响恶劣”的额外条件，有违社会预期。

（二）细化自诉案件公安机关协助取证义务

针对上文中提到的自诉案件中“无证据→不立案→不协助→无证据”的恶性循环，《关于依法惩治网络暴力违法犯罪的指导意见》第 11 条已经明确了公安机关提供协助的具体内容、适用阶段、运行程序。尽管《关于依法惩治网络暴力违法犯罪的指导意见》第 11 条没有明确规定公安机关诉讼阶段的协助调查义务，但该条中“经公安机关协助取证,达到自诉案件受理条件的,人民法院应当决定立案”的表述,已经将其限定为“立案前协助调查”,即由公安机关在法院立案前协助取证,协助取证的目的是让自诉案件符合立案的证据标准和条件,解决被害人因取证能力不足而导致网络暴力自诉案件无法立案的循环困境。①然而,这样的规定高度依赖人民法院对网络暴力犯罪定性的准确把握,在当前网络暴力犯罪案件数量不断增高,且公检法对网络暴力犯罪认知存在差异的情况下,如果审判机关滥用此规则,放弃本应对自诉案件实施的审查权,无疑是把本应由法院承担的初审职能转嫁给公安机关,大大增加了公安机关的工作量,导致公安机关消极协助取证,也违背了立法之初衷。因此,应提高自诉原告人在刑事诉讼过程中的地位,赋予自诉人协助取证程序的救济权,主要包括以下两种权利:第一,对法院不批准公安机关协助取证申请的决定,自诉人可以要求复议;第二,对公安机关消极协助取证的,自诉人有权将有关情况向法院反映,法院经过核实后确认存在的,应当通知公安机关予以配合。

(三)完善互联网平台的防治责任体系

通过明确公诉范围、细化诉讼规则等形式防治网络暴力犯罪,主要是在犯罪事后实现对犯罪的打击。而要真正把治理做到“防在犯前”,必须联动互联网平台。从义务规定上来看,互联网平台在网络暴力犯罪治理上的义务主要可分为三个方面,即规则制定义务、全面监管义务和配合取证义务。从规则制定义务上来看,互联网平台必须制定统一完善的用户言论管理制度,应当涵盖行为类型、处罚模式、行为后果等要素,并且确保用户及时知晓规则,规则的制定也应该在行政机关的指导之下进行;从全面监管义务上来看,互联网平台应该积极主动地监管平台上的用户行为,包括发展数字技术手段以提升自己的监管能力,以及建立完善的举报管理制度;从配合取证义务上来看,互联网平台面对公安机关提出的配合取证需要,应当及时给予满足,也可以建立机制性的配合取证渠道。

同时,对于拒不履行防治义务的网络服务提供者,也应当建立民行刑衔接全覆盖的多维治理体系。网络暴力犯罪的刑事治理需要民法、行政法治理手段作为补充,尤其对网络服务提供者的治理应以民法、行政法为主。对于网络暴力以“侵害

① 谢登科:《网络暴力犯罪的公私协同治理模式》,载《法律科学(西北政法大学学报)》2023 年第 5 期。

公民人格权益或者破坏网络秩序，情节严重”为危害结果要件，如果未达到“情节严重”情形的，权利人可以通过民事诉讼程序解决。针对网络用户实施的侵权行为，权利人可以选择将网络服务提供者和网络用户作为共同被告主张共同侵权承担连带责任。[①]关于刑事治理层面，如果网络服务提供者明知他人实施网络暴力犯罪，而为其犯罪提供互联网接入、服务器托管、网络存储、通信传输等技术支持，或者提供广告推广、支付结算等帮助，情节严重的，可以适用《刑法》第287条之二“帮助信息网络犯罪活动罪”定罪处罚。

第十一节　非法经营犯罪典型案例研究报告：黄某水等人非法经营（地下钱庄）案[②]

一、案情简介

2015年1月至2021年7月，被告人黄某水伙同万某、黄某艳等人以恒则公司为平台，在当地架设“288Game.com”“i721.com”“恒信 GameNeed.com”等网站，为有人民币消费需求的中国香港客户提供港币向人民币的非法汇、兑业务。该地下钱庄团伙通过上述网站收取中国香港客户手中的港币，在境外点卡销售商处购买游戏点卡后，通过多个境内游戏点卡经销商，将游戏点卡兑换成人民币打入该地下钱庄持有使用的境内人民币账户，在扣取一定比例的手续费后，将人民币资金转入中国香港客户的境内账户，为其提供港币与人民币间的非法汇兑服务。同时该团伙也在境内帮助客户将人民币兑换成港币。

经司法审计，该团伙港币、新台币非法汇兑人民币共计71233843.49元，人民币非法汇兑港币共计16721063元。2022年10月21日，上海市公安局经侦支队民警将被告人黄某水抓获到案；被告人归案后均如实供述了主要犯罪事实。在审理过程中，被告人黄某水退出违法所得人民币50万元，被告人周某洪、黄某艳、钟某祥各退出违法所得人民币2万元。

---

① 张佳华：《数字时代网络暴力的刑事治理》，载《江汉论坛》2024年第5期。

② 本节由倪铁、朱雨稼合作完成。

2023年3月6日,本案在上海市宝山区人民法院公开开庭审理。2023年3月28日,上海市宝山区人民法院对该案公开宣判,被告人黄某水犯非法经营罪,判处有期徒刑六年,并处罚金人民币10万元。被告人周某洪犯非法经营罪,判处有期徒刑一年七个月,并处罚金人民币3万元。被告人黄某艳犯非法经营罪,判处有期徒刑二年,并处罚金人民币4万元。被告人冯某声犯非法经营罪,判处有期徒刑一年七个月,并处罚金人民币3万元。被告人钟某祥犯非法经营罪,判处有期徒刑一年七个月,并处罚金人民币3万元。

二、入选理由

(一)非法地下钱庄案件频发

"地下钱庄"属于一种类似商业银行的非法金融机构,主要业务通常为吸收公众存款、代为办理支付结算等。它游离于我国金融监管体系之外,以外表看似合法的组织机构形式存在。近年来互联网金融的飞速发展给非法地下金融业务提供了更多便捷渠道,灰色资金跨境转移愈发猖狂。2022年,公安部部署了"歼击22"专项行动,重点打击地下钱庄犯罪案件。截至2022年10月20日,全国各地公安机关共立案侦办地下钱庄案件2164起,与2021年同期相比增长104%;部署对285个重大跨境地下钱庄网络开展集群打击。①

(二)非法地下金融业务威胁我国金融安全

地下钱庄主要功能是资金跨境转移,进行非法买卖和兑换外币活动。我国为平衡国际收支和维持货币汇率,对我国境内的个人兑换汇款额度进行限制。地下钱庄往往采取一些特殊运作方式来逃避国家的监管,进行非法资金跨境转移活动,这不仅会破坏我国的外汇管理制度,同时还会严重影响我国货币政策的制定和实施,严重冲击我国实体经济。②

(三)该案件具有典型法治指导意义

此案件为各级机关单位以及民众敲响警钟,对各级国家机关和单位而言,该案

① 《今年已侦办重大洗钱和地下钱庄案件》,载中国警察网2022年10月21日,http://news.cpd.com.cn/yw_30937/1022/t_1056245.html,2024年10月9日最后访问。

② 王子豪:《商业银行反地下钱庄洗钱管控研究——以Z银行为例》,东北财经大学2021年硕士学位论文。

件警示了地下钱庄存在作为犯罪媒介平台的潜在危险性，同时为侦查人员在同类案件侦查中提供经验，为检察人员起诉、审判人员审判提供指导，为监管体制的改善提供指导方向。

三、该类犯罪的发展趋势

（一）案件增长呈现回落态势

本章将深入探讨当前的犯罪趋势，从地区分布、经营范围到经营模式等多个维度进行全面剖析。在此，先从地下钱庄案件的不同层级法院的文书数量分布情况来进行分析，基层法院案件数量最多，达到了 339 份。因基层法院作为司法系统的最前沿，承担着大量的一审案件。而中级人民法院案件数量虽然相较于基层法院有所减少，但数量仍不少，达到了 282 份，其缘于有一定比例的案件会经过上诉或需要中级人民法院的进一步审理。此外，高级法院的文书数量为 90 份，是三个层级中最少的。从近十年的地下钱庄相关案件文书数量年份变化趋势来看，总的来说系“案件数量逐年上升后回落”。具体而言，从 2014 年到 2019 年，地下钱庄相关案件的文书数量呈现出逐年上升的趋势。特别是在 2016 年至 2019 年期间，案件数量增长迅速，其中 2019 年达到了峰值，文书数量为 143 份。然而，从 2020 年开始，文书数量出现明显下降，之后几年持续保持在较低水平。当然，也意味着相关部门在打击地下钱庄方面取得了一定的成效（见图 3-18）。

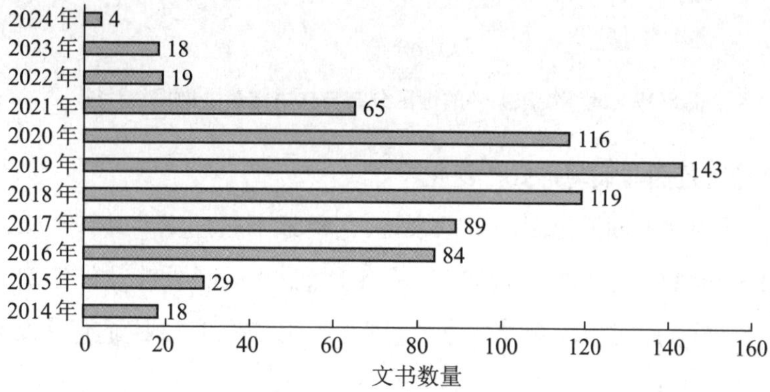

图 3-18　地下钱庄相关案件文书数量年份变化趋势图

（二）案件地域分布广且不均衡

从裁判文书网提供的数据来看，地下钱庄的活动呈现出明显的地域集中性，主要集中在沿海地区,而内陆地区的活动相对较少。这种分布特征与沿海地区的经济发展水平、对外开放程度以及金融活动的频繁性有关。数据显示,广东省的文书数量最多,达到 177 份,远超过其他地区,显示出广东省是地下钱庄活动最为频繁的地区。此外,浙江、福建等沿海省份的文书数量也相对较高,这些地区由于对外开放程度高,经济活跃,金融需求大,客观上为地下钱庄提供了更多的“生存空间”。与沿海地区相比,内陆地区的文书数量明显较少。其中,黑龙江、吉林等东北地区的文书数量虽然有一定规模,但与广东等沿海地区相比仍有较大差距。而像甘肃、宁夏、新疆等西部地区的文书数量则更少,这与这些地区的经济发展水平、金融需求和监管力度有关(见图 3-19)。

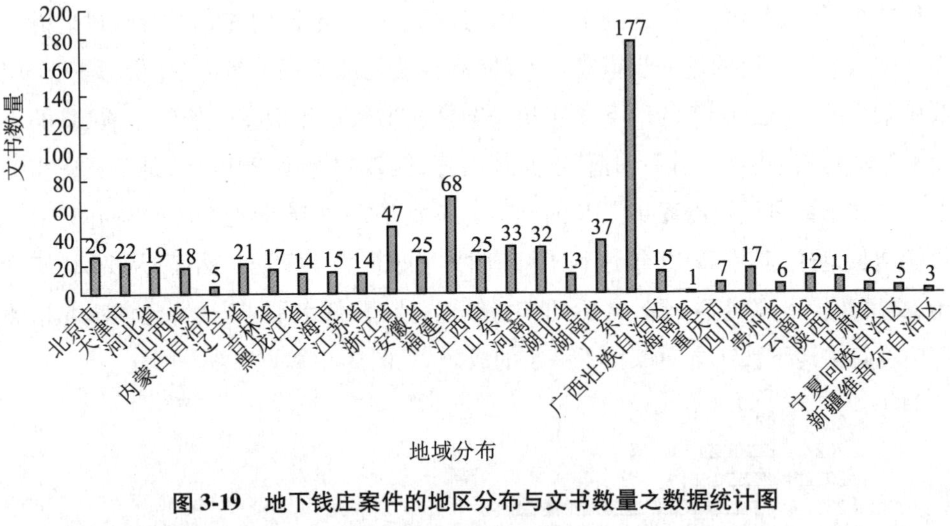

图 3-19　地下钱庄案件的地区分布与文书数量之数据统计图

(三) 经营范围与表现形式广泛化

以司法裁判文书网所呈现的数据来说,当前地下钱庄案件共计 1722 份文书。其中,涉及本币型的文书高达 1268 篇,占比达到 69%;另外涉及外汇型的文书系 236 篇,占比 13%;而对于综合型的案件,则在一定程度上辐射了本币型与外汇型案件,文书共计 341 篇,占比 18%。

1. 本币型

本币型地下钱庄主要从事以人民币为经营币种的非法金融活动。此类钱庄的业务范围广泛,包括吸收公众存款、借贷拆借、高利转贷等,甚至涉及典当和私募基金等领域。其虽然在全国范围内均有分布,但在民营经济活跃的浙江、江苏等省份更为集中。本币型地下钱庄的常见形式包括标会、台会、互助会等,这些形式大多源自古老的金融传统,并依赖民间信用体系进行运作。①例如,标会是一种通过利率竞标来决定得会顺序的金融活动,而得会者可以获得一定数量的基金。一旦本币型地下钱庄出现资金失控或组织者卷款跑路等情况,参与者将面临严重损失,甚至引发社会动荡。

2. 外汇型

外汇型地下钱庄主要从事跨境汇款非法金融活动,涉及买卖外汇及洗钱等违法犯罪行为。其经营币种主要为外汇和人民币,该类钱庄多分布在外向型经济发达、外资企业众多的沿海地区及边境地区,如广东、山东、福建、黑龙江等省份。

在长期运作和发展过程中,外汇型地下钱庄的业务范围已不仅限于简单的本外币兑换,而是逐步演变为集资金非法跨境转移(汇)、非法买卖外汇(兑)以及洗钱功能于一体的地下金融机构。其资金运作日益隐蔽,经营手法不断翻新,以规避监管。此类地下钱庄最具代表性的资金运作模式是采用明、暗两线的资金交割方式。暗线操作涉及境内地下钱庄控制的外汇资金在境外循环,外汇资金流动直接在境外完成,不流入境内。②明线则是境内人民币资金在企业和银行之间的循环,表现为现钞交易或人民币资金账户之间的频繁资金流转。由于明暗两线操作相对独立且隐蔽,监管机关难以发现它们之间的内在联系,但实际上这两条线紧密相连,每一次汇兑业务都是人民币和外汇对冲的结果。这种复杂的资金运作模式不仅增加了监管难度,也为地下钱庄带来了巨大的非法收益。

3. 综合型

综合型地下钱庄是一种复合型的非法金融机构,它不仅从事本币型的业务,如吸收公众存款、借贷拆借、高利转贷以及典当、私募基金等非法金融活动,同时也涉足外汇型的业务,包括买卖外汇、跨境汇款非法金融活动及洗钱等违法犯罪行为。一个典型的案例是2008年6月广东警方破获的陈某潮特大地下钱庄案,涉案金额高达28亿元。该钱庄的业务范围极为广泛,不仅涵盖了本币型的各项

---

① 沈秀霞:《地下钱庄的危害与治理》,载《河南农业》2019年第12期。

② 戴蓬:《地下钱庄非法跨境汇兑犯罪防控对策》,载《广西警察学院学报》2021年第4期。

业务,还积极参与外汇买卖和跨境资金转移,是综合型地下钱庄的一个典型代表。由于其业务复杂且隐蔽,发现和打击综合型地下钱庄需要高度的专业性和技术手段。

(四) 经营模式多样化

笔者在对经营模式的数据进行分析时,发现主要有家族型、公司型和网络型三种。公司型的存在数量最为突出,多达 1288 篇,而明确以网络为“生计”的经营模式也有 295 篇,反观系家族型的最少,仅有 53 篇。

1. 家族型

家族型地下钱庄多以个体户的形式存在,其经营地点常常选择在商业区域或者家庭住所内。为了掩人耳目,通常会开设一家合法的商店作为掩护,而家族成员则全职或兼职从事非法的外汇交易活动。其典型特点是,家族直系亲属往往成为境外合作伙伴,共同参与非法金融活动。例如,在福建晋江的“东石丽”钱庄案中,蔡某与其妻子苏某(外号“东石丽”)就是家族型地下钱庄的代表。①其中,全家四口都从事非法外汇买卖活动,两个儿子也帮助母亲点收款项。家族式的经营模式使得地下钱庄的运作更加隐蔽和难以侦破,因为家庭成员之间的信任和默契降低了内部泄露风险。②然而,一旦被发现,整个家族都将面临法律的制裁。

2. 公司型

公司型地下钱庄通常以咨询公司、典当行或投资银行等正规企业的名义作为掩护,进行非法金融活动。其具有较高的隐蔽性,因为地下钱庄能够借助合法企业的外壳来掩盖其非法的金融交易。瑞典等国的反洗钱部门调查报告显示,许多看似正规的杂铺、便利店实际上也参与了跨境汇兑业务,且未按照反洗钱制度报告可疑交易,其中就包括了采用公司型经营模式的地下钱庄。这些地下钱庄内部组织严密,拥有严格的管理制度,甚至有些采用了现代企业管理制度——股份制。其运营方式仿佛一个正规的银行,拥有自己的“土规矩”,并形成了独特且科学的管理模式和风险控制手段,更是使得地下钱庄能够在长时间内稳定运营,并不断发展壮大。

① 李京蓉:《地下钱庄非法买卖外汇模式及打击策略》,载《现代营销(信息版)》2020 年第 3 期。

② 王秀梅、李采薇:《新时代地下钱庄洗钱犯罪的定罪困境、成因与对策》,载《云南师范大学学报(哲学社会科学版)》2022 年第 1 期。

3. 网络型

网络型地下钱庄是以一至两个资金雄厚且信誉良好的地下钱庄为核心，围绕这些核心，众多小型地下钱庄作为卫星钱庄形成网络化经营结构。其类似于“央行”与商业银行的关系，其中核心钱庄充当“央行”的角色，而卫星钱庄则类似于商业银行。①在网络型地下钱庄体系中，作为卫星钱庄的资金可由核心钱庄即“央行”任意调拨，同时，无法承接的业务也可以转至大钱庄处理。位于地下钱庄网络最顶端的核心成员掌握着信息的垄断权，操纵着外汇非法交易的价格。他们通常以中国官方公布的外汇牌价为基础，上调一到两个点，使其价格约等于各主要外汇指定银行的兑换价格与相应的现钞兑换现汇的手续费的总和。例如，福建郑某细命钱庄就曾成为福清地下钱庄的“央行”。由于其“服务周到、信誉良好”，再加上拥有海外渠道，该钱庄发展迅速。②每天上午9时左右，郑某细命会定时与海外联系，商定当天的外汇汇率，然后再与境内卖汇客户以及中小钱庄商定汇率。他不仅决定着福清的外汇黑市价，还能直接调拨各小钱庄的资金，承接小钱庄无法消化的大单。这样，中小钱庄就像储蓄所一样围绕“央行”形成了一个地下金融网络。

四、该类犯罪的特点分析

（一）以买卖外汇、对敲为主要运作方式

地下钱庄作为非法金融机构，采取一定特殊运作方式来逃避监管机关的检查。从整体上来看，虽然随着科技发展犯罪手法层出不穷，但大致上以买卖外汇和对敲两种运作模式为主。具体而言，买卖外汇指地下银行往往在外汇市场上扮演黄牛的角色，以低价赚取货币，然后以高价出售，从平均价差中获益，或收取一定比例的交易费。目前，这些类型的地下钱庄通常使用公司和个人交易等合法形式作为伪装，主要用于港元和美元等非法外汇交易。

对敲最初是证券市场上的一种非法交易方式，也称为相对信任或串通。它是指犯罪者与他人协商，意图影响证券市场形势，双方都扮演买方或卖方的角色的行为。这种非法证券交易方式非常隐蔽，难以发现和调查。经营地下钱庄的不法分

---

① 周惠钦、薛严清、刘闽浙：《跨境汇兑型地下钱庄的成因、特点及治理——基于福建情况分析》，载《区域金融研究》2019年第3期。

② 张宏伟：《试论我国地下钱庄成因及对策》，载《公安研究》2004年第6期。

子已经认识到这种交易方式的隐蔽性,并将其应用于本外币兑换。在向国内客户收取人民币后,他们根据汇率计算相应的外币,并通知外国合作伙伴从相应的外币中扣除佣金,并将其转入客户指定的外国账户。这种方法不会跨境转移国内和国外来源的资金,而是通过单独的资金池将资金转移到各自的账户,从而实现客户国内和国外账户之间的收支平衡。

(二)高智高能人员团伙作案

目前,地下钱庄的非法金融业务已形成"黑色产业链",包含许多环节,无法由一人完成。它往往以公司的形式存在,在技术支持、人员培训和跑分等板块有明确的分工。有的成员负责非法汇兑网络平台的建设,有的负责汇兑平台的管理,有的负责平台的运营和扩展,有的负责联系固定虚拟货币接收人,有的负责根据需要将兑换的人民币转入各类境外客户的境内账户。非法经营地下钱庄需要具备互联网技术、金融等专业知识。从这个角度看,犯罪团伙往往具有高智商、高能力的特点。涉案人员绝大多数是20世纪90年代出生的学生,其中三分之一的人拥有硕士学位,部分主犯甚至是国内外知名大学的毕业生。①

(三)交易隐秘程度高

为了实现匿名,逃避国家机关的监管,犯罪分子通过发行虚拟货币或代币在网上交易。基于互联网的虚拟货币具有去中心化和匿名化的特点,他们的交易仅基于网络社区规则,不需要中央金融机构的监督。同时,可以在不受交易时间和地点限制的情况下,通过互联网以虚拟货币或游戏代币进行非法交易。犯罪分子使用网络游戏币和虚拟货币平台可以高效且迅速地解决国内外资本不平衡问题。

(四)打击难度大

其一,地下钱庄的行为方式和活动地点日趋隐蔽,给调查和打击工作带来极大困难。为了逃避国家的监管和打击,地下钱庄不断改进其非法经营方式和作案手法。其通常有着家族性、集团性、跨区域等特点,组织严密、分工明确,采用境内外收支两条线的特殊结算方式,增加了调查和取证的难度。其二,地下钱庄作为职业化的非法交易机构,有着严密的组织结构和内部分工,长期的地下经营提升了其

---

① 刘雪营、赫广平、尹娜娜:《新型地下钱庄洗钱犯罪的特点及应对策略研究》,载《上海公安学院学报》2023年第6期。

"市场信誉",形成了较高的"信誉度"。甚至在交易过程中,双方无需见面,无任何书面契约,这种隐蔽性增加了国家有关机关对地下钱庄违法犯罪活动的发现和查处难度。目前,我国并没有针对地下钱庄制定明确的、专门的法律规定,通常是在处罚洗钱等犯罪时顺带处理地下钱庄。然而,这种处理方式既不及时也不严厉,与地下钱庄给我国金融管理秩序带来的破坏程度形成强烈反差。同时,我国对洗钱等犯罪的条文规定也存在可操作性不强、模棱两可等问题,继而影响了对地下钱庄违法活动的及时惩处。

五、该类犯罪的原因分析

(一)低成本高收益的盈利模式

第一,地下钱庄的运营成本低廉。与正规金融机构相比,地下钱庄无需承担高昂的监管费用、运营成本以及风险准备金等,因此其经营活动的成本大大降低。同时,地下钱庄通常利用熟人网络开展业务,这减少了客户信息获取的成本,也降低了信用风险和担保需求。低成本运营模式使得地下钱庄在提供金融服务时具有更大的灵活性,能够满足一些中小企业或个人短、平、快的资金需求。第二,地下钱庄的交易方式简化、快捷,这也是其低成本高收益盈利模式的重要组成部分。正规的金融机构在提供资金服务时,需要进行繁琐的申请、资格审查等程序,这不仅增加了时间成本,也降低了服务效率。而地下钱庄则能够迅速完成交易,满足急需资金的客户要求,从而吸引了大量客户。第三,地下钱庄通过非法活动获取了高额利润。而利润主要来源于非法买卖外汇和参与洗钱犯罪活动。由于国家实行外汇管制,地下钱庄利用供需矛盾进行非法买卖外汇,从中赚取外汇差率和额外收取手续费。[1]此外,地下钱庄还参与洗钱犯罪活动,将黑钱转往境外或转成外汇并收取高额手续费。

(二)现实供需矛盾的存在

地下钱庄的兴起与发展,其背后另一个重要推手便是现实中存在的供需矛盾。其矛盾主要体现在民间资本的需求与商业银行对民营中小企业贷款供给不足

① 黎友焕、郭文美:《当前地下钱庄的影响及其对策分析》,载《福建师范大学学报(哲学社会科学版)》2008年第5期。

之间。

其一,随着我国民营经济的快速发展,民间资本大量积累,而中小企业的资金需求也日益旺盛。然而,商业银行的存款利率持续低迷,使得民间资本持有者不再愿意将资金存入银行。此时,地下钱庄以高利息为诱饵,成功吸引了大量民间资本。其二,随着我国对外交流的增多,外汇兑换需求也在不断增长。然而,我国金融机构在外汇买卖和兑换渠道方面显得不够成熟和灵活,无法满足日益增长的外汇需求。地下钱庄则以其快捷、便利、灵活的经营方式在外汇买卖和兑换中占据优势,满足了这一需求,从而为其生存和发展提供了空间。其三,随着我国民营和私营企业的快速发展,这些企业对资金的需求也在不断增加。然而,商业银行等正规金融机构对中小型民营、私营企业的贷款供给严重不足。①一方面,商业银行出于贷款质量和资金安全的考虑,压缩了对这些企业的信贷规模;另一方面,正规金融机构的贷款手续繁琐、效率低下。与此形成鲜明对比的是,地下钱庄以快捷、便利、灵活的经营方式和资金及时到位的优势,满足了中小企业的贷款需求。

(三) 现有金融体制方面的不足

我国现有金融体制的不完善,是地下钱庄得以发展和蔓延的一个重要因素。具体来说,其体制上的不足主要体现在以下两个方面。

第一,金融监管在一定程度上存在断层和真空。尽管我国的金融监管在近年来取得了显著进步,但仍然存在一些盲区。②譬如,现行的外汇管理政策无法全面、有效地监控境内人民币资金的流动和交易,以及境外的外币交易。地下钱庄巧妙地利用了这些监管漏洞,在境内进行人民币交易,在境外进行外汇交易,从而成功逃避了外汇监管。此外,税收管理、海关监管等方面的法律法规也存在不完善之处,为地下钱庄的非法活动提供了可乘之机。第二,我国金融体制改革的滞后。目前,我国金融机构在资金分配上并不能完全满足各类经济发展的需求。金融机构工作效率低下、缺乏业务创新能力,以及信息搜集和披露体系的不完善,都导致了

---

① 王爱迪:《地下钱庄非法跨境汇兑犯罪防控对策研究》,载《河北公安警察职业学院学报》2021 年第 3 期。

② 谷佳林:《大数据时代经济犯罪侦查模式的“破”与“立”——以地下钱庄洗钱犯罪侦查为例》,载《湖北经济学院学报(人文社会科学版)》2020 年第 10 期。

金融机构与市场需求之间的脱节。特别是金融机构在提供资金支持时，手续繁杂、效率低下，且设置了较高的贷款门槛，使得许多中小企业和个人难以从正规渠道获得及时、足额的资金支持。那么，地下钱庄以其手续简化、门槛低等特点，恰好满足了这部分客户的需求。①尽管地下钱庄收取的手续费较高，但相比正规金融机构的时间成本，许多客户仍然选择通过地下钱庄进行资金融通。

六、基于犯罪学角度的治理对策

（一）落实大额和可疑交易报告制度

地下钱庄虽然隐蔽，但在资金运作过程中仍会依赖正规金融机构，这为我们通过大额和可疑交易报告制度来监控和打击地下钱庄提供了可能。应严格按照中国人民银行等相关法律法规的要求，建立和完善大额和可疑交易报告制度。金融机构作为反洗钱的第一线，应承担起监控和报告大额和可疑交易的责任。在日常业务中，金融机构员工应提高警惕，主动了解并掌握客户的基本信息，特别是与可疑支付交易相关的信息，如业务范围、经营特点和企业规模等。同时，对于大额和可疑交易，金融机构应做到及时、准确、完整地报告。报告要素应认真仔细填写，确保信息的真实性和完整性。此外，金融机构还应整合内部规章制度和操作流程，加强部门间的协作与信息共享，建立起事中控制与事后监督相结合的防范机制。

（二）加强现金管理

地下钱庄的非法活动往往依赖于现金交易，这使得非法资金能够轻易混入日常交易之中，增加了识别和打击的难度。因此，必须优化现金管理方式，以减少现金交易量、规范现金存取行为，并严厉打击现金走私活动，从而有效遏制地下钱庄的非法活动。

但又鉴于当前电子支付的高度普及和便利性，需进一步推动电子支付方式的广泛应用。尽管微信、支付宝等电子支付方式已经深入人心，但仍有部分人群因习惯或特殊需求而偏好现金交易。为引导这部分人群转向电子支付，可以通过宣传电子支付的便捷性和安全性，以及提供更多的优惠和激励措施，如降低电子支付手

---

① 张树强：《地下钱庄需求侧打击模式探索：山东实践》，载《金融发展研究》2020 年第 5 期。

续费、增加电子支付积分奖励等,来增强电子支付的吸引力。并且,为了加强对大额现金交易的监控和管理,需要建立全面的现金交易报告制度。尤其是在洗钱风险较高的行业,如金融、保险、证券、房地产、拍卖行以及珠宝、钻石和贵金属交易等行业,应实施严格的大额现金交易报告要求。这将有利于监管部门及时发现可疑交易,并采取相应的调查措施。此外,还需加强银行间的合作与信息共享,通过建设统一的金融监管平台,实现对各类金融交易的实时监控和数据分析,以便监管部门更准确地识别地下钱庄的非法活动,并采取相应的打击措施。

(三)抑制市场对地下钱庄的需求

为了有效治理地下钱庄,需要进一步抑制市场对地下钱庄的需求。可以通过几个关键方面来实现。

第一,进一步深化外汇管理制度的改革。许多人选择通过地下钱庄进行汇兑,并非都出于犯罪目的,部分原因是现有的外汇体制与公民需求存在不匹配。因此,调整外汇管理政策至关重要,例如适时允许一些非自由兑换货币与人民币的兑换,放宽外汇管制、简化手续,以满足企业和个人正常的用汇需求。这将有助于减少人们对地下钱庄的依赖。第二,破除目前金融业的垄断状态,增强金融业的竞争。金融自由化,包括对内对外开放金融市场、放松对金融活动的管制等,是提升金融服务水平、增强其自主性和灵活性的关键。特别是引入民营资本和建立中小银行体系,将有利于填补现有金融体系难以覆盖的地区,并为中小企业提供更好的融资服务。①第三,增加民间投资渠道也是关键措施之一。政府应担当起引导民间资本流向的责任,提供更多的投资选择。例如,开放并吸引民间资本进入基础设施领域,规范民间借贷并尽快出台相关法律法规,以及大力发展市场化的中小银行体系等。这些措施将为民间资本提供更多的投资机会,降低流向地下钱庄等非正规金融机构的资金比例。

(四)调查取证的完善

我国应与更多国家和地区签署双边刑事司法协助协定和引渡条约,为跨境案件的调查和证据收集、追捕逃犯、追缴犯罪违法所得以及罪犯引渡的顺利进行构建

① 外汇局福建省分局课题组:《地下钱庄经营网络化趋势及监管》,载《中国外汇》2019年第1期。

一个合适的平台。通过国际合作，能够更有效地打击跨国地下钱庄活动，维护国家金融安全和经济秩序。并且，在合理范围内承认单方取证的合法性。①以此弥补目前国际及区际司法协助机制的一些不足之处，并有利于加大对地下钱庄案件的惩处力度。当然，单方取证的案件应满足一定条件，如对外汇储蓄账户上资金无法给出合理解释、外币资金数额巨大且短时间内多次交易，以及犯罪分子在口供笔录上承认其外汇储蓄账户上资金是用于外汇非法交易等。②通过单方取证，我们可以更有效地收集和固定证据，提高打击地下钱庄的效率和准确性。此外，建议适当降低非法买卖外汇行为行政处罚案件的证明标准。由于刑事诉讼和行政处罚所涉及的利益不同，要求二者保持一样的证明标准是不合理的。应适当降低行政处罚案件的证明标准，助力于及时处理行政违法行为，提高行政效率，并加大对非法买卖外汇行为的打击力度。

第十二节　信息披露犯罪典型案例研究报告：獐子岛集团股份有限公司违规披露重要信息案③

一、案情简介④

獐子岛集团股份有限公司（以下简称“獐子岛公司”）系深圳证券交易所上市公司，公司注册地和主要经营地为辽宁省大连市长海县獐子岛镇。2016年，为避免公司因连续三年亏损被暂停上市，獐子岛公司原董事长、总裁吴某某指使公司人员制作虚假《月底扇贝采捕记录表》，调减虾夷扇贝采捕面积以虚减营业成本，对部分海域已经不存在的扇贝应作核销处理而不作核销处理，虚减营业外支出。獐子岛公司公开披露的《2016年年度报告》虚增利润1.3亿余元，占当期披露利润总额的158.11%。2017年末至2018年初，为能够在2016年已经采捕但未做记录的隐瞒区域重新播种扇贝苗，吴某某指使公司人员在隐瞒海域增设抽测点位、编造扇

① 殷兴山：《科技赋能持续推进对地下钱庄的打击治理》，载《中国外汇》2020年第12期。
② 黎应扬：《行政处罚地下钱庄交易对手的困境及建议》，载《经济师》2017年第11期。
③ 本节由倪铁、董钰颖合作完成。
④ 獐子岛集团股份有限公司违规披露重要信息案，最高人民检察院发布九起高质效履职办案典型案例之四（2024年）。

贝死亡的虚假消息,对已采捕海域的扇贝虚假核销、减值,相关人员还虚增捕捞面积和营业成本,以核销2016年度的虚增利润。獐子岛公司公开披露的《2017年年度报告》虚减利润2.78亿余元,占当期披露利润总额的38.57%。2018年2月至2020年6月,吴某某擅自更改大连市獐子岛集团海域国家级海洋牧场示范区项目实施方案,指使他人编造虚假材料申领国家人工鱼礁建设补助资金共计2400余万元。此外,吴某某等人还有串通投标、非国家工作人员受贿、对非国家工作人员行贿等犯罪事实。

2022年1月20日,辽宁省大连市人民检察院对吴某某等人以涉嫌违规披露重要信息罪、诈骗罪、串通投标罪、对非国家工作人员行贿罪、非国家工作人员受贿罪向大连市中级人民法院提起公诉。同年10月31日,大连市中级人民法院作出判决,以违规披露重要信息罪、诈骗罪、串通投标罪、对非国家工作人员行贿罪对被告人吴某某数罪并罚,决定执行有期徒刑十五年,并处罚金人民币92万元;分别判处其他十一名被告人有期徒刑十一年至有期徒刑一年七个月不等(部分适用缓刑),并处罚金。宣判后,吴某某等5人提出上诉。2023年5月25日,辽宁省高级人民法院二审裁定驳回上诉,维持原判。

二、入选理由

(一)向市场明确传递"零容忍"信号

上市公司是实体经济的"国之重器",上市公司财务信息披露的真实、准确和完整是市场健康发展的基础,提高上市公司质量是推动资本市场健康发展的内在要求。①在獐子岛公司违规披露重要信息案中,检察机关充分发挥了主导作用,引导侦查机关全面查清案件事实,对公司高管及公司内外部人员实施或参与的其他违规经营涉嫌犯罪的行为一并侦查,依法从严、全链条追诉犯罪,促推形成不敢犯、不能犯,自觉规范、不踩红线的法治化市场环境,为推动资本市场的健康发展提供法治保障。

信息披露是资本市场健康有序运行的基础,是投资者作出价值判断和投资决

---

① 国务院:《国务院批转证监会关于提高上市公司质量意见的通知》,载中国政府网2008年3月28日,https://www.gov.cn/zhuanti/2015-06/13/content_2878965.htm,2024年10月9日最后访问。

策的前提，是证监会监管执法的重中之重。自中共中央办公厅、国务院办公厅联合发布《关于依法从严打击证券违法活动的意见》以来，证监会进一步加大对欺诈发行、财务造假等信息披露违法行为的打击力度，持续净化市场生态，提升上市公司可投性。近三年共办理上市公司信息披露违法案件397件，同比增长近20%，作出行政处罚523件，涉及1932名相关责任人，对168人采取市场禁入措施，向公安机关移送涉嫌犯罪案件116件，坚决清除“害群之马”，加速促进“优胜劣汰”。[①]在獐子岛公司违规披露重要信息案中，原董事长、总经理、副总经理、财务总监、董秘均被追究刑事责任，传递出“零容忍”的明确信号，形成有力震慑。

（二）强化对“关键少数”的责任追究

上市公司财务造假的背后是法人治理缺位、内控管理混乱，必须压实大股东、实际控制人和董事、监事、高级管理人员等“关键少数”的法定责任。该案对于证券市场的刑事治理具有指导意义，即高管人员不能躲在上市公司名义后逃避责任。虽然獐子岛公司已经被中国证监会作出行政处罚和市场禁入决定，但并不意味着公司高管人员的法律责任就到此为止。我国刑法关于单位犯罪规定了双罚制，在惩罚单位之外，还要追究对单位的犯罪行为直接负责的主管人员和其他直接责任人员的刑事责任。上市公司的控股股东、实际控制人、董事、监事、高级管理人员是公司治理的“关键少数”。[②]单位犯罪的犯罪意志正是通过“关键少数”的决策形成的，其犯罪行为也是在这部分人员的领导、指挥或至少是同意的情况下实施的。因此，办理涉上市公司证券犯罪案件，应当重点审查“关键少数”是否存在财务造假、违规披露，侵占、挪用上市公司资产，操纵上市公司股价等违法犯罪行为。该案中对吴某某等人的追诉和判罚，能够切实发挥刑法的警示预防作用，压紧压实上市公司高管人员的主体责任。

（三）彰显证券行政执法与刑事司法打击合力

为了贯彻落实《关于依法从严打击证券违法活动的意见》，完善惩治和预防证券违法犯罪体制机制，2021年9月，最高人民检察院驻中国证监会检察室成立，这

---

① 中国证券监督管理委员会：《证监会依法从严打击欺诈发行、财务造假等信息披露违法行为》，载中国政府网2024年2月4日，http://www.csrc.gov.cn/csrc/c100028/c7461590/content.shtml，2024年10月9日最后访问。

② 参见马昌、温璐：《检察机关对证券犯罪“零容忍”助力依法监管资本市场》，载人民网2023年3月1日，http://society.people.com.cn/n1/2023/0301/c1008-32633600.html，2024年10月9日最后访问。

是健全资本市场行政执法与检察履职衔接协作机制的开拓之举,增强了打击证券违法犯罪的工作合力。党的二十大报告明确提出:“加强和完善现代金融监管,强化金融稳定保障体系,依法将各类金融活动全部纳入监管,守住不发生系统性风险底线。”最高人民检察院驻中国证监会检察室成立以来,检察机关会同证券期货监管机构、公安机关坚持以习近平法治思想为指引,加强执法司法协作,严格执法、公正司法,对相关违法犯罪“零容忍”,取得良好政治效果、社会效果、法律效果。①

2018 年以前,信息披露违规行为多由证监会通过行政处罚了结,以罚代刑较为普遍;2018 年后,注册制改革倒逼信息披露合规合法,行政违法与刑事违法界限逐步明晰,行刑衔接沟通机制逐步顺畅,两者合作愈加紧密,沟通机制逐步完善。獐子岛公司案作为最高人民检察院、公安部、中国证监会联合开展专项执法行动,从严打击证券违法犯罪,集中部署查办的重大典型案件之一,充分彰显证券行政执法与刑事司法打击合力。案件的成功突破,既取决于行政执法人员的专业判断、小心求证、细致工作,也得益于公安司法机关的执法手段措施与准确适用法律,在发挥典型案例正向聚焦、强化警示作用的同时,持续强化“严”的监管氛围,有利于推动形成崇法守信的良好资本市场生态。

三、信息披露犯罪的发展趋势

(一) 案件占比先升后降

随着 2021 年中共中央办公厅、国务院办公厅印发《关于依法从严打击证券违法活动的意见》,明确指出“打击证券违法活动是维护资本市场秩序、有效发挥资本市场枢纽功能的重要保障”,我国对证券违法案件强调坚持零容忍要求,加大对大案要案的查处力度。2019—2023 年中国证监会对信息违规披露的处罚决定书数目占同年发布的行政处罚决定书总数呈现先升后降的趋势(见图 3-20),②依据证监会现有公开的行政处罚决定书数量来看:

① 参见孙风娟:《最高检发布前三季度惩治证券期货犯罪办案情况》,载中华人民共和国最高人民检察院官网 2022 年 11 月 19 日,https://www.spp.gov.cn//zdgz/202211/t20221119_593219.shtml, 2024 年 10 月 9 日最后访问。

② 数据来源:载中国证券监督管理委员会官网,http://www.csrc.gov.cn/csrc/c101971/zfxxgk_zdgk.shtml,经手工统计整理所得,2024 年 10 月 9 日最后访问。

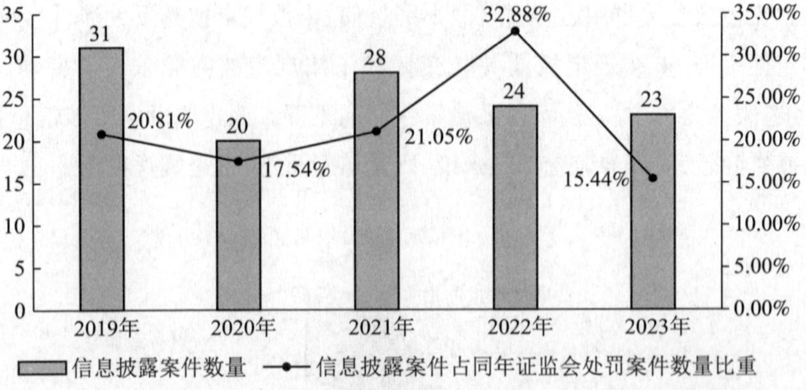

图3-20　2019—2023年信息披露行政处罚决定书数量变化趋势

此类案件的数量在近五年内呈现波动趋势。2019年修订的《证券法》在第五章专门设立“信息披露”章节，要求发行人及其他信息披露义务人，应当及时依法履行信息披露义务，在披露信息时应当真实、准确、完整，不得有虚假记载、误导性陈述或者重大遗漏，并且在法律责任方面大幅度提高行政罚款数额。与此同时，《刑法修正案（十一）》与《证券法》联动修订，加大对违规披露、不披露重要信息罪等资本市场违法犯罪的惩治力度，不仅对该罪增设第二档次的法定刑，而且将第一档次的法定最高刑由三年提高到五年；在罚金刑上，将过去的2万元以上20万元以下的限额罚金刑，修改为无限额罚金刑。[①]在此背景下信息披露案件处罚数量达到近五年内最高。2020年触底后，在2021年再度上升，其主要原因是2021年9月，最高人民检察院驻中国证监会检察室成立，增强了打击证券违法犯罪的工作合力。2021年10月，最高人民检察院、公安部、中国证监会联合开展专项执法行动，从严打击证券违法犯罪，严肃查办一系列案件，向资本市场传递“零容忍”的明确信号，充分发挥典型案件查处的警示教育作用。2022年信息披露案件数量减少，但案件占比达到波峰，可见2021年对证券犯罪打击力度较大，但信息披露犯罪态势依然严峻，直至2023年已有所缓和。

（二）财务造假现象严重

上市公司财务造假一直是证监会的执法重点。信息披露违法处罚案件中的违

① 中华人民共和国最高人民检察院：《严厉打击违规披露重要信息犯罪　传递“零容忍”信号》，载中国政府网2024年2月26日，https://www.spp.gov.cn/spp/zdgz/202402/t20240226_644765.shtml，2024年10月9日最后访问。

法事由主要包括资金占用、违规担保、财务造假、未按规定披露重大涉诉事项、未按期披露定期报告、未按规定披露关联交易和未按规定披露股东权益变动。①而其中,财务造假尤为集中高发,案件数量常年居高不下。该违法事由所涉信息披露违法行为操作隐蔽,对证券监管部门来说,既是监管重点,也是监管难点。

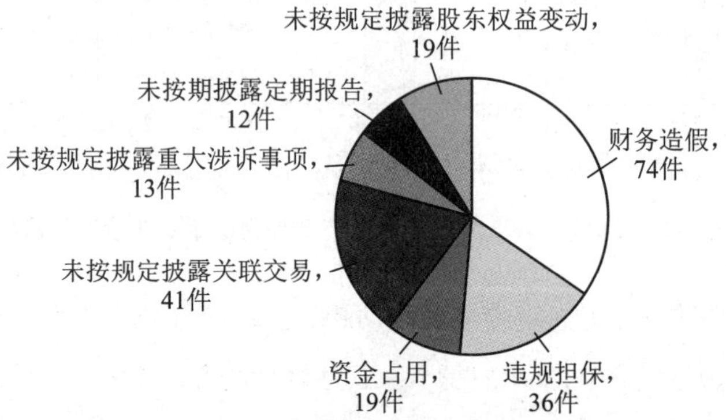

图 3-21　2019—2023 年证监会查办信息披露案件类型

根据图 3-21 可知,在信息披露犯罪中,财务造假现象严重,有的上市公司连续多年将生产废料循环入库虚增库存,实现少计成本、虚增利润。有的公司利用行业特点,通过出售商品再购回或退货商品不进行退货处理等方式虚增收入和利润。②且同一案件中可能涉及多种犯罪手段,"关键少数"内外勾结,中介机构在其中未勤勉尽责,也使得财务造假行为屡禁不止。总体而言,我国信息披露犯罪仍处于较为严重的态势之中,应当不断巩固"零容忍"打击高压态势,系统治理,为加快建设安全、规范、透明、开放、有活力、有韧性的资本市场保驾护航。

四、信息披露犯罪的特点分析

(一) 犯罪主体多样化

1. 公司内部多部门多主体积极参与

信息披露违法不仅仅表现为披露形式违法,往往还涉及财务报告造假、虚开增

---

① 数据来源:载中国证券监督管理委员会官网,http://www.csrc.gov.cn/csrc/c101971/zfxxgk_zdgk.shtml,经手工统计整理所得,2024 年 10 月 9 日最后访问。

② 参见证监会:《证监会通报上半年查处信息披露违法违规案件情况》,载中国政府网 2018 年 7 月 20 日,http://www.csrc.gov.cn/csrc/c100200/c1000365/content.shtml, 2024 年 10 月 9 日最后访问。

值税专用发票等其他不法行为。事实上,从对投资者合法权益的损害和对市场秩序的破坏程度来看,涉及财务报告造假的信息披露违法行为往往最为严重。虽然信息披露义务人是发行人、上市公司或其他负有信息披露义务的公司、企业,但涉及财务造假的信息披露违法行为,往往都是在公司、企业的控股股东、实际控制人的授意甚至主导下进行的。比如,在中毅达违规披露案中,①参与财务造假的,除时任上海中毅达公司副董事长、总经理的任某和公司副总经理、财务总监林某以外,还有厦门子公司及其相关责任人员。

2. 中介机构及其工作人员未勤勉尽责

从行政处罚案件来看,在发行人或上市公司的财务造假型违规信息披露中,会计师事务所在提供审计服务时几乎都存在函证程序不当、未对函证异常情况予以关注、未对异常财务情况保持合理职业怀疑等不当或轻率履职行为,甚至存在对明显不符合审计准则要求的证据直接予以采用的情形。在瑞华会计师事务所未勤勉尽责案中,②会计师事务所居然直接使用复印的票据作为审计证据;而在信达证券股份有限公司未勤勉尽责案中,③证券公司则对被审计公司会计师函证的真实性、准确性不予审慎核查就径直引用。

3. 其他外部机构人员积极推动配合

除了要求公司内部人员配合造假外,发行人或上市公司往往还会寻求外部机构或人员配合造假,以规避中介机构尽职调查。如万福生科造假案中,④万福生科就通过与客户串通造假,导致平安证券走访客户时制作调查笔录记载的交易金额与实际不符。在金亚科技造假案中,⑤其实际控制人周某则通过朋友为公司财务造假提供帮助。甚至有的还与银行工作人员串通,提供虚假材料。在天丰节能IPO造假案中,⑥公司就与银行串通提供虚假银行对账单虚增收入。

(二) 犯罪手段隐蔽化

与其他犯罪具有积极事实且容易识别不同,上市公司违法信息披露涉及客体

---

① 参见上海市第三中级人民法院(2020)沪03刑初4号刑事判决书。
② 参见中国证监会(2018)126号行政处罚决定书。
③ 参见中国证监会(2016)109号行政处罚决定书。
④ 参见中国证监会(2013)48号行政处罚决定书。
⑤ 参见中国证监会(2018)10号行政处罚决定书。
⑥ 参见中国证监会(2014)21号行政处罚决定书;中国证监会(2014)6号市场禁入决定书。

和对象多种多样,采用的手法也存在较大差异,侦查人员仅从个案或者某个环节出发,往往很难发现信息披露违规问题,只有综合全案才能有效判断,这种情形在消极违法信息披露中表现得尤为明显,如是否存在重大诉讼、仲裁、担保、重组、关联交易等信息披露违法行为涉及客体主要是消极事实。积极事实也存在程度和结果要求,如虚增或虚减资产达到当期披露的资产总额30%以上,虚增或者虚减利润达到当期披露的利润总额30%以上。此类犯罪手段较为隐蔽,加大了侦查难度。

(三)犯罪后果辐射范围大

有研究表明,涉虚假陈述责任纠纷数量从2015年至2020年间翻了15倍,而涉案赔偿从2014年至2018年间翻了68倍左右,高达两亿多。①同时,从深圳市中级人民法院的《证券虚假陈述责任纠纷审判白皮书(2017—2021)》来看,深圳市中级人民法院在这期间接受此类案件高达4205件,其中2017年5件、2018年1327件、2019年916件、2020年795件、2021年1162件。总体上看,证券虚假陈述责任纠纷案件收案呈上升趋势,且呈现集中爆发的特点。②高发的证券虚假陈述案件反映出此类犯罪对我国资本市场秩序的破坏之恶劣,且案件地域分布广泛,可见犯罪后果辐射范围之大。

五、信息披露犯罪的原因分析

(一)上市公司治理体系不够完善

1. 董监高等"关键少数"合规意识淡薄

合规管理是预防违法行为发生的有效手段,但合规管理并非易事,是一项复杂的系统性工程,有效的合规管理需要体系化支撑,需要经历一个渐进的提升过程。当前,我国上市公司多数尚未建立合规管理体系,是导致信息披露违法多发、频发的重要原因。究其根本,是由于我国部分上市公司董监高缺乏合规意识,未能在履职过程中勤勉尽责,未能正确认识对上市公司的忠实勤勉义务和对全体股东的信

---

① 参见梁雅丽:《证券市场监管从严背景下的企业合规解读》,载腾讯网2022年3月24日,https://new.qq.com/rain/a/20220324A06K9M00,2024年10月9日最后访问。

② 参见深圳市中级人民法院:《深圳市中级人民法院证券虚假陈述责任纠纷审判白皮书(2017—2021)》,载法信网2022年5月26日,https://www.faxin.cn/lib/lfsf/SfContent.aspx?gid=H8910&libid=010402,2024年10月9日最后访问。

义义务。或是疏忽大意,或是放任不管,导致上市公司信披违法问题频频发生。

以康达尔信息披露违法案为例,①因公司内部决策未能及时通过选聘审计机构的议案,康达尔无法聘请会计师事务所对公司财务报告进行审计并出具相关审计报告,导致康达尔未能在法定期限内披露 2017 年年度报告及 2018 年第一季度报告。尽管董事长罗某华提出书面申辩意见称,其已勤勉尽责,其积极履职行为包括推进审计机构选聘、密切关注定期报告编制和瑞华所的审计工作、向监管机构汇报、及时通过临时报告做好风险提示等,但证监会认为,罗某华作为康达尔时任董事长,未能及时采取积极合理的措施协调股东矛盾等,其履职行为并不能与其职务相匹配,不足以证明其已勤勉尽责。因此,证监会对其作出给予警告,并处以 20 万元的罚款的决定。

2. 控股股东、实控人滥用控制地位

上市公司信息披露违法处罚案件持续高发,与上市公司治理不健全、控股股东、实控人滥用控制地位密切相关。实践中,部分上市公司控股股东、实控人利用其对上市公司的控制地位,采取非法手段转移上市公司资产或利润,甚至掏空上市公司来实现对其自身及关联方的利益输送。常见方式主要有日常性关联交易、关联方资金占用、关联担保等。2023 年度相关案例包括对外担保处罚案例 18 起、关联交易处罚案例 13 起、资金占用处罚案例 2 起,②该类行政处罚案例的背后往往隐藏着上市公司控股股东、实控人利用上市公司输送利益的影子。

在辅仁药业信息披露违法案中,③2015 年至 2018 年,辅仁药业大股东及其关联方长期非经营性占用辅仁药业及子公司资金,期末余额分别为 4.1 亿元、5.8 亿元、4.7 亿元和 13.4 亿元,辅仁药业未在相关年度报告和重组文件中依法披露。朱某臣作为辅仁药业的法定代表人、实际控制人,是辅仁集团法定代表人、实际控制人,是辅仁集团、辅仁控股资金占用的最大受益者。控股股东、实控人对中小股东权益的漠视,对上市公司资金的长期肆意占用,由此可见一斑。

再以凯迪生态信息披露违法案为例,④凯迪生态未在 2017 年年报中披露陈某

---

① 参见中国证监会(2020)3 号行政处罚决定书。

② 数据来源:载中国证券监督管理委员会官网,http://www.csrc.gov.cn/csrc/c101971/zfxxgk_zdgk.shtml,经手工统计整理所得,2024 年 10 月 9 日最后访问。

③ 参见中国证监会(2020)79 号行政处罚决定书。

④ 参见中国证监会(2020)19 号行政处罚决定书。

龙实际控制凯迪生态及其大股东的重要事实,隐瞒与陈某龙相关公司间10余亿元的关联交易,形成关联方非经营性占用资金8.8亿元。陈某龙作为凯迪生态实际控制人,知悉、授意、指挥、隐瞒上述凯迪生态2017年年度报告披露的实际控制人信息有虚假记载、未按规定披露关联交易等行为,构成指使上市公司从事信息披露违法行为的情形。

(二)违法成本低,处罚力度轻

过低的违法成本往往无法引起相关主体的关注和重视,因此铤而走险或者疏忽大意的信息披露违法行为屡禁不止。原《证券法》对信息披露义务人违法行为的罚款上限仅为60万元,对相关责任人员的罚款上限仅为30万元。如此低金额的罚款与恶性财务造假等违法行为造成的危害不相匹配,对违法者而言如同"隔靴搔痒",无法真正震慑违法行为,甚至某种程度上还可能产生诱发、刺激违法行为的不良影响。而2019年《证券法》在区分了未按规定披露信息和虚假记载、误导性陈述、重大遗漏行为的不同处罚层次的基础上,大幅提高了罚款金额上限,对公司和责任人最高罚款金额分别提高至1000万元、500万元。虽然2019年《证券法》自2020年3月1日已正式施行,但证券行政执法和法律适用毕竟存在滞后性,违法行为发生时间较早的案件还是会适用旧法,相应地,此类案件的处罚力度较轻,法律威慑力有限。

(三)部分中介机构未能恪尽职守勤勉执业

中介机构归位尽责是提高资本市场信息披露质量的重要环节,是防范证券欺诈造假行为、保护投资者合法权益的重要基础,是深化资本市场改革、促进资本市场高质量发展的必然要求。①2023年,证监会共对25家中介机构、94名从业人员作出行政处罚。②在已公开的行政处罚决定书中,共有12例中介机构违法行政处罚案件,会计师事务所(8例)、证券公司(2例)、资产评估机构(2例)均被作出行政处罚,③

① 参见证监会:《证监会依法从严查处证券中介机构违法行为》,载中国政府网2022年1月14日,http://www.csrc.gov.cn/csrc/c100200/c1806444/content.shtml,2024年10月9日最后访问。

② 参见证监会:《"长牙带刺""严监严管"证监会持续加大证券期货违法行为打击力度——中国证监会2023年执法情况综述》,载中国政府网2024年5月15日,http://www.csrc.gov.cn/csrc/c100200/c7481207/content.shtml,2024年10月9日最后访问。

③ 数据来源:载中国证券监督管理委员会官网,http://www.csrc.gov.cn/csrc/c101971/zfxxgk_zdgk.shtml,经手工统计整理所得,2024年10月9日最后访问。

提供中介服务的领域包括发行上市、股票定增、债券发行、年报审计、资产重组等多种类型。其中,会计师事务所因未勤勉尽责被作出处罚的数量最多。

在獐子岛公司违规披露重要信息案中,大华会计师事务所在对獐子岛集团2016年年度财务报表审计时未勤勉尽责,未能发现獐子岛部分海域的底播虾夷扇贝资产已实施采捕,相关资产与账面记载明显不一致的情况,未考虑獐子岛集团成本核算的特殊性并设计相应的控制测试,未获取足够的审计证据验证成本结转的真实性、适当性和准确性,导致所出具的文件存在虚假记载,且在明知该公司2016年度财务报表存在虚假记载的情况下,仍为其出具标准无保留意见的审计报告。①

六、基于犯罪学角度的治理对策

(一)强化法律意识,完善相关法律体系

1. 修改完善相关规章制度

2019年《证券法》施行的同时,还需强化自律监管、行政执法、司法移送、民事诉讼之间的衔接。一是制定司法移送追踪约束相关规定,在有效监督约束行政执法的同时,让证券监管部门协调、监督司法机关正确行使司法权力,保证信息披露犯罪行为得到公正、及时地惩处。二是制定鼓励投资者就上市公司信息披露违法违规进行民事诉讼和行政和解的政策措施,以有效约束上市公司行为,保护投资者特别是广大中小投资者的合法权益。三是修改完善《上市规则》,配套制定自律监管与行政执法移送相关约束制度,为自律监管与行政执法的归位尽责提供制度保障。四是制定行政监管部门内部关于上市公司日常监管与稽查执法相互衔接的规章制度,有效防止日常监管的不到位和越位行为,确保监管执行到位。

2. 完善企业整改管理体系

信息披露合规是证券执法领域的监管重点,也是上市公司证券合规的重要内容。伴随着2019年《证券法》正式施行、注册制改革全面铺开,信息披露合规的重要性被提升到了前所未有的高度。信息披露合规的高标准、严要求、重责任与当前上市公司信息披露合规的现状之间存在十分突出的矛盾。化解这一突出矛盾的良方便是全方位建立完善合规管理体系。完善的合规管理体系能够覆盖上市公司各

① 参见中国证监会(2023)18号行政处罚决定书。

业务环节、各部门机构、各重要领域,通过“全面体检、专病整治”的合规工作模式,提升上市公司治理能力,及时识别化解合规风险,达到信息披露的法定要求。

3. 全面提高会计人员素质

一方面,上市公司应该给会计人员提供再培训、再教育的机会,使得会计人员不断更新知识、提高业务水平,从而为其适应不断变化的经济环境提供有利条件。另一方面,会计人员在提高专业能力的同时也应提高自身的职业道德水平。会计人员是公司会计工作的直接参与者和会计信息的直接加工者,因此,会计人员的素质在某种程度上能够反映会计信息披露的质量。会计人员素质的高低直接决定了他们能否抵制领导授意、指使、强令的会计舞弊。因此,提高会计人员素质是减少会计信息失真的关键。通过加强会计人员的职业道德教育,能够使会计人员树立爱岗敬业、依法办事、客观公正的职业道德观念,做到依法核算和依法监督。

(二)加大监管力度,提高查办质量

1. 强化上市公司信息披露监管

针对上市公司的信息披露监管,首要是聚焦年报信息披露真实性,严厉查处财务数据造假、信息披露失真等违法违规行为,主要包括年度报告内容与格式准则是否真实、准确、完整,是否及时披露有关信息。在监管中应当主要瞄准三大重点领域。一是“打假”,聚焦信息披露真实性;二是“固本”,严打违规占用上市公司资金等;三是“强基”,关注上市公司治理规范性。对于违法违规行为,证监会系统将及时发现、及时制止、及时查处,“从严从快”“露头就打”。①

2. 系统侦查,实现高效能执法

首先,要强化线索发现。加大科技监管应用,不断提升线索发现的敏感度和精准度,强化跨部门跨领域跨市场监管协作,加强现场监管与非现场监管联动、信息披露与交易监管联动、现场检查与稽查调查联动,坚决消除监管空白和盲区。其次,要持续深化合作。充分发挥公安、检察驻会办公、沟通便利的机制优势,联合公安、检察机关集中部署、督办案件办理相关工作。加强与相关部委、地方政府在信息通报、数据共享、案件办理等方面的联动,形成各司其职、有机衔接、齐抓共治的

① 参见周琳:《证监会将强化上市公司信息披露监管》,载中国政府网 2019 年 3 月 25 日,https://www.gov.cn/xinwen/2019-03/25/content_5376450.htm, 2024 年 10 月 9 日最后访问。

工作格局。最后,要坚持"一案多查"。信息披露违法通常与其他犯罪具有牵连关系,为了找到信息披露违法目的以及其他犯罪线索,应坚持"一案多查",即在查办信息披露违法犯罪的同时,同步审查内幕交易、操纵市场、出具虚假报告等上下游、前后手犯罪。

(三) 强化中介机构责任

1. 强化审计机构的独立性

审计机构作为独立第三方,对企业财务状况和经营成果进行审计,具有一定的监督作用。会计师事务所质量管理体系和注册会计师的职业道德遵守情况往往在企业信息披露质量中起着至关重要的作用。因此,中国注册会计师协会可以加大对会计师事务所和注册会计师的监管,规划出专门负责监督事务所审计工作和注册会计师行为的人员或者部门,对于违法违规的事务所以及注册会计师及时深入调查,并根据实际违规行为造成的影响严重程度,对违规事务所及注册会计师进行相应的处罚。然而,尽管监管机构已经明确处罚过一些事务所,还是存在一些事务所冒着侥幸心理,继续从事违规行为。由此可知,在加大监管的同时也相应地加大处罚力度,才能更好地起到警示的作用。审计机构作为独立的第三方机构,是资本市场一种外部监督方式,如果其为了自身的利益而不再发挥监督作用,成为企业违规行为的帮凶,那无疑将严重损害投资者的利益,并且对市场的良性发展造成严重阻碍。

2. 强化保荐机构的自主性

从保荐机构来看,由于保荐机构、保荐代表人的经营利益和资金管理密切相关,将保荐工作与承销职责混在一起,保荐工作的自主性将遭到严重侵害。保荐机构审核后在后期继续执行共计五六年期的保荐监督工作,通常收取100万—300多万元的费用,而承销工作收取的金额通常在3000万元至1.5亿元之间,①如果保荐机构想要直接获取承销收款,很可能会违背工作自主性来保证资金管理顺利。为保障保荐工作的执行,首先,保荐机构和承销组织的工作应该分离,可以交错监管,增加财务上弄虚作假情况被发现的可能性。其次,要建立投资风险监管机制,在融资中保荐金融机构的保荐经营风险远多于承销经营,因此保荐机构要为自己所提供的文件承担法律责任,采取适当提高保荐机构收费比例的办法,以督促其勤勉尽职。

---

① 参见吴淑芳:《ST柏龙会计信息违规披露与治理研究》,贵州财经大学2023年硕士学位论文。

2023年度中国犯罪学学科发展动态

第一节 主要学术活动

一、主要学术活动概述

2023年犯罪学学术活动的数量多、影响力大。2023年由最高人民法院、最高人民检察院、公安部、省级以上犯罪学会、高校等主办或协办的犯罪学学术活动近30个,在数量上较往年更多。同时在学术影响力上也较往年更大。除了每年举办的机制成熟的学术研讨会议依然保持较大影响力外,2023年新增的一些犯罪学会议也呈现出规格高、水准高的特点。例如2023年9月16日,由中国犯罪学学会指导,华东政法大学、中国犯罪学学会企业犯罪防控专业委员会与盈科律师事务所全国刑民交叉法律专业委员会共同主办,华东政法大学纪检监察学院与北京市盈科(鄂尔多斯)律师事务所联合承办的“回应与超越:《刑法修正案(十二)(草案)》与‘中国式’企业刑法保护体系建设主题论坛”(以下简称“回应与超越论坛”),与会的高校专家学者、立法与政法部门领导、律协领导及律师界实务专家共150多人。2023年10月28日,在全国新型犯罪研究中心指导下,中国人民公安大学举办的首届“新型犯罪治理”学术研讨会,邀请了公安部刑事侦查局、全国人大常委会法工委刑法室、最高人民检察院第四检察厅、最高人民法院研究室和部分地方公检法机关、公安院校、科研院所等单位的领导和专家学者共140余人参加,会议围绕《反电信网络诈骗法》背景下电信网络诈骗犯罪的协同治理开展研讨。这两次学术会议均围绕新出台的法律或草案展开讨论,反映出犯罪学界对犯罪防控和治理的学术敏感度及犯罪学的重要地位。

虽然2023年的犯罪学学术活动以线下为主,但是由于线上会议组织成本低且受众广的特点,仍有一些会议采用纯线上(据不完全统计为2个)和线上、线下相结合的形式快速响应现实需求。如2023年6月9日,最高人民法院、最高人民检察院、公安部起草了《关于依法惩治网络暴力违法犯罪的指导意见(征求意见稿)》,面向社会公开征求意见。2023年6月21日,北京航空航天大学法学院数字正义研究中心等单位共同主办的"网络暴力违法犯罪治理的理论与实践问题"学术研讨会于线上成功举行,来自13所高校的学者参与研讨,及时响应了惩治网络暴力违法犯罪的司法需求。纵观2023年的犯罪学学术活动可以发现具有如下特点:

(一)数字时代的网络犯罪治理研讨更加深入、全面

2023年犯罪学学术活动研讨的重点仍是网络犯罪治理。在27个较有影响的犯罪学学术活动中,有16个学术活动的主要内容为网络犯罪治理。对网络犯罪治理的研讨被放在数据时代背景之下。如2023年中国犯罪学会第32届学术研讨会的主题是"数字时代的犯罪治理"。湖北省法学会犯罪学研究会2023年年会以"数字时代背景下犯罪治理问题研究"为主题。这与通常把网络犯罪作为新型犯罪进行研讨相比,反映了网络犯罪对生活、生产的全面渗透,只从其犯罪手段的新颖性角度进行研究不能满足犯罪治理的需求,需要将其放在时代的背景之下,进行全要素研究。研讨的对象不仅仅包括典型的类案研究,如电信网络诈骗、网络暴力犯罪、网络传销等,数字时代犯罪的态势和趋势较传统社会有明显变化,几乎每个犯罪都有涉网因素,因此需要在一个更大的场域中进行研讨。为应对数字时代犯罪态势的变化,犯罪学的研究范式也应作相应的调整。

2023年犯罪学学术活动中对数字时代网络犯罪治理的研讨取得如下成果:(1)引导犯罪学的研究用全局观审视数字时代犯罪治理。力图尽早发现数字时代犯的共性特征,找到中国特色有针对性的犯罪治理方案。例如中国犯罪学会第32届学术研讨会的议题包括:数字时代的犯罪学研究范式、数据犯罪的态势变化与趋势研究、数据犯罪的共性特征与规律研究等。第八届犯罪学论坛的议题之一是"人工智能社会中的犯罪治理理论与实务"。(2)在网络犯罪治理中突出全链条治理理念。随着《反电信网络诈骗法》的实施,电信治理、金融治理、互联网治理被明确提出。三者在反电信网络诈骗治理中具体的实施路径及法律规制是2023年犯罪学研讨的重点。360数字安全集团副总裁郭亮在ISC 2023新型网络犯罪打击与治理论坛上表示,企业要加强加快构建协同工作机制,及时为公安机关分享违法线索和样本库,在内部做好协防,打通企业内部和行业的数字壁垒。①技术反制是遏制电信网络诈骗犯罪最有效的手段已成为网络犯罪治理的共识。技术反制过程中个人信息的保护、专业公司介入侦办的法律机制完善等问题是犯罪学界重点研讨的内容。(3)积极响应立法关切,对网络暴力犯罪治理进行研讨。近年来,网络暴力犯罪案件频发,"按键"伤人严重影响他人的人格权益,为维护正常网络空间秩序。2023年6月9日,最高人民法院、最高人民检察院、公安部联合发布《关于依法惩治网络暴力违法犯罪的指导意见(征求意见稿)》。犯罪学界对此迅速展开研讨,2023年6月21日,北京航空航天大学法学院数字正义研究中心等单位共同主办"网络暴力违法犯罪治理的理论与实践问题"线上学术研讨会。2023年10月24日,由中国政法大学刑事司法学院主办的"反网络暴力立法项目专题研讨会"在北京举行,会议围绕《网络暴力信息治理规定(征求意见稿)》相关重点问题进行深度探讨。两次会议积极为网络暴力立法建言献策,为网络暴力治理的立法完善贡献力量。

(二)青少年犯罪问题仍然是关注的重点

2023年度以青少年犯罪为主题较有影响的犯罪学学术活动共有4个。2023年5月19日,甘肃召开专门的全省预防治理未成年人违法犯罪工作会议。2023年5月28日,"法大预防未成年人犯罪论坛——新时代法治教育创新理念下未成年人恶性暴力犯罪治理对策"在线上举行。2023年5月28日,山东省法学会青少年犯罪研究会召开2023年学术年会暨未成年人综合司法保护研讨会。2023年12月15日,福建省法学会犯罪学研究会2023年学术研讨会以"涉未成年人犯罪防治"为主题。2023年关于青少年犯罪的学术活动关注"家校社"协同育人模式的重要性及深化路径、青少年专门教育制度的立法完善、保护未成年被害人的权益等重点

① 《360企业安全:ISC 2023:新型网络犯罪打击与治理论坛召开,多方共话反诈新思路》,载网易网2023年8月16日,https://www.163.com/dy/article/IC9JIJEI0538B1YX.html#:~:text=%E8%BF%91%E6%97%A5%EF%BC%8CISC%20202,2024年1月5日最后访问。

问题，法大预防未成年人犯罪论坛还吸引了中小学师生参与，将青少年犯罪的防控理念落到实处。另外2021年《刑法修正案（十一）》下调刑事责任年龄后，对降低刑事责任年龄的争议仍然存在，胡发清提出，"对因未达到相应刑事责任年龄而不负刑事责任的未成年人，应顺应社会期许，降低刑责年龄，一味反对降低刑事责任年龄的观点显得偏执"。李豫黔提出对未成年人的严重暴力犯罪，更要强调惩罚性。

（三）聚焦涉企犯罪，促进民营经济健康发展

2023年12月29日，十四届全国人大常委会第七次会议表决通过《刑法修正案（十二）》。《刑法修正案（十二）》增加了惩治民营企业内部人员腐败犯罪的内容，体现了对民营企业的平等保护。作为对保护民营经济、惩治涉企犯罪的呼应。2023年有两个犯罪学研讨会的主题专门针对《刑法修正案（十二）》所涉的企业犯罪。一个是回应与超越论坛，另一个是江苏省法学会犯罪学研究会2023年年会。回应与超越论坛研讨的议题既包括从刑事政策、立法技术等角度对刑法修正案草案的规制方法的思考，也包括对民营企业腐败犯罪、企业家权益保护等方面的讨论。江苏犯罪学研究会2023年年会的议题包括企业犯罪的治理的中国路径、企业行贿犯罪的预防等，也是对《刑法修正案（十二）》的一种回应。另外，2023年7月28日在北京召开的全国医药领域腐败问题集中整治工作动员部署视频会议将医疗反腐推向深入，医疗腐败犯罪的治理问题成为关注的热点。2023年9月9日，北京市犯罪学研究会会同北京健康产业协会主办了"2023年药品安全保护"论坛。论坛主要围绕药企的监管和药企内部职务犯罪风险及治理展开。

随着2019年、2020年最高人民法院和最高人民检察院相继设立证券期货犯罪办案（审判）基地，对证券期货犯罪的治理受到重视。2023年在金融犯罪治理领域召开了首届京沪深三地证券期货犯罪检察研讨会和新时代证券犯罪治理研讨会。除了主要聚焦犯罪的治理，2023年犯罪学的学术活动中也有致力于犯罪学传承的学术沙龙。9月8日，中国政法大学犯罪学沙龙第一期"揭秘犯罪学"，分"犯罪学是什么？""走向'显学'的犯罪学""犯罪学与其他学科的关系"以及"犯罪学的研究方法"四个单元，分别对犯罪学的学科定位、研究对象、研究方法等内容进行研讨。学术沙龙邀请校内外犯罪学专家及本校犯罪学师生参加，加深了师生对犯罪学的理解，让更多的人投入对犯罪学的研究中来。传统文化对罪犯的改造也受到关注，2023年8月19日，中国犯罪学学会罪犯矫正专业委员会、吉林省法学会犯罪预防研究会召开“中国传统文化与罪犯改造论坛”,积极开拓发扬传统文化对罪犯改造的优势,实现罪犯改造的最佳效果。

二、主要学术活动列表

表 4-1　2023 年国内犯罪学主要学术活动列表

序号	学术活动	主办方	举办时间	活动内容简介
1	第五届毒品问题治理论坛	西南政法大学国家毒品问题治理研究中心	2023 年 5 月 26 日	论坛的主题为“毒品问题的中国式现代化治理”,分四个专题研讨环节。论坛汇集了禁毒领域各界人士的最新成果,对毒品问题治理中面临的困难和挑战作了充分的总结梳理,并结合实践经验,从各学科、各领域系统性地提出了实现毒品问题中国式现代化治理的方案,对推动我国毒品问题治理体系和治理能力现代化具有重要意义。
2	第十届犯罪地理和犯罪分析研讨会	广州大学地理科学与遥感学院、中山大学地理科学与规划学院	2023 年 6 月 3 日	研讨会主要分为学生论文竞赛和专家学术汇报两个议程,围绕当前犯罪地理研究的学术前沿与社会需求展开,旨在深入探讨犯罪时空分析、犯罪形成机制、犯罪防控、新冠疫情对犯罪的影响等内容,为相关领域的专家学者提供一个交流分享的平台。
3	第八届犯罪学论坛	中国犯罪学学会预防犯罪专业委员会,上海政法学院警务学院、上海政法学院刑事司法学院、中国—上海合作组织国际司法交流合作培训基地,上海市松江区人民检察院	2023 年 7 月 1 日	论坛紧紧围绕着“人工智能社会中的犯罪治理与防控”展开讨论,共计五个单元,分别是:“大会主题报告及主旨发言”“人工智能社会中的犯罪治理理论与实务”“网络犯罪现象与治理研究”“网络暴恐及治理”等。在大会的交流发言中,专家学者们畅所欲言,贡献了最新的研究成果和实务经验,引领了当前在犯罪防控研究领域的最新和最前沿的现实和趋势,契合了当前人工智能社会前沿和热点问题,积聚了在社会治理方面的犯罪防控共识和智慧,发挥了专家学者在犯罪防控治理的智库作用,为我国更有效地推进犯罪防控奠定了扎实的理论基础和实践依据。
4	第四届新型犯罪治理论坛	重庆市新型犯罪研究中心	2023 年 7 月 8 日	论坛围绕新型网络犯罪的发展趋势、打击防范策略、典型案例及新型网络技术对网络犯罪的影响等方面邀请行业内资深专家共同分享和探讨。

续表

序号	学术活动	主办方	举办时间	活动内容简介
5	ISC 2023新型网络犯罪打击与治理论坛	公安部第三研究所、360数字安全集团	2023年8月10日	本次论坛的主题为“数字社会新型犯罪的防范与治理”，与会代表围绕“数字社会网络犯罪发展的新态势及其应对”“涉未成年人等新型犯罪治理与权利保护”“数字网络犯罪治理中的理论问题研究”“数字社会新型经济犯罪治理优化研究”四个主题单元，分别介绍了各自的研究成果以及收获体会，具有重要的理论意义和实践价值。
6	吉林省法学会犯罪预防研究会2023年年会暨“中国传统文化与罪犯改造论坛”	中国犯罪学学会罪犯矫正专业委员会、吉林省法学会犯罪预防研究会	2023年8月19日	来自高校及各地监狱、戒毒所、律师事务所等政法系统的代表百余人参与论坛。与会专家深入挖掘中华传统文化中罪犯改造的理论蕴含，从罪犯改造与社会治理的角度，提出中华传统文化在罪犯改造领域的创造性转化与创新性发展的路径和方法。
7	回应与超越：《刑法修正案（十二）（草案）》与“中国式”企业刑法保护体系建设主题论坛	华东政法大学、中国犯罪学学会企业犯罪防控专业委员会、盈科律师事务所全国刑民交叉法律专业委员会	2023年9月16日	本次论坛共分主旨报告和议题两个环节。论坛在议题设定、重点设定上充分考虑了体系性的要求，与会专家、学者的致辞、报告和与谈，既包括从刑事政策选择、立法技术等角度对刑法修正案的总体思考，也包括对反商业贿赂、反舞弊等议题的讨论，形成了“一个基础、三大支柱”的研究路径。万春会长在致辞中对此次修正案的充分肯定，以及对进一步完善所提出的全面的意见，为论坛的系统推进提供了充分的研究基础。而主旨报告人、主题发言人及与谈人从修正案的本体论、基础论、挖掘论三大视角进行的研讨，确保了思考问题的体系性与结论的全面性，为在全面综述后向国家最高立法机关提出立法建议提供了扎实的基础。
8	“新型犯罪治理”学术研讨会	中国人民公安大学	2023年10月28日	研讨会围绕《反电信网络诈骗法》背景下电信网络诈骗犯罪的协同治理开展研讨。与会专家学者围绕企业反诈责任的理解与落实、电信网络诈骗犯罪追赃挽损、新型犯罪法律适用、个人信息保护、专业公司介入新型犯罪案件侦办工作机制完善、APP反诈电子标识关键技术以及新型犯罪打击治理专业人才培养等方面作主题发言。为遏制电信网络诈骗等新型违法犯罪多发高发态势，建设更高水平的平安中国、法治中国贡献力量。

续表

序号	学术活动	主办方	举办时间	活动内容简介
9	第二届“法大犯罪治理论坛”	中国政法大学刑事司法学院、中国犯罪学学会被害人学专业委员会、《犯罪研究》编辑部	2023年11月19日	论坛的主题为“后疫情时代的犯罪预防与治理”,由“基层社会治理与犯罪预防”“网络暴力的形成机制及对策研究”“犯罪学视野下的单位犯罪研究”“非刑罚处罚措施的适用与革新”四个单元组成。对我国犯罪学理论研究与实践应用具有重要意义。
10	中国犯罪学学会第32届学术研讨会	中国犯罪学学会	2023年11月23日	研讨会以“国家治理现代化与犯罪治理科学化——数字时代犯罪治理”为主题,研讨覆盖了数字时代犯罪学研究范式、总体国家安全观下的数据犯罪治理、虚拟财产犯罪治理、企业犯罪中国特色治理、未成年人犯罪及预防等多个方面,多名专家学者、司法实务机关、律师以及企业代表参会发言,为数字时代犯罪治理的理论研究和实务办案凝聚更多力量、形成更大共识、推动更好治理。

第二节　重大科研项目

一、重大科研项目概述

据不完全统计,2023年度犯罪学领域的省部级以上立项数为50项,其中,国家社科基金项目18项,较去年增加5项。项目涉及领域主要有轻罪背景下的犯罪学理论研究,如国家社科基金项目“轻罪治理背景下深化量刑规范化改革实证研究”;本年度共有网络犯罪类项目8项,与去年持平,具体项目涉及帮助信息网络犯罪活动罪、网络商标犯罪、网络犯罪诉讼管辖机制等,侧重于对网络犯罪帮助行为的研究;此外,项目还涉及环境犯罪、金融犯罪、毒品犯罪、公共卫生犯罪等领域的重点项目。本次统计项目立项资助主体主要有国家哲学社会科学基金委员会、最高人民检察院、教育部、中国法学会等,新型犯罪的不断出现为我国犯罪学研究提供了新的机遇与挑战,通过不断更新理论体系、扩大科研投入、推动学科交叉融合,我国犯罪学学科建设势必迎来更加广阔的发展前景。

二、重大科研项目列表

2023年度国内犯罪学领域重大科研项目具体条目见表4-2。

表4-2　2023年度国内犯罪学重大科研项目列表①

序号	课题名称	姓　名	工作单位	项目类别	批准号
1	犯罪治理现代化视阈下公诉出罪问题研究	董　坤	中国社会科学院法学研究所	国家社科基金一般项目	23BFX026
2	轻罪治理背景下深化量刑规范化改革实证研究	王林林	上海大学	国家社科基金一般项目	23BFX115
3	环境犯罪治理的数字化应对策略研究	李　梁	中央民族大学	国家社科基金一般项目	23BFX118
4	买卖对向行为无罪的中国理论体系构建研究	王飞跃	中南林业科技大学	国家社科基金一般项目	23BFX120
5	司法适用中的犯罪构成问题研究	王　充	吉林大学	国家社科基金一般项目	23BFX128
6	面向轻罪治理的刑事制裁体系重构问题研究	刘春花	江苏大学	国家社科基金一般项目	23BFX131
7	不法共犯论视野下网络共犯处罚界限研究	张开骏	上海大学	国家社科基金一般项目	23BFX132
8	反恐刑法司法适用实证研究	罗　钢	新疆大学	国家社科基金一般项目	23BFX143
9	轻罪化背景下程序出罪机制研究	徐　阳	辽宁大学	国家社科基金一般项目	23BFX171
10	未成年人罪错行为处理专门立法研究	吴　羽	华东政法大学	国家社科基金一般项目	23BFX176
11	数字地理背景下再犯罪风险防控体系构建研究	丁　寒	中国政法大学	国家社科基金青年项目	23CFX034
12	基因科技犯罪的刑法规制研究	马永强	大连海事大学	国家社科基金青年项目	23CFX041
13	轻罪罪刑体系协调性研究	单奕铭	河南工业大学	国家社科基金青年项目	23CFX058

① 法学理论研究部级科研项目课题编号因官方公告无记录而未予记录。

续表

序号	课题名称	姓　名	工作单位	项目类别	批准号
14	“双轨式”模式下生产安全类犯罪刑事治理问题研究	段　蓓	上海政法学院	国家社科基金青年项目	23CFX059
15	毒品犯罪智慧预防体系构建研究	王晓晓	中南民族大学	国家社科基金青年项目	23CFX062
16	数字化条件下新型知识产权犯罪的刑法应对研究	刘双阳	中国政法大学	国家社科基金青年项目	23CFX063
17	数字化条件下新型犯罪及刑法应对研究	杨　楠	北京理工大学	国家社科基金青年项目	23CFX064
18	数据竞争不法行为入罪边界的刑法解释研究	郭旨龙	中国政法大学	国家社科基金青年项目	23CFX065
19	危险作业罪治理研究	元　明	最高人民检察院第二检察厅	最高人民检察院检察理论研究课题一般课题	GJ2023C04
20	代理人型贿赂犯罪治理研究	彭新林	北京师范大学	最高人民检察院检察理论研究课题一般课题	GJ2023C14
21	“坚持受贿行贿一起查”视域下的代理人型贿赂犯罪治理研究	卫　磊 谭　尘	上海政法学院、中国犯罪学学会,上海市金山区人民检察院	最高人民检察院检察理论研究课题一般课题	GJ2023C15
22	数字检察视域下贿赂犯罪治理研究	金鸿浩	北京化工大学,中国犯罪学学会	最高人民检察院检察理论研究课题一般课题	GJ2023C16
23	帮助信息网络犯罪活动罪治理问题研究	阴建峰	北京师范大学	最高人民检察院检察理论研究课题一般课题	GJ2023C18
24	网络攻击行为入罪体系研究	张哲峰 车　浩	浙江省杭州市人民检察院,北京大学、最高人民检察院刑事检察研究基地	最高人民检察院检察理论研究课题一般课题	GJ2023C20

续表

序号	课题名称	姓　名	工作单位	项目类别	批准号
25	“影子银行”所涉非法金融活动种类及刑事责任研究	秦明华 康　强	上海市人民检察院第二分院，上海市杨浦区人民检察院	最高人民检察院检察理论研究课题一般课题	GJ2023C21
26	检察机关依法精准有力惩治行贿犯罪研究	王海军	天津师范大学	最高人民检察院检察理论研究课题自筹经费课题	GJ2023D22
27	职务犯罪自洗钱犯罪事实追加的困境及应对	胡　静	北京市朝阳区人民检察院	最高人民检察院检察理论研究课题自筹经费课题	GJ2023D23
28	司法工作人员渎职犯罪“恶劣社会影响”的认定规则研究	聂生奎	黑龙江省人民检察院林区分院	最高人民检察院检察理论研究课题自筹经费课题	GJ2023D24
29	“恶劣社会影响”作为入罪标准和升档标准的差异性研究	崔　誉 刘路阳	北京市人民检察院，河南大学、最高人民检察院职务犯罪检察研究基地	最高人民检察院检察理论研究课题自筹经费课题	GJ2023D25
30	积极刑法立法观背景下法定犯限缩处罚路径研究	张理恒 黄　悦	四川省成都市人民检察院，南昌大学	最高人民检察院检察理论研究课题自筹经费课题	GJ2023D26
31	侵犯数据权益犯罪的量刑模式及其应用研究	杨　军	复旦大学	最高人民检察院检察理论研究课题自筹经费课题	GJ2023D27
32	帮助信息网络犯罪活动罪治理问题研究——以明知及其认定为研究对象	张小玲	中国人民公安大学	最高人民检察院检察理论研究课题自筹经费课题	GJ2023D28
33	虚拟货币犯罪证据审查认定标准研究	董顺来 蒋　奋	浙江省宁波市江北区人民检察院，宁波大学	最高人民检察院检察理论研究课题自筹经费课题	GJ2023D30
34	证券犯罪刑事认定与行政认定关系研究	商浩文 操宏均	北京师范大学，最高人民检察院法律政策研究室	最高人民检察院检察理论研究课题自筹经费课题	GJ2023D31

续表

序号	课题名称	姓 名	工作单位	项目类别	批准号
35	危害生产安全犯罪治理研究	夏 娜 姚石京	绍兴文理学院,浙江省玉环市人民检察院	最高人民检察院检察理论研究课题自筹经费课题	GJ2023D32
36	《犯罪与经济条件》翻译和研究	吴宗宪	北京师范大学	教育部课题规划基金项目	23YJA820030
37	"醉驾型"危险驾驶罪行刑衔接实证研究	李 莉	福建警察学院	教育部课题规划基金项目	23YJA820014
38	轻罪时代刑罚轻缓化改革路径研究	付小容	西南大学	教育部课题规划基金项目	23YJA820008
39	轻罪治理体系建构研究	王 烁	北京化工大学	教育部课题青年基金项目	23YJC820037
40	网络犯罪诉讼管辖机制完善研究	孙潇琳	河南工业大学	教育部课题青年基金项目	23YJC820031
41	数字经济时代数据犯罪刑法治理体系构建	杨新绿	江西财经大学	教育部课题青年基金项目	23YJC820044
42	认罪认罚从宽契约的规范适用及制度保障	徐歌旋	南京师范大学	教育部课题青年基金项目	23YJC820039
43	网络犯罪帮助行为的分流归责进路研究	陆一敏	上海政法学院	教育部课题青年基金项目	23YJC820022
44	总体国家安全观视域下网络犯罪协同治理模式研究	蔡士林	中国矿业大学	教育部课题青年基金项目	23YJC820002
45	总体国家安全观下公共卫生犯罪刑法规制的整体转向	陈禹衡	东南大学	中国法学会2023年度部级法学研究课题重大课题	无
46	法检配合制约视角下无辜者认罪认罚的防范	韩 瀚	安徽师范大学	中国法学会2023年度部级法学研究课题一般课题	无
47	禁毒犯罪死刑控制实证研究——基于8676份判决书的分析	陈海平	兰州大学	中国法学会2023年度部级法学研究课题自选课题	无
48	数字经济时代网络商标犯罪判定研究	付晓雅	北京理工大学	中国法学会2023年度部级法学研究课题自选课题	无

续表

序号	课题名称	姓　名	工作单位	项目类别	批准号
49	入户犯罪正当防卫的司法规则构建	黄云波	常州大学	中国法学会 2023 年度部级法学研究课题自选课题	无
50	《刑法》第 13 条“但书”出罪机制的体系性构建研究	左智鸣	南开大学	中国法学会 2023 年度部级法学研究课题自选课题	无

第三节　代表性专著

一、代表性专著概述

（一）网络犯罪研究成果丰富

据不完全统计，2023 年度犯罪学领域的外文译著和中文专著共 78 本，其中涉及网络犯罪相关话题专著共 9 本。如李怀胜所著《信息网络犯罪办案实务与案例精解》聚焦信息网络犯罪的前沿趋势，一方面分析了十余个常见的信息网络犯罪罪名，对每个罪名进行深入解读；另一方面解读了网络犯罪案件管辖、网络犯罪案件的取证、网络犯罪案件电子证据等办案实务问题。王华伟所著《网络犯罪的司法认定》立足于网络刑法罪名体系概述、网络时代的刑法管辖原则、网络时代共犯理论的挑战与应对、网络服务提供者的刑法责任等十个专题，全面而深入地探讨了网络犯罪中的总论核心问题和分论实践难题。李春雷等人所著的《网络食品药品与知识产权犯罪治理》在对我国 2019 年以来已决案件统计分析的基础上，回顾总结了我国涉网食品药品与知识产权犯罪现状、特点、模式、规律及打击治理的政策法律和体制机制的演变，着重从行政监管、刑事治理、社会共治等维度，阐释我国近年来对网络食品药品与知识产权犯罪治理中的工作重点及理念的更新和路径调整。

（二）金融犯罪仍为研究热点

2023 年度，与职务犯罪有关的专著、编著、工具书共 9 本。其中，由黄云主编的

《金融犯罪辩点分析与案例释解》囊括了金融犯罪领域的典型罪名,围绕实务中出现的疑难案例,根据罪名情况展开辩点分析,旨在针对金融犯罪领域出现的新问题给出有效的辩护思路。黄祥青主编的《金融犯罪案件法律适用与案例指导》对常见金融犯罪审判实务中的法律适用难题、审理思路与原则,以及相关法律规范等进行了较为全面的梳理与分析,在罪名的选择上,聚焦选取了实践中较为常见、多发的金融犯罪案件类型,如非法集资类犯罪;在罪名概述部分,结合审判实践与审判经验,对各类犯罪的审理概况、热点难点问题、审理思路与原则进行了分析与阐述。刘宪权所著《金融犯罪刑法学原理(第三版)》从金融市场的特征及对金融犯罪的刑法惩治角度出发,运用刑法基本原理和理念,对包括互联网金融在内的金融犯罪展开全方位的讨论研究。立足于为我国预防和惩治金融犯罪相关立法与司法实践提供理论依据,着眼于具体认定金融犯罪的标准探讨,为实践部门定罪量刑活动提供参考。

(三)生态环境犯罪研究渐成体系

近年来,生态环境领域犯罪研究逐渐受到重视,2023 年度,与生态环境犯罪有关的专著共 5 本。其中,由张崇波、邓琳君所著的《生态环境犯罪理论与实务》将生态环境犯罪理论研究和公安机关司法实践相结合,追求实践为理论提供实证研究对象、理论为实践释疑解惑,实现理性互动的教材。由盈科律师事务所编写的《环境资源类犯罪法律实务与国际视野》通过研究环境资源领域多个罪名的认定和适用问题,结合理论与司法实务,详尽地总结了各类环境资源类犯罪案件的实践经验,阐述了相关法律规定和案例中所存在的疑难问题,厘清了环境资源类犯罪案件认定中的争议问题。此外,本书还从国际视野上探讨了其他国家控制环境资源类犯罪的经验,提炼出了相关国家司法裁判的经验和理论进展。韦春发所著的《环境污染犯罪疑难问题研究》以“环境污染犯罪的刑事法治理”为主线,重点研讨了环境犯罪的保护法益、污染环境罪的构成要件解释、环境行政违法与刑事犯罪治理中的行刑衔接以及环境监管失职等在理论与实践中颇具争议的若干疑难问题。

二、代表性学术专著、教材列表

表4-3　2023年国内犯罪学代表性学术专著、教材列表

序号	书　名	作　者	出版社	出版年月	内容简介
外文译著					
1	德国刑法分论　侵犯财产价值的犯罪	[德]约翰内斯·韦塞尔斯著,张磊、赵冠男译	法律出版社	2023年12月	财产犯罪是指侵犯他人财产或具体财产价值的犯罪。这一术语可从广义和狭义上予以使用,取决于财产损失的出现是否属于相关犯罪类别的刑事处罚条件(比如诈骗罪、敲诈勒索罪、背信罪),抑或只是构成要件行为通常的伴随结果,而非其必然后果。后者涉及财物犯罪,相较于狭义的财产犯罪,财物犯罪特点首先体现在其(比如盗窃罪和毁损财物罪)亦将经济上无价值之物纳入保护范围(例如偷走情书、撕毁他人纪念照片等)。在本书第43版中,扬·舒尔(Jan Schuhr)对第1条、第24条以及第13条至第21条作出了修订。
2	合规评估与测量:基于企业犯罪与不当行为的防范	[美]梅丽莎·罗里、[荷]本杰明·范·鲁伊主编;朱庆、范晓亮译	当代中国出版社	2023年12月	本书展示了合规评估与测量各种方法的优点和缺点,并为理论和实务从业者提供了如何在不同目标下选择更为合适的方法的指导。除了理解合规测量的重要性及其在各种情况下的潜在负面影响外,本书还将帮助读者学习如何收集数据以回答合规领域中的不同问题,以及为如何改进合规测量提供建议。
3	犯罪与执法的经济学	[美]安东尼·M.耶泽著,焦海博、钱洁译	知识产权出版社	2023年12月	本书作为乔治·华盛顿大学研究生课程的教学参考书,其开头部分阐述了运用经济分析方法研究犯罪的一些基本原理,包括一种行为为什么被认为是犯罪、如何用成本——收益分析方法研究犯罪、如何测量犯罪的成本,等等。为了显示经济学对于研究犯罪问题的强大效能,作者接下来探讨了广泛的犯罪话题:监禁、执法博弈、青少年犯罪、私人执行、三振出局、破窗理论效应、警察犯罪画像以及发展中国家的犯罪问题,等等。作者还在特定的章节里分别探讨了枪支犯罪、毒品犯罪和死刑等问题。在每一章的最后,作者专门设计了用来强化学习者经济分析技巧的问题,帮助他们获得应用于案例分析的洞察力。

续表

序号	书　名	作　者	出版社	出版年月	内容简介
4	澳大利亚犯罪收益追缴法	冯姣译	浙江工商大学出版社	2023年7月	本书是对最新版本的澳大利亚犯罪收益追缴法的翻译,该法旨在规定犯罪收益的罚没,是一部以甄别、控制、没收和处置犯罪收益为基本内容的法律。在实践中,犯罪收益的形态往往是不断改变的,该法进一步明确了犯罪收益的推定标准。全书共包括6个章节和2个附录,分别是引言、罚没方案、收集信息、管理、其他规定和术语解释;附录1是"由参与州和自治领地收集的信息",附录2是"与来源不明财产国际合作计划相关的过渡、适用和保留条款"。
5	格兰维尔·威廉姆斯刑法学教科书I:犯罪论编	[英]丹尼斯·贝克著,李立丰译	法律出版社	2023年6月	本书以二版作者格兰维尔·威廉姆斯教授命名,其涵盖范围极其广泛,除了法学知识外,还包括相关分析思路与技巧,为包括英国、美国、加拿大、澳大利亚等普通法系国家的学生、研究者乃至实务人员广泛使用。目前,本书已经修改至第四版,现在的作者丹尼斯·贝克教授在前人基础上对概述作了进一步修订、完善和增补,堪称旷世巨著,影响力极大。《格兰维尔·威廉姆斯刑法学教科书》引进后被分为三卷:犯罪论编、抗辩论编、典型罪编。 本书为犯罪论编,涉及犯罪定义、犯罪构成诸要素、犯罪过程及其形态等犯罪论的内容,涵盖广泛、讨论充分。作者以提问、作答的方式讲述刑法专业内容,鞭辟入里,深入浅出。
中文专著					
1	金融犯罪辩点分析与案例释解	黄云主编	法律出版社	2023年12月	这本书囊括了金融犯罪领域的典型罪名,围绕实务中出现的疑难案例,根据罪名情况展开辩点分析,旨在针对金融犯罪领域出现的新问题给出有效的辩护思路。编者团队在写作的过程中,对所选案例精挑细选,其内容主要来源于最高人民法院公布的指导性案例、最高人民法院"裁判文书网"上刊登的案例、《最高人民法院公报》《刑事审判参考》《刑事司法指南》等,除经久不衰的经典案例与指导案例外,还收集了具备针对辩点特色的专门案例。因此本书既能帮助读者快速了解、掌握金融犯罪各个罪名在司法实践中的新运用、新争议,也能带领读者精准锁定辩点,最终实现有效的辩护。

续表

序号	书　名	作　者	出版社	出版年月	内容简介
2	犯罪心理与行为分析	朱华军著	中国政法大学出版社	2023 年 12 月	本书共 7 个专题，分为：故意杀人、盗窃、性犯罪、抢劫、诈骗、吸毒、纵火。专题下分为学习情境，由一到两个能反映同一理论的核心案例组成，每一学习情境中设有学习目标、案例导入、理论分析、角色扮演与自我反思、问题与思考、摘要与关键词、延伸阅读。本书以访谈个案为核心，塑造出生动的犯罪心理案例，并将理论和案例有机结合，深入浅出，使学生能够将理论与实际更好地结合起来，书中学习环节的设置也为学生提供了独立思考的空间。
3	德国双系统的犯罪构成要件理论	秦一禾著	社会科学文献出版社	2023 年 12 月	本书作者将德国的犯罪构成要件理论归纳为双系统的理论。所谓的双系统犯罪构成要件理论是指，判断一个行为是否该当犯罪的标准是通过两个不同的理论系统共同完成的：其一，判断行为性质的“三要件”系统，其二，评价行为价值的“不法—罪责”系统。前者是判断系统，后者是评价系统。尽管不同学者对两个系统之间的关系有不同的主张和论证，但是本质上其理论范畴都没有脱离这两个系统。我国直到 20 世纪末 21 世纪初才开始从日本、德国接触和输入犯罪构成要件理论，因此这一传统理论在我国还需要进一步的发展完善才能融入中国刑法的文化和司法实践中。本书用结构主义的方式，按照德国刑法史的不同发展阶段分别论证双系统理论的形成、发展以及现状，希冀这次进入他者（成熟）理论状态的训练和经验，可以为中国刑法提供理论进阶的可能性。
4	毒品犯罪案件审判实务问答	蔡智玉编著	法律出版社	2023 年 12 月	本书吸纳 2023 年纪要精神，提供专业文献、观点解读和典型类案，归纳裁判规则和实务操作方法。同时，坚持问题导向，针对毒品犯罪案件中各个罪名的定罪量刑，严格把握证据审查判断，就司法实践中的 138 个问题，运用法律原理和具体规定深入分析研究，全面、权威、实用。

续表

序号	书　名	作　者	出版社	出版年月	内容简介
5	经济犯罪罪名精释与案例百选	陈洪兵著	法律出版社	2023年12月	本书是“刑法罪名精释与案例百选”系列的第三分册。作者陈洪兵教授多年来深耕刑法分则,致力于将学术研究成果付诸实践,通过对实践中的大量案例进行研究,归纳总结实务疑难问题,提出符合现行规则的解决思路。本册主要围绕刑法分则第五章侵犯财产罪各罪名和各条规定展开,每一罪名下主要栏目包括“导读”“刑法条文”“实务疑难问题”“典型案例及精析”“相关规定”。“导读”是对相关罪名的概括性介绍,引出重点问题;“实务疑难问题”汇集了作者收集、归纳、整理的众多疑难问题,并对每一问题进行答疑解惑、提供实务处理思路;“典型案例及精析”在已决案件中精选数则典型案例,从不同角度展示该罪名在实务认定中疑点、难点、热点问题,并对法院裁判思路作精要分析;“相关规定”罗列与该罪名密切相关的司法解释、司法文件等,按条节选,不置全文。
6	阶层犯罪论体系的诉讼品格	邓超著	当代中国出版社	2023年12月	犯罪构成理论体系传统定位于实体评价机制之中,如何将其实体评价的功能向程序侧面拓展,不仅是刑事一体化发展的重要方向,也是实现刑事法治统一性的具体展开。本书以“阶层犯罪论体系的诉讼品格”这一命题为视角,循着刑事一体化的研究思路,以关系的发现为理论研究起点,以实践的价值为理论研究落脚点,运用历史发现、比较分析和规范推演等研究方法,梳理了阶层犯罪论体系的本体意义、阶层犯罪论体系对诉讼程序的关照性,以及阶层犯罪论体系之于诉讼模式、诉讼进程、证据证明和刑事辩护的重要指引价值。
7	中国犯罪治理蓝皮书——犯罪态势与研究报告(2021)	中国犯罪学学会组织编纂	上海人民出版社	2023年12月	本书涵盖“犯罪治理之刑事立法与刑事司法”“2021年度犯罪治理典型案例的犯罪学分析”“电子商务平台网络反欺诈研究”等内容。本书通过收集汇总上一年度公开犯罪数据,对2021年度犯罪学作了全面回顾与总结,聚焦犯罪学的学术热点,引导犯罪学的研究方向,为犯罪学研究提供科学的参考资料,促进犯罪学的研究范式不断进化,推进犯罪学研究的新时代转型。

续表

序号	书　名	作　者	出版社	出版年月	内容简介
8	生态环境犯罪及其司法适用问题研究	曾磊著	中国政法大学出版社	2023年11月	全书共分为五章。第一章为问题的提出;第二章为恢复性司法适用的实证考察;第三章为恢复性司法适用的困局;第四章为恢复性司法适用的逻辑展开;第五章为恢复性司法困局的破解路径。
9	犯罪学	荣月著	清华大学出版社	2023年11月	本书以通说为主,结合典型案例,系统介绍了犯罪学的发展历史及现状;对犯罪现象、犯罪原因、犯罪预防等内容进行了深入研究;运用法学、社会学、心理学、经济学、教育学等学科知识,系统分析了犯罪活动的现状、特点及规律。在此基础上,本书探索犯罪活动成因,预测犯罪活动的发展趋势,提出既有一定理论深度,又便于操作的预防和控制犯罪的基础思想和方法策略,力求满足教学实践的同时,能够为理论研究提供一定的素材。
10	危害食品药品安全犯罪刑法适用研究	袁彬著	中国法制出版社	2023年11月	全书以危害食品药品安全犯罪的典型案例为研究视角,采取点面结合的方法,对危害食品药品安全犯罪的案例进行了宏观的统计分析和微观的个案分析,实证资料丰富,发现的问题典型,研究分析透彻;本书结合新旧司法解释,全面研究了危害食品药品安全犯罪的犯罪构成要件、犯罪形态、刑事制裁等方面的重点实践问题,并基于惩治危害食品药品安全犯罪的刑事政策,提出了完善我国惩治危害食品药品安全犯罪的司法对策。
11	经验法则在犯罪构成要件事实认定中的运用问题研究	李海峰著	法律出版社	2023年11月	本书以刑事一体化为视角,突破实体与程序壁垒,从实体到程序维度,全面梳理经验法则蕴含的内涵与外延,搭建经验法则在刑事案件事实认定中体系化理论研究框架;以问题为导向,积极回应现实关切,从经验到规范维度,剖析案件事实形成的过程原理和诉讼机理,为经验法则在刑事案件事实认定中的适用寻找到更有解释力的正当性依据;以犯罪构成要件为指引,超越犯罪论体系理论优劣纷争,从规范到实践维度,系统挖掘经验法则在刑事案件事实认定中的表征与功能、路径与规则,厘定适用限度与保障机制,力求实现理论研究与应用的有效衔接。

续表

序号	书　名	作　者	出版社	出版年月	内容简介
12	办理职务违法、职务犯罪疑难案例评析	齐英武著	中国方正出版社	2023 年 11 月	本书对监察调查中的疑难案件进行系统分析解读,通过"基本案情""分歧意见"和"评析意见"等板块对贪污贿赂类、失职渎职类和其他职务违法犯罪案例重点难点问题深入评析。结合犯罪构成理论与工作实践,辨析易混职务违法犯罪行为,界定行为构成要件,明确援引相关法律法规条款,力求精准把握案件性质,准确定性归责,以期为广大纪检监察干部提供业务指导和有益参考。
13	常见证券犯罪辩护要点实务精解	翟振铁主编	中国法制出版社	2023 年 11 月	本书针对证券犯罪领域的高频、疑难、冷僻罪名进行了深入研究,为有关人员办理证券犯罪案件提供借鉴和参考,解决办案实务问题。帮助广大读者提高证券违规相关刑事法律风险意识、规避刑事法律风险。
14	西方犯罪学	吴宗宪著	高等教育出版社	2023 年 11 月	本书主要作了下列修改:(1)内容修改。根据新的文献和研究情况,对很多理论学说的具体内容、文字表述和学术评价等,进行了很多修改。例如,对理性选择理论进行了重要修改和完善。更新了大量参考文献。(2)结构调整。除了根据犯罪学史的脉络保留古典犯罪学派和实证犯罪学派之外,按照犯罪学研究的四种主要范式(犯罪生物学、犯罪心理学、犯罪社会学和整合研究)调整了结构,包括对不同章和节的调整。(3)格式调整。调整了脚注中英语文献的书写格式,英语文献名称的首字母和其中实义词的首字母全部改为大写。更新了本书第二版出版之后逝世的一些著名犯罪学家的生卒信息。(4)纠正了第二版中一些不准确的甚至是错误的信息,例如,脚注中的页码错误。

续表

序号	书　名	作　者	出版社	出版年月	内容简介
15	有组织犯罪通论	莫洪宪著	法律出版社	2023年11月	本书有着广阔的学术视野,坚持刑事一体化理念,运用刑法学、犯罪学、刑事政策学等多学科的理论和方法,系统地对新形势下有组织犯罪的特征、类型、原因进行了深入的探讨,阐述了刑事政策、刑事立法与刑事司法在打击有组织犯罪方面的重要作用,强调立足国内实践,借鉴国外经验,统筹国内协作与国际合作,全面预防与惩治有组织犯罪,希冀为助推中国式法治现代化提供有益而切实的参考。
16	金融犯罪案件法律适用与案例指导	黄祥青主编	人民法院出版社	2023年11月	本书由上海市高级人民法院副院长、全国审判业务专家黄祥青主编,由上海市第一中级人民法院审判业务专家、骨干进行编写。 本书对常见金融犯罪审判实务中的法律适用难题、审理思路与原则,以及相关法律规范等进行了较为全面的梳理与分析,在罪名的选择上,聚焦选取了实践中较为常见、多发的金融犯罪案件类型,如非法集资类犯罪;在罪名概述部分,结合审判实践与审判经验,对各类犯罪的审理概况、热点难点问题、审理思路与原则进行了分析与阐述,尤其是将上海市第一中级人民法院在审理金融犯罪案件中已经形成的裁判思路与办案机制融入审理思路与原则部分当中。对于审判实践中的疑难新型问题,注重梳理真问题、难问题、实问题,且把握好案例的时效性,以期为一线办案法官、法官助理提供办案参考与指引。
17	环境犯罪刑法治理的早期化问题研究	李梁著	北京大学出版社	2023年11月	本书第一章通过指出国外和国际环境刑法立法中的早期化治理现状引入主题,指出了国外与国际上环境犯罪早期化立法的特点以及必要性。第二章探求了多种能够支撑环境犯罪刑法治理早期化的理论,阐释了环境犯罪刑法治理早期化的深刻理论基础。第三章从环境犯罪的特点、生态文明建设的要求、非刑事手段治理环境污染的局限三个方面具体分析了环境犯罪刑法治理早期化的现实依据。第四章则为完善我国环境犯罪刑法治理早期化的实体立法与程序立法提供了方案。

续表

序号	书　名	作　者	出版社	出版年月	内容简介
18	毒品犯罪案件法律适用与案例指导	董国权、吕俊主编	人民法院出版社	2023年11月	本书主要围绕刑法总则审判实务中的重点、疑难、新型问题展开,按照刑法毒品犯罪部分条文顺序划分章节,第一部分为罪名概述,第二部分为与罪名相关的法律、司法解释、司法政策的理解与适用,第三部分为审判实践中的问题,该部分是各分册的重点内容,坚持以问题为导向,结合权威案例加以提炼。全书涵盖了相关法律、司法解释、司法政策,兼顾了法院、检察院、公安机关的办案需求,突出实用性、指导性、权威性。书稿内容质量较高。
19	法院审理经济犯罪案件观点集成	谭劲松主编	中国法制出版社	2023年11月	本书在结构上,针对每一节罪名编写了综述部分,其中包含每节罪名的概述、基本特征以及难点问题,针对每一个具体的罪名选取了具有一定代表性的案例进行论述,力求为法律职业人员办理涉及该章罪名的相关案件提供一定的帮助和借鉴作用。
20	经济犯罪案件立案追诉标准适用指南(2022年版)	最高人民检察院法律政策研究室、公安部经济犯罪侦查局编著	中国人民公安大学出版社	2023年11月	为帮助广大公安司法实务工作者正确理解、适用修订后的《关于公安机关管辖的刑事案件立案追诉标准的规定(二)》的有关内容,最高人民检察院法律政策研究室与公安部经济犯罪侦查局联合组织编写了本书。本书结合该立案追诉标准的起草、修改过程,对其规定的78种经济犯罪案件的犯罪构成、立案追诉标准适用以及司法实务工作中应注意的问题作了全面阐述,并在附录部分收入该立案追诉标准新旧条文对照表,更加直观地展示新旧条文的不同与最新调整之处。
21	新型权利犯罪与刑法制裁体系问题研究	彭文华主编	中国政法大学出版社	2023年10月	本书是一部研究新型权利犯罪与刑法制裁体系问题的论文集,具体内容如下:元宇宙空间犯罪刑法规制的新思路、元宇宙场景应用中的刑法风险与规制、交通肇事视角下L3自动驾驶生产者的刑事责任归属、论半自动驾驶车辆交通事故的刑事责任分析、自媒体网络空间的犯罪支点与规制、数字时代规避著作权技术措施的刑法扩张及其限缩、

续表

序号	书　名	作　者	出版社	出版年月	内容简介
21	新型权利犯罪与刑法制裁体系问题研究	彭文华主编	中国政法大学出版社	2023年10月	衍生性数据"爬虫"犯罪的三方主体责任及其刑法规制、大数据时代合法获取型侵犯公民个人信息罪之认定及从重处罚根据研究、帮助信息网络犯罪活动罪的限缩、单位犯罪的刑事制裁体系、对刑罚修订的效果量化分析与反思、刑事制裁体系的性转向研究、犯罪附随后果研究、纪学与刑法学的关系，等等。
22	共同犯罪的司法认定	沈琪著	中国人民大学出版社	2023年10月	本书以专题为形式、以实务问题为导向、以全面的实务观点归纳和较为深入的理论分析为方法，对共同犯罪案件认定中常见且疑难的十个问题进行了分析，这十个问题分别是：共同犯罪行为的认定、共同犯罪故意的认定、身份犯共同犯罪的认定、共同犯罪中实行过限的认定、共同犯罪中止的认定、共同犯罪中主从犯的认定、雇佣犯罪中的共犯认定、黑恶势力犯罪中的共犯认定、毒品犯罪中的共犯认定和网络犯罪中的共犯认定。 本书在写作风格上坚持理论和实践相结合，将司法案例分析和理论分析两方面内容紧密关联。通过对司法案例的分析归纳出相应裁判规则，通过理论分析揭示裁判规则的合理或不合理之处，以为司法实务在将来处理相似案件时提供相应的裁判规则和理论观点的指引。
23	青少年犯罪心理研究	郭学文著	中国政法大学出版社	2023年10月	本书着眼于新时代青少年犯罪预防，主要研究影响和支配青少年犯罪人实施犯罪行为的心理结构形成、发展和变化规律，以及预防青少年犯罪、改造矫正罪犯、预防青少年被害对策及其心理依据。主要包括以下内容：第一章"青少年"和"犯罪"：青少年犯罪心理学导论；第二章"与生俱来"还是"后天习得"：青少年犯罪心理形成理论；第三章"君子三戒"：犯罪心理的年龄差异；第四章"内因与外因"之一：青少年犯罪心理的形成与外在因素的影响；第五章"内因

续表

序号	书　名	作　者	出版社	出版年月	内容简介
23	青少年犯罪心理研究	郭学文著	中国政法大学出版社	2023年10月	与外因”之二:青少年犯罪心理的形成与内在因素的影响;第六章“主观客观”和“男女有别”:青少年犯罪心理的主观差异和性别差异;第七章“曾经拥有”和“责任扩散”:青少年犯罪心理的经历差异和组织形式差异;第八章“犯罪与社会控制”:不同类型的青少年犯罪心理剖析;第九章“科学评估”:青少年犯罪心理预测和评估;第十章“标本兼治”:青少年犯罪心理教育与矫正。
24	财产犯罪罪名精释与案例百选	陈洪兵著	法律出版社	2023年10月	本书主要围绕刑法分则第五章侵犯财产罪各罪名和各条规定展开,每一罪名下主要栏目包括“导读”“刑法条文”“实务疑难问题”“典型案例及精析”“相关规定”。“导读”对相关罪名的概括性介绍,引出重点问题;“实务疑难问题”汇集了作者收集、归纳、整理的众多疑难问题,并对每一问题进行答疑解惑、提供实务处理思路;“典型案例及精析”在已决案件中精选数则典型案例,从不同角度展示该罪名在实务认定中疑点、难点、热点问题,并对法院裁判思路作精要分析;“相关规定”罗列与该罪名密切相关的司法解释、司法文件等,按条节选,不置全文。
25	职务犯罪案件监察调查与审查起诉衔接机制研究	吕晓刚著	法律出版社	2023年10月	全书内容包括以下三个方面:一是职务犯罪案件监察调查与审查起诉衔接机制的理论基础辨析,在探究监察调查与审查起诉衔接机制属性的基础上,构建监察调查与审查起诉衔接机制的基础理论体系。这一体系的具体内容包含对监察调查与审查起诉衔接机制内涵与外延的阐释,并在此基础上,分析衔接机制的属性特征和价值功能,以及应当遵循的理念原则。二是职务犯罪案件监察调查与审查起诉衔接机制的制度保障,根据当前监察调查与审查起诉衔接的立法规范和实践现状,二者衔接所涉及的具体制度包括管辖制度、证据制度、强制措施制度、被调查人和犯罪嫌

续表

序号	书 名	作 者	出版社	出版年月	内容简介
25	职务犯罪案件监察调查与审查起诉衔接机制研究	吕晓刚著	法律出版社	2023年10月	疑人权利保障制度等。三是职务犯罪案件监察调查与审查起诉衔接机制的程序规范,包括检察机关提前介入监察调查程序、案件移送接收具体流程、退回补充调查程序、被调查人不在案案件的衔接流程等。
26	犯罪学(第5版)	康树华、张小虎编	北京大学出版社	2023年10月	作为普通高等教育"十一五"国家级规划教材,本书第5版在此前的第4版的基础上,全面系统地进行了资料的更新及内容的补充修正。尤其是,作为对社会犯罪问题的研究,本书坚持正确的政治思想导向,立足中国的社会现实,注重本土民族文化及社会时代背景,强调"经验性的研究方法"及"解决社会实际问题"的科学学风,充分把握国内外犯罪学理论研究的前沿成果,构建中国自主的犯罪学知识体系,努力为我国的犯罪预防及控制作出贡献。 本书在内容目标上致力于做到:概念准确,表达清晰,阐述系统;体系完整,内容丰富,重点突出;论述客观,说理透彻;理论联系实际,总结实践经验;反映时代精华,力求创新开拓。在体系结构上,本书不拘泥于以往犯罪学导论、犯罪现象论、犯罪类型论、犯罪原因论、犯罪防治论的一般性框架,而是遵循学科知识应有的规律以总论与分论的体例展开犯罪学知识体系。
27	共同犯罪的司法认定	沈琪著	中国人民大学出版社	2023年10月	本书以专题为形式、以实务问题为导向、以全面的实务观点归纳和较为深入的理论分析为方法,对共同犯罪案件认定中常见且疑难的十个问题进行了分析,这十个问题分别是:共同犯罪行为的认定、共同犯罪故意的认定、身份犯共同犯罪的认定、共同犯罪中实行过限的认定、共同犯罪中止的认定、共同犯罪中主从犯的认定、雇佣犯罪中的共犯认定、黑恶势力犯罪中的共犯认定、毒品犯罪中的共犯认定和网络犯罪中的共犯认定。

续表

序号	书　名	作　者	出版社	出版年月	内容简介
27	共同犯罪的司法认定	沈琪著	中国人民大学出版社	2023年10月	本书在写作风格上坚持理论和实践相结合,将司法案例分析和理论分析两方面内容紧密关联。通过对司法案例的分析归纳出相应裁判规则,通过理论分析揭示裁判规则的合理或不合理之处,以为司法实务在将来处理相似案件时提供相应的裁判规则和理论观点的指引。
28	刑事政策视阈下的犯罪理论与刑罚理论	单佳著	中国政法大学出版社	2023年9月	刑事政策建立在犯罪学研究基础上:犯罪学研究对刑法的指引和影响是以刑事政策为中介。至今有些国家的学者在认识上,将犯罪学与刑事政策画等号。在最一般的意义上,可以将政治国家这种以刑罚反应为核心的治理犯罪的有组织反应体系称为刑事政策。本书主要论述了犯罪化和非犯罪化、轻刑化、保安处分、被害人保护、社区矫正等相关问题的刑事政策。
29	传销犯罪原理与办案指引	胡聪著	法律出版社	2023年9月	本书全面总结了传销犯罪的相关理论,包括传销的发展与域外规制、传销的概念与犯罪构成、传销犯罪的类型与发展、传销的立法历程、传销犯罪的治理现状等,为读者了解传销犯罪提供了全景式的介绍。同时,本书还集中讨论了传销犯罪辩护实务中常见的一般与疑难问题,包括传销犯罪的司法认定、程序辩护、证据审查与质证、无罪辩护与罪轻辩护等,这些都是传销犯罪辩护实务无法绕开的核心和焦点,本书既有理论背景支撑,又有具体法条依据,还有实际案例参考,为辩护实务提供了可操作、可复制的指引。本书的特点在于,理论研究与实务指引兼而有之,作者将理论与实践案例相结合,对所探讨问题进行深入分析与阐释,相信本书内容会对实务人士产生直接的启发,对实务案件的办理产生直接的指引作用。

续表

序号	书　名	作　者	出版社	出版年月	内容简介
30	网络犯罪典型案例2022卷	李玉萍主编	人民法院出版社	2023年9月	本书为中国应用法学研究所编辑出版的“网络司法研究系列丛书”之一，旨在通过总结和提炼司法机关办理网络犯罪案件的经验和方法，记录和反映网络犯罪案件的现状、特点与发展趋势，促进理论和实务部门更好地应对快速蔓延且日益复杂的网络犯罪，满足人民群众日益增长的网络安全需求。
31	行政犯罪治理研究	田宏杰著	中国社会科学出版社	2023年9月	立足于中国特色社会主义法秩序的统一，本书提出，从以民事犯惩治为依归向以行政犯治理为核心转移，既是刑事治理现代性的内在特征，更是中国刑事治理现代化的政治使命。而“三大统一”，即“前置法定性与刑事法定量相统一”“刑事立法扩张与刑事司法限缩相统一”“行民先理为原则与刑事先理为特殊相统一”，既是对中国宪法价值秩序指引下的刑法与行民等前置部门法规范关系的原创性发掘，更是以规制行政犯为核心的现代犯罪治理机制的本土性建构。唯有“尊重刑法”并“超越刑法”，进而回归“更加刑法”地重塑行刑衔接刑事规范体系，再造合作诉讼刑事程序模式，创新三审合一刑事审判机制，才能在破解虚开增值税专用发票罪治理等重大疑难问题的同时，构建中国化、体系化、一体化的现代刑事治理体系和话语体系。
32	信息网络犯罪办案实务与案例精解	李怀胜著	中国法制出版社	2023年9月	本书聚焦信息网络犯罪的前沿趋势，力求解决信息网络犯罪办案的现实难题。本书作者团队立足办案实务，回溯网络犯罪罪名的设立背景、解读刑法条文的设置内涵、剖判各类犯罪行为的刑法定性、回应适用疑难的解决路径。 本书一方面分析了十余个常见的信息网络犯罪罪名，对每个罪名进行深入解读；另一方面解读了网络犯罪案件管辖、网络犯罪案件的取证、网络犯罪案件电子证据等办案实务问题。

续表

序号	书　名	作　者	出版社	出版年月	内容简介
33	生态环境犯罪理论与实务	张崇波、邓琳君著	中国林业出版社	2023年9月	本书将生态环境犯罪理论研究和公安机关司法实践相结合,追求实践为理论提供实证研究对象、理论为实践释疑解惑,实现理性互动的教材,具有以下特点:一是涵盖生态环境领域犯罪涉及的罪名案件犯罪构成分析,内容翔实、实体程序兼具,具体包括法律适用、证据指引、实训等内容;二是汇集打击生态环境犯罪执法取证实务中遇到的重点、疑点和难点问题,以现行的法律法规、司法解释为依据,详细分析,论述客观,以厘清执法办案中的误区;三是坚持开创性、操作性和理论性的有机统一,突出针对性、把握实用性、注重广泛性、立足可读性,力求静态法理分析和动态执法取证的统一与和谐,以服务公安教育为宗旨,培养新时代创新型、复合型、应用型高素质警务人才。
34	危害食品安全犯罪刑法规制研究	张伟珂著	中国人民公安大学出版社	2023年9月	重大活动食品安全保障的内容之一就是发现食品安全问题及时处置,其中就涉及犯罪的认定标准及既往的司法处置经验。为此,本书着眼于食品安全保障中不法行为的刑法评价,从规范与经验两个视角加以探讨。全书分为两篇,上篇从教义学的视角对食品安全犯罪刑事立法展开讨论,结合典型案件分析法律的规范解释路径。这也是目前食品安全犯罪刑事治理的主要研究方式。下篇从经验论的视角,对现行立法的时间状况、立法结构等展开讨论,分析司法实践、政策实践的偏差及其成因,由此提出食品安全犯罪刑法规制的转型路径。
35	涉民间借贷犯罪刑法理论与实务	龙敏著	上海人民出版社	2023年9月	随着我国市场改革的步伐不断加快,民间借贷发展势头迅猛,其在缓解企业融资、缓解信贷短缺、活跃市场等方面具有不可代替的作用,但同时,由于投资需求旺盛,民间借贷案件呈现爆发之势,民间借贷案件数量和标的额不断飙

续表

序号	书　名	作　者	出版社	出版年月	内容简介
35	涉民间借贷犯罪刑法理论与实务	龙敏著	上海人民出版社	2023年9月	升。本书以我国当下的经济环境与金融现状为背景,对民间借贷的经济地位与法律地位进行分析,在充分认识到现实社会中民间借贷已具备了广泛存在的合理性与必要性的前提下,反思我国现阶段对民间借贷的刑法规制现状,并思考应当如何创新和完善相关的刑事法律制度,合理地规制民间借贷行为,使得民间借贷在社会经济发展过程中能够充分发挥其积极作用。
36	侵权与犯罪交叉案件私权救济优先论研究	郭佳宁著	法律出版社	2023年8月	在侵权与犯罪交叉案件中,对刑事受害人的私权进行及时、充分救济是私权救济优先的一个重要组成部分。本书在对我国现行侵权与犯罪交叉案件处理模式存在的问题进行细致分析的基础上,从价值基点、实体法律关系判断、处理机制等方面提出了保障侵权与犯罪交叉案件中私权救济优先的完善路径。
37	澜湄合作框架下刑事合作机制研究	桑爱英著	中国政法大学出版社	2023年8月	在全球化信息化背景下,澜沧江—湄公河流域的跨国犯罪成为影响澜湄合作深入发展的非传统安全问题。从突发性、临时性的案件合作到规范化、制度化的刑事合作机制的构建是澜湄合作框架下刑事合作的内在逻辑与未来愿景。本书从梳理澜湄流域刑事合作的模式入手,分析目前澜湄刑事合作存在的困境,并详细分析构建澜湄合作框架下刑事合作机制可行性,从原则、条约、程序、主体四个维度探讨澜湄刑事合作机制构建问题。
38	银行业务犯罪十二讲	钱列阳主编	法律出版社	2023年8月	本书希望为有志于从事金融犯罪研究的职业刑法人,包括法官、检察官、警官、律师、学者等,提供一个研究的切入口,使得刑法人能够主动深入金融领域,特别是本书所指向的银行领域。本书深入银行等金融机构内部,在仔细研究金融机构内部运行规则和金融逻辑运行规律的基础上,用刑法的标准衡量并发现问题;同时,通过对金融领域及金融案件的研究,最终推动制度完善,起到打击犯罪、保障无辜公民的作用,达到防患于未然的效果。

续表

序号	书　名	作　者	出版社	出版年月	内容简介
39	金融诈骗犯罪研究	刘宪权著	上海人民出版社	2023年8月	金融对于国家的资源配置、经济运行、风险防范、福利分配、产业发展等方面皆有不言而喻的重要作用。近年来,我国金融犯罪形势依然严峻,并且展现出新的特点,金融犯罪手段呈现出多样化、专业化、网络化的发展趋势。本书针对金融诈骗犯罪相关法律概念和司法实践中热点难点问题进行了阐述和分析,共分为六章:金融诈骗罪的立法现状与司法困境、贷款诈骗罪及其司法认定、票据诈骗罪及其司法认定、信用证诈骗罪及其司法认定、信用卡诈骗罪及其司法认定、保险诈骗罪及其司法认定。本书体系性强、内容深入浅出,有助于读者学习了解该领域的刑法学知识。
40	金融犯罪刑法学原理(第三版)	刘宪权著	上海人民出版社	2023年8月	本书从金融市场的特征及对金融犯罪的刑法惩治角度出发,运用刑法基本原理和理念,对包括互联网金融在内的金融犯罪展开全方位的讨论研究。立足于为我国预防和惩治金融犯罪相关立法与司法实践提供理论依据,着眼于具体认定金融犯罪的标准探讨,为实践部门定罪量刑活动提供参考。本书的特色在于:结构上的“专”,采用专题形式进行编排,共包含十七个理论专题;程度上的“深”,力求站在研究前沿,推动金融犯罪理论研究向纵深发展;视角上的“新”,以新的资料,运用新的法律、法规和司法解释,研究和解决新问题;内容上的“难”,侧重于解决理论和司法实践中争议较大、易生歧见的金融犯罪疑难问题。
41	法人犯罪比较研究	王良顺著	法律出版社	2023年7月	本书共分为四章,针对美国法人犯罪与中国单位犯罪问题,从立法演变、理论学说、成立条件和刑事责任四个层面,分别进行具体和深入的比较研究。研究的体例为先介绍美国法人犯罪的某个侧面,再介绍我国单位犯罪的相关情况,后对美国法人犯罪和我国单位犯罪进行比较分析,明确两者的异同,并对两

续表

序号	书名	作者	出版社	出版年月	内容简介
41	法人犯罪比较研究	王良顺著	法律出版社	2023年7月	者各自的特点进行因果分析和价值分析。对美国法人犯罪制度、理论研究与我国单位犯罪制度、理论研究作深度的比较分析，丰富了研究的视角，拓宽了观察的视野，既有助于更全面、准确地认识和理解我国的单位犯罪制度，也可以为进一步完善我国单位犯罪的刑事立法和刑事司法提供借鉴和参考。
42	人民检察院立案侦查职务犯罪案件疑难解析	徐伟勇、赵学申、刘子墨著	中国法制出版社	2023年7月	本书在广泛收录检察工作实践困惑的基础上，就犯罪构成、取证重点、法律适用等具体问题进行体系化解答。为解答重点问题，作者以实务工作经验为基础进行编写，使读者对疑难问题的理解更加透彻。本书回应了一线办案人员的常见问题，结合相关规定和案例进行分析论述，能够提升办案人员的法律适用与释法说理能力。 本书一是注重刑法学知识的引介，打破理论研究与司法实践的壁垒，构建规范化侦查方略。二是将解决实践问题作为最终目的，本书收录的疑难问题全数来源于一线工作，从实务向理论求索，最终结合案例回归实践。三是始终坚持正确的价值导向。四是充分运用体系思维，本书在研究具体罪名时，将具体问题及处理结果放置于犯罪体系中，实现刑罚整体的融贯合理。
43	证券犯罪辩护逻辑	谢杰、叶立明著	法律出版社	2023年7月	本书以法律与金融的跨专业视角，依托于长期证券犯罪辩护实践经验积累，通过作者办理的经典案例及其辩护实战分析，全方位、多层次、纵深性地从证据分析中发现证券犯罪案件中的法律事实，从法律解释中阐释证券犯罪案件有效辩护的逻辑。
44	犯罪参与论	刘明祥著	中国人民大学出版社	2023年6月	本书是对犯罪参与这一刑法学中复杂的重要基础理论问题进行全面系统深入论述的学术专著。其在对我国刑法采取单一正犯体系及所具有的特色和优势作充分论证的基础上，运用单一正

续表

序号	书　名	作　者	出版社	出版年月	内容简介
44	犯罪参与论	刘明祥著	中国人民大学出版社	2023年6月	犯理论,结合我国的立法和司法实际,对我国刑法中的共同犯罪及共同犯罪人,作了颇有新意的阐述;同时对为何不能用区分制体系下流行的犯罪共同说或行为共同说、共犯从属性论、间接正犯论、共同正犯论等理论学说,来解释我国刑法规定的共同犯罪及其所涉相关问题,作了令人信服的说明;对我国刑法学界在共犯解释论上存在的将主犯正犯化、从犯帮助犯化的倾向,从其产生的根源、存在的隐患以及为何应予扭转,作了发人深省的提醒;还对如何正确处理身份犯的共同犯罪、承继的共同犯罪、退出参与的犯罪等问题,作了深入的探究,得出了让人耳目一新的结论。
45	网络犯罪学	王志刚、程乐主编	中国政法大学出版社	2023年6月	考虑到网络犯罪防范和治理体系的综合性以及通识性教育的需求,本教材进行了一次体例上的突破,采用刑事一体化的思路,既模糊犯罪学和刑罚学的分界,又在讨论实体问题的同时纳入程序问题,希望能够尽可能系统全面地对这一领域中有代表性的知识点进行介绍。总论部分对网络犯罪中的基础性、宏观性问题进行解析,由三章组成。第一章为网络犯罪概述;第二章为网络犯罪类型;第三章为网络犯罪治理。需要说明的是,对于网络诈骗、网络盗窃、网络色情等利用信息网络实施的高发犯罪,由于其行为性质上属于传统犯罪手段的“升级”,并没有独立适用罪名,实质上是一种犯罪形态的变化,仍适用于传统罪名,因此经过讨论后我们将其作为一种“非纯正型网络犯罪”在本部分进行介绍,而未纳入“各论”部分。

续表

序号	书名	作者	出版社	出版年月	内容简介
45	网络犯罪学	王志刚、程乐主编	中国政法大学出版社	2023 年 6 月	各论部分对于针对信息网络系统的犯罪以及与信息网络技术密切相关且具有独立适用罪名的"纯正型网络犯罪"进行了系统介绍,由八章组成。第四章为非法侵入计算机系统罪;第五章为非法获取计算机信息系统数据罪;第六章为非法控制计算机信息系统罪;第七章为提供侵入、非法控制计算机信息系统的程序、工具罪;第八章为破坏计算机信息系统罪;第九章为拒不履行信息网络安全管理义务罪;第十章为非法利用信息网络罪;第十一章为帮助信息网络犯罪活动罪。
46	共同犯罪论(第四版)(上下册)	陈兴良著	中国人民大学出版社	2023 年 6 月	本书初版于 1992 年,系作者在博士学位论文的基础上修订而成。此后,随着我国关于共同犯罪的立法演变和司法发展,作者对本书初版的内容进行了修订与补充,先后出版了第二、三版。本书第四版对全书的体系和内容进行了大规模的改写和重写,进一步完善了共同犯罪论的框架结构,将近年来我国在共同犯罪领域的前沿性研究成果予以吸收,并及时反映我国共同犯罪的司法实践发展状况,对共同犯罪的司法解释和指导案例进行深入研究,以充实本书的内容。
47	环境资源类犯罪法律实务与国际视野	盈科律师事务所编	法律出版社	2023 年 6 月	本书以中国环境资源类犯罪的理论研究和司法实务为背景,系统地探讨了环境资源类犯罪的法律适用问题,全书共分"林木篇""农用地篇""环境污染篇""动物篇""矿产篇""国际视野"等多个部分,重点讨论了盗伐、滥伐林木,非法占用农用地,污染环境,非法采矿,非法收购珍贵、濒危野生动物等罪名的法律适用问题。本书通过研究环境资源领域多个罪名的认定和适用问题,结合理论与司法实务,详尽地总结了各类环境资源类犯罪案件的实践经验,阐述了相关法律规定和案例中所存在的疑难问题,

续表

序号	书　名	作　者	出版社	出版年月	内容简介
47	环境资源类犯罪法律实务与国际视野	盈科律师事务所编	法律出版社	2023年6月	厘清了环境资源类犯罪案件认定中的争议问题。本书不仅可以帮助读者更为深入地理解环境资源类犯罪的性质、构成要件、适用标准和防控机制,还可以为法官、检察官、侦查人员、律师等司法实务工作者提供实践方面的参考。本书还从国际视野上探讨了其他国家控制环境资源类犯罪的经验,提炼出了相关国家司法裁判的经验和理论进展。
48	老年人犯罪防治研究:以大样本数据视角	李卫红著	社会科学文献出版社	2023年6月	本书选择以大样本数据为视角,以2018年至2020年已公开的老年人犯罪刑事裁判书数据为基础,利用大数据研究方法呈现和研析全国和典型地区的老年人犯罪相关数据和裁判案例;同时运用刑事一体化研究方法即刑事政策学、犯罪学、刑法学、刑事诉讼法学、社会学等学科的相关知识,以数据为基础,描摹出我国老年人犯罪的现状、预测其发展趋势、探讨老年人基于生理因素、心理因素及社会因素的犯罪原因;提出对老年人犯罪应当宽宥化处理及相关制度的改革建议,以完善老年人犯罪的刑法、刑事诉讼法的相关法条规定,在刑事领域内,保障老年犯罪人的合法权益。最后从社会学角度,指明预防老年人犯罪的原则性方向,提出强化社会、家庭、个人层面对老年人犯罪的预防方法。
49	网络犯罪国际法治理研究	焦园博著	法律出版社	2023年6月	对于国际社会而言,目前网络犯罪问题在全球范围内的严重程度令人无法忽视,就网络犯罪治理问题达成更深入的合作已经是不可回避的国际议题,国际法作为国际社会中打击犯罪行为的关键体系,其治理体系的完善进程理应得到世界各国的更多关注。 本书正是基于以上诉求分析所作出的努力,以国际法为主视角,以刑法为辅助视角,探析国际社会在网络犯罪治理议题中的合作前途。

续表

序号	书　名	作　者	出版社	出版年月	内容简介
50	“一带一路”背景下跨国犯罪刑事证据问题研究	孙彩虹著	中国政法大学出版社	2023 年 5 月	本书从三个层面、五个纬度展开研究。三个层面分别是国际立法层面、国外立法层面和我国立法层面，五个纬度分别是国际司法纬度、立法比较纬度、实践分析纬度、经验借鉴纬度和制度建构纬度。概括分析各国关于证据制度与规则的法律规定、理论依据及其与国内相关法律的协调，选择“一带一路”沿线一些典型国家作为分析样本，介绍其证据规则的演变与改革，从尊重国家主权、履行条约义务、保障公民权利等方面提炼出域外所获证据的合法性审查规则，积极回应“以审判为中心”的司法改革背景下，对证据制度的要求，旨在完善中国特色证据法制度。在此之后，针对“2G”证据的特点，引入人工智能协助法官评估专家证言；分析云数据搜查所获取证据的合法性，依据“特别需要学说”破除诉讼障碍，借鉴域外电子证据立法经验，提出完善我国“2G”证据可采性规则的立法设想。
51	贪污渎职犯罪司法认定——以农村常发案例为例	魏红主编	知识产权出版社	2023 年 5 月	本书以新农村建设中发生的贪污渎职犯罪案件为研究对象，旨在通过案例分析，探讨农村贪污渎职犯罪司法认定中存在的疑难问题，结合刑法理论与最新司法解释进行分析，提出认定意见，为预防与抑制发生在此领域的贪污渎职犯罪提出积极性建议，为深入推进新农村建设保驾护航。本书不仅能够为公、检、法、司等实务部门从业人员提供参考借鉴，同时也是法学专业在校本科学生与研究生的学习参考书籍。
52	黑恶犯罪治理研究	石经海著	人民出版社	2023 年 5 月	本书从“黑社会”“黑社会性质组织”“黑恶势力”“有组织犯罪”“黑恶犯罪治理”等基本范畴入手，在系统梳理我国黑恶犯罪的发展状况、突出特点及其成因等基础上，分别对黑恶犯罪治理的现代化理论、系统论理论、合法性理论、禁止重复评价原理等理论根基，以及“打早打小”“宽严相济”“从严”等黑恶犯罪治理刑事政策，对黑社会性质组织

续表

序号	书　名	作　者	出版社	出版年月	内容简介
52	黑恶犯罪治理研究	石经海著	人民出版社	2023年5月	的本质特征、具体特征进行厘清，对黑社会性质组织的成立时间、人数和数额要素要求，对涉黑组织成员身份的鉴别与认定，对“软暴力”“保护伞”、涉黑涉恶财产、“套路贷”的理解与认定等难点问题，进行了系统阐释与深入论证，为涉黑恶犯罪的现代化治理、正确理解和合理认定涉黑恶犯罪、科学制定和有效实施反有组织犯罪法律，提供了重要的理论支撑。
53	社会转型背景下的犯罪行为影响因素研究	屈佳著	中国社会科学出版社	2023年5月	对社会转型背景下的犯罪问题进行深入的研究，对于预防和减少犯罪的发生，遏制犯罪的高发态势，具有非常重要的现实意义。本书采取定量研究与定性研究相结合的方法，对西南地区G市三所监狱的1518名服刑人员进行问卷调查，并从中选取了62名服刑人员进行一对一的半结构式访谈，考察服刑人员被捕前一年里财产犯罪行为、暴力犯罪行为、毒品犯罪行为的发生率及影响因素，并提出相应的犯罪预防对策。
54	走私犯罪司法认定	陈鹿林著	法律出版社	2023年5月	本书立足于司法实务，综合法律适用、事实认定和证据审查三个维度，分章阐述走私犯罪客观方面和主观方面。
55	网络犯罪的司法认定	王华伟著	中国人民大学出版社	2023年4月	本书立足于网络刑法罪名体系概述，网络时代的刑法管辖原则，网络时代共犯理论的挑战与应对，网络服务提供者的刑法责任，信息权的刑法保护，网络虚拟财产犯罪的刑法评价，刷单炒信的刑法评价，替换二维码取财行为的刑法评价，黄牛抢票和抢购软件的刑法评价，设置“一元木马”链接取财的刑法评价这十个专题，全面而深入探讨了网络犯罪中的总论核心问题和分论实践难题。本书的研究，体现了网络犯罪与信息刑法的前沿发展动态，其侧重从法教义学的角度分析网络犯罪与互联网刑法，不仅对基础刑法理论有所反思与发展，而且也能为司法实务提供理论指导。

续表

序号	书 名	作 者	出版社	出版年月	内容简介
56	职务犯罪办案指引	孙强主编	中国方正出版社	2023年4月	本书紧贴纪检监察工作实务，梳理了监察机关有权管辖的101个职务犯罪罪名相关的刑法条文、法律法规、司法解释300余个，有针对性地对与职务犯罪相关的疑难问题进行阐释，涵盖立案、追诉、定罪、量刑等各环节，对涉及特定罪名的司法解释等进行横向拆分、模块化处理，力求使原本庞杂的司法解释和法律规范主题突出、体例清晰，方便读者查阅和使用。
57	网络犯罪基本原理	刘耀彬著	中国政法大学出版社	2023年4月	网络犯罪是目前犯罪的新形态，本书是对网络犯罪基本原理的研究。具体内容如下：第一章网络犯罪概述，包括网络犯罪的概念、代际特征；第二章网络犯罪的刑事立法，包括网络犯罪的立法沿革、立法特征、刑法解释；第三章网络犯罪中常见罪名的教义学分析，包括三个纯正网络犯罪的教义学分析，其他网络犯罪中常见罪名的教义学分析；第四章网络服务提供者的刑事责任，包括网络服务提供者的界定，网络服务提供者的刑事责任，网络中立帮助行为的刑事责任；第五章新型疑难网络犯罪分析，包括刷单、反向刷单犯罪典型案例分析，贩卖VPN翻墙软件犯罪典型案例分析，网络爬虫犯罪典型案例分析，深度链接犯罪典型案例分析，偷换二维码犯罪典型案例分析，网络谣言犯罪典型案例分析，网络不正当竞争和垄断犯罪典型案例分析，窃取虚拟财产犯罪典型案例分析。
58	经济犯罪200案类案裁判规则参考	刘晓虎著	法律出版社	2023年4月	本书所称的“经济犯罪”是指《刑法》第三章规定的“破坏社会主义经济秩序罪”。具体案例序号，基本按照该章八节罪名的排序编排，并据此撰写类案裁判参考规则。本书力求体现实用性、创新性、参考性、开放性、综合性。

续表

序号	书　名	作　者	出版社	出版年月	内容简介
59	预见可能性的犯罪论体系定位研究	袁汉兴著	法律出版社	2023年4月	从法规范的角度看,"应当预见""没有预见"以及"已经预见"是判断过失犯罪的关键要素,在上述三个关键词的背后是预见可能性的判断问题。其中,预见可能性的犯罪论体系定位问题最为重要,只有厘清预见可能性的犯罪论体系,才能真正揭示"应当预见""没有预见"以及"已经预见"的规范内涵。因此,有必要对过失犯罪中预见可能性的犯罪论体系定位展开刑法教义学探讨,为我国《刑法》第15条的司法适用提供科学合理的解释方案。本书将预见可能性定位于责任阻却事由不但契合"没有责任就没有刑罚"的责任主义原则,而且符合"人为自己意志的创作负责"的自我答责原理,更是体现了"逾越能力无义务"的基本法理。将预见可能性定位于责任阻却事由还具有重要的理论价值和实践意义。首先,能够重构过失犯的认定模式;其次,有利于矫正过失犯司法认定的结果责任倾向;最后,可以此为契机构建过失犯认定的出罪机制。
60	犯罪总论的新展开	马荣春著	中国政法大学出版社	2023年3月	本著由"上篇:犯罪绪论""中篇:犯罪构成""下篇:犯罪形态"所构成。其中,"上篇:犯罪绪论"部分包括第一章"犯罪概念与特征"和第二章"罪名与罪状"。本部分先对犯罪概念、犯罪特征及其延伸性问题作了论证和解答,接着对罪状的定义、罪状的分类、罪状的明确性、罪名的分类与作用以及罪名的确定原则、确定方法与认定思维作了论证与解答。"中篇:犯罪构成"包括第三章"犯罪构成外在关系与四要件犯罪构成再肯定"、第四章"犯罪主体与犯罪客体"、第五章"犯罪主客观要件之一:犯罪主观要件"、第六章"犯罪主客观要件之二:犯罪客观要件"。本篇对犯罪构成所分解出来的诸多具体问题作了论述与解答。"下篇:犯罪形态"包括第七

续表

序号	书　名	作　者	出版社	出版年月	内容简介
60	犯罪总论的新展开	马荣春著	中国政法大学出版社	2023年3月	章“犯罪形态之一:共犯形态”和第八章“犯罪形态之二:犯罪阶段形态与罪数形态”。本篇对共犯形态问题先后展开了共犯本质、共犯形态的追认、承继共犯、共犯脱离、共犯的共犯论述,并对共同犯罪的有关概念予以辨正或重新表述。接着,本篇又先后对犯罪阶段形态与罪数形态展开论述,且对犯罪着手、“意志以外的原因”、犯罪中止、犯罪未遂、犯罪既遂、数罪标准、一罪分类等具体问题作出论证与解答,且提出了犯罪阶段形态认定与罪数认定的整体性思维。
61	持有型犯罪刑法规制体系研究	周光营著	上海人民出版社	2023年3月	持有型犯罪历史久远。随着风险社会时代的到来,刑事司法实践中层出不穷的新情况与新问题,使得从理论上加强对持有型犯罪的研究十分必要且颇为紧迫。本书在全面整理归纳已有研究成果的基础上,结合当前刑事立法与刑事司法实践,对持有型犯罪刑法规制体系进行系统深入研究。在考察持有型犯罪的历史发展与域外现状的同时,紧扣持有行为所具有的行为性与状态性交织的独特特征来论述持有行为犯罪化的正当性,并重点从持有型犯罪的犯罪构成、持有型犯罪的犯罪形态,以及持有型犯罪的立法检讨与立法动向等方面作了精彩论述。
62	抗逆力视野中个人极端暴力犯罪研究——基于232个案例的分析	王飞著	中国政法大学出版社	2023年3月	本书对2000年以来发生的232例个人暴力犯罪,进行系统剖析的基础上,构建解析个人暴力犯罪的抗逆力模型,以“过程—事件”分析法为主,辅之以“结构—功能”分析法,验证与修正抗逆力模型,据此解析个人暴力犯罪的发生机理。

续表

序号	书　名	作　者	出版社	出版年月	内容简介
63	中国反电信网络诈骗犯罪刑事政策与法律法规适用指南	靳高风、秦帅、张雍锭主编	法律出版社	2023年3月	法律的生命力在于实施。《中华人民共和国反电信网络诈骗法》的实施需要相关配套制度和法律法规为支撑,为促进反电信网络诈骗法律规范的系统化和中国特色反电信网络诈骗法律体系的完善,推动与反电信网络诈骗工作相关的宣传普及、学习培训治理、刑事执法司法、涉诈行政处罚与刑事司法衔接等工作,作者团队组织编写《中国反电信网络诈骗犯罪刑事政策与法律法规适用指南》,以回应该法在适用和实施过程中可能面临的问题,为执法司法者、行业领域、平台企业准确贯彻实施反诈法提供参考。
64	体育犯罪及其分层治理研究	张训著	上海三联书店	2023年3月	本书结合个案对体育犯罪现象、成因、特征进行实证分析。通过对政府和社会组织关于体育犯罪的实际防控策略进行分析,并结合国内外体育赛事治安防范的经验,建立体育犯罪的风险管理机制。通过对收集到的体育犯罪案例和现实中的体育犯罪典型样态进行实证分析,概括体育犯罪的普遍性和特殊性,并借助概念化和类型化等手段提炼体育犯罪的理论内核和价值根基,以便构建其具有更大普适性的理论体系。研究针对体育犯罪的体育处罚和救济,注意不同体育处罚之间的衔接,需要构建针对体育犯罪的刑事司法介入机制,甚至针对特别的体育场域和体育犯罪类型需要司法提前介入。论证我国对体育犯罪行为进行刑法应对的必要性和对策选择。提示人们注意体育犯罪的层次性,并且针对这种层次性,合理规划当代体育犯罪分层治理的理论路径,构建当代体育犯罪分层治理机制的基本框架,搭建体育纪律规范、行政规范和刑法规范的法律体系。

续表

序号	书名	作者	出版社	出版年月	内容简介
65	刑法揭示的数学命题与真相——常见多发型犯罪集合研究	李永升著	知识产权出版社	2023年2月	本书除绪论是对犯罪构成集合论一般原理与应用模式(包括犯罪构成的子集应用模式、交集应用模式、并集应用模式、补集应用模式)的研究外,主要内容是针对我国刑法分则中所规定的九章类罪所包含的100余种具体罪名进行的具体应用研究。其主要内容涉及危害国家安全罪,危害公共安全罪,破坏社会主义市场经济秩序罪,侵犯公民人身权利、民主权利罪,侵犯财产罪,妨害社会管理秩序罪,危害国防利益罪,贪污贿赂罪,渎职罪等九章规定的各种常见多发型犯罪的概念、构成特征、罪与非罪的界限、此罪与彼罪的界限、犯罪的停止形态以及共犯形态等方面的内容,是运用数学领域中的集合方法对各种常见多发型犯罪的司法适用进行系统研究的重要成果。
66	环境污染犯罪疑难问题研究	韦春发著	华中科技大学出版社	2023年2月	本书以“环境污染犯罪的刑事法治理”为主线,重点研讨了环境犯罪的保护法益、污染环境罪的构成要件解释、环境行政违法与刑事犯罪治理中的行刑衔接以及环境监管失职等在理论与实践中颇具争议的若干疑难问题。在环境哲学中倡导去中心化,以实现对人与环境共同体利益的保护;对污染环境罪的主客观方面要件以本罪的保护客体为指引进行了深入诠释;就环境污染治理中的行刑衔接问题分别从行为裁量、事实审查与机制构建等层面加以探讨;以监督过失的基础理论为依归对环境监管失职罪的规范构造与适用逻辑作了相应解读。
67	毒品犯罪案件侦查方法研究	岳佳著	知识产权出版社	2023年2月	本书在充分掌握我国毒情形势和毒品犯罪案件侦查方法发展趋势、运行现状、运行模式、运行环境、运行策略手段以及运行困境的基础上,通过考察域外毒品犯罪形势、毒品犯罪相关立法以及毒品犯罪案件侦查方法的相关经验,并

续表

序号	书　名	作　者	出版社	出版年月	内容简介
67	毒品犯罪案件侦查方法研究	岳佳著	知识产权出版社	2023年2月	结合毒品犯罪案件侦查方法运行的理论基础，在既有禁毒法律政策框架下有针对性地提出相应的解决之道，试图为我国毒品犯罪案件侦查方法运行体系的进一步完善与优化作出有益尝试。
68	金融犯罪司法精要与合规指引	刘静坤、郝方昉、徐继华等著	法律出版社	2023年2月	为准确理解金融法律政策，统合金融监管和刑事规制，提高金融司法和合规质量，故编写本书。本书以问题为导向，力图兼顾法理与学理，整合理论与实践。
69	反电信网络诈骗实务指引与关联犯罪追诉、量刑标准	郭旨龙编著	中国法制出版社	2023年2月	随着科技的发展，电信网络诈骗犯罪已成为发案率高、造成损失大的犯罪类型。《中华人民共和国反电信网络诈骗法》正是为满足打击治理电信网络诈骗犯罪的实践需要而制定的专门性法律，该法律对电信治理、金融治理、互联网治理、综合措施、法律责任等进行了规定。该法律的出台也为电信网络诈骗犯罪的刑事司法提出了新的指引和要求。为此本书从“电信网络诈骗相关问题解读”“电信网络诈骗证据的收集与审查判断”“电信网络诈骗关联犯罪追诉、量刑标准”“电信网络诈骗典型案例评析”“相关法律规范”等方面进行系统梳理，为接下来的电信网络诈骗犯罪的综合治理提供参考。
70	网络食品药品与知识产权犯罪治理	李春雷等著	研究出版社	2023年1月	本书在对我国2019年以来已决案件统计分析的基础上，回顾总结了我国涉网食品药品与知识产权犯罪现状、特点、模式、规律及打击治理的政策法律和体制机制的演变，着重从行政监管、刑事治理、社会共治等维度，阐释我国近年来对网络食品药品与知识产权犯罪治理中的工作重点及理念的更新和路径调整。同时，对网络时代食品药品安全与知识产权保护的发展态势进行了初步探析与展望。

续表

序号	书　名	作　者	出版社	出版年月	内容简介
71	证券市场常见十三种犯罪案例通解	宋有国编	上海人民出版社	2023年1月	本书重点围绕证券市场中常见的违法犯罪行为展开，分为十三个章节，涵盖欺诈发行证券罪，违规披露、不披露重要信息罪，内幕交易、泄露内幕信息罪，利用未公开信息交易罪，背信损害上市公司利益罪，操纵证券、期货市场罪，擅自发行股票、公司、企业债券罪等十三个罪名。本书对每个罪名的有关常见问题、罪名解释、立案标准、量刑幅度和经典案例进行了汇编，并以“编者有话”的方式进行题外解说，帮助读者学习与理解。
72	犯罪心理学（第四版）	梅传强主编	中国法制出版社	2023年1月	本书在注重犯罪心理学教学体系化的同时，结合近年来国内外犯罪学、犯罪心理学、刑法学理论发展的全新动态，将一些相关的理论成果予以吸收并于每章结尾新增了“思考与训练”部分，通过思考问题、阅读文献、分析案例等形式，让学生加深对犯罪心理学知识的理解。本版顺应犯罪心理学的全新发展势态，更新了前三版的相关数据和资料，便于教师和学生参阅学习。本书适用于普通教育高等院校法学等相关专业作为教材选用。
73	走私犯罪判例释解与辩点分析（第二版）	晏山嵘著	中国法制出版社	2023年1月	走私罪作为一种比较常见的破坏社会主义市场经济秩序罪，主要包括走私武器、弹药罪，走私贵重金属罪，走私普通货物、物品罪，走私国家禁止进出口的货物、物品罪，走私珍贵动物、珍贵动物制品罪，走私废物罪，走私文物罪，走私假币罪，走私淫秽物品罪等。本书从一万余个判例中遴选出109个典型判例。首先是对这109个判例进行分类整理，其次是通过“评析与辩点”部分，对每个判例中涉及的走私专业理论如自首、单位犯罪、犯罪形态、证据等及可能的辩点进行详细分析。

第四节 代表性论文

一、代表性论文概述

2023年,我国犯罪学期刊论文研究成果数量较2022年有明显提高。通过在中国知网上以“犯罪”为主题,勾选北大核心、CSSCI等核心期刊来源选项,从1381篇期刊论文中人工筛选出567篇犯罪学方面论文。总数较2022年304篇增幅较大。增幅较大的原因在于本年度对刑法学与犯罪学交叉的论文归入犯罪学的标准宽松,例如一些类罪的刑法治理方面的论文也纳入统计。标准放宽的原因在于近年来刑事一体化的背景下刑法学结合犯罪学进行类罪治理研究的论文越来越多。单纯以传统犯罪学视角研究类罪的论文较少。核心期刊论文包括来自北大中文核心期刊和南大CSSCI期刊的论文,分别以“犯罪”“暴力”“强奸”“杀人”“性侵”“伤害”“诈骗”“盗窃”“抢劫”为篇名进行高级检索,并逐一筛选,共85篇。①刑法学与犯罪学结合的论文数量本身增幅也较大,也反映出近年来我国在犯罪治理领域里,更加重视运用犯罪学的思维范式。

2023年的期刊论文中网络犯罪和环境犯罪治理是研究的热点,在567篇犯罪学核心期刊论文研究中有123篇论文与网络犯罪治理有关,研究的视角包括网络暴力、网络诈骗、网络版权、帮助信息网络犯罪等。关于环境犯罪治理和轻罪犯罪治理的研究也较受重视,论文数量分别为26篇和17篇。有3篇论文是犯罪学本体研究,他们分别从传统犯罪学向数字犯罪学代际更新、生命历程犯罪学、犯罪生物学等角度开展研究。表4-4包含从567篇犯罪学核心期刊论文中选取的代表性犯罪学论文,及犯罪学者在非核心期刊上发表的论文。

---

① 王瑞山:《2023年我国犯罪学研究综述》,载《犯罪研究》2023年第2期。

二、代表性论文列表

表 4-4　2023 年国内犯罪学代表性学术论文列表

序号	篇　名	作　者	期　刊	发表时间	内容简介
1	《如何走出贝卡利亚？——解析刑罚的严厉性、确定性和及时性》	谷　桢	《东岳论丛》	2023 年 12 月 27 日	决定刑罚威慑力的两个关键变量是刑罚的严厉性和确定性，前者相当于后两者的乘积。当刑罚为监禁而非罚金时，罪犯对刑罚的确定性比对其严厉性的变化更加敏感。刑罚的及时性也会影响刑罚的威慑力，但在演化的意义上，它是刑罚确定性的另一种感知形式。随着刑罚的加重，刑罚威慑力的边际变化非常复杂，但罪刑相适应的原则主要是为了保持刑罚的边际威慑力，它可以激励潜在罪犯以轻罪取代重罪。描述犯罪和惩罚的函数图像应该是一条上升的曲线，尽管我们不能确定曲线斜率的复杂变化。
2	《从社会治理的参与者到社会治理的推动者——基于“寻乌经验”司法治理模式的思考》	虞　浔	《法学》	2023 年 12 月 20 日	“寻乌经验”是以赣州法院系统为代表的基层法院参与社会治理的生动实践，是导源于“寻乌调查”唯实求真精神的新时代司法治理模式。鉴于当前基层法院在有效参与社会治理上面临着诸多困境，司法改革深化和社会转型升级的大背景下，传统的司法治理模式需要进行相应变革。借鉴“寻乌经验”治理的模式和做法，可以在创新发展中深化司法治理的角色定位，在内涵式发展中发挥司法治理的功能价值，在时代性发展中整合司法治理的社会资源，从而为基层法院深度参与基层社会治理贡献中国智慧。
3	《从存在论到规范论：涉虚拟物犯罪治理模式的当代选择》	王志远、 陈　昊	《社会科学》	2023 年 12 月 10 日	涉虚拟物犯罪的治理模式主要有“技术治理模式”与“法律—技术二元保护模式”，后者作为当今普遍认可的一种模式，又可分为“秩序保护模式”与“财产保护模式”，二者各有利弊，难以形成统一共识。受存在论研

续表

序号	篇 名	作 者	期 刊	发表时间	内容简介
3	《从存在论到规范论:涉虚拟物犯罪治理模式的当代选择》	王志远、陈 昊	《社会科学》	2023年12月10日	究范式的影响,当前研究热衷于对虚拟物法律属性进行探讨,从而陷入了“物债二分”的两难境地。该范式实质上回答的是“虚拟物是什么”以及“以何种形态存在”等事实问题,而忽略了“虚拟物为什么存在”以及“纳入法律保护的目的”等价值问题。虚拟物是一种典型的社会存在,涉虚拟物犯罪治理模式的选择,应从规范论的思维方式展开,即何种保护模式能够满足主体对虚拟物的价值需要。作为财产保护的虚拟物,除了具有使用价值和交换价值外,还应具有社会价值。根据不同的规范目的,应正确选择适应不同种类虚拟物特征的犯罪治理模式。
4	《未成年人犯罪记录封存中被遗忘权的制度性嵌入》	苗梅华	《中外法学》	2023年12月7日	随着数字时代的到来,信息控制与遗忘日益成为一个重大社会难题,已有的犯罪记录封存制度面临前所未有的困境和挑战。公权与私权边界的逐步模糊,公域与私域界限的逐渐消解,未成年人刑事信息相对于传统的隐私信息呈现出新特征以及公众知情权和新闻自由权勃兴,进一步凸显现有未成年人犯罪记录封存制度的主体狭窄、封存定位有限等时代局限。因此,亟须对未成年人犯罪记录封存制度进行变革,适时将被遗忘权嵌入其中,以抑制数据挖掘、数据画像可能带来的信息失控和数字人格侵蚀问题,在更好地发挥未成年人犯罪记录封存制度立法预期作用的同时,有效回应数字革命对程序正义带来的冲击和影响。这就要求克服被遗忘权本身的理论支撑乏力、制度供给不足、技术内嵌风险等问题,在刑

续表

序号	篇　名	作　者	期　刊	发表时间	内容简介
4	《未成年人犯罪记录封存中被遗忘权的制度性嵌入》	苗梅华	《中外法学》	2023年12月7日	事司法制度上明确司法机关、新媒体和商业平台的保护义务和责任，并赋予罪错未成年人及监护人对在线信息内容一定范围的监督权和参与权，从而强化未成年人权益的法治化保障。
5	《低龄未成年人罪错行为的法律规制》	许身健	《法学杂志》	2023年11月15日	近年来，未成年人罪错行为低龄化呈明显上升趋势，对低龄未成年人罪错行为进行有效法律规制是应对这一问题的关键工程。我国当前的少年司法制度呈现行政干预体系与刑事司法体系的二元结构，未成年人司法附属于成人刑事司法体系。在缺失针对性的单一行政干预体制下，低于刑事责任年龄未成年人的罪错行为是需要各界密切关注的规制范畴。对此，单纯依靠个别降低刑事责任年龄是远远不够的，依据双轨制少年司法体系，除了在《刑法修正案（十一）》规定的范围内启动刑事追诉外，还应当进一步厘清低龄罪错未成年人处理的层次与标准；通过联动强制亲职教育提升家庭监管能力，并尽可能做到“一家庭一方案”；在实施专门矫治教育制度的过程中，对未成年人人身自由有限制的措施，应当由法院通过司法化程序来统一适用。在尊重低龄未成年人罪错行为“自愈”规律的前提下，确保公权力的有效介入，实现未成年人保护的真正价值。
6	《学习贯彻习近平法治思想推进中国式犯罪治理现代化》	万　春	《国家检察官学院学报》	2023年11月10日	犯罪治理现代化，是中国式现代化的应有之义。推进中国式犯罪治理现代化，要以习近平法治思想为根本遵循，坚持党对犯罪治理的全面领导、坚持人民在犯罪治理中的主体地位、

续表

序号	篇　名	作　者	期　刊	发表时间	内容简介
6	《学习贯彻习近平法治思想推进中国式犯罪治理现代化》	万　春	《国家检察官学院学报》	2023年11月10日	坚持守正创新,走中国特色社会主义犯罪治理道路。贯彻总体国家安全观,把切实维护国家安全和社会稳定作为犯罪治理的首要任务来抓。因应新时代犯罪产生的原因和变化规律,探索深化犯罪治理的对策措施。以习近平法治思想为引领,加强和深化中国特色犯罪治理的理论研究和学科建设。
7	《论广义犯罪预防视角下电信网络诈骗犯罪预防中的社会参与》	冯硕樑、朱志萍	《上海公安学院学报》	2023年10月20日	在广义犯罪预防视角下,电信网络诈骗犯罪预防涵盖事前、事中、事后三个阶段。依据着力点的不同,犯罪预防可分为社会预防与被害预防两方面,并表现出相应的社会参与形式。针对当前社会参与电信网络诈骗犯罪预防存在的主要问题,广义犯罪预防视角下社会参与电信网络诈骗犯罪预防的主要路径有三项:一是社会主体培养并强化参与电信网络诈骗犯罪治理的社会责任感和自觉性;二是公安机关巩固外部协同联动,夯实内部基础工作;三是公安局、检察院、法院等执法司法机关不断凝聚依法合力治理的实践智慧。
8	《论外围犯罪的穿透性治理》	夏　伟	《犯罪研究》	2023年10月15日	刑法设立外围犯罪的主要规范目的并非惩治外围犯罪本身,而是为了有效预防和治理核心犯罪。刑法对外围犯罪的大规模惩处,消耗了大量的司法资源,不仅容易对"脆弱群体"形成无差别打击,而且不利于犯罪的标本兼治。在犯罪社会学层面,外围犯罪与核心犯罪已经形成功能互补的犯罪有机体,核心犯罪人

续表

序号	篇名	作者	期刊	发表时间	内容简介
8	《论外围犯罪的穿透性治理》	夏伟	《犯罪研究》	2023 年 10 月 15 日	有意识地将风险较大的非核心功能交给外围犯罪人，从而降低自身暴露风险。基于犯罪有机体论，刑法应当确立以核心犯罪为中心的穿透性治理模式，通过汇聚司法力量瓦解核心犯罪，让有机体中的外围犯罪无所依附而自动“凋亡”，实现标本兼治。对于证明标准低、举证责任倒置的外围犯罪，刑事司法宜激活程序出罪机制，通过不起诉等制度的灵活运用避免大规模的刑事犯罪化，在确保法律效果的同时兼顾社会效果。
9	《激情犯罪他评检查表的编制与信效度》	王中瑞、黄鑫、周颖、钟杰	《北京大学学报(自然科学版)》	2023 年 10 月 13 日	梳理激情犯罪的操作性定义和评估要素，编制适用于服刑人员的《激情犯罪他评检查表》，并检验其信效度。样本 1 招募 40 名狱警，评定 15 份典型暴力卷宗，探索该检测表的评定准确率、因子结构以及内部一致性。样本 2 招募 14 名狱警，评定 275 份罪犯卷宗，将 UPPS 冲动性量表等作为校标，测量对应的服刑人员，检验该检测表的关联效度、评定阈值、重测和评定者信度。结果表明，激情犯罪组得分高于对照组；探索性因素分析结果支持单因素模型，该量表的内部一致性信度、评定者信度和重测信度均达到心理测量学要求，同时体现出较好的汇聚和区分效度；该检查表具有较强的检测效力，经过接收者操作特征(ROC)曲线分析，确定其阈值为 10.5，可作为筛查激情犯罪服刑人员的有效工具。

续表

序号	篇　名	作　者	期　刊	发表时间	内容简介
10	《数字平台犯罪治理责任的检视与完善》	洪　刚	《法律适用》	2023年10月12日	数字平台发挥着预防和打击信息网络犯罪的独特价值,其参与犯罪治理可以克服传统公权力主体一元治理机制的缺陷,形成“公私合作”治理模式和机制。但数字平台犯罪治理责任与业务经营者的角色之间存在矛盾,无法有效保障平台用户的权利,易产生平台权力泛化的风险。然而,数字平台犯罪治理应以用户权利保障作为核心要素,弥合“公私合作”不同的治理逻辑和利益纠葛。完善数字平台犯罪治理责任在于,明确治理主体的权责关系,建立平台规范和行业标准,优化平台的监管责任,健全平台信息层级保护的协助义务,确立平台的跟踪矫正义务。
11	《基于ChatGPT的电信诈骗案件类型影响力评估》	裴炳森、李　欣、吴　越	《计算机科学与探索》	2023年10月11日	当前电信诈骗犯罪呈高发态势,严重威胁人民群众财产安全,为了优化反诈策略、客观准确分析不同类型电信诈骗案件的发案趋势和发案特征,确定影响力较大的犯罪手段和方式,提出一种基于ChatGPT的电信诈骗案件类型影响力评估方法。借助知识图谱使案件文本内容结构化,并将案发时间、涉案金额、涉案事主人数作为评估案件影响力的因素,对电信诈骗方式进行量化。首先利用ChatGPT通过多轮问答的形式对电信诈骗案件文本语料进行数据预处理和知识抽取,低资源、快速及时地构建电信诈骗领域的案件知识图谱,并基于知识图谱统计分析案发时间、涉案金额、涉案事主人数等各类因素,把不同案件类型的影响抽象为影响因子,用影响因子刻画案发趋势与发案特征,以进行综合分析研判。通过对现有案例数

续表

序号	篇名	作者	期刊	发表时间	内容简介
11	《基于 ChatGPT 的电信诈骗案件类型影响力评估》	裴炳森、李欣、吴越	《计算机科学与探索》	2023 年 10 月 11 日	据进行分析,计算案件类型影响因子,得到了不同案件类型的影响因子变化,验证了影响因子计算方法的科学性与有效性,为电信诈骗类型的评估提供了一种新的方法和思路。结合 ChatGPT 与知识图谱的优势,有助于及时把握案件发展变化趋势,为打击电信诈骗提供有力的支持和指导,对于保护公众的财产安全和社会的稳定具有重要意义。
12	《基于情境预防理论的环境犯罪治理研究》	杨彩霞、詹书红	《山东警察学院学报》	2023 年 9 月 20 日	针对环境犯罪带来的系统性风险,传统的社会预防和司法预防无法达到理想的预防犯罪的效果。情境预防在预防环境犯罪上具有理论上的必要性和操作上的可行性。以犯罪是人与情境互动作用产生的行为这一理论为基础,通过对环境犯罪具体情境的设计和改造,构建增加困难、提升风险、降低收益、减少刺激以及排除借口等类别的环境犯罪情境预防体系,可以有效地减少环境犯罪的机会,降低环境犯罪的社会危害程度。
13	《我国轻罪治理背景下前科消灭制度的构建》	徐立、成功	《湖南科技大学学报(社会科学版)》	2023 年 9 月 20 日	随着刑法积极参与社会治理,轻罪犯罪圈的扩张、轻罪人数的持续增加已成现实。然而,因为我国的前科制度,大量轻罪案件存在"轻罪不轻"现象,这不仅违反了罪刑法定、罪责自负的基本要求,也有违刑罚的正当性,故有建立前科消灭的必要。前科消灭的立法模式,可以采取"两步走"的刑法典方案:先以轻罪主体为先导,再覆盖其他重罪主体。前科消灭的基本条件,可以罪质、悔改、时间、程序要件为重点设计。前科消灭后,对犯罪人的"规范性评价"不复存

续表

序号	篇　名	作　者	期　刊	发表时间	内容简介
13	《我国轻罪治理背景下前科消灭制度的构建》	徐　立、成　功	《湖南科技大学学报(社会科学版)》	2023年9月20日	在,并恢复刑事与非刑事领域受损的法定权利。为确保前科消灭的效力统一、有效运行,还需统筹刑法上的前科报告、累犯制度,并清理刑法外不合理的前科规定。
14	《青年女性犯罪的化学反应方程式》	徐　非	《当代青年研究》	2023年9月20日	青年女性犯罪是行动者主体因素与情境风险因素耦合交互的结果。以化学反应方程式理论剖析青年女性犯罪的生成机制,能更好地触及犯罪本质。文章综合运用SPSS和AMOS分析工具,通过结构方程模型,验证我国青年女性的低自我控制能力、性虐待被害经历、早期不端行为、不良同伴交往、越轨等因素与犯罪的关系,以及社会控制与法律犬儒主义的调节效应。结果表明:低自我控制能力、性虐待被害经历、早期不端、越轨均能预测犯罪行为;不良同伴交往在低自我控制与犯罪关系间起完全中介作用;社会控制在低自我控制对犯罪的影响中起调节作用;法律犬儒主义在不良同伴交往与犯罪间起调节作用。研究结论旨在厘清与揭示青年女性犯罪的影响因素及作用机理,其复杂度提示应从个体决策维度、互动关系维度以及社会支持维度抵消、缓冲、改善行为的风险性,以预防和阻止犯罪发生。
15	《不教而刑:下调刑事责任年龄的立法反思》	姚建龙	《中外法学》	2023年9月20日	法定最低刑事责任年龄历经近代以来的百年发展,整体呈现的是上升而非下降的趋势。某种意义上,这也是中国刑法现代化进程的缩影。《刑法修正案(十一)》将法定最低刑事责任年龄逆势下调,虽然迎合了极端个案所引发的舆论压力,但既未经过严谨论证也缺乏正当性根据。法定最低

续表

序号	篇名	作者	期刊	发表时间	内容简介
15	《不教而刑:下调刑事责任年龄的立法反思》	姚建龙	《中外法学》	2023年9月20日	刑事责任年龄应否下调,需要厘清的是其背后所涉及的童年观、罪错观、保护观的争议与分歧,由此才可作出理性评判。若要对刑事未成年人进行刑法上的例外非难与谴责,学理根据上多采折中说,但亦须在立法与司法中予以严格限制;而在具体实现路径上,须以优先启动少年司法后例外剥夺"未成年人"身份为前提。对于《刑法修正案(十一)》下调法定最低刑事责任年龄立法的反思,不应止步于司法限缩,其检讨意义在于警示我国应高度重视少年司法改革,尽快建立独立的少年司法制度,形成少年司法与刑事司法二元结构体系。
16	《涉黑涉恶腐败犯罪的"生命周期"式治理研究》	印波、刘畅	《重庆社会科学》	2023年9月16日	涉黑涉恶腐败犯罪一般以"保护伞"纵容、包庇黑社会性质组织和恶势力组织为并发犯罪现象,据其犯罪演进规律,可以将涉黑涉恶腐败犯罪的生命周期划分为围猎期、勾结期、遮蔽期、破网期四个阶段。当前,主要以刑法中的贪污贿赂罪,渎职罪,组织、领导、参加黑社会性质组织罪,包庇、纵容黑社会性质组织罪等,实现对该类犯罪的事后惩治。对于多因素引发的涉黑涉恶腐败犯罪,刑事处罚仅能发挥有限且滞后的作用。新出台的《反有组织犯罪法》具有社会综合治理的特征,诸多预防性、行政性、政策性条款的设置有利于实现涉黑涉恶腐败犯罪的多维度、全链条治理。以社会预防期、全面调查期、法律处罚期和危险屏蔽期为脉络,分析涉黑涉恶腐败犯罪的不同类型和司法处置方式,可以揭示涉黑涉恶腐败犯罪的"生命周期"式治理机制。

续表

序号	篇　名	作　者	期　刊	发表时间	内容简介
17	《论我国轻罪案件出罪机制的逻辑与路径》	杜文俊	《华东师范大学学报(哲学社会科学版)》	2023年9月15日	轻罪化立法从根本上推动了我国刑事犯罪结构的重大变化,结合轻罪特殊属性展开出罪机制建构是适应犯罪治理现代化的核心问题。以应然价值为导向寻求轻罪出罪的立法建构固然重要,但尊重现实从既有规范制度展开探索则更为关键。因此,必须正视当前轻罪化立法格局已然形成,司法重刑主义倾向并未得到有效转变的轻罪刑事治理客观现实,理性认识到推进轻罪出罪机制建构的政策逻辑、实践逻辑以及内在理论逻辑。基于此,在轻罪治理理念上需以消极主义司法消解积极主义立法的客观隐患,实现以出罪思维优位于入罪思维的现实转变;在实体规范上应激活既有规范出罪功能,以罪量要素的目的性解释为关键,强化"但书"及免予刑事处罚等规则在轻罪治理中出罪出刑作用的发挥;在程序规范上,应以既有制度改革为契机,深度挖掘酌定不起诉等制度内在独立的出罪价值。
18	《犯罪控制策略视野下犯罪附随后果制度的优化研究》	王志远	《清华法学》	2023年9月15日	我国犯罪附随后果制度先后经历了两个发展阶段,即作为隔离型保安处分措施的有限适用阶段,以及作为独立于刑罚、保安处分之外附加制裁措施的泛化适用阶段。功能异化后的犯罪附随后果在实践中引发了激烈争议。犯罪附随后果作为犯罪控制手段之一,其功能定位应与当代犯罪控制策略转变相适应。以惩罚为核心的传统犯罪控制策略与以矫治为重点的多元应对犯罪控制策略,本质上都是具有规训性质的强制性控制策略。轻罪时代的犯罪控制策略应当是规范性的,采取多元化且合比例的应对措施,以实现合理规范宣吁。

续表

序号	篇名	作者	期刊	发表时间	内容简介
18	《犯罪控制策略视野下犯罪附随后果制度的优化研究》	王志远	《清华法学》	2023年9月15日	犯罪附随后果的存在有客观现实需要,但应进一步将其限定在以特殊社会预防为目的的保安处分功能之下。据此,犯罪附随后果制度的优化,应着力于以法定原则为导向确定合理规范化路径,以社会危险性为核心构建适用标准,以关联性原则为指导构建相应司法裁量适用机制,并科层式地适用前科消灭制度和复权制度以契合比例原则要求。
19	《疫情背景下犯罪变化规律及其原因——新冠疫情期间国内外犯罪学研究述评》	应培礼、李明欣	《安徽警官职业学院学报》	2023年9月15日	新冠疫情期间,不同种类犯罪、同种犯罪在不同地区呈现出相异的变化趋势。交通封锁、居家倡议等防疫策略导致人们外出活动减少、居家增多,这一方面导致接触性犯罪目标减少、家庭保护增加,从而使扒窃、陌生人伤害、入室盗窃等犯罪减少;另一方面也导致家庭成员相处增加,使家庭暴力等犯罪增加。限于犯罪统计的滞后性,接下来应加强新冠疫情期间犯罪变化规律的实证研究,为重大公共卫生事件发生期间犯罪治理提供科学依据。
20	《法治现代化语境下的轻罪治理》	曾军翰	《人民论坛》	2023年9月15日	轻罪治理是法治现代化在刑法领域的具体体现,也是全面依法治国的重要一环。在法治现代化语境下,轻罪治理面临着概念界定不清晰、立法正当性不充分、配套措施不完善等质疑和困境。为此,应在区分纯正的轻罪与不纯正的轻罪的基础上澄清轻罪立法的正当性、探讨同一罪名内部轻重划分的标准,在刑事司法的不同阶段为轻罪提供配套措施。
21	《数据犯罪刑事治理逻辑的消极预防转向与实践展开》	刘双阳	《当代法学》	2023年9月10日	积极预防刑法观主导的数据犯罪刑事治理思路着眼于风险管控,以安全价值为优先考量、以维护社会管理秩序为首要任务,主要表现为数据法益抽象化、行为入罪早期化、平台责任加

续表

序号	篇名	作者	期刊	发表时间	内容简介
21	《数据犯罪刑事治理逻辑的消极预防转向与实践展开》	刘双阳	《当代法学》	2023年9月10日	重化。国家刑罚权的急剧扩张使得规制手段与所要达到的目的不成比例,数据治理在立法和司法上均陷入过度犯罪化的窠臼,不仅压缩了公民自由权利的行使空间,而且阻碍了数据要素的流动利用。贯彻数字经济“坚持促进发展和监管规范并重”的指导方针,刑法干预数据犯罪应恪守比例原则统辖下的刑法克制主义,从积极预防转向兼具预防性与有限性的消极预防,统筹兼顾数据要素开发利用与安全保障两大价值。数据犯罪刑事治理应以保障公民自由权利免于遭受不当干涉和限制国家刑罚权的范围及强度为目标,从法益论、不法论、刑罚论三个层面贯彻消极预防刑法观:在确定数据犯罪相关罪名的保护法益时,秉持以保障个人自由为本位的数据法益观;在判断数据犯罪行为的可罚性时,贯彻基于结果无价值论的实质危害原则。
22	《〈体育法〉修订背景下“使用兴奋剂”犯罪化之再思考》	袁佳音	《山东体育学院学报》	2023年8月22日	随着《刑法修正案(十一)》将“引诱、教唆、欺骗、组织、强迫运动员使用兴奋剂”的行为予以犯罪化,涉兴奋剂的规制似乎已经形成以反兴奋剂行政法律法规为基础,新增妨害兴奋剂管理罪为核心,司法解释对相关刑法规定加以明确为中轴的刑事法网。但是,“使用兴奋剂”这一行为类型在竞技体育中危害性极大且屡禁不止,现行刑法规范却未予置评。研究认为:《体育法》修订背景下,“使用兴奋剂”犯罪化具有合理根据。“使用兴奋剂”侵害了“体育竞争秩序与运动员健康”超个人复合法益,是其犯罪化的根源。现有法律法规无法对该行为形成有效约束,是“使用兴奋剂”犯罪化的必要前提。除此之外,

续表

序号	篇名	作者	期刊	发表时间	内容简介
22	《〈体育法〉修订背景下“使用兴奋剂”犯罪化之再思考》	袁佳音	《山东体育学院学报》	2023 年 8 月 22 日	“使用兴奋剂”还具有行为的明确性与入罪的合宪性,共同构成“使用兴奋剂”犯罪化的正当化依据。进而提出:在立法选择上,应将“使用兴奋剂”作为妨害兴奋剂管理罪的补充条款,而不是新增罪名;在法定刑构建上,运动员“使用兴奋剂”参加国内、国际重大体育竞赛,情节严重的,可以考虑处以资格刑或罚金刑,以实现刑罚配置的科学性。
23	《离婚率对刑事犯罪率的影响机制研究——基于我国 2000—2020 年省级面板数据的实证分析》	梅书琴、陈海鹏	《中国刑警学院学报》	2023 年 8 月 20 日	近年来我国离婚率呈上升趋势,离婚率升高将对社会控制功能、个人日常活动时间、家庭内部控制功能产生影响,从而可能导致刑事犯罪数量的增加。在阐释离婚对犯罪影响机制的基础上,基于搜集整理的 2000—2020 年我国省级面板数据,构建固定效应模型分析发现,离婚率对刑事犯罪率的上升具有显著的正向影响,离婚率升高在一定程度上加剧了我国刑事犯罪数量,但经济发展和政府财政支出的扩张降低了离婚对犯罪的正向影响。稳定的婚姻及家庭关系有利于降低犯罪率,具备良好的犯罪抑制功能,对维护社会稳定具有重要作用。
24	《虚拟货币洗钱犯罪分析及治理对策研究》	邓宁江	《北京警察学院学报》	2023 年 8 月 17 日	虚拟货币基于区块链底层技术去中心化的特性,呈现出去中心化、匿名性、可兑换性、跨境性等特点,使我国反洗钱工作面临严峻挑战。打击涉虚拟货币洗钱犯罪面临法律适用定罪难、交易身份识别难、电子数据取证难、资金追溯查控难等问题。对此,需要健全相关法律法规,强化虚拟货币洗钱风险监管;深化数据挖掘和关联分析,推动全链条打击洗钱犯罪;充分利用区块链技术特点,破解侦查取证困境;结合区块链和大数据技术,实现非法资金全链追踪;引入区块

续表

序号	篇　名	作　者	期　刊	发表时间	内容简介
24	《虚拟货币洗钱犯罪分析及治理对策研究》	邓宁江	《北京警察学院学报》	2023年8月17日	链技术，构建反洗钱体系；加强多方联动协作，凝聚反洗钱工作合力；充分开展宣传活动，发动群众防范风险。
25	《刑事一体化视野下网络暴力的规制模式》	喻海松	《法律科学(西北政法大学学报)》	2023年8月8日	面对网络暴力的滋生蔓延态势，有关治理对策接续推出，治理手段不断优化。刑法规制是网络暴力治理的重要手段之一。然而，侮辱罪、诽谤罪等相关罪名的适用在具体追诉程序之中陷入困境，使得权益保障的功能未能得以充分发挥。基于此，最高人民法院、最高人民检察院、公安部正在制定的惩治网络暴力专门规范性文件，坚持刑事一体化的理念，将畅通刑事追诉程序作为网络暴力刑事治理的破题之举。基于刑事一体化视角溯源观察可以发现，宜将网络暴力的治理重心由事后追责转向事前防范和事中救济，着力建构长效机制。对此，要通过推进《反网络暴力法》的制定和配套刑法规定的修改完善，实现对网络暴力的标本兼治。
26	《刑法和民法交汇处的财产犯罪》	周光权	《中国法律评论》	2023年8月3日	对财产犯罪的认定应当坚持法秩序统一性原理，不能将其他法域特别是民事上被允许的行为作为犯罪处理。刑法所使用许多概念如财产权、财物等从属于民法，对二重买卖的性质认定、不法原因给付与侵占罪的关系等，都需要顾及民法立场。实务中对一些犯罪的处理过于偏离民法的思考逻辑，因而存在可疑之处。当然，基于禁止私力救济的考虑，法秩序必须统一并不意味着不同部门法中的概念使用和违法性判断都必须绝对相同。对财产犯罪的认定不能无视刑法固有的违法性判断，在财产犯罪保护法益的确定、对占有概念的理解、对违禁品的处理以及财产损害的确定等方面，刑法对民法都进行了一

续表

序号	篇名	作者	期刊	发表时间	内容简介
26	《刑法和民法交汇处的财产犯罪》	周光权	《中国法律评论》	2023年8月3日	定程度的变通，绝对的民法从属性既不符合惩治财产犯罪的司法现状，也难以满足法益保护的需要。不过，在理论上必须考虑变通理解刑法的限度问题，基于法秩序统一性原理的制约，将存在“高度的民事权利根据”作为刑法保护的对象，避免与民法规范相冲突，财产犯罪的认定才具有正当性，据此可以承认刑法对民法的变通理解，但不宜认可脱离民法的“刑法独立性”主张。
27	《实务视角下轻罪治理体系的建设与完善》	周罡、冯君	《湖北警官学院学报》	2023年8月1日	我国社会主要矛盾的转化在刑事领域主要表现为轻罪成为主要犯罪形态，在犯罪结构、刑事立法、民意基础、刑事政策等方面，轻罪治理的特征尤为明显。但轻罪治理的法律体系尚待完善，致使我国轻罪治理的整体质效仍有较大提升空间。以比较法为视角，结合司法实务，有必要从确定轻罪标准、构建轻重罪区分的实体法规则、构建轻重罪区分的程序法架构、推进轻罪治理融入社会治理四个维度，完善新时期轻罪治理体系建设。
28	《虚开增值税专用发票罪的理论误区与治理重塑》	田宏杰	《中国法学》	2023年7月24日	立足于“前置法定性与刑事法定量相统一”的规范关系和体系教义，以“抵退计征机制”作为《刑法》第205条的保护法益，既能矫正“行为犯说”的刑法过度规制倾向，又能克服“目的犯说”和“抽象危险犯说”的国库主义教义误区。由于抵退计征机制以纳税人的抵退权为实体核心，以纳税人的凭证协力义务为程序限制，因而虚开增值税专用发票罪的成立，客观上不仅要求有抵退凭证的虚开，更必须以抵退权的虚构作为虚开行为认定的关键；主观上则要求行为人具有破坏抵退计征机制的虚开故意。其中前者是实质虚开增值税专用发

续表

序号	篇　名	作　者	期　刊	发表时间	内容简介
28	《虚开增值税专用发票罪的理论误区与治理重塑》	田宏杰	《中国法学》	2023年7月24日	票与形式虚开增值税专用发票等虚开普通发票的分水岭;而后者则是“被动受票”与虚开增值税专用发票行为的界分标准。至于虚开增值税专用发票所涉及的共犯适用、罪数判断和数额计算,同样应基于虚开增值税专用发票罪的法益侵害本质进行体系化的实质认定。
29	《低龄未成年人刑事责任条款的司法适用》	刘仁文	《法学》	2023年7月20日	《刑法修正案(十一)》有条件地将刑事责任年龄起点降低到十二周岁,如何妥当适用这一规定是当前司法实务中亟须解决的问题。为了平衡双向保护原则中社会保护和未成年人保护的关系,同时也为了使立法、司法保持逻辑自洽,采取“罪行+两个特定罪名说”解释“犯故意杀人、故意伤害罪”这一范围具有合理性。从当然解释的立场出发,采用“择一对应论”对“致人死亡或者以特别残忍手段致人重伤造成严重残疾”这一结果要件与前述的罪名范围排列组合成四种情形较为可取。通过重点考察低龄未成年人的犯罪动机、犯罪前科及悔罪表现、被害人的特殊性与人数、行为次数、犯罪地点以及在共同犯罪中的地位与作用等积极性因素,同时重视对其身心发育是否迟滞、其成长环境是否存在严重缺失并由此导致人格缺陷,被害人是否存在明显过错等消极性因素的考察,从而综合判断涉案低龄未成年人犯罪是否达到“情节恶劣”的要求。在向最高人民检察院报请核准追诉的程序上,应将与侦查机关同级的人民检察院作为启动报请机关;采用逐级上报、层层审核并最终由最高人民检察院来决定是否核准的方式;在报请核准期间,可以考虑将涉案低龄未成年人临时安置在看守所设立的专门区域;同时,应当允许涉案低龄未成年人在报请核准期间获得律师的有效帮助。

续表

序号	篇名	作者	期刊	发表时间	内容简介
30	《政策情境下的犯罪行动:中国网络借贷犯罪研究》	邱格屏、李伟明	《青少年犯罪问题》	2023 年 7 月 20 日	犯罪学情境行动理论认为犯罪的原因是情境性的,行动者与情境的交互作用引发了犯罪行动。网络借贷犯罪人在政策情境中开展行动,政策模糊性使情境中正式规范与非正式规范并存,而政策冲突性则使不同参与者具有相互矛盾的目标。当情境中行动者目标与外部规范之间发生不匹配,政策情境失范就此形成。失范的政策情境塑造了行动者错误的认知,不仅使行动者产生了错误的动机,也使其选择了违反规范的行动方案。
31	《从传统犯罪学到数字犯罪学的代际更新》	单 勇	《上海大学学报(社会科学版)》	2023 年 7 月 15 日	在数字化时代,犯罪学的研讨主题从“城市吸引犯罪”演变为“网络吸引犯罪”,数字技术和数字平台成为全新理论要素,犯罪的平台治理模式崛起,看门人规则为之提供了体系化的制度依据。在域外,理论界明确提出数字犯罪学的学术标签,以犯罪学智识助力数字社会的秩序重建成为时代主题;在国内,数字犯罪学依循着基于平台生态系统的系统论路径,通过在线控制的信息论路径以及基于看门人规制的控制论路径风靡云涌。数字犯罪学研究有力回应了传统理论对新型犯罪解释乏力的失语困境,一跃成为当下最有活力的研究方向。今后,数字犯罪学应进一步重视对新型犯罪及网络黑灰产业的现象洞察、对传统犯罪学的传承与发展、看门人规制的适用及其问题、平台治理的价值权衡等重大理论问题。
32	《犯罪数据可视化研究进展》	丁伟杰、梁荣华、孙国道、柴 叶、王 勋、郑滋椀	《计算机辅助设计与图形学学报》	2023 年 7 月 12 日	犯罪数据分析与挖掘已成为大数据时代犯罪学研究及现代社会治理的基础手段,犯罪数据挖掘在揭示犯罪模式、分析犯罪原因、评估犯罪防控效果等方面具有重要作用。首先,以犯罪模式发现与预测、警力资源配置

续表

序号	篇　名	作　者	期　刊	发表时间	内容简介
32	《犯罪数据可视化研究进展》	丁伟杰、梁荣华、孙国道、柴　叶、王　勋、郑滋椀	《计算机辅助设计与图形学学报》	2023年7月12日	与优化、案件侦查分析与研判为导向,对犯罪数据可视分析任务进行归纳,系统地梳理了犯罪数据可视化领域的研究与应用现状;其次,针对犯罪时空数据、犯罪文本数据、犯罪网络关系数据等不同类型数据的可视化方式和技术手段,展开了系统性的分析;最后,总结和展望了犯罪数据可视化面临的挑战和发展方向。
33	《我国犯罪记录整体封存的制度构建》	郑二威	《法制与社会发展》	2023年7月10日	犯罪记录封存制度在保障犯罪人员的正当性权利方面具有重要意义。进入新时代,这一制度得到了长足发展,在未成年人犯罪记录封存领域,经由制度试行、法律定型与规范补正三个阶段实践,基本上已经达到了成熟。但对于犯罪记录封存制度本身及其所要实现的目的来说,该制度依然存在着适用主体范围与刑罚范围过窄,与犯罪记录有限查询模式相抵牾,无法从规范层面保障犯罪人的整体再社会化,无法从事实层面达到有限被遗忘效果等问题,因此有必要构建犯罪记录整体封存制度。犯罪记录整体封存制度的构建须明确“犯罪记录”的范围与属性,以及“整体封存”所具有的有限被遗忘权的内涵,应以分层管理、区分效果为层级构造,以废除犯罪记录报告义务,改造裁判文书公开、人事档案等制度,理清整体封存与从业禁止之间的关系,整合不合理的前科就业限制规范为配合。通过以法定与申请两种方式封存犯罪记录,改造刑事诉讼法中未成年人犯罪记录的封存制度,从而实现犯罪记录整体封存制度的立法塑造。

续表

序号	篇名	作者	期刊	发表时间	内容简介
34	《生命历程犯罪学研究经典范式的形成及方法路径——同生群体犯罪生涯研究的构造》	张小虎	《社会科学战线》	2023年7月1日	生命历程犯罪学是当代犯罪学极富生命力的学术前沿领域，而其中最典型的当数同生群体的犯罪生涯研究。这一研究，突破了传统犯罪学研究样本的离散性及研究主题的单一性，纵向性长期追踪同生群体中犯罪人的犯罪参与、频率、持续性、严重性及终止，进而全方位地对比、融合、分析犯罪机制使之得以充分展开。同生群体效应还以个人行为与重大生命事件的关系这一独特的分析机能，将同生群体的犯罪生涯研究推向新高度。美国著名犯罪学家沃尔夫冈等的费城出生同期群研究，可谓当代犯罪学的经典范例。开拓适合我国国情的同生群体犯罪生涯研究刻不容缓。
35	《西方三大著名未成年人犯罪危险评估工具的研究现状述评》	崔海英	《预防青少年犯罪研究》	2023年6月15日	西方的未成年人犯罪危险评估工具YLS/CMI、SAVRY和PCL：YV最为著名，应用也最为广泛。拟在对西方未成年人犯罪结构化危险评估进行概述的基础上，对这三大工具的研究现状进行回溯分析，对三大工具之间的比较研究进行述评，归纳出三大工具的最佳实践建议，并对我国未成年人危险评估工具的研究现状进行总结，由此得出结论——我国当前始终缺乏具有国际视野、相对科学高效的未成年人危险评估工具，必须在对西方三大著名未成年人危险评估工具进行借鉴学习的基础上，研发适合我国未成年人的危险评估工具。
36	《犯罪分类与分层的立法价值及实现路径》	孙本雄	《中国人民公安大学学报（社会科学版）》	2023年6月15日	刑法的科学化，要求实现犯罪的分类与分层。立足立法层面，犯罪分类作为立法者编排刑法分则各章、节的前提而存在，是犯罪分层的基础，应以所保护的法益内容为标准进行划分；犯罪分层属于犯罪分类的一个向度，应以行为人为基准进行。犯罪分类与分层能共同影响刑事法网的范围、

续表

序号	篇　名	作　者	期　刊	发表时间	内容简介
36	《犯罪分类与分层的立法价值及实现路径》	孙本雄	《中国人民公安大学学报(社会科学版)》	2023年6月15日	推进我国刑法结构的转型升级、提升我国犯罪治理体系的现代化水平、增强刑法的制度自信。实现犯罪的分类与分层,旨在追求刑法分则体系的形式理性、实质理性及实用理性,应采取"小章制"的刑法立法形式,推动犯罪分类的精细化,并根据实施侵犯同类法益之犯罪人的人身危险性大小,促进犯罪分层的合理化。
37	《中国犯罪论体系之争的省思》	熊　琦、徐　澍	《中国法律评论》	2023年6月7日	犯罪论体系之争的要义在于体系是否具有贯通的刑罚目的理性,并在此框架下能否逻辑周延地进行推演,其核心议题不局限于阶层或平面的外显形式。将四要件犯罪构成理论推倒重来的观点过度评价了阶层体系的作用,忽视了阶层体系的逻辑难题和四要件理论在目的理性与逻辑严整性等方面的优势。从刑法学对行为人的根本预设出发,不法与责任阶层的区分更多体现为教学法意义上的优势,却侵蚀了逻辑严整性,其贯通才是向更高阶目的理性的回归。在同样的意义上,构成要件与违法性的贯通也值得追求。阶层模式"思维分层与思考顺位"的优势,也并非不能由平面模式胜任:"名"(教学法上的显性化)不影响"实"(目的理性)的实现。平面与阶层模式并不存在绝对的优劣之分,不同体系经过良性自由竞争完全能在我国得到进一步融合完善。具有融贯优势的四要件模式总体上无必要被完全淘汰,但应参考德日在具体问题上精深的理论和判断问题时审慎、客观中立的"鉴定式"思维方法,克服传统理论在具体问题中的不足。

续表

序号	篇名	作者	期刊	发表时间	内容简介
38	《被害人教义学的法理基础与功能定位》	邓卓行	《法学》	2023年5月20日	被害人作为影响刑事司法的重要因素,与其相关的理论研究在两方面展开:一是基于社会学研究方法的犯罪被害人学;二是本文所论及的基于体系逻辑发展而来的被害人教义学。被害人教义学主张,若可期待被害人采取自我保护措施免受侵害,而被害人竟未进行自我保护,那么刑法就无须介入,损害后果应由被害人自行承担。被害人教义学的法理基础包含四方面内容:刑法从家长主义转变为自我决定;汲取犯罪被害人学的研究成果;贯彻最后手段原则;从被害人视角认定犯罪。应当认为,以上四方面内容皆不妥当。自由法治并不意味着刑法减少对国民安全的保护;犯罪被害人学的研究成果被片面截取;最后手段原则仅适于立法论,被害人因素并不影响行为人成立犯罪,因此,从被害人视角认定犯罪并不妥适,反倒是量刑领域可以妥帖贯彻被害人教义学思想,让裁判者根据被害人因素决定是否从宽处罚。也因此,刑事司法应鼓励行为人与被害人的良性沟通。
39	《2022年我国犯罪学研究述评》	王瑞山	《犯罪研究》	2023年4月20日	2022年,我国犯罪学研究成果数量上较前两年少,关于犯罪学本体的研究关注域外理论的引介,犯罪现象研究成果中犯罪地理研究突出,原因研究视角多元但成果分散,犯罪治理研究中评估研究成果偏少。因此,针对未来研究有以下建议:一是要进一步加强犯罪学新概念、新理论、新方法的研究;二是加强重大公共卫生事件发生期间犯罪规律的研究;三是加强对犯罪下降规律的区域研究;四是加强犯罪原因及其政策转化研究;五是加强犯罪治理评估研究。

续表

序号	篇　名	作　者	期　刊	发表时间	内容简介
40	《我国未成年人越轨行为的矫治机制与路径》	贾学胜	《北京社会科学》	2023 年 4 月 16 日	未成年人越轨行为包括不良行为、严重不良行为和犯罪行为。未成年人越轨行为的矫治须以国家亲权理念、恢复性司法理念、个别化处遇理念和再社会化理论为根据。我国对未成年人越轨行为的矫治工作还存在着矫治机制顶层设计统一性不足、矫治方案的具体执行有待完善、部分矫治的决定程序不合理、矫治的手法单一和社会性不足等问题。应以矫治和恢复作为越轨未成年人矫治的价值取向,构建具备内在逻辑的分级预防和矫治体系,使未成年人触法行为的矫治流程司法化,并创新未成年人越轨行为的矫治手段。
41	《我国拐卖妇女儿童犯罪治理的进程与逻辑:1983—2022》	胡　翔、任惠华	《中国人民公安大学学报(社会科学版)》	2023 年 4 月 15 日	通过对 1983 年以来我国拐卖犯罪立案情况、法律法规、行动措施的考察,采用“犯罪整体态势+标志性事件”的判断标准,结合“制度+行动”的治理架构,依据“国家控制+社会参与”的分析主线,可将 1983—2022 年我国拐卖犯罪治理的进程大致分为三个阶段,各阶段的主要特征分别表现为:法律制度的不断完善与打拐行动的持续发力;部门协作的制度设计与社会力量的初步发展;反拐制度的系统构建与全民反拐的协同共治。回顾拐卖犯罪近四十年的治理进程,可以发现国家逐渐建立起“治罪—治理”的双重控制、“权力—权利”与“权利—权利”的双重保障机制,从而使我国拐卖犯罪态势基本得到有效遏制。
42	《2022—2023 年中国犯罪形势分析与预测》	靳高风、张雍锭、郭兆轩	《中国人民公安大学学报(社会科学版)》	2023 年 4 月 15 日	在疫情反复冲击和经济下行的双重压力下,2022 年中国更好地统筹了经济发展与疫情防控,社会治安大局持续保持稳定,刑事案件数量同比下降,犯罪结构呈现轻罪化、网络化特点。传统侵财犯罪、暴力犯罪数量持

续表

序号	篇　名	作　者	期　刊	发表时间	内容简介
42	《2022—2023年中国犯罪形势分析与预测》	靳高风、张雍锭、郭兆轩	《中国人民公安大学学报（社会科学版）》	2023年4月15日	续减少，且占比持续降低。网络犯罪成为主要的犯罪类型，寄生网络黑灰产的帮助信息网络犯罪大幅增加。发生在群众身边的传统犯罪对群众安全感影响仍较大，报复型严重暴力犯罪和多发型侵犯人身财产权利的犯罪仍是防控重点。面对群众对安全的更高需求和更多期盼，随着违法犯罪机会、诱因的增加，2023年犯罪发案数量将有所增加，传统街面盗窃犯罪、诈骗犯罪等可能有所反弹，同时应当重点防范个人极端暴力犯罪和网络新技术变革引发的新型犯罪。
43	《中国犯罪参与理论的本土构建与刑事实践——以有组织犯罪为视角》	莫洪宪	《政法论丛》	2023年4月7日	我国犯罪参与层面刑法理论的本土构建集中体现在有组织犯罪领域。在概念上，通过《刑法》《反有组织犯罪法》界定了黑社会性质组织和恶势力组织。在政策上，从“打黑除恶”转向“扫黑除恶”彰显有组织犯罪刑事政策的成熟，其内容具有广泛性、实质性、协同性和衔接性的特点。在刑事立法上，我国围绕黑社会性质组织犯罪规定了专门规则，并在特别累犯、限制减刑假释、洗钱罪上游犯罪范畴规定了该类犯罪的特别规则。在有组织犯罪网络化上，我国围绕网络犯罪、黑恶势力犯罪、网络犯罪和黑恶势力犯罪融合的层面分别制定和完善相关规范。
44	《贿赂犯罪立法体系对国家治理现代化的应然回应》	魏昌东	《北京社会科学》	2023年3月16日	对贿赂犯罪刑法治理体系的科学评估，是评鉴立法与学理正当性的重要机制。中国贿赂犯罪刑法治理体系以“分体式”“行为群”、法益实质损害为中心加以构建，在法理结构与犯罪治理功能上存在着“三重危机”。国家治理现代化进程中的贿赂犯罪刑法体系更新应当实现：在立场选择上坚定积极治理主义导向，转变刑法功能定位，前置刑法介入基点，弱化

续表

序号	篇　名	作　者	期　刊	发表时间	内容简介
44	《贿赂犯罪立法体系对国家治理现代化的应然回应》	魏昌东	《北京社会科学》	2023年3月16日	刑罚强度,增加刑法干预能力;在优化方案上建构"分体+分层式"的治理体系,全面革新"分体式"罪名体系,细化法益保护层次,建构"微罪—轻罪—重罪"的罪名序列,基于刑法评价确当性与精细化的要求,增设利益冲突型、不法馈赠型贿赂罪,以揭示法益损害为中心准确设定构成要件要素。
45	《数字治理的刑法介入模式——以电信网络诈骗的治理变革为例》	朱笑延	《华中科技大学学报(社会科学版)》	2023年3月10日	中国网络犯罪治理大转型的"波兰尼时刻"已经到来。电信网络诈骗治理实践由直接的国家管控到间接的平台治理、由控制数字技术到净化数字生态、由单一的刑罚制裁到多元的部门法合作,驱动着网络犯罪治理从事后治理迈入数字治理阶段。刑法介入网络犯罪治理的核心问题也由规制范围的选择转变为与数字治理的不匹配,这一问题难以通过积极、消极抑或折中的法律内部视角解决,而是要在法律与治理的互动关系中探索更具数字化、更具想象力的答案:刑法应以间接治理的介入思维取代对网络平台犯罪预防义务的直接审查,重点评价网络平台作为市场主体对公共义务的实质性履行;突破一律从严或一概从宽的泛化惩处思路,根据电信网络诈骗及其关联犯罪的数字化特征,确立更富针对性的评价尺度;超越刑法规制抑或行政规制的部门法分立视角,以部门法合作规制的新思维探索刑事法律责任与行政法律责任的协同作业模式。
46	《古代未成年犯罪的教育与惩戒》	赵晓耕	《人民论坛》	2023年2月15日	恤幼是中国传统法律的基本原则,从西周时期开始直至明清的传统法律,围绕未成年人犯罪,无论是定罪量刑还是刑罚执行,都充分体现了对未成年人的特殊保护。中国古代以来形成的恤幼传统,为未成年人犯罪保护提供了有力的思想来源,虽然从某种意义上来说,此种优待是以维护王朝

续表

序号	篇名	作者	期刊	发表时间	内容简介
46	《古代未成年犯罪的教育与惩戒》	赵晓耕	《人民论坛》	2023年2月15日	统治为核心的,但律例条文中所反映出来的理念和制度仍是值得我们关注的宝贵遗产。
47	《法经济学视阈下我国禁毒刑事政策的实践反思与革新路径》	闵长毅	《西南民族大学学报(人文社会科学版)》	2023年2月10日	面对复杂的毒品犯罪情势,我国现行禁毒刑事政策在刑事立法方面存在挤占司法资源、激励不相容、刑罚边际威慑力递减等缺欠,在刑事司法方面存在罪刑信息不对称、严重负外部性、司法资源配置失衡及预期惩罚威慑力低等不足。在禁毒司法成本既定与禁毒司法负荷繁重的约束性语境之下,这些缺欠和不足使得现行重刑化禁毒刑事政策未能实现毒品犯罪治理绩效最大化。从经济效率视角来看,推动现行禁毒刑事政策优化的具体路径包括:明确罪刑信息以指引毒品犯罪供给,加大适用罚金刑而减少适用死刑,提高刑罚确定性而降低刑罚严厉性,认真对待诱惑侦查的负外部性效应。
48	《民刑关系问题重述:基于义务违反的视角》	时延安	《中国法学》	2023年2月7日	民刑关系问题的实质,就是对某一危害行为进行刑事违法性判断时,应否以及如何考虑这一行为在民法上判断的结论。违法一元论和违法多元论对这一问题存在不同认识。作为一种违法行为,犯罪是行为人对特定义务的违反,在解决民刑关系问题上应将民事义务违反作为针对个体性权益犯罪违法性判断的一个重要步骤。以义务违反为分析工具,应合理界定民刑关系问题的论域,进而明晰民事义务来源及其规范属性,并寻找可参酌的具体民事义务规范。民事义务违反的判断结论对相关犯罪违法性的证成具有前提性影响,不能将没有违反民事义务的行为作为针对个体性权益的犯罪进行处罚。民法和刑法具有不同的价值取向和法律调整目的,但并不影响两者在解释论层面的基本方向上保持一致。

续表

序号	篇　名	作　者	期　刊	发表时间	内容简介
49	《青少年网络越轨行为与不良同伴的关系——基于社交网络分析的方法》	许博洋、夏一巍、周　由、张　彦	《青年研究》	2023年1月30日	青少年网络越轨行为与不良同伴显著相关。既有研究多从同伴影响视角考察不良同伴对青少年网络越轨行为的诱发作用,忽视了在该互动过程中可能同时存在的同伴选择效应。基于对3773名职业大专院校学生的问卷调查数据,通过社交网络分析的方法,采用普通最小二乘法回归与指数族随机图模型对比同伴影响理论与同伴选择理论对青少年网络越轨行为的适用性。研究发现,在青少年网络越轨行为与不良同伴的关系中,同伴选择理论的解释力大于同伴影响理论;网络越轨行为水平差异越小的青少年,越容易结成同伴关系;不良同伴对青少年网络越轨行为具有显著正向影响,但该影响效应会被低自我控制、社会纽带以及网络越轨被害抵消。研究结论可为防控青少年网络越轨行为提供理论支持。
50	《微罪的概念补正与现实批判》	吴宗宪、燕永辉	《河北法学》	2022年12月16日	随着风险社会的到来,为了有效发挥刑法治理社会的工具价值,积极主义刑法观应运而生。积极刑法观在刑事司法活动中的重要表现就是增设微罪。微罪是指法定最高刑为一年有期徒刑以下的罪名,应当坚持"形式标准划分说"认定微罪,从而在实体和程序上实现犯罪分层的意义。微罪入刑现象对于刑事立法和司法活动产生了深刻影响,具体表现为刑事立法上积极增设新罪,刑事司法活动中扩张适用微罪。微罪入刑这一现象存在现实弊病:错估了刑法在社会治理活动中的作用;误导了我国刑法结构的发展方向;无视犯罪标签带来的严重后果;加剧了紧张的司法资源。当下,我国刑事立法活动应当谨慎增设和适用微罪,在社会治理和保障公民自由之间寻求平衡。

第五节 科研机构和人才培养

一、代表性科研机构、学术平台

随着中国特色社会主义法治体系的不断建设,我国犯罪学领域的科研机构、学术平台蓬勃发展,为我国犯罪学理论体系与学科建设持续提供重要的学术支撑与理论支持。

在往年《蓝皮书》的基础上,本部分拟对我国犯罪学领域代表性科研机构和学术平台的基本情况作进一步的更新和完善。

表 4-5 国内犯罪学代表性科研、实务、学术平台列表

序号	名称	基本情况	任务功能、特色成果等
1	最高人民检察院"生态环境检察研究基地"	2024 年 8 月 15 日,由最高人民检察院普通犯罪检察厅、最高人民检察院检察理论研究所与华东政法大学共同主办的最高人民检察院"生态环境检察研究基地"设立暨第三届全国环境刑法与刑事司法高级研讨会在华东政法大学顺利召开。	最高人民检察院生态环境检察研究基地落地华东政法大学。该校刑法学科环境刑事法团队、华东政法大学中国环境犯罪治理研究院拟对标国内一流特色学科团队、国内一流研究机构,进一步加强与最高人民检察院、最高人民法院、生态环境部等国家与地方司法机关、生态环境管理机关的交流与合作,努力推动作为基础学科与骨干学科的刑法学研究内涵的时代化、现代化,进一步推动成果形成与释放,为国家法治建设与华东政法大学高水平发展作出积极贡献。
2	华东检察研究院	成立于 2015 年 11 月 27 日,由最高人民检察院检察理论研究所、华东地区检察机关和华东政法大学共建。	最高人民检察院检察理论研究所与华东政法大学、华东地区检察机关共建华东检察研究院,是贯彻落实党的十八届三中、四中、五中全会精神,促进检察机关与法学院校双向交流、深化检察理论研究、加强检察智库建设的重大举措。
3	沈阳市新型犯罪研究中心	2023 年 1 月 3 日,辽宁省沈阳市公安局举行新型犯罪研究中心揭牌仪式,这是辽宁省首家新型犯罪研究中心,标志着沈阳乃至全省反诈工作全面提档升级。	新型犯罪研究中心立足"数据赋能、精准预警、多维反制、融合打击"等职能优势,全资源运用数据赋能侦查研判、全方位筑牢技术反诈防护网、全领域铲除新型犯罪滋生土壤、全维度挤压违法犯罪生存空间、全链条重拳打击新型犯罪生态系统、全

续表

序号	名称	基本情况	任务功能、特色成果等
3	沈阳市新型犯罪研究中心	2023年1月3日,辽宁省沈阳市公安局举行新型犯罪研究中心揭牌仪式,这是辽宁省首家新型犯罪研究中心,标志着沈阳乃至全省反诈工作全面提档升级。	覆盖提升打击治理电信网络诈骗水平,为公安工作提供强有力的战略支撑。沈阳市公安局从全局各部门抽调侦查办案、数据分析、技术反制、宣传防范等业务骨干加入新型犯罪研究中心,汇聚形成集信息研判、合成作战、精准预警于一体的打击治理电信网络新型违法犯罪的尖刀力量,真正实现了从“单打独斗”向“兵团作战”的转变。 新型犯罪研究中心将全面加强非接触性新型犯罪打击治理,立足“市县主战、派出所主防”的工作定位,依托强化资金查控、黑灰产打击、窝点打击等方法手段,与网络、通信、金融等部门协同治理、同向发力,全力斩断违法犯罪链条,全面支撑新形势下公安工作的创新改革和赋能升级,切实维护好人民群众的切身利益。
4	职务犯罪研究基地	2023年2月3日,最高人民法院、北京师范大学共同成立职务犯罪研究基地并揭牌。该基地以最高人民法院刑二庭与北京师范大学法学院共建的“职务犯罪规制与反腐败追逃追赃研究基地”为基础,以打造职务犯罪领域高端智库平台为建设目标,整合跨学科研究力量,主要围绕职务犯罪重大理论和实践问题开展研究攻关,积极为职务犯罪司法实践提供决策咨询。	职务犯罪研究基地定位为理论研究、教学科研、人才培养、国际交流的重要平台。 为人民法院职务犯罪审判工作提供研究成果和实践建议,为中国和国际社会反腐败治理贡献智慧,为中国特色社会主义法治体系建设贡献力量。
5	广东省职务犯罪检察(深圳)研究中心	2023年4月7日,广东省职务犯罪检察(深圳)研究中心揭牌成立。	广东省职务犯罪检察(深圳)研究中心定位为职务犯罪学术研究组织,研究内容涵盖职务犯罪各相关诉讼环节的理论研究,将通过成立课题组联合调研、举办学术研讨会等多种形式,发挥其在理论探索、实践引导方面的影响力。 广东省职务犯罪检察(深圳)研究中心的成立,将更好汇集全省检察机关近年来在职务犯罪案件理论研究、制度建设和司法实践资源成果,为助力深圳建设中国特色社会主义先行示范区,打造中国特色社会主义法治先行示范城市提供更多智力支持。

续表

序号	名 称	基本情况	任务功能、特色成果等
6	金华市公安局知识产权犯罪侦查中心	2023年4月26日，浙江省金华市公安局正式成立知识产权犯罪侦查中心，标志着金华公安全面开启知识产权保护工作新征程。	侦查中心按照“预防精准、打击高效、行刑共治”的目标定位，设有行动指挥、案件研判、行刑共治、品牌保护等功能区，将实时掌握知识产权领域违法犯罪热点，指导各地开展预防打击；归口管理全市知识产权犯罪线索，统筹开展集中研判和重大疑难案件侦查；复盘发现行业管理漏洞，推动源头治理，是金华全市打击知识产权犯罪的“指挥部”“作战部”“参谋部”。 金华市公安机关将以成立侦查中心为契机，并依托侦查中心，以“昆仑2023”专项行动为载体，持续加大知识产权犯罪打击力度，为打造国际枢纽城、奋进现代都市区，全力谱写中国式现代化生动实践的金华篇章贡献应有力量。
7	永宁县公安局智慧侦查研判中心	2023年，聚焦集约化数字融合、一体化整体作战、精准化预警防范、专业化基础支撑四大体系建设，不断提升侦查警种大数据智能应用能力，全面推动侦查破案实战效能，永宁县公安局经过充分筹备，于7月1日正式启动“智慧侦查研判中心”。	智慧侦查研判中心依托治安防控体系建设和全国及区市县公安大数据资源，以“情指行”一体化运行机制为牵引，以“统一协调指挥、统一案件管理、统一保障支撑、分类牵头打击、分层落实责任”为理念，以构建“现代化侦查打击机制”为目标，充分整合各警种的侦查力量、专业手段和信息化资源优势，综合了情报、视综、刑侦、治安、网安、禁毒等20余个研判分析平台，形成高效的情报分析和侦查打击模式，使警务实战由传统的“单一警种各自为战”优化为“多警种合成作战”，打造实战化智慧侦查“最强大脑”，有效解决警力不足、各自为战的问题。 智慧侦查研判中心充分整合情指、刑侦、经侦、治安、禁毒、政保等部门集中办公，打造了集最全资源、最多手段、最高权限于一身的战斗实体。抽调各警种优秀民辅警28人，组建智慧侦查专业队伍，主要围绕打系列、打团伙、打新型，统筹安排侦查资源，合理调配打击模块力量，牵头组织侦查经营工作，实现规模打击、深度打击、快速打击。同时，依托智慧侦查中心常态化开展应用培训，培育全警“侦破”新思维，实现人力、资源、手段的深度融合，切实打造资源高度整合、打防整体联动、运行科学高效的刑事犯罪现代侦查打击体系。

续表

序号	名　称	基本情况	任务功能、特色成果等
8	江阴市"一站式"轻罪治理中心	2023年8月1日,在江阴市委政法委的领导下,江阴市检察院与公安、法院、司法局联合成立"一站式"轻罪治理中心,形成了一个集轻罪治理、实践基地、新型犯罪研究中心于一体的治罪、治理矩阵,蹚出一条治罪和治理兼容并重的社会治理新路径。	轻罪治理中心架构在江阴市侦监协作办公室和刑事案件快速办理中心之上,对全市可能判处三年以下有期徒刑的刑事案件,原则上在刑事案件快速办理中心侦查、审查、审判。轻罪治理中心则集聚公检法司力量,轻罪案件得以"侦、诉、审、执、监"集约协同办理。
9	常州市"一站式"轻罪治理中心	2023年,江苏省常州市武进区检察院积极适应轻微犯罪大幅上升、严重暴力犯罪持续下降的新形势,解决基层执法司法人手紧缺、协作配合不够紧密等问题,于10月9日牵头成立全市首个"一站式"轻罪治理中心,实现对轻微犯罪案件"一站式"快速办理,打造基层良法善治共同体。	由检察速裁办案团队、公安执法办案中心、速裁法庭、律师值班室共同组建"一站式"轻罪治理中心,将审查、起诉、判决等诉讼程序端口前移,实现轻微刑事案件侦、诉、审同区办案,提高案件流转速度。出台《诉前审查分流工作办法》等12项制度,规范细化案件繁简分流、提前介入、一站式刑拘直判等操作模式。中心成立以来,速裁案件平均办案周期缩短3.5天,简易程序和速裁程序适用率达93.1%。
10	萍乡市打击涉烟违法犯罪情报研判中心	2023年11月,萍乡市打击涉烟违法犯罪情报研判中心在市公安局森林分局正式揭牌成立。	萍乡市打击涉烟违法犯罪情报研判中心由萍乡市烟草专卖局和萍乡市公安局共同建设,旨在运用信息化手段开展信息深度研判,提升涉烟犯罪的防控力度,有效提升全市打击涉烟情报信息基础工作,为强力整治涉烟违法犯罪提供重要支撑。

二、犯罪学人才培养简况

2023年全国高校、科研机构的硕士、博士学位论文中有大量选题属于犯罪学专业、方向,或与犯罪学领域存在直接相关性。本部分在往年度梳理总结犯罪学专业、方向硕士、博士学位点的情况基础上,将2023年全国犯罪学领域硕士、博士学位论文选题进行梳理汇总,同时也为在读硕、博士科研选题提供一定的选题思考与指导。

表 4-6 2023 年犯罪学领域硕士、博士论文选题汇总表

序号	培养单位	学位层次	学院/导师情况	专业/方向	2023 年学位论文选题及作者
1	中国人民公安大学	博士	侦查学院/王 铼	侦查学	和煜乾:毒品犯罪案件金融调查研究
			犯罪学学院/靳高风	犯罪学	杨皓翔:犯罪恐惧感测评及影响因素研究
			靳高风	犯罪学	郭一霖:网络恶势力组织犯罪研究
			法学院/陈志军	刑法学	刘轩:网络帮助犯研究
		硕士	侦查学院/马忠红	侦查学	王铎:性侵犯罪中未成年被害人询问研究
			刘为军	侦查学	顾梓玉:“隔空猥亵”儿童案件侦查对策研究
			井晓龙	侦查学	武猛:生产、销售有毒、有害食品犯罪案件侦查研究
			陈 刚	侦查学	刘云霄:涉诈网络黑产犯罪案件侦查研究
			杨郁娟	侦查学	杜德帅:电信网络诈骗犯罪案件资金流查控研究
			陈 刚	侦查学	张有为:利用虚拟货币洗钱犯罪案件侦查研究
			田华伟	侦查学	张梦轩:互联网洗钱犯罪可疑交易检测模型及侦查对策研究
			陈 刚	侦查学	牛超群:“杀猪盘”网络诈骗犯罪的阵地控制研究
			马忠红	侦查学	马腾:非接触性犯罪产业化趋势及侦查对策研究——以电信网络诈骗案件为例
			马忠红	侦查学	田世祥:“互联网+”语境下商标类犯罪案件侦查对策研究
			赵桂芬	侦查学	徐业勤:犯罪嫌疑人反讯问特征研究
			田华伟	侦查学	李威翰:农村黑恶势力犯罪预警模型研究

续表

序号	培养单位	学位层次	学院/导师情况	专业/方向	2023 年学位论文选题及作者
1	中国人民公安大学	硕士	刘　涛	侦查学	王照琳:毒品犯罪案件女性嫌疑人讯问研究
			彭玉伟	侦查学	张杰策:侦查讯问中的认罪教育研究
			杨郁娟	侦查学	薛中岳:拐卖儿童犯罪案件侦查机制研究
			李文君	侦查学	蔡佳斌:寄递渠道涉毒犯罪侦防对策研究
			王晓伟	侦查学	刘双:网络赌博犯罪资金流侦查研究
			李勇男	侦查学	陈晨:环境犯罪学视角下盗窃电瓶车行为影响因素分析及时空预测模型研究
			周西平	侦查学	孟钰潇:基于情报感知的个人极端暴力犯罪预警研究
			犯罪学学院/张学超	犯罪学	邹欣艺:我国互联网金融诈骗犯罪防控研究
			汪　勇	犯罪学	孟庆达:电信网络诈骗犯罪警企合作治理优化路径研究——基于演化博弈理论
			王世卿	犯罪学	席文渊:基于 GIS 的兰州市盗窃犯罪现状及治理研究
			张学超	犯罪学	秦诺琳:我国网络开设赌场犯罪研究
			靳高风	犯罪学	任文杰:电信网络诈骗相关黑产犯罪及治理研究
			胡宝荣	犯罪学	黄植:虚拟社区犯罪预防研究——以“饭圈”社区为例
			胡宝荣	犯罪学	黄加卫:“枫桥经验”的社区犯罪预防模式研究
			靳高风	犯罪学	赵知微:报复社会型个人极端暴力犯罪风险评估研究
			王淑合	犯罪学	汪昊波:犯罪嫌疑人自尊与攻击性的关系——相对剥夺感的中介作用
			胡宝荣	犯罪学	任淑芳:我国少数民族社区犯罪治理研究——以“尼江事件”为例

续表

序号	培养单位	学位层次	学院/导师情况	专业/方向	2023年学位论文选题及作者
1	中国人民公安大学	硕士	刘洪广	犯罪学	朱峻森：超短时程心率变异性犯罪心理测试指标研究
			周俊山	犯罪学	刘子怡：图书馆在犯罪治理中的作用研究
			李春雷	犯罪学	张孟涵：我国基本医疗保险诈骗犯罪研究
			李春雷	犯罪学	蔡文静：我国危害肉类食品安全犯罪研究
			法学院/杨金彪	法学	王一帆：负有照护职责人员性侵罪司法适用研究
			法学院/陈志军	刑法学	杨钦涪：寻衅滋事罪"口袋罪属性"研究
			栾　莉	刑法学	马乙芙：虚假诉讼罪司法认定疑难问题研究
			杨金彪	刑法学	蒋博：催收非法债务罪疑难问题研究
			黄　娜	刑法学	刘强强：非法经营罪限制适用研究
			栾　莉	刑法学	崔丹丹：第三方支付下非法取财犯罪行为的定性研究
			侦查学院/李春宇	刑事科学技术	姜峰：融合地理与属性空间特征的神经网络加权回归及城市犯罪研究
			法学院/张冬霞	法律硕士（法学）	史玉龙：非法处置查封、扣押、冻结的财产罪疑难问题研究
			杨金彪、白　森	法律硕士（法学）	康齐贤：侵害英雄烈士名誉、荣誉罪疑难问题研究
			付立忠	法律硕士（法学）	陈嘉伟：论交通警察在玩忽职守罪中职责的确定
			杨金彪	法律硕士（法学）	刘宇航：网络犯罪中技术帮助行为的入罪问题研究
			陈志军	法律硕士（法学）	何方舟：冒名顶替罪疑难问题研究
			黄　娜、刘东根	法律硕士（法学）	张娜：高空抛物罪疑难问题研究

续表

序号	培养单位	学位层次	学院/导师情况	专业/方向	2023年学位论文选题及作者
1	中国人民公安大学	硕士	张伟珂	法律硕士(法学)	王顺:论单位犯罪中单位意志的认定
			法学院/杨金彪	法律(非法学)	孟一鸣:洗钱罪司法适用研究
			张冬霞	法律(非法学)	宋晨曦:袭警罪的司法适用研究
			张冬霞	法律(非法学)	白艺峰:骗取贷款罪疑难问题研究
			栾　莉	法律(非法学)	李铮:拒绝执行传染病防控措施行为的入罪标准研究
			张伟珂	法律(非法学)	桑梦哲:网络经济背景下虚假广告罪的法教义学研究
			张冬霞	法律(非法学)	张嘉伟:假冒注册商标罪的司法适用研究
			黄　娜、刘东根	法律(非法学)	翟春露:非法植入基因编辑、克隆胚胎罪客观方面研究
			史丹如	法律(非法学)	朱岩:传染病防治失职罪有关问题研究
			陈志军	法律(非法学)	王懿涵:妨害药品管理罪疑难问题研究
			陈志军	法律(非法学)	张颖:非法引进、释放、丢弃外来入侵物种罪疑难问题研究
			栾　莉	法律(非法学)	杨甜:电信网络诈骗犯罪数额认定的研究
			史全增	法律(非法学)	张楠:行政涉罪案件移送裁量的合目的性规制研究
			史丹如	法律(非法学)	郑佳轩:侵犯商业秘密罪客观方面研究
			曹诗权	法律(非法学)	洪敏华:非法第四方支付平台刑事责任研究

续表

序号	培养单位	学位层次	学院/导师情况	专业/方向	2023年学位论文选题及作者
1	中国人民公安大学	硕士	张伟珂	法律（非法学）	刘路平：刑事合规视野下单位犯罪司法认定
			田力男	法律（非法学）	舒莎：涉众型犯罪被害人代表诉讼制度研究
			公安管理学院/王爱华	公共管理	邵爽：网络犯罪治理中的警企合作方式、风险及对策研究
			王　晋	公共管理	王晓燕：电信网络诈骗犯罪中涉案“两卡”协同治理问题研究——以Z市为例
2	华东政法大学	博士	刑事法学院/于改之	刑法学	潘璐：单位犯罪罪责理论研究
			刘宪权	刑法学	郑慧：受贿罪定罪量刑标准规范化研究
			刘宪权	刑法学	王哲：数据犯罪刑法规制论
		硕士	刑事法学院/王玉珏	刑法学	王艳杰：论骗取贷款罪的司法适用
			王玉珏	刑法学	金海凌：侵犯公民个人信息罪的规制困境与出路
			刘宪权	刑法学	陶铭源：涉“套路贷”犯罪的司法认定分歧与解决路径
			卢勤忠	刑法学	邹辉：微罪司法适用出罪路径研究
			李振林	刑法学	郑妤婕：非法集资犯罪中集资参与人的刑法定位
			王恩海	刑法学	张蓓：论共同正犯关系的脱离
			徐　宏	刑法学	朱文雅：破坏生产经营罪限缩适用研究
			毛玲玲	刑法学	魏金连：侵犯著作权罪中信息网络传播行为的认定研究——以《刑法修正案（十一）》为背景
			孙万怀	刑法学	李宇燕：证券领域内幕交易罪主体问题研究
			李振林	刑法学	潘鑫媛：高空抛物罪法益之理解及适用

续表

序号	培养单位	学位层次	学院/导师情况	专业/方向	2023 年学位论文选题及作者
2	华东政法大学	硕士	李振林	刑法学	许鸿焱:侵犯知识产权犯罪违法所得数额之认定
			于改之	刑法学	葛格:催收非法债务罪的限缩适用
			刘宪权	刑法学	陈墨:论侵犯公民个人信息罪侵害的法益
			刘宪权	刑法学	窦豆:侵犯公民个人信息罪“情节严重”认定标准研究
			孙万怀	刑法学	杨光耀:共谋共同正犯:源流、纾解与适用
			毛玲玲	刑法学	李瑞瑞:论合同诈骗罪中的非法占有目的
			张　勇	刑法学	王艺颖:妨害安全驾驶罪的司法认定研究
			毛玲玲	刑法学	武佳丽:诈骗罪中财产损失认定研究
			卢勤忠	刑法学	王思宁:智能网联汽车致害行为的刑事责任研究
			孙万怀	刑法学	鞠璐:虚假诉讼罪的适用问题研究
			王恩海	刑法学	徐瑞预:帮助信息网络犯罪活动罪研究
			卢勤忠	刑法学	金烁:危险作业罪的危险认定
			孙万怀	刑法学	路纪平:刑事合规与单位犯罪制度之衔接
			毛玲玲	刑法学	马天佑:破产犯罪司法实践的问题与对策研究
			张　勇	刑法学	丁妍:虚假破产罪的刑法认定
			卢勤忠	刑法学	洪逸涵:组织卖淫罪从犯与协助组织卖淫罪的界分
			孙万怀	刑法学	陈可蕊:侵犯公民个人信息罪中同意规则的适用研究
			刘宪权	刑法学	窦苗苗:妨害安全驾驶罪的属性界定与司法认定
			徐　宏	刑法学	邱昀:虚开增值税专用发票罪疑难问题研究

续表

序号	培养单位	学位层次	学院/导师情况	专业/方向	2023年学位论文选题及作者
2	华东政法大学	硕士	徐宏	刑法学	张珂:非法经营罪兜底条款的限缩适用研究
			卢勤忠	刑法学	张曼:催收非法债务罪的司法适用
			刘宪权	刑法学	宋子莹:论催收非法债务罪的规范构造
			张勇	刑法学	哈明悦:侵犯著作权罪的刑罚适用问题研究
			刘宪权	刑法学	刘昱:操纵证券、期货市场罪兜底条款之适用
			刘宪权	刑法学	姚赟:侵犯公民个人信息罪"情节严重"司法认定标准研究
			王玉珏	刑法学	洪杭:单位犯罪二元主体责任分离论之提倡
			毛玲玲	刑法学	朱叶雯:注册制背景下欺诈发行证券罪的刑法规制研究
			张勇	刑法学	张文:选择性罪名的确定与适用
			李翔	刑法学	刘择:经济犯罪的法益恢复研究
			何萍	刑法学	殷海峰:帮助信息网络犯罪活动罪刑事责任的限缩研究
			何萍	刑法学	田倬源:兜底罪名竞合解释论研究
			何萍	刑法学	何琳吉:编造、故意传播虚假信息罪的客观方面研究
			吴允锋	刑法学	付飞翔:强制猥亵罪客观要件探究
			李翔	刑法学	郑雨舒:受虐妇女杀夫案中紧急权的构建
			马寅翔	刑法学	劳霈宁:论非法定短缩二行为犯的甄别与适用
			马寅翔	刑法学	林伟欣:积极主义刑法观下组织类犯罪的刑罚适用
			何萍	刑法学	钟卢程:负有照护职责人员性侵罪之法益研究

续表

序号	培养单位	学位层次	学院/导师情况	专业/方向	2023 年学位论文选题及作者
2	华东政法大学	硕士	何　萍	刑法学	杨梦竹:收买被拐卖的妇女、儿童罪的法定刑研究
			何　萍	刑法学	江冰洁:论网络起哄闹事型寻衅滋事罪的限缩
			吴允锋	刑法学	周洁莹:操纵证券市场罪司法认定的疑难问题研究
			李　翔	刑法学	周泓宇:交通肇事罪的结果归属判断
			吴允锋	刑法学	王雅萍:为境外窃取、刺探、收买、非法提供商业秘密罪研究
			吴允锋	刑法学	李晗:纯资本运作型传销犯罪问题研究
			马　贺	公安法学	王晓雪:电信网络诈骗犯罪防治研究——以个人信息保护为视角
			王永全	公安法学	江娟:网络洗钱犯罪案件侦查对策研究——以区块链技术应用为视角
			苗伟明	公安法学	李生婷:“两卡”犯罪及其对策研究
			邱格屏	公安法学	程依祎:“裸聊”类敲诈勒索犯罪研究
			陈和华	公安法学	杨一格:罪犯自杀的心理与预防研究
			倪　铁、栾时春	公安法学	杨万佳:涉众型经济犯罪侦查研究
			应培礼、王瑞山	公安法学	魏丽:中日家庭虐待儿童犯罪治理比较研究
			敖　琪	公安法学	李扬:大数据视角下寄递渠道贩卖毒品案件侦查实证研究
			应培礼、王瑞山	公安法学	王凯妮:S 市 C 区非吸罪罪犯社区矫正困境及应对研究
			陈和华	公安法学	殷汇洁:重新犯罪影响因素及防范对策——以 917 名盗窃犯罪人为样本
			夏　菲、朱久伟	公安法学	南楠:新媒体快速发展背景下的犯罪治理研究——以微博热搜涉犯罪话题为视角

续表

序号	培养单位	学位层次	学院/导师情况	专业/方向	2023 年学位论文选题及作者
2	华东政法大学	硕士	姚建龙、夏　菲	公安法学	陈子航：论《预防未成年人犯罪法》的“司法法化”
			肖建国	公安法学	林舫舟：利用网络性侵未成年人犯罪及其防治研究
			王　戬	诉讼法学	李欣芮：涉众型经济犯罪涉案财物处置问题研究
			叶　青	诉讼法学	潘星文：性侵未成年案件被害人陈述采信问题研究
			知识产权学院/丛立先	知识产权	许静：侵犯著作权罪中“通过信息网络向公众传播”犯罪行为认定研究
			何　敏	知识产权	叶依文：假冒专利罪的司法适用问题研究
			国际法学院/管建强	国际法学	龙美玲：国家官员外国刑事管辖豁免的国际罪行例外研究
			国际法学院/蒋圣力	军事法学	罗杨堞：军舰远洋护航打击国际犯罪的法律规制
			法律学院/于　明	法律史	刘译元：边沁与英国犯罪治理的现代化
			刑事法学院/张　勇	法律硕士（法学）	姜岚钰：帮助信息网络犯罪活动罪的认定——以“断卡”案件为例
			王恩海	法律硕士（法学）	方思琪：侵犯公民个人信息罪的司法适用
			张　勇	法律硕士（法学）	姜彬：收买被拐卖妇女儿童罪的认定与处罚研究
			张　勇	法律硕士（法学）	张春雨：有组织犯罪涉案财产处置与保护问题研究
			李振林	法律硕士（法学）	张宇：盗用网络虚拟财产行为的刑法定性研究
			徐　宏	法律硕士（法学）	程逸轩：洗钱罪若干疑难问题研究
			卢勤忠	法律硕士（法学）	邹舜：论人类基因编辑行为的刑法规制

续表

序号	培养单位	学位层次	学院/导师情况	专业/方向	2023 年学位论文选题及作者
2	华东政法大学	硕士	王恩海	法律硕士(法学)	武一欢:袭警罪问题研究
			王玉珏	法律硕士(法学)	汤翌:强迫幼女卖淫行为的刑法定性
			李振林	法律硕士(法学)	刘梦宇:哄抬物价型非法经营罪限制适用论
			龙　敏	法律硕士(法学)	张娜:消费者过度维权与敲诈勒索罪之界分
			李振林	法律硕士(法学)	胡雨:论收买被拐卖的妇女、儿童罪法定刑之提高
			卢勤忠	法律硕士(法学)	张涵:收买被拐卖的妇女、儿童罪的量刑规制研究
			王恩海	法律硕士(法学)	郑金锋:洗钱罪法律适用探究
			王玉珏	法律硕士(法学)	邓凯月:论收买被拐卖的妇女、儿童罪的立法完善
			王玉珏	法律硕士(法学)	张天涵:诈骗罪处分意识问题研究
			于改之	法律硕士(法学)	邢越:人工智能犯罪刑事责任研究
			王恩海	法律硕士(法学)	于明雪:催收非法债务罪司法适用分析
			于改之	法律硕士(法学)	麻新丽:收买被拐卖的妇女、儿童罪的法定刑配置完善研究
			王玉珏	法律硕士(法学)	沈心怡:妨害安全驾驶罪的司法适用
			张　勇	法律硕士(法学)	孙文静:催收非法债务罪的刑法适用问题研究
			毛玲玲	法律硕士(法学)	刘红琪:受虐妇女杀夫行为出罪问题研究

续表

序号	培养单位	学位层次	学院/导师情况	专业/方向	2023年学位论文选题及作者
2	华东政法大学	硕士	李　翔	法律硕士（法学）	张宇岭：侵犯公民个人信息罪的保护法益研究
			李　翔	法律硕士（法学）	李泓谕：妨害安全驾驶罪的司法适用
			马寅翔	法律硕士（法学）	付钰淼：醉酒型危险驾驶罪的司法限缩适用
			马寅翔	法律硕士（法学）	姚欣霖：网络服务提供行为的入罪界限
			吴允锋	法律硕士（法学）	庄媛：论骗取贷款罪中的欺骗行为
			吴允锋	法律硕士（法学）	赵予琪：片面共犯的性质及其实践展开
			何　萍	法律硕士（法学）	张明洋：电信网络诈骗共同犯罪司法认定
			吴允锋	法律硕士（法学）	廖荣欣：侵犯商业秘密罪“情节严重”的认定研究
			何　萍	法律硕士（法学）	林雅静：论催收非法债务罪中“非法债务”的认定
			吴允锋	法律硕士（法学）	李凌丽：收买被拐卖的妇女、儿童罪修法之争研究
			吴允锋	法律硕士（法学）	陈宇翮：醉驾型危险驾驶罪若干问题研究
			吴允锋	法律硕士（法学）	吴维：洗钱罪司法适用问题研究
			龙　敏	法律硕士（法学）	张笑：论收买被拐卖的妇女、儿童罪的立法完善
			李　翔	法律硕士（法学）	钱彦多：论催收非法债务罪行为方式的认定
			吴允锋	法律硕士（法学）	唐云：非法占用农用地罪司法适用疑难问题研究

续表

序号	培养单位	学位层次	学院/导师情况	专业/方向	2023 年学位论文选题及作者
2	华东政法大学	硕士	何　萍	法律硕士(非法学)	沈茜:非法采集人类遗传资源罪的司法适用
3	中国政法大学	硕士	刑事司法学院/罗　翔	刑法学	许华萍:单方给付型被害人目的落空与诈骗罪——以骗取贫困生助学金案件为切入点
			李怀胜	刑法学	李嘉裕:法秩序统一视角下侵占不法原因给付物的刑法规制研究
			罗　翔	刑法学	王心缘:论非法采矿罪中的行政许可
			方　鹏	刑法学	马鹏飞:论监管过失型玩忽职守罪的追诉界限
			曲新久	刑法学	吴俐:帮助信息网络犯罪活动罪与掩饰、隐瞒犯罪所得罪的界分
			印　波	刑法学	翟亚坤:刑事辩护视野下的犯罪原因研究
			王志远	刑法学	贾明军:事实婚姻重婚罪研究
			吴镝飞	刑法学	王志康:受贿罪中"利用职务上的便利"的司法认定
			何　龙	刑法学	田雪莲:危险作业罪认定问题研究
			徐久生	刑法学	徐经纬:网络诈骗违法犯罪问题研析
			法学院/冷新宇	军事法学	郭媛媛:论生态灭绝罪
			刑事司法学院/蔡元培	法律硕士(法学)	周芷玥:罪错未成年人案件先议制度研究
			政治与公共管理学院/尹　钛	公共管理(MPA)	吕明:数字治理视角下监狱管理中的罪犯风险评估研究——以J省G监狱为例
4	北京师范大学	博士	法学院/王秀梅	刑法学	李采薇:论我国洗钱罪的合理边界
			王秀梅	刑法学	王志英:网络赌博犯罪的司法规制研究
			袁　彬	刑法学	张馨文:刑法反面解释出罪体系研究

续表

序号	培养单位	学位层次	学院/导师情况	专业/方向	2023年学位论文选题及作者
4	北京师范大学	博士	吴宗宪	刑法学	叶建平:刑法的功能性实质解释研究
			黄晓亮	刑法学	刘晓航:规范性构成要件要素问题研究
			郑延谱	刑法学	邢丽珊:论美国刑法中的出罪机制及中国借鉴
			郑延谱	刑法学	何寘宇:美国刑法中的谋杀罪研究
			刘志伟	刑法学	舒登维:被害人危险接受中刑事归责研究
			刘志伟	刑法学	储琪:量刑实体规范化的理据阐释与实效验判
			卢建平	刑法学	尹训洋:人类命运共同体视域下我国刑事政策的调适与完善(博士后研究报告)
			刑事法律科学研究院/贾济东	刑法学	胡扬:论刑民交叉案件违法性判断的标准
			刑事法律科学研究院/史立梅	诉讼法学	邢进生:未成年人犯罪适用认罪认罚从宽制度研究
			王　超	诉讼法学	王亚红:企业犯罪暂缓起诉研究
		硕士	法学院/张　磊	刑法学	范晓晓:虚开增值税专用发票行为行政违法与刑事犯罪的界分
			张　磊	刑法学	孙剑锋:家暴案件中"以暴制暴"行为出罪事由研究
			吴宗宪	刑法学	盛嘉骏:论犯罪恐惧的生成机制与应对策略
			吴宗宪	刑法学	李天瑶:跟踪骚扰行为的犯罪学探讨
			彭新林	刑法学	赵辉:内幕交易罪司法认定争议问题研究——以63份内幕交易刑事案件裁判文书为分析样本
			袁　彬	刑法学	李凌智:刑法法益恢复标准研究
			袁　彬	刑法学	卢天鸿:刑法法益的立法检视机能研究

续表

序号	培养单位	学位层次	学院/导师情况	专业/方向	2023年学位论文选题及作者
4	北京师范大学	硕士	黄晓亮	刑法学	黎施:论持续侵害间歇时反击行为的防卫性质问题
			黄晓亮	刑法学	何金蔚:近亲属间侵害与防卫问题研究
			郑延谱	刑法学	乔钦:涉野生动物保护类犯罪法益研究
			赵　军	刑法学	娄盈盈:犯罪预防视域下企业环境合规的困境与出路——基于对某民营煤矿企业的实地研究
			赵　军	刑法学	丛宇骏:高危行业安全生产合规的经验研究——基于对某煤矿企业的实地调查
			贾济东	刑法学	李婉莹:共犯关系脱离罪责研究
			贾济东	刑法学	汪唯怡:论过失危险犯的犯罪化边界
			刘志伟	刑法学	邹考:犯罪附随后果研究
			刘志伟	刑法学	曾佳禾:妨害兴奋剂管理罪的侵害法益与客观构成要素解析
			卢建平	刑法学	王昕宇:袭警犯罪治理中的刑法谦抑——以广义刑事政策为视角
			王秀梅	刑法学	黄曼庭:论环境犯罪合规不起诉制度中的行刑衔接机制及其完善
			王秀梅	刑法学	吴艺嘉:合规刑事化与企业刑事责任
			王志祥	刑法学	陈奕欣:负有照护职责人员性侵罪的法益界定及其解释论意义
			王志祥	刑法学	王嘉璇:论高空抛物罪法益的界定及其解释论意义
			周振杰	刑法学	章琦:单位受贿罪争议问题现实考察
			周振杰	刑法学	李雅君:《刑法修正案(十一)》中"明知"新规的必要性研究
			黄　风	刑法学	丁家明:试论《香港国安法》中的"勾结外国或者境外势力危害国家安全罪"
			阴建峰	刑法学	张印:轻罪时代出罪机制的优化:从实体到程序

续表

序号	培养单位	学位层次	学院/导师情况	专业/方向	2023 年学位论文选题及作者
4	北京师范大学	硕士	阴建峰	刑法学	周鑫森:论前置法对侵犯公民个人信息罪的规制功能——以《刑法》第 253 条之一与《个人信息保护法》的衔接为中心
			阴建峰	刑法学	周恺:死刑特赦制度研究
			商浩文	刑法学	何惠玲:背信运用受托财产罪的司法适用研究
			李山河	刑法学	赵江山:责任主体视角的刑事归责研究
			左坚卫	刑法学	苏航:我国刑法分则中的罚金刑配置及其完善
			刑事法律科学研究院/刘志伟	刑法学	杨彤彤:敲诈勒索罪司法疑难问题研析
			法学院/雷小政	诉讼法学	周致义:侵犯商业秘密刑民交叉案件程序问题研究
			廖　明	诉讼法学	王彬全:我国反腐败国际追逃追赃中追诉时效制度的适用与完善
			法学院/吴沈括	国际法学	Manzoor Hassan:关于联合国拟议草案的研究——《网络犯罪公约》
			法学院/吴宗宪	法律硕士(非法学)	王静宇:网络猥亵儿童犯罪及预防研究
			吴宗宪	法律硕士(非法学)	赵娇会:熟人强奸未成年人犯罪预防研究
			吴宗宪	法律硕士(非法学)	宋驰:裁决前调查完善研究
			赵书鸿	法律硕士(非法学)	潘飞龙:亲密伴侣杀人犯罪中被害人的风险因素经验性研究
			赵书鸿	法律硕士(非法学)	赵东:我国逃税罪中免责条款的理解与适用研究
			蒋　娜	法律硕士(非法学)	伍茂姝:网络暴力的刑法规制路径探析

续表

序号	培养单位	学位层次	学院/导师情况	专业/方向	2023年学位论文选题及作者
4	北京师范大学	硕士	蒋　娜	法律硕士(非法学)	黄港:英国虐待动物罪的立法构造及对我国的启示
			袁　彬	法律硕士(非法学)	周悦:侵犯虚拟财产犯罪的司法实证研究:现状、问题及对策
			袁　彬	法律硕士(非法学)	林贤智:数据的刑法保护及其完善
			袁　彬	法律硕士(非法学)	蔡豪:论非法医学人体试验的刑法规制
			袁　彬	法律硕士(非法学)	徐骜:妨害公务罪之公务行为合法性研究
			张远煌	法律硕士(非法学)	马亮泽:民营房地产企业挪用资金犯罪现状及治理研究
			张远煌	法律硕士(非法学)	李楠:论涉案企业合规制度下"少捕慎诉慎押"刑事司法政策的适用路径
			张远煌	法律硕士(非法学)	王花蕾:自动驾驶模式下汽车交通肇事刑事归责研究
			张远煌	法律硕士(非法学)	唐丹阳:袭警罪统计分析与规范适用
			王秀梅	法律硕士(非法学)	吴昱达:数字时代新型洗钱犯罪研究
			王秀梅	法律硕士(非法学)	朴樱花:洗钱罪上游犯罪扩充范围研究——基于FATF《40项建议》
			王秀梅	法律硕士(非法学)	胡绮雯:掩隐罪与帮信罪竞合视域下的非法支付结算行为研究
			黄晓亮	法律硕士(非法学)	王国瑞:论自助购物盗窃的刑法规制问题
			黄晓亮	法律硕士(非法学)	袁子丰:网络暴力致害的刑事规制探究
			黄晓亮	法律硕士(非法学)	赵辰宇:破解人脸识别行为的刑法规制研究

续表

序号	培养单位	学位层次	学院/导师情况	专业/方向	2023年学位论文选题及作者
4	北京师范大学	硕士	黄晓亮	法律硕士（非法学）	谈梦芸：论知假买假活动的刑法规制问题
			赵　军	法律硕士（非法学）	赵梦佳：无效合规计划的形成及其反思——以犯罪预防为中心
			赵　军	法律硕士（非法学）	畅金成：“狗肉利用”犯罪化现象研究
			赵　军	法律硕士（非法学）	秦凤蕾：“舆论推动型”刑事立法研究——以负有照护职责人员性侵罪为例
			杨　超	法律硕士（非法学）	牛晓雪：区块链技术背景下我国腐败犯罪研究
			吴沈括	法律硕士（非法学）	黄诗亮：利用短视频平台的电信网络诈骗治理研究——以涉“抖音”的413份判决书为样本
			卢建平	法律硕士（非法学）	郭苏敏：校园贷犯罪的被害预防研究
			卢建平	法律硕士（非法学）	赵浩景：聚众淫乱罪的立法完善与司法改进研究
			卢建平	法律硕士（非法学）	陈靖宇：网络暴力的法律治理
			郭理蓉	法律硕士（非法学）	姚子越：我国轻罪记录封存制度研究
			郭理蓉	法律硕士（非法学）	赵胡：刑事案件中的惩罚性赔偿问题研究
			郭理蓉	法律硕士（非法学）	朱丹：基因编辑技术的刑法边界研究
			张　磊	法律硕士（非法学）	王莉颖：轻罪治理背景下犯罪附随后果的现状与完善
			张　磊	法律硕士（非法学）	胡文涛：网络贩卖毒品犯罪的司法认定问题研究
			张　磊	法律硕士（非法学）	张泉：串通投标罪司法适用疑难问题研究

续表

序号	培养单位	学位层次	学院/导师情况	专业/方向	2023年学位论文选题及作者
4	北京师范大学	硕士	张　磊	法律硕士(非法学)	刘佳:利用系统漏洞侵财行为的刑法规制问题研究
			赵　路	法律硕士(非法学)	朱晨:伪造流量数据行为刑法规制研究
			赵　路	法律硕士(非法学)	曹洋:帮助信息网络犯罪活动罪司法适用若干问题探讨
			赵　路	法律硕士(非法学)	沈维欢:我国刑法涉性别规范的立法缺陷与完善
			刘　科	法律硕士(非法学)	刘易霖:规避技术措施型侵犯著作权罪的若干问题探讨
			刘　科	法律硕士(非法学)	宋阳:侵犯商业秘密罪修订问题研究
			贾济东	法律硕士(非法学)	杨歌:企业合规视域下我国单位犯罪刑事归责模式研究
			贾济东	法律硕士(非法学)	潘倩:论涉案企业合规改革刑事立法之完善
			贾济东	法律硕士(非法学)	刘越:危险作业罪司法适用实证研究
			贾济东	法律硕士(非法学)	林震:论收买被拐卖的妇女、儿童罪的立法缺陷与完善
			赵晨光	法律硕士(非法学)	秦敏:国家工作人员涉有组织犯罪刑事法适用问题研究
			商浩文	法律硕士(非法学)	李春映:新型操纵证券市场犯罪司法认定问题研究
			商浩文	法律硕士(非法学)	吴芳:内幕交易罪司法认定实证研究——基于92份裁判文书
			周振杰	法律硕士(非法学)	李济民:环境犯罪合规治理的问题与对策
			周振杰	法律硕士(非法学)	吕娜娜:袭警罪限缩适用论之提倡

续表

序号	培养单位	学位层次	学院/导师情况	专业/方向	2023年学位论文选题及作者
4	北京师范大学	硕士	周振杰	法律硕士（非法学）	许源：侵犯网络虚拟财产行为的刑法定性研究
			周振杰	法律硕士（非法学）	徐秋楠：收买被拐卖的妇女儿童罪司法适用问题研究
			阴建峰	法律硕士（非法学）	赵怡：袭警罪司法适用问题研究
			阴建峰	法律硕士（非法学）	谯鑫：外汇管理体制改革背景下外汇犯罪的刑法规制
			阴建峰	法律硕士（非法学）	郜子田：抽象危险犯之限缩：由法益保护与规范体系展开
			阴建峰	法律硕士（非法学）	郑红霞：支付结算型帮助信息网络犯罪活动罪的适用研究
			王志祥	法律硕士（非法学）	李奕杭：赵强受贿案的法理问题研究
			王志祥	法律硕士（非法学）	陈振雷：吴常文贪污案法理问题研究
			王志祥	法律硕士（非法学）	林毅：杭州女子取快递遭诽谤案法理问题研究
			王志祥	法律硕士（非法学）	曹楠：“货拉拉案”的法理问题研究
			左坚卫	法律硕士（非法学）	江倪烨：论负有照护职责人员性侵罪的司法适用与立法完善
			黄　风	法律硕士（非法学）	和金平：引渡与遣返案件中反酷刑承诺探析
			黄　风	法律硕士（非法学）	马文婷：向外国请求没收违法所得的基本规程研究
			李山河	法律硕士（非法学）	张基成：帮助信息网络犯罪活动罪的司法扩张与限缩适用研究
			苏明月	法律硕士（非法学）	宁晓：少年司法制度建构视野下专门教育研究

续表

序号	培养单位	学位层次	学院/导师情况	专业/方向	2023 年学位论文选题及作者
4	北京师范大学	硕士	苏明月	法律硕士(非法学)	李家豪:中国未成年人罪错案件先议权归属问题研究
			苏明月	法律硕士(非法学)	李震义:论帮助信息网络犯罪活动罪的"明知"
			苏明月	法律硕士(非法学)	孙蕴奕:负有照护职责人员性侵罪的定罪与量刑
			劳佳琦	法律硕士(非法学)	张舒逸:犯罪记录双重属性的冲突及平衡机制研究
			劳佳琦	法律硕士(非法学)	陈蕾:未成年人犯罪记录封存制度适用条件的疏漏与补正
			劳佳琦	法律硕士(非法学)	张睿琦:妨害传染病防治罪适用边界研究——以新冠疫情为观察背景
			刘志伟	法律硕士(非法学)	范潇光:医用人工智能致医疗事故的刑事归责问题探讨
			刘志伟	法律硕士(非法学)	王佳:司法实务中认定的虚开发票犯罪行为评判性研究
			郑延谱	法律硕士(非法学)	王金艳:赌博借贷情境下的诈骗罪司法认定问题研究——以 119 件司法案例为样本
			郑延谱	法律硕士(非法学)	张壮:"知假买假"索赔行为中的刑法认定
			郑延谱	法律硕士(非法学)	侯旭:危险作业罪司法认定疑难问题研究
			彭新林	法律硕士(非法学)	尹潇:我国犯罪附随后果的优化研究
			彭新林	法律硕士(非法学)	司艳艳:民营企业创新创业刑事司法保障问题及对策研究
			彭新林	法律硕士(非法学)	郭然:利用支付宝平台非法取财行为的定性问题研究
			宋英辉	法律硕士(非法学)	钱文鑫:专门矫治教育的制度检视与优化方案

续表

序号	培养单位	学位层次	学院/导师情况	专业/方向	2023年学位论文选题及作者
4	北京师范大学	硕士	史立梅	法律硕士（非法学）	杨昕雨：环境犯罪恢复性司法研究
			史立梅	法律硕士（非法学）	邵威：成年人轻罪案件犯罪记录封存制度研究
			印 波	法律硕士（非法学）	张格非：传销案件的行政执法与刑事司法衔接机制研究
			杨 雄	法律硕士（非法学）	王柳：单位适用认罪认罚从宽制度研究
			廖 明	法律硕士（非法学）	武柄政：涉案企业刑事合规第三方监督评估机制研究
			雷小政	法律硕士（非法学）	王璐瑶：刑事被害人精神损害赔偿问题研究
			刘世强	法律硕士（非法学）	巨子锐：合规不起诉的行刑衔接问题研究
			吴海航	法律硕士（非法学）	胡纪翔：自动驾驶汽车交通肇事刑事责任主体研究
			袁达松	法律硕士（非法学）	徐子舒："元宇宙"中金融不法行为的类型化规制
			李 滨	法律硕士（非法学）	杨凯：艺术品交易的跨境洗钱法律问题研究
			廖诗萍	法律硕士（非法学）	马时楠：中国跨国商业贿赂犯罪域外管辖规则的现状与完善
5	甘肃政法大学	硕士	司法警察学院/张 郁	侦查学	张仕程：高校涉"两卡"犯罪侦防对策研究
			魏克强	侦查学	杨羽：侵犯商业秘密犯罪案件的侦查困境与突破
			贺小军	侦查学	卜文学：我国刑事侦查中跨境数据取证的困境与应对
			魏克强	侦查学	毕润原：数字货币洗钱犯罪侦查研究
			祁 虹	侦查学	石晓敏："冒充公检法"型诈骗犯罪的侦查对策研究

续表

序号	培养单位	学位层次	学院/导师情况	专业/方向	2023年学位论文选题及作者
5	甘肃政法大学	硕士	秦冠英	侦查学	陈阳:电信网络诈骗犯罪"全链条"侦查对策研究
			李波阳	侦查学	罗睿:我国暗网涉毒犯罪侦查对策研究
			李波阳	侦查学	何顺利:贩毒案件侦查取证困境及对策研究
			王春梅	侦查学	张晶睿:大数据时代跨境网络赌博犯罪侦查对策研究
			张　郁	侦查学	谢中欧:农村涉黑涉恶犯罪侦查对策研究
			贺小军	侦查学	孙小霞:侵犯公民个人信息犯罪案件侦查难点与对策研究
			秦冠英	侦查学	唐凯弦:养老诈骗犯罪的侦防对策研究
			法学院/武晓红	刑法学	时爱萍:污染环境罪的司法适用问题研究
			曾　磊	刑法学	赵毛毛:论帮助信息网络犯罪活动罪的司法适用
			曾　磊	刑法学	刘雪婵:电信网络诈骗犯罪中帮助取款行为的司法认定问题研究
			武晓红	刑法学	张蕾:提供支付结算型帮助信息网络犯罪活动罪司法适用研究
			郑高键	刑法学	肖瑶:抽象危险犯的本质及出罪路径
			屈耀伦	刑法学	彭国安:数字化背景下侵犯著作权罪中"以营利为目的"存废问题研究
			屈耀伦	刑法学	潘正鑫:突发公共卫生事件中以危险方法危害公共安全罪司法适用
			法学院/焦盛荣	诉讼法学	杨金坛:刑事强制医疗制度适用研究
			马红平	诉讼法学	尹小龙:大数据背景下网络赌球犯罪的侦防对策探析
			法学院/屈耀伦	法律硕士(法学)	张宏程:非法吸收公众存款罪的实务问题研究——以非法集资新司法解释为切入点

续表

序号	培养单位	学位层次	学院/导师情况	专业/方向	2023年学位论文选题及作者
5	甘肃政法大学	硕士	陈君武	法律硕士（法学）	任静雯：帮助信息网络犯罪活动罪的司法适用研究
			秦冠英	法律硕士（法学）	高猛：网络有组织犯罪治理研究
			江　溯	法律硕士（法学）	王定红：论侵犯公民个人信息罪之“个人信息”
			张　郁	法律硕士（法学）	彭登媛：电子发票犯罪治理研究
			武晓红	法律硕士（法学）	王薪宇：非法经营罪的限缩研究
			屈耀伦	法律硕士（法学）	陈凤婷：论我国微罪治理体系的构建——以醉酒型危险驾驶罪为切入点
			马红平	法律硕士（法学）	李子怡：“杀猪盘”式网络诈骗犯罪案件的侦查困境及出路
			张　郁	法律硕士（法学）	侯文瑾：虚拟货币犯罪分析及治理对策研究
			武晓红	法律硕士（法学）	张仟钰：高空抛物罪司法适用研究
			秦冠英	法律硕士（法学）	史雨鑫：我国未成年人犯罪适用少捕慎诉慎押刑事司法政策研究
			王春梅	法律硕士（法学）	任天慧：性侵害未成年人罪犯适用从业禁止制度问题研究
			岳　佳	法律硕士（法学）	赵何萍：拐卖妇女犯罪综合治理研究
			郑高键	法律硕士（法学）	纪世振：非数额情节在受贿罪定罪量刑中的理解与适用
			武晓红	法律硕士（法学）	王健：醉酒型危险驾驶罪的司法困境及对策
			武晓红	法律硕士（法学）	李荣正：寻衅滋事罪的限缩适用研究

续表

序号	培养单位	学位层次	学院/导师情况	专业/方向	2023年学位论文选题及作者
5	甘肃政法大学	硕士	黄荣昌	法律硕士(法学)	丁昀凡:论微罪犯罪记录封存制度
			屈耀伦	法律硕士(法学)	胡晚笛:过度维权型寻衅滋事罪的刑法研究
			岳　佳	法律硕士(法学)	白宇:网络诽谤犯罪的法律规制与优化路径研究
			法学院/武晓红	法律硕士(非法学)	唐志强:企业刑事合规中的单位犯罪刑事归责问题研究
			郜占川	法律硕士(非法学)	刘育珊:毒品犯罪中的非法证据排除研究
			曾　磊	法律硕士(非法学)	许冉:催收非法债务罪的司法适用问题研究
			曾　磊	法律硕士(非法学)	赵晨晨:人类基因编辑的刑法规制问题研究
			叶竹梅	法律硕士(非法学)	焦雅洁:论"网络暴力"的刑法规制
			屈耀伦	法律硕士(非法学)	陈爽:冒名顶替罪的司法认定
			曾　磊	法律硕士(非法学)	范强:侵犯个人生物识别信息行为的刑法规制问题研究
6	中南财经政法大学	博士	刑事司法学院/齐文远	侦查学	张蓓蓓:罪错未成年人分级处遇机制研究
			杨宗辉	侦查学	朱敏丽:证券内幕交易犯罪侦查研究
			杨宗辉	侦查学	秦晔:侦诉协作配合机制研究
			童德华	刑法学	刘纯燕:论我国刑法中从犯的性质及认定
			程　红	刑法学	牙韩选:认罪认罚从宽制度运行中的实体法问题研究——基于四类刑事案件的考察
			杨宗辉	刑法学	杨晓宁:广西运输毒品犯罪侦查问题研究
			徐　立	刑法学	周蕾:罪责刑相适应研究

续表

序号	培养单位	学位层次	学院/导师情况	专业/方向	2023年学位论文选题及作者
6	中南财经政法大学	博士	程　红	刑法学	翟艺丹:团体医疗的刑事过失责任研究
			周　详	刑法学	史文平:非法定目的犯研究
		硕士	刑事司法学院/彭　峰	侦查学	王利美:寄递型贩卖毒品犯罪案件侦查研究
			彭　峰	侦查学	余俊锋:黑恶势力犯罪侦查对策研究
			彭　峰	侦查学	张君:毒品犯罪侦查中监控类技术侦查措施运用研究
			周　鑫	侦查学	胡乔淳:"杀猪盘"式电信网络诈骗犯罪侦查对策研究
			闫　平	侦查学	王爱英:生产销售假冒伪劣化妆品犯罪案件侦查研究
			王安全	侦查学	赵培华:网络洗钱犯罪案件侦查对策研究
			杨宗辉	侦查学	邓志源:代际视域下网络犯罪与侦查耦合关系研究
			董邦俊	侦查学	陈安超:大数据背景下涉众型经济犯罪侦查对策研究
			胡向阳	侦查学	魏博:组织网络赌球犯罪案件侦查对策研究
			胡向阳	侦查学	杨云皓:酒类制假犯罪侦查研究
			王安全	侦查学	李静雯:网络贷款诈骗犯罪案件侦查研究
			戴　涛	侦查学	王磊:网络敲诈勒索犯罪案件侦查研究
			刘国民	侦查学	彭林清:网络骗捐犯罪案件侦查研究
			杨宗辉	侦查学	张思晗:"软暴力"犯罪侦查对策研究
			胡向阳	侦查学	刘森霖:网络套路贷犯罪侦查对策研究
			董邦俊	侦查学	王子岳:基于区块链技术的网络传销案件侦查研究
			杨立云	侦查学	王淼:利用网络数据反侦查行为研究
			闫　平	侦查学	任意:情态信息在侦查中的应用研究

续表

序号	培养单位	学位层次	学院/导师情况	专业/方向	2023年学位论文选题及作者
6	中南财经政法大学	硕士	刑事司法学院/周详	刑法学	黄卓成:侵犯著作权罪中“复制发行”的限缩研究
			王安异	刑法学	刘小洁:刑事合规的出罪功能研究——以单位犯罪主体的视角
			程　红	刑法学	李想:“反复挪还型”挪用公款犯罪数额认定研究
			周　凌	刑法学	郭犇:环境犯罪刑事责任承担中的环境修复责任研究——以恢复性司法为视角
			齐文远	刑法学	张国雄:组织卖淫犯罪集团司法认定规范化研究
			周　凌	刑法学	蔡君怡:论作为侵财犯罪对象的虚拟财产概念
			郭泽强	刑法学	姚剑飞:自洗钱犯罪的限制适用研究
			李淑兰	刑法学	刘宇婷:帮助信息网络犯罪活动罪定罪实证研究——以1034份判决书为分析样本
			杨　柳	刑法学	姜高明:论帮助信息网络犯罪活动罪的限缩适用
			田国宝	刑法学	周思杰:信息型操纵证券市场罪的认定争议问题研究
			王复春	刑法学	刘艺璇:性侵未成年人犯罪人信息公开制度研究
			张正宇	刑法学	潘彦伊:合规视域下单位刑事责任认定问题研究
			童德华	刑法学	彭勉:帮助信息网络犯罪活动罪的罪刑问题研究
			王安异	刑法学	雷雪:网络时代刑法解释限度研究
			夏朝晖	刑法学	尹云枫:买卖虚拟货币行为刑法定性研究
			夏　勇	刑法学	林宗汶:自力实现债权行为的刑法定性研究
			郭泽强	刑法学	张忠鑫:片面对向犯中必要参与行为的可罚性研究

续表

序号	培养单位	学位层次	学院/导师情况	专业/方向	2023 年学位论文选题及作者
6	中南财经政法大学	硕士	徐　立	刑法学	叶镝:我国"致人死亡"条款的类型化研究
			周　详	刑法学	郭庆康:恶势力团伙司法认定研究
			周　凌	刑法学	常庆茜:非法利用信息网络行为的可罚性依据研究
			童德华	刑法学	任静:数额在情节要素中的检视——基于侵犯商业秘密罪的立法修正
			齐文远	刑法学	颜廷杰:随意殴打型寻衅滋事罪认定界限研究
			王安异	刑法学	高任飞:洗钱罪主观归责研究——从洗钱罪"明知"的删除展开
			周　凌	刑法学	张思琦:虚假破产罪保护法益研究
			田国宝	刑法学	刘子睿:民间高利贷行为刑法规制问题研究
			徐　立	刑法学	钱鑫:利用支付宝侵财行为的刑法定性
			张正宇	刑法学	张译文:非法植入基因编辑、克隆胚胎罪的法教义学解读
			袁建伟	刑法学	李梦:妨害药品管理罪的司法适用
			齐文远	刑法学	廖子衿:污染环境罪制度完善路径探究
			张克文	刑法学	魏丽曼:窃取网络虚拟财产的刑法定性
			徐　立	刑法学	张轩铭:论虚开增值税专用发票罪的抽象危险犯性质
			张克文	刑法学	蔡晓珊:职务侵占罪的客观要件
			夏　勇	刑法学	尤乙:内幕交易罪认定疑难问题研究
			夏朝晖	刑法学	李晓晗:妨害安全驾驶罪"危及公共安全"法教义学阐释
			李正新	刑法学	师藩洵:非法经营罪的适用及其限制研究
			周　凌	刑法学	刘丽:醉驾型危险驾驶罪限缩路径研究
			赵俊新	刑法学	赵轩:类型思维下集资诈骗罪司法认定研究

续表

序号	培养单位	学位层次	学院/导师情况	专业/方向	2023 年学位论文选题及作者
6	中南财经政法大学	硕士	赵俊新	刑法学	汪婵:网络型开设赌场罪司法认定困境及路径选择
			周　详	刑法学	郭禹含:非法吸收公众存款罪法益二元复合说之提倡
			丁友勤	刑法学	王子怡:妨害传染病防治罪的司法认定问题研究
			王良顺	刑法学	段红吉:袭警罪司法认定研究
			李正新	刑法学	周梦囡:不法原因给付型侵占罪及其限度研究
			程　红	刑法学	谭腾:法域冲突视角下破产欺诈行为刑法定性研究
			王良顺	刑法学	张宇婷:催收非法债务罪的司法限缩研究
			赵俊新	刑法学	曹源欣:论醉酒型危险驾驶罪的司法限定
			周　详	刑法学	黄英:论负有照护职责人员性侵罪的规范定位
			杨　柳	刑法学	杨雅颖:论网络空间起哄闹事型寻衅滋事罪的认定
			张克文	刑法学	邱映菱:论诈骗罪的处分意识
			王良顺	刑法学	张洁:高空抛物罪的司法限缩研究
			程　红	刑法学	李克强:假冒注册商标罪"相同的商标"认定之难点研究
			丁友勤	刑法学	丁文强:擅自处理已公开个人信息行为的刑法规制研究
			夏朝晖	刑法学	何飞彦:涉疫型妨害公务罪中公务行为的认定
			夏　勇	刑法学	夏艺丹:非法转移他人第三方支付平台资金的刑法定性
			杨　柳	刑法学	刘雨杉:论目的落空型诈骗罪财产损失的认定

续表

序号	培养单位	学位层次	学院/导师情况	专业/方向	2023年学位论文选题及作者
6	中南财经政法大学	硕士	王安异	刑法学（专业学位）	周曼：帮助信息网络犯罪活动罪的“明知”认定研究
			童德华	刑法学（专业学位）	朱莉蓉：医疗事故罪因果关系判断的类型化建构
			法学院/石晓波	诉讼法学	张泽瑀：强制医疗解除程序研究
			法学院/江　河	国际法学	向绮萌：跨国网络犯罪国际合作的现实困境与中国应对
			简基松	国际法学	谭恩临：论网络恐怖主义犯罪管辖权竞合冲突与协调
			法学院/周其明	法学理论	饶津芸：企业刑事合规不起诉的适用困境及出路
			刑事司法学院/夏　勇、徐小明	法律硕士（法学）	钟敏瑶：非法利用个人信息行为犯罪化研究
			夏　勇、徐小明	法律硕士（法学）	莫孝灵：帮信罪司法认定的疑难问题研究
			周　凌、刘仁武	法律硕士（法学）	刘梦璇：论帮助信息网络犯罪活动罪中的“明知”
			程　红	法律硕士（法学）	王颖超：自洗钱型洗钱罪认定之疑难问题研究
			夏朝晖、刘仁武	法律硕士（法学）	贺晓瞳：非法吸收公众存款罪犯罪数额的司法认定
			夏朝晖、张静雨	法律硕士（法学）	张虓虎：刑事合规中的企业监督管理义务研究
			程　红	法律硕士（法学）	付歆宇：虚开增值税专用发票罪司法认定问题研究
			童德华	法律硕士（法学）	周旋：组织犯的刑事责任研究

续表

序号	培养单位	学位层次	学院/导师情况	专业/方向	2023 年学位论文选题及作者
6	中南财经政法大学	硕士	童德华、李少波	法律硕士(法学)	李心仪:套路式诈骗类型研究
			程　红、刘　娟	法律硕士(法学)	王康琴悦:参加黑社会性质组织罪中“其他参加者”的认定研究
			童德华、张　军	法律硕士(法学)	张愿:论共谋共同正犯的认定
			王良顺、史志军	法律硕士(法学)	赖晰然:强令、组织他人违章冒险作业罪研究
			周　详、张　军	法律硕士(法学)	都香早:收买被拐卖妇女罪法定刑维持论之提倡——一个法社会学的视角
			付　凤、彭　夫	法律硕士(法学)	程慧佳:我国涉罪未成年人人身危险性评估问题研究
			刘代华	法律硕士(法学)	袁凯:代购精神药品行为的出罪路径研究
			丁友勤、郭川阳	法律硕士(法学)	郭辉:论妨害药品管理罪的入罪标准
			齐文远、彭彦平	法律硕士(法学)	黄钟月:妨害安全驾驶罪的认定问题研究
			丁友勤、李少波	法律硕士(法学)	董思齐:高空抛物罪司法适用研究
			丁友勤、郭川阳	法律硕士(法学)	熊文雄:催收非法债务罪“催收行为”司法认定研究
			齐文远、张　军	法律硕士(法学)	胡发华:强制猥亵、侮辱罪研究
			丁友勤、毛洪涛	法律硕士(法学)	张莹莹:买卖尸体行为的刑法规制研究
			王复春、毛洪涛	法律硕士(法学)	李宬婵:负有照护职责人员性侵罪疑难问题研究
			刘代华、徐小明	法律硕士(法学)	李梦洁:妨害传染病防治罪的罪过认定

续表

序号	培养单位	学位层次	学院/导师情况	专业/方向	2023年学位论文选题及作者
6	中南财经政法大学	硕士	夏朝晖、毛洪涛	法律硕士（法学）	刘成果:反向刷单行为的刑法定性研究
			程　红、毛洪涛	法律硕士（法学）	牛诗璇:虚假诉讼罪中“严重侵害他人合法权益”的认定研究
			刑事司法学院/董邦俊、毛　欣	法律硕士（非法学）	汪元航:帮助信息网络犯罪活动罪司法适用研究
			董少平、郭川阳	法律硕士（非法学）	张则超:总体国家安全观视域下数据犯罪的刑法规制路径研究
			焦俊峰、程客彬	法律硕士（非法学）	邹明媚:帮助信息网络犯罪活动罪的司法适用研究
			周睦棋、毛洪涛	法律硕士（非法学）	叶袁慧佳:网络涉毒犯罪侦查对策研究
			焦俊峰、万　军	法律硕士（非法学）	王豪:自洗钱型洗钱罪的司法认定研究
			夏　勇、郭川阳	法律硕士（非法学）	王秋贺:代购毒品行为的刑法定性研究
			丁友勤、刘　娟	法律硕士（非法学）	郭祥铂:网络侮辱犯罪的刑法分析
			丁友勤、刘　娟	法律硕士（非法学）	曹欣欣:数据安全视角下数据爬取行为的刑法规制研究
			张正宇、付凤鸣	法律硕士（非法学）	宋海翔:论污染环境罪的保护法益——生态学人类中心主义法益论之证成
			李正新、李少波	法律硕士（非法学）	史尚岩:自洗钱犯罪司法适用问题研究
			张克文、付凤鸣	法律硕士（非法学）	李洪蛟:恶意透支型信用卡诈骗罪“有效催收”司法认定研究
			刘代华、张　军	法律硕士（非法学）	胡智敏:收买被拐卖的妇女罪的司法适用研究
			周　凌、宋福信	法律硕士（非法学）	朱程祥:“网络水军”的刑法规制问题研究

续表

序号	培养单位	学位层次	学院/导师情况	专业/方向	2023年学位论文选题及作者
6	中南财经政法大学	硕士	周　凌、刘仁武	法律硕士(非法学)	孟增荣:性侵犯罪中的被害人承诺效力研究
			张克文、程客彬	法律硕士(非法学)	侯超:污染环境罪的主观罪过研究
			张正宇、郭川阳	法律硕士(非法学)	张永琪:网络服务提供者刑事责任的认定
			郭泽强、徐小明	法律硕士(非法学)	刘孝宁:智能网联汽车交通肇事刑事责任认定研究
			张克文、张　军	法律硕士(非法学)	刘星彤:非法吸收公众存款罪的司法适用研究
			夏　勇、刘俊丽	法律硕士(非法学)	成挚:担保贷款型"两头骗"行为的刑法定性研究
			李正新、简端良	法律硕士(非法学)	张欣欣:污染环境罪的司法认定研究
			夏　勇、刘仁武	法律硕士(非法学)	张元发:窃取网络虚拟财产行为的定罪量刑研究
			郭泽强、李少波	法律硕士(非法学)	陈思远:袭警罪司法适用问题研究
			刘代华、张　军	法律硕士(非法学)	张浩:代购毒品行为的司法认定
			刘代华、张静雨	法律硕士(非法学)	徐文亚:对袭警罪中"暴力袭击"行为的认定
			周　详、彭　夫	法律硕士(非法学)	范文奇:论诈骗罪中处分意识的必要性问题
			程　红、郭培军	法律硕士(非法学)	王玖安:欺诈发行证券罪司法适用疑难问题研究
			夏朝晖、宋福信	法律硕士(非法学)	李超航:催收非法债务罪中"非法债务"的认定
			董少平、付凤鸣	法律硕士(非法学)	马禹:侵害英雄烈士名誉、荣誉罪中的"社会公共利益"研究

续表

序号	培养单位	学位层次	学院/导师情况	专业/方向	2023 年学位论文选题及作者
6	中南财经政法大学	硕士	张　敬、刘仁武	法律硕士（非法学）	罗呈瑜：催收非法债务罪司法认定研究
			李正新、刘　畅	法律硕士（非法学）	罗海莹：负有照护职责人员性侵罪的司法认定研究
			张正宇、程客彬	法律硕士（非法学）	吴博：侵犯公民个人信息罪的司法认定问题研究
			袁建伟、张静雨	法律硕士（非法学）	曹方圆：个人信息的刑法保护研究
			袁建伟、刘　娟	法律硕士（非法学）	张笑蕾：高空抛物罪司法适用研究
			夏朝晖、宋福信	法律硕士（非法学）	房瑞：破坏生产经营罪中“其他方法”的司法认定研究
			刘代华、付凤鸣	法律硕士（非法学）	叶世健：刑法第 299 条之一“英雄烈士”范围的界定
			法学院/周　凌、刘仁武	法律硕士（非法学）	刘璐洁：妨害传染病防治罪适用之限缩
			程　红、徐小明	法律硕士（非法学）	刘璟艺：催收非法债务罪司法适用疑难问题研究
			法律硕士教育中心/严本道、段新安	法律硕士（非法学）	严敏：共同犯罪案件分案审理问题研究
			国家治理学院/袁建伟、徐小明	法律硕士（非法学）	崔佳欣：网络恶势力犯罪司法认定研究
			袁建伟、郭川阳	法律硕士（非法学）	杜长兴：“两头骗”行为的刑法规制——以“租车诈骗”案为例
7	安徽大学	硕士	法学院/储陈城	刑法学	吴月瑶：帮助信息网络犯罪活动罪的司法扩张及其限制
			魏汉涛	刑法学	刘璐：妨害药品管理罪的教义学分析
			李　婕	刑法学	余文意：新型公共危险犯罪的刑法适用研究

续表

序号	培养单位	学位层次	学院/导师情况	专业/方向	2023 年学位论文选题及作者
7	安徽大学	硕士	陈结淼	刑法学	刘月:过失犯中被害人自陷风险的刑法归责
			法学院/李 婕	法律硕士(法学)	宋宁:刑事合规视角下单位犯罪认定研究
			法学院/储陈城	法律硕士(非法学)	涂啸菲:具体打击错误归责的实践展开
			魏汉涛	法律硕士(非法学)	韩逸凤:网络恶势力犯罪的司法认定
8	吉林大学	博士	法学院/李立丰	刑法学	王俊松:污染环境罪保护法益问题研究
			李海滢	刑法学	王延峰:刑法中禁止重复评价原则的实现问题研究
			徐 岱	刑法学	王沛然:我国身份犯问题研究
			法学院/吕 丽	法律史	宁凡:唐代官员犯罪治理研究
			法学院/钱大军	法学理论	岳陆:认罪认罚从宽制度研究:一个功能角度的研究
		硕士	法学院/王 勇	刑法学	白天宇:不能未遂中的危险判断研究
			张 旭	刑法学	狄鉴祎:利用伪基站实施诈骗案件的罪数认定问题研究
			王弘宁	刑法学	韩博洪:流量劫持行为定罪问题研究
			王弘宁	刑法学	李菲:超法规义务冲突出罪标准问题研究
			郑军男	刑法学	李鑫鑫:论负有照护职责人员性侵罪的保护客体
			李立丰	刑法学	刘美麟:轻罪行为依据“但书”出罪的实体法路径探讨
			王军明	刑法学	吕昊:强奸罪中的被害人错误同意研究
			王 充	刑法学	孟繁頔:论帮助信息网络犯罪活动罪中“明知”的认定标准

续表

序号	培养单位	学位层次	学院/导师情况	专业/方向	2023 年学位论文选题及作者
8	吉林大学	硕士	王军明	刑法学	邵慧婷:网络背景下破坏生产经营罪中“其他方法”之解释路径研究
			郑军男	刑法学	魏东雪:帮助行为正犯化立法正当性分析
			徐　岱	刑法学	温孟夏:论不法原因给付物的刑法认定
			王　勇	刑法学	向云南:单位犯罪视域下刑事合规的适用研究
			陈劲阳	刑法学	许楚楚:妨害传染病防治罪罪过形式的研究
			王　勇	刑法学	张珂:侵犯商业秘密罪中“情节严重”的认定研究
			法学院/贾志强	法学	兰昊骏:我国拐卖妇女、儿童罪认定问题研究
			法学院/张文显	法学理论	金洋:“扫黑除恶”背景下东北地区涉黑犯罪研究——以 118 份判决书为样本
			法学院/王　充	法律硕士(法学)	褚振:侵犯公民个人信息罪的法益研究
			陈劲阳	法律硕士(法学)	崔童童:操纵证券、期货市场罪新增类型认定难题研究
			王　勇	法律硕士(法学)	高峰:论职务侵占罪中的“利用职务上的便利”
			李立丰	法律硕士(法学)	李凤云:被胁迫行为出罪的应然路径选择
			王军明	法律硕士(法学)	李钟:组织、领导传销活动罪中骗取财物问题研究
			王　充	法律硕士(法学)	梁楠:论贩卖毒品罪的既遂标准
			王军明	法律硕士(法学)	刘萍:收买被拐卖的妇女、儿童罪的立法完善研究
			王军明	法律硕士(法学)	刘宇欣:冒用“蚂蚁花呗”实施侵财犯罪的司法认定

续表

序号	培养单位	学位层次	学院/导师情况	专业/方向	2023年学位论文选题及作者
8	吉林大学	硕士	王　充	法律硕士（法学）	马瑞国:论催收非法债务罪中“非法债务”的认定问题
			陈劲阳	法律硕士（法学）	森巴提·巴合提别克:收买被拐卖的妇女、儿童罪立法完善研究
			陈劲阳	法律硕士（法学）	特日格勒:帮助信息网络犯罪活动罪司法认定疑难问题探讨
			张　旭	法律硕士（法学）	王帆:“自洗钱”型洗钱罪适用的疑难问题研究
			张　旭	法律硕士（法学）	王松林:私益求助型众筹骗捐行为罪与非罪界限认定研究
			徐　岱	法律硕士（法学）	韦佳忆:自洗钱入罪后洗钱罪的若干问题研究
			李海滢	法律硕士（法学）	杨毅伟:袭警罪中“暴力袭击”的法教义学分析
			王　勇	法律硕士（法学）	周潇潇:破坏生产经营罪中“其他方法”的认定研究
			陈劲阳	法律硕士（法学）	周笑野:袭警罪司法认定问题研究
			李立丰	法律硕士（法学）	周燕燕:诈骗罪中被害人因受骗而同意的有效性问题研究
			陈劲阳	法律硕士（法学）	朱兹珊:污染环境罪中“严重污染环境”要件研究
			徐　岱	法律硕士（法学）	李梦蓉:论高空抛物罪的司法认定
			王　勇	法律硕士（法学）	李欣朔:妨害传染病防治罪的罪过形式研究
			王　充	法律硕士（法学）	梁梓琳:电信网络诈骗犯罪中帮助取款行为定性问题研究
			陈劲阳	法律硕士（法学）	孙晓妍:欺诈发行证券罪客观方面疑难问题研究

续表

序号	培养单位	学位层次	学院/导师情况	专业/方向	2023年学位论文选题及作者
8	吉林大学	硕士	郑军男	法律硕士（法学）	王其海：自洗钱型洗钱罪研究
			张　旭	法律硕士（法学）	叶尔达·索龙古：猥亵儿童罪的量刑适用分析
			李海滢	法律硕士（法学）	张蒙蒙：网络帮助侵犯著作权行为的共同犯罪认定
			王军明	法律硕士（法学）	张琦：中立帮助行为的刑法规制研究
			徐　岱	法律硕士（法学）	李思蒙：论转化型抢劫罪的认定
			张文显	法律硕士（法学）	刘晓可：罪错未成年人保护处分制度研究——以校园暴力为切入点
			法学院/徐　岱	法律硕士（非法学）	冯钰：论拒不履行信息网络安全管理义务罪的适用
			王　勇	法律硕士（非法学）	钱静：论骗取贷款罪的“欺骗手段”
			王　充	法律硕士（非法学）	王姿惠：论生产、销售、提供假药罪中的假药
			王　充	法律硕士（非法学）	张琦：论强奸罪中的“违背妇女意志”
			新能源与环境学院/段海燕	环境科学	陈雪岩：我国污染环境罪的时空格局及影响因素研究
9	广西师范大学	硕士	法学院/倪业群	法学	曹艺学：论精神虐待行为的刑法规制
			倪业群	法学	龙煦洋：袭警罪的教义学解释
			法学院/蒋人文	法律硕士（非法学）	胡城莉：轻罪前科消灭制度构建
			倪业群	法律硕士（非法学）	贺春妮：催收非法债务罪研究
			倪业群	法律硕士（非法学）	黎文华：帮助信息网络犯罪活动罪司法适用问题研究

续表

序号	培养单位	学位层次	学院/导师情况	专业/方向	2023年学位论文选题及作者
9	广西师范大学	硕士	倪业群	法律硕士(非法学)	邱悦:侵犯公民个人信息罪司法适用问题研究
			政治与公共管理学院/何乃柱	社会工作	董梅艳:涉罪未成年人帮教的个案工作介入研究——以广西贺州市G机构程某为例
			包俊林	社会工作	韦含茜:涉罪未成年人偏差行为矫正的个案工作介入研究——以涉罪未成年少女小C为例
10	贵州民族大学	硕士	法学院/张　红	法学	刘文凯:高空抛物罪的司法适用研究
			向　鹏	法学	张欢:人工智能犯罪刑事责任认定问题研究
			吴　柯	法学	李佳明:妨害传染病防治罪适用问题研究
			吴大华	法学	麻正芬:袭警罪司法认定中的若干问题研究
			法学院/张　红	法律硕士(法学)	陈天宇:妨害公务罪的认定问题研究——以疫情防控下的三个案例为视角
			向　鹏	法律硕士(法学)	方茜:我国A省B市女性毒品犯罪问题调查研究
			法学院/宋　强	法律硕士(非法学)	魏菱梓:非法吸收公众存款罪防治研究——以四川省C市为视角
			向　鹏	法律硕士(非法学)	冯帆:F省X市电信网络诈骗犯罪调查研究
			吴　柯	法律硕士(非法学)	夏林:高空抛物罪中“情节严重”的理解和适用——以赵明华高空抛物案等三个案例为视角
11	河北大学	硕士	法学院/牛忠志	刑法学	周玉琴:高空抛物罪的疑难问题研究
			牛忠志	刑法学	王莎莎:单位犯罪及其刑事责任立法完善研究
			赵学军	刑法学	代文煜:袭警罪司法认定研究

续表

序号	培养单位	学位层次	学院/导师情况	专业/方向	2023 年学位论文选题及作者
11	河北大学	硕士	苏永生	刑法学	王彦杭:妨害兴奋剂管理罪行刑衔接问题研究
			田　旭	刑法学	陈子鲲:生产、销售不符合安全标准的食品罪量刑问题实证研究
			赵学军	刑法学	李梦园:网络起哄闹事型寻衅滋事罪适用问题研究
			法学院/田　旭、李冀闽	法律硕士(非法学)	陈一鸣:贪污罪量刑问题实证研究——以河北省 369 个刑事判决书为例
			杨卉青、朱良酷	法律硕士(非法学)	闫语:收买被拐卖妇女、儿童犯罪问题研究
			田　旭、赵雪莲	法律硕士(非法学)	杨浩毅:法益恢复行为对定罪与量刑的影响研究
			苏永生、田文利	法律硕士(非法学)	陈宏健:非法第四方支付的刑法规制
			田　旭、姚志强	法律硕士(非法学)	肖安:索债型非法拘禁罪司法适用问题研究
			牛忠志、戴军峰	法律硕士(非法学)	程秀蓉:强人工智能体刑事风险的刑法应对
			赵学军、田文利	法律硕士(非法学)	勾岐淋:网络环境中侵犯著作权罪司法适用问题研究
			牛忠志、王越飞	法律硕士(非法学)	尤英锡:网络游戏外挂犯罪刑法规制新路径
			赵学军、梁　旭	法律硕士(非法学)	邵丽洁:涉疫因素影响妨害公务罪量刑问题研究
			赵学军、朱良酷	法律硕士(非法学)	程欣:非国家工作人员受贿罪量刑实证研究
			苏永生、田文利	法律硕士(非法学)	曾德芬:环境犯罪行刑衔接中案件移送问题研究

续表

序号	培养单位	学位层次	学院/导师情况	专业/方向	2023 年学位论文选题及作者
12	河南财经政法大学	硕士	刑事司法学院/任彦君	刑法学	李倩:帮助信息网络犯罪活动罪的限缩适用研究
			丁华宇	刑法学	李静:利用影响力受贿罪司法认定的研究
			任彦君	刑法学	王萍:网络帮助行为正犯化研究
			房清侠	刑法学	赵世琦:流量劫持行为的刑法定性研究
			臧冬斌	刑法学	郭学知:骗取贷款罪司法认定疑难问题的研究
			臧冬斌	刑法学	陈旭琰:不作为的共犯研究
			张二军	刑法学	韩雨静:以危险方法危害公共安全罪中“危险方法”认定研究
			陈　璐	刑法学	王晓艺:诈骗罪中的处分行为研究
			民商经济法学院/陈晓景	环境与资源保护法学	陈晨:流域环境刑事规制研究
			法学院/师　维	国际法学	罗碧雯:暗网恐怖主义国际治理问题研究
			法学院/侯东亮	诉讼法学	游忆:侵犯知识产权罪电子证据审查判断的实证研究
			刑事司法学院/陈　璐	法律硕士(法学)	王剑:内幕交易、泄露内幕信息罪司法适用问题研究
			陈　璐	法律硕士(法学)	甘鹏:帮助信息网络犯罪活动罪司法适用问题研究
			裴小梅	法律硕士(法学)	赵林娟:醉酒型危险驾驶罪司法适用及优化路径研究
			刑事司法学院/陈　璐	法律硕士(非法学)	杜静静:网络诈骗共同犯罪问题研究
			刑事司法学院/陈　璐	法律硕士(非法学)	王馨琦:骗取贷款罪司法认定问题研究
			法学院/裴小梅	法律硕士(非法学)	董亚梅:未成年人犯罪记录封存制度完善研究
			焦占营	法律硕士(非法学)	楚静诗:工程重大安全事故罪研究

续表

序号	培养单位	学位层次	学院/导师情况	专业/方向	2023年学位论文选题及作者
13	河南大学	硕士	法学院/庞冬梅	法学	付相湘:编造、故意传播虚假信息罪客观行为的司法认定
			蔡军	法学	王帆:论袭警罪的“暴力袭击”
			蔡军	法学	王浩:论帮助信息网络犯罪活动罪“情节严重”的认定——以“积量构罪”为视角
			庞冬梅	法学	苏鹏展:袭警罪司法适用研究
			樊建民	法学	王文静:敲诈勒索罪的限缩适用研究
			刘夏	法学	闫娇娇:网络型开设赌场罪的司法认定
			法学院/刘夏、邹善卿	法律硕士(法学)	李昔柠:非法利用信息网络罪客观行为的认定研究
			樊建民、代朝辉	法律硕士(法学)	王智:洗钱罪的司法适用研究
			晋涛、殷雷萍	法律硕士(法学)	方露洁:“人文价值”对故意损毁名胜古迹罪的适用解析
			刘夏、孔令营	法律硕士(法学)	郑帅:有组织犯罪重复评价问题研究
			庞冬梅、冯建国	法律硕士(法学)	李磊:论催收非法债务罪的司法适用
			樊建民	法律硕士(法学)	程茹:帮助网络信息犯罪活动罪的限缩适用研究
			蔡军、雷燕	法律硕士(法学)	杨钰彤:论非法植入基因编辑胚胎罪的实行行为
			庞冬梅	法律硕士(法学)	李绅豪:醉酒型危险驾驶罪司法适用研究
			蔡军	法律硕士(法学)	栾晓雨:论催收非法债务罪中的“非法债务”
			杨金科、王登巍	法律硕士(法学)	吴晓:我国未成年人性权利的刑法保护研究
			蔡军、王晓明	法律硕士(法学)	罗婷婷:冒名顶替罪的立法检视和司法适用

续表

序号	培养单位	学位层次	学院/导师情况	专业/方向	2023 年学位论文选题及作者
13	河南大学	硕士	法学院/晋　涛、武中文	法律硕士(非法学)	刘会杰:袭警罪裁判规则的反思研究
			王爱鲜、高志强	法律硕士(非法学)	李雨柯:受虐妇女反杀案司法适用疑难问题研究
			刘　夏、殷雷萍	法律硕士(非法学)	樊歌雨:侵犯公民个人信息罪司法认定困境及完善
			谷永超、孔令营	法律硕士(非法学)	孟思阳:论帮助信息网络犯罪活动罪的司法适用
			王爱鲜、王丽霞	法律硕士(非法学)	禹露:网络诽谤罪的司法认定疑难问题研究
			庞冬梅、高志强	法律硕士(非法学)	杨曼仑:负有照护职责人员性侵罪教义学分析
			谷永超、雷　燕	法律硕士(非法学)	高静:催收非法债务罪的认定问题研究
			郝守才、宋春波	法律硕士(非法学)	郝媛媛:涉自动驾驶汽车犯罪刑事责任问题研究
			杨金科、江长涛	法律硕士(非法学)	刘丹青:网络传销犯罪司法认定问题研究
14	黑龙江大学	博士	法学院/刘彦辉	刑法学	赵学申:滥用职权行为的刑法学分析
			刘彦辉	刑法学	马浩予:论刑法中的监督过失
		硕士	法学院/于逸生	刑法学	刘健:论寻衅滋事罪的存废
			于逸生	刑法学	于文佳:我国企业刑事合规问题研究
			刘彦辉	刑法学	张新悦:袭警罪研究
			丁玉翠	刑法学	陈玥:刑事合规视域下单位犯罪的刑事责任研究
			董玉庭	刑法学	刘雨琪:催收非法债务罪研究

续表

序号	培养单位	学位层次	学院/导师情况	专业/方向	2023 年学位论文选题及作者
14	黑龙江大学	硕士	陈建旭	刑法学	曹更莹:收买被拐卖的妇女、儿童罪研究
			李 欣	刑法学	刘品辰:论帮助信息网络犯罪活动罪
			丁玉翠	刑法学	赵伟华:我国预防性刑法的扩张及其限度研究
			丁玉翠	刑法学	王晓宇:刑事合规视阈下单位犯罪刑事责任研究
			刘彦辉	刑法学	李文静:洗钱罪研究
			董玉庭	刑法学	陈怡彤:高空抛物行为刑法规制研究
			刘彦辉	刑法学	王岩磊:寻衅滋事罪研究
			董玉庭	刑法学	王云鹏:“公开盗窃说”的合理性研究
			陈建旭	刑法学	王岩:多次盗窃司法认定研究
			法学院/陈建旭	法学	范子珣:侵犯公民个人信息罪司法认定研究
			陈建旭	法学	董晓宏:论涉黑涉恶犯罪中的软暴力
			法学院/董玉庭	法律硕士(非法学)	李弘才:网络型诽谤罪的司法认定
			于文沛	法律硕士(非法学)	邢洛宾:以危险方法危害公共安全罪案研究
			于文沛	法律硕士(非法学)	刘博涵:诽谤罪案研究
			于文沛	法律硕士(非法学)	于克迪:常某某寻衅滋事罪案研究
			刘彦辉	法律硕士(非法学)	刘畅:高空抛物罪的司法认定
			董玉庭	法律硕士(非法学)	王冬雪:侵犯公民个人信息罪司法认定
			李 欣	法律硕士(非法学)	唐梦:徐某等诈骗案研究

续表

序号	培养单位	学位层次	学院/导师情况	专业/方向	2023 年学位论文选题及作者
14	黑龙江大学	硕士	陈　晨	法律硕士(非法学)	高峰:袭警罪若干问题研究
			于文沛	法律硕士(非法学)	刘平:唐浩彬危险驾驶罪案研究
			陈　晨	法律硕士(非法学)	王成海:网络诽谤罪案探究
			于文沛	法律硕士(非法学)	刘一平:毒品代购行为定性分析
			丁玉翠	法律硕士(非法学)	张莫:网络侮辱行为定性研究
			王　静	法律硕士(非法学)	李明哲:帮助信息网络犯罪活动罪若干问题研究
			刘彦辉	法律硕士(非法学)	岳子茗:论妨害安全驾驶罪
			王　静	法律硕士(非法学)	冯钰:买卖妇女儿童定罪量刑问题研究
			刘彦辉	法律硕士(非法学)	刘青:交通肇事罪案研究
			刘彦辉	法律硕士(非法学)	黄忍:拐卖妇女、儿童罪若干问题研究
			于文沛	法律硕士(非法学)	朱梦婷:转化型抢劫案研究
			李　欣	法律硕士(非法学)	吴曦:高空抛物罪若干问题研究
			陈建旭	法律硕士(非法学)	史鹏飞:网络型诽谤罪司法认定研究
			陈建旭	法律硕士(非法学)	齐鑫:侮辱罪司法认定分析
			陈建旭	法律硕士(非法学)	姜妍姝:妨害传染病防治罪司法认定研究

续表

序号	培养单位	学位层次	学院/导师情况	专业/方向	2023年学位论文选题及作者
14	黑龙江大学	硕士	陈　晨	法律硕士（非法学）	夏爽:故意伤害罪中的被害人承诺研究
			董　凯	法律硕士（非法学）	赵振宇:刑事诉讼中未成年人言词证据的审查问题研究
			刘彦辉	法律硕士（非法学）	曹睿:贩卖毒品罪疑难问题研究
			陈建旭	法律硕士（非法学）	李瑞洋:高空抛物罪案研究
			陈　晨	法律硕士（非法学）	郑海东:侵犯公民个人信息罪研究
			丁玉翠	法律硕士（非法学）	齐怡贤:逃税罪的司法认定
			王　静	法律硕士（非法学）	单子桐:网络暴力行为的刑法规制
			王　静	法律硕士（非法学）	王婧:盗窃虚拟财产行为的刑法学研究
			陈建旭	法律硕士（非法学）	项奇:洗钱罪司法认定研究
			陈　晨	法律硕士（非法学）	赵炳斌:以危险方法危害公共安全罪案研究
			刘彦辉	法律硕士（非法学）	谭湘怡:袭警罪疑难问题研究
			丁玉翠	法律硕士（非法学）	许崇江:帮助信息网络犯罪活动罪的司法认定
			董玉庭	法律硕士（非法学）	孙智超:货拉拉司机过失致死案研究
			李　欣	法律硕士（非法学）	尤新月:截贿行为的司法认定
			陈建旭	法律硕士（非法学）	孙泽林:交通肇事罪“逃逸”认定问题研究

续表

序号	培养单位	学位层次	学院/导师情况	专业/方向	2023 年学位论文选题及作者
14	黑龙江大学	硕士	陈建旭	法律硕士(非法学)	封雨:梁某医疗事故罪案研究
			丁玉翠	法律硕士(非法学)	乔振航:中俄网络诈骗犯罪比较研究
			政府管理学院/徐　楷	社会学	苑媛:家庭暴力引发犯罪的社会学分析——基于 150 份刑事一审判决书的实证研究
			政府管理学院/袁洪英	公共管理	王伯强:哈尔滨铁路公安防治电信网络诈骗研究
15	江西财经大学	硕士	法学院/徐光华	刑法学	吴琪:金融诈骗罪与诈骗罪关系的法理解读——以信用卡诈骗罪特别从宽处罚为例的展开
			姜红仁	刑法学	钟惠康:袭警罪客观要件的认定
			刘孝敏	刑法学	童玉婷:黑恶势力犯罪中的软暴力问题研究
			徐光华	刑法学	杨冬琴:刑法中"致人死亡的以故意杀人罪论处"的定性研究
			郭晓红	刑法学	江伟楠:盗窃网络虚拟财产行为的刑法规制研究
			刘孝敏	刑法学	陈勒成:论催收非法债务罪的司法适用
			郭晓红	刑法学	陈汀伟:特殊防卫限制适用的实证研究——以 75 份裁判文书为样本
			黄华生	刑法学	付抢辉:有组织犯罪违法所得认定之推定制度研究
			姜红仁	刑法学	甘佳玲:置换网络支付二维码行为的刑法定性
			黄华生	刑法学	胡建:从法益视角论非法吸收公众存款罪的"公开性"与"公众性"
			法学院/黄华生	法律硕士(法学)	张宇伦:催收非法债务罪的立法缺憾与改造

续表

序号	培养单位	学位层次	学院/导师情况	专业/方向	2023年学位论文选题及作者
15	江西财经大学	硕士	姜红仁	法律硕士(法学)	熊梓成:催收非法债务罪司法适用问题研究
			姜红仁	法律硕士(法学)	王洁:出卖亲生子女行为司法认定的实践困境与应对
			徐光华	法律硕士(法学)	邓永林:团队计酬营销模式罪与非罪的界限
			郭晓红	法律硕士(法学)	胡泽平:《个人信息保护法》背景下侵犯公民个人信息罪的调整思路
			谢小剑	法律硕士(法学)	汪诗琪:帮助信息网络犯罪活动罪扩张适用的反思与规制
			法学院/谢小剑	法律硕士(非法学)	谢杰:醉驾型危险驾驶罪的行刑证据衔接问题研究
			谢小剑	法律硕士(非法学)	张卓:电信网络诈骗犯罪侦查管辖问题研究
			卢希起	法律硕士(非法学)	彭美琳:《反有组织犯罪法》中特殊刑事程序规则研究
			黄华生	法律硕士(非法学)	金慧欣:论正当防卫中的"不法侵害"
			刘孝敏	法律硕士(非法学)	孙倩倩:帮助信息网络犯罪活动罪的司法扩张及其限缩路径探究
			刘孝敏	法律硕士(非法学)	李继婷:"自洗钱"犯罪的司法认定
			郭晓红	法律硕士(非法学)	王浩然:帮助信息网络犯罪活动罪司法扩张现状及限缩适用研究
			黄华生	法律硕士(非法学)	聂培芸:论职业放贷的刑法规制
			陈幸欢	法律硕士(非法学)	陈朝:婚恋型故意杀人及故意伤害犯罪研究
			郭晓红	法律硕士(非法学)	徐敏:过度维权行为与敲诈勒索罪界分的实证考察

续表

序号	培养单位	学位层次	学院/导师情况	专业/方向	2023 年学位论文选题及作者
15	江西财经大学	硕士	徐光华	法律硕士（非法学）	李路遥:教师性侵未成年人犯罪的现状、原因及防控研究
			徐光华	法律硕士（非法学）	夏晔:收买被拐卖的妇女罪处罚畸轻的现状及其对策
			姜红仁	法律硕士（非法学）	范秋飞:论骗取贷款罪的司法适用问题及应对
			姜红仁	法律硕士（非法学）	朱冠贤:高空抛物罪之“情节严重”的认定
			李忠民	法律硕士（非法学）	陈李莺:收买被拐卖的妇女、儿童罪刑罚适用研究
			姜红仁	法律硕士（非法学）	王于停:侵犯商业秘密罪“情节严重”的认定
			郭晓红	法律硕士（非法学）	王和菁:寻衅滋事罪的不当扩张及其限缩路径研究
16	昆明理工大学	硕士	法学院/陈伟强	刑法学	吴楠楠:重大疫情防控的刑法立法完善研究
			陈伟强	刑法学	赵燕:高空抛物罪的司法认定
			张薇薇	刑法学	张子霖:针对儿童的性犯罪刑法规制研究
			杨振发	法学	李晓淑:澜湄合作下打击跨国电信诈骗犯罪的法律问题研究
			法学院/陈伟强	法律硕士（法学）	施婷:毒品犯罪死刑限制适用研究
			法学院/陈伟强	法律硕士（非法学）	姜海燕:妨害安全驾驶罪的司法认定研究
			罗　薇	法律硕士（非法学）	邬建强:袭警罪认定中若干问题研究
17	兰州大学	硕士	法学院/申　伟	刑法学	谭彩璇:买卖妇女儿童犯罪立法研究
			申　伟	法学	彭迎育:袭警罪研究
			法学院/陈　航	法律硕士（法学）	严明琪:行刑衔接下交通肇事罪的违法性判断问题研究

续表

序号	培养单位	学位层次	学院/导师情况	专业/方向	2023年学位论文选题及作者
17	兰州大学	硕士	陈　航	法律硕士（法学）	张云龙：雇佣犯罪未遂形态认定研究
			法学院/陈　航	法律硕士（非法学）	田厚德：环境监管失职罪注意义务研究
			拜荣静	法律硕士（非法学）	曹鹏程：共同犯罪案件认罪认罚从宽制度的适用研究
			陈　航	法律硕士（非法学）	段一可：近亲属监护过失行为的定罪量刑研究
			申　伟	法律硕士（非法学）	李娇娇：过失共同正犯的证立
			陈海平	法律硕士（非法学）	李卓澄：中国毒品犯罪死刑控制实证研究
			陈　航	法律硕士（非法学）	牟骥越：网络型敲诈勒索犯罪的认定问题研究
			陈　航	法律硕士（非法学）	桑小花：企业刑事合规出罪问题的认定研究
			陈　航	法律硕士（非法学）	尹树伟：网络盗刷的刑法认定问题研究
			陈　航	法律硕士（非法学）	周楠：对合犯中从宽量刑情节的适用研究
			政治与国际关系学院/周　明	政治学·国际政治	李泽亚：西方极右翼恐怖主义的兴起、影响与应对研究
18	辽宁大学	硕士	法学院/王晓滨	刑法学	静泉霖：侵害英雄烈士名誉、荣誉罪的保护法益及其展开
			路　军	刑法学	张雅文：论绑架罪实行行为
			王晓滨	刑法学	王林娇：互联网环境中侵犯著作权罪的司法疑难问题研究
			范　淼	刑法学	黄宝慧：突发公共卫生事件中妨害公务罪的司法适用问题研究
			唐煜枫	刑法学	梁乃嘉：骗取贷款罪司法适用难题研究

续表

序号	培养单位	学位层次	学院/导师情况	专业/方向	2023 年学位论文选题及作者
18	辽宁大学	硕士	唐煜枫	刑法学	黄辉:危害人类遗传资源犯罪“情节严重”认定问题研究——以《刑法》第 334 条之一为研究对象
			范　淼	刑法学	任海月:电信网络诈骗犯罪的前端防范模式研究——互联网企业参与治理范式的展开
			唐煜枫	刑法学	刘战旗:论非法植入基因编辑、克隆胚胎罪的保护法益
			路　军	刑法学	豆帅康:洗钱罪“情节严重”的法教义学分析
			王晓滨	刑法学	唐云雷:逃税罪“不予追究刑事责任”条款的争议问题研究
			邢志人	刑法学	王文暄:自洗钱型洗钱罪的法律适用问题研究
			范　淼	刑法学	刘宇航:催收非法债务罪的司法适用研究
			王晓滨	刑法学	彭彦:帮助信息网络犯罪活动罪的性质及其展开
			路　军	刑法学	王可欣:非法吸收公众存款罪疑难问题研究
			范　淼	刑法学	张冠东:主播直播带“假货”行为的刑法规制研究
			路　军	刑法学	刘静:玩忽职守罪认定疑难问题研究
			路　军	刑法学	张璐:论 PUA 致人自杀行为的刑法评价——以北大包某案为例
			唐煜枫	刑法学	张晓雨:袭警罪的司法认定疑难问题研究
			唐煜枫	刑法学	黄蕊:妨害传染病防治罪的适用问题研究——以 75 份裁判文书为样本
			王晓滨	刑法学	周鑫源:醉酒型危险驾驶罪共犯问题研究
			范　淼	刑法学	张忠妍:支付结算型帮助信息网络犯罪活动行为刑法评价问题研究
			路　军	刑法学	曹文奕:论非法植入基因编辑、克隆胚胎罪“情节严重”的认定

续表

序号	培养单位	学位层次	学院/导师情况	专业/方向	2023 年学位论文选题及作者
18	辽宁大学	硕士	唐煜枫	刑法学	孙禾:虚假电商代运营行为的刑法评价
			范　淼	刑法学	武子贺:网络虚假报道行为的刑法规制问题研究
			唐煜枫	刑法学	王柯鳗:容留他人吸毒罪司法认定难题及其解决
			唐煜枫	刑法学	宋慧敏:中间人截贿行为的刑法定性问题研究
			邢志人	刑法学	姚明玥:利用网络实施侮辱罪的认定问题
			邢志人	刑法学	张楠楠:非典型强奸罪认定问题研究
			路　军	刑法学	郑和闪:过失致人死亡罪与意外事件的认定边界——以货运租客坠车致死案为分析样本
			唐煜枫	刑法学	朱芮:“软暴力”行为刑法评价的实务问题研究——基于 240 份判决书的实证分析
			唐煜枫	刑法学	李程敏:电信诈骗帮助取款行为的刑法评价
			法学院/唐煜枫	法律硕士(法学)	潘星宇:国家工作人员通过职务套取征地拆迁补偿款的刑法评价
19	南昌大学	硕士	法学院/熊永明	刑法学	雷欢:帮助信息网络犯罪活动罪“明知”的认定
			周光清	刑法学	曹靖:污染环境罪司法解释适用困境及进路
			张兰馨	刑法学	杨也:代购毒品行为的性质认定
			胡祥福	刑法学	王卢霞:非法吸收公众存款罪的减免条款研究
			胡祥福	刑法学	朱菁:散布虚假事实损害他人名誉行为的刑法规制
			周光清	刑法学	张雨洪:销售假冒注册商标的商品罪“其他严重情节”的认定标准研究
			石聚航	刑法学	黄振华:合作投资型受贿司法认定的疑难问题研究

续表

序号	培养单位	学位层次	学院/导师情况	专业/方向	2023 年学位论文选题及作者
19	南昌大学	硕士	熊永明	刑法学	徐婧柔:规避著作权技术措施行为的刑法规制
			周光清	刑法学	陈慧萍:骗取贷款罪客观方面司法适用问题研究
			胡祥福	刑法学	许高峰:侵犯商业秘密罪“情节严重”的认定研究
			熊永明	刑法学	袁梦琴:法秩序统一原理视域下敲诈勒索罪的限缩
			法学院/蔡　荣	法律硕士(法学)	李政荣:“套路贷”犯罪的司法认定问题研究
			黄　悦	法律硕士(法学)	袁诗博:“事前通谋”型销赃行为的司法认定——以法释[2015]11 号第五条展开
			熊永明	法律硕士(法学)	郭涵林:人机共驾模式下交通肇事罪的适用研究
			胡祥福	法律硕士(法学)	阮媛:高空抛物独立入罪的实践反馈
			法学院/张兰馨	法律硕士(非法学)	陈慧慧:非法吸收公众存款罪的限缩适用
			刘本燕	法律硕士(非法学)	何呷呷:论凉山彝族地区民族特色刑事和解制度的构建——刑事和解制度与彝族刑事习惯法的有机融合为视角
			熊永明	法律硕士(非法学)	罗小慧:个人生物识别信息刑法保护问题研究
			胡祥福	法律硕士(非法学)	万斯:催收非法债务罪的行为研究
			熊永明	法律硕士(非法学)	黄远林:故意杀人罪中“手段残忍”的判断标准研究
			熊建明	法律硕士(非法学)	韩明明:高利转贷罪去罪化研究
			胡祥福	法律硕士(非法学)	董鸣:袭警罪中“暴力袭击”的认定研究

续表

序号	培养单位	学位层次	学院/导师情况	专业/方向	2023 年学位论文选题及作者
19	南昌大学	硕士	胡祥福、黄　悦	法律硕士（非法学）	周清华：论妨害安全驾驶罪中“危及公共安全”的理解与适用
			周光清	法律硕士（非法学）	李之钰：催收非法债务罪的客观要件认定研究
20	南京大学	硕士	法学院/狄小华	法学（法本法硕）	姜幕涵：刑事附带民事公益诉讼制度研究——以环资类刑事附带民事公益诉讼案件切入
			法学院/狄小华	法学（非法本法硕）	陈泊含：检察监督视野下的行刑衔接
			法学院/狄小华	法学（非法本法硕）	葛刘留：论我国“数字侦查”的程序规制体系构建
			法学院/孙国祥	法学（法本法硕）	许天睿：非法采矿罪的司法适用难题及解决——以违法相对论为基本立场的展开
21	内蒙古大学	硕士	法学院/张秀玲	法学	宋佳：“轻罪扩增”视角下刑罚适用问题研究
			马改然	法学	赵丹：个人信息犯罪治理困境及破解
			龙长海	法学	张国婷：侵占不法原因之物行为刑法定性研究
			马改然	法律硕士（法学）	薛翔元：网络空间侮辱行为刑法适用问题研究
			马改然、白秀峰	法律硕士（法学）	韩敏：刑事合规制度下单位行贿罪的规制
			张秀玲	法律硕士（法学）	车丽木格：以危险方法危害公共安全罪司法认定问题研究——以刑法修正案（十一）所涉罪名为视角
			法学院/龙长海、王　君	法律硕士（法学）	王琦：协助组织卖淫罪司法认定问题研究
			法学院/邢　娜	法律硕士（非法学）	李彤彤：村基层组织人员贪污犯罪认定问题研究
			龙长海、沈源洲	法律硕士（非法学）	刘伟：网络型诽谤罪的司法认定研究

续表

序号	培养单位	学位层次	学院/导师情况	专业/方向	2023年学位论文选题及作者
21	内蒙古大学	硕士	马改然、鲁　坤	法律硕士(非法学)	王娜:侵犯公民个人信息罪的司法适用研究
			马改然	法律硕士(非法学)	白美智:“杀猪盘”类电信网络诈骗犯罪司法适用中疑难问题研究
			马改然、胡丽妹	法律硕士(非法学)	滕新月:洗钱罪中“自洗钱”的司法适用问题研究
			马改然、乔　欣	法律硕士(非法学)	王政:负有照护职责人员性侵罪司法适用研究
			龙长海、王洪皞	法律硕士(非法学)	杨镇宁:贷款诈骗案件刑民交叉实体问题研究
			邢　娜、乔　欣	法律硕士(非法学)	刘其瑞:刑事缺席审判制度相关问题研究——以外逃型贪污贿赂犯罪案件为视角
			邢　娜、王　慧	法律硕士(非法学)	兰冀远:新型毒品犯罪防控问题研究
			张秀玲、王红霞	法律硕士(非法学)	丁聪:高空抛物罪司法认定争议问题研究
			龙长海	法律硕士(非法学)	吴勇权:袭警罪司法认定问题研究
			张秀玲	法律硕士(非法学)	郭乔波:支付结算型帮助信息网络犯罪活动罪司法适用问题研究
			张秀玲	法律硕士(非法学)	青达嘎:妨害安全驾驶罪犯罪客观方面研究
			龙长海、鲁　坤	法律硕士(非法学)	李闫:帮助信息网络犯罪活动罪司法认定问题研究
			龙长海、乔　欣	法律硕士(非法学)	姚文龙:网络游戏外挂行为刑法定性问题研究
			张秀玲、王洪皞	法律硕士(非法学)	张楠:“自洗钱”入罪后司法适用难点问题研究
			邢　娜、沈源洲	法律硕士(非法学)	艾明秋:网络传销犯罪司法认定问题研究

续表

序号	培养单位	学位层次	学院/导师情况	专业/方向	2023 年学位论文选题及作者
21	内蒙古大学	硕士	张秀玲、王永贤	法律硕士（非法学）	周欢欢：强奸罪中“违背妇女意志”司法认定问题研究
			张秀玲、王　博	法律硕士（非法学）	杨茹：袭警罪犯罪客观方面研究
22	山东大学	硕士	法学院/刘　军	刑法学	张淑德：网络犯罪刑事立法扩张及其限制
			刘　军	刑法学	黄振东：性侵未成年人犯罪人员信息公开制度研究
			吴丙新	刑法学	王艳婷：危害药品安全犯罪立法检讨
			王瑞君	刑法学	邢文璐：高空抛物犯罪的刑法定性——法益解释功能视角的研究
			李本灿	刑法学	迟文君：药品犯罪视角下的行刑衔接问题研究
			周啸天	刑法学	段尊蓉：侵犯公民个人信息罪的法益属性界定
			柳忠卫	刑法学	韩现鑫：论前置程序性要素在犯罪构成中的体系定位
			李本灿	刑法学	黄岩：帮助信息网络犯罪活动罪司法适用研究
			柳忠卫	刑法学	李智立：“多次盗窃”行为的入罪限缩路径及其展开
			柳忠卫	刑法学	刘霖萱：论网络支付方式下诈骗罪中的处分行为
			柳忠卫	刑法学	王茂泉：催收非法债务罪保护法益的厘清与适用
			侯艳芳	刑法学	徐烨：涉人工智能过失犯罪归责问题研究
			李本灿	刑法学	许甜秋：集体法益刑法保护的规范与限制
			法学院/李本灿	法律硕士（法学）	夏新宇：洗钱罪与掩饰、隐瞒犯罪所得、犯罪所得收益罪的关系探究
			柳忠卫	法律硕士（法学）	邓晓彤：论“明知”的删除对洗钱罪故意的影响

续表

序号	培养单位	学位层次	学院/导师情况	专业/方向	2023 年学位论文选题及作者
22	山东大学	硕士	周啸天	法律硕士（法学）	孟威：论强奸罪中的被害人同意
			周啸天	法律硕士（法学）	鞠萍：刑法中假药、劣药认定标准的建构与应用
			郑栽骏	法律硕士（法学）	郑鹏：公民出售本人信息的刑事责任研究
			郑栽骏	法律硕士（法学）	李夏：催收非法债务罪客观方面的认定
			吴丙新	法律硕士（法学）	孙亚楠：代购毒品“蹭吸”行为的行刑衔接研究
			王瑞君	法律硕士（法学）	朱甜：醉酒型危险驾驶司法出罪研究
			张小宁	法律硕士（法学）	郑泽阳：挪用公款罪的司法争议问题探究
			张小宁	法律硕士（法学）	张梦雅：自洗钱犯罪研究
			刘　军	法律硕士（法学）	周珂：袭警罪的司法适用问题研究
			郑栽骏	法律硕士（法学）	魏子一：自洗钱入刑后涉走私洗钱罪的认定
			柳忠卫	法律硕士（法学）	吴琼：论行贿罪中的“谋取不正当利益”
			侯艳芳	法律硕士（法学）	张惠雅：妨害药品管理罪客观要件的司法认定
			金永完	法律硕士（法学）	贾文博：罪错未成年人矫正法律问题研究
			法学院/崔立红	法律硕士（非法学）	王建芳：著作权刑法保护研究
			柳忠卫	法律硕士（非法学）	张祺：非国家工作人员受贿罪中的“为他人谋取利益”问题研究

续表

序号	培养单位	学位层次	学院/导师情况	专业/方向	2023 年学位论文选题及作者
22	山东大学	硕士	吴丙新	法律硕士（非法学）	王莹：社区矫正工作人员玩忽职守罪认定研究
			张小宁	法律硕士（非法学）	任佳仪：骗取贷款罪的司法适用问题研究
			张小宁	法律硕士（非法学）	吕海燕：保险诈骗罪司法认定疑难问题研究
			王瑞君	法律硕士（非法学）	王绍伟：医师义务冲突出罪问题研究
			周长军	法律硕士（非法学）	张雨晴：盗窃罪罚金刑量刑规范化研究
			郑栽骏	法律硕士（非法学）	论高空抛物罪的限缩路径
			侯艳芳	法律硕士（非法学）	白雪晴：网络“刷单炒信”行为入罪机制的重构
			柳忠卫	法律硕士（非法学）	黄杰：单位犯罪意志认定中的立场选择与展开
			许敏兰	法律硕士（非法学）	林飞飞：负有照护职责人员性侵罪的若干问题研究
			冯俊伟	法律硕士（非法学）	张慧娟：我国网络犯罪刑事管辖权冲突及其解决
23	山西大学	硕士	法学院/原美林	刑法学	苏雪菲：网络诈骗犯罪证据的审查认定研究
			法学院/薛　荣、仇拉锁	法律硕士（法学）	刘然：职务犯罪调查阶段律师介入的正当性研究
			李　麒、韩少峰	法律硕士（法学）	侯佳欣：负有照护职责人员性侵罪研究
			法学院/李　麒、韩少峰	法律硕士（非法学）	张嘉诚：论帮助信息网络犯罪活动罪的限缩适用
			雷富春、李　辉	法律硕士（非法学）	张妤婷：恶意透支型信用卡诈骗罪量刑实证研究

续表

序号	培养单位	学位层次	学院/导师情况	专业/方向	2023年学位论文选题及作者
23	山西大学	硕士	徐大勇、王文娅	法律硕士（非法学）	曹越:袭警罪量刑实证研究
			李　麒、王书红	法律硕士（非法学）	王梦华:民营企业经营者涉黑行为的认定
			温树英、秦　伟	法律硕士（非法学）	吴强伟:非法获取虚拟财产的刑法规制研究
			李　麒、韩少峰	法律硕士（非法学）	胡启馨:合规视角下企业刑事责任问题研究
24	上海师范大学	硕士	哲学与法政学院/程兰兰	法律硕士（法学）	赵紫祥:袭警罪研究
			程兰兰	法律硕士（法学）	张梦圆:中立帮助行为入罪标准探究
			程兰兰	法律硕士（法学）	段晓玲:网络黑灰产中帮助行为的定性研究
			程兰兰	法律硕士（法学）	李新杰:行政犯出罪机制的完善
			程兰兰	法律硕士（法学）	曾鸿艺:高空抛物罪的司法适用问题研究
			刘岳川	法律硕士（法学）	李登科:区块链技术应用下反洗钱法律问题研究
			程兰兰	法律硕士（法学）	陈鑫:帮助信息网络犯罪活动罪的司法适用问题研究
			雷　昊	法律硕士（法学）	杨逸茗:积极刑法立法观视野下增设轻罪研究
			崔志伟	法律硕士（法学）	殷婧:论故意杀人罪中被害人过错对量刑的影响
			崔志伟	法律硕士（法学）	陈淑洋:疫情背景下编造、故意传播虚假信息罪的司法适用
			哲学与法政学院/程兰兰	法律硕士（非法学）	柳明江:刑事合规在单位犯罪责任认定中的作用

续表

序号	培养单位	学位层次	学院/导师情况	专业/方向	2023年学位论文选题及作者
24	上海师范大学	硕士	崔志伟	法律硕士（非法学）	李星：法秩序统一视角下侵犯公民个人信息罪研究
			崔志伟	法律硕士（非法学）	刘鹏越：非法使用公民个人信息的刑法规制
			程兰兰	法律硕士（非法学）	乔洪莉：网络环境下侵犯著作权罪疑难问题研究
			吴啟铮	法律硕士（非法学）	杨子悦：我国涉案虚拟货币刑事处置程序研究
			程兰兰	法律硕士（非法学）	张丙彦：权利行使与财产犯罪界限的刑法学分析
			程兰兰	法律硕士（非法学）	吴文辉：拒不履行信息网络安全管理义务罪司法适用研究
25	沈阳师范大学	硕士	法学院/贺鲲鹏	刑法学	林晓莹：网络交易中薅羊毛行为的刑法定性分析
			贺鲲鹏	刑法学	李天骄：交通肇事罪的归责路径分析
			赵　威	刑法学	胡诗莜：污染环境罪的罪过形式
			李敬先	刑法学	宋翰钰：高空抛物罪的司法适用问题研究
			李凤梅	刑法学	柴晶：网络色情直播行为的刑法定性分析
			赵　威	刑法学	杨徐成：诽谤公职人员行为违法阻却研究
			李凤梅	刑法学	高婧雯：网络游戏外挂行为的刑法定性分析
			李凤梅	刑法学	于亚静："部分篡改型"虚假诉讼的刑法规制
			法学院/李　冬	诉讼法学	徐祯婧：职务犯罪监检衔接问题研究
			法学院/李　冬	法律硕士（法学）	臧振庭：逮捕中社会危险性审查问题研究
			李凤梅	法律硕士（法学）	李昕彤：刑法因果关系中介入因素研究
			法学院/李凤梅	法律硕士（非法学）	王乐晗：帮助信息网络犯罪活动罪司法适用问题研究

续表

序号	培养单位	学位层次	学院/导师情况	专业/方向	2023 年学位论文选题及作者
25	沈阳师范大学	硕士	郭松珅	法律硕士(非法学)	陈溆薇:高空抛物罪的认定研究
			李凤梅	法律硕士(非法学)	张紫薇:侵犯公民个人信息罪认定问题研究
			董　琳	法律硕士(非法学)	吴俊凯:侵犯公民个人信息罪中的公民个人信息
			车流畅	法律硕士(非法学)	朱志超:交通肇事罪的量刑情节对缓刑适用的影响
			张田田	法律硕士(非法学)	刘瑞龙:侵犯已公开个人信息的刑事定罪研究
			金　星	法律硕士(非法学)	王俊霖:编造、故意传播虚假信息罪的法律认定
26	北京交通大学	硕士	法学院/蔡曦蕾	法学	郝佳:积极刑法观下行政违法行为犯罪化研究——以袭警罪为例
			法学院/朱本欣	法律硕士(法学)	王子墨:论受贿罪法定刑设置的独立化
			法学院/郑　飞	法律硕士(非法学)	樊真真:非法使用个人信息行为的刑法规制研究
			高晓莹	法律硕士(非法学)	李浩然:论袭警罪司法扩张的应对
			高晓莹	法律硕士(非法学)	许新成:假冒注册商标罪探微:相同商标、同一种商品的认定
			蔡曦蕾	法律硕士(非法学)	胡玉松:利用平台漏洞"薅羊毛"套取电子消费凭证的刑法规制
			陶　杨	法律硕士(非法学)	鲁桐赫:交通肇事罪中"因逃逸致人死亡"情节的独立性研究
			朱本欣	法律硕士(非法学)	张洪艳:危险作业罪"现实危险"的认定
			高晓莹	法律硕士(非法学)	张欢:人工智能应用中公民个人信息的刑法保护

续表

序号	培养单位	学位层次	学院/导师情况	专业/方向	2023年学位论文选题及作者
26	北京交通大学	硕士	郑　飞	法律硕士（非法学）	孙悦：论爬取公开数据行为的刑法规制与入罪限度
			朱本欣	法律硕士（非法学）	石蒙蒙：法定数字货币背景下货币犯罪问题研究
27	贵州大学	硕士	法学院/刘　莉	法学	廖小粹：刑法上存款占有司法认定问题研究
			魏　红	法学	杜应翔：侵犯公民个人信息罪"情节严重"体系地位研究
			魏　红	法学	马娟：破坏野生动植物资源犯罪中违法性认识认定研究
			魏　红	法学	龚厚朴：财产概念流变视域下盗窃罪的司法认定研究
			刘　莉	法学	黄珂：入罪型多次行为的立法优化研究
			魏　红	法学	龙崇进：故意伤害罪量刑情节重复评价研究
			康　军	法学	张稷：行政犯中行政前置规定的适用问题研究
			尚　勇	法学	王义娟：网络爬虫行为的刑法适用问题研究
			法学院/康　军	法律硕士（法学）	徐玲丽：大数据背景下公民个人信息的刑法保护问题研究
			陈　松	法律硕士（法学）	高秋婵：再犯罪预防视野下我国减刑制度完善研究
			康　军	法律硕士（法学）	姚怡：环境监管失职罪的司法适用困境及出路
			魏　红	法律硕士（法学）	黄森葆：侵犯商标权犯罪中罪量因素认定研究
			刘　莉	法律硕士（法学）	赵婉娉：生产、销售有毒、有害食品罪量刑问题研究——以中国裁判文书网2012年至2021年230份刑事判决书为对象

续表

序号	培养单位	学位层次	学院/导师情况	专业/方向	2023年学位论文选题及作者
27	贵州大学	硕士	李运才	法律硕士(法学)	苏慧文:行政犯的司法认定限缩研究
			魏　红	法律硕士(法学)	胡彤莉:“足以”型危险犯认定问题研究
			法学院/曹　波	法律硕士(非法学)	涂红燕:刑法中“特别残忍手段”的司法认定规则研究
			刘　莉	法律硕士(非法学)	邓钧中:电竞假赛的刑法规制研究
			穆昌亮	法律硕士(非法学)	朱静:社会调查报告在老年人犯罪案件中的适用研究
			彭剑鸣	法律硕士(非法学)	李琴:负有照护职责人员性侵罪法律适用研究
			尚　勇	法律硕士(非法学)	李世豪:网络环境下侵犯著作权行为犯罪认定研究
			曹　波	法律硕士(非法学)	杨玉婷:财产犯罪中“多次”的司法认定
			康　军	法律硕士(非法学)	吴英杰:婚恋诈骗行为的刑法规制研究
			彭剑鸣	法律硕士(非法学)	张茗贺:虚拟财产刑法保护路径研究——以刑民衔接为视角
			邹易材	法律硕士(非法学)	王亚刚:信息社会视域下侵害隐私权刑法规制研究
			曹　波	法律硕士(非法学)	刘润川:网络诽谤致“社会性死亡”刑法规制研究
			刘　莉	法律硕士(非法学)	温翔:“网络暴力”致人自杀死亡的刑事责任认定研究
			计算机科学与技术学院/秦永彬	计算机科学与技术	欧阳隆:面向盗窃案件的刑期预测方法研究

续表

序号	培养单位	学位层次	学院/导师情况	专业/方向	2023 年学位论文选题及作者
28	河北经贸大学	硕士	法学院/赵　东	刑法学	张瑜:冒名顶替罪研究
			冯　军	刑法学	厍子玉:抽象危险犯的立法限制研究
			张亚军	刑法学	甄旭辉:受贿罪中"为他人谋取利益"要件研究
			王越飞	刑法学	周鑫磊:论运输毒品罪的罪刑失衡及应对策略——以 112 例实证研究为视角
			翟海峰	刑法学	刘云岭:情节加重犯未遂形态研究
			张亚军	刑法学	闫旭朦:妨害安全驾驶罪的司法适用研究
			张亚军	刑法学	侯利存:电信网络诈骗中帮助取款行为的司法认定
			法学院/翟海峰	法学	董晨旭:网络恐怖主义犯罪的国际法规制及中国应对
			王　沛	法学	刘璐:打击跨境电信网络诈骗犯罪的刑事司法协助研究
			法学院/王　沛	法律硕士(法学)	韩宇滢:非法经营罪兜底条款限制适用研究
			冯　军	法律硕士(法学)	王子琳:帮助信息网络犯罪活动罪的刑法规制问题研究
			王　韬	法律硕士(法学)	王京卉:论非法经营罪的扩张与应对
			王　韬	法律硕士(法学)	胡星烨:违法发放贷款罪司法认定研究
			张亚军	法律硕士(法学)	张平平:毒品代购行为的刑法分析
			张亚军	法律硕士(法学)	赵然:虚开增值税专用发票罪的司法认定研究
			翟海峰	法律硕士(法学)	隋璇:毒品代购行为的刑法评价——以刘某贩卖毒品案为例
			翟海峰	法律硕士(法学)	田雨琨:以危险方法危害公共安全罪法律适用研究——以郑小教危害公共安全案为视角

续表

序号	培养单位	学位层次	学院/导师情况	专业/方向	2023 年学位论文选题及作者
28	河北经贸大学	硕士	翟海峰	法律硕士(法学)	李婉婷:骆某网络猥亵儿童案的法理分析
			冯　军	法律硕士(法学)	曹正星:网络数据安全的刑法保护研究
			张亚军	法律硕士(法学)	郝赛赛:盗窃财产性利益的认定
			王　韬	法律硕士(法学)	陈志琦:论污染环境罪的罪过
			法学院/翟海峰	法律硕士(非法学)	吕荣荣:网络中立帮助行为的可罚性研究——以孔某某帮助信息网络犯罪活动案为例
			翟海峰	法律硕士(非法学)	刘子轩:虚假诉讼罪司法认定及适用研究
			张亚军	法律硕士(非法学)	杨卓群:提供侵入、非法控制计算机信息系统程序、工具罪司法适用研究
			张亚军	法律硕士(非法学)	陈颖:论刑法中男童性权利的平等保护
29	华东交通大学	硕士	人文社会科学学院/卢　宇	刑法学	王会会:网络环境下侵犯著作权罪的司法适用研究
			人文社会科学学院/卢　宇	法律硕士(法学)	肖新远:高空抛物罪司法适用研究
			卢　宇	法律硕士(法学)	王国庆:帮助信息网络犯罪活动罪司法适用问题研究
			程小白	法律硕士(法学)	谢诚超:大数据时代侵犯公民个人信息罪司法适用问题研究
			杨晓培	法律硕士(法学)	廖海云:数据犯罪刑法规制研究
			甘黎黎、帅清华	法律硕士(法学)	赵雪婷:人脸识别信息滥用的刑法规制研究
			罗斌飞	法律硕士(法学)	吴芳:滥用人类基因编辑技术行为的刑法规制研究

续表

序号	培养单位	学位层次	学院/导师情况	专业/方向	2023年学位论文选题及作者
29	华东交通大学	硕士	曾明生、詹兆园	法律硕士（法学）	逄润瑞：刑法矫正型守法教育机能实证研究
			人文社会科学学院/程小白	法律硕士（非法学）	廖汉文：洗钱犯罪治理困境及完善对策研究
			杨晓培、杨武松	法律硕士（非法学）	刘兴玥：袭警罪司法适用的规范性研究
			罗斌飞	法律硕士（非法学）	徐梓文：网络赌博犯罪"资金链"的侦查困境及对策——以J省为例
			罗斌飞、项金发	法律硕士（非法学）	谢赛梅：帮助信息网络犯罪活动罪司法适用实证研究——以2706份案件判决为例
30	淮北师范大学	硕士	法学院/张　训	法律硕士（法学）	李瑞源：利用智能设备侵财行为的刑法定性及规制路径
			张　训	法律硕士（法学）	尚瑞：合同诈骗罪中"非法占有目的"司法认定的实证分析
			张　训、宣　刚	法律硕士（法学）	郭鑫汇：提供侵入、非法控制计算机信息系统程序、工具罪适用问题实证研究
			法学院/魏在军	法律硕士（非法学）	彭青松：妨害传染病防治罪的司法适用研究——基于72份刑事裁判文书的考察
			张　训、项婷婷	法律硕士（非法学）	鲍东哲：侵犯公民个人信息罪司法适用问题研究
			魏在军	法律硕士（非法学）	孔苓苓：收买被拐卖的妇女、儿童罪法律适用研究
			张　训、宣　刚	法律硕士（非法学）	刘晓妍：论强奸罪客体的重塑
31	江西理工大学	硕士	法学院/钟健生	刑法学	刘洋：行贿罪量刑问题研究
			李贤春	刑法学	肖德贤：帮助信息网络犯罪活动罪研究
			苏雄华	刑法学	罗意：风险社会视域下危险驾驶罪的实行行为研究
			钟健生	刑法学	谭亮：受贿罪未遂研究

续表

序号	培养单位	学位层次	学院/导师情况	专业/方向	2023 年学位论文选题及作者
31	江西理工大学	硕士	苏雄华	刑法学	刘丝萦:单位犯罪与自然人犯罪的关系论要
			钟健生、傅伟刚	法律硕士(法学)	刘心怡:互联网下的新型合同诈骗犯罪研究
			苏雄华、肖昌明	法律硕士(法学)	胡丽琴:负有照护职责人员性侵罪研究
			法学院/钟健生、徐晓敏	法律硕士(非法学)	程嘉浩:数据安全犯罪的独立性评述、法益确定及防治方案——以刑事合规计划的构建为视角展开
32	辽宁科技大学	硕士	经济与法律学院/邵　玲、卢颂馨	企业法	徐俊:企业刑事合规制度构建研究
			经济与法律学院/武婷婷、刘　忠	法律硕士(非法学)	张铁铸:袭警罪司法适用研究
			王　娜、杨　文	法律硕士(非法学)	董兆茜:“自洗钱”的司法认定研究
			蒋　喆	法律硕士(非法学)	闫蕾:违规披露、不披露重要信息罪主体认定
			蒋　喆	法律硕士(非法学)	杨琳:非对峙型受虐妇女杀夫案件轻刑化研究
			韩　颖、刘　忠	法律硕士(非法学)	赵小芳:“少捕”视角下逮捕措施适用困境及对策
			张洪波、刘　忠	法律硕士(非法学)	石瑶:网络诽谤罪刑法适用研究
33	南宁师范大学	硕士	法学与社会学院/黄鹏丽、梁月佩	司法社会工作	胡淼:个案工作介入涉罪未成年人帮教的研究——以非监禁刑少年犯为例
34	青岛大学	硕士	法学院/李瑞生	刑法学	王少帅:解构主义视野下的网络中立帮助行为
			董桂武	刑法学	陶亚南:论牵连行为的罪数认定

续表

序号	培养单位	学位层次	学院/导师情况	专业/方向	2023年学位论文选题及作者
34	青岛大学	硕士	法学院/郑　翔	法律硕士（法学）	王海霁："醉酒型"危险驾驶罪司法适用研究
			董桂武	法律硕士（法学）	梁鸿翔：论教唆犯罪实行过限行为的定性
			法学院/董桂武	法律硕士（非法学）	许璐：论强迫交易罪实行行为的认定
			皇甫明国	法律硕士（非法学）	刘心宇：互联网媒介下侵犯未成年人性权利犯罪法律防范机制研究——以韩国为借鉴
			皇甫明国	法律硕士（非法学）	万思琦：性侵犯罪中未成年被害人保护研究——以日本为借鉴
			李瑞生	法律硕士（非法学）	马航：论被害人过错对刑事责任的影响
			李瑞生	法律硕士（非法学）	韩秋辉：论可罚的网络中立帮助行为
			董桂武	法律硕士（非法学）	裴佩：论单位犯罪刑罚制度的完善
			李瑞生	法律硕士（非法学）	栾正帅：论共同过失犯罪及其认定
35	四川师范大学	硕士	法学院/张光云	刑法学	杜浩知：论人工智能的犯罪主体性
			付　恒	刑法学	杜平：婚内强制性交的刑罚限定适用
			唐稷尧	刑法学	罗苇杭：论参加行为在黑社会性质组织犯罪中的认定
			唐稷尧	刑法学	江敏：支付结算型帮助行为的刑事司法认定
			陈　山	刑法学	谌旻：侵犯公民个人信息网络黑产的刑法规制
			蔡　鹤	刑法学	徐浩源：竞合论视域下单位贷款诈骗刑事责任研究

续表

序号	培养单位	学位层次	学院/导师情况	专业/方向	2023 年学位论文选题及作者
35	四川师范大学	硕士	蔡　鹤	刑法学	冯婷婷:高空抛物罪的适用问题研究
			法学院/蔡　鹤	法律硕士(法学)	石丁心:故意杀人罪“情节较轻”的认定
			苏镜祥	法律硕士(法学)	钟蓓:我国单位行贿案件处理的实证研究
			付　恒	法律硕士(法学)	李安琪:数额犯触犯不同数额罪刑规范的处断规则研究
			法学院/杨小兰	法律硕士(非法学)	李昱星:网络游戏著作权刑事司法保护研究
36	太原科技大学	硕士	法学院/任俊琳	诉讼法学	裴慧:民营企业涉产权刑事错案成因及预防研究
			法学院/周　洁	法律硕士(法学)	王赢:家暴受虐妇女反杀行为的出罪路径
			扈晓芹	法律硕士(法学)	沈佳男:刑事合规视野下单位犯罪独立性的认定
			马鸽昌	法律硕士(法学)	徐凯杨:高空抛物犯罪刑法规制争议问题研究
			扈晓芹	法律硕士(法学)	陈苗娟:大数据时代下数据犯罪的刑法规制研究
			段　丽	法律硕士(法学)	田洁:帮助信息网络犯罪活动罪的司法适用疑难问题研究
			周　洁	法律硕士(法学)	张尹凡:中立帮助行为可罚性边界的限定
			扈晓芹	法律硕士(法学)	龚硕:帮助信息网络犯罪活动罪司法适用问题研究
			段　丽	法律硕士(法学)	杨妍:负有照护职责人员性侵罪研究
37	天津工业大学	硕士	法学院/刘晓梅、杨仲凯	法律硕士(法学)	徐靓:侵犯网络著作权犯罪的刑法适用问题研究
			杨延军、叶秀文娜	法律硕士(法学)	王洁:袭警罪研究

续表

序号	培养单位	学位层次	学院/导师情况	专业/方向	2023年学位论文选题及作者
37	天津工业大学	硕士	崔会如、魏道博	法律硕士（法学）	李中文:重大责任事故罪的司法适用研究
			刘晓梅	法律硕士（法学）	姜静函:论我国未成年人刑事责任年龄制度
			蔡永为、闫飞	法律硕士（法学）	徐仁平:企业合规不起诉制度相关问题研究
			法学院/刘晓梅、赵琳	法律硕士（非法学）	刘晓雯:帮助信息网络犯罪活动罪的法律适用问题研究
			杜文勇	法律硕士（非法学）	赵一杰:我国受贿罪量刑的失衡与完善
			向朝霞、何兵	法律硕士（非法学）	彭帅:虚开增值税专用发票罪的性质认定研究
			刘向东	法律硕士（非法学）	朱映霖:侵犯公民个人信息罪的刑法规制研究
38	天津师范大学	硕士	法学院/王海军、郝春辉	刑法学	吴宇凡:论帮助信息网络犯罪活动罪的司法适用及完善
			张晶、郝春辉	刑法学	刘燕:醉酒型危险驾驶罪罚金刑适用之实证考察——以2021年天津市128份判决书为样本的展开
			法学院/申婷婷、郭卫东	法律硕士（法学）	冯志航:跨国网络犯罪刑事管辖权的冲突与解决
			申婷婷、郭卫东	法律硕士（法学）	文琴:跨国洗钱行为的司法处置和国际合作机制研究
			高丽丽、郝春辉	法律硕士（法学）	何香凝:袭警罪的法教义学分析
			高丽丽、郝春辉	法律硕士（法学）	张明慧:妨害安全驾驶罪适用问题研究
			吴占英、郝春辉	法律硕士（法学）	赵佳亦:组织、领导、参加黑社会性质组织罪疑难问题研究
			吴占英、郝春辉	法律硕士（法学）	王鑫然:催收非法债务罪的若干问题研究

续表

序号	培养单位	学位层次	学院/导师情况	专业/方向	2023年学位论文选题及作者
38	天津师范大学	硕士	张　晶	法律硕士(法学)	任雅萱:互殴致人轻伤免予刑事处罚的司法困境与解决路径——以87篇刑事判决为样本的展开
			法学院/王海军、郝春辉	法律硕士(非法学)	葛凡:婚内强奸的法律规制
			吴占英、郝春辉	法律硕士(非法学)	李颖:盗伐林木罪疑难问题研究
			吴占英、郝春辉	法律硕士(非法学)	尹温雅:脱逃罪的理论与实践问题探究
			吴占英、郝春辉	法律硕士(非法学)	龙菲:醉酒型危险驾驶罪问题审思
			王海军	法律硕士(非法学)	张雪玮:受贿罪基本问题研究
39	西南大学	硕士	法学院/付小容	法律硕士(法学)	杨琴丹:收买被拐卖的妇女罪法定刑问题研究
			法学院/郝　川	法律硕士(非法学)	刘娅静:食品、药品监管渎职罪的教义学分析
			邹　兵	法律硕士(非法学)	王晓峰:袭警罪中“暴力袭击正在依法执行职务的人民警察”的认定
			付小容	法律硕士(非法学)	董英格丽:网络环境下侵犯著作权罪的司法适用困境及完善
			张步文	法律硕士(非法学)	曾鉴溶:催收非法债务罪中的非法债务研究
			付小容	法律硕士(非法学)	金鑫:恶意透支型信用卡诈骗罪司法适用问题研究
			郝　川	法律硕士(非法学)	邹菁:正当防卫的司法适用研究——以“于欢辱母案”为视角
			邹　兵	法律硕士(非法学)	吴正芳:妨害安全驾驶罪认定疑难问题研究
			邹　兵	法律硕士(非法学)	赵紫亦:负有照护职责人员性侵罪行为主体的认定

续表

序号	培养单位	学位层次	学院/导师情况	专业/方向	2023 年学位论文选题及作者
40	西南科技大学	硕士	法学院/曹华、杨育正	刑事法学	许馨月：以私募基金名义非法集资的司法认定——以山木林产公司及郑某某集资诈骗案为例
			张寒、夏雨	刑事法学	赵海霞：未成年人毒品再犯认定问题研究——以尤某某贩卖毒品案为例
			廖天虎、杜旅军	刑事法学	陈奕沁：特情引诱下贩卖毒品罪相关问题研究——以鲁某贩卖毒品案为例
			廖斌、贾银生	刑事法学	胡瑞祺：骗取医保基金犯罪问题研究——以涂某等 27 人诈骗案为例
			何显兵、罗毅	刑事法学	梁杉：论非法经营罪兜底条款的司法适用——以张某等非法经营案为例
			廖斌、贾银生	刑事法学	李薇：论侵犯公民个人信息罪的司法认定——以张某某等人侵犯公民个人信息案为例
			曹华、杨育正	刑事法学	丁丽娜：论招摇撞骗罪的司法认定——以张某某招摇撞骗案为例
			廖天虎、杜旅军	法律硕士（法学）	陈奕桥：论诈骗罪与抢夺罪的区分——以王某抢夺案为例
			刘永强、王涛	法律硕士（法学）	王华港：骗取财产性利益的司法认定——以吕某某、刘某积分诈骗案为例
			曹华、杨育正	法律硕士（法学）	孙哲：驾驶电动三轮车致人重伤行为的司法认定——以黄某某交通肇事案为例
			何显兵、罗毅	法律硕士（法学）	陈隆浩：论危害珍贵、濒危野生动物罪的司法认定——以邱某某买卖濒危野生动物案为例
			贾银生、廖斌	法律硕士（法学）	董灵：论恶势力犯罪的司法认定——以卢某某非法拘禁案为例
			法学院/刘永强、王涛	法律硕士（非法学）	汤茗雯：论帮助信息网络犯罪活动罪的司法适用——以魏某某掩饰、隐瞒犯罪所得案为例
			曹华、杨育正	法律硕士（非法学）	刘诗恬：流量劫持行为的司法认定——以汪某某等非法控制计算机信息系统案为例

续表

序号	培养单位	学位层次	学院/导师情况	专业/方向	2023 年学位论文选题及作者
40	西南科技大学	硕士	刘永强、王　涛	法律硕士（非法学）	郭飞雨:网络色情直播行为的定性问题研究——以戚某、康某等人传播淫秽物品牟利案为例
			李正勇、杨书翔	法律硕士（非法学）	童奕霏:将他人支付宝账户内资金私自转出行为的司法认定——以徐某某盗窃案为例
			杨书翔、李正勇	法律硕士（非法学）	孙晓雅:流水线工人非法转移工厂财物行为的司法认定——以刘某某等职务侵占一案为例
			何显兵、罗　毅	法律硕士（非法学）	谢寅玺:为他人诈骗贷款提供担保的司法认定——以某担保公司贷款诈骗案为例
			廖天虎、杜旅军	法律硕士（非法学）	欧正果:论合同诈骗罪与民事欺诈的界分——以郝某某合同诈骗案为例
			何显兵、罗　毅	法律硕士（非法学）	肖霞:非法拘禁致人死亡的司法认定——以黄某等故意伤害案为例
			杨书翔、李正勇	法律硕士（非法学）	刘朋:非法吸收公众存款罪与民间借贷的界限研究——以周某某非法吸收公众存款案为例
			何显兵、罗　毅	法律硕士（非法学）	汤必澜:论前夫擅自占有前妻汽车并隐匿行为的司法认定——以谭某某盗窃案为例
41	信阳师范学院	硕士	武向朋、叶亚杰	法律硕士（非法学）	王少哲:论生物安全的刑法规制
			黄　烨、吕　钺	法律硕士（非法学）	王世康:电信骗犯罪中帮助行为的认定探析
			古瑞华、叶亚杰	法律硕士（非法学）	李爽:网络不作为参与的刑事责任研究
			古瑞华、徐　鸿	法律硕士（非法学）	叶苏煜:拒不执行判决、裁定罪的司法适用实证研究——以 304 份判决书为样本

续表

序号	培养单位	学位层次	学院/导师情况	专业/方向	2023 年学位论文选题及作者
42	燕山大学	硕士	文法学院/徐昀	法学	薛萍:家暴反杀案轻刑化的理论逻辑——以受虐妇女综合症为视角
			信息科学与工程学院/何海涛	计算机科学与技术	李瑾:基于因果推理和法条信息融合的罪名预测方法研究
43	扬州大学	硕士	法学院/王焕婷、徐晓明	法律硕士(法学)	楚倩楠:行刑共治下的药品犯罪:立法变迁与司法适用
			马荣春、周羽正	法律硕士(法学)	余贤佳:负有照护职责人员性侵罪的司法适用研究
			曾凡燕、姚立国	法律硕士(法学)	胡月:帮助信息网络犯罪活动罪的司法认定
			贾长森、王旭	法律硕士(法学)	王慧:元宇宙中虚拟财产的保护——以盗窃为例
			曾凡燕、张浪	法律硕士(法学)	刘海云:电信网络诈骗犯罪的司法认定
			高永明、朱愈明	法律硕士(法学)	李玥:网络恐怖主义犯罪的刑事法适用研究
			万国海、周羽正	法律硕士(法学)	刘烨:合同诈骗罪犯罪数额的认定研究
			法学院/韩雨潇、杨东升	法律硕士(非法学)	齐楠:跨国网络犯罪中的刑事管辖权问题研究
			葛同山、张浪	法律硕士(非法学)	沈运格:刑事合规不起诉制度研究
			曾凡燕、江厚良	法律硕士(非法学)	赵佳敏:高空抛物罪的司法认定
			贾长森、朱玉明	法律硕士(非法学)	张彬:妨害兴奋剂管理罪的司法认定

续表

序号	培养单位	学位层次	学院/导师情况	专业/方向	2023 年学位论文选题及作者
43	扬州大学	硕士	高永明、郭兴利	法律硕士(非法学)	王佳颖:毒品犯罪死刑适用限制研究
			王焕婷、张　薇	法律硕士(非法学)	王佳磊:醉酒型危险驾驶罪的司法适用研究
			马荣春、唐　张	法律硕士(非法学)	陈劲松:盗掘古文化遗址罪的司法适用研究
			王焕婷、王　旭	法律硕士(非法学)	杨沛贤:妨害安全驾驶罪的司法认定
			万国海、郭兴利	法律硕士(非法学)	王艳:涉虚拟货币犯罪司法认定研究
			贾长森、姚立国	法律硕士(非法学)	唐郁:感情投资型受贿的刑法规制研究
44	浙江工商大学	硕士	法学院/陈林林	法律硕士(法学)	陈怡:信息网络财产犯罪刑法规制路径探讨——以网络虚拟财产的刑法保护为例
			谢治东	法律硕士(法学)	胡皖萧:非法网络爬虫行为刑法规制研究
			董文辉	法律硕士(法学)	张诗雯:网络黑恶势力犯罪的刑事治理研究
			楼伯坤	法律硕士(法学)	丁俊雯:医疗事故罪中"严重不负责任"的司法认定问题研究
			谢治东	法律硕士(法学)	杨盛超:非法民间融资的刑法规制研究
			谢治东	法律硕士(法学)	余晨宏:论共犯关系的脱离
			方福建	法律硕士(法学)	周佳琪:暴力型重新犯罪的预防研究——以 50 起暴力型重新犯罪案件为例
			董文辉	法律硕士(法学)	江仪玲:网络谣言型寻衅滋事罪的"口袋化"与应对路径

续表

序号	培养单位	学位层次	学院/导师情况	专业/方向	2023 年学位论文选题及作者
44	浙江工商大学	硕士	董文辉	法律硕士（法学）	孙仪：拒不执行判决、裁定罪之司法适用问题研究
			法学院/方福建	法律硕士（非法学）	张怡萌："杀猪盘"式电信网络诈骗犯罪的防控研究——基于 38 份裁判文书的分析
			谢治东	法律硕士（非法学）	胡方杰：自洗钱入罪后的司法适用研究
			董文辉	法律硕士（非法学）	曹海斌：袭警罪司法认定问题研究
			楼伯坤	法律硕士（非法学）	陈如妍：担保贷款"双重诈骗"行为的刑法定性问题研究
45	中南林业科技大学	硕士	政法学院/蒋兰香	法学	南楠：网络平台侵犯个人信息刑事风险的合规防控对策研究
			王飞跃	法学	徐婧：玩忽职守罪中的因果关系研究
			王飞跃	法学	黄梓媛：刑事审判中集体研究型渎职犯罪的刑事归责
			王飞跃	法学	王笑语：抽象危险犯个罪法律适用研究
			蒋兰香	法学	聂宇轩：我国刑事合规制度构建研究
			蒋兰香	法学	李清华：企业污染环境犯罪刑事责任实证研究
			刘雪梅	法学	张漾北：非法猎捕、收购、运输、出售陆生野生动物罪疑难问题研究
46	中央民族大学	硕士	法学院/韩　轶	刑法学	唐仁志：证券市场信息披露犯罪的企业合规预防路径研究
			王　琪	刑法学	王奕儿："套路贷"犯罪司法认定问题及完善研究——以 176 份判决书为分析样本
			李　梁	刑法学	田玉明：环境犯罪行刑衔接问题研究
			王　琪	刑法学	欧阳东方：高空抛物罪司法认定问题研究——以对 195 份司法文书的实证考察为基础
			李　荣	刑法学	陈晓娟：关于我国刑法去性别化的研究

续表

序号	培养单位	学位层次	学院/导师情况	专业/方向	2023年学位论文选题及作者
46	中央民族大学	硕士	法学院/吴尚赟	法律硕士(法学)	卢丹丹:网络环境下侵犯著作权罪司法认定问题研究——以《刑法修正案(十一)》为视角
			王琪	法律硕士(法学)	杜金啸:互联网平台数据安全刑法规制研究
			法学院/王帅	法律硕士(非法学)	何佳顺:非法吸收公众存款罪中业务员诉讼身份不当转化问题研究
47	重庆工商大学	硕士	法学与社会学学院/黄文	法律硕士(法学)	刘子悦:刑事轻罪立法问题研究
			胡霞	法律硕士(法学)	温欣:催收非法债务罪的限缩适用研究
			唐芳	法律硕士(法学)	冯子明:自动驾驶犯罪视域下刑事责任问题研究
			胡霞	法律硕士(法学)	孙茂林:关于“网络黑恶势力”犯罪刑法规制中的问题研究
			法学与社会学学院/林泰	法律硕士(非法学)	赵嘉德:企业刑事合规不起诉问题研究
			唐芳	法律硕士(非法学)	蒋园:职务犯罪调查阶段认罪认罚从宽制度适用研究
			胡霞	法律硕士(非法学)	康宁:“软暴力”犯罪的刑法规制研究
			黄文	法律硕士(非法学)	张政:袭警罪司法适用实证研究——以1135份判决文书为研究样本
			林泰	法律硕士(非法学)	万晶:网络传销犯罪的司法认定问题研究
			胡霞	法律硕士(非法学)	陈文静:收买被拐卖的妇女罪存在的问题研究
48	安徽财经大学	硕士	法学院/纵博	诉讼法学	金钊:职务犯罪调查中非法证据排除规则研究
			邵朱励	诉讼法学	陈锐明:我国企业刑事合规相对不起诉制度的构建研究

续表

序号	培养单位	学位层次	学院/导师情况	专业/方向	2023年学位论文选题及作者
48	安徽财经大学	硕士	王姝文	诉讼法学	耿国旗:侵犯商业秘密罪“情节严重”认定标准研究
			法学院/金　玉	法律硕士（法学）	王玉婷:吸毒型驾驶行为刑法规制研究
			刘　宇	法律硕士（法学）	刘家威:袭警罪司法适用研究
			法学院/刘永伟	法律硕士（非法学）	刘景博:企业刑事合规不起诉研究
49	东南大学	硕士	法学院/李　川	刑法学	张睿佳:网络空间中破坏生产经营罪的认定研究
			钱小平	刑法学	闻梓安:税基安全视域下虚开增值税专用发票罪的司法认定
			法学院/刘艳红	法律硕士（非法学）	程斯嘉:妨害安全驾驶罪中“危及公共安全”的解释适用研究
50	广东外语外贸大学	硕士	法学院/周　新	诉讼法学	常京光:监察机关职务犯罪调查权研究
51	西北民族大学	硕士	法学院/韦玉成	法律硕士（非法学）	向燕敏:论家庭暴力犯罪的防控对策研究
			韦玉成	法律硕士（非法学）	车静:网络型诽谤罪的认定问题研究
			韦玉成	法律硕士（非法学）	赵红梅:逃税罪法定免责事由研究
			闫　艳	法律硕士（非法学）	苏子煊:恢复性司法在环境犯罪规制中的检视与完善
52	西华大学	硕士	法学与社会学学院/夏永全、李　勇	法律硕士（非法学）	刘张航:涉袭警罪案件异地侦查管辖问题研究
53	云南财经大学	硕士	法学院/张吟竹	法律硕士（法学）	官梦娟:我国食品安全犯罪的刑法规制研究
			简琨益	法律硕士（法学）	王智:跨境电信网络诈骗犯罪治理研究

续表

序号	培养单位	学位层次	学院/导师情况	专业/方向	2023年学位论文选题及作者
53	云南财经大学	硕士	屈舒阳	法律硕士（法学）	刘露:催收非法债务罪的司法认定研究
			简琨益	法律硕士（法学）	李红洁:“套路贷”的刑法规制研究
			屈舒阳	法律硕士（法学）	高毓芸:袭警罪的司法适用探究
			张吟竹	法律硕士（法学）	范贵贤:受虐妇女反杀案件中的罪与刑
			张吟竹	法律硕士（法学）	宋珮琳:高空抛物行为的刑法规制问题研究
			屈舒阳	法律硕士（法学）	蜂紫棚:高空抛物罪案件司法认定问题研究——基于121份刑事判决书的实证分析
			法学院/张吟竹	法律硕士（非法学）	宋雯斌:催收非法债务罪研究
			张吟竹	法律硕士（非法学）	王炼:侵犯公民个人信息行为的刑法规制研究
			王宏军	法律硕士（非法学）	赵明学:虚假诉讼罪研究
54	中国矿业大学	硕士	人文与艺术学院/蔡士林、潘荣凯	法律硕士（法学）	唐颖琳:索财型上访行为的刑法定性研究
			杨思留、岳彩领	法律硕士（法学）	严继尧:刑罚轻缓化背景下的非暴力犯罪死刑废除研究
			蔡士林、张可越	法律硕士（法学）	李瑾:网络爬虫刑法规制研究
			蔡士林、杨冬冬	法律硕士（法学）	郝雨珠:负有照护职责人员性侵罪司法适用研究
			人文与艺术学院/宗　玲、潘荣凯	法律硕士（非法学）	李浩然:盗窃网络虚拟财产行为的刑法规制研究

续表

序号	培养单位	学位层次	学院/导师情况	专业/方向	2023年学位论文选题及作者
54	中国矿业大学	硕士	许迎春、沈善文	法律硕士（非法学）	梁豪杰：我国化学阉割制度的构建研究
			蔡士林、李徐州	法律硕士（非法学）	张烨：侵害英雄烈士名誉、荣誉罪的理解与适用
55	长江大学	硕士	法学院/彭泽君	法律硕士（非法学）	毛婷：互联网洗钱的刑法规制研究
			彭泽君	法律硕士（非法学）	孙文杰：侵犯公民个人信息罪研究
			徐前权	法律硕士（非法学）	肖宇：网络诽谤行为的刑法规制问题
			胡承武	法律硕士（非法学）	孙超群：网络安全刑法保护研究
			胡承武	法律硕士（非法学）	张龙凤：危害公共安全罪的立法修改与适用研究
			彭泽君	法律硕士（非法学）	毛文鑫：网络暴力行为刑法规制研究
56	贵州财经大学	硕士	法学院/王　霖、马子伟	法律硕士（法学）	刘家盛：网络数据爬取行为的刑法规制研究
			李晓波、胡必坚	法律硕士（法学）	潘华杰：论见危不救行为入刑
			王　霖、赵　敏	法律硕士（法学）	黎雪达：数字货币窃取行为的刑事归责问题研究
			王　霖、张　韬	法律硕士（法学）	咸雅：侵犯公民个人信息罪的刑事认定问题研究
			王　霖、王　志	法律硕士（法学）	何孝帅：帮助信息网络犯罪活动罪司法认定问题研究
			阙成平、王　飞	法律硕士（法学）	郭畅：未成年人刑事责任年龄下调适用问题研究
			法学院/王　霖、石利民	法律硕士（非法学）	李芳雪：非法第四方支付帮助行为刑事归责路径构建研究
			王　霖、郭　民	法律硕士（非法学）	王婷婷：电信网络诈骗中帮助取款行为的司法认定——以吴某、林某、张某诈骗案等三个案例为例

续表

序号	培养单位	学位层次	学院/导师情况	专业/方向	2023 年学位论文选题及作者
57	桂林电子科技大学	硕士	法学院/彭　俊	法律硕士(法学)	李二双:我国职务犯罪调查阶段认罪认罚从宽制度研究
			蒋　琼	法律硕士(法学)	彭琦玲:企业合规背景下单位犯罪刑事责任研究
			法学院/蒋　琼	法律硕士(非法学)	王娅:网络侵犯著作权刑事案件司法认定问题研究
58	北京外国语大学	硕士	法学院/张燕龙	国际司法与执法合作	邓鑫蕊:网络刷单行为的刑事责任研究
			张燕龙	国际司法与执法合作	郭靖琨:论处理公开个人信息行为的刑法规制
			王文华	国际司法与执法合作	陈丹彤:不法应用动态 IP 技术的刑事治理
59	河北师范大学	硕士	法政与公共管理学院/王丽华	法律硕士(法学)	于然:污染环境罪司法适用研究
			王丽华	法律硕士(法学)	尹红旭:网络型寻衅滋事罪的刑法规制研究
			王千石	法律硕士(法学)	刘璐:高空抛物罪司法适用困境及对策研究
			王千石	法律硕士(法学)	李想:家庭暴力非即时性反击行为的司法认定研究
			王千石	法律硕士(法学)	谷孝磊:负有照护职责人员性侵罪司法适用研究
			法政与公共管理学院/王丽华	法律硕士(非法学)	许世伟:侵犯公民个人信息罪司法适用研究
			王丽华	法律硕士(非法学)	随欣:催收非法债务罪的司法认定研究

续表

序号	培养单位	学位层次	学院/导师情况	专业/方向	2023年学位论文选题及作者
60	湖北大学	硕士	法学院/江　岚	法学	师梦梦:毒品犯罪明知认定标准研究——基于Oracle数据库的200份案例样本分析
61	华北电力大学	硕士	人文与社会科学学院/赵旭光	法律硕士(法学)	牧雅姝:未成年人犯罪社会调查报告的制作与完善研究
			方仲炳	法律硕士(法学)	张玉:论家庭暴力犯罪的取证
			人文与社会科学学院/赵旭光	法律硕士(非法学)	李林城:附条件不起诉在污染环境罪追诉中的适用
62	华北理工大学	硕士	人文法律学院/朱　勇、李同庆	法律硕士(法学)	赵馨:网络游戏外挂行为的刑法定性问题研究
			人文法律学院/崔玉明、范春林	法律硕士(非法学)	杨若晨:妨害传染病防治罪实证分析
			朱　勇、李学军	法律硕士(非法学)	汤俊杰:非法使用个人信息入罪问题研究
			任学婧、张玉霞	法律硕士(非法学)	王庆正:我国企业刑事合规制度研究
			任学婧	法律硕士(非法学)	董立锟:电信网络诈骗犯罪治理研究
63	华东师范大学	硕士	法学院/张　伟	刑法学	陈若金:中立帮助行为可罚性问题探究
			侣化强	法律硕士(法学)	许赢贞:反对强迫自证其罪与加密电子数据的搜查
			钱叶六	法律硕士(非法学)	柯路尘:保险诈骗罪身份与共犯问题研究
			地理科学学院/过仲阳	地图学与地理信息系统	张樱莞:西南地区拐卖儿童犯罪的时空特征与影响因素研究

续表

序号	培养单位	学位层次	学院/导师情况	专业/方向	2023年学位论文选题及作者
64	吉林财经大学	硕士	法学院/方也媛	法律硕士(法学)	郭晴晴:运输毒品罪的死刑限制适用研究
			王凤昌	法律硕士(法学)	秦琳:非法经营罪的限缩适用研究
			徐博强	法律硕士(法学)	李舒婷:编造、故意传播虚假信息罪法律适用研究
			方也媛	法律硕士(法学)	刘珊珊:行贿罪“谋取不正当利益”要件的司法适用研究
			法学院/方也媛	法律硕士(非法学)	赵怡平:虚开增值税专用发票罪的认定问题研究
			李凤颖	法律硕士(非法学)	隋欣达:父母重大失职行为入刑研究
			徐博强	法律硕士(非法学)	赵中浩:我国危害食品安全犯罪的立法困境与完善路径研究
			徐博强	法律硕士(非法学)	邓倩:论虚假诉讼罪中的“捏造事实”认定
			王凤昌	法律硕士(非法学)	陈文雪:随意殴打型寻衅滋事罪司法认定问题研究
			王凤昌	法律硕士(非法学)	王宇璐:过度维权行为刑法认定相关问题研究
			方也媛	法律硕士(非法学)	崔宁宁:帮助信息网络犯罪活动罪的司法适用研究
65	辽宁师范大学	硕士	法学院/姜俊山	刑法学	李紫朔:刑民交叉案件司法程序适用选择问题研究——以非法吸收公众存款罪为视角
			王瑞恒	刑法学	吕佳潼:袭警罪司法精准适用关键问题研究
			法学院/夏　红	法律硕士(非法学)	蔺超凡:刑事从业禁止的司法适用问题研究——基于246份裁判文书样本的考察
			管理学院/张春梅	公共管理	李泽华:淮安市X县未成年人犯罪的社区治理研究

续表

序号	培养单位	学位层次	学院/导师情况	专业/方向	2023 年学位论文选题及作者
66	内蒙古财经大学	硕士	法学院/沈源洲	法律硕士（法学）	王安琪:我国轻罪案件适用少捕慎诉慎押政策研究
			陈彦艳	法律硕士（法学）	王晴宇:企业合规附条件不起诉制度构建研究
			陈彦艳	法律硕士（法学）	田海娜:虚构网络交易型洗钱行为的司法认定研究
			陈彦艳	法律硕士（法学）	宋佳闻:高空抛物罪的司法适用研究
			沈源洲	法律硕士（法学）	张彦:合规计划下企业刑事责任研究
			沈源洲	法律硕士（法学）	张哈蕊:侵犯网络虚拟财产行为的刑法规制研究
67	青海师范大学	硕士	法学与社会学学院/马兰花	法律硕士（法学）	闫蓓:企业刑事合规建设与单位犯罪刑事归责研究
			马兰花	法律硕士（法学）	陈霖泓:发票类犯罪涉案企业合规路径研究
			马兰花	法律硕士（法学）	刘明明:收买被拐卖妇女儿童罪量刑畸轻及其治理思路
			马兰花	法律硕士（法学）	谭雅莹:携带凶器盗窃的刑法问题研究
			马兰花	法律硕士（法学）	陶玉敏:家庭暴力受虐妇女反杀行为的出罪路径分析
			马兰花	法律硕士（法学）	李亚飞:电信网络诈骗犯罪治理路径研究
			法学与社会学学院/马兰花	法律硕士（非法学）	何佳:催收非法债务罪的司法适用问题研究
			马兰花	法律硕士（非法学）	兰竹:企业数据安全刑事合规研究

续表

序号	培养单位	学位层次	学院/导师情况	专业/方向	2023年学位论文选题及作者
67	青海师范大学	硕士	马兰花	法律硕士(非法学)	王雅欣:L3等级自动驾驶汽车交通肇事罪刑事责任问题研究
			马旭东	法律硕士(非法学)	王明豪:放贷取息型受贿犯罪的认定标准研究
68	山东财经大学	硕士	法学院/施锐利、孟凡湖	法律硕士(法学)	任亚飞:负有照护职责人员性侵罪认定研究
			施锐利、宋洪昌	法律硕士(法学)	张钊:妨害安全驾驶罪认定问题研究
			施锐利、王国辉	法律硕士(法学)	张笑薇:虐待被监护、看护人罪认定研究
69	西北政法大学	硕士	刑事法学院/付玉明	刑法学	王璐:过失危险犯理论的本土形塑
			刘　辉、汪　鹏	刑法学	王帆:帮助信息网络犯罪活动罪的限缩适用研究
			喻贵英	刑法学	李建强:骗取贷款罪中"重大损失"研究
			公共安全法学院/许　志	警事法学(侦查学)	许璐曦:网络犯罪案件侦查抽样取证问题研究
70	西南政法大学①	博士	法学院/李永升	刑法学	张素敏:刑罚执行现代化研究
			李永升	刑法学	吴卫:帮助行为正犯化研究
			袁　林	刑法学	赵小勇:信用权利的刑法保护研究
			朱建华	刑法学	陈其琨:本犯既遂后关联犯罪处罚问题研究
			高维俭	刑法学	章桦:数量刑法学的展开进路研究
			朱建华	刑法学	李丁涛:受贿罪共犯司法认定研究
			刑事侦查学院/陈如超	侦查学	孙天宇:智慧侦查模式研究
			国际法学院/周　江	国际法学	张济坤:反恐怖融资犯罪国际合作法律问题研究

① 因数据上传延时,西南政法大学硕博士论文信息为2022年度。

续表

序号	培养单位	学位层次	学院/导师情况	专业/方向	2023年学位论文选题及作者
70	西南政法大学	硕士	法学院/刘沛谞	刑法学	冯雨瑶:人格障碍对刑事责任的影响研究
			石经海	刑法学	陈美丽:"组织刷量"犯罪认定问题研究
			胡　江	刑法学	杨益仙:制毒物品相关行为的刑法规制研究
			梅传强	刑法学	唐月:个人生物识别信息的刑法保护
			袁　林	刑法学	宋培峰:催收非法债务罪的边界问题研究
			张武举	刑法学	崔誉桢:暗网犯罪的刑法规制研究
			刘湘廉	刑法学	李婷红:高空抛物罪之规范解构与界限厘清
			丁胜明	刑法学	来倩如:中止犯减免处罚依据与"自动性"的认定标准
			谢佳君	刑法学	樊思妤:家暴受害妇女杀夫行为刑事责任问题研究
			刘湘廉	刑法学	王安聪:袭警罪犯罪对象研究
			胡　江	刑法学	王康:回应性刑事立法的理性审视与限缩路径
			梅传强	刑法学	王心一:"互联网+寄递"贩毒犯罪及治理研究
			陈　伟	刑法学	程双:破坏计算机信息系统罪的司法不当扩张及对策
			陈　伟	刑法学	肖洁丹:容留他人吸毒罪中"容留"认定研究
			贾　健	刑法学	董欢:儿童色情制品犯罪现状与治理对策研究
			陈　伟	刑法学	钟滔:"深度伪造"的刑法规制及其限度研究
			谢佳君	刑法学	袁媛:非法植入基因编辑、克隆胚胎罪的理解与适用

续表

序号	培养单位	学位层次	学院/导师情况	专业/方向	2023 年学位论文选题及作者
70	西南政法大学	硕士	丁胜明	刑法学	张玥妍:侵占不法原因委托物行为的刑法定性
			梅传强	刑法学	陈宁清:网络直播诈骗行为的司法认定问题研究
			胡　江	刑法学	魏东方:网络时代下“公共场所”的解释难题与适用路径研究——以寻衅滋事罪为例的分析
			石经海	刑法学	白露:毒品犯罪“从严惩处”问题研究
			李永升	刑法学	赵丹:个人信用的刑法保护研究
			陈小彪	刑法学	吴润苗:论催收非法债务罪的保护法益
			张武举	刑法学	徐畅:网络隐私侵权行为的刑法规制
			张武举	刑法学	袁宏英:组织吸毒行为犯罪化研究
			姜　敏	刑法学	赖佳敏:监护失职刑法规制研究
			刑事侦查学院/刘　莹	侦查学	杨琳:跨境电商走私犯罪案件侦查研究
			张　异	侦查学	刘倩:监察案件技术调查措施研究
			郑晓均	侦查学	王延鑫:“资金盘”金融犯罪侦查对策研究
			黄　锐	侦查学	孟文文:我国航空渠道走私毒品犯罪案件侦查对策研究
			刘　莹	侦查学	杨名静:非法野生动物交易犯罪侦查对策研究
			王　跃	侦查学	潘镇洋:破坏矿产资源犯罪案件侦查研究
			陈如超	侦查学	王精裕:电信网络诈骗犯罪侦查管辖制度研究
			黄　锐	侦查学	田俊钦:后疫情时代我国新型毒品犯罪侦查中技术应用
			朱　兰	侦查学	胡文倩:大数据视域下犯罪痕迹信息在侦查中的运用

续表

序号	培养单位	学位层次	学院/导师情况	专业/方向	2023 年学位论文选题及作者
70	西南政法大学	硕士	向　静	侦查学	张越:弑母案件犯罪人行为与心理轨迹分析——以深层心理学为视角
			张凌燕	侦查学	王克:资金查控在电信网络诈骗侦查中的应用研究
			王　彪	刑事诉讼法	关楠:刑事强制医疗程序中的鉴定问题研究
			法学院/张吉喜	诉讼法学	胡洋梓:非法诱惑侦查的法律后果研究
			艾　明	诉讼法学	孙馨:职务犯罪案件指定管辖制度研究
			王剑虹	诉讼法学	陈鸿运:刑事诉讼中的"幽灵抗辩"实证研究
			颜　飞	诉讼法学	张星宇:论刑事侦查中收集行踪信息的程序规制
			倪春乐	诉讼法学	张涵:大数据背景下的侦查认识研究
			知识产权学院/邓宏光	知识产权法学	王恒:网络著作权犯罪的法律规制
			人权研究院/赵树坤	法学理论	陈文:终身监禁刑种化的法理研究
			赵树坤	法学理论	王静:论被拐卖女性权益保障的困境和出路——以 917 份裁判文书为切入点
			人工智能法学院/张光君	人工智能法学	郭世昊:人工智能辅助量刑系统的算法风险与防范对策研究
			法学院/刘渝峡	刑法学(专业学位)	薛慧婕:妨害传染病防治罪的司法认定研究
			刘沛谞	刑法学(专业学位)	胡安琪:黑社会性质组织首要分子刑事责任范围研究
			刘渝峡	刑法学(专业学位)	王芳:合作投资型受贿罪的司法认定问题研究
			法学院/刘湘廉	刑事法实务(专业学位)	吴小莲:袭警罪司法认定中的疑难问题探析

续表

序号	培养单位	学位层次	学院/导师情况	专业/方向	2023 年学位论文选题及作者
70	西南政法大学	硕士	胡　江	刑事法实务(专业学位)	董淳:容留他人吸毒罪中“容留”的司法认定疑难问题研究
			李永升	刑事法实务(专业学位)	蔡鹏程:电信网络诈骗犯罪实证研究——以 G 省 H 市法院数据为研究样本
			姜　敏	刑事法实务(专业学位)	郑青林:“截贿”行为的刑法定性研究——以 150 份判决书为分析样本
			姜　敏	刑事法实务(专业学位)	石微微:淫秽直播行为的定罪问题研究——以 101 份生效判决为分析样本
			贾　健	刑事法实务(专业学位)	魏博:论募捐诈骗中的被害人因素
			陈小彪	刑事法实务(专业学位)	李红蕾:污染环境罪因果关系认定实证研究
			经济法学院/徐以祥	环境与资源保护法学(专业学位)	刘铭鑫:论非法狩猎罪的规范解释与司法适用
			法学院/丁胜明	法律硕士(法学)	易越玚:财产犯罪未遂问题研究
			向　燕	法学(专业学位)	刘鑫萍:毒品犯罪案件实物证据排除问题实证研究
			高维俭	法律硕士(法学)	丁晨曦:我国毒品犯罪刑事没收制度实证研究
			高维俭	法律硕士(法学)	赵静雯:高空抛物罪司法适用疑难问题研究
			艾　明	法律硕士(法学)	杨庆静:毒品犯罪案件中的数量引诱问题研究

续表

序号	培养单位	学位层次	学院/导师情况	专业/方向	2023年学位论文选题及作者
70	西南政法大学	硕士	丁胜明	法律硕士（法学）	林容羽：司法解释与刑法修正案先后犯罪化背景下刑法溯及力问题研究
			刘沛谞	法律硕士（法学）	王倩：敲诈勒索罪中“非法占有目的”之认定——以情感纠纷类案件为视角
			谢佳君	法律硕士（法学）	罗智译：毒品犯罪中明知认定的实证研究
			胡　江	法律硕士（法学）	孙梽睿：新精神活性物质类毒品数量的认定问题研究
			陈　伟	法律硕士（法学）	易向媛：拒不执行判决、裁定罪的规范适用探究
			张武举	法律硕士（法学）	王康桢：集资诈骗罪中被害人过错问题研究
			人工智能法学院/付其运、段明学	法律硕士（法学）	杨攀：共同犯罪违法所得处理研究
			张光君、陈佳佳	法律硕士（法学）	唐雪：帮助信息网络犯罪活动罪中“明知”的理解与认定
			张光君	法律硕士（法学）	姚尚吾：法定数字货币犯罪对刑法的挑战及应对
			陈　英、马　黎	法律硕士（法学）	徐文嘉：非法租售VPN刑法定性问题实证研究
			聂慧苹、王建伟	法律硕士（法学）	彭驰：制毒物品刑法规制研究
			人工智能法学院/付其运	法律硕士（非法学）	王志：人工智能时代个人信息的刑法保护
			付其运	法律硕士（非法学）	卓会：“套路贷”的司法认定问题研究
			聂慧苹	法律硕士（非法学）	侯婷婷：以危险方法危害公共安全罪中“其他危险方法”的实务认定研究
			聂慧苹	法律硕士（非法学）	刘绍斌：寻衅滋事罪司法认定探究

续表

序号	培养单位	学位层次	学院/导师情况	专业/方向	2023年学位论文选题及作者
70	西南政法大学	硕士	聂慧苹	法律硕士(非法学)	董美娇:网络谣言刑法规制研究
			聂慧苹	法律硕士(非法学)	蒋倩云:法秩序统一原理下侵犯公民个人信息罪的完善研究
			聂慧苹、陈学敏	法律硕士(非法学)	黄振华:高空抛物罪适用疑难问题研究
			法学院/高　峰	法律硕士(非法学)	包世金:环境犯罪刑附民公益诉讼中生态损害定量问题的研究——以吴某污染环境罪一案为例
			丁胜明	法律硕士(非法学)	詹浩哲:受贿罪"严重情节"适用的现实困境与出路
			刑事侦查学院/倪春乐	法律硕士(非法学)	张梦芸:网络投资理财诈骗犯罪案件侦查研究
71	复旦大学	博士	法学院/汪明亮	刑法学	于浩:赌博犯罪刑事立法体系重构
		硕士	法学院/汪明亮	刑法学	陈乐乐:论操纵证券市场罪的因果关系
			汪明亮	刑法学	林悦月:论网络爬虫行为的刑法规制
			汪明亮	刑法学	周敏:论生物安全的刑法保护
			汪明亮	刑法学	汪盛亚:背信运用受托财产罪司法适用难点及其化解
			汪明亮	刑法学	吴越昊:洗钱罪司法适用难点及其化解
			汪明亮	刑法学	林江铖:论有组织犯罪刑事政策的科学化及其实现
			汪明亮	刑法学	黄家赫:电信网络诈骗犯罪刑事政策内涵与实现路径——基于《反电信网络诈骗法》的分析
			汪明亮	刑法学	徐亦萌:非传统安全领域危害国家安全犯罪生成机理与防范路径

第五章 / Chapter 5

2023 年度中国犯罪学研究述评

随着社会经济和科学技术的发展,传统的身体接触类暴力犯罪下降明显,借助互联网技术的犯罪呈高发态势。①党的二十大报告中将国家安全和社会稳定并提,明确要求“强化社会治安整体防控,推进扫黑除恶常态化,依法严惩群众反映强烈的各类违法犯罪活动”。②可见,我国的犯罪治理政策依然是注重防控、严厉打击,但单一依靠《刑法》的做法在发生改变,仅在 2022 年就有《反电信网络诈骗法》《反有组织犯罪法》两部犯罪治理单行法的实施。这些变化对犯罪规律认识、犯罪治理策略和效果评估的理论和实践均提出了新需求,也对犯罪学研究提出了更高要求。同时,党的二十大报告指出,“加快构建中国特色哲学社会科学学科体系、学术体系、话语体系,培育壮大哲学社会科学人才队伍”。③犯罪学的学科体系、学术体系和话语体系建设自然是题中之义,它也为犯罪学研究提出了新的历史使命。2023 年是贯彻落实党的二十大精神的开局之年,犯罪学研究有无以及如何因应这些变化,将成为本章的重点。本章主要是按照犯罪学研究对象进行梳理,包括犯罪学本体研究、犯罪现

---

① 参见王瑞山:《中国社会的犯罪下降现象及其理解》,载《公安学研究》2022 年第 2 期;卢建平、王昕宇:《十八大以来犯罪形势的宏观、中观与微观考察——基于司法统计数据的分析》,载《犯罪研究》2023 年第 1 期;靳高风、张雍锭、郭兆轩:《2022—2023 年中国犯罪形势分析与预测》,载《中国人民公安大学学报(社会科学版)》2023 年第 2 期。

② 习近平:《高举中国特色社会主义伟大旗帜 为全面建设社会主义现代化国家而团结奋斗》,载《人民日报》2022 年 10 月 26 日,第 1 版。

③ 习近平:《高举中国特色社会主义伟大旗帜 为全面建设社会主义现代化国家而团结奋斗》,载《人民日报》2022 年 10 月 26 日,第 1 版。

象研究、犯罪原因研究、犯罪防治研究四个主体部分,最后进行总结和展望。

第一节 样本的基本情况

本章的主要样本选择基本沿用2020年《蓝皮书》确定的检索方式,①结果有170篇。②其中,核心期刊论文包括来自北大中文核心期刊和南大CSSCI期刊的论文,分别以"犯罪""暴力""强奸""杀人""性侵""伤害""诈骗""盗窃""抢劫"为篇名进行高级检索,并逐一筛选,共85篇;非核心期刊论文是来自复合影响因子排名前十的非核心犯罪学研究期刊的论文(排名变化导致期刊有所不同,详见表5-1),共85篇。本部分将对这些文献的期刊分布和关注热点进行分析。

表5-1 2020—2023年复合影响因子排名前十的犯罪学研究指标期刊(非核心)

刊　名	2020年	排名	2021年	排名	2022年	排名	2023年	排名
《青少年犯罪问题》	1.639	1	1.72	1	2.246	1	3.722	1
《山东警察学院学报》	1.352	2	1.301	3	1.112	5	0.921	10
《中国刑警学院学报》	1.064	3	1.34	2	1.344	4	1.438	4
《湖北警官学院学报》	1	4	1.211	6	1.109	6	1.419	5
《犯罪研究》	0.994	5	1.248	4	1.413	3	1.863	3
《公安学刊(浙江警察学院学报)》	0.942	6	1.009	7	1.064	7	1.327	6
《北京警察学院学报》	0.929	7	0.988	8	1.027	8	1.295	7
《预防青少年犯罪研究》	0.91	8	1.222	5	1.833	2	2.829	2
《江西警察学院学报》	0.814	9	0.95	9	—	—	1.01	9
《河南警察学院学报》	0.802	10	0.879	10	1.006	9	—	—
《上海公安学院学报》	—	—	—	—	0.985	10	1.022	8

① 该方法检索目标包括核心期刊论文和非核心犯罪学专业期刊论文两部分;其中,核心期刊论文包括中国期刊网收录的北大中文核心期刊和南大CSSCI期刊,非核心犯罪学专业期刊是指以犯罪研究为题名或设有犯罪研究专栏的期刊。

② 最后检索日期为2024年2月8日。《青少年犯罪问题》《预防青少年犯罪研究》《犯罪研究》《中国刑警学院学报》《湖北警官学院学报》《北京警察学院学报》《浙江警察学院学报》《上海公安学院学报》均可检索到2023年全年6期的发文,《山东警察学院学报》仅可检索到2023年第5期。

核心期刊论文分布比较广泛,其中,综合性学报有 25 篇(设有犯罪学研究专栏的《中国人民公安大学学报(社会科学版)》刊有 9 篇),社会学期刊 12 篇,地理学期刊有 11 篇,医药卫生心理类期刊、新闻类期刊各有 10 篇,法学期刊有 8 篇,经济学期刊、计算机与科学技术类期刊各有 3 篇,管理类期刊、人口学期刊、史学期刊各有 1 篇,共计 85 篇。这种分布某种程度上印证了犯罪学知识的跨学科性,不同学科从各自视角来认识犯罪规律、探索犯罪应对策略。

非核心期刊论文在 10 本期刊中的分布为:《预防青少年犯罪研究》15 篇、《犯罪研究》12 篇、《公安学刊(浙江警察学院学报)》11 篇、《中国刑警学院学报》10 篇、《江西警察学院学报》9 篇、《北京警察学院学报》8 篇、《山东警察学院学报》7 篇、《湖北警官学院学报》6 篇、《青少年犯罪问题》4 篇、《上海公安学院学报》3 篇,共计 85 篇。

上述样本中关于类罪的专题研究,最受关注的网络犯罪,有 58 篇(核心期刊 31 篇,非核心期刊 27 篇),占比超过样本的三分之一;网络犯罪中数量最多的网络暴力犯罪研究,有 16 篇,而且全来自核心期刊,约占核心期刊样本的两成;其次是电信网络诈骗犯罪,有 13 篇,其中,3 篇来自核心期刊,10 篇来自非核心期刊。

此外,还有一些文献是笔者学习交流中所检索收集,不在上述检索范围内,特别是一些会议上发表的论文。据笔者所知,2023 年国内举办了多场犯罪学学术会议。例如,2023 年 11 月 24 日,中国犯罪学学会主办,主题为“国家治理现代化与犯罪治理科学化:数字时代犯罪治理”的第三十二届学术研讨会。2023 年 7 月 1 日,中国犯罪学学会犯罪预防专业委员会、上海政法学院联合主办,主题为“人工智能社会中的犯罪治理与防控”的“第八届犯罪学论坛”。2023 年 11 月 19 日,《犯罪研究》编辑部、中国政法大学刑事司法学院、中国犯罪学学会被害人学专业委员会联合举办的第二届“法大犯罪治理论坛”。[①]浙江警察学院分别在 2023 年 7 月、12 月主办了第二届新型网络犯罪治理智库论坛、第二届“智慧警务与治安治理现代化”研讨会,深入讨论了新型网络犯罪治理和智慧警务。与会者在上述研讨会上发表了大量论文,限于篇幅不能尽录,只能择要取用。

① 涂欣筠、冯梦晗等:《第二届“法大犯罪治理论坛”研讨会会议综述》,载《犯罪研究》2023 年第 6 期。

第二节　关于犯罪学本体的研究

犯罪学本体研究包括犯罪学基本概念、犯罪学的价值与功能、犯罪学研究方法、犯罪学学科发展等内容的研究。2023年关于犯罪学本体的研究中，既延续了类似去年的犯罪学研究新视角的引介，也有关于我国犯罪学研究方法的检讨，还有关于犯罪学学科建设的思考。

一、犯罪学研究的新视角

2022年，国内犯罪学学者主要引介了生命历程犯罪学、现代生物犯罪学、转化犯罪学等前沿理论。①2023年有学者对这些理论进行了进一步的讨论，例如，赵希梳理了该理论的发展脉络，强调了非正式社会控制在我国犯罪学理论研究与治理实践中的借鉴价值；②张小虎对生命历程犯罪学中的研究方法——同生群体犯罪生涯研究进行专门梳理；③李洋和刘洪广讨论了生物学在解释犯罪行为、揭露犯罪、预防预测犯罪等方面的系统知识构建；④缪晓琛对犯罪学理性选择理论发展脉络进行了梳理，并对其本土运用进行了考察。⑤此外，样本中又有三个新的犯罪学概念的引入，即数字犯罪学、罪犯犯罪学和历史犯罪学。

一是数字犯罪学(digital criminology)。单勇教授引介了澳大利亚学者提出的数字犯罪学概念，该概念回应了“工业化、城市化时代的传统犯罪学理论框架对于数字化时代的新型网络犯罪及其治理问题陷入解释匮乏、文不对题的失语状态，根本性的数字社会变迁以及随之而来的新型网络犯罪挑战”。⑥数字犯罪学注意到“数字技术深度融入社会结构，各种新型犯罪和被害发生于虚实交织、高度相融的

① 参见王瑞山:《2022年我国犯罪学研究述评》，载《犯罪研究》2022年第2期。

② 赵希:《生命历程犯罪学的理论脉络与借鉴价值》，载《犯罪研究》2023年第5期。

③ 张小虎:《生命历程犯罪学研究经典范式的形成及方法路径——同生群体犯罪生涯研究的构造》，载《社会科学战线》2023年第7期。

④ 李洋、刘洪广:《犯罪生物学的知识建构初探》，载《中国人民公安大学学报(社会科学版)》2023年第1期。

⑤ 缪晓琛:《犯罪学理性选择理论的发展脉络及本土运用》，载《江西警察学院学报》2023年第5期。

⑥ 单勇:《从传统犯罪学到数字犯罪学的代际更新》，载《上海大学学报(社会科学版)》2023年第4期。

数字化交互之中”，重视数字技术对犯罪发生及其犯罪控制底层逻辑的改变，强调犯罪治理的公民在线参与。单勇教授认为，中国式数字犯罪学的发展路径包括：以平台生态系统为中介的双层结构中，犯罪控制从“在场控制”转向“在线控制”，发挥互联网平台等市场主体的看门人作用，实现国家与市场等多元主体的共治。①

数字犯罪学聚焦的是数字化对犯罪和刑事司法的影响，不像犯罪心理学、犯罪社会学、犯罪生物学那样，以各自学科视角来解释犯罪动机。数字犯罪学为考察犯罪和犯罪治理提供了数字化这个新视角，回应了这个时代的现实需求。数字社会包括诸多先进的数字技术运用，它们会影响到每个人的具体生活，自然会影响到犯罪和犯罪治理，因此，数字犯罪学概念的提出对当前犯罪学的研究非常有意义。

二是罪犯犯罪学（convict criminology）。吴宗宪教授引介了“罪犯犯罪学”概念，称其为“从罪犯的视角研究犯罪与相关问题的犯罪学分支学科”。②罪犯犯罪学的概念产生于 20 世纪 90 年代的北美，它要解决的问题是：绝大多数的传统犯罪学研究者是与实施犯罪没有直接关系的人员，对于犯罪人内心世界的探讨缺乏直接的体验，很多研究结论具有推测性质。罪犯犯罪学旨在克服这个问题，早期的“罪犯犯罪学家”主要是“正在攻读博士学位或者已经获得博士学位的前罪犯和正在服刑的罪犯”。③罪犯犯罪学通常被视为批判犯罪学的一种，研究者结合犯人经历和研究工具，对监狱进行民族志研究，进而提出改革刑事司法制度的建议。

民族志研究通常代表“在自然情境下的观察，以及对文化及亚文化的全面了解”。④关于监狱生活的参与观察研究，著名的有民国时期严景耀先生作为志愿“犯人”在监狱内进行参与性观察，探寻犯罪规律，揭示监狱问题。⑤孙平教授对监狱亚文化的研究也运用了参与观察、视屏观察、深度访谈等多种方法，揭示了服刑人员的监狱生活。⑥当然，这些研究无疑都有利于揭示犯人生活和监狱问题，但研究者无法像一个真正的罪犯那样去感受监狱生活。罪犯犯罪学正式填补了这种视角，将罪犯和研究者合二为一，从一个罪犯对监狱生活的真实体认出发，来揭示刑事司

① 单勇：《从传统犯罪学到数字犯罪学的代际更新》，载《上海大学学报（社会科学版）》2023 年第 4 期。
② 吴宗宪：《罪犯犯罪学述评》，载《犯罪研究》2023 年第 3 期。
③ 吴宗宪：《罪犯犯罪学述评》，载《犯罪研究》2023 年第 3 期。
④ ［美］艾尔·巴比：《社会研究方法（第 8 版）》，邱泽奇译，华夏出版社 2000 年版，第 357 页。
⑤ 严景耀：《中国的犯罪问题与社会变迁的关系》，商务印书馆 2019 年版，第 3 页。
⑥ 孙平：《监狱亚文化》，社会科学文献出版社 2013 年版。

法问题。这是极为难得的,其中存在的困难也是显而易见的。前罪犯和犯罪学学者两种身份之间的紧张关系给罪犯犯罪学者带来一定的压力和不适,并影响他们研究犯罪学的方法。阿兰·莫布里(Alan Mobley)描述了自己作为一名囚犯被监狱访客盯着看的愤怒经历,但当他作为研究员进入监狱时感受到紧张、困惑和内疚,因此也“盯着”囚犯;同时,罪犯犯罪学学者披露其曾经犯罪的囚犯背景所带来的社会排斥也可能会给其带来一定的职业风险。①吴宗宪教授认为我国发展罪犯犯罪学不仅需要外界的帮助和罪犯的努力,还需要社会的宽容,②可谓一语中的。我国立法和实践中对有前科人员的社会排斥也是非常严重的,③像教师、科研人员这样的职业,一个有故意犯罪前科的人员是被法律禁止从事的。

三是历史犯罪学(historical criminology)。笔者引介了历史犯罪学概念,在犯罪学与刑事司法研究中使用历史方法。历史犯罪学并不是像研究历史学那样研究犯罪学,而是创造性地运用历史时间概念的方法研究过去,其目的是理解现在的犯罪和刑事司法现象。④与犯罪心理学、犯罪社会学等传统犯罪学分类相似,历史犯罪学要引入历史学的理论和方法来研究犯罪与刑事司法现象,揭示问题。过去的犯罪与刑事司法实践为当前的犯罪与刑事司法提供了特定的背景,通过历史的考察,可以探寻当前犯罪与刑事司法现象的起源、特性及变革规律。

关于我国古代社会犯罪学思想的研究较为丰富,但从历史犯罪学视角对我国古代犯罪与刑事司法的研究并不多见。⑤当前我国的刑事司法制度植根于中国传统社会,理解现代犯罪与刑事司法、化解我国当前刑事司法的现实困境均离不开对传统社会犯罪与刑事司法的考察,积淀于漫长历史进程中的我国优秀传统刑事司法文化能够为当前中国的发展提供有益的思想启示、制度启发和经验借鉴。因此,

---

① Dorothy Goulding, Convict Criminology, The Australian and New Zealand Journal of Criminology, 2003 (2):236—237.

② 吴宗宪:《罪犯犯罪学述评》,载《犯罪研究》2023 年第 3 期。

③ 参见王瑞山:《试论特殊人群的制度化排斥及其应对》,载《华东师范大学学报(社会科学版)》2013 年第 3 期;王瑞山:《论刑释人员回归社会的制度困境》,载《河南警察学院学报》2015 年第 4 期。

④ 王瑞山:《历史犯罪学:犯罪学与刑事司法研究的历史方法》,载《犯罪研究》2023 年第 6 期。

⑤ 参见巫仁恕、吴景杰:《窃盗案的历史犯罪学分析——以同治朝四川省巴县为例》,载《汉学研究》2021 年第 3 期;巫仁恕、吴景杰:《犯罪与城市——清代同治朝重庆城市窃盗案件的分析》,载《台大历史学报》第 67 期(2021 年 6 月);周琳:《殴斗的逻辑——乾隆至同治时期重庆的脚夫组织》,载《清史研究》2018 年第 3 期。

加强犯罪学与历史学的跨学科研究、发展历史犯罪学很有必要。当然，历史犯罪学研究并不排斥犯罪史研究，甚至要借助犯罪史的资料。在我国，犯罪史被视为法制史研究的范畴，有学者提出借鉴英国犯罪史学的经验，拓展犯罪史的研究，即“从社会、政治、文化视角探讨犯罪，在深化和扩展对犯罪认识的同时，也以犯罪反映古代社会、政治和文化的一个侧面，可以在客观上拓宽对古代法制的认识”。①

上述三种不同的犯罪学研究进路均不同于以解释犯罪人犯罪动机为核心的传统犯罪学，切近犯罪学发展的理论前沿，值得借鉴以丰富我国的犯罪学发展。

二、关于犯罪研究方法的研究

犯罪学研究方法是一个非常重要的老话题，科学的研究方法是研究结论客观性的重要保障。样本中关于犯罪学研究方法的讨论，除了上文提及的同生群的犯罪生涯研究，还有关于我国犯罪学中量化研究和叙事研究的讨论。

一是同生群犯罪生涯研究。同生群体是指由通常以出生年份为基础进行界定的个体所组成的集群，他们是在同一段时间内分享一些重要经历的一群人。犯罪生涯是指一段生命历程，这段历程从初次犯罪时(或之前)进入，到最后一次犯罪结束时(或之后)退出。犯罪的参与、频率、持续时间、严重性这四个关键性的维度标示了犯罪生涯范式的基本特征。“同生群体”及“同生群体效应”与“犯罪生涯”相结合的研究范式，很大程度地突破了传统犯罪学上研究样本的离散性及研究主题的单一性，同时，基于同生群体效应考究犯罪生涯问题，无需考虑影响犯罪生涯的“年龄阶段因素”及“历史时期因素”，专注于特定历史背景下经历了共同生命事件的这群人在犯罪生涯上的独特表现，将个人生命轨迹与社会变迁中的重大生命事件密切结合起来分析。②生命历程犯罪学就是纵向考察一个人的生命事件如何影响其犯罪或不犯罪的，犯罪生涯研究是其核心命题，显然，同生群体所经历的同一历史底色使得其犯罪生涯更具有可比性，结论也更加可靠。

二是我国犯罪学量化研究的问题。夏一巍和罗霞细致分析了2010年至2020年之间我国犯罪学量化研究状况，发现诸多问题：研究数据中，过于依赖二手数据

---

① 苑苑：《中国古代犯罪史研究刍议》，载《史学理论研究》2023年第6期。

② 张小虎：《生命历程犯罪学研究经典范式的形成及方法路径——同生群体犯罪生涯研究的构造》，载《社会科学战线》2023年第7期。

(业务数据占34.10%,裁判案例数据占27.02%,个人调查数据仅占15.03%,大型调查数据仅占1.59%)或非介入性调查(84.39%),少有随机抽样(13.71%),且研究范围较窄;量化分析方法粗糙,部分研究仅使用了单变量分析,六成以上的研究仅使用了描述性统计分析,较多研究仅使用非随机样本并误用推论性统计方法;论文撰写方面,绝大多数研究并未汇报数据获取过程,对理论、研究假设以及概念测量等方面的描述也较为匮乏,同时多数研究未明确讨论。①迪尔凯姆(Emile Durkheim)提出"社会现象是物,而且应该将它们作为物来研究",②并将科学研究的实证方法引入社会学,开创了社会学实证研究的范式。犯罪现象是一种社会现象,对其进行量化研究,测量的对象主要是人的行为,具有较大的难度,因此,更需要注意量化研究的规范性,以保证结论的科学性,如果量化研究设计或执行存在问题,那就是伪量化,徒劳无功。

三是犯罪学研究中的叙事分析方法。李东以中立化技术理论等亚文化理论为例介绍了叙事研究的基本形式,接着论述了21世纪以来犯罪者叙事的分析受到多种政治与社会因素的影响,进而讨论了叙事分析在实际运用上的多重可能,最后展望了本土化犯罪叙事分析框架的构建可能。③叙事分析是一种比较微观层面的考察,借助叙事学的研究成果来分析犯罪人的叙事内容,是洞察犯罪心理、理解犯罪人的有效路径。叙事分析也是历史犯罪学常用的一种方式,许多历史文献记述了有限时间内特定地点的特定犯罪现象,可以提供信息以对当前现象的某些方面(如当前现象的起源)形成新的认识。④

三、犯罪学学科建设

王燕飞教授认为,当前我国犯罪学学科建设面临单向发展、实践机制雷同、国际交流不够等困境,"通过科学方法(即以观察为主)研究犯罪"的科学犯罪学从刑法学中"析出"与具有鲜明本土化特征的案例犯罪学的"创生"将是新时代中国犯罪学的发展方向。⑤

---

① 夏一巍、罗霞:《犯罪学研究中量化分析方法的使用:现状、问题与建议》,载《犯罪研究》2023年第1期。

② [法]E.迪尔凯姆:《社会学方法的准则》,狄玉明译,商务印书馆2003年版,第47页。

③ 李东:《叙事分析在犯罪社会学中的发展脉络与多重可能》,载《犯罪研究》2023年第3期。

④ 王瑞山:《历史犯罪学:犯罪学与刑事司法研究的历史方法》,载《犯罪研究》2023年第6期。

⑤ 王燕飞:《新时代中国犯罪学学科建设新思考》,载《国家治理现代化与犯罪治理科学化:数字时代犯罪治理(上)——中国犯罪学第三十二届学术研讨会论文集》,中国检察出版社2023年版,第42—50页。

毋庸置疑,科学化和本土化是当前我国犯罪学学科发展的方向,也是当前犯罪学研究的两大课题。犯罪学的科学化并不仅仅是犯罪原因解释的研究方法科学化,即采用实证研究的方法,还包括犯罪预防、刑事司法的科学化,即采用科学的策略和科学的评估。如果说传统的犯罪学实证研究解决了前者,那么,新兴的犯罪科学主要是针对后者。①本土化是针对舶来的西方犯罪学理论而言,这些理论产生的依据是西方社会的事实,这些事实由西方社会特定的自然条件(包括人的生物学条件和自然地理条件)和社会条件(政治、经济、文化等)所塑造,能否适用于中国社会,需要用中国社会的事实来检验。中国犯罪学的发展不仅需要西方犯罪学理论的本土化,还要总结自身的犯罪治理历史经验,根据中国社会的犯罪现象及其治理实践产生中国的犯罪学理论,开展案例研究就是其路径之一。中国犯罪学应该成为一个学术概念,加以严谨地科学论证。这里认为,中国犯罪学最大的特征,就是它能准确地解释中国社会的犯罪现象,开发符合中国实际、行之有效的犯罪治理策略。中国本土犯罪学的自主发展,仍需重视借鉴域外犯罪学的先进经验,而且借鉴的内容不仅包括先进的犯罪学理论,还包括行之有效的犯罪学学科建设经验。样本中有美国犯罪学发展情况的介绍,其意应该在此。②

第三节　关于犯罪现象的研究

犯罪现象是特定社会中具体犯罪行为的集合。对犯罪现象的考察包括静态的结构要素的考察,如对犯罪人、被害人、犯罪时空、犯罪方法、犯罪危害、犯罪趋势等方面的分析,也包括动态的过程性考察,如犯罪的策划、犯罪着手、犯罪持续、犯罪结束等方面的分析。样本中关于犯罪现象的研究主要聚焦在犯罪趋势、犯罪分布、犯罪危害和犯罪预测方法。

一、关于犯罪分布的研究

样本中关于犯罪分布的研究主要是犯罪时间和地理分布,有文章对类罪案件

---

① 王瑞山:《犯罪科学的界定及其与犯罪学的关系——以伦敦学院大学的犯罪科学学科建设为例》,载《中国人民公安大学学报(社会科学版)》2019年第2期。

② 贺丹、刘建宏:《美国犯罪学概述:研究与教育》,载《犯罪研究》2023年第5期。

的全国分布规律进行考察,有文章对犯罪人来源地的全国分布规律进行考察,有文章对类罪的市域分布规律进行考察,有文章对类罪多维分布进行考察,还有文章对犯罪的共生现象进行考察。

一是犯罪案件的全国分布研究。龙冬平等人研究发现,2014—2015 年,我国的销售类假药犯罪数量上升且“城际差异”扩大,2016—2019 年该犯罪数量减少但“城际差异”缩小;在空间分布上,该犯罪已由单核或双核(上海、深圳和广州等)的“聚拢分布”形态演变为多核的“扩散分布”形态,并且形成了较明显的“人字形”带状分布格局(如沿福建、浙江、江苏北上后,再向河北、山西、辽宁、吉林以及黑龙江等地蔓延扩散)。①付余以 2012—2021 年间的裁判案件为样本研究发现,G 省拐卖儿童犯罪呈现出区域分布集中的特点。②

二是对犯罪人来源地的全国分布规律研究。吴鹤群等人研究发现,电信网络诈骗犯罪人来源地总体呈现“南多北少、东多西少、中部突起”的空间格局特征。北方以河南为中心,辐射效应不显著;南方以湖南为中心,并辐射至周边地区,形成集中连片的犯罪区域。犯罪人短距离犯罪显著多于中长距离犯罪,省内犯罪占比远高于跨省犯罪。电信网络诈骗案发的空间集聚性显著,犯罪案件高发区与犯罪人来源地高值区高度重合,沿海发达地市也成为电信网络诈骗案的重灾区。③

三是对犯罪案件的市域时空分布规律研究。郑滋椀等人分别以浙江海宁市性犯罪、盗窃犯罪数据为样本研究发现,强奸、猥亵犯罪均高发于 19 时至次日 3 时的夜间时段;强奸犯罪无明显的季节性特征,猥亵犯罪则呈现 7—8 月高发的单峰形态。强奸、猥亵犯罪均在商业区和住宅区集聚,前者空间集聚程度更高。新冠疫情暴发后,研究区内盗窃犯罪月均数量较疫情前降幅达 53%,而其日内分布模式却没有明显变化。④

---

① 龙冬平、徐铭恩、柳林:《中国销售类假药犯罪的时空演化特征及地域类型研究》,载《地理科学进展》2023 年第 5 期。

② 付余:《我国拐卖儿童犯罪的治理问题探究——以 G 省 1813 个案件为样本》,载《中国人民公安大学学报(社会科学版)》2023 年第 1 期。

③ 吴鹤群、王强、郑滋椀:《电信网络诈骗犯罪人来源地的空间分布特征及影响因素》,载《地理研究》2023 年第 12 期。

④ 郑滋椀、林喆、姜超、陈鹏、周俊俊、刘璐:《浙江海宁市强奸与猥亵两类性犯罪的时空分异及其影响因素对比》,载《地理科学》2023 年第 12 期;郑滋椀、姜超、汪婕、刘璐、陈鹏、董齐芬:《常态化防疫背景下城市盗窃犯罪的时空演变及其机理研究:以浙江海宁市为例》,载《地理科学进展》2023 年第 2 期。

四是对犯罪案件的多维分布研究。张远煌教授领衔的北京师范大学中国企业家犯罪预防研究中心发布了《2023年企业家刑事风险分析报告(2022暨2017—2021数据对照分析)》,该报告以刑事判决案件为样本,分析了我国企业家犯罪的规模及其详细的犯罪分布特征,主要包括:(1)犯罪企业家性质、性别、年龄、职务分布。(2)涉案企业地域分布、城市分布、产业类型分布。(3)企业家涉罪高频罪名分布。(4)涉案企业案发环节(对应的生成经营环节)分布。①

五是犯罪共生现象的研究。王文汐等人研究发现,毒品犯罪与抢劫罪、强奸罪、危险驾驶罪、故意杀人罪等四类次生犯罪在空间上呈现出小尺度共聚关系,共聚程度随距离变化在理性选择理论的作用下多为倒U形关系;毒品犯罪与故意伤害罪在空间上为随机分布关系,该关系受当地民风民俗与毒品特殊药理性影响。②

犯罪分布的研究对于犯罪预防决策有着积极的意义,特别是随着犯罪地理学的兴起和科学技术的进步,预测性警务发展迅速,犯罪分布研究更有基础性的作用。

二、关于犯罪危害和安全感的研究

犯罪危害是犯罪的消极后果,是我们考察犯罪现象的重要维度,它不仅是考虑犯罪严重程度的依据,也是保障被害人权益、维护社会和谐的重要依据。

一是拐卖儿童犯罪的危害。继2022年发表多篇关于拐卖儿童犯罪的文章之后,③周俊俊、李钢等人分别对拐卖事件对被拐人及其原生家庭的影响进行了研究。在被拐儿童方面,他们的生命轨迹线整体呈现波动型和平稳型两种型态,寻亲成功后,他们的生命轨迹线仍然按照各自的处境持续发生变化。生活在恶劣型家庭的被拐儿童的生命轨迹线波动起伏较大,生活在中间型和良好型家庭的被拐儿童生命轨迹线比较平缓。即使生命轨迹平稳向上流动的被拐儿童,也难以抵消拐卖经历带来的不利影响。④在被拐儿童的原生家庭方面,他们在短时间内受到拐卖

---

① 北师大中国企业家犯罪预防研究中心:《2023年企业家刑事风险分析报告(2022暨2017—2021数据对照分析)》,载《河南警察学院学报》2023年第4期。

② 王文汐、霍宏涛、蒋晨琛:《毒品犯罪与次生犯罪共生关系:以华北沿海T市为例》,载《科学技术与工程》2023年第33期。

③ 参见王瑞山:《2022年我国犯罪学研究述评》,载《犯罪研究》2022年第2期。

④ 周俊俊、李钢、王皎贝等:《拐卖事件对被拐个体生命轨迹变迁的影响》,载《地理科学》2023年第3期。

事件的强烈冲击,使原生家庭成员主要面临内在的心理压力和外在的现实压力,可能直接导致原生家庭的离婚,有的奔波于寻亲,有的家庭则默默承受,直接导致原生家庭的经济功能、健康照顾功能、家庭抚育功能与情感功能衰退。而寻亲活动与寻亲成功后的多重要素在长时间内对原生家庭造成持续扰动。①

二是黑恶势力的危害。刘长庚等人研究发现,黑恶势力犯罪会显著降低居民生活满意度。黑恶势力能够通过阻碍居民经济价值实现、降低居民自身发展预期和心理健康水平、恶化地区治安环境和政府治理绩效的渠道降低居民生活满意度。黑恶势力在经济欠发达、人力资本较低、法治基础薄弱和公共安全投入较低地区的负效应更大,对农村、低收入和低学历居民造成更严重的福利损失。扫黑除恶是净化社会环境、提高居民生活满意度的重要方式。②

三是犯罪受害对安全感的影响。犯罪危害直接影响到民众的安全感。古杰等人研究发现,女性居民的居住安全感水平显著低于男性;年龄对居住安全感具有正向影响,居住安全感随着年龄的增大而显著提升;物理环境失序和社会环境失序对居住安全感水平具有消极影响;正式社会控制和拥有房屋产权对居住安全感具有积极影响,而非正式社会控制和集体效能的影响不显著;直接犯罪受害经历和间接受害经历均对居住安全感产生消极的影响,相对而言,前者的影响程度高于后者。③

三、关于犯罪趋势的分析

关于犯罪趋势的研究主要有两篇:一篇是卢建平、王昕宇对党的十八大以来我国犯罪趋势的分析;一篇是靳高风等人对2022年犯罪数量发展趋势的分析,两者均以刑事司法机关的犯罪统计为依据。卢建平、王昕宇认为,我国的犯罪现象整体呈现数量、质量“双降”的特点;财产犯罪仍是主要的犯罪类型,但数量和占比出现下降趋势,侵犯公共法益犯罪突出,危害公共安全和妨害社会管理秩序类犯罪占比较大;危险驾驶罪案件数量居于刑事案件的首位,盗窃犯罪减少而诈

---

① 周俊俊、李钢、洪丹丹等:《被拐儿童原生家庭韧性演变过程与风险应对策略——基于社会—生态系统视角的分析》,载《人文地理》2023年第2期。

② 刘长庚、王宇航等:《扫黑除恶的福利效应——基于居民生活满意度的实证研究》,载《山东大学学报(哲学社会科学版)》2023年第3期。

③ 古杰、王丽芳、宋广文:《住房情况与不同类型犯罪受害经历对居住安全感的影响》,载《地理科学进展》2023年第12期。

骗犯罪增加。①靳高风等认为,2022年刑事立案数、逮捕人数、公诉人数、判处罪犯数相比2021年均明显下降;重罪数量明显下降,轻罪数量上升,危险驾驶罪是公诉案件最多的案件。传统自然犯罪持续减少,妨害社会管理类行政犯持续增加,新型网络犯罪成为"灰犀牛",与新经济业态伴生性强。②

可见,两个研究尽管考察的期间不同,但结论几乎相同,也再次证明了我国社会存在的犯罪下降现象。犯罪下降研究已成为域外犯罪学研究的一个专门领域,犯罪下降原因与犯罪上升原因一样值得探究。③

四、关于犯罪预测的研究

关于犯罪预测的研究有对某地或某时间段内某类犯罪的预测研究,也有预测模型的开发研究。

一是特定时空内犯罪预测研究。靳高风等人基于2022年我国犯罪发生趋势预测2023年犯罪发案数量将有所增加,传统街面盗窃犯罪、诈骗犯罪等可能有所反弹,同时应当重点防范个人极端暴力犯罪和网络新技术变革引发的新型犯罪。④张梦鸽等人基于2008—2020年我国故意伤害死亡率持续下降的趋势预测未来五年我国居民故意伤害死亡率将持续下降。⑤

二是关于预测模型的开发研究。贺日兴等人构建了一种顾及道路权重的图卷积犯罪时空预测模型,并利用芝加哥2016—2017年街面盗窃犯罪数据对模型进行评估,取得了较好的预测效果。⑥卢业成等人提出了一种基于混沌分析的长短期记忆预测方法(Chaos-LSTM),以北方某特大城市2007—2014年的抢劫、入室盗窃、抢夺、诈骗类犯罪的日序列数据进行了实验验证,结果表明该方法对稀疏犯罪时间序

① 卢建平、王昕宇:《十八大以来犯罪形势的宏观、中观与微观考察——基于司法统计数据的分析》,载《犯罪研究》2023年第1期。

② 靳高风、张雍锭、郭兆轩:《2022—2023年中国犯罪形势分析与预测》,载《中国人民公安大学学报(社会科学版)》2023年第2期。

③ 王瑞山:《中国社会的犯罪下降现象及其理解》,载《公安学研究》2022年第2期。

④ 靳高风、张雍锭、郭兆轩:《2022—2023年中国犯罪形势分析与预测》,载《中国人民公安大学学报(社会科学版)》2023年第2期。

⑤ 张梦鸽、李传苍、孟晶婧等:《中国居民2008—2020年故意伤害死亡趋势分析及预测》,载《中国公共卫生》2023年第5期。

⑥ 贺日兴、唐宗棣、姜超等:《顾及道路权重的图卷积犯罪时空预测模型》,载《地球信息科学学报》2023年第10期。

列具有更好的适应性。①赵丹等人提出一个基于深度学习技术的犯罪时空预测模型(GAERNN),能显著提高盗窃犯罪时空预测精度。②钱芳慧和蔡竞基于轻量级梯度提升机算法构建犯罪类型预测模型,将时空信息作为特征向量,能够进行较为准确高效的犯罪类型预测。③

此外,关于犯罪现象的研究中还有关于犯罪隐语的研究。去年有学者对毒品犯罪隐语进行了研究,④2023年的样本中欧阳国亮和祁伟超对传销犯罪中的犯罪隐语进行了研究,传销组织在进行犯罪活动中多使用隐语进行交流以逃避打击,作者将这些隐语分为业务隐语、生活隐语、身份隐语、宣传隐语等。⑤

第四节　关于犯罪原因的研究

样本中不仅有犯罪原因分析,还出现了以前少有的被害性分析。关于犯罪原因研究的样本中,多数是就一类犯罪的发生原因泛泛而谈或简单归纳,严谨的相关性实证分析不多,这里的梳理以后者为主。

一、单一视角的原因研究

一是关于个体生理心理原因的研究。(1)颅脑损伤与犯罪。罗雅楠等人研究发现,颅脑外伤与重新犯罪风险增加相关,重新犯罪人员自报有颅脑外伤史的占比为14.90%,高于初次犯罪人员的8.55%。⑥(2)自我中心与犯罪。邓玉凤和康杰研究发现,中学生自我中心水平可以正向预测攻击水平,且自我中心水平与敌意水平具有更高相关性。⑦(3)关于犯罪心理成因的研究。铁蕾和郑涌研究发现,性别方

① 卢业成、陈鹏、江欢等:《犯罪时间序列的混沌特征分析与短期预测》,载《科学技术与工程》2023年第11期。

② 赵丹、杜萍、刘涛等:《融合图自编码器与GRU的城市盗窃犯罪时空分布预测模型》,载《地球信息科学学报》2023年第7期。

③ 钱芳慧、蔡竞:《基于LightGBM的犯罪类型预测模型研究》,载《计算机仿真》2023年第1期。

④ 参见张学文:《毒品亚文化的批评话语分析与治理展开》,载《犯罪研究》2022年第2期。

⑤ 欧阳国亮、祁伟超:《传销犯罪隐语分析》,载《北京警察学院学报》2023年第4期。

⑥ 罗雅楠、王延涛、吴小平等:《颅脑外伤与重新犯罪关系》,载《中国公共卫生》2023年第10期。

⑦ 邓玉凤、康杰:《基于典型相关分析的青少年自我中心与攻击行为关系研究》,载《预防青少年犯罪研究》2023年第6期。

向性(男性施暴、女性施暴或双向施暴)、施暴动机(普通动机、出于控制伴侣的动机)和暴力类型(躯体暴力、精神暴力)共同对亲密伴侣暴力合理化态度产生影响,男性施暴、控制动机和躯体暴力被认为更不合理。①

二是情境因素对犯罪的影响。(1)疫情防控措施与犯罪。张新宇和陈鹏研究发现,北京市主城区的新冠疫情防控措施居家隔离和社交限制等措施对犯罪人的作案机会形成压缩、公共场所的实名查验对犯罪人的匿名性形成削弱,导致 2020 年入室盗窃案件较 2019 年同比大幅(66.8%)下降,2019 年的 8 个入室盗窃犯罪热点中有 5 个热点基本消失,3 个热点有所减弱。②(2)街面情境与街面犯罪。柳林等人研究认为,街面行人规模与街面财产犯罪,如街面盗窃、扒窃,存在显著的正相关关系,而人行道、建筑、树木、草坪在影像中的平均像素占比和绿视率等均与街面财产犯罪存在显著的负相关关系。③

三是家庭、社区因素对犯罪的影响。(1)暴力暴露与攻击。郭素然和刘怡辰研究发现,大学生群体中暴力暴露正向预测攻击规范信念(个体在解决冲突时,对于攻击行为可接受程度的认知评价),状态焦虑在暴力暴露(个体在社会生活中长期接触到的与暴力刺激有关的线索)与攻击规范信念间起部分中介作用。④欧阳李晟等人研究发现,丰富的暴力游戏经验会增加玩家的攻击性。由于长时间在游戏中的沉浸式体验,玩家会对角色产生更高的情感认同,并对角色的暴力行为赋予合理化解释,进而将角色暴力行为迁移到现实生活中。⑤(2)留守经历与犯罪。孙炜红等人研究发现,留守经历与未成年人暴力犯罪显著正相关;由于不在子女身边,父母对子女缺少有效监督、对子女越轨行为不能及时干预,子女对父母的依恋降低甚至断裂,直接增加犯罪风险;父母监督缺失加剧不良同伴交往,通过不良同伴交往间接影响未成年人暴力犯罪。⑥(3)家庭教养方式与犯罪。张慧等人研究发现,

① 铁蕾、郑涌:《性别方向性、施暴动机和暴力类型对亲密伴侣暴力合理化态度的影响》,载《中国临床心理学杂志》2023 年第 4 期。

② 张新宇、陈鹏:《新冠疫情防控措施对入室盗窃犯罪热点的影响:基于北京市主城区的案例研究》,载《地理科学进展》2023 年第 2 期。

③ 柳林、谢华芳、岳瀚:《不同街景影像微环境提取方法对街面财产犯罪解释的差异分析》,载《地球信息科学学报》2023 年第 7 期。

④ 郭素然、刘怡辰:《大学生暴力暴露与攻击规范信念的关系:有调节的中介模型》,载《中国临床心理学杂志》2023 年第 2 期。

⑤ 欧阳李晟、李欢欢、尹含鹭、纪泽宇、窦冯禹:《角色扮演暴力游戏经验与攻击性的关系:一个序列中介模型》,载《中国临床心理学杂志》2023 年第 4 期。

⑥ 孙炜红、陈杲然、王延涛:《留守经历、不良同伴交往与未成年人暴力犯罪》,载《青年研究》2023 年第 3 期。

专制型的家庭教养方式(对孩子的严格要求和不合理的管控)与大学生暴力遭遇高风险相关;和自评与周围人关系非常不满意相比,自评对周围人关系非常满意与大学生暴力遭遇低风险相关;大学生曾经或者现在有恋人与暴力遭遇高风险相关;大学生有既往病史与暴力遭遇高风险相关。①(4)家庭功能与犯罪。王鹏飞和万卓斓认为,父(母)服刑导致的家庭功能弱化与亲社会程度降低两大困境是服刑人员未成年子女的特殊致罪因由,应当以关系恢复理念为指导,从恢复家庭基本功能与提升服刑人员未成年子女的亲社会程度两个角度,多方向构建服刑人员未成年子女犯罪预防路径。②

四是宏观社会因素对犯罪的影响。(1)离婚率与犯罪。梅书琴和陈海鹏研究发现,离婚率对刑事犯罪率的上升具有显著的正向影响,离婚率升高在一定程度上加剧了我国刑事犯罪数量,但经济发展和政府财政支出的扩张降低了离婚对犯罪的正向影响。③(2)互联网深化与犯罪。吴浜源和谭用研究发现,互联网深化(用地区互联网用户来衡量)水平每提高10%,网络赌博犯罪人数增加8.96%;发达地区的互联网深化对欠发达地区的网络赌博犯罪产生正向的空间溢出效应,中心城市的互联网深化对非中心城市的网络赌博犯罪产生正向的空间溢出效应;反之则不成立;互联网深化对网络赌博犯罪的空间溢出存在地理衰减特征和边界效应,最强作用距离为500千米,衰减边界为800千米。④(3)收入差距和人口流动对犯罪的影响。洪勇和袁兴兴研究发现,随着省内和省际收入差距扩大、省内和省际人口流动规模扩张,刑事犯罪率会显著上升,且省内收入差距和人口流动对刑事犯罪率的影响分别比省际收入差距和人口流动大。但是,人口流动对刑事犯罪率的作用机制会受到地区收入差距的影响,当省内和省际收入差距较小时,省内和省际人口流动不会对刑事犯罪率产生显著影响,反之,当省内和省际收入差距较大时,省内和省际人口流动则会显著推升刑事犯罪率。⑤许博洋、唐赫也研究发现,社会经济水

① 张慧、邱蕾、林国天等:《海南省大学生暴力遭遇现状及影响因素研究》,载《中国慢性病预防与控制》2023年第8期。

② 王鹏飞、万卓斓:《服刑人员未成年子女犯罪预防路径的多元构建——以关系恢复为主旨的探讨》,载《预防青少年犯罪研究》2023年第3期。

③ 梅书琴、陈海鹏:《离婚率对刑事犯罪率的影响机制研究——基于我国2000—2020年省级面板数据的实证分析》,载《中国刑警学院学报》2023年第4期。

④ 吴浜源、谭用:《互联网深化与网络犯罪治理——基于2008—2020年中国裁判文书网数据的实证分析》,载《上海对外贸易大学学报》2023年第4期。

⑤ 洪勇、袁兴兴:《地区收入差距、人口流动与刑事犯罪率》,载《南方人口》2023年第1期。

平和人口流动性是能够显著正向影响侵财犯罪率的社会解组因子，在空间分布格局上呈现出犯罪热点聚集并由中心城市向周围地区辐射的规律。①

二、影响犯罪发生的综合因素

一是个体因素与社会因素的结合。张凡丽研究发现，不平等的社会性别关系（文化暴力）、学校的一些制度安排（结构暴力）、青少年自我性别认同的威胁感和缺乏同理心（偶发暴力）等综合因素导致性别欺凌行为。②黄明儒和成波研究认为，在我国现代化社会转型过程中，对有组织犯罪具有最大影响力的是经济趋利化和政治权力异化。③

二是社会因素与情境因素的结合。王海欧等人研究发现，城镇失业率和 GDP 增长率与严重暴力犯罪数量具有正向关系。结婚率对严重暴力犯罪发案数具有负向影响。15—64 岁人口数量增长率与严重暴力犯罪数量负相关。国家财政公共安全支出增长率与严重暴力犯罪发案数具有明显的负向关系。④

三是个体因素与情境因素的结合。徐伟和何野研究发现，犯罪机遇的刺激、犯罪特性的刺激、监管机构的疏漏等外界消极变量是大学生帮助信息网络犯罪心理形成的外部推力，在外界消极变量、个人需求及个性结构的多重作用下，大学生产生了主导心理与从属心理的激烈冲突，形成了自我保护的心理防御机制，成为驱动犯罪的内在动力。⑤

四是个体因素、社会因素和情境因素的结合。方向楠认为，恶势力赌场供需系统的供给侧原因包括经济诱惑、情感基础等，需求侧既有赌客自陷风险与成瘾者病理性赌博的内因，亦有需求侧打击力度弱的外因。恶势力赌场的保障系统内有恶

---

① 许博洋、唐赫：《社会解组理论对侵财类犯罪的实证检验——基于线性回归、空间自相关与地理加权回归的分析模型》，载《江西警察学院学报》2023 年第 5 期。

② 张凡丽：《中学生校园性别欺凌的发生机制及防治策略——基于暴力三角理论的分析》，载《华东理工大学学报（社会科学版）》2023 年第 4 期。

③ 黄明儒、成波：《我国现代化社会转型影响有组织犯罪的机理与驱动因素》，载《中南大学学报（社会科学版）》2023 年第 2 期。

④ 王海欧、张玲玲、刘道前、薛博文：《社会宏观数据视角下严重暴力犯罪发案数关联因素及预测研究》，载《图书情报工作》2023 年第 12 期。

⑤ 徐伟、何野：《大学生帮助信息网络犯罪活动罪何以发生？——基于扎根理论的分析》，载《犯罪研究》2023 年第 5 期；徐伟、何野：《大学生帮助信息网络犯罪活动罪的形成机制及防控对策——基于 327 例刑事案件的实证分析》，载《青少年犯罪问题》2023 年第 3 期。

势力赌场的强制手段及其与保护伞的相互勾结,外有基层治理的不作为与被害人、旁观者的不敢为。①张高月研究发现,征表“亲密不足”的激发因素是犯罪行为人压力的来源,性嫉妒等负面情绪推动犯罪动机转化为犯罪行为,环境的、个体的、关系的与情境的调节因素对犯罪动机向杀人行为的转化具有重要影响。②

三、犯罪被害的影响因素

在非法集资等涉众型经济犯罪中,被害人对涉案公司及其销售人员的信任是其被害的关键环节。李辉等人研究发现,涉案公司虚构声誉、虚高承诺、虚假合同和涉案人员伪能力、伪善意对被害人非理性信任有显著的正向影响。被害人群体中男性较女性、低学历者较高学历者、投资理财经验丰富者较经验匮乏者更容易产生交换动机、认同动机和信任,感知风险能力弱者较感知风险能力强者更容易产生交换动机和认同动机。③

在身体接触性的暴力犯罪中,被害性分析也是很重要的视角。蔡建政等人研究发现,人格特征(神经质人格)、工作年限(6—10年)、科室(急诊、门诊、外科)是培训后护士仍反复遭受工作场所暴力的危险因素。④

正如中国犯罪学学会万春会长所提出的那样,“因应新时代犯罪产生的原因和变化规律,探索深化犯罪治理的对策措施”。⑤犯罪治理的科学性和有效性是建立在科学认识犯罪原因的基础上的。

第五节　关于犯罪防治的研究

关于犯罪防治的讨论在样本中占半数以上,有的是专门讨论犯罪防治策略,也

---

① 方向楠:《系统论视野下恶势力赌场的生成机理与存续条件》,载《中国刑警学院学报》2023年第2期。

② 张高月:《亲密伴侣间故意杀人犯罪特征与发生机制》,载《北京警察学院学报》2023年第1期。

③ 李辉、朱家美、谭晓波:《涉众型经济犯罪被害人非理性信任成因研究》,载《中国人民公安大学学报(社会科学版)》2023年第5期。

④ 蔡建政、王海芳、胡秀英等:《反复遭受工作场所暴力的护士人群特征分析》,载《中华护理教育》2023年第8期。

⑤ 万春:《学习贯彻习近平法治思想,推进中国式犯罪治理现代化》,载《国家检察官学院学报》2023年第6期。

有的是在分析犯罪特征或犯罪原因的基础上讨论犯罪防治策略,还有的是对犯罪防治或社会治理措施的预防效果进行评估。

一、对犯罪防治策略的讨论

除网络暴力犯罪和电信网络犯罪的防治由下文类罪专题讨论,这里对其余研究进行梳理。

一是整体上对互联网犯罪防治的研究。针对网络犯罪治理,单勇教授提出针对互联网平台等市场主体的"看门人"规则体系,推动了犯罪治理的时点向前端防范和源头治理转移,催生出看门人规制和刑事规制二元并立的数字社会治理架构。①仇雁迪进一步讨论数字平台参与刑事司法治理中的"网络守门人"和"刑事司法参与者"双重角色及其面临的程序保障问题和利益冲突问题,提出划分公私合作界限,确立平台的拒绝权;以司法逻辑为本位,落实正当程序原则,完善平台协助和算法决策的公开透明机制,以及用户的权利保障和程序参与机制。②蓝彩箫和蒋巍讨论了中国—东盟治理跨国网络犯罪的合作路径,鼓励非国家行为主体参与到网络安全治理的行动中,形成企业服务和政府间合作的双向良性发展,提高治理能力。③

二是人工智能技术犯罪风险的防治。谢进川和唐恩思研究认为,作为基于人工智能形式的现象化传播应用,深度伪造的社会伤害潜能凸显,表现为攻击性损害、真相衰败、治理失范、信任风险加剧等问题。④吕垚瑶认为,ChatGPT 类生成式人工智能技术迭代的犯罪风险治理,需要以算法、算力和大数据三大关键要素相互作用的运行机理为技术参照,将"敏捷治理"理念嵌入犯罪治理范式,从强化前置性法律规制体系、全流程引入刑事合规机制、充分发挥软法功能提升风险监管质效等方面,建立全流程动态监管的犯罪综合治理机制。⑤李永涛和杨易蒙认为,"双层社

---

① 单勇:《论网络犯罪的看门人规制》,载《南京大学学报(哲学人文科学社会科学)》2023 年第 5 期。

② 仇雁迪:《数字平台参与刑事司法治理的角色定位及其完善》,载《天府新论》2023 年第 5 期。

③ 蓝彩箫、蒋巍:《数字经济背景下中国—东盟治理跨国网络犯罪的合作路径研究》,载《广西社会科学》2023 年第 4 期。

④ 谢进川、唐恩思:《深度伪造的社会伤害与治理争议》,载《新闻与写作》2023 年第 4 期。

⑤ 吕垚瑶:《ChatGPT 类生成式人工智能技术迭代的犯罪风险及其治理》,载《中国刑警学院学报》2024 年第 1 期。

会”视域下智能合约犯罪风险治理应探索构建合理的智能合约编译规则、“弱中心化”交易体系和虚拟货币治理模式,不断完善智能合约犯罪风险的治理路径,实现网络社会的有序运行。①

三是网络金融犯罪的防治。熊亚文认为,完善网络金融犯罪的公私合作治理,有必要全面引入合规治理的理念和制度,并辅之以有限的恢复性司法模式。②刘炯专门讨论了网络金融犯罪由多方主体共同参与的“协同共治”的治理模式,在强化治理对象的网络犯罪属性的同时,也应当秉持对网络金融活动的限缩性规制。③李兰英和薛储佳认为,网络金融犯罪综合治理效果评估机制的构建应当在解构网络金融犯罪综合治理内涵的基础上,选择科学合理的理论范式,由此才能真正建构出符合我国犯罪治理实践的评估指标体系。④

四是性侵未成年人犯罪的预防。廖茂旭、鲁露等人研究发现,四川省泸州市幼儿家长对预防性侵家庭教育的态度整体较为积极、需求普遍较高,但该市农村地区幼儿防性侵教育开展率较低。⑤赵安晓宇和马忠红借鉴了英国治理网络性侵儿童的经验,建议从刑事立法治理、网络平台合规治理、性侵儿童犯罪侦查等三个方面探寻我国网络性侵儿童犯罪的治理路径。⑥

五是毒品犯罪的防治。李豫宛研究发现,毒品犯罪难以根除主要是由于现代毒品犯罪已经出现犯罪链条商业化、犯罪心理社会化、犯罪利益多元化、犯罪关联复杂化等四种发展态势的变化。⑦亢梅力、张黎调查发现,中学生新型毒品认知率不高,多数中学生对新型毒品态度模糊,少数中学生新型毒品滥用倾向较高,中学

① 李永涛、杨易蒙:《“双层社会”视域下智能合约犯罪风险治理探究》,载《浙江警察学院学报》2023年第2期。

② 熊亚文:《网络金融犯罪的公私合作治理》,载《南京大学学报(哲学人文科学社会科学)》2023年第6期。

③ 刘炯:《网络金融犯罪综合治理:制度愿景与实现路径》,载《南京大学学报(哲学人文科学社会科学)》2023年第5期。

④ 李兰英、薛储佳:《网络金融犯罪综合治理效果评估的理论图景与实现路径》,《厦门大学学报(哲学社会科学版)》2023年第1期。

⑤ 廖茂旭、宋先秦、张潇等:《幼儿家长对预防性侵家庭教育的态度及需求分析》,载《中国学校卫生》2023年第3期;鲁露、张潇、宋先秦等:《泸州市农村幼儿防性侵教育开展现况分析》,载《中国公共卫生》2023年第8期。

⑥ 赵安晓宇、马忠红:《从一元走向多元:网络性侵儿童犯罪治理的英国经验与中国镜鉴》,载《当代青年研究》2023年第6期。

⑦ 李豫宛:《毒品犯罪发展趋势研究》,载《山东警察学院学报》2023年第4期。

生新型毒品预防教育亟须加强。①郭笑和杨波调查发现,冰毒成瘾者的暴力犯罪显著高于海洛因成瘾者;高冲动性和高攻击性是冰毒成瘾者的典型特征,这严重削弱了吸食冰毒者的控制力,使其更易实施攻击与暴力犯罪行为。②

此外,赵歆慧和李春雷提出一种基于生态旅游的中国式涉野生动物犯罪预防观。③陈柄臣、李良才运用日常活动理论对医保诈骗进行了分析并提出治理对策。④李恒和阙鹏飞探讨了"独狼式"恐怖主义犯罪的治理策略。⑤赵大海讨论了涉医犯罪的科学防控举措。⑥王迎龙分析了程序的犯罪控制功能。⑦林冬梅讨论了大数据侦查的"预防—控制"犯罪治理格局。⑧

二、犯罪预防评估研究

一是智慧城市建设的犯罪预防功能评估。韩啸等人研究发现,智慧城市主要通过增加居民收入、提高技术应用与优化资源配置三个机制抑制犯罪发生,但不同规模、发展水平的城市,通过建设智慧城市减少犯罪的效果存在差异。⑨

二是精准扶贫的犯罪预防功能评估。易梦洁等人研究发现,国家级贫困县刑事案件数和刑事犯罪人数的年增长减速 20%以上。精准扶贫促进贫困县经济增长是减少刑事犯罪增长的主要渠道,就业改善在精准扶贫降低犯罪的影响中也发挥着一定作用。⑩

---

① 亢梅力、张黎:《J 市中学生新型毒品认知、滥用倾向、态度调查及启示——基于 4394 例样本的实证分析》,载《江西警察学院学报》2023 年第 1 期。

② 郭笑、杨波:《冰毒成瘾者的暴力犯罪问题研究》,载《犯罪研究》2023 年第 3 期。

③ 赵歆慧、李春雷:《基于生态旅游的中国式涉野生动物犯罪预防观之提出、构建与转化》,载《世界林业研究》2023 年第 6 期。

④ 陈柄臣、李良才:《医保诈骗犯罪实证研究》,载《浙江警察学院学报》2023 年第 1 期。

⑤ 李恒、阙鹏飞:《网络时代"独狼式"恐怖主义犯罪考察与治理研究》,载《宁夏社会科学》2023 年第 1 期。

⑥ 赵大海:《涉医犯罪与防控对策》,载《上海交通大学学报(哲学社会科学版)》2023 年第 11 期。

⑦ 王迎龙:《通过程序的犯罪控制》,载《政法论坛》2023 年第 6 期。

⑧ 林冬梅:《国家治理视角下大数据侦查犯罪治理功能:问题、内涵及边界》,载《中国人民公安大学学报(社会科学版)》2023 年第 5 期。

⑨ 韩啸、余怡婷、谢琦:《智慧城市能够减少犯罪发生吗?——一项准自然实验》,载《公共管理与政策评论》2023 年第 6 期。

⑩ 易梦洁、李嘉晟、申广军:《精准扶贫能减少刑事犯罪吗?——来自裁判文书数据的经验证据》,载《经济学(季刊)》2023 年第 6 期。

三是城市治理现代化对涉众型经济犯罪防治的积极意义。王晓东讨论了城市治理现代化与涉众型经济犯罪防治的关系,城市社会治理现代化是城市治理的科学化、全周期化、智慧化和法治化,是防止涉众型经济犯罪的对症下药的科学依据、综合施策的治理合力、靶向治疗的智慧引领和公平正义的法治依托。①

此外,胡翔和任惠华回顾了拐卖犯罪近四十年的治理进程,可以发现国家逐渐建立起"治罪—治理"的双重控制、"权力—权利"与"权利—权利"的双重保障机制,从而使我国拐卖犯罪态势基本得到有效遏制。②

三、类罪专题研究

一是关于网络暴力犯罪的研究。随着网络暴力事件频频发生,网络暴力犯罪治理成为学术讨论的热点。

第一,关于网络暴力定义的讨论。周葆华和罗沛注意到网络暴力定义的历史转变和语境,强调将"网络暴力"放在历史情境中理解,在当下应该将重点放在攻击弱者的"多对一"型网络暴力。③徐默凡认为,和日常生活中的语言暴力相比,网络语言暴力具有参与的匿名性、攻击的集聚性、伤害的持久性等特点,网络语言暴力的界定不取决于发出者,也不取决于接受者,而是取决于大众对行为语力的社会共识。④

第二,关于网络暴力生成机制的分析。王俊秀和云庆以社会心态理论为分析框架,从社会认知、社会情绪、社会价值观念三个方面对网络暴力成因进行了分析。⑤涂欣筠和李政达从网络时空条件、社会控制、被害人、犯罪人多个因素对网络暴力的生成机制进行了分析。⑥刘晓春认为,网络暴力通常经历潜伏发酵期、规模扩大期及消退恢复期三个阶段。⑦刘斌志和孙晨旭分析了网课爆破现象折射出的

① 王晓东:《论城市社会治理现代化与涉众型经济犯罪防治》,载《法学论坛》2023年第6期。

② 胡翔、任惠华:《我国拐卖妇女儿童犯罪治理的进程与逻辑:1983—2022》,载《中国人民公安大学学报(社会科学版)》2023年第2期。

③ 周葆华、罗沛:《网络暴力:概念情境、类型聚焦与协同治理》,载《青年记者》2023年第17期。

④ 徐默凡:《网络语言暴力的界定方法和治理对策》,载《青年记者》2023年第17期。

⑤ 王俊秀、云庆:《条件与机制:网络暴力的社会心态透视》,载《探索与争鸣》2023年第7期。

⑥ 涂欣筠、李政达:《环境犯罪学视阈下网络暴力行为研究》,载《中国人民公安大学学报(社会科学版)》2023年第3期。

⑦ 刘晓春:《网络暴力的治理层次与责任结构》,载《青年记者》2023年第17期。

科技赋能后师生之间的异化关系。①

第三,关于网络暴力防治的讨论。这是网络暴力研究中最受关注的内容,学者们基本都主张网民、平台、国家三方协同治理的路径,制度和技术相结合,实现源头治理。②敬力嘉强调了合规(前自主合规与事后强制合规)计划在网络暴力治理中的作用。③彭桂兵强调尽可能在民事框架内解决纠纷,慎用刑法。④张志安和廖翔专门讨论了网络暴力治理中的媒体责任。⑤赵精武从信息传播视角专门讨论了网络暴力信息的阶段化治理。⑥

二是关于电信网络诈骗犯罪的研究。电信网络诈骗犯罪是当前犯罪治理的热点和难点,也是犯罪研究的热点。

第一,对电信网络诈骗含义与特征的研究。陈如超和张雯雯认为,电信网络诈骗是诈骗人员以非法占有为目的,利用信息网络技术对不特定多数人实施远程、非接触性诈骗。利用信息网络技术、远程非接触与针对不特定多数人是电信网络诈骗的本质特征。⑦吴鹤群等人对电信网络诈骗犯罪人来源地的地域性特征的分析上文"犯罪分布"部分已述。⑧李雪峰、王铼分析了电信网络诈骗的跨境性、匿名性、集团化、组织化等特征。⑨

第二,关于电信网络诈骗犯罪原因的分析。赵晓风认为,电信网络诈骗犯罪心理场具有整体系统性、动力能量性和情境整合性等特点,其要素有犯罪人的"好

---

① 刘斌志、孙晨旭:《科技赋能与权力翻转:青少年网课爆破的样态分析与生成机制》,载《预防青少年犯罪研究》2023年第1期。

② 谢登科:《网络暴力犯罪的公私协同治理模式》,载《法律科学》第5期;严丹:《智媒时代网络暴力主义话语的生成机理与治理策略》,载《内蒙古社会科学》2023年第4期;路鹃、张君昌:《技术路径下网络暴力治理的共治模式探究》,载《青年记者》2023年第15期;罗昕、陈静淑:《人工智能时代的网络舆论暴力治理》,载《青年记者》2023年第13期;张凌寒:《"不良信息"型网络暴力何以治理——基于场域理论的分析》,载《探索与争鸣》第7期;刘晓春:《网络暴力的治理层次与责任结构》,载《青年记者》2023年第17期;喻海松:《刑事一体化视野下网络暴力的规制模式》,载《法律科学》2023年第5期。

③ 敬力嘉:《网络暴力公私合作治理模式的反思与调试》,载《江汉论坛》2023年第5期。

④ 彭桂兵:《网络暴力刑事和民事治理评析——兼论多元治理机制的构建》,载《青年记者》2023年第17期。

⑤ 张志安、廖翔:《网络暴力治理中的媒体责任》,载《青年记者》2023年第17期。

⑥ 赵精武:《网络评论的异化——再论网络暴力信息的阶段化治理》,载《北方法学》2023年第5期。

⑦ 陈如超、张雯雯:《电信网络诈骗称谓与概念的演变》,载《中国刑警学院学报》2023年第1期。

⑧ 吴鹤群、王强、郑滋椀:《电信网络诈骗犯罪人来源地的空间分布特征及影响因素》,载《地理研究》2023年第12期。

⑨ 李雪峰、王铼:《电信网络诈骗的特征与治理路径》,载《人民论坛》2023年第20期。

骗”特质,被害人的“易骗”特征及适宜的时空情境。电信网络诈骗犯罪心理场的运作过程就是犯罪人与被害人的心理博弈,利用被害人的心理弱点进行不同形式的诈骗。①

第三,关于电信网络诈骗犯罪防治的讨论。众多学者都主张公民个体、社会组织和政府力量多元协同的治理模式,同时强调网络“黑灰产”的治理,尽量挽回受害人的经济损失。②也有一些学者从不同视角或层面提出了电信网络诈骗的防治措施,例如,谢玲、何静秋从被害预防的角度专门讨论了电信网络犯罪的防治。③张杰针对境外中国公民电信网络诈骗受害现象,提出对易受骗被害人群体实施针对性、系统性的预防措施和国际反诈警务合作。④针对电信网络诈骗跨境治理的国界壁垒,陈颖洪认为,应当适当更新数据主权理念、探索制定单边电子取证制度、拓展与优化双边协助协议、推动多边治理公约的达成。⑤另有一些学者对不同类型的电信网络诈骗犯罪进行了讨论,例如,王彬讨论了电信网络的养老诈骗;⑥朱兵阳运用三角理论分析了网恋诈骗的发生机制;⑦孟凡骞和周伟龙分析了网络复合式刷单诈骗各阶段所暗含的心理控制机制;⑧王枫梧以新机会理论对网络短视频平台电信网络诈骗犯罪的特征和生成机制进行了分析。⑨

---

① 赵晓风:《电信网络诈骗犯罪心理场探析》,载《山东警察学院学报》2023 年第 2 期。

② 成都市锦江区人民检察院课题组:《电信网络诈骗犯罪的治理困境及体系化应对——基于 C 市 J 区检察办案实践分析》,载《湖北警官学院学报》2023 年第 1 期;冯硕樑、朱志萍:《论广义犯罪预防视角下电信网络诈骗犯罪预防中的社会参与》,载《上海公安学院学报》2023 年第 5 期;陈德良、王火剑、赵加俊:《电信网络诈骗犯罪现状分析与治理对策研究——以浙江省为例》,载《浙江警察学院学报》2023 年第 6 期。

③ 何静秋:《电信网络诈骗犯罪被害预防的治理困境与优化进路》,载《中国人民公安大学学报(社会科学版)》2023 年第 4 期;谢玲:《电信网络诈骗反“洗脑”研究》,载《中国刑警学院学报》2023 年第 1 期。

④ 张杰:《涉外法治视域下境外中国公民电信网络诈骗受害预防研究》,载《浙江警察学院学报》2023 年第 6 期。

⑤ 陈颖洪:《电信网络诈骗跨境治理的国界壁垒及制度应对》,载《中共福建省委党校(福建行政学院)学报》2023 年第 2 期。

⑥ 王彬:《养老诈骗犯罪的治理难点分析与破解对策探究》,载《浙江警察学院学报》2023 年第 1 期。

⑦ 朱兵阳:《网恋诈骗问题的成因及治理对策探讨——以环境犯罪学为视角》,载《预防青少年犯罪研究》2023 年第 4 期。

⑧ 孟凡骞、周伟龙:《网络复合式刷单诈骗心理控制的形成及阻断》,载《湖北警官学院学报》2023 年第 1 期。

⑨ 王枫梧:《网络短视频平台电信网络诈骗犯罪及其防控——以新机会理论为视角》,载《河南警察学院学报》2023 年第 2 期。

第六节 总结与展望

2023年我国犯罪学研究基本回应了当前我国犯罪治理的热点和难点，具有鲜明的时代感，但面对当前我国犯罪治理现代化的需求，总体上还是比较薄弱，亟待进一步加强。

一、2023年我国犯罪学研究的总结

一是犯罪学本体研究成果较2022年略显丰富，涵盖了理论借鉴、方法检讨和学科发展，而且部分学者对犯罪学基础理论的研究具有持续性，例如，张小虎教授连续三年发表关于生命历程犯罪学的论文；王燕飞教授对犯罪学学科发展的持续关注；吴宗宪教授对转化犯罪学、罪犯犯罪学等最新犯罪学成果持续关注等。但从中国犯罪学发展需求来看，这些研究还是比较薄弱的，尤其是缺乏对中国犯罪学话语体系构建的深入讨论。

二是犯罪现象研究中犯罪地理学的崛起较为明显。与前几年一样，犯罪分布的研究主要来自犯罪地理学研究。犯罪地理学的研究不仅在内容上为预测警务提供依据，对中国的犯罪学学科来讲更有研究方法上的意义。因为，犯罪地理学的论文均采用定量的实证研究，这有利于提升我国犯罪学研究的实证水平。对犯罪结构要素、犯罪测量和犯罪趋势的研究依然比较薄弱。

三是犯罪原因研究仍呈现出多学科性，心理学、医学、地理学、社会学均有贡献。2023年犯罪原因研究的一个特点就是对犯罪被害原因的关注。当前，集资诈骗、电信网络诈骗犯罪等诈骗犯罪高发，而诈骗犯罪的得逞需要被害人的“配合”，如何破解这个“配合”心理的生成对诈骗犯罪的预防具有极强的现实意义。

四是犯罪防治研究成果丰富，对当前犯罪热点关注度较高，但策论较多，实证较少。犯罪防治研究高度回应了当前政治、经济、科技等社会发展带来的时代命题，例如，对网络暴力、电信网络诈骗、互联网金融犯罪等网络犯罪防治的研究、对人工智能技术犯罪风险应对的研究等。在国家治理能力和治理体系现代化的大背景下，治理一词热度很高，但当前犯罪治理的讨论是比较综合的，很难测量的。犯

罪的科学治理更需要具体犯罪类型的防治策略的开发,这并非泛泛的讨论能够解决的。这方面应在加强犯罪原因实证研究的基础上,加强犯罪科学的研究,运用科学的方法预防、侦查犯罪,建立以证据为基础的犯罪防治策略库。

二、中国犯罪学进一步研究的展望

一是中国犯罪学的论证与建设。尽管人性有相同之处,但在不同的国家或地区,因为法律制度、社会结构、社会文化等方面的差异,犯罪发生规律和犯罪治理策略也有所不同。我们在借鉴理论并本土化适用的同时,还要挖掘自己文化中的犯罪学思想,提炼其科学基因,加以传承和发展。同时,提出中国犯罪学这一概念,有利于促进对中国本土犯罪问题解决的关注,进而总结中国犯罪治理经验,生成中国犯罪学理论。

二是加强我国犯罪学的实证研究。不仅仅是犯罪原因的实证研究,还包括犯罪防治效果的实证研究。犯罪学研究成果的质量是关键,如果仅仅停留在泛泛而谈或简单归纳,对问题的认识和解决并没有多大的价值。特别是随着诸多犯罪治理单行法的出台,我国的犯罪治理逐渐从单一依靠刑法向综合治理的方式转换,这也更需要犯罪学研究提供可靠的成果,为犯罪治理立法提供科学依据,要加强实证研究,生产经得起验证的科学理论。

三是完善官方犯罪统计,开展犯罪被害调查统计。作为一门经验学科,犯罪统计数据是犯罪学研究的重要基础。我国公安机关的刑事立案数、检察机关逮捕人数和公诉案件数、法院审理的罪犯数和案件数按年度都有披露,但数据不够具体,需要进行细化。同时,期待政府尽快发展并开放系统的犯罪被害调查统计,为犯罪学研究提供可靠的数据来源。此外,政府可以项目的形式资助学术团体、社会组织或学者个人进行犯罪调查统计。多种数据来源有利于消除犯罪黑数,使研究者对犯罪现象的认识更加客观。

四是加强犯罪的数字治理研究。随着社会生活的数字化、网络化、智能化,数字治理成为我国社会治理的必由路径和时代特征。犯罪的数字治理即以数字化赋能犯罪治理体系和治理能力,构建新型犯罪治理体系,实现犯罪治理新成效。在进一步的犯罪学研究中,不仅要继续加强探究各类数字化犯罪的发生规律,为智慧警务、数字检察等进一步的犯罪治理提供依据,还要积极检讨当前数字化犯罪治理实践中的问题和困境，完善相关制度，提升犯罪治理能力和治理效果。

五是加强跨学科研究和交流。有人将不同学科的犯罪学研究比喻为盲人摸象，看到的是一个方面，不能全面地认识到问题。犯罪原因研究的现状向我们展示了犯罪学的多学科特征，依据犯罪规律进行犯罪治理决策时需要对其进行整合，因此，在为某一类具体犯罪问题的决策或立法提供方案时，要加强跨学科的研究，听取不同学科犯罪研究者的意见。同时，要加强犯罪学与计算机信息科学、地理科学等理工科在犯罪治理中的融合，发展犯罪科学，促进犯罪问题应对的科学性，推进犯罪学学科发展。

当然，过去三年综述中提出的诸多研究建议仍有现实意义，这里不再重复，例如，加强犯罪学理论到犯罪治理策略的转化研究，加强新行业新技术的犯罪风险研究，加强我国犯罪趋势的研究，加强我国犯罪学学术期刊建设，以及加强我国区域犯罪学研究等，均需要我们犯罪学同仁的持续努力。

此外，本章存在着诸多不足，一是受取样方式和个人视野限制可能导致一些优秀的犯罪学成果没有纳入；二是缺少对个别类罪的关注，如腐败犯罪的研究成果较为丰富，限于个人研究能力，就没有列入检索范围；三是对犯罪现象、原因、防治研究内容的梳理，只做简单总体评价，不能一一置评。

后　记

“明者因时而变，知者随事而制。”

在社会不断发展演进的进程中，犯罪治理的重要性愈发凸显，其关乎社会的稳定、人民的安宁以及国家的长治久安。犯罪治理绝非一成不变，需敏锐感知时代脉搏，精准把握犯罪动态，与时俱进地调整策略与方法。而全面、精准的基础客观数据，如翔实的犯罪数据统计，恰是洞察犯罪趋势的关键窗口。它不仅记录着犯罪的类型、数量与分布等表象特征，更蕴含着犯罪成因、发展规律等深层信息。唯有深度挖掘并科学分析这些数据，才能为犯罪治理提供坚实的决策依据，实现从被动应对到主动预防的转变，进而构建更为高效、科学的犯罪治理体系，筑牢社会安全防线，切实保障人民群众的幸福生活与国家的繁荣稳定。

党的二十届三中全会审议通过的《中共中央关于进一步全面深化改革、推进中国式现代化的决定》，为中国犯罪学知识体系构建提供了明确的方向指引。该决定强调要完善共建共治共享的社会治理制度，依法严惩群众反映强烈的违法犯罪活动。长期以来，与犯罪作斗争的实践反复证明，我们必须充分认识到犯罪现象的复杂性和多样性，紧紧立足于犯罪成因的多源性，持之以恒地坚持打防结合、综合治理的方针。随着社会经济的发展，犯罪形式不断演变，新型犯罪如网络犯罪、金融犯罪等日益增多，且犯罪手段愈发智能化、隐蔽化。面对这些挑战，我们必须依托翔实的犯罪数据，深入研究犯罪行为背后的社会、经济、文化等因素，探寻犯罪产生的根源，从而制定出更加精准、有效的治理策略。

“长风破浪会有时，直挂云帆济沧海。”自 2019 年 1 月受中国犯罪学学会委托起，华东政法大学依托犯罪学学科基础和研究团队，吸纳校内外专家学者组成项目团队，坚持开展《蓝皮书》编撰工作。《蓝皮书》旨在为我国犯罪学研究人员提供相对完整的基础实证性犯罪统计数据，结束我国犯罪学研究缺少实证数据支撑的历史，为我国犯罪学研究奠定坚实的基础。华东政法大学犯罪学学科办学历史悠久，自1985年创建新中国第一个犯罪学系以来，始终致力于犯罪学理论与实践的深度融合、创新发展，开创了本领域的诸多第一：编写国内第一本犯罪学教材，招收第一批犯罪学专业方向硕士研究生，创办第一本犯罪学类学术期刊《犯罪研究》，成立国内第一个省级政法综治研究机构——上海市社会治安综合治理研究所，创办了国内唯一综治领域理论内部月刊《综治研究》。厚重的历史底蕴和充实的专业力量使得《蓝皮书》成为华东政法大学犯罪学学科建设的学术使命与责任担当。我们希望通过不懈努力和坚持，以持续的年度犯罪统计数据积累，描绘出我国犯罪治理的历史轨迹，为国家层面制定刑事政策提供客观的理论依据，期望能够为国家治理体系和治理能力建设现代化提供智识和力量。

本年度《蓝皮书》以2023年我国犯罪治理的实际情况为蓝本，深入剖析各类犯罪现象，总结治理经验，展望未来发展方向。在内容上，涵盖了刑事立法与司法的最新动态、全国犯罪态势的详尽分析、典型案例的深入解读以及犯罪学学科发展的全面梳理。与前几部蓝皮书相比，具有以下显著特色：

一是结构体系更加完善。本年度蓝皮书在结构上进一步优化，逻辑更加严谨。从刑事立法与司法解释的源头出发，详细阐述了法律的修订与完善对犯罪治理的重要意义，如《刑法修正案(十二)》对行贿犯罪和民营企业内部腐败犯罪的规制，为司法实践提供了明确的法律依据。刑事司法部分全面展示了公检法司各机关在犯罪治理中的协同作用。公安机关的专项行动有力打击了各类多发犯罪，检察机关的改革举措推动了司法公正与效率的提升，人民法院的审判工作维护了法律尊严，社区矫正工作的创新发展有助于罪犯的改造与回归社会，各环节紧密衔接，形成了完整的犯罪治理链条。

二是犯罪态势分析深入细致。全国犯罪状况统计与分析部分的数据更加翔实，不仅涵盖了传统的犯罪类型，还对新兴犯罪如网络犯罪、金融犯罪等进行了重点关注。通过对不同地区犯罪数据的横向对比和时间维度的纵向分析，清晰地呈现了犯罪的地域差异和发展趋势。基于大数据的犯罪分析与预测章节引入了先进的数据分析方法和技术，如对犯罪预测文献的量化分析、多种预测模型的应用等，使犯罪预测更加科学、精准。对犯罪率影响因素的深入探讨，为制定针对性的犯罪预防策略提供了有力支撑。

三是典型案例剖析全面深刻。在典型案例的选择上,更加注重代表性和多样性。涉及集资诈骗、"精神虐待"、破坏环境资源保护、网络性侵未成年人、金融领域职务犯罪、涉税犯罪等多个领域,涵盖了社会关注的热点和难点问题。每个案例的分析框架更加系统,从案情简介到入选理由,从犯罪发展趋势、特点分析到原因探究,再到基于犯罪学角度的治理对策,全方位、多角度地深入剖析案例,为同类犯罪的治理提供了宝贵的经验借鉴。例如,对网络性侵未成年人犯罪案例的分析,不仅揭示了此类犯罪的隐蔽性和危害性,还提出了加强网络监管、完善法律法规、强化多元主体保护等一系列切实可行的治理措施。

四是学科发展动态呈现与时俱进。对 2023 年度中国犯罪学学科发展动态的梳理更加全面,包括主要学术活动、重大科研项目、代表性专著和论文以及科研机构和人才培养等方面。及时反映了犯罪学领域的最新研究成果和发展趋势,为推动犯罪学学科的发展和人才培养提供了重要参考。

本书的章节安排和作者分工如下:第一章:夏菲、虞浔、胡裕岭、严榕;第二章:王永全、王弈、廖根为、刘洋、孙怡雯、刘万婷、张雪珮、凌治博、殷慧莎、王素、王宇、张龙江、郭泽洲、曾熙隐;第三章:倪铁、栾时春、尹鹤晓、李士昊、刘宇哲、庞松洁、蔡逸伟、曾若恒、朱雨稼、董钰颖、季佩妮;第四章:栾时春、孙大明、毕玥、张文钧;第五章:王瑞山。

本《蓝皮书》是对 2023 年犯罪治理工作的阶段性总结与思考,希望能够为犯罪治理领域的研究者、从业者以及关注犯罪治理的各界人士提供有益的参考和借鉴。我们将继续加强基础理论研究,深入探索犯罪的本质和规律,为犯罪治理提供坚实的理论支撑。

展望未来,我们深知犯罪治理之路任重道远。随着社会的不断发展变化,犯罪形式将更加复杂多样,犯罪治理面临的挑战也将日益严峻。我们坚信,在党中央的坚强领导下,在全社会的共同努力下,必将不断适应新形势、新任务的要求,持续优化犯罪治理体系,提升犯罪治理能力。让我们携手共进,为构建更加安全、和谐、美好的社会而不懈努力,共同书写中国犯罪治理的新篇章。

中国犯罪学学会副会长、学术委员会主任
中国犯罪学学会《蓝皮书》项目基地主任　应培礼

2024 年 12 月

图书在版编目(CIP)数据

中国犯罪治理蓝皮书 ：犯罪态势与研究报告. 2023 / 中国犯罪学学会组织编纂 ；万春主编. -- 上海 ：上海人民出版社，2025. -- ISBN 978-7-208-19407-6

Ⅰ. D917.6

中国国家版本馆 CIP 数据核字第 20251B5S84 号

责任编辑 伍安洁
封面设计 夏 芳

中国犯罪治理蓝皮书——犯罪态势与研究报告(2023)

中国犯罪学学会 组织编纂
万 春 主编
应培礼 执行主编
周洪波 王永全 虞 浔 副主编

出 版 上海人民出版社
(201101 上海市闵行区号景路 159 弄 C 座)
发 行 上海人民出版社发行中心
印 刷 上海商务联西印刷有限公司
开 本 720×1000 1/16
印 张 31
插 页 2
字 数 495,000
版 次 2025 年 3 月第 1 版
印 次 2025 年 3 月第 1 次印刷
ISBN 978-7-208-19407-6/D·4474
定 价 120.00 元